反垄断法学
Anti-monopoly Law

主　编◎时建中
副主编◎焦海涛
撰稿人◎（以撰写章节先后为序）
　　　时建中　刘武朝　焦海涛　钟　刚
　　　王　磊　郜　庆　郝俊淇　刺　森
　　　魏　艳

中国政法大学出版社

2024·北京

声　　明　　1. 版权所有，侵权必究。

2. 如有缺页、倒装问题，由出版社负责退换。

图书在版编目（CIP）数据

反垄断法学/时建中主编. —北京：中国政法大学出版社，2024.5
ISBN 978-7-5764-1035-8

Ⅰ.①反… Ⅱ.①时… Ⅲ.①反垄断法－法的理论－中国　Ⅳ.①D922.294.1

中国版本图书馆CIP数据核字(2023)第138255号

书　　名	反垄断法学　Fan Long Duan Fa Xue	
出 版 者	中国政法大学出版社	
地　　址	北京市海淀区西土城路25号	
邮　　箱	fadapress@163.com	
网　　址	http://www.cuplpress.com（网络实名：中国政法大学出版社）	
电　　话	010-58908435(第一编辑部) 58908334(邮购部)	
承　　印	保定市中画美凯印刷有限公司	
开　　本	787mm×1092mm　1/16	
印　　张	32.75	
字　　数	838千字	
版　　次	2024年5月第1版	
印　　次	2024年5月第1次印刷	
印　　数	1~3000册	
定　　价	99.00元	

作者简介

时建中 中国政法大学副校长、教授、博士生导师,教育部哲学社会科学实验室——中国政法大学数据法治实验室主任、数据法治研究院院长、竞争法研究中心主任。主要研究领域为竞争法学、数据法学、经济法学。兼任中国法学会经济法学研究会副会长、中国科学技术法学会副会长、中国市场监督管理学会副会长、国务院反垄断反不正当竞争委员会专家咨询组成员、工信部法律顾问、《电信法》起草专家组副组长等职务。获得中国"宪法的精神 法治的力量——2022年度法治人物"称号。2008年7月至2011年7月,曾作为中央和国家机关第六批援疆干部担任伊犁师范学院党委常委、副院长。作为国务院法制办反垄断法审查修改工作小组专家,参加了我国《反垄断法》的立法工作。出版《〈中华人民共和国反垄断法〉专家修改建议稿及详细说明》、Merger Control in China、《反垄断行政执法典型案件分析与解读(2008-2018)》《反垄断诉讼典型案件分析与解读(2008-2018)》《反垄断法——法典释评与学理探源》等著作,在《中国法学》《中外法学》《人民日报》《光明日报》《经济日报》等期刊和报纸发表学术论文100余篇。

刘武朝 天津师范大学法学院教授,主要研究领域为竞争法学、经济法学。兼任中国法学会经济法学研究会理事、天津市法学会经济法学分会会长、天津市人大立法咨询专家、天津市政府法治智库专家、北京市市场监督管理局反垄断专家库成员等。出版《经营者集中附加限制性条件制度研究》《自愿式环境协议制度研究》等著作,在《比较法研究》《中国行政管理》等期刊发表学术论文30余篇,主持或参与国家社科基金、教育部人文社会科学研究项目、司法部国家法治与法学理论项目等多项课题。

焦海涛 中国政法大学民商经济法学院教授、博士生导师,主要研究领域为竞争法学、经济法学。兼任中国法学会经济法学研究会常务理事、国家市场监督管理总局和北京市市场监督管理局反垄断专家库成员、北京市场监管专家库专家、中国消费者协会专家委员会专家等。出版《反垄断法上的社会政策目标》《反垄断法实施中的承诺制度》等著作,在《中国法学》《环球法律评论》《法学》等期刊发表学术论文 60 余篇，主持国家社科基金、北京市社科基金、司法部国家法治与法学理论项目等多项课题。

钟　刚　华东政法大学经济法学院副教授，主要研究领域为竞争法学、经济法学。兼任国家市场监督管理总局、上海市市场监督管理局反垄断专家库成员。出版《反垄断法豁免制度研究》等著作，在《社会科学》《法治研究》等期刊发表学术论文 20 余篇，主持教育部人文社会科学研究项目、国家市场监督管理总局委托项目等多项课题。

王　磊　中国政法大学民商经济法学院副教授，主要研究领域为竞争法学、数据法学、经济法学。兼任中国政法大学竞争法研究中心研究员、中国政法大学市场监管法治研究中心研究员。在《当代法学》《法学论坛》等期刊发表学术论文 20 余篇，主持、参与国家社科基金重点项目、教育部人文社会科学研究项目、司法部国家法治与法学理论项目等多项课题。

邰　庆　中国政法大学法律硕士学院副教授，主要研究领域为竞争法学、数据法学、商法学等。兼任中国法学会商法学研究会理事、北京市市场监督管理局反垄断专家库成员、中国政法大学互联网法律治理研究中心副主任等。在《中国军事科学》《行政法学研究》《中国法律评论》等期刊发表学术论文 30 余篇，主持、主研国家重点研发计划课题、北京市社科基金以及国家知识产权局、国家市场监督管理总局委托项目等多项课题。

郝俊淇　中国社会科学院法学研究所助理研究员，中国政法大学法学博士，主要研究领域为竞争法学、经济法学。兼任北京市经济法学研究会理事、北京市网络法学研究会理事、中国政法大学竞争法研究中心研究员。出版《滥用市场支配地位的反垄断法原理》等著作，在《政治与法律》《当代法学》《财经法学》等期刊发表学术论文 20 余篇，主持国家社科基金等多项课题。

刺　森　北京工商大学法学院副教授，德国汉堡大学法学博士，主要研究领域为竞争法学、经济法学。兼任北京市法学会电子商务法学会理事。出版专著《欧盟竞争法的公共执行与私人执行制度研究》。参编《〈中华人民共和国反垄断法〉专家修改建议稿及详细说明》《可持续发展与竞争法治》《算法治理制度之竞争规制》等著作，在《环球法律评论》《法学论坛》等期刊发表学术论文 10 余篇，主持、参与多项省部级课题。

魏　艳　上海大学法学院副教授，香港大学法学博士，牛津大学访问学者，主要研究领域为竞争法学、经济法学、慈善法学。兼任上海市法学会港澳台法律研究会副秘书长、上海市法学会慈善法治研究会理事、上海大学法学院 PPP 研究中心主任。出版 Regulating Municipal Water Supply Concessions: Accountability in Transitional China 等著作，在《东方法学》、China Legal Science、Hong Kong Law Journal 等期刊发表学术论文 20 余篇，主持国家社科基金以及民政部、上海市教委项目等多项课题。

前 言

反垄断法是公平竞争的制度载体，对构建高水平社会主义市场经济体制具有至关重要的作用。要充分发挥市场在资源配置中的决定性作用、更好发挥政府作用，就必须反对垄断、保护竞争。2007年颁布的《中华人民共和国反垄断法》（以下简称《反垄断法》）于2008年实施以来，在维护市场公平竞争、促进社会主义市场经济健康发展和推进全国统一大市场建设中发挥了重要作用。我国反垄断法规则体系不断完善、实施体制不断优化、实施成效不断显现。2022年《反垄断法》完成"首修"，进一步回应了我国经济社会进入高质量发展阶段的时代需求。

反垄断法制度在我国确立时间不长，社会公众对反垄断法还较为陌生，甚至还存有各种误解或偏见。最近几年，以反垄断法为主要内容的竞争法学似乎成了"显学"，但是因为反垄断法涉及的知识点多、知识面广，具有跨学科的特点。在法学领域内，横跨经济法、民商法、行政法、刑法以及三大诉讼法；在法学领域外，跨越经济学、管理学。对于数字经济领域的反垄断法适用，还涉及计算机科学与技术。反垄断法的学习难度较大，具有典型的"易学难精"的特点，即入门较为容易，但要真正掌握反垄断法制度则非常困难。当然，这也是反垄断法学的挑战与魅力之所在。

为了更加准确地面向法学与经济法专业的本科生和研究生讲授反垄断法的基础知识，基于原理，我们精心设计并编写本教材。与专著的创新性、个性化不同，教材承载着最基础的知识，聚焦最基本的原理。教材不仅需要将知识点讲全，更需要将知识点讲清、讲准，因此，教材既是知识传播的重要途径，本身也起着消除误解的作用。正是基于上述考虑，我们编写了《反垄断法学》这本教材。与市面上已经较多的同类教材相比，本教材有以下几个特点：

一是知识点全面，有一定的广度。《反垄断法》及相关规定中涉及的知识点和制度，本教材都力图一一呈现。除了典型的经济性垄断及行政性垄断之外，公平竞争审查制度和滥用知识产权排除、限制竞争制度，本教材也分设了专章。不论对反垄断法总论还是具体垄断行为及实施制度的讲解，本教材都设置了较大篇幅，尽量做到不遗漏重要知识点。竞争理论、反垄断法历史、反垄断法与其他法的关系等关系到基本原理的内容，以及反垄断诉讼、反垄断法责任等具体制度，本教材均予以详细论述。因此，本教材的篇幅较大。

二是重视制度背后的原理，有一定的深度。反垄断法难学的一个原因在于，很多垄断行为规制制度以经济学理论为基础，且法学上的垄断又与经济学上的垄断在涵义上存在差异。我们认为，要让读者对反垄断法形成正确地、系统地认识并消除误解，就需要准确梳理整个反垄断法制度背后的经济学原理，解释每种垄断行为的经济本质及不同垄断行为之间的关联性，只有这样，才能明晰反垄断法作为法律制度的基本经济逻辑。为此，本教材一方面在总论部分详细分析了竞争与垄断的含义、不同的竞争理论、反垄断法与经济学的关系、反垄断法的价值目标等基础问题，并在论述这些问题时注重法学与相关学科的关联与差异；另一方面在分论中介绍各种具体垄断行为时，也从"基本原理"开始，以揭示不同垄断行为的本质及其相关性。此外，教材还设置了"拓展阅读"，这些内容是对相关原理的进一步阐释。

三是关注反垄断法的立法与实施现状，有较强的实践性。我国反垄断法的规则体系庞大，执法与司法机构也处理了大量垄断案件。有些案件不仅具有较大的社会影响力，而且对规则解释与适用起着重要的补充或细化作用。本教材在讲解反垄断法具体制度时，既立足我国最新立法动态，也关注直接相关的垄断案件，将立法、制度与案件相结合，以实现立法与实践、理论与制度的高度融合。特别是，对一些新的或争议较大的知识点，如轴辐协议、不公平高价、忠诚折扣等，本教材都附之以一些较为经典或新颖的案件。

四是注重不同辖区的制度梳理与比较，尝试立足全球视野。反垄断法制度与市场经济体制密切相关，市场经济成熟的国家或地区，往往有更为完备的反垄断法治体系，全球各国反垄断法也在相互借鉴和趋同。我国《反垄断法》的制度框架，受欧美反垄断法影响较大。因此，梳理并比较不同辖区的反垄断法制度，既是普及反垄断法知识的重要途径，也是消除人们对我国反垄断法误解或偏见的重要方式。本教材不仅在总论部分对主要国家或地区的反垄断法进行了整体介绍，在分论部分论述每种具体垄断行为时也有意识地对其他辖区的相关制度或实践进行了必要的比较分析。

总之，教材编写是一项基础性工作，我们努力做到内容与时俱进、方式上尽力创新，但仍面临很多难题，例如，将知识点讲解到何种程度、对不同观点如何加以介绍与澄清等。本教材的编写工作始于2021年初，2022年5月份左右即形成了初稿。之后，一直在修改完善中。其间，《反垄断法》的修改以及相关规定的不断颁布或修订，许多内容亦随之修改。

本教材是团队合作的产物，各章内容均经由团队成员多次讨论形成。作为主编，本人几乎主持了所有的讨论，参与部分内容的撰写，并对全书进行了审读，因此，本人即是本书的第一责任人和最后责任人。中国政法大学的焦海涛教授作为副主编，协助我做了大量的学术性和事务性的工作。其他作者包括以下各位老师：天津师范大学刘武朝、华东政法大学钟刚、中国政法大学王磊、中国政法大学郤庆、中国社会科学院法学研究所郝俊淇、北京工商大学剌森、上海大学魏艳。中国人民公安大学法学院郭江兰老师和中国政法大学竞争法研究中心的多位博士后、博士研究生、硕士研究生也参与了资料收集整理和文稿校对等工作。

我们深知教材的极端重要性，深感责任重大。我们不仅坚持守住质量底线，而且努力准确、全面、客观地反映我国反垄断法治理论研究和实践探索的最新成果，但是我们也无奈地坦诚，本教材仍存在诸多不足。例如，有些内容的介绍可能较为简单，或者说理不够充分、表达不够精准、前后不完全协调等。我们真诚地希望社会各界能够对本教材提出宝贵意见或建议，以便我们不断修订完善。

时建中
2024 年 4 月 10 日

目 录

第一编 反垄断法总论

■ **第一章 反垄断法的经济学基础** / 3
　　第一节　竞争、垄断及反垄断法　　　　　　　　　　　/ 3
　　第二节　竞争理论　　　　　　　　　　　　　　　　　/ 10
　　第三节　反垄断法与经济学的关系　　　　　　　　　　/ 16

■ **第二章 反垄断法的历史发展** / 21
　　第一节　主要国家（地区）反垄断法的历史发展　　　　/ 21
　　第二节　中国反垄断法的历史发展　　　　　　　　　　/ 40

■ **第三章 反垄断法的地位** / 45
　　第一节　反垄断法的定位　　　　　　　　　　　　　　/ 45
　　第二节　反垄断法与反不正当竞争法　　　　　　　　　/ 51
　　第三节　反垄断法与价格法　　　　　　　　　　　　　/ 56
　　第四节　反垄断法与行业监管法　　　　　　　　　　　/ 59

■ **第四章 反垄断法的立法目标** / 66
　　第一节　立法目标及国际比较　　　　　　　　　　　　/ 66
　　第二节　中国反垄断法的立法目标　　　　　　　　　　/ 71

■ **第五章 反垄断法的适用范围** / 80
　　第一节　适用主体　　　　　　　　　　　　　　　　　/ 80
　　第二节　适用空间　　　　　　　　　　　　　　　　　/ 86
　　第三节　适用除外　　　　　　　　　　　　　　　　　/ 92

■ **第六章 相关市场的界定** / 96
　　第一节　相关市场的含义与作用　　　　　　　　　　　/ 96
　　第二节　相关商品市场的界定　　　　　　　　　　　　/ 101
　　第三节　相关地域市场的界定　　　　　　　　　　　　/ 108

第二编　反垄断法实体制度

■ **第七章　垄断协议** / 117
　　第一节　垄断协议制度的基本原理 / 117
　　第二节　垄断协议的主要类型 / 129
　　第三节　垄断协议违法性的分析模式 / 150

■ **第八章　滥用市场支配地位** / 162
　　第一节　市场支配地位 / 162
　　第二节　滥用市场支配地位的基本原理 / 177
　　第三节　滥用市场支配地位的行为类型 / 187

■ **第九章　经营者集中** / 223
　　第一节　经营者集中控制制度的基本原理 / 223
　　第二节　经营者集中申报 / 233
　　第三节　经营者集中审查 / 243
　　第四节　经营者集中抗辩 / 253
　　第五节　对经营者集中附加的限制性条件 / 257
　　第六节　简易程序 / 269

■ **第十章　滥用行政权力排除、限制竞争** / 275
　　第一节　行政性垄断制度的基本原理 / 275
　　第二节　我国行政性垄断的类型 / 283
　　第三节　我国行政性垄断的法律控制 / 296
　　第四节　域外滥用公权力限制竞争控制制度概况 / 302

■ **第十一章　公平竞争审查制度** / 317
　　第一节　公平竞争审查制度的基本原理 / 317
　　第二节　公平竞争审查制度的主要内容 / 333
　　第三节　公平竞争审查的保障机制 / 352

■ **第十二章　滥用知识产权排除、限制竞争** / 361
　　第一节　禁止滥用知识产权排除、限制竞争的基本原理 / 361
　　第二节　与滥用知识产权相关的垄断行为 / 373
　　第三节　滥用知识产权排除、限制竞争的特殊情形 / 392

第三编　反垄断法实施制度

■ **第十三章　反垄断法实施的基本问题**　　　　　　　　　　／403
　　第一节　反垄断法实施概述　　　　　　　　　　　　　　　／403
　　第二节　反垄断法实施的模式　　　　　　　　　　　　　　／411
　　第三节　反垄断法实施中的国际合作　　　　　　　　　　　／426

■ **第十四章　反垄断行政执法**　　　　　　　　　　　　　　／431
　　第一节　反垄断行政执法的一般程序　　　　　　　　　　　／431
　　第二节　反垄断行政执法的特别程序　　　　　　　　　　　／434
　　第三节　执法机构的义务与被调查者的权利义务　　　　　　／441
　　第四节　针对行政执法的救济　　　　　　　　　　　　　　／443

■ **第十五章　反垄断民事诉讼**　　　　　　　　　　　　　　／446
　　第一节　反垄断民事诉讼概述　　　　　　　　　　　　　　／446
　　第二节　反垄断多数人诉讼　　　　　　　　　　　　　　　／447
　　第三节　反垄断民事诉讼的程序规定　　　　　　　　　　　／452

■ **第十六章　反垄断法的法律责任**　　　　　　　　　　　　／464
　　第一节　反垄断法的法律责任概述　　　　　　　　　　　　／464
　　第二节　垄断行为的行政责任　　　　　　　　　　　　　　／469
　　第三节　垄断行为的民事责任　　　　　　　　　　　　　　／487
　　第四节　垄断行为的刑事责任　　　　　　　　　　　　　　／489
　　第五节　反垄断法中的宽大制度　　　　　　　　　　　　　／491

第一编　反垄断法总论

第一章　反垄断法的经济学基础

第一节　竞争、垄断及反垄断法

一、竞争

(一) 竞争的定义

竞争自古有之，而且是普遍现象，它深植于人类历史和人类本性之中。竞争同样也存在于人类社会的各个领域，体现在政治、经济、文化、科技、体育等各个方面。[1]

在经济学领域，竞争始终占有非常重要的地位。恩格斯曾指出："竞争是经济学家的主要范畴，是他最宠爱的女儿，他始终安抚着她。"[2] 竞争是资源配置的方式之一，对于竞争可以从不同的视角进行理解：从市场结构的角度看，竞争是竞争性市场结构，这样的市场往往由占有不同市场份额的多个竞争者组成，它们之间彼此施加竞争约束，因而任何竞争者都无法单独决定市场价格或交易条件；[3] 从市场行为的角度看，竞争是各类市场主体为了赢得有利的市场地位，实现自身的经济目标而进行的相互较量的行为过程或者行为方式，[4] 也可以说，竞争是企业之间激烈对抗的状态；从市场绩效或市场结果的角度看，竞争是一种经济效率或消费者福利不能通过进一步的竞争加以改善的状态。[5]

在法学领域，对竞争尚未形成共识性的定义。立法上，也仅有少数国家或地区对"竞争"的概念进行规定。日本《禁止私人垄断和确保公正交易的法律》（以下简称《日本反垄断法》）第2条第4款规定，两个以上事业者在通常的商业活动范围内，且没有对该商业活动的设施或商业活动的种类作重要改变的情况下实施或可能实施下列行为的状态：向同一需求人提供相同或类似的商品或服务；从同一供给人处获得相同或类似的商品或服务。

经济学领域中的竞争与法学领域中的竞争既有区别，又有联系。在经济学领域中，注重探讨竞争对经济效率的影响，具有中立性或客观性。在法学领域中，则侧重于从行为正当性的角度关注竞争，如正当竞争行为与不正当竞争行为，公平竞争行为与反竞争行为等，因此，总会关涉价值判断。

(二) 竞争存在的条件

1. 竞争通常存在于市场经济体制之中。在计划经济体制下，企业作为国民经济的计划

---

[1] [美] 威廉·G·谢泼德、乔安娜·M·谢泼德：《产业组织经济学》（第5版），张志奇、陈叶盛、崔书锋译，中国人民大学出版社2007年版，第5页。

[2] 中共中央马克思恩格斯列宁斯大林著作编译局编译：《马克思恩格斯文集》（第1卷），人民出版社2009年版，第611页。

[3] [美] 保罗·萨缪尔森、威廉·诺德豪斯：《微观经济学》（第19版），萧琛主译，人民邮电出版社2012年版，第138页。

[4] 余东华：《反垄断经济学》，经济科学出版社2017年版，第18页。

[5] [英] 奥利弗·布莱克：《反垄断的哲学基础》，向国成、袁媛等译，东北财经大学出版社2010年版，第3页。

单位，其生产的数量、价格、销售等均由政府主管部门决定，企业之间不需要争夺客户，也就不存在竞争的问题。只有在市场经济体制下，企业作为自主经营、自负盈亏、自担责任与风险的主体，要生存和发展，就必须与其他竞争者进行竞争，以实现利润的最大化。

2. 竞争至少有两个或两个以上的参与者。参与市场竞争的主体至少是两个或两个以上的经营者，即市场上必须存在两个或两个以上的卖方或买方。从狭义上讲，竞争主体主要是已在相关市场提供相同产品或服务的经营者；从广义上讲，竞争主体也包括潜在的竞争者，即潜在的市场进入者也可以对现有的经营者形成竞争约束。

3. 竞争必须发生在一定的市场范围内。任何竞争行为均发生在一定的市场范围内。市场竞争不仅表现为一定的商品或服务的竞争，也表现在一定的地域范围内的竞争。在反垄断法上，竞争范围被称为"相关市场"。

4. 竞争者之间相互约束。竞争参与者之间的利益具有内在的制约关系，相互之间形成竞争约束。所谓竞争约束是指经营者之间存在制约彼此行为的有效市场势力，即如果一个经营者涨价，导致该经营者的消费者大量转向其他生产同种商品或同类商品的竞争者，使得其涨价行为无效，则该两个经营者之间即存在竞争约束。[1] 竞争约束既可以来自于竞争对手的现有供应，也可以来自于竞争对手的未来扩张。潜在竞争者的进入也会对在位经营者施加竞争约束。

拓展阅读：产业竞争的"五力模型"[2]

美国著名经济学和管理学家迈克尔·波特，在其《竞争论》《竞争战略》等经典著作中，建构了有名的产业竞争"五力模型"。在他看来，产业竞争存在五种不同的力量，制约着某一产业的竞争强度和盈利能力。这五种力量分别是：①现有竞争者之间的竞争；②新进入者的威胁；③替代产品或服务的威胁；④供应商的议价能力；⑤买方的议价能力。虽然波特分析的重点是一个产业整体的盈利能力，但这些利润无非是单个企业利润的总和，因而"五力模型"也可以适用于单个企业。也就是说，任何企业的经营行为及其所面临的竞争强度和盈利水平或多或少面临着以上五种力量的制约。"五力模型"可如图1-1所示：

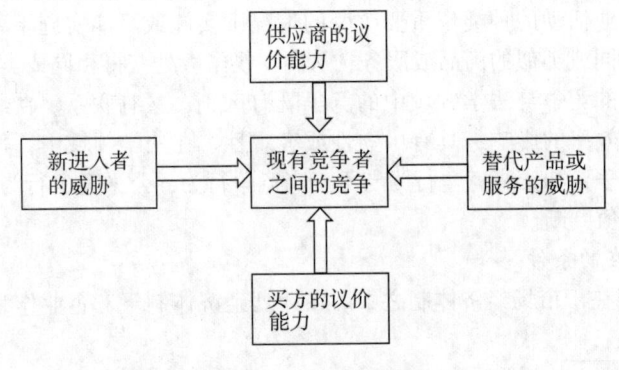

图1-1 "五力模型"

---

[1] 李虹：《相关市场理论与实践——反垄断中相关市场界定的经济学分析》，商务印书馆2011年版，第3页。

[2] 相关观点和论述可参见［美］迈克尔·波特：《竞争论》（第3版），高登第、李明轩译，中信出版社2012年版，第4页；［美］迈克尔·波特：《竞争战略》，陈丽芳译，中信出版社2014年版，第3页。

(三) 竞争的方式

竞争的方式是指经营者在市场上为获取更高的利润或更多的客户等所采取的竞争手段。传统竞争的方式主要体现在价格竞争与非价格竞争。数字经济背景下，竞争的方式则呈现出新的特点。

1. 传统的市场竞争方式。价格竞争是传统市场竞争最重要的方式之一。市场竞争主要围绕价格展开。企业运用价格手段，通过降低价格、维持价格或抬高价格，与其他竞争者争夺客户进而获取市场份额。价格竞争通常会受到生产成本、市场供求关系等许多方面的影响。其中，影响价格最为重要的因素是成本。竞争者之间可以通过降低生产成本，以获取竞争优势。随着市场上竞争者数量的增加，经营者对价格的控制能力会越来越弱，逐步从价格的制定者变成价格的接受者。

非价格竞争是企业通过产品差异化进行的竞争，通常包括质量竞争、服务竞争、广告竞争等。与质量相关的因素包括产品的性能、大小、外观、装潢、数量等。质量竞争主要表现为两个方面：一是开发新产品，二是改善现有的产品。服务竞争与质量竞争具有密切的关系，有些服务竞争也可以被纳入质量竞争的范畴。然而，有些服务竞争却与价格竞争、质量竞争不一样，构成独立的竞争方式，例如免费安装、送货上门等。市场竞争条件下，广告具有传播商品信息、扩大企业影响、提高商品知名度等作用，因此，广告也是经营者之间进行竞争的重要手段。[1] 以上仅是对市场竞争中比较重要的方式进行列举，并非是传统市场竞争方式的全部。值得提出的是，非价格竞争与价格竞争之间不是对立的。非价格竞争是价格竞争的必要补充或有效手段。

2. 数字经济时代竞争的方式。数字经济是指以使用数字化的知识和信息作为关键生产要素、以现代信息网络作为重要载体、以信息通信技术的有效使用作为效率提升和经济结构优化的重要推动力的一系列经济活动。数字经济领域，除传统的价格竞争和非价格竞争外，竞争的方式呈现出平台竞争、数据竞争、算法竞争等特点。[2]

第一，平台竞争。平台模式是数字经济最典型的商业模式。平台竞争包括内部竞争和外部竞争。内部竞争是平台内提供相同产品或服务的经营者之间的竞争。外部竞争是平台经营者之间的竞争。例如，微软传统上是一家软件开发企业，苹果公司关注硬件业务，谷歌则是提供搜索引擎服务的公司，尽管它们之间的核心业务不同，但是相互之间存在明显的竞争。在竞争价格方面，平台企业往往会采用非对称的定价策略，即向平台的一方用户提供低价甚至免费服务，而向平台的另一端用户收取较高的价格。在竞争结果方面，由于平台企业具有网络效应、边际成本低等基本特征，往往会产生"赢者通吃"的竞争现象，进而形成高集中度的市场结构。

第二，数据竞争。数字经济领域，企业的竞争力日益依赖于能够及时获得相关数据。数据已经成为生产经营的重要投入要素。借助数据要素，企业可以在短期内改善产品功能、也可以提高在线广告的针对性、优化服务等。

第三，算法竞争。算法是对给定的输入执行精确顺序的命令集，以明确定义的格式输出。算法可以通过简单的语言、图表、计算机代码和其他语言表示。数字经济领域，算法为企业带来实质性的效率提升，越来越多的企业利用算法改善定价模型、完善客户服务以及预测市场发展趋势，以取得竞争优势。

---

[1] 王晓晔：《反垄断法》，法律出版社2011年版，第2页。
[2] 韩伟：《迈向智能时代的反垄断法演化》，法律出版社2019年版，第1页。

（四）竞争的积极功能与消极效应

竞争的思想是迷人的，通过竞争总是能达到完美的结局。[1] 竞争的积极功能是竞争所能带来的正面作用和效果，但竞争并不总是带来积极的影响，其也具有天然的消极效应。

1. 竞争的积极功能。竞争可以促进资源的有效配置。广义或宏观上的资源配置效率是指通过一定的方式把有限的资源合理分配到社会的各个领域中去，以实现资源的最佳利用。狭义或微观上的资源配置效率是指某一单位的生产效率，通过强化内部管理或采用先进技术等实现单位产出的最大化。

竞争可以促进创新。创新是一个内涵非常丰富的概念。熊彼特曾提出创新的五种情况：①采用一种新的产品，也就是消费者还不熟悉的产品——或一种产品的一种新的特性；②采用一种新的生产方法，也就是在有关的制造部门中尚未通过经验检定的方法，这种新的方法绝不需要建立在科学上新的发现的基础之上；并且，这种新方法也可以存在于商业上处理一种产品的新的方式之中；③开辟一个新的市场，也就是有关国家的某一制造部门以前不曾进入的市场，不管这个市场以前是否存在过；④控制原材料或半制成品的一种新的供应来源，也不问这种来源是已经存在的，还是第一次创造出来的；⑤实现任何一种工业的新的组织。[2] 创新是经济发展的源泉。竞争与创新的关系是经济学领域的主要争议之一。熊彼特认为，竞争与创新之间存在负相关关系，大公司比竞争市场上的公司更具创造力；阿罗则认为，竞争与创新之间存在正相关关系，因为创新激励是基于超越竞争对手的需求；阿格因通过实证分析认为，两者之间是倒U形关系，竞争不足或过度都会给创新造成负面影响。[3] 欧盟委员会支持竞争有利于创新的观点，指出："企业之间的竞争是经济效率的重要动力，包括以创新为形式的动态效率。如果没有竞争，支配企业缺乏充足的动力进行持续创新和提高效率。"[4]

竞争可以增进消费者的福利。在一个富于竞争且运行良好的经济体系中，经营者迫于竞争的压力，会不断降低价格、提升质量、优化服务、丰富选择、锐意创新，以此稳固或提升自身市场地位，同时增进消费者在价格、非价格等方面的总体福利。

竞争可以促进经济民主。竞争不仅可以优化资源配置和促进创新，而且在推动经济民主方面也具有重要的作用。正如马克思·韦伯所说，如果一个国家的经济力量集中在少数人手中，会导致市场垄断，其结果是市场交易条件不平等。同时，许多经济学家也曾肯定竞争在政治社会中的地位，认为在一个经济力量分散的竞争性市场之中，民主更能发挥作用。

2. 竞争的消极效应。竞争无法提供公共产品。公共产品是能为绝大多数人共同消费或享用的产品或服务，例如，国防、公安、司法，以及义务教育、公共福利事业等。公共产品具有天然的非排他性，任何一个消费者对公共产品的享用，都无法排斥其他消费者对它的利用。因此，公共产品无法通过竞争的方式提供。

---

[1] [美] 威廉·G·谢泼德、乔安娜·M·谢泼德：《产业组织经济学》（第5版），张志奇、陈叶盛、崔书锋译，中国人民大学出版社2007年版，第6页。

[2] [美] 约瑟夫·熊彼特：《经济发展理论——对于利润、资本、信贷、利息和经济周期的考察》，何畏、易家详等译，商务印书馆1990年版，第73页。

[3] 相关观点可参见 [美] 约瑟夫·熊彼特：《资本主义、社会主义与民主》，吴良健译，商务印书馆1999年版，第106页；魏后凯：《企业规模、产业集中与技术创新能力》，载《经济管理》2002年第4期等文献。

[4] EU Commission, *Guidance on the Commission's enforcement priorities in applying Article 82 of the EC Treaty to abusive exclusionary conduct by dominant undertakings*, 2009 OJ C 45/7, para. 30.

竞争无法保证公平。竞争可以实现资源的有效配置，但不能保证公平。竞争可以实现社会资源和财富在不同主体之间流转，因此，竞争会导致社会收入、财富分配的差距过大。

竞争会导致风险和不安全感。竞争会给市场中每个公司都带来风险，特别是中小企业，时刻面临着竞争失败或退出市场的风险。因此，竞争总是给市场主体带来各种不确定性和不安全感。

竞争可能会导致垄断或不正当竞争行为。竞争带来的风险和不确定性，会导致一些经营者在市场竞争中，采取非法的或者有悖于公认商业道德的手段，与其他经营者进行竞争。例如，虚假宣传、商业诋毁等不正当竞争行为。同时，竞争会引起生产或资本的集中，生产和资本的集中发展到一定阶段则可能会产生垄断。

拓展阅读：竞争并不一定符合所有市场参与者的利益

充分的市场竞争一般被假定为符合所有市场参与者的利益，然而劳动者会对这一论断提出质疑。实际上，当前的"竞争模式"是以效率为导向的。在这种模式下，企业要么变得更有效率，要么被市场淘汰。换言之，不能提高效率的企业会在市场中消失，其资源会被其他部门循环利用，而该等部门可以自由进入和退出。然而，以上模式有一个严格的假设：在产品市场竞争的背后，存在一个无差别的、竞争激烈的、庞大的劳动力市场，劳动者如果由于竞争失业，可以在其他地方找到工资水平相同的工作。显然，劳动力市场不是这样运作的。很多情况下，劳动者在地域和技能上都是分散的，不具有流动性。其结果是，劳动者很多时候会因为竞争而陷入困境，这便削弱了竞争符合所有市场参与者利益的主张。竞争往往有利于资本，因为资本处于永不停息的流动。竞争对高技能的劳动者来说也是有效的，因为这部分劳动者更容易找到工作。但是，对于那些缺乏技能的劳动者来说，竞争很大程度上是行不通的。美国和欧洲的大量研究表明，数字经济的发展进一步拉大了劳动者技能的差距。被迫失业人群遭受的经济不平等，日益引发一种强烈的诉求：劳动者免于竞争应当作为社会经济契约的一部分。[1]

二、垄断

"垄断"一词源于英文中的"Monopoly"，其早期是指英国王室授予的"独占权"，即通过特许状授予和出售的独家垄断权。早期的垄断概念并无任何贬义，其仅是一个中性词汇。随着词义的演变，现代意义上垄断的概念则带有明显的价值判断。

（一）垄断的概念

在经济学意义上，垄断是指市场中只有一个或几个大企业提供产品或服务，凭借其经济实力，可以控制生产和市场，以获得高额利润。经济学领域中的垄断是一种市场结构，是对市场事实状态的一种描述。[2]

在法学意义上，垄断是指排除、限制竞争的行为，即一个企业或企业集团可能实施的一类商业行为，这些行为的目的在于限制企业之间的竞争以便在不必以更低成本或更高质量提供产品或服务的条件下，维持或增加其市场地位和利润。至于什么种类的商业行为会

---

[1] 郝俊淇：《竞争政策和法律中的公平考量——OECD"竞争何以促进社会公平"论坛介评》，载《中国价格监管与反垄断》2021年第10期。

[2] [美]保罗·萨缪尔森、威廉·诺德豪斯：《微观经济学》（第19版），萧琛主译，人民邮电出版社2012年版，第157页。

被认为是反竞争的,从而违反法律,则要根据不同的司法辖区和不同个案来认定。[1] 在立法上,这些反竞争行为通常被分为垄断协议、滥用市场支配地位、具有排除、限制竞争效果的经营者集中,以及滥用行政权力排除限制竞争行为等。可见,法学意义上的垄断是指排除、限制竞争的行为,而非状态,其天然的与否定性评价相关。

(二) 垄断的危害

在经济学上,效率是通过福利(welfare)来进行量化的。所谓福利是消费者或生产者获得的效用或感受得到的满足。社会总福利是生产者福利(经济学上用"生产者剩余"来表示)和消费者福利(经济学上用"消费者剩余"来表示)的总和。消费者剩余是指买者的支付意愿减去其实际支付的价格,以衡量买者从一种物品中得到的效用或满足。生产者剩余是衡量卖方所得利益的,等于卖者出售一种物品或服务得到的量减去成本。在经济学上,认为垄断会导致以下福利损失。[2]

第一,垄断导致福利净损失。在垄断的情况下,垄断企业为追求利润最大化可能会提高价格,相应地降低产量,导致消费者福利受损。消费者福利损失中的一部分转移为垄断者的利润,此时社会总福利并没有损失,只是发生了转移。但同时消费者福利中损失的另一部分则消失了,并没有转移为垄断者的利润。这个消失的部分,实际上是因为垄断者提高价格,导致部分消费者不再购买这类产品,进而损失掉的消费者福利。这部分福利损失因为并没有转移给垄断者,所以它会导致社会总福利的降低。经济学上将这部分损失称为垄断造成的"无谓损失"(deadweight loss),或者福利净损失(welfare loss)。

第二,垄断会导致寻租成本。寻租成本是指垄断企业为了获得并维持其垄断地位从而获得垄断利润所从事的一种非生产性寻利活动付出的成本,包括企业进行院外游说、官商勾结、贿赂选举、广告宣传等成本。由于这一部分既没有进入消费者剩余,也没有进入企业利润,而是以一定的形式自我耗散,因此,也会造成社会总福利的损失。

第三,垄断会导致内部效率的损失。内部效率损失是指垄断者因缺少外部竞争压力而导致管理、生产、销售等方面的低效率所造成的损失。由于垄断者往往缺乏外部竞争压力,员工努力的动机也不足,导致企业内部效率低下,也会造成一定程度的福利损失。用经济学家约翰·希克斯的话来说,"在垄断带来的所有利润中,最好的就是安静的生活。"[3]

由上可知,垄断不仅会造成福利净损失、寻租成本、内部效率损失,还会导致福利转移,即消费者剩余转变成生产者剩余,企业获得更多的垄断利润。也就是说,在垄断的情况下,消费者变得更穷了,而企业变得更富了。如何看待垄断导致的财富或福利转移问题,可谓仁智各见。在一些人看来,福利转移并非当然就是坏事,尤其是对于信奉总体福利标准的人来讲,消费者与生产者之间的福利转移被视为是中性的,因为等量的财富对于生产者和消费者的效用被假定为是一样的。但在另一人看来,反垄断的基本关注不仅包括效率损失,还应当包括福利转移造成的财富分配不公平。其实,造成贫富差距和经济不平等的原因多种多样,垄断导致的再分配效应是一个重要因素。在此意义上,反对垄断有助于防

---

[1] 经济与合作发展组织:《产业组织经济学和竞争法律术语解释》,崔书锋、吴汉洪译,中国经济出版社2006年版,第7~8页。

[2] 关于垄断导致的福利损失,可参见 [美] 保罗·萨缪尔森、威廉·诺德豪斯:《经济学》(第16版),萧琛等译,华夏出版社1999年版,第125~138页;杨蕙馨主编:《产业组织理论》,经济科学出版社2007年版,第22~33页。

[3] [美] 理查德·A·波斯纳:《反托拉斯法》(第2版),孙秋宁译,中国政法大学出版社2003年版,第19页。

止或矫正倒退性的财富再分配，因而能够促进分配公平和经济平等。[1]

实际上，除了上述三种效率损失和福利转移损失外，垄断的危害还包括动态效率的损失，即企业在引入新产品、新工艺、新生产组织，或改进现有产品、工艺、生产组织等方面努力不足所造成的损失。用美国法官汉德的话来讲，垄断之所以是坏的，是因为它"抑制创新精神，压抑活力"，也因为"对产业进步来说，免于竞争是麻醉剂，而对抗则是兴奋剂"。[2] 此外，垄断不仅对市场和经济有害，还可能给民生、社会、文化、政治、国家安全等方面带来不良后果。由于经济基础决定上层建筑，所以反对垄断在捍卫市场竞争秩序和"经济基础"的同时，亦有助于保障"上层建筑"的安全和稳定。

三、反垄断法

竞争始终存在于市场经济体制之中，但竞争的消极效应很难通过市场机制及时有效地自我克服。对于垄断造成的危害，需要国家通过反垄断立法予以干预。因此，反垄断法的出现是市场经济和市场竞争发展到一定阶段的客观要求，也因此"社会经济生活对反垄断法的需求总是与市场的成熟程度成正比"。[3]

（一）反垄断法的称谓

目前，全世界已经有近160个国家或地区制定并实施了反垄断法。然而，各国反垄断法的称谓差异较大。例如，美国称之为"反托拉斯法"；德国称之为"反限制竞争法"；奥地利称之为"反卡特尔法"；多数国家称之为"竞争法""竞争保护法"或者"公平竞争法"，例如，加拿大、印度、新加坡、阿根廷、牙买加、南非、津巴布韦、肯尼亚、利比里亚等国家，以及欧盟及其部分成员国，例如，丹麦、瑞典、荷兰、爱沙尼亚、立陶宛、爱尔兰等成员国；我国以及智利等少数国家直接称之为"反垄断法"。

（二）国内关于反垄断法的定义

国内学术界对于反垄断法的定义并未完全形成共识。具体而言，主要包括以下几种定义方法：一是从调整对象的角度进行定义，认为反垄断法是通过规范垄断和限制竞争行为来调整企业和企业联合组织相互之间竞争关系的法律规范的总和。[4] 二是从功能的角度进行定义，认为反垄断法是反对限制竞争、维护自由公平竞争和经济活力的一类法律规范的统称。[5] 三是从内涵和外延的角度进行定义，从内涵上讲，反垄断法是禁止排除或限制市场竞争行为的法律部门或法律规范的总称；从外延上讲，反垄断法是禁止反竞争并购、联合行为或滥用市场力量行为的法律部分或法律规范的总称。[6] 四是从与其他部门法的关系角度进行定义，认为竞争法是调整竞争关系及与竞争关系密切联系的其他社会关系的法律规范的总称。[7]

尽管反垄断法的称谓不同，定义的角度也存在差异，但是，在外延上，各国或地区的反垄断法所调整的行为类型却高度一致，一般都包括垄断协议、滥用市场支配地位的行为、具有或可能具有排除限制竞争效果的经营者集中等三类经济性垄断行为。除此之外，部分转型国家的经济生活中还不同程度存在着行政性垄断行为，因此，这些国家的反垄断法还

---

[1] 韩伟主编：《可持续发展与竞争法治》，法律出版社2021年版，第239~254页。
[2] See United States v. Aluminium Co. of Am (Alcoa), 148 F. 2d 416, 427, 2d Cir., 1945.
[3] 时建中主编：《反垄断法——法典释评与学理探源》，中国人民大学出版社2008年版，第1页。
[4] 曹士兵：《反垄断法研究——从制度到一般理论》，法律出版社1996年版，第8页。
[5] 王先林：《反垄断法的基本性质和特征》，载《法学杂志》2002年第1期。
[6] 孔祥俊：《反垄断法原理》，中国法制出版社2001年版，第8页。
[7] 吕明瑜：《竞争法教程》，中国人民大学出版社2008年版，第82页。

会富于特色地调整行政机关和法律法规授权的具有管理公共事务职能的组织滥用行政权力，排除、限制竞争的行为。[1]

第二节 竞争理论

"反垄断法是与经济学理论结合得最密切的一部法律，尤其是与产业组织理论的发展具有密切的关系。"[2]竞争理论作为经济学的核心理论，其发展历程几乎贯穿了整个经济学史的全部进程。在漫长而曲折的演变过程，先后出现了古典自由竞争理论、完全竞争理论、垄断竞争或不完全竞争理论、动态竞争理论、产业组织理论等。不同的竞争理论有着各自不同的理论模型和政策主张，也对经济学的发展作出了各自不同的贡献。

一、古典自由竞争理论

竞争理论始自古典经济学。古典经济学产生于17世纪中期的欧洲，但直到1776年亚当·斯密完成了他的代表作《国民财富的性质和原因的研究》一书，才算真正形成了古典经济学理论体系。在斯密经济思想的形成过程中，正是资本主义成长时期，经济的发展受到封建残余制度的束缚。为了清除资本主义发展的障碍，迫切需要一个自由主义的经济学说体系，而这个体系的核心思想就是斯密提出的自由竞争理论。自由竞争理论的内容十分丰富，归纳起来大致包括"经济人"的假设、竞争机制和自然秩序等三项主要内容。

斯密认为，经济运行的起点正是出于经济人"自利的打算"，"我们每天所需的食料和饮料，不是出自屠户、酿酒家或烙面师的恩惠，而是出于他们自利的打算。"[3]斯密将关心自身利益看作人的天然本性，人们从事经济活动，无不以追求自己的最大经济利益为动机。斯密以"经济人"的思想研究人的经济活动的动因和动力，以及其在经济运行过程中的地位和作用，这是经济理论上的一个重大发展。将经济人协调在一起的恰恰是竞争机制，单个生产者的产品是否符合市场需要，需要依靠竞争来调节，竞争使社会生产与社会的需求相适应。当然，竞争的运作需要一定数量的买方和卖方，而且各方的人数越多，竞争就越激烈。竞争越是不充分，竞争机制便越不能发挥调节作用，个人利益和社会利益的矛盾就越大，其结果是影响经济的发展。尽管竞争机制可以充分调节社会经济活动，但仍然存在平衡和协调的问题，于是斯密又提出"自然秩序"的概念。所谓的"自然秩序"是斯密设想的一种经济模式，在该模式下"一切都听其自由，每个人都能自由地选择自己认为适当的职业并能随时自由改业"。斯密所称的"自然秩序"又与完全竞争的模式具有类似之处。[4]斯密在论述古典自由竞争经济理论的同时也指出了垄断的弊端："世人对囤积与垄断的恐惧好比他们对妖术的恐惧与疑惑"，"垄断者使市场存货经常不足，从而使有效需求永远得不到充分的供给"，垄断价格"是向买者榨取的最高价格"。[5]

古典自由竞争理论的贡献在于指出了竞争的作用，即竞争是经济发展的动力。斯密把

---

[1] 时建中：《我国〈反垄断法〉的特色制度、亮点制度及重大不足》，载《法学家》2008年第1期。
[2] 唐要家：《反垄断经济学：理论与政策》，中国社会科学出版社2008年版，第7页。
[3] [英]亚当·斯密：《国民财富的性质和原因的研究》（上卷），郭大力、王亚南译，商务印书馆2008年版，第14页。
[4] 李秀芝、王振峰：《对竞争理论演变的分析与评述》，载《学术交流》2006年第9期；龚维敬：《垄断与竞争之争》，载《海派经济学》2004年第4期。
[5] [英]亚当·斯密：《国民财富的性质和原因的研究》（上卷），郭大力等译，商务印书馆1997年版，第17页、56页、122页。

自由竞争的市场机制作为最佳的经济调节机制，主张国家应该实行放任自由的经济政策，取消政策或法律对私人经济活动的限制，反对政府对经济活动的任何干预。斯密的主张为早期资本主义的发展奠定了思想基础，在当时历史条件下具有重要的积极意义。

二、完全竞争理论

完全竞争理论产生于19世纪后半叶至20世纪20年代，其最早可以追溯至法国经济学家古诺。古诺从垄断的情况开始分析，然后引入下一个乃至无数个厂商从而达到"无限"竞争的状态。在无限竞争的条件下，任何一个厂商所生产的产品的数量都小得不足以对价格产生可以感觉得到的影响。[1] 完全竞争理论经杰文斯、帕累托、马歇尔等进一步发展，最后由美国经济学家奈特在1921年出版的《风险、不确定性和利润》一书中予以完善。[2]

完全竞争理论描述的是这样一种竞争状态：一是市场上存在大量的卖方（生产者、厂商）和买方（消费者），相对于整个市场而言，单个卖方销售的数量或单个买方购买的数量都不大，其变化不足以引起市场价格的变化；二是所有卖方之间的产品具有同质性，或者具有完全的替代性；三是各种生产要素或资源均能够完全自由流动而不受任何法律、社会和自然的限制，即不存在进入或退出市场的壁垒；四是市场信息是完全的、对称的，厂商能够了解市场中产品的价格、工资水平等市场信息，消费者亦了解厂商产品的价格、质量等。在完全竞争模式下，任何一个厂商都不能对市场价格造成影响，一旦某个厂商试图提高价格，则买方会转而购买其他厂商的可替代商品，因而单个企业只能是市场价格的被动接受者。企业要实现利润最大化，只能降低成本，提高生产效率。同时，在完全市场竞争模式下，由于市场信息完全对称且市场进出无壁垒，如果单个厂商提高价格，则会有更多的厂商进入，从而使得市场价格降低，直到每个企业的边际收益等于边际成本。在这个均衡的价格下，企业生产消费者所需要的产量，不会过多地供给，也不存在过多的需求，市场上的每个厂商和消费者都没有动机去改变自己的状况，所有市场主体的效用最大化，每个市场主体都达到效用最大化时，整个社会的福利也实现最大化，即实现了"效率"的最优化。[3]

但是，在现实经济实践中，几乎不可能全部具备完全竞争市场所需要的前提条件。一是完全竞争市场理论所描述的产品之间具有同质性，与现实不符，因为消费者的需求是多元化的；二是完全竞争理论下，厂商的利润趋于零，这与经营者追求利润最大化的目标也不符合；三是完全竞争将竞争的全部注意力都集中在价格上，而忽略了现实中产品之间存在的质量竞争、技术竞争等；四是完全竞争理论描述的是一种均衡的、静态的竞争，忽视了竞争的动态性和竞争过程的重要性。尽管完全竞争理论在现实中很少存在，但其仍然具有重要的价值。如果说，自由竞争理论让我们认识到了竞争的重要性，完全竞争理论则为评价市场行为提供了一个理想化的目标或标准。

三、垄断竞争理论

在完全竞争理论模式下，只要市场竞争机制能发挥作用，每个厂商都是市场价格的接受者，就能实现社会资源的最优配置。但从20世纪20年代开始，企业的规模不断扩大，生产集中度开始提高，许多行业出现了垄断现象并可以提高价格，阻碍了资源优化的过程，

---

[1] 李秀芝、王振峰：《对竞争理论演变的分析与评述》，载《学术交流》2006年第9期。
[2] 陈秀山：《现代竞争理论与竞争政策》，商务印书馆1997年版，第36页。
[3] 傅军、张颖：《反垄断与竞争政策：经济理论、国际经验及对中国的启示》，北京大学出版社2004年版，第45页。

降低了社会福利，使得完全竞争理论与经济现实出现背离。为解释传统竞争理论与现实经济问题的冲突，1933年经济学家爱德华·张伯伦发表了《垄断竞争理论》，琼·罗宾逊同年发表了《不完全竞争经济学》，分别提出了垄断竞争理论和不完全竞争理论。

张伯伦认为，完全竞争理论模式下，自由竞争是普遍存在的现象，垄断是例外，完全竞争理论把竞争和垄断截然分开，沿着两条极端的路线来进行研究，致使理论很难切合于实际，实际上垄断竞争才是真实世界的普遍现象。张伯伦认为，在现实的经济实践中，每一个厂商的产品在商标、品质、包装、销售等方面均存在差异，这种差异使得每一个厂商对其产品具有一定的垄断性。当然，厂商之间具有差异性的产品又相互之间或多或少地存在替代性，由此厂商之间又产生了竞争。换句话说，每一个厂商都是自己产品的垄断者，同时又是市场中的竞争者，这种既有垄断又有竞争的情形即为垄断竞争。[1]

罗宾逊也认为，不存在满足完全竞争条件的市场形式。由于消费者的偏好、产品之间的替代性等因素，产品之间的同质性是不可能实现的，因此，完全竞争是达不到的，在经济实践中不完全竞争才是常态。垄断竞争理论和不完全竞争理论均认为，完全竞争是不可能实现的，只是张伯伦着眼于产品之间品质、包装、商标等因素的差异，罗宾逊则着眼于消费者之间的偏好导致的差异。

完全竞争理论是竞争理论形成的基础，不完全竞争或垄断竞争理论则是对完全竞争理论的进一步发展。不完全竞争或垄断竞争理论是对介于垄断与完全竞争之间的现实竞争状态进行的分析，并将其作为一种常态。但不完全竞争或垄断竞争理论仍然以完全竞争作为一种理想状态，认为从长期看，垄断或不完全竞争也具有向完全竞争发展的趋势。

四、动态竞争理论

自由竞争理论、完全竞争理论、垄断竞争理论或不完全竞争理论都是对特定市场结构中经济主体行为的分析，其都没有描述竞争的过程，可以说是一种静态的分析方法。针对传统静态分析方法的不足，一些学者从竞争的过程出发，提出了动态竞争理论。1942年熊彼特发表了《资本主义、社会主义与民主》一书。熊彼特认为，竞争经济的实现自始至终是一个变动的过程，所以讨论是否在完全竞争的静止均衡状态下可以达到产量最大等问题，几乎是没有价值的。完全竞争不是常规，而仅仅是一种例外。市场竞争实际上是一个"新组合"不断代替"旧组合"的过程，在这一过程中，具有创新精神的企业家则是"创新"、生产要素"新组合"以及经济发展的主要组织者和推动者。熊彼特还认为，完全竞争不仅是不可能的，而且是低劣的。因为在完全竞争中，竞争者既没有必要，也没有能力开发新产品、运用新技术，所以完全竞争无法实现经济和技术进步。[2]

在创新与动态竞争观点的影响下，经济学家克拉克提出了"有效竞争"概念。[3] 所谓有效竞争是由"突进行动"和"追踪反应"这两个阶段构成的一个无止境的动态过程的竞争。即"突进行动"阶段是由先锋企业进行创新，运用新技术、推出新产品、开发新市场、实行新的组织形式，从而获得"优先利润"，在竞争中占据市场优势地位。随后"追踪反应"阶段，其他竞争企业开始模仿追随先锋企业的方式，以求分得一份优先利润，从

---

[1] 陈秀山：《现代竞争理论与竞争政策》，商务印书馆1997年版，第44页。
[2] 相关观点可参见 [美] 约瑟夫·熊彼特：《资本主义、社会主义与民主》，吴良健译，商务印书馆1999年版，第106页；魏后凯：《企业规模、产业集中与技术创新能力》，载《经济管理》2002年第4期等文献。
[3] [美] 赫伯特·霍温坎普：《联邦反托拉斯政策——竞争法律及其实践》，许光耀、江山、王晨译，法律出版社2009年版，第65页。

而使利润平均化。然后再由先锋企业进行创新。这种循环交替连续不断。克拉克认为，竞争过程中，在一段可以自由反应时期内存在垄断的市场地位是必要的、合理的。它不同于企业间相互勾结串通来协调市场行为，或者依靠独占及非经济因素形成市场势力的垄断。因为随着模仿过程的普遍化，原有的创新企业垄断地位会随之消失，不可能是长期不变的。

动态竞争理论对竞争理论发展的重要贡献是对竞争过程采取了动态分析方法，认为竞争不仅从时序上看是一个动态过程，更重要的是从内部结构上看，是一个演进的动态过程，是一个创新与技术进步的动态过程。这种分析方法上的革新，得出了与传统竞争理论完全不同的结论：竞争作为一个动态过程最重要的作用是推动创新与技术进步，而承担这一功能的主要角色是大规模生产的企业。大企业由于创新和技术进步形成的垄断，不是真正的垄断，企业利润中包含的垄断盈利，是颁给成功者的奖金。这种企业由于一方面要同原有旧技术、旧产品的企业竞争，另一方面受到潜在竞争的威胁，因此，实际上仍处于竞争之中。所以从长期的动态过程看，由于竞争压力和运用新技术、新生产组织形式，这些大规模生产企业决定的"垄断价格"并不必然比竞争价格高，其产量也并不比竞争产量少。[1]

五、产业组织理论

张伯伦的垄断竞争理论和罗宾逊的不完全竞争理论都试图解释市场结构的变动如何导致厂商行为的变异，并由此影响整个经济运行的效率。在垄断竞争理论和不完全竞争理论的基础上，经济学家继续致力于研究市场中市场结构、市场行为和市场绩效之间的关系，并最终促使产业组织理论成为经济学的一个独立学科出现。市场组织理论的基本分析框架是20世纪60年代，由以梅森、贝恩、谢勒为代表的哈佛学派建立的。在发展史上，产业组织理论先后经历了哈佛学派、芝加哥学派和后芝加哥学派等不同的发展阶段。[2]

（一）哈佛学派

哈佛学派是由一批哈佛大学学者所形成的产业组织理论，源起于对古典自由竞争理论的批评。1938年，哈佛大学的梅森教授对竞争过程中的市场结构、市场行为进行了分产业的实证研究，将垄断行为的危险与一定的市场结构联系起来。1959年，哈佛大学的贝恩教授出版《产业组织理论》一书，对市场结构（Structure）、市场行为（Conduct）、市场绩效（Performance）范式进行了全面阐释（即SCP范式），标志着哈佛学派的正式形成。

哈佛学派的有关主张可简要概括如下：[3] 其一，除规模经济显著的产业外，在高集中度的产业中，利润高于竞争性产业，即产业集中度和会计上的回报率呈正相关关系。即市场结构决定市场行为，市场行为决定市场运行效率。市场结构处于中心的地位，高集中度产业中企业的高利润是行使市场力量和合谋行为的结果，但是识别行为是困难的，而测定市场结构则相对简单。基于此，哈佛学派主张政府通过干预市场结构达到提高经济绩效的目的，因此，哈佛学派又被称为产业组织理论中的"结构主义"。其二，进入壁垒是能使市场上现有企业获得垄断利润而又阻碍场外企业进入的因素。高集中度通常是由高进入壁垒

---

[1] 参见［美］约瑟夫·熊彼特：《资本主义、社会主义与民主》，吴良健译，商务印书馆1999年版，第106页；傅军、张颖：《反垄断与竞争政策：经济理论、国际经验及对中国的启示》，北京大学出版社2004年版，第64~66页；魏后凯：《企业规模、产业集中与技术创新能力》，载《经济管理》2002年第4期等文献。

[2] 于立：《中国反垄断经济学的研究进展》，载《广东商学院学报》2010年第5期；于立、吴绪亮：《试析反垄断经济学的学科定位——兼评布西罗塞〈反垄断经济学手册〉》，载《经济与管理研究》2009年第4期。

[3] 有关哈佛学派的形成和主要观点，可参见［美］威廉·G·谢泼德、乔安娜·M·谢泼德：《产业组织经济学》（第5版），张志奇、陈叶盛、崔书锋译，中国人民大学出版社2007年版，第19~28页；唐要家：《反垄断经济学：理论与政策》，中国社会科学出版社2008年版，第7~16页。

所导致的，其中产品差异化、规模经济、绝对成本优势等构成进入障碍。消费者通常在相似的产品之间进行选择，过高的产品差异化不会导致有效竞争。其三，在寡头市场上，企业会认识到相互之间的依赖性，倾向于采取默示一致行为削弱彼此竞争。其四，在企业具体的产品或价格行为上，哈佛学派认为掠夺性的低价行为和大企业的折扣行为是非法垄断化行为。

（二）芝加哥学派

芝加哥学派是 20 世纪 60 年代~70 年代以来，在与哈佛学派的论战之中所形成的思想及政策主张，其倡导自由竞争，更相信市场机制自我调节的力量。1968 年斯蒂格勒的《产业组织》、1976 年波斯纳的《反托拉斯法》和 1978 年博克的《反托拉斯悖论》等著述都是芝加哥学派思想的最好体现。

芝加哥学派的主要思想和主张可简要概括如下：[1] 其一，哈佛学派所认为的高集中度产业的垄断利润高于低集中度产业的论证并不可靠，会计上的回报率不同于垄断利润，用会计回报率说明垄断利润是完全不可靠的。对于什么样的市场结构是最佳的，实际上我们很难判断，若这种情况下就干预市场结构而对这些企业进行拆分，所付出的成本可能超过所带来的收益。其二，有效竞争并非需要市场上存在数量众多的企业，高集中度的市场也可能是竞争性的，即使市场上的少数企业之间可以协调价格，但售后服务等仍足以保障市场的竞争性，寡头垄断和卡特尔不可能排除所有的竞争。即使是高集中度的产业市场中的企业获得高回报，也是由于该企业的高效率所导致的。其三，市场上存在的垄断可以自我矫正，高垄断价格会加速新企业进入，司法干预也最多是加速矫正过程。不同于哈佛学派，斯蒂格勒就认为规模经济不构成进入壁垒，不论是在位企业还是新进入者，这是在进入市场时都必须面对该产业的规模经济问题。其四，对各种商业行为可能产生的竞争效果评估上，芝加哥学派也提出完全不同于哈佛学派的主张。企业纵向限制行为，如纵向一体化、维持转售价格、搭售、价格歧视等更多的是出于效率考虑的原因；掠夺性定价也更多的是企业一种正常的降价行为，是竞争的本质反映；卡特尔不具有可维持性等。其五，除上述具体问题外，芝加哥学派认为提高经济效率是竞争政策的唯一目标，而不应考虑财富或权利是如何分配的。即使某个行为给企业带来的收益大于对消费者的损失，只要社会总福利最大化，也不应该禁止。与哈佛学派相比，芝加哥学派更加注重对厂商行为的分析，因此，芝加哥学派又被称为产业组织理论中的"行为主义"。

（三）后芝加哥学派

后芝加哥学派产生于 20 世纪 80 年代，主要是利用博弈论、信息不对称等工具对竞争进行更深入的分析，由于这一学派主要观点是对芝加哥学派部分观点的修正，并产生于芝加哥学派之后，故称为"后芝加哥学派"。[2] 与芝加哥学派对市场自我矫正的信任不同，后芝加哥学派认为市场并非完美，现实中企业之间的策略行为所导致的垄断，市场机制自身是无法消除的。

---

[1] 有关芝加哥学派的主要观点论述可参见 [美] 赫伯特·霍温坎普：《联邦反托拉斯政策——竞争法律及其实践》，许光耀、江山、王晨译，法律出版社 2009 年版，第 67 页；唐要家：《反垄断经济学：理论与政策》，中国社会科学出版社 2008 年版，第 7 页。

[2] 唐要家：《反垄断经济学：理论与政策》，中国社会科学出版社 2008 年版，第 8 页。

后芝加哥学派的观点贡献主要体现在以下几个方面：[1] 其一，限制竞争行为的判断中，不可能完全抛弃市场结构标准。企业之间的策略性限制竞争行为发生的重要条件是拥有市场力量，将市场结构作为判断的重要因素可以有效地降低执法的成本，提高执法效率。其二，不同于芝加哥学派的效率目标，后芝加哥学派认为反垄断法的效率目标应以消费者福利为标准，在经济效率核心目标的基础上，非经济学上的因素也影响着反垄断法。[2] 其三，由于存在在位企业与潜在进入者之间的信息不对称，掠夺性定价可能是在位企业向潜在竞争者发出进入者将无利可图或自己是强势在位者的信号机制。由于存在着沉淀成本，则在位企业与潜在进入者之间的竞争也不可能是完全的，在位企业的策略性行为也可能阻止潜在者进入。其四，对于芝加哥学派所认为的卡特尔不具有可维持性的观点，后芝加哥学派分析了一致行动的可维持性，并且认为只要存在有效的惩罚机制，甚至长期维持也是可能的。其五，在经营者集中时，产品差异化的企业之间集中，并与市场上其他企业产品的差异化越高，则集中后企业提高价格的可能性越大，而其他企业并没有能力提高价格；对于集中企业产品与市场上其他企业产品无差异的，则更可能导致是共谋或寡头垄断，而非单方提高价格。

不同产业组织理论学派对于市场竞争中同一现象的认识并不相同，由此也就形成不同的反垄断法思想，并影响到政策的选择。哈佛学派主张市场结构（Structure）、市场行为（Conduct）和市场绩效（Performance）之间的单向因果链关系，其中分析的逻辑起点是市场结构。在SCP范式下，结构性方法自然是反对垄断的最好选择，而行为方法一般不会起作用，因为市场结构这一决定性条件决定了企业从事限制竞争行为的危险。芝加哥学派则对SCP范式提出了彻底的挑战，认为高集中度市场结构也会产生高市场绩效，其对市场结构、企业行为、市场绩效之间关系的认识是双向的。在芝加哥学派对三者关系的这一主张下，对企业进行拆分等结构性方法显然是不可靠，甚至无效的。后芝加哥学派则依据信息不对称等经济学成果，指出市场也并非如芝加哥学派所主张的那样完美，主张谨慎的干预原则，实际上是对哈佛学派积极干预主义和芝加哥学派最小干预主义的平衡。对于后芝加哥学派对芝加哥学派的"修正"，当然不是对哈佛学派的回归，而是产业组织理论的"螺旋式的上升"。也正如有的经济学者所言"后芝加哥学派也并非用完全的新范式取代原有的范式，仅是使用了更加精细的实证分析工具和方法而已。"[3]

拓展阅读：新布兰代斯学派

路易斯·布兰代斯在1916年至1939年任职美国最高法院的法官。布兰代斯是美国麦迪逊思想的坚定支持者，该思想旨在实现政治经济领域权力和机会的民主分配。布兰代斯对美国反托拉斯制度的进步和思想的发展做出了重大的贡献，其主要观点可简要概括如下：一是反垄断的目标不应该只是单纯的经济效率，也应该包含竞争和经济民主；二是规模和

---

[1] 有关后芝加哥学派的主要思想可参见［美］赫伯特·霍温坎普：《联邦反托拉斯政策——竞争法律及其实践》，许光耀、江山、王晨译，法律出版社2009年版，第71页；唐要家：《反垄断经济学：理论与政策》，中国社会科学出版社2008年版，第14页。

[2] 关于竞争政策非效率目标的论述可参见王传辉：《反垄断的经济学分析》，中国人民大学出版社2004年版，第59页；［意］马西莫·莫塔：《竞争政策——理论与实践》，沈国华译，上海财经大学出版社2006年版，第11～20页。

[3] ［美］J. E. 克伍卡、L. J. 怀特编著：《反托拉斯革命——经济学、竞争与政策》，林平、臧旭恒等译，经济科学出版社2007年版，中译本导言。

效率的关系也并不是线性的,规模可以产生效率,但也可能会带来非效率;三是反垄断的手段应该是多样的,除了依靠法律之外,还应该依靠舆论监督,以及人民参与等其他的手段;四是对于金融机构来讲,为了防止货币托拉斯的形成,保证业务之间的分离是十分必要的,等等。

"新布兰代斯主义"学派的最重要代表有:巴里·林恩(Barry Lynn)、莉娜·卡恩(Lina Khan)等,其中以莉娜·卡恩发表的《亚马逊的反垄断悖论》一文最为有影响。"新布兰代斯主义"也反对将"消费者福利"作为反垄断的唯一的目标。这一点与布兰代斯法官的观点具有相同之处。"新布兰代斯主义"也认为遏制垄断的方法是多样的,但在具体手段上其又不认同布兰代斯法官的看法,认为政府部门的行业管制政策也可以被作为"反垄断"的方法加以使用。对于超级平台企业,可以考虑通过类似社会公共设施管制的方式进行规制。"新布兰代斯主义"也主张反垄断法应该更多关注市场结构和竞争过程,但其又反对完全回归到哈佛学派的"市场结构-市场行为-市场绩效"模式。

新布兰代斯学派异军突起,与当前超级互联网平台治理同时引起欧盟、美国和中国关注的大背景相关。过去很长一段时间,反垄断的学理基础一直是芝加哥学派,其核心特征是不反对垄断状态,而反对垄断行为。套用到互联网平台中就是不反对平台的大,但反对平台从事与大有关的垄断行为。新布兰代斯学派摒弃了芝加哥学派立场,主张现行的反垄断框架——将竞争与"消费者福利"挂钩,定义为短期的价格效应,不足以捕获现代经济中市场势力的结构。如果只通过产量和价格来衡量竞争,我们会忽视平台的支配地位对竞争的负面影响。当然,新布兰代斯学派是否能真的成为一个学派,并被反垄断法的主流思想所接受,仍有待观察。[1]

第三节 反垄断法与经济学的关系

反垄断法形成之初并没有受到太多经济学的影响。例如,1890年美国《保护贸易及商业免受非法限制及垄断法案》(以下简称《谢尔曼法》)立法时,曾得到美国社会大多数社会精英的支持,但其中却没有一位经济学者。斯蒂格勒在解释这一现象时认为,当时的经济学家并未认识到企业之间共谋对市场竞争的损害,且当时的经济学家认为通过政府的管制可以解决这一问题,并未认识到反垄断法对维护市场竞争的重要作用。

从竞争理论的发展谱系来看,反垄断法与经济学之间的关系由来已久,但直至哈佛学派兴起后,经济学与反垄断法之间的实质密切关系方才凸显。芝加哥学派出现后,经济学更开始全面渗入反垄断的立法及实施等各个领域。今天,即使是不赞成把经济学看作反垄断法唯一理论基础的人,也不会否认反垄断法的科学性高度依赖于经济学,而且反垄断法总是与主流经济学理论相关。对此,美国学者霍温坎普曾指出:"制定反托拉斯政策的人,是经济学理论的消费者,而通常不是创立者,而反托拉斯也总是与主流经济学说有着密切

---

[1] 相关观点及论述可参见姜奇平:《值得重视的新布兰代斯学派》,载《互联网周刊》2021年第20期;Lina Khan、朱悦:《亚马逊的反垄断悖论》,载《网络信息法学研究》2019年第1期;沈伟伟:《迈入"新镀金时代":美国反垄断的三次浪潮及对中国的启示》,载《探索与争鸣》2021年第9期。

的联系"。[1]

一、经济学与反垄断立法

经济学从"资源的稀缺性"这一前提出发，将资源如何有效配置作为其研究的基本问题，因此，效率在经济学领域中占有主导性的地位。或者说，经济学在一定程度上是唯"效率论"的。经济学的这一特征，直接影响着反垄断的价值理念及立法目标。特别是芝加哥学派甚至认为反垄断法的唯一目标是"效率"，并排斥反垄断法具有的其他目标追求。这一主张对反垄断法的立法产生了深刻的影响，也由此引发了关于反垄断法立法目标的长期争议。

在各国反垄断法的具体条文中，经济学中的诸多概念、术语也直接体现在反垄断法的规范之中。诸如竞争、效率、价格、成本、市场集中度、市场壁垒等无不成为反垄断立法中必不可少的知识。此外，不同的竞争理论学派对同一行为的不同主张，也直接影响着反垄断规范的变迁。例如，受芝加哥学派的影响，反垄断立法调整的范围从结构主义向行为主义演变。垄断行为认定标准"本身违法原则"和"合理标准原则"之间的交替变化，无不受到经济学理论的影响。正如霍温坎普所言：没有任何一项反托拉斯政策不需要一套完整的经济理论作为基础。[2]

二、经济学与反垄断法实施

反垄断法规范的原则性、技术性及模糊性，使得反垄断法的实施同样离不开经济学的支持。反垄断法实施的精准性也一直受惠于经济学分析工具及方法的发展和完善。例如，在反垄断执法过程中，相关市场的界定、市场力量的测定、竞争损害的评估等都不可避免地需要经济分析。经济分析对涉嫌垄断行为的违法性的认定，提供了更为准确而理性的证据材料。离开经济分析，反垄断法的实施很可能会掉入简单的语义循环和逻辑重复之中，在定性和处理结果上难免出现无法令人信服的情形。[3]

在具体反垄断案件的执法和司法中，经济学家也往往会扮演着重要的角色。由于法官或反垄断法执法人员精通法律，却难以对法律之外的经济学专业知识也达到同样的程度。一些案件中，即使在欧盟和美国等反垄断法实施经验丰富的国家或地区，经济学家参与具体案件也是常态。反垄断案件成为最需要经济专家的领域之一，"如果没有经济专家的帮助，提起反垄断诉讼越来越成为一项冒险的事业"。[4]

三、经济学的限度

反垄断与经济学虽具有天然的联系，但反垄断法并不等于经济学或者说就是经济学家的任务。经济学的分析对于反垄断来说只是其中的重要分析思维与方法，而非反垄断本身，亦不能替代反垄断法的法定依据。[5]

虽然经济学理论在发展过程中对于竞争的作用、垄断的危害以及反垄断的必要性等问题有若干共识，但是在一些问题上的分歧和争议仍然存在。无论是在国外还是在国内，

---

[1]〔美〕赫伯特·霍温坎普：《联邦反托拉斯政策——竞争法律及其实践》，许光耀、江山、王晨译，法律出版社2009年版，第71页。

[2]〔美〕赫伯特·霍温坎普：《联邦反托拉斯政策——竞争法律及其实践》，许光耀、江山、王晨译，法律出版社2009年版，第71页。

[3] 金善明：《反垄断法解释中经济学分析的限度》，载《环球法律评论》2018年第6期。

[4] Andrew I. Gavil, "After Daubert: Discerning the Increasing Fine Line between the Admissibility and Sufficiency of Expert Tesitimony in Antitrust Litigation", 65 *Antitrust L.* J663, 1997.

[5] 金善明：《反垄断法解释中经济学分析的限度》，载《环球法律评论》2018年第6期。

甚至都有经济学家对反垄断的必要性和合理性这一根本问题给予质疑，甚至相互之间持有完全相反的观点。例如，美国经济学家科斯曾说：他被反垄断法烦透了，因为当价格上涨了，法官就说是"垄断定价"；当价格下跌了，他们就说是"掠夺定价"；当价格不变，他们就说是"串通定价"。[1] 国内的薛兆丰教授在其《商业无边界：反垄断法的经济学革命》一书中不仅在正文中指出了美国反垄断法的各种"谬误"，而且还在该书的封底上集中列举了多位国外著名学者和法官批评反垄断法的论述。"如果你问同一个问题，十个经济学家会给你十一个答案，凯恩斯自己就有两个答案"，经济学界曾流传的这个说法，似乎也可以套用在不同经济学家对反垄断法的认知上。经济学领域的分歧与反垄断立法和执法对确定性的需求始终存在天然的背离。

此外，经济学与法学分别属于不同的学科体系，其价值取向与分析范式存在明显的差异。经济学关注"效率"，法学更关注"公平"。经济学大量使用术语、模型及分析工具，法学则主要由价值、规则、构成要件、责任等内容构成。任何行为是否违反反垄断法，最终还是要回到立法上规定的构成要件进行判断分析。经济分析只能在事实认定或损害评估时适用，法律的适用不能突破法定的构成要件。同样，经济模型、经济分析工具也面临着不一定绝对准确和完整的问题，例如，数据资料获取的多少一直是反垄断法实施中运用经济分析的难题。

在具体案件中，可能原被告都会聘请各自的经济学家。显然，各自聘请的经济学家所处的立场不同，所给定的意见或专业观点也可能会存在明显的冲突，甚至对同一经济行为的竞争效果给予完全不同的看法。当然，这不意味着我们要抛弃经济学分析，而是应该更谨慎地使用现有的工具和知识，以便作出最恰当的决策。

[本章参考文献]

1. 时建中、张艳华主编：《互联网产业的反垄断法与经济学》，法律出版社2018年版。
2. 张文魁：《数字经济的产业组织与反垄断：数字市场全球治理及中国政策》，中国人民大学出版社2023年版。
3. 胡汝银：《竞争与垄断：中国微观经济分析》（校订本），知识产权出版社2020年版。
4. 王传辉：《反垄断的经济学分析》，中国人民大学出版社2004年版。
5. 赵杰：《垄断的观念》，人民出版社2007年版。
6. 臧旭恒、杨蕙馨、徐向艺主编：《产业经济学》，经济科学出版社2015年版。
7. 经济与合作发展组织：《产业组织经济学和竞争法律术语解释》，崔书锋、吴汉洪译，中国经济出版社2006年版。
8. ［美］迈克尔·波特：《竞争论》（第3版），高登第、李明轩译，中信出版社2012年版。
9. ［美］迈克尔·波特：《竞争战略》，陈丽芳译，中信出版社2014年版。
10. ［法］让·梯若尔：《产业组织理论》，张维迎总译，中国人民大学出版社2018年版。
11. ［美］丹尼斯·W·卡尔顿、杰弗里·M·佩洛夫：《现代产业组织》（第4版），

---

[1] William Landes, "The Fire of Truth: A Remembrance of Law and Econ at Chicago", *JLE*, 1981. Ronald Coase said he had gotten tired of anti-trust because when the prices went up the judges said it was monopoly, when the prices went down they said it was predatory pricing, and when they stayed the same they said it was tacit collusion.

胡汉辉、顾成彦、沈华译，中国人民大学出版社 2009 年版。

12. ［美］威廉·G.谢泼德、乔安娜·M.谢泼德：《产业组织经济学》（第 5 版），张志奇、陈叶盛、崔书锋译，中国人民大学出版社 2007 年版。

13. ［美］乔治·J.施蒂格勒：《产业组织和政府管制》，潘振民译，上海三联书店 1989 年版。

14. ［英］彼得·戴维斯、伊莲娜·迦瑟斯：《竞争与反垄断中的数量技术》，周德发、李三译，中国人民大学出版社 2013 年版。

15. ［美］戴维·S.埃文斯：《平台经济学：多边平台产业论文集》，周勤、赵驰、侯赟慧译，经济科学出版社 2016 年版。

16. ［美］哈罗德·德姆塞茨：《竞争的经济、法律和政治维度》，陈郁译，上海三联书店 1992 年版。

17. ［美］赫伯特·霍温坎普：《联邦反托拉斯政策——竞争法律及其实践》，许光耀、江山、王晨译，法律出版社 2009 年版。

18. ［美］赫伯特·霍温坎普：《反垄断事业——原理与执行》，吴绪亮等译，东北财经大学出版社 2011 年版。

19. ［美］罗伯特·皮托夫斯基等：《超越芝加哥学派——保守经济分析对美国反托拉斯的影响》，林平、臧旭恒等译，经济科学出版社 2013 年版。

20. ［美］欧内斯特·盖尔霍恩、威廉姆·科瓦契奇、斯蒂芬·卡尔金斯：《反垄断法与经济学》（第 5 版），任勇、邓志松、尹建平译，法律出版社 2009 年版。

21. ［美］奥利弗·E.威廉姆森：《反垄断经济学——兼并、协约和策略行为》，张群群、黄涛译，商务印书馆 2014 年版。

22. ［美］克里斯托弗·L.萨格尔斯：《反托拉斯法：案例与解析》，谭袁译，商务印书馆 2021 年版。

23. ［德］乌尔里希·施瓦尔贝、丹尼尔·齐默尔：《卡特尔法与经济学》，顾一泉、刘旭译，法律出版社 2014 年版。

24. ［意］马西莫·莫塔：《竞争政策——理论与实践》，沈国华译，上海财经大学出版社 2006 年版。

25. ［美］基斯·N.希尔顿：《反垄断法：经济学原理和普通法演进》，赵玲译，北京大学出版社 2009 年版。

26. ［美］理查德·A.波斯纳：《反托拉斯法》（第 2 版），孙秋宁译，中国政法大学出版社 2003 年版。

27. ［英］奥利弗·布莱克：《反垄断的哲学基础》，向国成、袁媛等译，东北财经大学出版社 2010 年版。

28. ［英］西蒙·毕晓普、迈克·沃克：《欧盟竞争法的经济学：概念、应用和测量》，董红霞译，人民出版社 2016 年版。

29. ［比］保罗·尼豪尔、彼得·范·克莱恩布吕格尔主编：《创新在竞争法分析中的角色》，韩伟等译，法律出版社 2020 年版。

30. ［美］巴里·林恩：《新垄断资本主义》，徐剑译，东方出版社 2013 年版。

31. ［英］阿里尔·扎拉奇、［美］莫里斯·E.斯图克：《算法的陷阱：超级平台、算法垄断与场景欺骗》，余潇译，中信出版集团 2018 年版。

32. ［美］莫里斯·E.斯图克、艾伦·P.格鲁内斯：《大数据与竞争政策》，兰磊译，法律出版社 2019 年版。

33. ［美］乔纳森·贝克尔:《反垄断新范式：恢复竞争性经济》，杨明译，中信出版集团 2023 年版。

34. ［美］迈克尔·D. 温斯顿:《反垄断经济学前沿》，张嫚、吴绪亮、章爱民译，东北财经大学出版社 2007 年版。

35. Robert H. Bork, *The Antitrust Paradox: A Policy at War with Itself*, Basic Books, 1978.

36. Anne C Witt, *The More Economic Approach to EU Antitrust Law*, Hart Publishing, 2016.

37. Einer Elhauge & Damien Geradin, *Global competition Law and Economics (Second Edition)*, Hart Publishing, 2011.

第二章　反垄断法的历史发展

第一节　主要国家（地区）反垄断法的历史发展

目前，所有发达国家、绝大多数发展中国家都制定了反垄断法，35个最不发达国家也制定了反垄断法。截止到2023年12月31日，联合国的193个成员国中，只有33个成员国未颁布专门反垄断法：土库曼斯坦、东帝汶、朝鲜、不丹、圣多美和普林西比、塞拉利昂、索马里、几内亚比绍、赤道几内亚、厄立特里亚、贝宁、加纳、格林纳达、危地马拉、海地、安提瓜和巴布达、巴哈马、伯利兹、圣基茨和尼维斯、圣文森特和格林纳丁斯、古巴、苏里南、多民族玻利维亚国、摩纳哥、列支敦士登、圣马力诺、基里巴斯、马绍尔群岛、密克罗尼西亚联邦、瑙鲁、帕劳、图瓦卢、瓦努阿图。其中，东帝汶、圣多美和普林西比、塞拉利昂、索马里、几内亚比绍、厄立特里亚、贝宁、海地、基里巴斯、图瓦卢系联合国认定的10个最不发达国家。[1]

尽管1889年加拿大颁布的《防止和制止贸易限制法》是世界上第一部综合性的竞争法规，但是，美国1890年制定的《谢尔曼法》（Sherman Act）被认为更具有代表意义，建立了现代反垄断法的基础框架，影响了之后世界各国的反垄断立法，被视为全世界反垄断法的源头。然而，经过100年之后，也即截止到1990年，制定反垄断法的国家在全球只增加了34个，以时间为序，分别为：挪威（1920）、菲律宾（1921）、英国（1946）、日本（1947）、瑞典（1953）、丹麦（1955）、南非（1953）、德国（1958）、奥地利（1959）、芬兰（1958）、以色列（1959）、哥伦比亚（1959）、比利时（1960）、瑞士（1962）、西班牙（1963）、印度（1969）、巴基斯坦（1970）、卢森堡（1970）、智利（1973）、澳大利亚（1974）、南斯拉夫（1974）、希腊（1977）、泰国（1979）、韩国（1980）、阿根廷（1980）、法国（1986）、新西兰（1986）、波兰（1987）、斯里兰卡（1987）、肯尼亚（1988）、塞浦路斯（1989）、匈牙利（1990）、秘鲁（1990）、意大利（1990）。始于1989年的东欧剧变和1991年苏联解体，加速了东欧和前苏联国家经济的市场转型，1995年成立的世界贸易组织进一步推动了市场全球化的进程。在这样的国际政治经济背景下，上个世纪90年代开

---

[1] 目前，联合国认定的45个最不发达国家约共有8.8亿人口，占世界人口的12%。这些最不发达国家面临着严重的结构性经济增长障碍，占世界国内生产总值的比重不到2%，占世界贸易的比重约为1%。联合国经济及社会理事会的附属机构发展政策委员会每三年审查一次最不发达国家名单。目前45个最不发达国家为33个非洲国家、8个亚洲国家、3个太平洋国家和1个加勒比海国家，具体名单为：阿富汗、安哥拉、孟加拉国、贝宁、布基纳法索、布隆迪、柬埔寨、中非共和国、乍得、科摩罗、刚果民主共和国、吉布提、厄立特里亚、埃塞俄比亚、冈比亚、几内亚、几内亚比绍、海地、基里巴斯、老挝人民民主共和国、莱索托、利比里亚、马达加斯加、马拉维、马里、毛里塔尼亚、莫桑比克、缅甸、尼泊尔、尼日尔、卢旺达、圣多美和普林西比、塞内加尔、塞拉利昂、所罗门群岛、索马里、南苏丹、苏丹、东帝汶、多哥、图瓦卢、乌干达、坦桑尼亚联合共和国、也门、赞比亚。https://unctad.org/topic/least-developed-countries/list.

始,全球的反垄断立法进入快速发展阶段。1991年至2000年的十年间,新增56个国家制定并实施了反垄断法;2001年至2023年,新增66个国家制定并实施了反垄断法。截止到2023年,全球有160个国家制定并实施了反垄断法。

一、美国反托拉斯法

在美国,反垄断法又被称作反托拉斯法(Antitrust law)。美国反托拉斯法的渊源包括成文法、判例法以及美国司法部和联邦贸易委员发布的各项反托拉斯指南等。其中,成文法主要包括1890年的《谢尔曼法》、1914年的《克莱顿法》和《联邦贸易委员会法》,这构成了美国反垄断法的三大支柱。

(一)《谢尔曼法》

《谢尔曼法》的产生与19世纪中后期美国国内的政治、经济乃至社会思潮等各种因素密不可分,其中具有重大影响的因素有以下四项:①经济集中和工业托拉斯的产生;②反对托拉斯的呼声高涨及其政策考虑;③普通法调整作用的固有缺陷;④国家干预主义的兴起。

1. 经济集中和工业托拉斯的产生。美国的工业革命虽然相对较晚,但由于极为有利的自然条件和经济社会条件,其工业革命进展得特别迅速,在1893年已跃居为世界头号工业强国。然而,在自由竞争的国内环境下,产生了"普尔"(Pool)、"托拉斯"(Trust)等各种经济集中的形式。

"普尔"是早期美国各铁路公司之间为避免恶性竞争,形成的一种联营合作方式。这种联营组织,在形式上虽然由多家铁路公司共同营运,但实质上却是一种市场划分,加之其对中小托运人进行价格歧视和低劣的服务质量,导致社会公众的不满。可以说,美国从自由竞争向垄断过渡的序幕是由铁路公司之间的联营率先拉开的。

由于"普尔"组织存在固有的弱点,不适于形成长久而稳定的市场力量。美国标准石油公司开始利用普通法中的"信托"方法,建立起一个较"普尔"更为有效的商业组织,即"托拉斯"。所谓托拉斯组织是指几个公司的股东将自己持有的股票转交至一组受托人手中,然后各自得到证书,并从统一管理的公司收益中分得红利。通过托拉斯这种组织方式,可以控制从一个产业的原料供应到生产再到商品出售给消费者的整个产业链条。标准石油公司的成功,使得其他行业纷纷仿效。到19世纪80年代末,全美形成独占地位的托拉斯遍布石油、铜、橡胶、煤炭、牛肉、玻璃、威士忌、农业机械等数十个行业。

2. 反对托拉斯的呼声高涨及其政策考虑。由于托拉斯组织的存在,导致越来越少的企业主导着越来越多的产业部门,这些企业取得了美国社会和政治上的霸权。1887年法学家弗雷德里克·斯廷森曾批评说:"美国人以其聪明才智创造出一种'合法'的机器,它可以吞没数以百计的公司和数以万计的自然人,然后它们的力量不负责任地集合在一起。这些托拉斯甚至不受制于公司法,可以实现恶魔的抱负——无限的权力,无人能制衡,也无须顾及良知。"美国参议员约翰·谢尔曼在国会辩论时曾警告说:"如果人们不愿忍受作为政治权力存在的皇帝,人们也不应该屈从于一个能控制生产销售、阻止竞争、固定商品价格的贸易独裁者。"[1] 托拉斯获得了近乎垄断的地位后,在选定的市场里以极低价格销售,迫使竞争对手无法获得任何利润,当竞争对手被驱逐出市场之后,其就抬高价格。托拉斯的这些做法,彻底激怒了中小企业和西部农业经营者,并促成了平民党(Populist Panty)

---

[1] [美]欧内斯特·盖尔霍恩、威廉姆·科瓦契奇、斯蒂芬·卡尔金斯:《反垄断法与经济学》(第5版),任勇、邓志松、尹建平译,法律出版社2009年版,第16页。

的成立。[1]

3. 普通法调整作用的固有缺陷。早在 1890 年《谢尔曼法》出台之前，美国普通法中就有不少有关限制性商业行为或者不当联合、垄断的判例。但普通法在调整不当联合、并购、垄断行为方面存在固有的缺陷，其所能提供的救济往往是拒绝执行垄断协议，而不是对垄断行为本身进行惩处。从 1889 年起，美国各州便纷纷制定法律或者在州宪法中增订限制托拉斯及独占、联合的条款。据统计，在《谢尔曼法》出台之前，已经有 14 个州在州宪法上明文规定取缔垄断或反对限制贸易。然而，由于很多托拉斯的业务跨越数州甚至全美，因此，各州很难单独控制托拉斯，不得不求助联邦政府，于是反托拉斯立法成了联邦层面的紧迫议题。

4. 国家干预主义的兴起。自由放任的经济政策，一方面促进了美国经济的高速发展，另一方面也带来了严重的社会问题。民众要求国家对托拉斯以及其他一些垄断和限制竞争行为进行必要的干预和约束，成为社会共识。1887 年，美国国会制定《州际商务法》（Interstate Commerce Act），并据该法成立了独立于总统的州际商务委员会（Interstate Commerce Commission），对铁路费率及服务进行监管，从而开创了联邦政府干预和监管经济的先河。然而，该法仅适用于铁路等公共运输行业，不足以对其他产业的托拉斯形成有效制约。

1890 年 7 月 2 日，美国联邦国会通过了参议员约翰·谢尔曼提出的《谢尔曼法》。该法是美国反托拉斯法中最基本的一部法律，全文共 8 条。《谢尔曼法》的条款尽管很少却具有高度概括性，奠定了美国反托拉斯法的基础。其中，最主要的内容规定在第 1 条和第 2 条之中。第 1 条主要针对联合或共谋限制贸易活动的行为，即限制竞争协议问题；第 2 条解决通过非法手段谋求市场力量或不当使用市场力量的问题。同时，《谢尔曼法》允许公共机构和私人执行该法，这是对当时法律体系的重要突破。为实现立法目的，该法将非法限制贸易行为和垄断或企图垄断行为规定为犯罪行为，并且自然人和法人均需承担责任。同时，依据该法，受害者可获得损害额的 3 倍赔偿和律师费。虽然该法看似严格，但由于其并没有在合法行为与非法行为之间划定清晰的界限，在早期解释和适用中引起了极大的争论和分歧。

拓展阅读：《谢尔曼法》第 1 条和第 2 条

第 1 条 任何限制州际间或者与外国之间的贸易或者商业的合同，以托拉斯形式或其他形式的联合，或者共谋，都是非法的。任何人签订上述合同或从事上述联合或者共谋，将构成重罪。违法行为一经定罪，如果参与人是公司，将处以不超过一亿美元的罚款；如果参与人是个人，将处以不超过一百万美元的罚款或十年以下监禁，或者由法院酌情并用两种处罚。

第 2 条 任何人滥用市场力量、试图滥用市场力量，或者与他人联合、共谋滥用市场力量，以限制州际间或者与外国之间的贸易或者商业，将构成重罪。违法行为一经定罪，如果参与人是公司，将处以不超过一亿美元的罚款；如果参与人是个人，将处以不超过一百万美元的罚款或十年以下监禁，或者由法院酌情并用两种处罚。

---

[1] [美] 欧内斯特·盖尔霍恩、威廉姆·科瓦契奇、斯蒂芬·卡尔金斯：《反垄断法与经济学》（第 5 版），任勇、邓志松、尹建平译，法律出版社 2009 年版，第 17 页。

(二)《克莱顿法》

《谢尔曼法》概括性的立法和模糊的措辞给了法院太多的自由裁量权,其在初期实施中遇到了许多问题和困难:①《谢尔曼法》语言模糊,对于第1条中的"contract""combination""conspiracy"和第2条中的"monopolize""attempt to monopolize"等立法用语,人们难以形成趋于一致的理解和运用;②《谢尔曼法》并未明文禁止限制竞争的企业合并行为,因而导致企业开始采取合并的方式形成规模巨大的企业。

1912年,威尔逊赢得美国总统选举,其认为有效的反垄断需要把非法商事行为具体化。由于《谢尔曼法》伴有严重的刑事处罚,企业也纷纷要求对构成违反《谢尔曼法》行为的范围作出明确界定,以增强联邦反托拉斯政策的透明度和可预期性。虽然美国法院在《谢尔曼法》通过后的一些判例中,对该法适用原则作出了各种解释,但这些解释并没有给予商业行为足够的指导,相反,却给予了法院太大的自由裁量权。威尔逊总统提议补充《谢尔曼法》,具体的方法是精确地列举违法行为。

1914年10月15日,美国颁布《克莱顿法》。该法主要规定了四种违法行为:价格歧视行为(第2条);搭售或其他排他性合同行为(第3条);为减少竞争的企业合并(第7条);连锁公司董事行为,即一个公司的董事同时担任其他具有竞争关系的公司的董事会成员(第8条)。其中,第7条的规定至今仍是美国控制企业并购的最重要规定。依据《克莱顿法》的规定,这些行为在"其结果可能实质性地减少竞争或有助于形成垄断时"便构成违法。《克莱顿法》确立了"早期原则",既不必等到实际损害已经发生,也不必以已经发生的事实来证明对竞争的有害影响,根据预期会发生的结果,便可将该等行为认定违法。"早期原则"体现了《克莱顿法》与《谢尔曼法》基本区别。[1] 与《谢尔曼法》不同,《克莱顿法》并未规定垄断行为的刑事责任。

(三)《联邦贸易委员会法》

尽管执行《谢尔曼法》的权力交给了司法部,但是在此之后的十多年里并未组建一个专门执行该法的机构,司法部也因此缺少专门的经费和人员来对抗富可敌国的大企业。1914年1月1日,美国颁布《联邦贸易委员会法》。依据该法授权建立联邦贸易委员会,作为负责执行反托拉斯法的专门机构。美国国会设立联邦贸易委员会的主要目的是保证执法机关忠于国会的竞争政策选择。因为立法者担心,倾向于政府不干预经济活动的法官可能会为实施垄断行为的被告开脱责任。联邦贸易委员会的成员来自会计、经济、法律等不同行业领域。

(四)美国反托拉斯法的主要特点

"美国反托拉斯法在国际上一直处于竞争法舞台的中心。它常常被称为是反垄断法之父",被其他国家借鉴或成为研究的模板。[2] 与世界上其他国家或地区的竞争法律制度相比,美国反托拉斯法具有明显的自身特点。

1. 成文法规范的高度概括性。在成文法规范方面,《谢尔曼法》《克莱顿法》和《联邦贸易委员会法》等成文法的条文具有高度的抽象性和概括性,使用了许多宽泛的术语,诸如"贸易限制""垄断"等,且并未对这些关键性术语进行清晰地界定。美国反托拉斯法

---

[1] 孟雁北:《反垄断法》,北京大学出版社2017年版,第48页。
[2] [美]戴维·格伯尔:《全球竞争:法律、市场和全球化》,陈若鸿译,中国法制出版社2012年版,第128页。

这种框架性立法的优点是赋予了法律制度一种内在的灵活性和演进性。[1] 其缺点是操作性不强,给反托拉斯法的实施带来不少的分歧和争议。戴维·格伯尔为此曾评述道"法条过于宽泛,以至于对判决没有什么直接意义。《谢尔曼法》的语言本身只不过是判例法的文字支撑点罢了"。[2]

2. 判例导向的解释方法。美国是典型的判例法国家。美国反托拉斯法的总体实践仍然遵循了普通法的方法,即判例导向的解释方法,通过司法判决来发展垄断的认定标准和反垄断法的实施原则。在这一过程中,美国联邦最高法院的法官,通过对裁判理由的详细阐述,确立了不少重要的反垄断规则,对反托拉斯法的发展作出了积极的贡献。例如,美国反托拉斯法中的本身违法原则(per se rule)和合理分析原则(rule of reason)是美国法院在审理反托拉斯案件过程中逐渐发展起来的基本规则。相对于美国其他规制经济的联邦法律,反托拉斯法赋予了法官更大的自由裁量权,使得法院在一定程度上成为反托拉斯法理念演进的推进器。

3. 实施主体的分散性。美国反托拉斯法将起诉权或实施权赋予多元化的主体,既包括两个联邦机构(司法部和联邦贸易委员会),也包括州政府,以及任何私人公司和个人。特别是私人诉讼,一直在美国反托拉斯法的实施中发挥着重要作用。"据统计,自二战以来美国私人诉讼与公共执法保持着10比1的比率,潜在的被告几十年来总是更害怕私人诉讼,而不是被政府起诉。"[3] 如此分散的实施主体,也导致在一个地方被拒绝接受的理论还能拿到其他法院,试图让法官接纳。这一程序设计,一方面使得反托拉斯法律制度的理论基础和分析方法不断更新,另一方面也导致具体案件诉讼结果的不稳定性和缺乏预期性。

4. 严格的法律责任。美国反托拉斯法另一个特点是规定了严格的法律责任,包括民事责任、行政责任和刑事责任。对于违法行为,美国司法部可以依据《谢尔曼法》和《克莱顿法》提起民事诉讼,也可以违反《谢尔曼法》为理由提出刑事诉讼。美国联邦贸易委员会可以根据《克莱顿法》和《联邦贸易委员会法》提起诉讼。刑事责任方面,对于自然人可判处罚金或监禁,或两者兼科。民事责任方面,对于私人公司或个人提起的民事诉讼,美国反垄断法规定了3倍损害赔偿制度,以鼓励私人实施反托拉斯法。

5. 实施的周期性。美国反托拉斯法的实施历史,呈现出有比较明显的周期性。20世纪初至20世纪20年代是美国反托拉斯法实施的第一次活跃期。这个时期美国反托拉斯法的实施关注市场结构且强调市场结构的集中对民主政治的影响。标准石油公司被拆分(1911年)、美国烟草公司被拆分(1911年),摩根公司被一分为二(1912年)等案件是这个时期的代表性案例。20世纪50年代至20世纪70年代是美国反托拉斯法实施的第二次活跃期。这一时期除受二战以后美苏争霸的国际格局影响外,反托拉斯法实施主要受到哈佛学派提出的"市场结构-市场行为-市场绩效"范式的影响,认为过高的市场集中度会损害市场绩效,因此,为了促进竞争,政府主动干预市场,例如这一时期通过的《克莱顿法》修正案即1950年的《塞勒-凯弗维尔法》,其立法目标就定位为"维持一个小型、独立、分散

---

[1] [美]欧内斯特·盖尔霍恩、威廉姆·科瓦契奇、斯蒂芬·卡尔金斯:《反垄断法与经济学》(第5版),任勇、邓志松、尹建平译,法律出版社2009年版,第32页。

[2] [美]戴维·格伯尔:《全球竞争:法律、市场和全球化》,陈若鸿译,中国法制出版社2012年版,第135页。

[3] 白艳:《美国反托拉斯法/欧盟竞争法平行论:理论与实践》,法律出版社2010年版,第300页。

经营的经济"。[1] 进入20世纪80年代以后，由于日本和亚洲"四小龙"的竞争，美国企业的国际竞争力明显下降。这一时期，又受芝加哥学派和里根政府自由放任思想的影响，美国开始放松反垄断法的实施。

6. 持续关注数字经济领域的垄断问题。进入21世纪以来，美国成为头号互联网产业大国，形成了谷歌、亚马逊等头部互联网企业。为因应传统反垄断法规则在适用数字平台行为时所面临的挑战，美国国会提出了多项与数字平台公平竞争直接关联的提案。其中《美国选择和创新在线法案》（American Innovation Choice and Innovation Online Act）重点规制平台的"自我优待"行为，并提出了一个类似于欧盟《数字市场法》中的"守门人"的概念，即"覆盖平台"（Covered Platform），以规制大型平台主体；《通过允许服务转换增强兼容性和竞争法案》（Augmenting Compatibility and Competition by Enabling Service Switching Act，ACCESS）要求"覆盖平台"必须维护第三方可访问接口，以保持与竞争对手的互操作性；《数字平台委员会法案》（Digital Platform Commission Act）设立专门委员会来监管数字平台；《平台责任和透明度法案》（Platform Accountability and Transparency Act，PATA）旨在提高社交媒体平台的透明度，要求社交媒体平台解释其推荐和排名算法的工作原理等。当然，按照美国的政治体制，上述法案的最终通过仍需要一个漫长的过程。在实施方面，美国数字经济领域的执法亦趋于活跃。自2020年以来，美国司法部、联邦贸易委员会等持续针对谷歌、微软、亚马逊等科技巨头提起反垄断诉讼。

二、欧盟竞争法

（一）欧盟竞争法的产生及变迁

1. 欧洲经济共同体竞争法时期。两次世界大战均最早在欧洲发生，欧洲政治、经济、学术界等社会精英在反思这一问题时认为，分散的国家主权是主要原因之一，由此开始提出建立统一欧洲的设想。法国政治家莫奈最早提出，应该建立一个煤、钢、铁的西欧共同市场，排除关税等市场障碍。1951年4月18日，法国、联邦德国、意大利、荷兰、比利时和卢森堡等6个国家在巴黎签订了《建立欧洲煤钢共同体条约》（通称《巴黎条约》）。《巴黎条约》的目标在于促进成员国之间的经济发展与协调，通过共同体市场的建立，以促进经济增长与就业。其中，《巴黎条约》的第65条和第66条对分割、扭曲共同体市场的限制竞争行为予以明确禁止，以防止私人行为对共同体市场的核心作用造成损害。[2]

《巴黎条约》签署后，上述六国在煤钢领域一体化的实践中取得了重大成果，更广泛的经济、技术领域进行合作。1957年3月25日，六国在罗马签订了《建立欧洲经济共同体条约》和《欧洲原子能共同体条约》（这两个条约统称为《罗马条约》）。1958年1月1日《建立欧洲经济共同体条约》生效，这标志着欧洲经济共同体的正式诞生。根据《建立欧洲经济共同体条约》第3条，欧洲经济共同体的任务之一是在共同体内建立"竞争不受扭曲的制度"，并在第85条和第86条对"竞争不受扭曲的制度"予以具体化，其中第85条禁止垄断协议，第86条禁止滥用市场支配地位。据此，欧洲经济共同体建立了自己的竞争法律制度，这一阶段欧洲层面的竞争法律制度又被称为"欧洲经济共同体竞争法"。

2. 欧洲共同体竞争法时期。1965年4月8日，法国、联邦德国、意大利、荷兰、比利时和卢森堡等六国又签署《布鲁塞尔条约》，决定将欧洲煤钢共同体、欧洲经济共同体和欧

---

[1] Eleanor Fox, "The Modernization of Antitrust: A New Equilibrium", *CORNELL L. REV.*, Vol. 66, 1981, pp. 1150-1151.

[2] 许光耀：《欧共体竞争法通论》，武汉大学出版社2006年版，第5~6页。

洲原子能共同体合并，统称"欧洲共同体"。1967 年 7 月 1 日《布鲁塞尔条约》生效，标志着欧洲共同体的成立。欧洲共同体的创始国为上述六国，随后其成员国不断增加，例如 1973 年英国、爱尔兰和丹麦加入。

1991 年 12 月 9 日~10 日，欧洲共同体马斯特里赫特首脑会议通过了建立"欧洲经济货币联盟"和"欧洲政治联盟"的《建立欧洲联盟条约》（通称《马斯特里赫特条约》）。1993 年 11 月 1 日，《建立欧洲联盟条约》正式生效。依据生效的《建立欧洲联盟条约》，原 1958 年 1 月 1 日生效的《建立欧洲经济共同体条约》被更名为《建立欧洲共同体条约》。《建立欧洲共同体条约》仍在第 85 规定了禁止垄断协议，第 86 条规定了禁止滥用市场支配地位。1999 年 5 月 1 日生效的《阿姆斯特丹条约》对《建立欧洲共同体条约》的条款重新编号，此前《建立欧洲共同体条约》的第 85 条被调整为第 81 条，第 86 条被调整为第 82 条，但相应的内容并未变化。

在 1967 年 7 月 1 日欧洲共同体建立后，原"欧洲经济共同体竞争法"这个名称就被"欧洲共同体竞争法"所取代，或被简称为"欧共体竞争法"。欧共体竞争法的核心条款即是调整编号后《建立欧洲共同体条约》的第 81 条和第 82 条。

3. 欧盟竞争法时期。1993 年 11 月 1 日，《建立欧洲联盟条约》正式生效后，欧盟正式诞生。2007 年 12 月 13 日，欧盟 27 个国家的首脑在葡萄牙里斯本签署《里斯本条约》，并于 2009 年 12 月 1 日起正式生效。《里斯本条约》作为"修正条约"，并不被理解为一个独立的文本，而是对《建立欧洲联盟条约》以及《建立欧洲共同体条约》等条约的修正，而在修正过程中，《建立欧洲共同体条约》被更名为《欧盟运行条约》。原《建立欧洲共同体条约》中第 81 条关于禁止垄断协议的规定和第 82 条禁止滥用市场支配地位的规定，分别调整为《欧盟运行条约》的第 101 条和第 102 条。

（二）欧盟竞争法的渊源

1. 《欧盟运行条约》。欧盟竞争法最重要和最基础的法律渊源是《欧盟运行条约》的第 101 条和第 102 条，第 101 条是关于禁止垄断协议的规定，第 102 条是关于禁止滥用市场支配地位的规定。在此基础上，欧盟竞争法经过多年的发展，已形成一个庞大的竞争法律体系。当然，除《欧盟运行条约》第 101 条和第 102 条外，《欧盟运行条约》106 条关于公共企业的规定，第 107 条至 109 条关于国家援助的规定，也是欧盟竞争法的内容之一。

拓展阅读：《欧盟运行条约》第 101 条和第 102 条

第 101 条 1. 经营者之间达成的各项协议、经营者协会的决定以及协同行为，如果可能影响成员国之间贸易，且以排除、限制或者扭曲欧盟内部内竞争为目的或者有此效果，则被视为与欧盟内部市场不相容而被禁止。尤其是指下列行为：

（a）直接或间接地施加不公平的购买或销售价格，或者其他不公平的交易条件；
（b）限制或者控制生产、销售、技术开发或者投资；
（c）划分市场或者供货来源；
（d）对同等交易条件的其他交易方适用不同的条件，从而使其处于不利的竞争地位；
（e）要求交易相对方接受与合同标的在性质上或者商业惯例上无关的额外义务作为缔结合同的前提条件。

2. 依照本条规定应予禁止的协议或者决定应当自动无效。

3. 但是，在下列情况下，本条第 1 款的规定可以不予适用：

——经营者之间达成的某项协议或者某类协议

——经营者协会做出的某项决定或者某类决定

——某种协同行为或者某类协同行为

有助于改进商品的生产或销售，或者有助于促进技术或经济进步，并使消费者公平地分享到由此产生的收益，并且上述协议、决定、协同行为不会：

（a）对经营者施加实现上述目标并非必不可少的限制；

（b）使得经营者得以在相关产品的重要部分消除竞争。

第102条 一个或多个经营者，滥用其在欧盟内部市场或其重要部分中的支配地位，如果有可能影响成员国间的贸易，则被视为与欧盟内部市场不相容而被禁止。

这些滥用行为尤其表现在以下方面：

（a）直接或间接地施加不公平的购买或销售价格，或者其他不公平的交易条件；

（b）限制生产、销售或技术开发，从而损害消费者利益；

（d）对同等交易条件的其他交易方适用不同的条件，从而使其处于不利的竞争地位；

（e）要求交易相对方接受与合同标的在性质上或者商业惯例上无关的额外义务作为缔结合同的前提条件。

2. 《关于控制企业集中的第139/2004号理事会条例》（以下简称《第139/2004号条例》）。经营者通过集中既可能提高经济效率，又可能会产生或强化经营者的支配地位，从而损害市场竞争。1958年1月1日生效的《建立欧洲经济共同体条约》，并未设置专门条款规制经营者集中。这一时期，对于经营者集中的行为只能诉诸《建立欧洲共同体条约》第82条的规定。即如果一项经营者集中，增强了某个经营者已经具有的市场支配地位，依据第82条规定，认为该项集中构成滥用市场支配地位行为，从而可以对该项集中行为予以禁止。但第82条的规定只能适用于已经取得支配地位的经营者，通过集中进一步增强其市场支配地位的情形，对不具有市场支配地位而是通过集中可能产生新的市场支配地位的情形则无法适用。

1989年12月21日，欧共体部长理事会颁布《关于经营者集中控制的第4064/89号条例》（以下简称《第4064/89号条例》）。依据《第4064/89号条例》，一项经营者集中，可能影响到共同市场上的竞争且具有"欧共体意义"的规模，需要向委员会进行事先申报。如果该项经营者集中可能产生或加强经营者的市场支配地位，则该项集中可能会被禁止。由此，欧盟竞争法在禁止垄断协议和禁止滥用市场支配地位规定之外，在实体法方面建立起经营者集中控制制度，并成为欧盟竞争法的核心内容之一。

2004年1月20日，欧共体部长理事会发布《第139/2004号条例》，取代了《第4064/89号条例》。《第139/2004号条例》的一个重大变化是修改了经营者集中的审查标准，将《第4064/89号条例》规定的"可能产生或加强企业市场支配地位"标准修订为"可能妨碍有效竞争"标准。此外，《第139/2004号条例》对经营者集中控制程序等内容进行了修改及完善。

3. 其他条例、通告及指南。欧盟竞争法以《欧盟运行条约》第101条和第102条和《第139/2004号条例》为基础，颁布了大量的有关欧盟竞争法实施和适用的条例、通告及指南。这些条例、公告及指南既有实体法方面的内容，也有程序法方面的内容。通过梳理这些条例、通告及指南，大体上可将其概括为以下六个方面：一是关于横向垄断协议方面的条例、指南及公告；二是关于纵向协议方面的条例、公告及指南；三是关于滥用市场支配地位方面的条例、指南及公告等；四是关于经营者集中控制方面的条例、公告及指南；

五是关于技术转让协议方面的条例、公告及指南；六是关于实施欧盟竞争法程序方面的条例、公告及指南。[1]

(三) 欧盟竞争法的主要特点

欧盟竞争法经过半个多世纪的发展，如今已经形成了不同于美国的竞争法体系，并积累了丰富的执法经验。作为超越国家组织的立法，欧盟竞争法的影响在一定程度上甚至超越美国反托拉斯法的影响，特别是对大陆法系国家竞争法建立和发展的影响。

1. 目标任务的双重性。欧盟竞争法的形成背景与美国反托拉斯法明显不同，美国反托拉斯法产生于一个统一的国内大市场基础之上，欧盟竞争法产生的基础则是欧洲内部被分割为若干独立的小市场。因此，欧盟竞争法自产生之初，便始终存在着两个目标和任务：一是保护欧盟内部共同体的市场竞争过程不受限制或扭曲；二是推进欧洲政治、经济和社会的一体化。除维护市场竞争外，欧盟竞争法一直被作为推动欧洲一体化的工具之一，通过实施竞争法来保障欧洲的社会和经济的民主和自由。目标任务的双重性使得欧盟竞争法形成和发展过程中，在基本概念、立法体系及实施程序等方面与美国反托拉斯法明显不同，具有强烈的自身特点。

2. 与成员国竞争法的协调。自1958年建立欧洲经济共同体之日起，欧盟就存在两个层面的竞争法：一个是欧盟成员国国家层面的竞争法，另一个是欧盟层面的竞争法。与其他国家的竞争法不同，欧盟竞争法从诞生之初，就需要处理欧盟竞争法与欧盟成员国竞争法之间的关系。早期，欧盟竞争法独立于各成员国竞争法，欧盟竞争法与欧盟成员国之间的竞争法互动也较为有限。2002年欧盟委员会发布《关于实施条约第81和第82条竞争规则的第1/2003号理事会条例》（以下简称《第1/2003号条例》），开启了欧盟竞争法与欧盟成员国之间关系的"现代化进程"，双方之间的互动协调更为紧密。[2] 一是文本上的协调，欧盟成员国竞争法或开始遵循欧盟竞争法的框架，或开始采用欧盟竞争法的概念和术语，各成员国的竞争法不得与欧盟竞争法相抵触；二是程序上的协调，在管辖方面，当限制竞争行为影响到成员国之间的贸易时，属于欧盟竞争法管辖的范围，当限制竞争行为的影响仅限于成员国内部时，则属于所在成员国竞争法的管辖范围。欧盟竞争法与成员国竞争法之间关系的发展，为国际上各国竞争法之间的合作，以及竞争法的国际化提供了可借鉴的经验和范本。

3. 行政主导的实施体制。国际上，反垄断法实施模式主要有司法主导模式和行政主导模式。行政主导模式是由反垄断执法机构依照法定职权和程序执行反垄断法。欧盟理事会是欧盟主要的决策机关，与欧盟议会共同行使立法机关的职能。欧盟委员会是欧盟的执行机构，执行欧盟法律，有权向欧盟议会和理事会提交立法草案、提供立法建议。与美国司法主导模式不同，欧盟竞争法的实施采用行政主导模式。欧盟委员会的竞争总司具体负责执行欧盟竞争法，拥有直接和广泛的调查权、行政处罚权等。欧盟尽管也鼓励私人提起诉讼，但欧盟竞争法的主要实施方式仍是公共执行。

4. 积极应对数字经济的挑战。进入数字经济时代，欧盟在竞争立法方面最重要的举措是推出了《数字市场法》（Digital-Market Act, DMA）和《数字服务法》（Digital-Service-

---

[1] 相关文件中文译本可参见韩伟主编：《美欧反垄断新规选编》，法律出版社2016年版，第3~287页；许光耀主编：《欧共体竞争立法》，武汉大学出版社2006年版，第9~380页。

[2] [美] 戴维·格伯尔：《全球竞争：法律、市场和全球化》，陈若鸿译，中国法制出版社2012年版，第213页。

sAct, DSA）。《数字市场法》于2022年11月1日生效，2023年5月2日开始实施。该法创设了"守门人"这一概念，即部分平台在市场中扮演着"关口"（gate）的角色，控制着商业用户和消费者用户互相接触的重要门户渠道。依据该法，作为"守门人"的平台企业既应承担一系列积极义务，又被禁止实施Z某些特定的行为。《数字服务法》于2022年11月16日生效，并于2024年2月17日全面适用于整个欧盟。该法旨在建立一个更安全、可预测和可信赖的在线服务环境。通过服务分类和主体分级的方式，针对性地要求不同在线中介服务提供者（online intermediaries and platforms）承担不同的义务，包括排除非法内容、强化透明度、保护使用者、超大型在线平台和超大型在线搜索引擎额外义务等。从上述立法内容上看，欧盟已认识到现有的竞争法框架在应对互联网平台垄断行为时仍有不足，且致力于探索对平台垄断行为进行事前预防、事中监管和事后执法相结合的新监管方式。

三、日本反垄断法

（一）日本反垄断法的产生及变迁

1. 反垄断法产生的特殊性。日本自1868年明治维新以来，其首要的经济目标是赶超西方发达国家。为实现这一目标，日本政府采用了各种方式干预经济，包括组建大型经济集团等。二战以前，日本经济的主要行业几乎被三井集团这样的超大型企业所控制。可见，日本资本主义经济发展之初就具有高度集中化的特征，而且这一特征本身就是在日本政府的强烈干预下形成的。[1] 二战以后，美国占领军开始采用解散财阀、经济权力民主化等措施促使日本经济民主化。正是在美国占领当局的授意和推动下，日本于1947年制定《日本反垄断法》。不同于欧美，《日本反垄断法》的诞生并非是其市场经济发展的结果，而是在外部力量推动下形成。其制定之初便以美国反托拉斯法为蓝本，体现了美国反托拉斯法的基本内容和精神，甚至该法还包括了比美国法更为严格的措施，这与日本国内经济实际并不完全相符。这也是此后《日本反垄断法》依据自身经济发展变化和实施现状进行了多次修订的主要原因。

2. 反垄断法的弱化期。《日本反垄断法》诞生之后，国际形势发生了重大变化，形成资本主义阵营和社会主义阵营对垒局面。随着美国对日本占领政策的改变，日本社会开始出现经济独立的思潮，并以稳定经济秩序为首要任务。1949年，《日本反垄断法》进行了第一次修订，该次修订的主要内容包括：允许公司持有无竞争关系的公司的股份和债券；同时，不在同一竞争行业的公司间的董事兼任也获准许。企业合并、转让由事先审批制度改为事先通报制度等。[2] 1951年8月，美国结束对日本的占领。日本国内企业界开始继续呼吁放松管制并修订反垄断法，认为重建被战争破坏的日本经济与强力执行反垄断政策不符。1953年，日本国会再次对反垄断法大幅修订。通过本次修订，在一定程度上认可不景气卡特尔和合理化卡特尔，允许维持转售价格，进一步放松对垄断行为的约束。

3. 反垄断法的调整期。《日本反垄断法》通过1949年和1953年的两次修订，放松对限制竞争行为的约束，直接导致各种大型并购不断出现，产业集中化趋势再次加强。同时，价格卡特尔及企业之间的协调行为，也导致日本物价大幅上涨，社会矛盾加剧。在这一背景下，日本于1977年5月再次大幅修订反垄断法。通过本次修订，《日本反垄断法》首次向严格趋势转变：其一，增加了对卡特尔行为按照销售额2%予以罚款的制度；其二，将一

---

[1] 戴龙：《日本反垄断法研究》，中国政法大学出版社2014年版，第3页。

[2] 参见徐梅：《战后〈日本禁止垄断法〉的发展轨迹及特点》，载《日本学刊》2017年第2期；王玉辉：《日本反垄断法的历史沿革与制度变迁（1947-2019年）》，上海三联书店2021年版，第26页。

家企业占有50%以上市场份额或两家企业占有75%以上市场份额认定为垄断状态;其三,建立企业共同涨价理由报告制度等。20世纪80年代以来,日本经济的快速发展对美国构成挑战,日本与欧美之间贸易摩擦加剧,因此,其他成为欧美各国反倾销、反补贴措施的主要对象。1990年,日本与美国达成《日美构造问题协议最终报告》,美国要求日本开放市场,强化反垄断政策的运用。与此同时,日本在这个时期也经历了泡沫经济的破裂,意识到自身经济体制的弊端以及提高反垄断法权威的必要性。1991年和1992年,《日本反垄断法》连续两年进行了第四次和第五次修订,再次提高对卡特尔行为的罚款比例,将罚款比例提高至6%。[1]

4. 反垄断法的强化期。21世纪以后,《日本反垄断法》实施进入全面的强化期,并为此不断修订完善反垄断法律制度。2005年4月,《日本反垄断法》进行第六次修订。本次修订的主要目的在于强化对卡特尔、串通投标等不正当限制交易行为的规制:一是进一步提高罚款比例,将对大企业的罚款比例提高至10%;二是为提高反垄断法的执法效率,引入宽大制度,并规定给予第一个申请人予以100%的罚款免除,但宽大的企业累计不超过3个;三是引入刑事调查权限,赋予公平交易委员以刑事调查的权限,委员会可以根据法院发出的命令,对相关营业场所进行检查、搜查、扣押等,并对违法的经营者和相关负责人实行双罚制。[2]

2009年6月,《日本反垄断法》进行第七次修订。本次修订的主要内容包括:一是进一步扩大罚款的适用范围,将原来不适用罚款的价格歧视、联合拒绝交易、限制转售价格等行为适用或有条件地适用罚款;二是借鉴欧盟竞争法的做法,将主动自首给予宽大企业的数量由最多3家增加至5家;三是将罚款缴纳的除斥期间(即从违法行为停止开始到执行命令为止的期间)从3年增加至5年;四是进一步完善企业合并反垄断审查制度,将集中申报的总资产标准改为销售额标准,同时简化申报程序等。[3]

2013年,《日本反垄断法》进行第八次修订,并于2015年开始实施。本次修订令人意外地废除了自1948年开始施行的公正交易委员会的审判制度,在反垄断法适用上扩大了法院的职责,如违法者对公平交易委员会的处罚决定不服,可向法院提起诉讼。对于本次修订,有日本学者认为将反垄断的事实认定等问题由公平交易委员会交给法院,无疑会增加法院的挑战和负担,毕竟公平交易委员会具有专业知识的积累和长期的经验支撑。[4]但也有学者认为,通过扩张法院的职责显示了《日本反垄断法》发展的新方向。[5]

2019年,《日本反垄断法》进行第九次修订,并于2020年12月25日生效。本次修订主要对罚款制度、宽大制度以及决定程序等内容进行调整。在罚款制度中增加了计算基础,修订了罚款计算比例;在宽大制度中,引入了企业在查处案件过程中的配合程度,作为增

---

[1] 参见戴龙:《日本反垄断法研究》,中国政法大学出版社2014年版,第13页;王玉辉:《日本反垄断法的历史沿革与制度变迁(1947-2019年)》,上海三联书店2021年版,第41~51页;孙荣玲、吕春燕:《日本反垄断法的特点研究》,载《法学杂志》2002年第3期。

[2] 参见戴龙:《日本反垄断法研究》,中国政法大学出版社2014年版,第17页;王玉辉:《日本反垄断法的历史沿革与制度变迁(1947-2019年)》,上海三联书店2021年版,第52~58页。

[3] 参见戴龙:《日本反垄断法研究》,中国政法大学出版社2014年版,第18页;王玉辉:《日本反垄断法的历史沿革与制度变迁(1947-2019年)》,上海三联书店2021年版,第61~68页。

[4] 稗贯俊文、张广杰:《日本反垄断法的修订及其最新发展》,载《华东政法大学学报》2016年第4期。

[5] 徐梅:《战后〈日本禁止垄断法〉的发展轨迹及特点》,载《日本学刊》2017年第2期。

加减免费率的考虑因素。同时，针对宽大制度的有效性、保密性等问题予以关注。[1]

(二) 日本反垄断法的主要内容

1. 实体法层面。在实体法内容方面，《日本反垄断法》与其他市场经济成熟国家的反垄断法律制度规制的内容基本相似，同时又体现出自身的特点。一是禁止不正当的交易限制行为。《日本反垄断法》的"不正当交易限制行为"通常是指垄断协议行为，也是对竞争者之间划分市场、规定产量、确定价格、操纵投标等限制、排除竞争行为予以禁止。二是滥用市场支配地位行为，《日本反垄断法》将滥用市场支配地位行为规定为"私人垄断"。依据《日本反垄断法》规定，私人垄断是指经营者单独或合谋以及其他形式，排除或支配其他经营者活动，违反公共利益的行为。由于该行为极易与其他垄断行为之间产生竞合或混同，在日本反垄断法的实践中，滥用市场支配地位行为可以通过其他行为予以调整。三是经营者集中控制行为。《日本反垄断法》中将经营者集中行为称为"企业结合"，并形成了以企业合并、企业分割、营业转让、持有股份、兼任管理层等内容的经营者集中形式。[2] 四是不公正交易方法规制。这一点使得《日本反垄断法》与其他国家反垄断法主要规制三大经济垄断行为不同，形成了《日本反垄断法》的第四类行为。在《日本反垄断法》中，不正当交易限制行为、私人垄断行为、经营者集中控制行为均需满足"实质性限制竞争"的违法要件，而不公正交易方法规制则仅要求经营者的行为"具有阻碍公平竞争的可能性即可"。2009 年修订后的《日本反垄断法》规定了 15 种不公正交易方法行为，该类行为大致可分为三类：①限制自由竞争的行为，包括拒绝交易、差别交易、不正当低价出售、限制转售价格等；②竞争手段本身不公正的行为，包括以欺骗方式和提供不正当利益引诱顾客、搭售、掠夺性定价、歧视性价格等差别待遇等；③经营者利用交易上的优势地位，强加于交易对方不利的交易条件的行为。可见，《日本反垄断法》上的不公平交易方法行为可以涵盖横向垄断协议行为、纵向垄断协议行为、滥用市场支配地位行为，以及不具有市场支配地位的不公正交易行为等。

2. 程序法层面。在程序方面，日本公平交易委员会随着《日本反垄断法》的制定而设立，并效仿美国联邦贸易委员会制度而成立。同样，日本公平交易委员会设置之初，曾享有很高的执法独立性。日本公平交易委员会的委员被称为"特别职务的国家公务员"，[3] 但随着日本产业政策的盛行，委员会的独立性与执法权限不断被削弱。进入 20 世纪 90 年代以来，日本公平交易委员会的地位和独立性又开始提升。

在经营者集中控制方面，日本公平交易委员会广泛地运用事前商谈制度，从而使得可能具有排除限制竞争效果的经营者集中在事前商谈阶段即可以得到解决，这大大减少了将经营者集中处理的决定上升到正式的审查程序，以至于自 20 世纪 70 年代以来，《日本反垄断法》从未出现过像欧美那样对集中企业进行拆分的情况。

在法律责任方面，受美国反垄断法的影响，《日本反垄断法》规定了严格的刑事责任制度，不仅仅对不正当的交易限制行为、私人垄断行为，甚至部分经营者集中行为等均规定了相应的刑事责任。在刑事责任追究方面，《日本反垄断法》亦规定了颇具特色的"专属告发制度"。所谓专属告发制度是指由公平交易委员会从专门的立场出发，分析垄断违法行

---

[1] 王玉辉：《日本反垄断法的历史沿革与制度变迁 (1947-2019 年)》，上海三联书店 2021 年版，第 82~89 页。

[2] 戴龙：《日本反垄断法研究》，中国政法大学出版社 2014 年版，第 54 页。

[3] 戴龙：《日本反垄断法研究》，中国政法大学出版社 2014 年版，第 38~39 页。

为对消费者以及国民经济的影响，判断是否需要进行告发并进行刑事处罚的制度。[1] 只有公平交易委员会拥有向检察院提起刑事告发的权力，并且公平交易委员拥有判断是否进行告发的自由裁量权。尽管《日本反垄断法》规定了严格的刑事责任，但由于是否追究刑事责任的裁量权专属于日本公平交易委员会，从实践的情形看，日本除对招投标过程中恶意串标等行为追究刑事责任外，很少有追究其他垄断行为刑事责任的案例。

（三）日本反垄断法的主要特点

1. 移植与本土化的典型代表。《日本反垄断法》制定之初，以美国反托拉斯法为蓝本。日本作为没有反垄断文化传统和基础的国家，最初的被迫移植并不完全符合本国经济的需求。一旦日本政府获得经济政策的自主权，即开始对反垄断法进行频繁的修订，并在修订过程中又充分借鉴大陆法系中德国和法国等国家反垄断法的经验，逐步形成了适应日本经济发展需要的颇具特色的反垄断法律制度。例如，《日本反垄断法》实体制度上"不公正交易法行为"的创设就充分反映了日本经济发展的特殊需要；在程序制度方面，经营者集中事前商谈制度和刑事专属告发制度也颇具东亚文化的特色。可以说，《日本反垄断法》是制度移植和本土化的典型代表。

2. 竞争政策与产业政策关系协调的典范。日本是产业政策概念的发源地，欧美国家起初并无产业政策这一概念，正是日本将产业政策这一概念推向世界。战后日本经济的迅速恢复和日本企业在国际上竞争力的快速增强，与日本恰当的处理反垄断法与产业政策之间的关系不无关联。《日本反垄断法》在颁布之初，曾经历过很短的一段严格执行期，但此后日本经济高速发展的30年中反垄断法则进入弱化期。与此相应的是日本产业政策作用的发挥，特别是20世纪70年代，日本通商产业省设置"产业政策局"后产业政策更是被广泛使用。进入20世纪90年代以来，《日本反垄断法》的实施逐步受到重视，实现了从产业政策主导地位到产业政策与竞争法协调发展，最终实现了竞争法和产业政策的对立和统一。作为政府主导型的市场经济国家，日本文化也与我国具有相似性，且同样出现过与美国发生过贸易摩擦的情形，分析和借鉴日本处理反垄法与产业政策的经验，对我国具有重要的参考价值。

3. 关注数字经济领域的立法和执法。近年来，日本从数字经济、数字政府和数字社会三个方面大力推进数字化改革。在立法方面，日本2021年通过《数字厅设立法》设立了数字厅，致力于推动数字政府改革和创造有益于数字经济发展的竞争环境。在平台经济领域，《提升特定数字平台的透明度和公平性的法案》于2021年2月1日正式实施。该法案授权经济产业大臣通过政令提出平台类别和规模标准作为指定特定平台的依据，侧重规制特定数字平台滥用其市场优势地位开展不正当竞争的行为，并敦促特定数字平台提高交易环境的透明度，每年提交自评估报告。在执法方面，2021年日本公平交易委员会对苹果公司和谷歌公司展开调查，评估其是否利用智能机操作系统市场的支配地位来排除市场竞争，严重限制消费者选择。2022年，日本公平交易委员会又对电通公司、博报堂等大型互联网公司展开调查，指控其利用大数据实施了价格歧视行为。

四、德国反限制竞争法

（一）德国反限制竞争法的产生与发展

在德国反垄断法被称为反限制竞争法。魏玛共和国时期，竞争政策一度在德国萌芽。

---

[1] 戴龙：《日本反垄断法研究》，中国政法大学出版社2014年版，第74页。

但是由于一战期间强制推行卡特尔，导致竞争政策并未在当时的德国真正产生。[1] 在纳粹德国期间，生产高度集中，卡特尔泛滥，很多原材料生产领域的卡特尔组织具有准政府地位，在政府的授权下，这些卡特尔组织拥有主导资源配置的权力。在这一期间，纳粹政府将所有的行业划分为专业组织（Fachgruppen）和经济组织（Wirtschaftsgruppen），统一受纳粹经济部的领导。[2] 二战结束后，1945 年盟军签订了《波茨坦协定》，其中引入去中心化的目标，旨在解决德国经济领域权力过度集中的问题，包括禁止或限制卡特尔、辛迪加、托拉斯和其他垄断性措施所带来的集中问题。

德国《反限制竞争法》萌芽于 1947 年，当时的经济行政委员会希望能够制定一部全国统一的反垄断法，并于 1948 年设立一个由跨区域专家组成的起草委员会。1949 年 7 月，在联邦德国成立不久，该委员会起草了第一份《反限制竞争法》的草案。在之后的 7 年间，围绕《反限制竞争法》的立法目的与法律规定，立法机构与利益团体展开了激烈的争论。[3] 直至 1957 年《反限制竞争法》在（西）德国联邦议会通过，并于 1958 年 1 月 1 日正式颁布实施。

自 1958 年至今，德国《反限制竞争法》历经十次修订。1957 年的《反限制竞争法》中仅对垄断协议和滥用市场支配地位予以规制，缺乏经营者集中控制条款。1973 年，德国《反限制竞争法》进行第二次修订时引入了经营者集中控制条款。1998 年，德国《反限制竞争法》进行了第六次修订，本次修订的主要内容有：一是为实现与欧共体竞争法的一致，在卡特尔和滥用市场支配地位条款中引入了"禁止"一词，删除了旧法中"无效"的表述。在滥用市场支配地位的行为类型中，引入"拒绝进入网络或者其他基础设施"。二是取消了部分的适用除外规定，加强了对电力和天然气领域滥用市场支配地位的监管。能源领域的特许协议与市场分割协议不再被豁免。针对交通部门的特殊规定也被取消。三是针对经营者集中，德国采纳了欧共体竞争法的单一事前申报制度，并调整了申报门槛。在集中的定义上，增加了"取得控制权"的表述，根据新规定，多次购买股权获得控制权也应进行申报。[4]

2005 年，德国《反限制竞争法》进行了第七次修订，本次修订主要涉及以下内容：一是对《反限制竞争法》第 1 条进行了改革，使该条能够同时适用于横向协议与纵向协议；二是对"地域市场"的界定进行了扩张，明确提出地域市场可以超越联邦德国的领土；三是在法的实施中，引入了承诺制度，提高了罚款数额，进一步完善了私人诉讼制度；四是引入了与欧盟委员会以及其他成员国竞争执法机构保持密切合作的条款。

2017 年，德国《反限制竞争法》进行了第九次修订，本次修订主要涉及以下内容：一是引入数字经济的相关条款；二是按照欧盟《反托拉斯私人损害赔偿诉讼指令》对私人诉

---

[1] [德] 何梦笔主编：《秩序自由主义》，董靖、陈凌、冯兴元等译，中国社会科学出版社 2002 年版，第 79~80 页。

[2] Philip C. Newman, "Key German Cartels under the Nazi Regime", *The Quarterly Journal of Economics*, Vol. 62, No. 4., p. 576.

[3] Jochen Burrichter, Franz Böhm und der, Siebenjährige Krieg, um die Verabschiedung des GWB, in: Juliane Kokott, Petra Pohlmann, Romina Polley, Europäisches, deutsches und internationales Kartellrecht, Köln: Verlag Dr. Otto Schmidt KG, 2018, pp. 169-170.

[4] 王晓晔：《德国〈反对限制竞争法〉的第六次修订》，载《德国研究》2000 年第 1 期。

讼规则进行修改；三是填补罚款制度方面的漏洞。[1] 在数字经济方面，本次修订的具体内容包括：一是在相关市场的界定上，于第 18 条新增第（2a）款，规定"免费的商品或服务应当纳入相关市场"，从而解决了互联网平台认定相关市场的障碍；二是在市场支配地位认定上，于第 18 条新增第（3a）款，规定"在多边市场或网络情况下，认定企业支配地位要考虑的额外因素，包括：①直接或间接网络效应；②不同供应商提供的服务的同时适用以及用户的转换成本；③由网络效应产生的企业的规模经济；④拥有与竞争相关的数据；⑤创新驱动的竞争压力"。

2021 年，德国《反限制竞争法》进行了第十次修订，本次修订的重点在于应对数字化时代平台企业滥用市场势力的问题，相关修订内容主要体现在：①将企业"获取竞争相关数据的能力"纳入到对所有企业市场支配认定的考量因素中，不仅限于平台企业；②强调平台企业作为中介机构而拥有的市场力量，在评估此类企业的市场地位时，特别需要考量"中介服务对于第三人进入采购和销售市场的重要性"；③对滥用市场支配地位条款的认定要件进行改革，移除了在认定剥削性滥用时市场支配地位与滥用行为之间的因果关系，只要存在市场支配地位以及剥削行为即构成剥削性滥用；④在旧法中拒绝交易行为仅限于拒绝访问网络或者其他基础设施，新法将拒绝交易的客体扩展到所有的商品和服务，特别列举拒绝访问数据也可能构成拒绝交易；⑤新增第 19（a）条"拥有显著跨市场竞争意义的企业的滥用行为"，对不具有市场支配地位但能够对跨市场竞争产生显著影响的企业进行特别监管；⑥在相对或者优势市场力量的认定条款中，增加"因中介人的市场力量而产生的依赖关系"，同时在行为类型中增加"拒绝数据访问"以及"滥用市场优势力量阻碍竞争对手实现网络效应"；⑦为应对杀手收购（killer acquisition），允许联邦卡特尔局通过正式的决定，事前命令特定经济部门中的企业对经营者集中进行申报，此类集中的申报门槛不再基于简单的营业额门槛，联邦卡特尔局在作出决定前应当重点考量集中对特定经济部门有效竞争的影响以及该企业在该经济部门中的供应或者采购量。

2022 年 9 月 26 日，德国联邦经济与气候保护部发布关于德国《反限制竞争法》第十一次修订的部长级草案。[2] 该草案被视为德国"反垄断法范式转换"的经典草案，它可能使德国的《反限制竞争法》的范式从"行为规制范式"转型为"行为规制与结构规制并重的范式"。该草案包括赋予德国联邦卡特尔局在实施行业调查后主动重塑市场结构的新型权限；简化针对垄断行为衍生利益的征纳程序，只要实施垄断行为获得经济利益而不论过程中是否具有过错，卡特尔局就有权征纳等。[3]

（二）德国反限制竞争法的主要内容

德国《反限制竞争法》共分为六部分，分别是"竞争限制""卡特尔当局""程序""授予公共合同和特许权""第一部分至第三部分的适用""过渡性和最终条款"。第一部分"竞争限制"包括：①禁止限制竞争协议、滥用市场力量（包括滥用市场支配地位、滥用相对优势市场力量以及具有显著的跨市场意义）的规则；②经营者集中控制制度；③欧盟

---

[1] DIRECTIVE 2014/104/EU OF THE EUROPEAN PARLIAMENT AND OF THE COUNCIL of 26 November 2014 on certain rules governing actions for damages under national law for infringements of the competition law provisions of the Member States and of the European Union, OJ L349/1, 5.12.2014.

[2] 在德国法体制下，部长级草案是指由德国联邦政府下属的主管部门编制，尚未由德国政府通过的法律草案，经德国联邦政府审查与调整后的草案，最终会形成向德国联邦议会提交。

[3] 翟巍：《德国〈反限制竞争法〉第十一次修订部长级草案述评》，载《竞争政策研究》2023 年第 1 期。

竞争法的适用；④特定经济领域的特殊规则以及电力、天然气和燃料的市场透明化规则；⑤卡特尔当局与垄断委员会的职权；⑥损害赔偿与没收利益；⑦经济和职业协会制定竞争规则的权力。第二部分是关于卡特尔当局的组成与执法权限。第三部分主要规定了行政执法程序、罚款程序与民事诉讼程序，以及不同实施机构之间的管辖权划分及合作。第四部分为公共合同与特许权的授予规则。第五、六部分为适用范围和过渡性条款、最终条款规则。

（三）德国反限制竞争法的主要特点

1. 美国反托拉斯法和欧盟竞争法的双重影响。从法律制定与修改的进程上，德国《反限制竞争法》先后受到美国反托拉斯法与欧盟竞争法的影响。德国《反限制竞争法》诞生于二战结束之后，在诞生之初就受到美国反托拉斯法的影响。同时德国作为欧共体六个创始成员国之一，其《反限制竞争法》与欧盟竞争法相互影响。欧盟竞争法在垄断协议、滥用市场支配地位等条款上部分采纳了德国《反限制竞争法》的表述与规定。而德国作为欧盟成员国，有义务保障欧盟竞争法在其国内的实施，具体表现为《欧盟运行条约》与相关条例在德国具有直接的约束力，无需转化为国内法，而竞争法相关的条例应当由立法者通过修改《反限制竞争法》，转化为国内法予以适用。

2. 调整范围具有自身的特点。德国《反限制竞争法》在规制范围上具有自身鲜明的特点，不仅包含传统的针对垄断协议、滥用市场支配地位与经营者集中的相关规制条款，还包含针对特殊经济领域以及电力、天然气、燃料的市场透明化规则，以及公共合同与特许经营相关的条款。德国《反限制竞争法》对滥用市场力量行为的调整范围包括滥用市场支配地位行为、滥用相对优势市场力量行为以及显著的跨市场意义企业的滥用行为。所谓具有"显著的跨市场意义"意味着企业在一个或多个市场中占据市场支配地位。一旦企业被确定具有"显著的跨市场意义"，对该企业行为的监管就不限于其所支配的市场，还包括尚未取得支配地位但已经活跃经营的其他市场。[1]

3. 积极应对数字经济的挑战。进入数字经济时代后，德国《反限制竞争法》在应对数字经济所带来的竞争问题方面较为积极。在立法方面，2017年的《反限制竞争法》第九次修订与2021年的第十次修订，均围绕数字经济所带来的竞争问题展开，特别是在禁止滥用市场力量与经营者集中控制方面进行了大幅度的改革。在执法方面，德国联邦卡特尔局近年来也针对互联网平台加强监管与执法，其中较为引人关注的案例如2013年至2015年间处罚多家电商与酒店订房平台实施最惠顾客条款（MFN），2019年认定Facebook过度收集用户数据的行为构成剥削性滥用市场支配地位行为，同年认定Amazon滥用市场支配地位，2021年起先后认定Meta、Amazon、Apple等构成具有显著跨市场意义的经营者，对其开展长达5年的特别监管。

五、英国竞争法

（一）英国竞争法的产生与发展

现在的英国竞争法主要由《1998竞争法》和《2002企业法》组成。1948年之前，英国竞争法完全来源于普通法，即由法官制定的判例法。18世纪和19世纪，英国法官通过判例提出了不正当贸易限制理论（Doctrine of undue restraint of trade），该理论后来成为1890年美国制定《谢尔曼法》的理论来源之一。该理论主要适用于雇佣合同和合伙合同，在某

---

[1] 刺森：《互联网平台滥用相对优势地位的规制理论与制度构成》，载《环球法律评论》2023年第1期。

些情况下也可以适用于卡特尔。[1] 20 世纪 30 年代的大萧条以及英国战时的价格控制导致大量卡特尔的产生，当时主要由行业协会主导企业进行定价。战后，为应对这一时期的市场垄断，1948 年，英国议会制定了第一部包含竞争法规的法律《垄断和限制性行为（调查和控制）法》。1956 年，英国议会通过了《1956 限制贸易行为法》，要求所有企业之间签订的可能会限制贸易的协议都需要进行公共登记，除非得到国务大臣的豁免。对协议进行修改或者终止也需要进行登记，未经登记该协议不得生效。1965 年，英国通过立法将集中控制授权给垄断与合并委员会进行审查。直到 1997 年，工党在当选后提出了制定一部竞争法的提案。1998 年，英国议会通过了《1998 竞争法》，但其大部分条款直到 2000 年才正式生效。2002 年 11 月 7 日，英国颁布《2002 企业法》，该法第三部分规定了经营者集中控制制度。

2020 年 1 月 31 日，英国正式退出欧盟，并进入"脱欧"过渡期。在脱欧之前，英国作为欧盟成员国，有义务实施欧盟竞争法。在脱欧之后，英国不再继续实施欧盟竞争法。欧盟与英国签订的贸易与合作协定（TCA）要求双方承诺维持有效的竞争法，以解决限制竞争协议、滥用支配地位、经营者集中以及国家援助的问题。对于英国竞争法规则，针对限制竞争协议和滥用市场支配地位的规则保持不变，这些规则基本与欧盟竞争法相一致，主要的区别在于适用前提限于影响英国境内的竞争与交易行为。针对集中控制，在脱欧之前，欧盟委员会享有对"共同体层面的经营者集中"的独家审查权。在脱欧之后，涉及英国企业的"共同体层面的经营者集中"，欧盟委员会仍然拥有审查权，但英国竞争与市场管理局同时也拥有审查的权力。针对国家援助，脱欧之前欧盟委员会拥有对英国国家援助项目的独家审查权，但是在脱欧之后，英国需要建立独立的机构来管理国家援助，并确保法院可以审查援助决定以及下令收回非法的援助。

在执法机构的设置方面，1949 年依据《垄断和限制性行为（调查和控制）法》，英国设立了垄断与限制性行为委员会。随着《1956 限制贸易行为法》的制定，该机构于 1956 年转变为垄断委员会，同时还设立了一个限制性行为法院与一个限制贸易协议登记官。1969 年，垄断委员会再次重组，其权力扩大。1973 年，成立垄断与合并委员会，负责调查和报告合并、垄断、反竞争行为、公共部门机构的表现以及对特定私有化行业进行管制。同年，公平交易办公室成立，与竞争委员会共同作为英国竞争法的执法机构。1999 年，竞争委员会取代了垄断与合并委员会，主要负责调查受竞争法调整的合并。2012 年，英国商业、创新与技术部宣布将竞争委员会与公平交易办公室合并，创建一个新的单一机构。2013 年，竞争与市场管理局成立，成为一个单一的竞争执法机构，接管了竞争委员会和公平交易办公室的职权，由商业、能源与工业战略部进行监管。

（二）英国竞争法的主要内容

广义来说，英国竞争法调整四类行为，分别是限制竞争协议、滥用支配地位、经营者集中以及公共限制竞争。英国《1998 竞争法》分为四个部分，其中第一部分为主要的竞争规则，包括对限制竞争协议和滥用市场支配地位的规制，调查执法程序与上诉程序。英国竞争法禁止可能影响英国境内交易的，同时具有排除、限制或者扭曲英国市场竞争的目标或效果的协议、决定以及协同行为。符合特定条件的协议可以得到豁免，包括集体豁免和个体豁免。英国竞争法禁止经营者滥用支配地位，滥用支配地位的行为类型包括：①实施

---

[1] Jeremy Lever, "The Development of British Competition Law: A Complete Overhaul and Harmonization", *WZB Discussion Paper*, No. FS IV 99-4, Wissenschaftszentrum Berlin für Sozialforschung (WZB), Berlin, pp. 2-7.

不公平的价格或其他交易条件；②限制生产、销售和技术发展，损害消费者利益；③对同等的交易实施不同的交易条件，使交易相对人处于竞争劣势；④在订立合同时要求其他交易相对人接受依其本质或者商业惯例与合同标的无关的补充义务。竞争与市场管理局是英国竞争法的调查和执法机构，有权进行调查、接受承诺、对协议和行为进行认定以及实施处罚。英国《2002企业法》第三部分规定了经营者集中控制制度，由竞争与市场管理局负责对集中案件进行两阶段的事前审查。

（三）英国竞争法的特点

1. 经营者集中控制制度单独立法。英国竞争法规则分散在两部法律中，分别是《1998竞争法》与《2002企业法》。《1998竞争法》主要包括对垄断协议、滥用市场支配地位以及执法机构的执法权予以规定。《2002企业法》主要针对经营者集中控制制度进行了规定。

2. 与欧盟竞争法关系的变迁。欧盟竞争法曾经对英国竞争法产生重大影响，但英国脱欧后，英国竞争法不再受欧盟竞争法的约束。英国曾经是欧盟的重要成员国之一，欧盟竞争法可以直接在英国实施，同时英国竞争法也受到欧盟竞争法的影响。但英国脱离欧盟之后，英国的竞争执法机构不再适用欧盟竞争法，其竞争执法完全依照英国竞争法实施。英国法院不再受理因违反欧盟竞争法所提起的私人诉讼。英国的国家援助政策不再需要向欧盟委员会进行申报，只需满足本国对于国家援助的规定。

3. 积极关注数字经济竞争问题。2017年，英国全面修订数字经济法，并通过《数字经济法案（2017）》（Digital Economy Act 2017），该法案为英国的数字经济发展提供了基本框架，内容包括获取数字服务、数字基础设施、知识产权、数字政府等。2023年4月，英国推出了《数字市场、竞争和消费者法案》（DMCC），该法案旨在促进数字市场良性竞争的同时强化消费者权益保护。目前该法案仍处于立法程序之中。在执法方面，自2018年起，英国竞争和市场管理局先后对谷歌、Meta、亚马逊、苹果、微软等科技巨头展开反垄断调查。2019年，英国竞争和市场管理局委托经济咨询公司Lear对英国数字行业的合并控制执法决定进行评估，并发布了《数字市场合并控制执法事后评估》报告。该报告对数字市场领域执法中通常采用的竞争损害理论进行了梳理；对英国数字领域合并的部分案例进行了事后评估，包括评估英国执法部门作出的决定是否合理，以及合并后的市场发展。[1]

六、俄罗斯反垄断法

（一）俄罗斯反垄断法的历史发展

1. 1991年《俄罗斯反垄断法》。20世纪后期以来，东欧国家、俄罗斯等国家实现了从计划经济体制向市场经济体制的转型。[2] 在转型过程中，俄罗斯社会面临剧烈的社会经济变革，在私有化过程中垄断势力也逐步形成。事实上，俄罗斯在1988年曾形成第一个具有反垄断法性质的法律文件，尽管该文本并未最终生效，但文本中的不少内容被后续立法所借鉴。[3] 1991年3月22日，俄罗斯制定第一个正式的反垄断文件《关于商品市场中竞争和限制垄断行为的法律》（以下简称1991年《俄罗斯反垄断法》）。1991年《俄罗斯反垄断法》是以欧盟竞争法为基础，并参照美国反托拉斯法制定的，该法的颁布被视为俄罗斯市场经济体制建立的标志性事件之一。

---

[1] Lear, Ex-post Assessment of Merger Control Decisionsin Digital Markets (Finalreport), May 9, 2019.

[2] 狭义的经济转型是专指中国、东欧、俄罗斯等国家改革过程中形成的经济转型；广义的经济转型是指一个国家经济在一个历史阶段向另一个历史阶段过于运行的一种经济状态。

[3] 刘继峰：《俄罗斯反垄断法研究》，北京大学出版社2022年版，第20页。

1995 年，俄罗斯又颁布《自然垄断法》，对自然垄断企业实行特殊监督，以实现自然垄断企业与消费者之间的利益平衡，使消费者能够有保障地获得自然垄断商品和服务。[1] 如同立法名称限定为"商品市场"，1991 年《俄罗斯反垄断法》的调整对象仅规范商品生产流通及劳动力市场的垄断行为，并未涉及金融、保险等服务市场。在 1998 年金融危机以后，俄罗斯的金融市场在重建过程中出现各种无序及垄断行为。1999 年俄罗斯颁布《金融市场竞争保护法》，对俄罗斯的银行、保险、社会保险等领域的金融企业的限制竞争行为进行规制，以突出金融市场监管标准和监管手段的特殊性。至此，俄罗斯反垄断法律制度的"三驾马车"（商品市场、自然垄断、金融市场）正式搭建形成。[2] 这一时期，俄罗斯社会处于剧烈转型期，1991 年《俄罗斯反垄断法》颁布之后到 2005 年共进行了八次修订，强烈地体现出反垄断法服务经济社会变化的工具性。

2. 2006 年《俄罗斯竞争保护法》。随着俄罗斯市场经济改革的深入，除立法之初转型时期私有化形成的垄断现象外，来自于国际市场上的并购力量也对俄罗斯经济发展与安全提出新的挑战。2006 年，俄罗斯基于本国经济发展的特点和执法实践，对 1991 年《俄罗斯反垄断法》进行全面修订，并整合了 1995 年《自然垄断法》和 1999 年《金融市场竞争保护法》。本次修订幅度极大，除内容修订外并将原《关于商品市场中竞争和限制垄断行为的法律》的立法名称简化为《俄罗斯竞争保护法》，形成了竞争法对各个行业一体适用的局面。本次修订也被称为俄罗斯反垄断法新时代的界标。俄罗斯反垄断制度以 2006 年《俄罗斯竞争保护法》为核心，形成了庞大的反垄断规则体系。《俄罗斯竞争保护法》本身从 2006 年到 2019 年也前后进行了多达 40 次的修订，其频率之高也实属罕见。[3]

（二）俄罗斯反垄断法的主要内容

2006 年《俄罗斯竞争保护法》有关反垄断的核心内容包括三个方面：一是法律所禁止的垄断行为；二是反垄断执法机构的任务、职能和权力；三是执行联邦反垄断局的决定和处理意见的程序及其上诉程序。[4]

在垄断行为方面，与其他国家立法内容一样，《俄罗斯竞争保护法》同样禁止经营者达成限制竞争的协议、决议或者协同一致的行为，并明确区分为横向垄断协议和纵向垄断协议。《俄罗斯竞争保护法》规定了市场支配地位的概念，并对滥用市场支配地位的行为进行列举如下：制定、维持垄断高价或垄断低价；通过商品退出流通提高商品价格；向客户强加对其不利或与合同标的无关的合同条款；在商品仍有市场需求，或商品价格仍可保障获利的条件下不合理地减少或停止生产该商品；在有生产和供货条件时，不合理地拒绝或回避与部分采购人（订货人）签署合同；制定歧视性经营条件等。在滥用市场支配地位行为的列举上，《俄罗斯竞争保护法》也规定了自己的一些特殊类型，如阻碍其他经营主体进入或退出商品市场。与其他国家不同的是，《俄罗斯竞争保护法》虽也规定经营者集中控制制度，但将其作为一种被监管的特殊垄断行为，并列专章予以规定。而且，俄罗斯反垄断法在立法之初就重视对行政垄断行为的规制。《俄罗斯竞争保护法》中有三章都涉及对行政垄断行为的规制，明确禁止俄罗斯各级政府机关、履行公共服务职能的公共组织以及国家预

---

[1] 李福川：《俄罗斯反垄断政策》，社会科学文献出版社 2010 年版，第 61 页。
[2] 刘继峰：《俄罗斯反垄断法研究》，北京大学出版社 2022 年版，第 21 页。
[3] 参见邢梅：《转型时期俄罗斯反垄断法的政策含义》，载张守文主编《经济法研究》第 9 卷，北京大学出版社 2011 年版；刘继峰：《俄罗斯反垄断法研究》，北京大学出版社 2022 年版，第 21~26 页。
[4] 刘继峰：《俄罗斯反垄断法研究》，北京大学出版社 2022 年版，第 60 页。

算外基金和俄罗斯联邦中央银行从事限制竞争的行为。

在执法体制方面，《俄罗斯竞争保护法》赋予联邦反垄断局强有力的行政职权，以保障反垄断执法机构的调查顺利进行和有效执行。特别是为保障反垄断执法机构在规制行政垄断行为方面的效果，《俄罗斯竞争保护法》规定其有权向行政机关获取必要信息；有权向行政机关发出有约束力的命令，要求废止或修改违反反垄断法的法案、协议，停止违法行为；有权追究行政机关及其公职人员的责任。

(三) 俄罗斯反垄断法的主要特点

1. 调整范围的广泛性。俄罗斯反垄断法本质上属于反垄断和反不正当竞争合并的立法模式。除了规制垄断行为外，还明确禁止不正当竞争行为。例如，商业诋毁、虚假陈述误导消费者、不适当比较、不合法利用他人知识产权和侵犯他人商业秘密等行为，调整范围非常广泛。

2. 调整行政垄断行为的特点。虽经近三十年的经济转型，行政权力对经济的干预逐步减少，但滥用行政权力排除限制竞争的行为仍是俄罗斯较为突出和严重的垄断行为类型。这使得俄罗斯反垄断法在行政垄断的立法、执法等方面形成了明显的自身特点：一是在调整的主体上，俄罗斯反垄断法除调整行政机关主体外，还将俄罗斯联邦中央银行等纳入行政垄断的违法主体范围；二是在行政垄断行为类型和认定方面，俄罗斯反垄断法采取列举式模式对行政垄断行为类型进行规定。但在判断行政垄断行为是否违法的标准上，既包括行政垄断作为行为，也包括不作为行为。俄罗斯反垄断法关于行政垄断行为规制的做法，对经济转型国家具有很强的借鉴意义。[1]

3. 积极回应数字经济领域的竞争问题。面对数字经济发展引发的一系列反垄断问题，俄罗斯在立法和执法层面均作出了积极的回应。在立法层面，2018年俄联邦反垄断机构（FAS）启动了关于《俄罗斯竞争保护法》修订的"第五次反垄断一揽子计划"（The Fifth Antimonopoly Package），其中一个重要的目的就是规范数字市场经营行为，加强对数字平台的活动控制，以防止数字市场被垄断。修正草案于2023年7月10日正式通过，于2023年9月1日起正式实施，其中对数字经济作出了如下回应：其一，明确了"数字平台"的概念，将俄联邦反垄断机构的监管范围扩大到平台经济领域；其二，引入了"网络效应"的概念，认为这是互联网商品市场的重要特征，该市场中信息和电信网络方面的消费者价值会随着买卖双方数量变化而变化；其三，增设条款禁止数字平台从事或通过平台帮助平台内买卖双方从事垄断行为，值得注意的是，该条款重新界定了互联网空间市场"支配地位"，认为数字平台如果在可替代性服务市场的份额超过35%将具有支配地位。在执法方面，俄罗斯反垄断执法机构在数字经济领域的执法活动更为频繁和严厉，近年针对苹果公司开展了多次调查与处罚。

第二节 中国反垄断法的历史发展

一、反垄断法的发展历程

"中国反垄断法的立法进程，印证了这样一个基本原理，即社会经济生活对反垄断法的需求与市场的成熟程度成正比。"[2] 新中国成立以后，我国一度实行高度集中的计划经济

---

[1] 刘继峰：《俄罗斯反垄断法规制行政垄断之借鉴》，载《环球法律评论》2010年第2期。
[2] 时建中主编：《反垄断法——法典释评与学理探源》，中国人民大学出版社2008年版，第1页。

体制。在我国社会主义市场经济体制建立和完善的进程中,是不断引入竞争、促进竞争、规范竞争和保护竞争的过程。相应的,我国反垄断法律制度也经历了制度缺失、探索形成、实施并逐步完善三个阶段。

(一)制度缺失阶段

中华人民共和国成立以后,经过社会主义改造,逐步建立了高度集中、高度集权的计划经济体制。在计划经济体制时期,政府是一切经济活动的决策者,企业生产、销售等经营活动,都是由政府下达层层指令的方式运行。政府对经济活动实行全面管控,决定资源的配置,完全代替了市场机制的作用。在这个时期由于不存在市场竞争,因而也就缺乏竞争法律制度产生和发展的社会经济环境。甚至,在一定程度上,"竞争"被赋予了强烈的意识形态色彩,被认为是与生产资料私有制相联系的资本主义特有现象,是资本家或资本家集团之间的"殊死搏斗",是"兽与兽之间的斗争",必然带来社会生产的无政府状态,造成社会生产力的严重浪费和破坏。[1] 在这样的社会背景和历史阶段下,市场竞争受到否定、市场机制被全面替代,以维护市场竞争为追求的反垄断法律制度必然会处于完全缺失的状态。

(二)探索形成阶段

1978年,党的十一届三中全会召开,确定把全党工作重点转移到社会主义现代化建设上来,作出了改革开放伟大决策。中国经济体制改革的过程,就是逐步引入市场竞争的过程,也是竞争法律制度逐步形成的过程。在这个阶段,有关竞争的法律规范伴随着改革政策或措施,以分散的、渐进的、持续的方式出现在各个领域。

1980年,国务院发布《关于开展和保护社会主义竞争的暂行规定》,提出"竞争逐步开展起来,在我国经济生活中显示出它的活力,推动着经济的发展和技术的进步。"这是国务院第一次就竞争问题制定相关的规范。此后,一些法规或规范性文件中开始出现禁止垄断或垄断行为的规定。例如,1982年国务院颁发的《广告管理暂行条例》中规定了"禁止广告的垄断和不正当竞争"。1982年4月国务院发布《关于在工业品购销中禁止封锁的通知》规定"禁止设置地方壁垒"。1987年,国务院颁布的《中华人民共和国价格管理条例》(以下简称《价格管理条例》)规定"禁止企业之间或者行业组织商定垄断价格的行为"。

1987年8月,原国务院法制局成立了《反垄断法》起草小组,并于1988年提出了《反对垄断和不正当竞争暂行条例(草案)》,但最终并未出台。1992年党的十四大确立我国经济体制改革的目标是建立社会主义市场经济体制。1993年党的十四届三中全会《中共中央关于建立社会主义市场经济体制若干问题的决定》指出,发挥市场机制在资源配置中的基础性作用,必须培育和发展市场体系,规范市场行为,打破地区、部门的分割和封锁,反对不正当竞争。创造平等竞争的环境,形成统一、开放、竞争、有序的大市场。

1993年9月,第八届全国人大常委会第三次会议通过《中华人民共和国反不正当竞争法》(以下简称《反不正当竞争法》)。该法并不是一部纯粹禁止不正当竞争行为的法律,而是既禁止不正当竞争行为又禁止部分垄断行为的混合式立法。1997年12月通过《中华人民共和国价格法》(以下简称《价格法》),该法明确提出国家支持和促进公平、公开、合法的市场竞争,维护正常的价格秩序。该法禁止的不正当价格行为中部分就属于价格垄断行为。1999年8月通过的《中华人民共和国招标投标法》(以下简称《招标投标法》)该法禁止的串通招投标的行为,实质上就是横向、纵向垄断协议的具体表现形式。这一时期,

---

[1] 戴居仁、杨文汉、杨赞贤主编:《社会主义竞争对策与法律》,陕西人民出版社1988年版,第9~12页。

尽管我国尚无统一的反垄断法典，但是，有关禁止垄断行为的部分规范已经散见于不同的法律之中。

1994年5月，原国家经贸委和国家工商总局就成立了《反垄断法》起草小组。当年，《反垄断法》被列入了第八届全国人大常委会立法规划，1998年列入第九届全国人大常委会的立法规划，2003年列入第十届全国人大常委会立法规划。2003年国务院机构改革后，由商务部负责起草《反垄断法》工作，并于2004年3月将《反垄断法（草案）》报送国务院审议。此后，我国反垄断立法工作开始提速。2007年8月30日，第十届全国人民代表大会常务委员会第二十九次会议审议通过《反垄断法》并于2008年8月1日起施行。

（三）实施并逐步完善阶段

《反垄断法》施行以来，相关配套规则不断完善。国务院制定了《国务院关于经营者集中申报标准的规定》，反垄断执法机构也先后制定了专门针对垄断协议、滥用市场支配地位、经营者集中等领域的部门规章、规范性文件。国务院反垄断委员会制定了《关于相关市场界定的指南》等一系列指南。这些配套规则既提高了反垄断法的可操作性，又统一了反垄断执法的程序、标准和尺度。在《反垄断法》实施方面，反垄断行政执法工作取得了明显的成效。反垄断司法工作稳步推进，人民法院积极发挥审判职能作用，依法审理了一批典型的反垄断民事诉讼和行政诉讼案件。《反垄断法》在保护市场竞争、提升市场效率、鼓励创新等方面发挥着越来越重要的作用。市场主体的公平竞争意识不断增强，竞争的理念逐步深入人心。同时，我国反垄断法执法机构积极参与全球竞争治理。目前，中国与美国、欧盟已成为国际上最具有影响的三大反垄断司法辖区。

二、反垄断法的规范体系

（一）法律

2007年8月30日通过的《反垄断法》只有57个条文。随着我国经济社会的快速发展以及全球经济形势的不断变化，《反垄断法》中的部分条款已不能完全适应发展的需要。2020年年初，国家市场监管总局公布《〈反垄断法〉修订草案》，向社会公开征求意见。2022年6月24日，第十三届全国人民代表大会常务委员会第三十五次会议通过《关于修改〈中华人民共和国反垄断法〉的决定》，《反垄断法》完成第一次修正，条文总数由57条增加到70条。本次修正，总则方面主要体现为以下内容：①立法目标增加了"鼓励创新"；②明确规定"强化竞争政策的基础地位"；③将公平竞争审查制度效力位阶上升到法律层面；④回应数字经济时代反垄断工作的挑战，规定"经营者不得利用数据和算法、技术、资本优势以及平台规则等从事本法禁止的垄断行为"。具体制度方面的修订包括但又不限于以下方面：①将垄断协议概念独立成条，增加反竞争效果抗辩条款，明确纵向垄断协议的认定规则，确立了"安全港"规则，将垄断协议的组织者、帮助者入法，垄断协议规范趋于完善；②规定"具有市场支配地位的经营者不得利用数据和算法、技术以及平台规则等从事前款规定的滥用市场支配地位的行为"；③经营者集中领域中首次引入"停表"制度，持续优化审查期限与程序，建立经营者集中分类分级审查制度等；④在法律责任方面，强化违法惩戒力度、大幅提升经营者违法的成本，进一步优化和改进反垄断法律责任体系，同时引入反垄断民事公益诉讼制度和失信约束机制等。[1]

（二）行政法规

2008年8月3日，国务院第二十次常务会议通过《国务院关于经营者集中申报标准的

---

[1] 时建中：《新〈反垄断法〉的现实意义与内容解读》，载《中国法律评论》2022年第4期。

规定》，对经营者集中的申报标准作出了具体规定。这是我国《反垄断法》实施后的第一个配套法规。2018年9月18日，该规定根据《国务院关于修改部分行政法规的决定》修订。为贯彻落实修改后的《反垄断法》，2024年1月22日，国务院第773号令公布了对该规定的第二次修订，并自公布之日起施行。

（三）部门规章

《反垄断法》施行后，原负责反垄断行政执法工作国家发展和改革委员会、商务部和原国家工商行政管理总局等三家执法机构依据各自执法权限，均制定了各自领域的部门规章。2018年新组建的国家市场监督管理总局成立后，在吸收整合原三家执法机构部门规章的基础上，制定了一系列反垄断领域的配套规章制度和指引类规范性文件。相关配套规章制度主要包括：国家市场监督管理总局公布的《禁止垄断协议规定》《禁止滥用市场支配地位行为规定》《经营者集中审查规定》《制止滥用行政权力排除、限制竞争行为规定》；以及《禁止滥用知识产权排除、限制竞争行为规定》等。目前，国家市场监督管理总局发布的指引类规范性文件主要有：《公平竞争审查第三方评估实施指南》以及《滥用行政权力排除、限制竞争执法约谈工作指引》等。

（四）反垄断指南

反垄断法条文的原则性和反垄断法实施的复杂性，使得不能仅仅依靠立法机构制定出普遍适用、又能在适用中确保正当性的具体操作性的法律规范，许多问题需要通过反垄断指南加以明确和细化。[1]《反垄断法》第12条规定，国务院反垄断委员会的职责之一是"……制定、发布反垄断指南……"。2009年5月，国务院反垄断委员会发布《关于相关市场界定的指南》，是我国反垄断领域的第一个指南。此后，国务院反垄断委员会先后发布了《国务院反垄断委员会关于汽车业的反垄断指南》（以下简称《关于汽车业的反垄断指南》）《国务院反垄断委员会关于知识产权领域的反垄断指南》（以下简称《关于知识产权领域的反垄断指南》）、《国务院反垄断委员会横向垄断协议案件宽大制度适用指南》《国务院反垄断委员会垄断案件经营者承诺指南》（以下简称《垄断案件经营者承诺指南》）、《经营者反垄断合规指南》《国务院反垄断委员会关于平台经济领域的反垄断指南》（以下简称《平台反垄断指南》），以及《国务院反垄断反不正当竞争委员会关于行业协会的反垄断指南》（以下简称《关于行业协会的反垄断指南》）等指南。

（五）司法解释

2012年5月3日，最高人民法院颁布《最高人民法院关于审理因垄断行为引发的民事纠纷案件应用法律若干问题的规定》（以下简称《垄断行为民事纠纷解释》），这是最高人民法院在反垄断审判领域出台的第一部司法解释。该司法解释根据《反垄断法》的规定，结合民法、民事诉讼法等相关法律，规定了起诉、案件受理、管辖、举证责任分配、诉讼证据、民事责任及诉讼时效等问题，建立了我国反垄断民事诉讼的基本框架，进一步明晰了反垄断法相关规定的具体含义。2022年6月24日《反垄断法》修订后，为适应反垄断法的修改，最高人民法院加快了相关司法解释的修订工作，并于2022年11月18日公布了《关于审理垄断民事纠纷案件适用法律若干问题的规定（公开征求意见稿）》。

---

[1] 王先林：《国务院反垄断委员会指南》，载李青主编：《中国反垄断十二年：回顾与展望》，中信出版集团2020年版，第224~225页。

[本章参考文献]

（一）著作

1. ［英］马赫·M. 达芭：《反垄断政策国际化研究》，肖兴志、丁宁等译，东北财经大学出版社 2008 年版。

2. ［美］戴维 J. 格伯尔：《二十世纪欧洲的法律与竞争》，冯克利、魏志梅译，中国社会科学出版社 2004 年版。

3. ［美］戴维·格伯尔：《全球竞争：法律、市场和全球化》，陈若鸿译，中国法制出版社 2012 年版。

4. ［美］欧内斯特·盖尔霍恩、威廉姆·科瓦契奇、斯蒂芬·卡尔金斯：《反垄断法与经济学》（第 5 版），任勇、邓志松、尹建平译，法律出版社 2009 年版。

5. ［美］赫伯特·霍温坎普：《联邦反托拉斯政策——竞争法律及其实践》，许光耀、江山、王晨译，法律出版社 2009 年版。

6. 许光耀：《欧共体竞争法通论》，武汉大学出版社 2006 年版。

7. 白艳：《美国反托拉斯法/欧盟竞争法平行论：理论与实践》，法律出版社 2010 年版。

8. 戴龙：《日本反垄断法研究》，中国政法大学出版社 2014 年版。

9. 王玉辉：《日本反垄断法的历史沿革与制度变迁（1947-2019 年）》，上海三联书店 2021 年版。

10. 刘继峰：《俄罗斯反垄断法研究》，北京大学出版社 2022 年版。

11. 李青主编：《中国反垄断二十年：回顾与展望》，中信出版集团 2020 年版。

（二）论文

12. 稗贯俊文、张广杰：《日本反垄断法的修订及其最新发展》，载《华东政法大学学报》2016 年第 4 期。

13. 刘继峰：《俄罗斯反垄断法规制行政垄断之借鉴》，载《环球法律评论》2010 年第 2 期。

14. 刘继峰：《俄罗斯的经济转型与反垄断法规制目标的转向》，载《经济法研究》2018 年第 1 期。

15. 邢梅：《转型时期俄罗斯反垄断法的政策含义》，载张守文主编《经济法研究》第 9 卷，北京大学出版社 2011 年版。

16. 时建中：《新〈反垄断法〉的现实意义与内容解读》，载《中国法律评论》2022 年第 4 期。

17. 王晓晔：《德国〈反对限制竞争法〉的第六次修订》，载《德国研究》2000 年第 1 期。

18. Alison Jones & Brenda Sufrin, *EU Competition Law: Text, Cases and Materials* (*Fifth Edition*), Oxford University Press, 2014.

19. Richard Whish & David Bailey, *Competition Law* (*Eighth Edition*), Oxford University Press, 2015.

第三章 反垄断法的地位

第一节 反垄断法的定位

反垄断法的地位是指反垄断法在一国法律体系中的地位,包括应归属于哪个法律部门,以及其在所属法律部门中的重要性等主要命题。同时,分析反垄断法的地位,可以进一步揭示反垄断法与其他法律之间的联系与区别。

一、反垄断法是经济法的核心制度

现代意义上的经济法,作为一个独立的法律部门,首先产生于实行市场经济的资本主义国家。19世纪末20世纪初,西方主要发达国家先后完成工业革命,资本主义由自由竞争阶段进入垄断阶段。各种垄断组织利用其市场支配地位分割市场、控制价格,排斥或限制其他竞争者参与竞争。面对严重的市场失灵现象,西方主要资本主义国家先后制定了一系列经济法律、法规,通过"政府之手"干预经济。例如,美国1890年通过《谢尔曼法》、德国1919年颁布《煤炭经济法》等。可见,西方经济法的产生是以规制市场竞争秩序为契机,以竞争法为基本内容之一而逐步形成和发展起来的。正如有的学者指出:"经济法是规制以垄断资本主义国家的垄断为中心的经济从属关系法,国家为了维护市场竞争秩序而介入市场的法,就是本来意义的经济法。"[1] 对于反垄断法在经济生活中的重要地位,各国理论上和实践中都曾给予不同程度的阐释。

在美国,反托拉斯法被称为"自由企业的大宪章"。美国反托拉斯法的源头《谢尔曼法》曾被美国最高法院在判决中称为"经济自由的宪法"。[2] 美国最高法院在1972年的一项判决中还曾进一步阐述如下:"反托拉斯法……是自由企业的大宪章。它们对维护经济自由和我们企业制度的重要性,就像权利法案对于保护我们的基本权利的重要性那样。"[3] 学术界也将反托拉斯法与宪法进行比较,并认为他们有诸多的相似性:一是同样具有广泛的效力,调整着一个国家的社会生活的各个方面,像宪法一样,反托拉斯法对美国公民的日常生活时时刻刻都在产生着重要影响;二是具有同样的发展方式,反托拉斯法是非常概括的联邦法律,类似美国的宪法;三是同样难以解决具体问题,美国宪法的目的被阐明为规定一种有秩序的自由,反托拉斯法的总的目的是促进竞争,这些都是基本的方针政策,难以适用于解决具体的问题。[4] 在德国,反垄断法也被学术界称为"经济宪法",并把经济宪法定义为"有关社会—经济合作过程的性质和形态的一种全面决定"。[5] 在论述德国

---

[1] [日]丹宗昭信、厚谷襄儿编:《现代经济法入门》,谢次昌译,群众出版社1985年版,第7页。
[2] 孔祥俊:《反垄断法原理》,中国法制出版社2001年版,第19页。
[3] United States v. Topco Associations, Inc., 405 U.S. 596, 610 (1972).
[4] 高菲:《论美国反托拉斯法及其域外适用》,中山大学出版社1993年版,第10~11页。
[5] [美]戴维 J. 格伯尔:《二十世纪欧洲的法律与竞争》,冯克利、魏志梅译,中国社会科学出版社2004年版,第305页。

《反限制竞争法》的宪法性地位时，有学者写道，"大多数欧洲国家为适应战后的形势，制定至少在最初仅仅是经济政策中不太重要的组成部分的竞争法，但德国却走向了一个新的方向，即从根本上彻底改变欧洲竞争法道路的方向。1957年德意志联邦共和国创设了竞争法制度，该制度具有新的地位和在不同的原则基础上运行。其地位是宪法性的，张扬着基本价值和保护基本权利，以及至少通过司法和行政执法平分秋色的方式进行实施"。[1] 当然，无论是反垄断法被认为是"自由企业的大宪章"，还是被认为是"经济宪法"，都不是说反垄断法与宪法的位阶一样，其更像是通过一种比喻的方式，强调反垄断法的基础性地位以及在经济生活中的核心位置。

在日本，反垄断法更被直接认为是"经济法的核心"。随着日本经济的快速发展，反垄断法在维护市场经济秩序中的地位越来越重要。日本部分学者认为应以反垄断法为核心构筑经济法的基本体系。例如，丹宗昭信教授认为，应当把反垄断法的竞争原理作为经济法的基本原理，以反垄断法为核心构建经济法体系。经济法是"立足于市场机制之上的经济政策立法体系，其核心是对市场内的限制自由竞争和妨碍公正竞争的国家规制之法"。民法、商法、税法、金融财政法、劳动法等法律部门虽然都或多或少地为国家公权力介入市场活动提供依据，但大多是从权利或权力配置的角度介入的，只有经济法才是从维护市场竞争秩序这一基本原理出发介入的。日本反垄断法的"三大支柱"，即禁止私人垄断、禁止不正当地限制交易及禁止不公正的交易方法等三个部分，其目的就是维护市场竞争秩序。[2]

我国的法律体系是"以宪法为统帅，以法律为主干，以行政法规、地方性法规为重要组成部分，由宪法相关法、民商法、行政法、经济法、社会法、刑法、诉讼与非诉讼程序法等多个法律部门组成的有机统一整体。……，经济法是调整国家从社会整体利益出发，对经济活动实行干预、管理或者调控所产生的社会经济关系的法律规范。经济法为国家对市场经济进行适度干预和宏观调控提供法律手段和制度框架，防止市场经济的自发性和盲目性所导致的弊端"。[3] 在我国，也有学者主张应确立反垄断法的经济宪法地位，不能将其作为一般性的规范市场秩序的法律，而应该上升到市场经济基本法即"经济宪法"的角度来看待。[4] 有学者认为，反垄断法之所以具有经济宪法的地位，不仅仅是因为其在规范的广泛性、具有原则性等形式特点与宪法相似，而是在本质内容上"反垄断法以其经济民主价值为基础，在民主理念的坚持上与宪法具有高度的相似性，或者说反垄断法所推崇的经济民主与宪法所维护的政治民主具有高度的同质性"。[5] 除上述外，反垄断法以维护竞争自由和竞争平等这一基本机制为追求，其他经济政策或经济立法的制定过程中，都应该尊重反垄断法所倡导的竞争原则。从这一点上，反垄断对经济活动发挥着根本性的核心作用和指引作用。

改革开放的过程就是不断改革完善和优化政府与市场关系的过程。政府与市场关系的法治化，是经济法的重要使命。对政府和市场的关系，我们党在改革开放的实践中不断深化认识。十四大报告指出，"我们要建立的社会主义市场经济体制，就是要使市场在社会主

---

[1] 孔祥俊：《反垄断法原理》，中国法制出版社2001年版，第19页。
[2] [日] 丹宗昭信、厚谷襄儿编：《现代经济法入门》，谢次昌译，群众出版社1985年版，第5页。
[3] 参见2011年10月27日国务院新闻办公室发表的《中国特色社会主义法律体系》白皮书。
[4] 孔祥俊：《反垄断法原理》，中国法制出版社2001年版，第28页。
[5] 李国海：《经济民主：反垄断法的宪政价值》，载《经济法论丛》2011年第1期。

义国家宏观调控下对资源配置起基础性作用"；十五大报告指出，"使市场在国家宏观调控下对资源配置起基础性作用"；十六大报告指出，"在更大程度上发挥市场在资源配置中的基础性作用"；十七大报告指出，"从制度上更好发挥市场在资源配置中的基础性作用"；十八大报告指出，"更大程度更广范围发挥市场在资源配置中的基础性作用"。值得高度重视的是，十八届三中全会通过的《中共中央关于全面深化改革若干重大问题的决定》指出，"经济体制改革是全面深化改革的重点，核心问题是处理好政府和市场的关系，使市场在资源配置中起决定性作用和更好发挥政府作用。市场决定资源配置是市场经济的一般规律，健全社会主义市场经济体制必须遵循这条规律，着力解决市场体系不完善、政府干预过多和监管不到位问题。"这是我们党对中国特色社会主义建设规律认识的一个新突破。党的十九大党章修正案吸收了这一重大理论创新，在总纲部分将"发挥市场在资源配置中的基础性作用"修改为"发挥市场在资源配置中的决定性作用，更好发挥政府作用"。党的十九届五中全会指出，"坚持和完善社会主义基本经济制度，充分发挥市场在资源配置中的决定性作用，更好发挥政府作用，推动有效市场和有为政府更好结合。"在我国所有的法律文件中，只有反垄断法兼具两个功能：防止市场垄断，使市场在资源配置中起决定性作用；打破行政性垄断，更好发挥政府作用。因此，反垄断法是一部推动有效市场和有为政府更好结合的法律。反垄断法的使命和功能，决定了其在经济法中的核心地位。

二、反垄断法是竞争政策法治化的主要内核

（一）竞争政策的内涵

经济政策是指国家有关机关按照规定的权限和程序制定的旨在指导和调节经济活动的准则和措施，一般包括政策目标、原则、任务以及实现政策目标可以采取的具体措施等内容。一个国家的经济政策至少包括：竞争政策、货币政策、财政政策、产业政策、信贷政策、税收政策、投资政策、外资政策、贸易政策、消费政策、分配政策、就业政策等。[1]

竞争政策的内涵可以从不同的层面进行理解，分为最广义的竞争政策、广义的竞争政策和狭义的竞争政策。最广义的竞争政策，是指凡是与市场竞争有关的或者能够影响一国国内或与其他国家间的竞争条件或竞争环境的所有政策都属于竞争政策的范畴，包括促进竞争的政策、抑制竞争的政策等。[2] 广义的竞争政策则是仅指保护和促进市场竞争的政策总和，其目的是确保竞争机制的运行，实现市场配置资源的决定性作用。[3] 广义的竞争政策包括竞争法、管制放松或解除的政策、国有企业民营化等措施。狭义的竞争政策仅指以保护竞争、限制垄断为目的的政策，作为对竞争结果进行"事后调节"的措施，狭义的竞争政策通常以法律的形式（竞争法或反垄断法）出现。[4] 最广义的竞争政策把抑制竞争的政策也包含在内，显然不妥。例如，一个国家为了保护本国产业不受外国产业的竞争和冲击，会施加关税和非关税壁垒，设置限制外国企业投资的政策等，这些政策实际上是抑制竞争的政策，如果将其也纳入竞争政策的范畴，将导致竞争政策与贸易政策、产业政策等其他政策之间界限难以区分，相互之间的协调也就无从谈起。因此，本书采用广义的竞争政策的内涵，而非最广义的竞争政策内涵。

---

[1] 时建中：《论竞争政策在经济政策体系中的地位——兼论反垄断法在管制型产业的适用》，载《价格理论与实践》2014年第7期。
[2] [日]金泽良雄：《经济法概论》，满达人译，中国法制出版社2005年版，第165页。
[3] 李青：《中国竞争政策的回顾与展望》，载《中国价格监管与反垄断》2018年第7期。
[4] 徐士英：《竞争政策与反垄断法实施》，载《华东政法大学学报》2011年第2期。

(二) 竞争政策基础地位的确立

市场经济就是竞争经济。社会主义市场经济同样是竞争经济，竞争政策的地位和作用直接受制于市场在资源配置中所发挥作用的范围和程度。我国对于竞争政策作用的认识是一个逐步发展过程。在改革开放前期，政府最为常用的经济政策是财政政策、税收政策和信贷政策。随着改革的深入，政府职能的不断转变，政府的经济政策类型更加明确和定型，政策目标更加具有针对性。在最近20年，我国政府已经形成了组合运用货币政策、财税政策、产业政策调节社会总需求与总供给的基本平衡的路径依赖。虽然2007年8月30日公布的《反垄断法》第9条规定："国务院设立反垄断委员会，负责组织、协调、指导反垄断工作，履行下列职责：（一）研究拟订有关竞争政策……"，使竞争政策成为法律概念，但是，竞争政策事实上还没有进入我国经济政策的体系之中。如前文所述，在改革开放实践中，党和政府不断深化对政府与市场关系的认识。不断转变政府职能，持续强化市场在资源配置中的作用，由"基础性作用"上升为"决定性作用"。与之相适应，竞争政策的基础性地位逐渐被社会所接受，并体现在党和国家一系列文件中。[1] 2013年11月12日，党的十八届三中全会《中共中央关于全面深化改革若干重大问题的决定》中明确指出"建设统一开放、竞争有序的市场体系，是使市场在资源配置中起决定性作用的基础"。2015年3月13日，《中共中央、国务院关于深化体制机制改革加快实施创新驱动发展战略的若干意见》提出"强化竞争政策和产业政策对创新的引导"。2015年3月15日，《第十二届全国人民代表大会第三次会议关于2014年国民经济和社会发展计划执行情况与2015年国民经济和社会发展计划的决议》中提出"把产业政策和竞争政策有机结合起来"。2015年5月8日，《国务院批转发展改革委关于2015年深化经济体制改革重点工作意见的通知》提出"促进产业政策和竞争政策有效协调"。2015年10月12日，《中共中央、国务院关于推进价格机制改革的若干意见》（以下简称《关于推进价格机制改革的若干意见》）更是明确指出"加强市场价格监管和反垄断执法，逐步确立竞争政策的基础性地位"。2016年6月1日，《国务院关于在市场体系建设中建立公平竞争审查制度的意见》更加明确要求"健全竞争政策"，并具体规定"各地区、各部门要按照确立竞争政策基础性地位的要求，有针对性地制定政策措施，及时研究新经济领域市场监管问题，不断完善市场竞争规则，加快形成统一开放、竞争有序的市场体系"。2022年6月24日修改后《反垄断法》第4条第2款规定"国家坚持市场化、法治化原则，强化竞争政策基础地位，制定和实施与社会主义市场经济相适应的竞争规则，完善宏观调控，健全统一、开放、竞争、有序的市场体系。"这标志着竞争政策的基础地位正式在立法上予以确立和强化。这是党和政府有关市场和政府关系改革最新成果和理念的体现，也是中国特色社会主义市场经济走向更加成熟的重要标志，具有里程碑式的意义。

虽然竞争政策的基础地位得以在反垄断法上确立，但"竞争政策基础地位"的内涵却仍缺乏明确的界定。有学者认为，竞争政策基础地位就是将竞争政策所倡导的竞争理念作为经济主体行为和经济政策制定的指导原则，竞争政策优先于其他经济政策，其他经济政策的制定和实施不得与竞争政策相违背。[2] 这实际上是将竞争政策的基础地位理解为处于

---

[1] 时建中：《论竞争政策在经济政策体系中的地位——兼论反垄断法在管制型产业的适用》，载《价格理论与实践》2014年第7期。

[2] 于立、刘玉斌：《中国市场经济体制的二维推论：竞争政策基础性与市场决定性》，载《改革》2017年第1期。

绝对优先的地位。也有学者不同意这一看法，认为"竞争政策的基础地位"不等于"绝对优先地位"，"竞争政策的基础地位"并不是要求其他经济政策总是让位于竞争政策，而是要立足经济发展的阶段和特征，推动其他经济政策与竞争政策相机抉择，共同实现高质量发展目标。[1] 我们认为，竞争政策基础地位与经济发展阶段、竞争文化、反垄断法执法积累等多个因素密切相关，其含义既有绝对性又有相对性。具体而言，竞争政策的基础地位至少应包括以下两层含义：一是竞争政策的基础地位意味着任何经济政策的制定实施都要以竞争政策为衡量标准，除非法律另有规定，任何经济政策在制定过程中未经竞争评估不得出台实施。二是一旦其他经济政策在制定和实施过程中出现与竞争政策相抵触的情况，则应通过政策之间的协调机制，依法通过公平竞争机制将冲突降到最低，尽可能减少对竞争机制的破坏。尤其应预防和制止行政机关和法律法规授权的具有管理公共事务职能的组织，滥用行政权力，制定和实施含有排除、限制竞争内容的规定。

（三）反垄断法是竞争政策的法治内核和保障

竞争政策与反垄断法之间的关系取决于从哪个含义上认识竞争政策。如果从狭义的角度理解，则竞争政策与反垄断法几乎具有相同的含义。从广义的角度理解，竞争政策包括反垄断法，但又不限于反垄断法。广义的竞争政策是反垄断法的上位概念，但反垄断法是竞争政策的法治化、核心及实现途径：首先，反垄断法是竞争政策法制化的体现。如上所述，我国2007年8月30日公布的《反垄断法》首次在法律层面上提出了"竞争政策"这一概念。2022年6月24日修改后的《反垄断法》第4条正式确立了竞争政策的基础地位。《反垄断法》开启了我国竞争政策法制化的过程；其次，竞争政策是反垄断法的上位概念，维护公平竞争是反垄断法之魂，反垄断法是竞争政策的重要表现形式，其核心内容是尊重市场经济竞争规律，充分发挥市场机制在资源配置中的决定性作用；[2] 最后，竞争政策的实现途径离不开反垄断法的实施。竞争政策的基础地位需要通过反垄断法执法、司法以及公平竞争审查制度的实施得以落实和保障。

拓展阅读：日本产业政策向竞争政策转型的历程[3]

产业政策的概念首先产生于日本，它是在日本经济发展过程中形成的。由于各国处于不同的发展阶段，具体国情存在较大差异，以及对政治手段、经济自由和法制体系有着不同的价值取向，对产业政策的基本内涵的理解也不尽相同。但可以对我国产业政策的中心内容理解如下：即为扶植各个时期战略产业（或产业群）的发展，最大限度地享受后发性利益，实现国家工业化目标赶超先进国家的政策。产业政策通过财政援助或补贴、金融支持、税收优惠、土地和技术人才等政策的制定和实施，进而形成产业政策的体系。

产业政策强调以政府为主导，通过制定各种产业政策对市场经济加以干预。竞争政策主张以市场为主导通过禁止垄断法来维持市场的竞争机制。产业政策与竞争政策之间的差异导致两者可能发生冲突：竞争政策是在创造条件让市场机制发挥配置资源的作用，产业

---

[1] 李伟、贺俊：《确立竞争政策基础地位的激励约束和能力障碍》，载《学习与探索》2021年第5期。

[2] 时建中：《论竞争政策在经济政策体系中的地位——兼论反垄断法在管制型产业的适用》，载《价格理论与实践》2014年第7期。

[3] 相关观点及论述可参见戴龙：《日本反垄断法实施中的竞争政策和产业政策》，载《环球法律评论》2009年第3期；石俊华：《日本产业政策与竞争政策的关系及其对中国的启示》，载《日本研究》2008年第3期；孟雁北：《我国反垄断执法机构与政府产业规制部门的关系》，载《中国人民大学学报》2015年第2期；王玉辉：《日本反垄断法的历史沿革与制度变迁（1947-2019年）》，上海三联书店2021年版，第399页。

政策实际上是用直接或间接的政府干预来代替或影响市场机制配置资源的作用;竞争政策是一种普遍性政策,没有明确的产业指向,产业政策有直接的产业关注对象,是政府根据本国的经济和产业发展状况来确定其试图要促进、保护、扶持、限制的产业,进而可能影响相关产业内竞争机制作用的发挥。但是竞争政策与产业政策的最终目标都是要提高资源配置效率,实现社会经济稳定发展,两者之间并不必然总是存在冲突。如何在国家不同发展阶段正确处理两者之间的关系显得尤为重要。日本是亚洲第一个制定反垄断法的国家。二战后,日本的产业政策和竞争政策共同走过了70多年,两者的关系错综复杂,可大致划分为"产业政策主导时期""竞争政策趋于严格时期"和"协调发展时期"三个阶段。

一、产业政策主导时期

二战结束至20世纪70年代是日本产业政策主导时期,这一时期日本的产业政策一直保持强势发展状态,《日本反垄断法》颁布实施后并没有立刻发挥其应有作用,竞争政策频遭弱化。1953年之后的大约十年时间里,日本的产业政策一直保持"一枝独秀"的强势状态,竞争政策的实施则处于停滞状态,进入"寒冬时期"。这一时期竞争政策对产业政策的妥协主要体现在以下两点:一是推动企业合并,成立萧条卡特尔,促进设备投资调整;二是为了保护和促进特定产业发展,由通产省和公正交易委员会协商成立中小企业卡特尔和出口卡特尔。这一时期的日本产业政策表现出强化生产、遏制竞争的特征,竞争政策以批准特定卡特尔的方式支持产业政策的实施。

二、竞争政策趋于严格时期

1973年是日本经济发展的分水岭。经历了石油危机后,虽然日本政府仍保持政府主导的经济干预,但其产业政策已与经济高速增长时期显著不同。政界、学界开始对曾经辉煌的产业政策进行反思,并重新看待产业政策和竞争政策的相互关系。竞争政策及竞争理念逐渐受到全社会的重视,这一时期成为日本竞争政策发展史中具有里程碑意义的关键时期。如前章所述,这一时期,《日本反垄断法》通过1977年的修订开始向强化实施的方向转变。到80年代后期,规制缓和逐渐取代政府直接干预成为日本纠正高成本产业结构、调动民间活力的重要手段。

三、协调发展时期

以1989年"日美结构问题协议"为契机,日本产业政策与竞争政策的关系开始步入新的发展阶段,竞争政策在法律政策体系、执行体制等方面都得到加强,进入真正的强化实施阶段。积极探索产业政策与竞争政策之间的相互补充、相互协调,成为重要的时代课题。理论层面,产业政策与竞争政策"相互补充说"渐获认可。该学说主张产业政策与竞争政策在规制目的、规制手段以及规制效果方面均有区别,各有优缺点,不可互相替代,更无从谈及何者优先,因此,强调两者之间需要互相补充、配合,各自从不同的角度互相协调,共同推动行业发展。进入20世纪90年代,日本从"规制缓和"时代逐渐升级为"规制改革"时代。相比"规制缓和","规制改革"不仅仅局限于从竞争政策角度对产业政策实施自我约束和自主限制,废除不必要的产业政策,将政府对经济活动的限制由事前监管型转变为事后监督型,更重要的是产业政策以更加积极主动的姿态,甚至开始从竞争政策的角度和理念出发,综合运用立法、政策等多种手段,设立带有浓厚竞争政策理念的新规则、新条款,增加推出"促进竞争型"产业政策。

第二节 反垄断法与反不正当竞争法

同德国、日本等大陆法系国家一样,我国反垄断法也是经济法的组成部分。英美法系国家的法学研究并无部门法之划分,反垄断法当然亦无可归属的相关法律部门。对于反不正当竞争法,不正当竞争主要表现为商业领域的侵权行为,且大多数国家并未设立相应的行政执法机构,民事诉讼是主要的救济方式,反不正当竞争法在许多国家被归属于私法;在我国,充分考虑到不正当竞争行为的竞争损害具有相当程度和范围的社会性,反不正当竞争法采取行政执法与民事诉讼二元实施体制,且行政执法的效率和效果具有明显的优势,反不正当竞争法被归属于经济法。换言之,我国将反垄断法与反不正当竞争法合称为竞争法,二者在立法目标、执法体制虽有区别但关系紧密,遂均被认为是经济法的重要组成部分。

一、竞争法的立法模式

研究反垄断法与反不正当竞争法之间的关系,与各国关于竞争法的立法模式相关。立法模式是一国或地区在立法时所采取的、与调整范围有关的法律类型。[1] 由于各国或地区的所属法系、历史条件、市场经济发展阶段、竞争文化等因素不同,其对竞争法所采取的立法模式也不相同。

(一) 分立式立法

分立式立法,即既有反垄断法典又有反不正当竞争法典。典型的代表国家有:

1. 中国。我国《反不正当竞争法》于1993年9月2日由第八届全国人民代表大会常务委员会第三次会议通过,在2017年和2019年分别进行过一次修改。该法共有5章33条,包括:总则、不正当竞争行为、对涉嫌不正当竞争行为的调查、法律责任和附则。目前,立法机关正在进行《反不正当竞争法》的第三次修改工作。我国《反垄断法》于2007年8月30日第十届全国人民代表大会常务委员会第二十九次会议通过,在2022年进行了一次修改。该法共有8章70条,包括:总则,垄断协议,滥用市场支配地位,经营者集中,滥用行政权力排除、限制竞争,对涉嫌垄断行为的调查,法律责任,附则。

2. 德国。德国《反对不公平竞争法》制定于1896年,这是世界上第一部专门的反不正当竞争法。《反对不公平竞争法》共20条,包括一般条款(禁止不公平的商业行为),具体条款包括禁止侵略性的商业行为、误导性的商业行为、比较广告、无正当理由的骚扰(无正当理由向市场主体发送广告信息)。《反对不公平竞争法》存在民事责任与刑事责任,受害人可以提起禁令之诉和损害赔偿之诉。1958年,德国制定《反限制竞争法》(GWB),后经多次修订,现行版本为2023年第十一次修订。

3. 日本。日本《不正当竞争防止法》制定于1934年3月27日。截至目前,经过了约12次修改。该法共有九9章40条。日本的《不正当竞争防止法》只规定了一份穷尽性不正当行为清单,没有一般性条款,几乎没有开放解释的可能性。在1993年修订的法律过程中,由于担心法律的不确定性,虽然对引入一般性条款进行了辩论,但没有通过。日本《独占禁止法》制定于1947年4月14日。截至目前,经过了7次修改。该法共有12章118条。

4. 瑞士。瑞士于1962年通过了首部《联邦关于卡特尔和其他限制竞争法》,并于1943

---

[1] 吕明瑜:《竞争法教程》,中国人民大学出版社2008年版,第37页。

年通过了《联邦反不公平竞争法》。《联邦反对不正当竞争法》在 1986 年进行了一次较大的修订。主要禁止不公平的广告和销售方式、远程销售中的歧视（如根据用户的国籍、居住地在价格、付款条件、网站访问等方面设定歧视性交易条件）、诱导违约或解除合同、商业贿赂、擅自使用他人劳动成果、侵犯商业秘密、违反法律和合同规定的劳动条件、不公平的商业条件等。瑞士反不正当竞争法规定了民事责任和刑事责任，瑞士联邦政府可以提起民事诉讼（禁令之诉）和刑事诉讼，但不能提起损害赔偿的民事诉讼。该法设置了针对经营者明码标价义务的行政监管条款。根据该法规定，向消费者销售商品应明码标价；在广告中显示价格或者降价，应遵循联邦委员会的规定；不得以误导性方式发布涉及价格的广告。涉及上述行为，州主管机构可以对企业开展必要的调查，要求企业提供信息，披露其价格以及受影响的人群范围等。

5. 奥地利。奥地利在 1959 年制定《卡特尔法》，并于 1972 年、1988 年和 2005 年进行了多次修改。奥地利《联邦反对不公平竞争法》于 1984 年制定，主要规范不公平的商业行为包括侵略性的商业行为与误导性的商业行为，例如，比较广告、滥用他人标识、商业诋毁、攻击性或误导性广告等行为。

6. 希腊。希腊对竞争法和卡特尔法进行了区分。《关于不正当竞争的 1913 年 12 月 26 日/1914 年 1 月 27 日第 146 号法律》（1913 年制定）禁止违反道德标准的反竞争商业行为。1977 年希腊颁布了《规制垄断和寡头垄断以及保护自由竞争法》，后从 21 世纪中期开始作了多次修改，在 2011 年对其法律框架进行了重大修订。

7. 西班牙。《反不公平竞争的第 3/1991 号法》（Law 3/1991 of 10th January on Unfair Competition）

8. 丹麦。丹麦于 1955 年制定《关于垄断和限制性行为监督法》，被 1997 年《竞争法》所取代，2021 年版为最新版本。丹麦现行不正当竞争法的法律依据是 1994 年 6 月 1 日颁布的第 428 号《营销行为法》。

需要特别指出的是，在欧盟，反不正当竞争法并不完全一致。实现《巴黎公约》第 10 条之二第（1）款要求的有效禁止不正当竞争，是欧盟某些反不正当竞争法领域的立法以及成员国的法律和实践之间相互作用的结果。在欧盟层面，《不公平商业行为指令》（UCPD）协调了各国关于企业与消费者关系中不公平行为的处理方法，保护消费者免受误导和激进行为的影响。《关于误导和比较性广告的指令》（MCAD）规定了广告领域的协调规则。《商业秘密指令》（TSD）则对未披露技术和商业信息的保护进行了协调。

9. 毛里求斯。该国于 2002 年制定《防止不正当行为（工业产权）法》，于 2007 年制定竞争法。

此外，还有其他国家也采取了分立式的立法模式。

（二）嵌入式立法

嵌入式立法，即颁行了专门的反垄断立法，在反垄断法嵌入若干反不正当竞争法条款，但无针对不正当竞争的一般立法，同时又针对某些不正当竞争行为进行专门立法。例如，美国和加拿大虽然是全球最早制定反垄断法的国家，但是，在联邦层面均无专门的反不正当竞争法立法，而是通过其他多种法律途径来构建反不正当竞争法律制度体系。

美国和加拿大在反不正当竞争方面的政策理由也是相似的。因为这两个国家的反不正当竞争法都是从"假冒"原则演变而来，在这两个国家，法律主要针对的是原告商家，其次才是消费者和更广泛的公众。假冒法旨在禁止市场上的虚假表示，这种虚假表示不仅对商人和消费者产生负面影响，而且还通过干扰公平竞争而对更广泛的公众产生负面影响。

通过这种方式，假冒行为促进了经济竞争效率。但是，法律的重点是商人的利益，他们对救济措施的追求间接有利于消费者。假冒法不是要求证明对市场的损害，而是要求商人证明他们自己受到的伤害，也就是对其商品或服务销售的伤害。当商人以这种方式追求利益时，消费者会因市场信息的可靠性提高而受益。因此，可以说这两个国家都有兴趣保护竞争者免受不公平行为的商业伤害，保护消费者免受欺骗性贸易行为的伤害，并通过维护公平和不扭曲的竞争来保护公众。

以美国为例，《联邦贸易委员会法》是一部重要反垄断法律。但是，该法第5条嵌入了反不正当竞争条款。《联邦贸易委员会法》第5条授予联邦贸易委员会执行禁止"商业中的不正当竞争方法和不公平或欺骗性行为或做法（unfair methods of competition in commerce, and unfair or deceptive actsorpractices in commerce）"的权力。然而，国会没有对"不正当竞争方法"进行定义，也没有明确哪些行为和做法会构成违法。被禁止的行为包括未披露相关事实、对产品的虚假或误导性描述、误导性广告和虚假代言。私人无权根据第5条提起诉讼，只有联邦贸易委员会可以要求执行该法律。联邦贸易委员会根据这一权力提起了有限的诉讼。美国的《商标法》（《兰哈姆法》）是最直接涉及反不正当竞争领域的联邦立法。《兰哈姆法》明确指出其意图是"保护从事［国会控制下的商业］的人免受不正当竞争"。虽然，"不公平"和"竞争"这两个词并没有出现在该条的文本中，但是，《兰哈姆法》第43（a）条通常被认为是不公平竞争条款。与此同时，美国还有极为完善的商业秘密保护立法。美国针对商业秘密保护最早的立法可见于1939年由美国法学会编撰的《侵权行为法重述》，该部法案对于商业秘密的概念进行了首次界定：任何可应用于营业上的配方、样式、方法或信息的编辑，这些秘密使权利人获得比不知道或不使用该秘密的竞争者更有利的机会。在随后的数十年中，美国相继出台了《统一商业秘密法》（1979年）及《不公平竞争法第三次重述》（1995年）。1996年，美国总统克林顿签署了《经济间谍法》（The Economic Espionage Act of 1996，简称EEA），不仅首次将侵犯商业秘密的行为归列为联邦刑事犯罪，而且在该法中设立了"城外管辖权"，极大地扩大了商业秘密的保护范围。2016年5月11日，美国总统奥巴马签署《商业秘密保护法》（Defend Trade Secrets Act，简称"DTSA"）。DTSA的出台克服了《统一商业秘密法》在应对州际及跨国公司的商业秘密保护问题上的局限性，同时对《经济间谍法》中没有赋予商业秘密所有者单独向联邦法院起诉的情况进行了调整，为起诉侵害商业秘密案件、获取民事救济提供统一的联邦法律依据。DTSA由7条规定组成，分别对窃取商业秘密案件的联邦管辖权、案件执行、境外案件报告、救济措施、责任豁免等内容进行详细规定。美国已经在12个州颁布的《统一欺骗性贸易行为法》（UDTPA）相当紧跟《兰哈姆法》第43（a）条的保护措施。它将不正当竞争的普通法成文化，并规定在采用该法的各州，实施"欺骗性贸易行为"是可以起诉的。被禁止的行为包括假冒，造成混淆的可能性，或造成对商品或服务的来源、赞助、批准或认证产生误解，使用欺骗性方法表示或指定地理来源，贬损他人的商品。其他州的不正当竞争立法是以《联邦贸易委员会法》第5条为模板的。除了独立的虚假广告立法外，大多数州还通过成文法处理盗用形象权的问题。

此外，在反垄断法中嵌入了反不正当竞争法律规范的国家也采取这种立法模式。例如，肯尼亚2010年《竞争法》第55条涉及虚假和误导性陈述，第56条和第57条涉及"不合良知的行为"；利比里亚2016年《竞争法》第7条"虚假表示"［第三部分（"不公平交易行为"）］；苏丹2009年《竞争和反托拉斯法》第三章［"消费者保护"］；津巴布韦1996年《竞争法》第42条（"不公平交易行为"）。

(三) 合并式立法

合并式立法,即同时颁行反垄断法典和反不正当竞争法典。典型的代表国家有:

1. 韩国。从1964年起,韩国就开始讨论对不正当竞争行为进行法律规制。1980年12月31日制定的《独占规则及公正交易法》,一并对垄断行为与不正当竞争行为予以规范,成为合并式的竞争立法。截至目前,该法经过了61次修改,共有15章130条及4个附则,目前的主要内容包括:第一章总则 (1-3条)、第二章禁止滥用市场支配地位 (4-8条)、第三章经营者集中规制 (9-16条)、第四章经济力集中的遏制 (17-39条)、第五章限制不正常的共同行为 (40-44条)、第六章不公正交易行为、转售价格维持行为及对特殊关系人提供不当利益的禁止 (45-50条)、第七章事业者团体 (51-53条)、第八章专门机构 (54-71条)、第九章设立韩国公正交易委员会及纷争调解 (72-79条)、第十章调查等程序 (80-101条)、第十一罚金 (102-107条)、第十二章请求禁止及损害赔偿 (108-115条)、第十三章适用除外 (116-118条)、第十四章其他 (119-123条)、第十五章罚则 (124-130条)。

2. 匈牙利。该国于1996年制定《关于禁止不公平和限制性市场行为的第LVII号法令》(即《匈牙利竞争法》),同时包括反垄断法和反不正当竞争法的条款。其中两章是反不正当竞争条款,禁止诋毁商业、侵害商业秘密、混淆行为、侵犯招标公平性、不公平地呼吁抵制、欺骗消费者或无正当理由限制消费者自由选择等行为。

(四) 借助假冒侵权诉讼等机制构建反不正当竞争制度

有些国家有专门的反垄断法,但是,这些国家既无专门的反不正当竞争法,也未在反垄断法之中设置反不正当竞争法条款。在这些国家,反不正当竞争主要利用普通法中的假冒侵权诉讼,构建了较为完善的反不正当竞争法律制度。例如,澳大利亚、新西兰和一些属英美法系的南太平洋国家 (斐济、基里巴斯、巴布亚新几内亚、萨摩亚、所罗门群岛、汤加和瓦努阿图)。又如,南非的反不正当竞争也是基于普通法寻求救济的。当然,与其他国家一样,南非也在《商标法》和《消费者保护法》等立法中规定了涉及不正当竞争的条款;再如,印度也没有专门的法律禁止不正当竞争,但是,在印度的合同法、侵权法和刑法以及知识产权立法中,都有关于防止不正当竞争的内容。

(五) 有专门的反不正当竞争法但尚无反垄断立法

在世界上,有些国家制定了专门的反不正当竞争法,例如,列支敦士登于1992年制定了专门的《反对不公平竞争法》,加纳于2000年制定了专门的《反不正当竞争保护法》,但是,这些国家并没有建立专门的反垄断法律制度。

二、我国反垄断法与反不正当竞争法的联系

(一) 垄断行为与不正当竞争行为的恶性伴生与转化

垄断行为与不正当竞争行为之间的界限并非泾渭分明。如果没有反垄断法与反不正当竞争法的有效实施和互补,垄断行为与不正当竞争行为会呈现为恶性伴生与转化的状态。一方面,离开了反不正当竞争法,市场竞争可能会陷入过乱、过滥的境地,经营者可能会主要借助不正当竞争行为取得市场优势,进而实施垄断行为;另一方面,离开了反垄断法,没有竞争约束的垄断经营者可能会更加肆无忌惮地实施不正当竞争行为。

(二) 反垄断法与反不正当竞争法的良性互补与互动关系

垄断行为与不正当竞争行为之间的伴生关系与转化可能,决定了反垄断法与反不正当竞争法之间应该建立互补与互动关系。一方面,通过有效实施反垄断法,预防和制止垄断行为,防止竞争被排除和限制,从而使市场保持竞争的活力、动力和压力;另一方面,通

过有效实施反不正当竞争法，使市场保持活而不乱的良性状态。

（三）维护公平竞争的共同使命

尽管我国反垄断法与反不正当竞争法规范的行为性质、执法程序、路径等方面有较大差异，但是，垄断行为与不正当竞争行为可能的恶性伴生与转化，决定了维护公平竞争成为反垄断法与反不正当竞争法的共同使命，成为两类法律良性互补和互动关系的出发点和落脚点。这也是在学术界将两者合称为竞争法的主要原因。

三、反垄断法与反不正当竞争法的区别

（一）起源不同

不正当竞争的概念最早出现在法国。1850年法国通过适用无正当理由而对他人造成损害必须承担责任的一般民法原则，提出了"不正当竞争"概念。法国法院以《法国民法典》第1382条为基础，形成了系统的反不正当竞争法律规范。[1] 与反不正当竞争法的起源不同，现代意义上的反垄断法缘起于美国，其是因为普通法的规则无法应对托拉斯组织所从事的行为而起。因此，从历史渊源分析，反不正当竞争法被认为是民法的特别法，属于私法的范畴。[2] 也有一种观点认为，反不正当竞争法已经由侵权法变迁为市场行为法，反不正当竞争法兼有民法与经济法两种属性，性质上兼有私法与公法的属性。[3] 反垄断法则从诞生之日起，就被认为是典型的公法范畴。

（二）立法目标不同

尽管反垄断法与反不正当竞争法有着维护公平竞争的共同使命，但是二者可谓是殊途同归，主要表现为本法立法目标的差异。以我国为例，我国《反垄断法》第1条规定，"为了预防和制止垄断行为，保护市场公平竞争，鼓励创新，提高经济运行效率，维护消费者利益和社会公共利益，促进社会主义市场经济健康发展，制定本法"。《反不正当竞争法》第1条规定，"为了促进社会主义市场经济健康发展，鼓励和保护公平竞争，制止不正当竞争行为，保护经营者和消费者的合法权益，制定本法"，二者差异，可见一斑。

（三）规范的行为不同

各国反垄断法规范的行为具有高度的相似性，即排除或者限制竞争行为，具体包括垄断协议行为、滥用市场支配地位的行为，以及经营者之间排除或限制竞争的集中行为等。然而各国反不正当竞争法则规范的行为差异极大。例如，我国反不正当竞争法主要规范混淆行为、引人误解的宣传、商业诋毁、侵犯商业秘密、商业贿赂、不正当有奖销售等行为。

（四）执法机构不同

从世界范围考察，各国反垄断法具有专门执法机构，但反不正当竞争法则不尽然。就我国而言，《反垄断法》规定国务院反垄断执法机构负责反垄断统一执法工作，并可以根据工作需要，授权省一级政府相应机构负责有关反垄断执法工作。省级政府以下部门不能依据《反垄断法》以本机关名义调查处罚垄断行为。而《反不正当竞争法》则规定县级以上人民政府履行市场监管职责的部门对不正当竞争行为进行查处，法律、行政法规规定由其他部门查处的，依照其规定。执法机关在适用两法时的调查程序也存在明显的差异，《反垄断法》设置了一些特殊的调查程序，如中止调查和终止调查、宽大制度，对拒绝配合调查、提供证据资料的行为设置了严厉的罚款规定等，这些是《反不正当竞争法》没有规定的。

---

[1] 孔祥俊：《反垄断法原理》，中国法制出版社2001年版，第39页。
[2] 许光耀：《欧共体竞争法通论》，武汉大学出版社2006年版，第30页。
[3] 张占江：《反不正当竞争法属性的新定位一个结构性的视角》，载《中外法学》2020年第1期。

(五) 法律责任不同

从世界范围考察，违反反垄断法的，可能承担民事、行政和刑事责任。然而，违反反不正当竞争法，主要承担民事和刑事责任。就我国而言，无论违反《反垄断法》或者《反不正当竞争法》，都可能承担民事、行政和刑事责任。具体来讲，我国《反垄断法》分别规定了垄断协议、滥用市场支配地位和违法实施经营者集中等三类经济垄断行为的严格法律责任，包括责令停止违法行为，没收违法所得，并处上一年度销售额1%以上10%以下的罚款等。其中经营者的法定代表人、主要负责人和直接责任人员对达成垄断协议负有个人责任的，可以处100万元以下的罚款。《反不正当竞争法》对不正当竞争行为罚款数额计算方式则不以销售额为计算方式，且未规定经营者的法定代表人、主要负责人和直接责任人员的个人责任。因而在法律责任上，《反垄断法》设置的法律责任明显重于《反不正当竞争法》的法律责任。

第三节 反垄断法与价格法

一、价格改革与价格立法

1978年以前，在传统的计划经济体制下，社会资源的分配依靠计划而不是市场，价格管理实行高度集中的计划价格体制。1978年12月，党的十一届三中全会作出提高部分农副产品收购价格的决定，标志着我国的价格改革正式起步。1982年8月6日，国务院公布的《物价管理暂行条例》规定价格管理要"发挥市场调节的辅助作用的原则"，但是国家定价仍是主要形式。1984年10月20日，党的十二届三中全会《关于经济体制改革的决定》指出"价格体系的改革是整个经济体制改革成败的关键"，要求"改革过分集中的价格管理体制，逐步缩小国家统一定价的范围，适当扩大有一定幅度的浮动价格和自由价格的范围"，明确企业"有权在国家允许的范围内确定本企业产品的价格"。1987年9月11日，国务院公布《价格管理条例》，明确当时的经济体制基础是"有计划商品经济"，"国家对价格管理采取直接管理和间接控制相结合的原则，实行国家定价、国家指导价和市场调节价三种价格形式"。《价格管理条例》突破了《物价管理暂行条例》中规定的"以国家定价为主"的模式，把市场机制引入价格形成机制。上述规定为后来《价格法》的制定作出了重要的铺垫。

随着价格改革的不断深入，大部分商品的价格由市场调节，只有极少数商品由国家定价。1997年12月29日国家公布了《价格法》并于1998年5月1日起实施。《价格法》作为价格领域的基本法，对价格活动作出了全面系统的法律规范。首先，《价格法》第3条第1款明确规定了我国的基本价格制度是："……实行并逐步完善宏观经济调控下主要由市场形成价格的机制……"，《价格法》第18条规定政府指导价或者政府定价的范围限定在：与国民经济发展和人民生活关系重大的极少数商品价格、资源稀缺的少数商品价格、自然垄断经营的商品价、重要的公用事业价格、重要的公益性服务价格，竞争性领域和环节价格基本放开。其次，对不正当价格行为进行监督检查，相关规定主要体现在《价格法》第二章和第五章。最后，《价格法》规定了价格总水平调控目标及其措施、手段。在市场经济条件下，政府对价格总水平进行调控，并综合运用货币、财政、投资、进出口等经济政策和措施。当重要商品和服务价格显著上涨或者有可能显著上涨，国务院和省、自治区、直辖市人民政府可以对部分价格采取限定差价率或者利润率、规定限价、实行提价申报制度和调价备案制度等干预措施。当市场价格总水平出现剧烈波动等异常状态时，国务院可以在全国范围内或者部分区域内采取临时集中定价权限、部分或者全面冻结价格的紧急措施。

二、我国《反垄断法》与《价格法》的联系

（一）功能上存在互补性

在《反垄断法》颁布之前，价格主管部门已经依据《价格法》开展了早期的反垄断执法活动，特别是针对"价格串通""价格歧视"等典型的垄断行为。《反垄断法》颁布后，《价格法》规定的一些不正当价格违法行为仍然是《反垄断法》没有涉及的领域，例如，经营者捏造、散布涨价信息，哄抬价格，推动商品价格过高上涨的行为。未来一定时期内，两部法律仍会并存且互相补充，分别从不同的角度维护我国社会主义市场经济体制。

（二）规范上存在竞合

《价格法》第14条第1项、第2项、第5项分别涉及价格串通、掠夺性定价、价格歧视等垄断行为，与《反垄断法》均存在不同程度的竞合。首先，《价格法》第14条第1项规定经营者不得"相互串通，操纵市场价格，损害其他经营者或者消费者的合法权益"。该规定禁止的是联合固定价格行为和限制转售价格行为，与《反垄断法》分别规定的横向价格垄断协议与纵向价格垄断协议存在事实规范上的竞合。[1] 其次，《价格法》第14条第2项、第5项分别涉及禁止掠夺性定价、价格歧视等行为。在一定程度上与《反垄断法》规定的禁止具有市场支配地位的经营者实施掠夺性定价、价格歧视等垄断行为存在竞合的可能。

三、我国《反垄断法》与《价格法》的区别

（一）性质上存在差异

我国《价格法》着眼于价格领域的各项基本制度，既规定经营者自主定价行为，也规范政府定价范围和程序，同时规定政府稳定市场价格总水平的职责。《价格法》兼具市场规制法和宏观调控法的双重属性。而《反垄断法》关注价格的形成是否以排除或限制竞争的方式形成，其属于典型的市场规制法范畴。

（二）调整范围上存在差异

如上文所述《价格法》作为价格领域的基本法，既规定了经营者的价格行为，也规定了政府定价行为，以及政府的价格总水平调控和监督检查职责。《反垄断法》对价格行为的规制则主要在于禁止价格垄断行为，包括价格垄断协议、滥用市场支配地位的垄断高价和价格歧视等行为。除此之外，《反垄断法》所规范和调整的内容还包括很多非价格领域，如划分市场、以搭售等各种非价格方式实行的滥用市场支配地位、经营者集中事前申报领域等，而《价格法》是不调整这些领域的。

（三）执法主体上存在差异

我国《反垄断法》规定国务院反垄断执法机构负责反垄断执法工作，并可以根据工作需要，授权省一级政府相应机构负责有关反垄断执法工作。而《价格法》规定县级以上价格主管部门依职权享有执法权。一般而言，反垄断执法机构更强调其独立性、专业性等，价格主管机构一般则隶属于政府的一般职能部门。

（四）调查程序上存在差异

在管辖上《反垄断法》对于发生在我国境外的垄断行为具有管辖权，《价格法》的管辖地域范围仅限于境内。此外，《反垄断法》设置了一些特殊的调查程序，如中止调查和终止调查、宽大制度，对拒绝配合调查、提供证据资料的行为设置了严厉的罚款规定等，《价

---

[1] 马凯主编：《中华人民共和国价格法释义》，经济科学出版社1998年版，第27页。

格法》则缺少类似规定。

（五）法律责任上存在差异

与《反垄断法》规定的法律责任相比，《价格法》主要规定了没收违法所得、处违法所得5倍以下的罚款、责令停业整顿等责任形式，且未规定经营者的法定代表人、主要负责人和直接责任人员的个人责任，其责任明显较反垄断法责任更轻。

四、《反垄断法》与《价格法》的选择适用

由于《价格法》与《反垄断法》的相关法条对于同一事实或行为均予以规定，但又规定了不同的法律责任，由此引发法律的选择适用问题。《中华人民共和国立法法》（以下简称《立法法》）确立了法律选择适用的三项基本原则：上位法优于下位法；新法优于旧法；特别法优于一般法。《价格法》与《反垄断法》同为法律，均由全国人民代表大会常务委员会制定和颁布，在法律位阶上属同一等级。对于《价格法》与《反垄断法》之间是否属于新法与旧法、特别法与一般法之间的关系则有不同的认识。[1]

有学者认为，《反垄断法》与《价格法》的关系是新法与旧法的关系——《价格法》制定在先，《反垄断法》制定在后。发生法律竞合时，应当按从新原则，优先适用《反垄断法》。但多数学者认为，《反垄断法》与《价格法》之间的关系也不能用新法与旧法的关系来简单概括。《价格法》与《反垄断法》是两部具有不同调整对象的彼此具有交叉关系的同等级的基本法律，不具有"新"与"旧"的可替代性。它们之间的关系并不完全符合我国法理学对于"新法"与"旧法"关系的界定。[2]

有学者认为，《反垄断法》规定"具有市场支配地位"的经营者不得实施价格挤压、掠夺性定价、价格歧视、搭售等垄断行为，相比于《价格法》，在主体上具有特殊性，依据特别法优于一般法的原则，对于"具有市场支配地位"的经营者所从事的价格挤压等垄断行为均应适用《反垄断法》的规定。但对于不具有市场支配地位的企业实施的《价格法》所规定的掠夺性定价、价格歧视、价格挤压、搭售等行为，仍然应当适用《价格法》。但多数学者不同意该看法，认为不能将两法之间简单定位为一般法与特殊法的关系。从调整对象上来讲两法之间呈现出的是一种交叉关系，而非如民法与合同法一样，是完全的包含与被包含关系。因此，我们不能简单地说《价格法》与《反垄断法》之间谁是一般法，谁是特殊法。[3]

虽然《价格法》与《反垄断法》之间的关系不能简单地用"旧法与新法""一般法与特别法"之间的关系进行定性，但不妨碍对于两法均调整的价格垄断行为应优先适用《反垄断法》。对于《价格法》和《反垄断法》上竞合规定的价格垄断行为，《反垄断法》对该类行为违法性的判断形成了较为成熟的分析框架，对其中部分行为需要从合理分析角度进行论证，且《反垄断法》对行为的豁免也具有相应的规定。反观《价格法》对于该类价格垄断行为的构成要件和违法判断标准规定地较为粗糙，未能形成相关分析框架和分析工具，且未规定豁免的情形。在《反垄断法》颁布后，如仍依据《价格法》对该类行为进行执法，其结论或效果难免缺乏信服力。当然，优先适用《反垄断法》也不意味着《反垄断

---

[1] 万江：《中国反垄断法：理论、实践与国际比较》，中国法制出版社2017年版，第22页。
[2] 黄勇、刘燕南：《〈价格法〉与〈反垄断法〉关系的再认识以及执法协调》，载《价格理论与实践》2013年第4期。
[3] 黄勇、刘燕南：《〈价格法〉与〈反垄断法〉关系的再认识以及执法协调》，载《价格理论与实践》2013年第4期。

法》将替代《价格法》，对于价格垄断行为之外的其他价格违法行为仍继续适用《价格法》的规定。从未来法律修订的视角看，对于《价格法》与《反垄断法》之间存在规范重复的问题，今后可以考虑将价格法中价格垄断行为的规范予以删除，而将《价格法》纯化为调整价格宏观调控与非竞争性价格监管的"政府价格行为法"，以实现更为统一、专业的监管。[1]

第四节 反垄断法与行业监管法

一、监管与行业监管立法

（一）监管的内涵

"监管"一词源于英文"Regulation"，但国内对"监管"一词的称谓和内涵却认识不一。分歧一方面来自于中文译词的表述，比如，国内对 Regulation 一词至少有管制、规制、监管等译法；另一方面对监管的具体内涵界定也存在不同认识，包括广义的监管和狭义的监管。狭义的监管专指具有法律地位且相对独立的监管机构对被监管者采取的一系列的行政管理与监督行为。狭义的监管通常分为经济性监管和社会性监管两类。[2] 其中，经济性监管一般是"为了防止资源配置的低效率，政府机关通过法律授权、使用许可和认可等手段，对企业的市场进入和退出、价格服务数量和质量、投资、财务会计等有关行为加以管制。"[3] 从监管对象上分析，经济性监管主要包括两大类："第一类是通讯、铁路、航空、电力、管道燃气和自来水供应等具有物理网络的自然垄断性产业；第二类是金融、保险、证券等存在信息不对称的产业。"[4] 狭义的监管在经济学领域又常被称为"管制"，并将上述两类产业称为"管制型行业"（Regulated Industries）。广义的监管是指国家干预经济的一切手段，除包括狭义上的监管外，也包括反垄断监管、宏观调控等。

《反垄断法》第 8 条规定，国有经济占控制地位的关系国民经济命脉和国家安全的行业以及依法实行专营专卖的行业，国家对其经营者的合法经营活动予以保护，并对经营者的经营行为及其商品和服务的价格依法实施监管和调控，维护消费者利益，促进技术进步。前款规定行业的经营者应当依法经营，诚实守信，严格自律，接受社会公众的监督，不得利用其控制地位或者专营专卖地位损害消费者利益。该条文中的"监管"即是在狭义上使用"监管"的概念。《反垄断法》第 11 条规定，国家健全完善反垄断规则制度，强化反垄断监管力量，提高监管能力和监管体系现代化水平，加强反垄断执法司法，依法公正高效审理垄断案件，健全行政执法和司法衔接机制，维护公平竞争秩序。该条文中"监管"即是广义上使用"监管"的概念。

（二）行业监管立法与监管机构

在立法层面，管制型行业中通常制定行业监管法，并在立法中明确该行业的监管部门。

---

[1] 相关观点可参见万江：《中国反垄断法：理论、实践与国际比较》，中国法制出版社 2017 年版，第 22 页；黄勇、刘燕南：《〈价格法〉与〈反垄断法〉关系的再认识以及执法协调》，载《价格理论与实践》2013 年第 4 期。

[2] 王俊豪：《政府管制经济学导论——基本理论及其在政府管制实践中的应用》，商务印书馆 2001 年版，第 2 页。

[3] [日] 植草益：《微观规制经济学》，朱绍文、胡欣欣等译，中国发展出版社 1992 年版，第 22~27 页。

[4] 王俊豪：《政府管制经济学导论——基本理论及其在政府管制实践中的应用》，商务印书馆 2001 年版，第 2 页。

就我国而言，涉及的管制型行业及立法主要包括以下方面：①电信行业。该行业内的相关立法主要有《中华人民共和国电信条例》（以下简称《电信条例》）等。《电信条例》的第3条第1款规定，国务院信息产业主管部门依照本条例的规定对全国电信业实施监督管理。②铁路行业。该行业内的相关立法主要有《中华人民共和国铁路法》（以下简称《铁路法》）等。《铁路法》第3条第1款规定，国务院铁路主管部门主管全国铁路工作，对国家铁路实行高度集中、统一指挥的运输管理体制，对地方铁路、专用铁路和铁路专用线进行指导、协调、监督和帮助。③电力行业。该行业内的主要立法有《中华人民共和国电力法》（以下简称《电力法》）等。《电力法》第6条规定，国务院电力管理部门负责全国电力事业的监督管理。国务院有关部门在各自的职责范围内负责电力事业的监督管理。县级以上地方人民政府经济综合主管部门是本行政区域内的电力管理部门，负责电力事业的监督管理。县级以上地方人民政府有关部门在各自的职责范围内负责电力事业的监督管理。④民用航空业。该行业内的主要立法有《中华人民共和国民用航空法》（以下简称《民用航空法》）等。《民用航空法》第3条规定，国务院民用航空主管部门对全国民用航空活动实施统一监督管理；根据法律和国务院的决定，在本部门的权限内，发布有关民用航空活动的规定、决定。国务院民用航空主管部门设立的地区民用航空管理机构依照国务院民用航空主管部门的授权，监督管理各个地区的民用航空活动。⑤邮政业。该行业内的主要立法有《中华人民共和国邮政法》（以下简称《邮政法》）、《中华人民共和国邮政法实施细则》等。《邮政法》第4条第1款和第2款规定，国务院邮政管理部门负责对全国的邮政普遍服务和邮政市场实施监督管理。省、自治区、直辖市邮政管理机构负责对本行政区域的邮政普遍服务和邮政市场实施监督管理。⑥金融业。该行业内的主要立法有《中华人民共和国商业银行法》（以下简称《商业银行法》）、《中华人民共和国保险法》（以下简称《保险法》）、《中华人民共和国证券法》（以下简称《证券法》）等。《商业银行法》第10条规定，商业银行依法接受国务院银行业监督管理机构的监督管理，但法律规定其有关业务接受其他监督管理部门或者机构监督管理的，依照其规定。《保险法》第9条规定，国务院保险监督管理机构依法对保险业实施监督管理。国务院保险监督管理机构根据履行职责的需要设立派出机构。派出机构按照国务院保险监督管理机构的授权履行监督管理职责。《证券法》第7条规定，国务院证券监督管理机构依法对全国证券市场实行集中统一监督管理。国务院证券监督管理机构根据需要可以设立派出机构，按照授权履行监督管理职责。

二、反垄断法与行业监管法的区别

反垄断法与行业监管法之间存在明显的区别，但在不同的历史阶段以及不同的国家，两者之间关系的表现又不相同。通常两者之间的区别可从以下几个方面予以界定。

（一）目标和功能的差异

尽管对反垄断法的目标认识仍存在着一定的分歧，但是越来越多的国家认同维护竞争机制、提高经济效率、保护消费者福利等系反垄断法的目标内容。上述目标主要涉及竞争因素或经济目标。相比而言，行业监管法则是基于市场失灵或者市场主体利益难以合理分配而采取的措施，其具有更加宽泛和复杂的政策目标。不但有经济上的考虑，也可能出于对其他社会目标的关注的考虑。行业监管法为实现其广泛的社会目标，甚至会容忍非竞争性的市场行为。[1]

---

[1] 肖竹：《竞争政策与政府规制——关系、协调及竞争法的制度构建》，中国法制出版社2009年版，第60页。

（二）执法手段或措施上的差异

反垄断法主要是通过对相关市场中的限制竞争行为予以规范，以维护有效的竞争秩序。比如，对垄断协议、滥用支配地位等反竞争行为的调查与处罚。相比而言，行业监管法的执法手段则更加广泛，主要包括：①准入控制。被监管对象及其产品或者服务能否进入市场，由监管机构事前审批。②定价。被监管对象的产品或者服务的价格由监管机构以政府定价或者政府指导价的形式事前确定。③服务标准。被监管对象需要达到的最基本的服务标准事前由监管机构确定并监督执行。④开放接入。被监管对象必须按照监管机构事前确定的标准和条件，开放其基础设施并允许其他市场主体公平接入。⑤强制信息披露。被监管对象应按照监管机构的要求，公开向社会披露相关信息，接受社会监督。[1] 反垄断法的执法手段本质上是一种间接的市场干预，其着眼点在于通过对妨碍市场竞争特定行为的矫正，维护市场竞争机制的运行；而行业监管法的执法手段则是一种直接的市场干预行为，而非完全依赖于市场机制，甚至是通过行政手段替代市场机制。

（三）介入时间上的差异

从执法时间的角度看，反垄断法与行业监管法之间也存在着一定的差异。反垄断法主要是在行为发生之后的一次性干预，比如罚款、限期处分股权等责任的适用。而行业监管法则更多的是一种事前的持续性的介入行为，比如事先设定费率或价格、事先设定市场进入条件、事先设定质量标准等。当然，反垄断法领域的经营者集中申报制度，在一定程度上也具有事先控制的特征。但是，经营者集中申报的控制也是阶段性的，比如经过一定的审查期限，或者禁止，或者批准等；行业监管法在介入时间上则具有一定的持续性特征。

（四）执法机构信息获取的差异

反垄断执法机构在实施反垄断法时，其信息的获取主要基于反垄断执法机构依据职权的调查，或者取决于当事人的举报，或者由于当事人的申请。行业监管机构由于介入时间上的持续性，其需要获取的信息更为具体，通常要求当事人定期且持续性地提供相关信息。

三、反垄断法与行业监管法的联系

从上述区别看，反垄断法与行业监管法之间存在明显的差异，两者之间应该属于并列的关系而非一般法和特别法的关系，但双方又存在密切的互补与互动联系。

（一）两者均是应对市场失灵的制度

市场失灵是指由于市场机制不能充分地发挥作用而导致的资源配置缺乏效率或资源配置失当的情况。反垄断法和行业监管法均是在解决市场失灵过程中产生的，同为克服市场失灵的制度。当然，反垄断法主要针对垄断行为，而行业监管法则主要针对信息不对称、自然垄断、外部性和公共物品等市场失灵现象。两者之间在解决市场失灵方面存在一定的互补关系。

（二）行业监管法中的竞争目标

20世纪70年代以来，国际上对上述传统的管制型产业进行了全面的管制放松（Deregulation）改革，英国、美国、日本等发达国家尤甚。尽管不同国家的经济体制、经济发展阶段、放松管制的背景、时间及路径均存在着一定的差异，例如，美国的管制放松以自由化为主，欧洲的管制放松则以民营化为主要路径。但是，一个基本的事实是行业监管法中引入部分竞争规范，对被监管对象的竞争行为予以调整。因此，在上述背景下，两者之间的联

---

[1] See OECD, Relationship Between Regulators and Competition Authorities, 1999, p. 25；周汉华：《论平台经济反垄断与监管的二元分治》，载《中国法学》2023年第1期。

系也更加密切。比如，1996年的美国《电信法》就将"解除管制，促进竞争"作为其立法目标之一。这些变化，使得在维护市场竞争目标方面，行业监管法与反垄断法具有了某种程度上的一致性。

（三）竞争性监管手段的出现

随着管制的放松，一些具有竞争性质的管制手段出现在行业监管法之中，出现了所谓的"促进竞争的监管"。比如，在自然垄断的业务领域中，尽可能的适用诸如招投标、特许经营权拍卖等具有较强竞争性的管制措施；在电信领域内，将互联互通等作为监管法的内容之一；在一些行业监管法中规定经营者不得排除、限制竞争等。上述竞争性监管手段的使用，在一定程度上打破了传统上反垄断法与行业监管法的边界，甚至有学者从经济法的角度出发，认为"促进竞争的管制"的现象是经济法的第二波理念改革。[1]

目前，我国行业监管法中对行业内经营者的竞争行为或垄断行为的规范，归纳起来主要有以下三种情形：一是行业监管中未涉及任何与竞争行为或垄断行为相关的规定，例如《铁路法》中并未涉及任何竞争规范；二是对行业内经营者的竞争行为进行原则性规定，对于具体竞争行为或垄断行为则不进行规定。例如，《邮政法》第4条第4款规定，国务院邮政管理部门和省、自治区、直辖市邮政管理机构以及省级以下邮政管理机构对邮政市场实施监督管理，应当遵循公开、公平、公正以及鼓励竞争、促进发展的原则。《商业银行法》第9条规定，商业银行开展业务，应当遵守公平竞争的原则，不得从事不正当竞争；《保险法》第115条规定，保险公司开展业务，应当遵循公平竞争的原则，不得从事不正当竞争；三是行业监管法中部分条文规定了行业内经营者具体竞争行为规范或与垄断行为相关的条文。例如，《电信条例》第17条第2款、第3款规定，主导的电信业务经营者不得拒绝其他电信业务经营者和专用网运营单位提出的互联互通要求；前款所称主导的电信业务经营者，是指控制必要的基础电信设施并且在电信业务市场中占有较大份额，能够对其他电信业务经营者进入电信业务市场构成实质性影响的经营者。

四、管制型行业中垄断行为的规范与管辖

（一）立法过程中的变化

我国目前的行业监管法中对具体垄断行为很少进行规范，因此，如果行业监管法中无任何竞争行为的规范或者仅仅是对竞争的一般原则进行规定，则管制型产业中经营者实施的垄断行为适用我国《反垄断法》并无分歧。但如果同一种垄断行为，反垄断法与行业监管法均有所规定，则产生适用竞合的问题。针对上述问题，在我国《反垄断法》立法过程中，有两个非常敏感且处理起来难度较大的问题：一个是依据什么法来制止管制型行业中的垄断行为，是适用反垄断法，还是行业监管法？另一个则是管制型行业的垄断行为应当由谁来反，是反垄断执法机构，还是行业监管机构？[2]

针对第一个问题，《反垄断法（草案）》曾有一稿规定："对本法规定的垄断行为，有关法律、行政法规另有规定的，依照其规定"。如果根据该规定，当行业监管等行政法规另有规定的，则优先适用于其他行业监管法。如果行业监管法与反垄断法属于同位法，则上述规定并无法理上的冲突，然而该条规定"行政法规"另有规定的也优先适用行业监管法，则与《立法法》第79条规定冲突，即"法律的效力高于行政法规、地方性法规、规章。行政法

---

[1] 苏永钦、范建得等：《公平交易法第四十六条修正后之适用问题研究》，公平交易委员会2000年研究报告之十。

[2] 时建中：《我国〈反垄断法〉的特色制度、亮点制度及重大不足》，载《法学家》2008年第1期。

规的效力高于地方性法规、规章"。因此，在全国人大常委会审议时，这一款被整体删除。但删除该款后实际上是搁置了在管制型行业中垄断行为的反垄断法和行业监管法适用问题。[1] 针对第二个问题，《反垄断法（草案）》曾有一稿规定，对本法规定的垄断行为，有关法律、行政法规规定应当由有关部门或者监管机构调查处理的，依照其规定。有关部门或者监管机构应当将调查处理结果通报国务院反垄断委员会；有关部门或者监管机构对本法规定的垄断行为未调查处理，反垄断执法机构可以调查处理。反垄断执法机构调查处理应当征求有关部门或者监管机构的意见。依据上述规定，实际上是管制型行业内垄断行为的反垄断执法权，被行业监管机构所"垄断"。在此后全国人大常委会审议时，上述内容也被删除。

2007年通过的《反垄断法》第10条规定，"国务院规定的承担反垄断执法职责的机构（以下统称国务院反垄断执法机构）依照本法规定，负责反垄断执法工作"。基于我国反垄断执法工作的丰富实践，为了更好地实现反垄断法的目标，2022年修改该法时，相应的条文修改为"国务院反垄断执法机构负责反垄断统一执法工作"，构建了统一集中的反垄断执法体制。

（二）各司其职与互动协调

《反垄断法》中第8条涉及了反垄断法与监管法之间关系。该条中，国有经济占控制地位、关系国民经济命脉和国家安全的行业与管制型行业多有重叠之处。对于该条规定的含义，一种观点认为，反垄断法由此确认这些管制型行业垄断经营活动的合法性，应适用行业监管法律，从而构成反垄断法的适用除外；但相反的观点认为，管制型行业仍然要适用反垄断法，同时适用行业监管法律。[2] 从立法目的上，本条也仅仅表明对待这些管制型产业需要在反垄断法上作出特殊的考量，而非排除适用；从体系上解释，我国《反垄断法》有关行业豁免的条款规定在其他章节之中，而总则中的这一条款也无法解释为对管制型行业的豁免。[3]

目前，反垄断执法机构与行业监管机构应在各司其职的基础上，加强互动协调。一是各司其职。反垄断执法机构与行业监管机构各自依据反垄断法和行业监管法在自己的职责范围，运用相同或不同的调整手段，独立地调整经济领域的产业及经营行为；二是互动协调。反垄断执法机构与行业监管部门通过互动协调以实现行业的公平竞争和健康发展。一方面，当行业监管行为与竞争政策相违背时，反垄断执法可以对行业监管可以通过公平竞争审查制度和对行政垄断行为执法要求其提出改进措施。行业监管部门也可以从产业的视角，对反垄断执法机构的执法提出意见、建议等；[4] 总之，强化竞争政策的基础地位、发挥市场在资源配置中的决定性作用、更好发挥政府作用，是分析、处理反垄断法与行业监管法、反垄断执法与行业监管执法等相互关系的前提和基础。

拓展阅读：竞争法律与政策和监管[5]

基本而言，竞争法及竞争政策和管制的目标在于维护公共利益，反对垄断。二者虽然

---

[1] 时建中主编：《反垄断法——法典释评与学理探源》，中国人民大学出版社2008年版，第7页。
[2] 周汉华：《论平台经济反垄断与监管的二元分治》，载《中国法学》2023年第1期。
[3] 张杰斌：《特定行业的〈反垄断法〉适用研究——〈中华人民共和国反垄断法〉第七条评析》，载《北京化工大学学报（社会科学版）》2007年第4期。
[4] 孟雁北：《我国反垄断执法机构与政府产业规制部门的关系》，载《中国人民大学学报》2015年第2期。
[5] See UNCTD, Model Law on Competition (2010), TD/RBP/CONF. 7/8, p.19.

都是政府实现这一目标的手段,但是干预的范围和类型存在差异。竞争法与管制并不相同。竞争法及竞争政策和管制可能有以下四个方面的关系:

1. 管制可能与竞争政策相矛盾。管制可能鼓励甚至需要本就违反竞争法的行为或条件。例如,管制可能允许价格协调、阻止广告宣传或要求划分市场。又如,管制还可能禁止低于成本销售的法律,而这些法律原本是促进竞争的,却往往被解释为反竞争的。还有一类非常宽泛的管制法规,其对竞争的限制超过了实现管制目标所需的程度。修改或废除这些管制法规将迫使受管制的企业改变其习惯和期望。

2. 管制可以代替竞争政策。在自然垄断行业中,管制尝试通过设定价格(价格上限)以及控制市场进入以直接控制市场力量。当技术和其他体制发生变化时,会重新考虑管制的基本前提,即竞争政策和体制不足以制止垄断和滥用市场力量。

3. 管制可以复制竞争法及竞争政策。管制和管制机构可以像竞争法及竞争政策那样防止行业内的协同和滥用行为。例如,管制法规可制定公平竞争标准或招标规则,以确保投标的竞争性。然而,不同的管制机构可能采用不同的标准,管制机构的变化或差异可能表明,政策看似重复但可能会产生不同的实际结果。

4. 管制可以采取竞争机构的方法。可以利用市场激励和竞争动态来设计实现管制目标的方法。为了确保这些方法按照竞争法的要求发挥预期作用,协调管制与竞争可能是有必要的。

[本章参考文献]

(一) 著作

1. [美] 戴维 J. 格伯尔:《二十世纪欧洲的法律与竞争》,冯克利、魏志梅译,中国社会科学出版社 2004 年版。

2. 孔祥俊:《反垄断法原理》,中国法制出版社 2001 年版。

3. 万江:《中国反垄断法:理论、实践与国际比较》,中国法制出版社 2017 年版。

4. 林至人编著:《减少竞争中的政策壁垒:国际经验与教训》,中信出版集团 2019 年版。

5. 王俊豪:《政府管制经济学导论——基本理论及其在政府管制实践中的应用》,商务印书馆 2001 年版。

6. 肖竹:《竞争政策与政府规制——关系、协调及竞争法的制度构建》,中国法制出版社 2009 年版。

(二) 论文

7. 李青:《中国竞争政策的回顾与展望》,载《中国价格监管与反垄断》2018 年第 7 期。

8. 时建中:《论竞争政策在经济政策体系中的地位——兼论反垄断法在管制型产业的适用》,载《价格理论与实践》2014 年第 7 期。

9. 于立、刘玉斌:《中国市场经济体制的二维推论:竞争政策基础性与市场决定性》,载《改革》2017 年第 1 期。

10. 李伟、贺俊:《确立竞争政策基础地位的激励约束和能力障碍》,载《学习与探索》2021 年第 5 期。

11. 戴龙:《日本反垄断法实施中的竞争政策和产业政策》,载《环球法律评论》2009 年第 3 期。

12. 周汉华:《论平台经济反垄断与监管的二元分治》,载《中国法学》2023 年第 1 期。

13. 孟雁北：《我国反垄断执法机构与政府产业规制部门的关系》，载《中国人民大学学报》2015 年第 2 期。

14. 时建中：《我国〈反垄断法〉的特色制度、亮点制度及重大不足》，载《法学家》2008 年第 1 期。

15. 张世明、胡洁：《反垄断法与反不正当竞争法关系论》，载《内蒙古师范大学学报（哲学社会科学版）》2015 年第 2 期。

16. 黄勇、刘燕南：《〈价格法〉与〈反垄断法〉关系的再认识以及执法协调》，载《价格理论与实践》2013 年第 4 期。

17. 刘大洪、刘谋鑫：《〈反垄断法〉修订背景下产业法与竞争法适用关系的制度重构》，载《江汉论坛》2021 年第 10 期。

18. 刘桂清：《反垄断法如何兼容产业政策——适用除外与适用豁免制度的政策协调机制分析》，载《学术论坛》2010 年第 3 期。

19. OECD, Relationship Between Regulators and Competition Authorities, 1999.

第四章 反垄断法的立法目标

第一节 立法目标及国际比较

一、立法目标与法的价值

立法目标是立法者根据需要,事先设定立法所要实现的目标,自觉地按此目标设计立法方略,确定调整的对象与方法,作出有关政策的决策,选择最优的立法方略与技术。[1]

立法目标与法的价值并不相同。法的价值是指法律满足人类生存和需要的基本功能,即法律对人的有用性。法的价值体系包括秩序、安全、效益、公平、自由、正义等,它指导着法的具体功能和作用的实现。法的价值具有客观性和公认性。立法目标则是人们对法的价值进行认知、评价、选择的结果。立法目标具有主观性。如何在立法过程中最恰当地选择立法目标,让主观的立法目标与客观的法的价值相契合,是每一个部门法都需要面临的课题。反垄断法的立法目标是整部法律的灵魂和精神,对具体制度适用具有最高的指引作用,也是反垄断法区别于其他法律的标志之一。[2] 准确理解反垄断法的立法目标,对于执法机构和司法机关准确适用和解释反垄断法的规范具有指导意义。从学术研究的角度,探讨反垄断法的立法目标也有助于把握反垄断法的发展规律,更好地实现反垄断法的功能和价值。[3]

二、学理上的分歧

学理上,反垄断法的立法目标是最具争议的话题之一。20世纪80年代的美国曾经发生了一场关于反垄断法立法目标的大辩论,争论的双方为"芝加哥学派"和"平民主义学派"[4]。芝加哥学派认为,经济效率是反托拉斯法追求的终极目标,竞争只是一个中间目标。反托拉斯法的唯一目标应当是经济学意义上的效率。[5] 所谓合乎经济效率,即市场自由竞争能够实现生产效率和配置效率的最优化,实现生产者剩余和消费者剩余最大化。反垄断法的目标在于达成经济效率,因此,判断经营者的行为是否违反反垄断法,也应以经营者的行为是否合乎经济效率为判断基准,即使公平价值应该被正视,那也是反垄断法以外的其他法律制度如税法需要考虑的问题。平民主义学派尽管对反垄断法的立法目标并未达成一致共识,但他们的共同观点是一致反对"经济效率是唯一的立法目标",并认为芝加

---

[1] 郭道晖主编:《当代中国立法》(上册),中国民主法制出版社1998年版。
[2] 孟雁北:《反垄断法》,北京大学出版社2017年版,第31页。
[3] 王源扩:《我国竞争法的政策目标》,载《法学研究》1996年第5期。
[4] 平民主义学派源于美国建国之初,其以托马斯·杰斐逊的政治经济学为基础,强调满足人民的公平理念、保障民主的政治制度等。
[5] [美]理查德·A·波斯纳:《反托拉斯法》(第2版),孙秋宁译,中国政法大学出版社2003年版,第2、32页。

哥学派的观点是"最低纲领"和"弃权主义议事表"。[1] 平民主义学派认为,美国反托拉斯法传统上一直关注两个目标:一是对大企业的不信任,并重视市场力量分散以及弱者的机会;二是中小企业的竞争机会,以及消费者能否取得一项公平的交易。与芝加哥学派和平民主义学派不同,温和派承认经济效率是美国反托拉斯法的立法目标之一,但并非是唯一目标,反托拉斯法的立法目标应是多元化的。

在其他国家,同样存在关于反垄断法立法目标的学理争议。以日本为例,尽管《日本反垄断法》对立法目标予以明确规定,但是,学术界对此仍有不同的认识。松下满雄认为,竞争固然是好的,但竞争的维持并非立法的目的。反垄断法应该以竞争的社会有用性为其目的,该社会有用性即资源的最优配置。丹宗昭信则认为,公平自由之竞争、一般消费者利益之保护及国民经济的民主健全发展,应该是反垄断法的全部目标。金泽良雄则认为,反垄断法的基本立场和目标是促进自由企业制度,实现经济上的机会均等和经济平等的理想,完成经济的民主主义。[2]

拓展阅读:反垄断法立法目标的主要观点及析评[3]

结合国外学者对反垄断法目标的著述、不同国家反垄断立法目标的规定及其司法与执法对反垄断目标的塑造,反垄断法的目标可谓种类繁多。但综合来看,主要有以下三种观点:

一、一元主义的经济效率

美国芝加哥学派是奉行一元主义的经济效率的典型。其代表人物罗伯特·赫伦·博克(R. H. Bork)认为,反托拉斯法的立法史表明国会通过《谢尔曼法》的唯一目标就是经济效率;美国反托拉斯法的唯一目的是提高经济效率,其他所谓的目的不过是某些知识分子的胡说八道。芝加哥学派的另一代表人物理查德·A·波斯纳(Richard. A. Posner)也曾言,"今天几乎所有从事涉及反托拉斯职业的人——不管是诉讼当事人、法官、学者还是有见识的观察家——都不仅赞同反托拉斯法的唯一目标应当是促进经济福利,而且对判断其具体的商业活动是否与这一目标相一致所运用的经济理论的基本原则也存在共识。"效率主义认为,反垄断法只需关注垄断带来的福利纯粹损失,而无须考虑垄断导致的福利转移损失。在反垄断是否应当考虑福利转移涉及公平性的问题上,卡波洛(Louis Kaplow)认为,"以公平为基础的法律分析存在异常困难,促进公平的观念只会使每个人变得更糟。"马西莫·莫塔(Massimo Motta)认为,"这并不意味着经济效率以外的目标或者公共政策考虑因素并不重要,而是更进一步说明,如果政府想实现这些目标,那么就不应该运用竞争政策,而应该动用那些对竞争造成尽可能小的扭曲的政策工具。"一元主义的经济效率有其内在优点。反垄断法立足于市场经济,根本上是为了纠正竞争偏差解决经济问题的法律,因而坚持反垄断法的效率主义,可以防止法律实施的泛政治化,从而保障反垄断法的实施最大限度地免受其他经济、政治、社会政策的干扰,在最大程度上保障反垄断法实施的确定性。但是,一元主义的经济效率很明显是经济学理性思维下的产物,它将反垄断法的目标置于

---

[1] 时建中主编:《反垄断法——法典释评与学理探源》,中国人民大学出版社2008年版,第5页。
[2] [日]金泽良雄:《经济法》,有斐阁1980年版,第148页。
[3] 相关观点可参见徐士英:《竞争政策研究——国际比较与中国选择》,法律出版社2013年版;应品广:《法治视角下的竞争政策》,法律出版社2013年版;兰磊:《论反垄断法多元价值的平衡》,法律出版社2017年版;[意]马西莫·莫塔:《竞争政策——理论与实践》,沈国华译,上海财经大学出版社2006年版。

某种应然状态,抽离了许多繁杂的现实影响因素,然而法律必须关注现实的利益冲突并解决现实问题。因此,一元主义的经济效率最大的问题在于远离经济民主,将目标制定置于相关政治、社会进程之外,忽略了反垄断法本身也是多重社会利益博弈妥协的产物。

二、多元主义的目标

多元主义的目标认为,反垄断法的实施是为了保护一组社会和政治价值,这些价值既不能简单量化又不能归结为单一的经济目标。美国的杰弗逊主义学派是该观点的忠实捍卫者,而德国弗莱堡学派虽然将保护竞争视作目的,但结果开放的理念在根本上和此处社会公共利益的观念是耦合的。多元主义的目标实际上得到了世界各国和地区大多数理论界和实务界的支持。詹姆斯·梅(James May)认为,《谢尔曼法》是从一个自然的、以权力为基础的,强劲有力的政治经济秩序的宏大视角出发,确保社会的机会平等、效率、繁荣、正义、和谐与自由。瑟曼·阿诺德(Thurman Arnold)也认为,"反垄断问题必须面向公众,而不是仅仅由律师或经济学家进行抽象的阐释。"而在实务中,美国法官布兰代斯在北方太平洋公司案的判决中这样认为,"《谢尔曼法》的制定是基于这样的前提,即无限制的竞争力的相互作用将产生最有效的资源配置、最低的价格、最好的质量和最大的物质进步,由此所提供的环境将有助于我们民主的政治和社会制度。"而美国首席大法官沃伦在布朗鞋案中则认为,"我们不能认为国会通过保护能够生存下来的、小的、地方性的企业,而使促进竞争的愿望失败"。

多元主义的目标克服了单一目标的经济效率脱离民主进程的缺陷,因而体现了现实主义的利益平衡思想。现实中,反垄断法的目标设定必然要兼顾到各方利益,这种利益博弈不可能全部是经济性质的,实际上公平、平等、中小企业保护、消费者权益维护和诸多政治社会因素都会掺杂其中。但也应当看到,多元主义的目标也面临着如何解释多元目标的优先性以及如何化解多元目标之间可能发生冲突的问题。因而多元主义的目标的观点具有灵活性、适应性的同时,也意味着它很可能是模糊不清的,以至于沦为主观随意。

三、终极目标主义的消费者福利

终极目标主义认为反垄断法的目标是多元的,但是这些目标之间并非平行,而存在终极目标与阶层性目标之分,阶层性目标只是终极目标的工具或者实现路径。事实上,消费者福利是反垄断法的终极目标。反垄断法专家罗伯特·H·兰德(R. H. Lande)认为,"反垄断法最基本的目标不是效率问题,而是分配问题,是阻止财富不公平地从消费者转移给拥有市场势力的生产者,即防止通过垄断剥削消费者应得的福利。"从中可见,是否重视福利的转移是消费者福利主义与经济效率主义(社会福利主义)的根本区别,消费者福利主义不关注福利转移给生产者带来的生产剩余增加,只考虑效率提高是否会增加消费者福利。马兰西、费舍尔和兰德通过实证研究认为,现实中的垄断危害主要表现为财富转移而非资源配置无效率,前者造成的损失几乎是后者的2倍~40倍,因此,反垄断法的首要目标是阻止财富转移而非提高效率。

终极目标主义的消费者福利观点,在目标导向上更加明确和清晰,而相较于一元主义的经济效率则在司法和执法实践中更容易操作,在市场经济就是消费者主权经济的语境下,这样的观念更容易被社会普遍地接受。因此,在一定意义上可以认为消费者福利主义是对上述两种目标选择方案的折中和扬弃。但是,严格适用消费者福利标准对社会整体利益而言可能并不是最优的,关键在于消费者福利是否足以代表社会整体利益,毕竟过分强调将效率提高获得的好处转移给消费者,有可能减弱经营者提高效率的激励,同时也不能精确证明消费者对效率吸收的好处,其效用就一定高于经营者。

三、立法规定的多元化

并非所有的国家或地区都在立法中对反垄断法的立法目标予以规定。例如，大陆法系的德国和法国，以及最早制定反垄断法的美国，均未明确规定反垄断法的立法目标。即使在立法中明确宣示立法目标的国家，其规定也不相同。以下选取部分发达国家、发展中国家和转型国家立法中关于反垄断法立法目标的规定。

加拿大《竞争法》（2020年）第1条规定，本法的目的在于保护和鼓励在加拿大的竞争，以提高加拿大经济的效益和适应能力，增加加拿大参与全球市场的机会，同时承认国外竞争在加拿大的重要性，保障中小企业有参加加拿大经济发展的公平机会，为消费者提供竞争性价格和商品选择。

《日本反垄断法》（2019年）第1条规定，本法旨在通过禁止私人垄断、不当地限制交易以及不公平的交易方法，防止事业支配力的过度集中，排除因联合、协议等方法形成的生产、销售、价格、技术等的不当限制以及其他一切对事业活动的不当约束，从而促进自由的、公平的竞争，发挥事业者的创造性，繁荣事业活动，增加就业以及国民实际收入水平，以确保一般消费者的利益并促进国民经济民主、健康地发展。

韩国《垄断规制与公平交易法》（2020年）第1条规定，本法的目的是防止经营者滥用市场支配地位和经济力的过度集中，规制不正当的协同行为及不公平的交易行为，促进公平自由竞争，鼓励创造性的经营活动，保护消费者，确保国民经济的均衡发展。

澳大利亚《竞争与消费者法》（2010年）第1条规定，本法目的是通过促进竞争和公平交易以及保护消费者来增进澳大利亚人的福利。

芬兰《竞争法》（2021年）第1条规定，①为保护正常有效的竞争不受有害的限制性行为的影响，特制定本法。②在适用本法时，应对消费者的利益、保证企业的自由经营不受不合理的障碍和限制的影响给予特别关注。

巴西《竞争法》（2020年）第1条规定，本法规定的反垄断措施与如下的宪法原则保持一致：企业自由和公开竞争，财产的社会功能，消费者的保护和限制经济权力的滥用。并对违反经济秩序的行为规定了预防措施和制裁措施。

南非共和国《竞争法》（2001年）第2条规定，本法旨在维持和促进共和国内的竞争，以期达到下列目的：①提高经济的效率和灵活性，推动经济发展；②为消费者提供竞争性价格和产品选择；③促进就业，提升南非人民的社会和经济福利；④增加南非参与国际市场的机会，承认国外竞争在南非国内的作用；⑤确保中小企业享有参与经济的平等机会；⑥促进所有权的更广泛分布，尤其增强历史上处于弱势主体的所有权权益。

印度尼西亚《禁止垄断行为和不公平商业竞争法》（1999年）第3条规定，本法的立法目标旨在：①维护公共利益，提高经济效率以作为改善公共福利的方式之一；②促进公平竞争，营造有利的商业环境，确保印度尼西亚的大型、中型和小型企业能获得公平的商业机会；③防止事业者可能从事垄断行为或不公平商业竞争；④创造商业活动的效益和效率。

《俄罗斯竞争保护法》（2021年）第1条规定，本联邦法应规定保护竞争的组织和法律基础，包括预防和制止：①垄断活动和不公平竞争；②防止、限制或消除联邦执行机构、俄罗斯联邦各组成实体的国家机构、地方政府、履行上述机构职能的其他机构或组织，以及国家非预算基金和俄罗斯联邦中央银行的竞争；③该联邦法的目标是确保经济空间的统一、货物的自由流动、俄罗斯联邦经济活动的自由、保护竞争并为商品市场的有效运作创造条件。

  通过以上列举可以看出，保护"竞争""公平竞争""自由竞争""有效竞争"作为立法目标在各国反垄断立法中多有所规定。除此之外，对于其他立法目标的规定则呈现出多元化的情形。据国际竞争网络（International Competition Network，简称ICN）统计，各国反垄断法的立法目标至少还包括：提高经济效率、确保经济自由、促进市场整合、配合民营化与自由化政策、提高全球竞争力、积极地推动消费者福利、保护消费者利益、保护中小企业、推动社会公平正义等。通常，发展中国家或转型国家的反垄断法作为重建国内经济并同全球经济接轨的组成部分之一，会把与非竞争相关的立法目标纳入其中。例如，南非的竞争法将"扩大所有权分布，尤其增强历史上处于弱势主体的所有权权益"作为立法目标之一，之所以将该目标纳入反垄断法之中，是因为南非曾经的种族隔离制度造成了政治经济结构的严重不平等。[1] 一些发展中国家也会将"社会公共利益"纳入反垄断法的立法目标之中，例如波兰《竞争和消费者保护法案》规定，经营集中反垄断审查中存在的"特别同意"程序，即是根据"公共利益"豁免原本应该受到禁止的垄断行为。

  在不同历史阶段，同一国家或地区的反垄断法立法目标也不断变化，体现出明显的时代性。以美国为例，1890年《谢尔曼法》立法之时，经济效率并未成为其立法目标。谢尔曼议员在立法审议曾讲到"不管成本如何，我们必须维护保持一个中小企业相互竞争的产业结构"。[2] 显然，保护中小企业是这一阶段的立法目标之一，而经济效率并未进入《谢尔曼法》的立法目标，甚至经济效率这一概念在《谢尔曼法》立法时尚未产生。20世纪40年代至60年代，美国反托拉斯法主要受哈佛学派的影响，试图通过完善市场结构来达到遏制垄断的目的，此时美国反托拉斯法以维护竞争机制为其核心价值。从20世纪70年代起，芝加哥学派成为美国反托拉斯法的主导理论，经济效率则成为美国反托拉斯法的首要目标。与美国反托拉斯法产生的背景不同，欧盟竞争法是欧盟各成员国为了保证建成一个单一市场而部分地让渡国家主权的结果，因此，欧盟竞争法初始的目标是促进欧洲内部一体化市场的开放与自由。但随着欧盟竞争法的发展，其立法目标与当初相比，明显出现了"广泛化"的倾向，包括了保护市场竞争、提高消费者福利和确保资源有效分配等其他目标。[3] 反垄断法作为政策性极强的法律，其立法目标必然会随着经济、科技及社会发展而有所变化。仅以最初的立法背景或者立法史来界定反垄断法的立法目的，未必准确和恰当。不同的经济发展阶段、经济政策目标的选择、司法的解释、公众的态度以及国外的经济环境等，都会对反垄断法的立法目标产生重要的影响，同时不同时期的经济理论也会导致不同的立法目标。[4]

---

 [1] D Lewis, 2012, Thieves at the Dinner Table: Enforcing the Competition Act-A Personal Account (Cape Town and Johannesburg, South Africa, Jacana Media).

 [2] 张长树：《公平交易法立法体例及目的之研究》，载《公平交易季刊》1993年第4期。

 [3] "Commission Notice-Guidelines on the application of Article 81 (3) of the EC Treaty", *Official Journal C* 101, 27/04/2004, pp. 0097-0118.

 [4] 傅军、张颖：《反垄断与竞争政策：经济理论、国际经验及对中国的启示》，北京大学出版社2004年版，第14页；[美]罗伯特·H·兰德：《消费者选择——反托拉斯的终极目标》，载梁慧星主编：《民商法论丛（第28卷）》，法律出版社2003年版，第505页。

第二节 中国反垄断法的立法目标

在我国《反垄断法》的立法过程中，对于"立法目标"的选择也曾出现多次反复。[1] 最终 2007 年 8 月 30 日通过的《反垄断法》第 1 条规定："为了预防和制止垄断行为，保护市场公平竞争，提高经济运行效率，维护消费者利益和社会公共利益，促进社会主义市场经济健康发展，制定本法"，确定了我国《反垄断法》的多元立法目标。2022 年修改《反垄断法》在第 1 条增加规定了"鼓励创新"这一立法目标，进一步丰富了我国反垄断法的目标体系。基于《反垄断法》第 1 条规定，我国反垄断法的立法目标包括：预防和制止垄断行为，保护市场公平竞争，提高经济运行效率，维护消费者利益和社会公共利益，促进社会主义市场经济健康发展。

一、预防和制止垄断行为

预防和制止垄断行为既是反垄断法的直接目标，又是实现本条其他立法目标的手段和前提。

"预防和制止垄断行为"，既包括对垄断行为的"预防"，又包括对垄断行为的"制止"。预防垄断行为，主要通过反垄断行政执法得以实现。作为一种事后救济的司法措施，反垄断民事诉讼无法实现预防垄断行为的目标。虽然预防垄断行为也离不开法律责任的制度保障，对违法经营者的惩戒也会产生警示甚至威慑其他经营者的作用或效果，但是，这不足以完整实现或者保障"预防垄断行为"的立法目标。此外，《反垄断法》第 14 条规定的"行业协会应当加强行业自律，引导本行业的经营者依法竞争，合规经营，维护市场竞争秩序"，同样不足以完整实现或者保障"预防垄断行为"的立法目标。申言之，预防垄断行为，不能寄希望于罚一儆百、以儆效尤，不能止于竞争倡导，需要更加明确、具体的制度和实施机制予以保障。例如，我国《反垄断法》第 26 条第 1 款规定"经营者集中达到国务院规定的申报标准的，经营者应当事先向国务院反垄断执法机构申报，未申报的不得实施集中"，建立了经营者集中强制事先申报制度，与预防垄断行为这一立法目标相衔接，相得益彰。

正确认识"预防垄断行为"这一立法目标，对于理解和适用本法其他规定具有重要指导作用。例如，《反垄断法》第 16 条规定："本法所称垄断协议，是指排除、限制竞争的协议、决定或者其他协同行为"。在我国学术界和实务界，对于"排除、限制竞争"的内涵，是否应理解为仅限于"效果"而不包括"目的"，存在争议。理论上的不同认识，会导致不同的法律适用效果。如果将垄断协议的内涵仅限于"排除、限制竞争"的"效果"，而不包括"排除、限制竞争"的"目的"，那么，就会导致一系列荒谬的结论和结果：即使当经营者达成了以"排除、限制竞争为目的"的协议，若尚未实施则未产生"排除、限制竞争的效果"，因此，不构成垄断协议且不应承担法律责任。换言之，只有达成且在实施后

---

[1] 关于是否将"保护经营者的合法权益"作为立法目标，在立法过程中多次反复：2002 年 2 月《反垄断法》（征求意见稿）规定了"保护经营者合法权益"，但 2004 年的《反垄断法》（送审稿）则删除该内容，而在 2006 年 6 月的《反垄断法》（送审稿）中则又增加了"保护经营者合法权益"的内容，最终在 2007 年 8 月 30 通过的《反垄断法》则删除"保护经营者合法权益"的内容。关于是否将"提高经济效率"作为立法目标也曾先后作出不同的规定，在 2004 年的《反垄断法》（送审稿）中并未规定"提高经济效率"，但 2006 年 6 月的《反垄断法》（送审稿）中则增加了"提高经济效率"目标，并在最终立法中确立该目标。

产生了"排除、限制竞争的效果"的,才构成垄断协议,才承担法律责任。如果明知经营者之间已经达成以"排除、限制竞争为目的"的协议,因尚未实施,执法机构只能坐等经营者实施该协议并静候"排除、限制竞争的效果",那么,这无疑是错误认识所导致的错乱实践。基于这样的学术观点,"尚未实施所达成的垄断协议的,可以处三百万元以下的罚款",以及"经营者的法定代表人、主要负责人和直接责任人员对达成垄断协议负有个人责任的,可以处一百万元以下的罚款"等相关规定,将成为一纸空文。矫正这种错误认识和错乱结果,离不开对"预防垄断行为"这一立法目标的正确认识、科学的制度建设和有效的实施保障。"尚未实施所达成的垄断协议的,可以处三百万元以下的罚款"等相关规定,是"预防垄断行为"这一立法目标在禁止垄断协议方面的体现和保障。至于"制止垄断行为"这一立法目标,则可以通过反垄断行政执法、反垄断民事诉讼以及反垄断民事公益诉讼等实施机制得以实现和保障。

二、保护市场公平竞争

繁荣来自竞争,竞争作为提高经济效率最理想的手段,已经成为当代社会的普遍共识。[1] 反垄断法旨在保护竞争已经是一个当然信奉的命题,但仍需继续追问这种受到保护的竞争的性质。

在经济学领域,竞争理论的谱系颇为复杂,包括以斯密为代表的自由竞争理论,以马歇尔、奈特等人为代表的完全竞争理论,以张伯伦为代表的垄断竞争理论,以熊彼特为代表的创新与动态竞争理论,以及现代产业组织理论等。在立法中,各国反垄断法对于其所保护的"竞争"又表述各不相同,或表述为"竞争",或表述为"公平竞争",或表述为"自由竞争",或表述为"有效竞争"等。我国《反垄断法》第1条将其所保护的"竞争"表述为"保护市场公平竞争"。实际上,自由竞争与公平竞争的内涵并不相同。自由竞争是指市场主体能够自由地进入或退出市场,是市场主体权利能力的固有组成,竞争的自由不应受到来自市场优势或行政权力的不合理、不合法的限制。一定程度上,自由竞争是要解决市场上有无竞争或竞争多少的问题。公平竞争是要解决已有竞争的前提下,竞争方式和手段是否正当的问题[2],以及市场竞争是否有序等。因此,自由竞争是公平竞争的前提和基础,没有竞争自由,则公平竞争无从谈起。尽管我国《反垄断法》只使用了"公平竞争",但是,鉴于公平竞争与自由竞争的必然联系,保护市场的自由竞争,也是我国反垄断法的应有之义。

值得注意的是,《反不正当竞争法》在第1条规定了"鼓励和保护公平竞争"等内容。但保护公平竞争的制度和实施方式,两部法律有较大差异。反垄断法通过规制竞争者之间的协议行为、具有市场支配地位的经营者的滥用行为、具有或可能具有排除限制竞争效果的集中、滥用行政权力排除限制竞争等,以消除经营者参与竞争的经济障碍或行政障碍,使市场参与者时时承受市场竞争的压力或约束。相比而言,反不正当竞争法则通过制止商业标识混淆、商业诋毁等违背商业道德的不正当竞争行为,以实现竞争方式和过程的公平。

保护市场竞争是《反垄断法》的首要目标或基础目标,但保护市场竞争并不是《反垄

---

[1] [西德]路德维希·艾哈德:《来自竞争的繁荣》,祝世康、穆家骥合译,商务印书馆1983年版,第154页。

[2] 孔祥俊:《反垄断法原理》,中国法制出版社2001年版,第211页。

断法》的终极目标，而是一种取得综合目标的工具之一。[1]《反垄断法》之所以保护市场竞争，是想通过保护竞争机制，进而发挥竞争背后所能带来的客观效果。竞争引发的客观效果是多元的，包括经济、社会、政治、文化等多种效果。在竞争引发的多种效果中，《反垄断法》非常关注经济效率、消费者利益和社会公共利益等经济层面和社会层面的效果。因此，在保护市场竞争这一直接目标之下，经济效率、消费者利益、社会公共利益又进一步成为《反垄断法》的具体目标。

拓展阅读：有效竞争

与"自由竞争""公平竞争"相关的概念还有"有效竞争"。所谓有效竞争，在一定意义上就是有效竞争的市场结构，即"规模经济与竞争活力相兼容的一种竞争状态"。[2] 首先，有效竞争的目标模式是对完全竞争的目标模式的否定。[3] 其次，有效竞争的前提条件是存在较好的市场结构，竞争者的数量不能太少也不能太多，其具体数量取决于特定行业中规模经济和竞争活力相兼容的平衡状态，并且竞争者的产品也具有适度差异性。[4] 再次，由于不同行业在规模经济、市场集中度、进入壁垒的具体特征上存在差异，因而实现有效竞争的条件不尽相同。最后，有效竞争是"突进行动"和"追踪反应"这两个阶段构成的一个无止境的动态过程；换言之，企业凭借其创新行为获得的市场优势和高额利润，这既是一轮竞争的结果，又是新一轮竞争的开端。实际上，有效竞争的目标模式承认，市场的某些不完善因素或垄断因素是实现有效竞争的必不可少的前提条件。[5] 总而言之，"有效竞争才应当是竞争政策所追求的理想目标，因为它最适合同时促成配置效率、生产效率和动态效率的实现，并避免由市场力量导致的再分配。[6]

三、提高经济运行效率

效率属于经济学领域的术语，用于描述一种最优状态。经济效率包括生产效率、分配效率和动态效率。生产效率是指企业投入和产出的比率，在同等投入的情况下，产出更多或更好的产品，导致资源的节省，即实现生产效率。分配效率是指在资源和技术给定的条件下，如何使用和分配这些资源对社会最有利，或实现社会总价值的最大化。动态效率是指由技术进步、发展或创新引起的成本节约或产品改进。生产效率与分配效率侧重于现有资源的重新整合，动态效率强调技术的动态发展，又可称为"创新效率"。反垄断立法目标中的经济效率直接借用经济学领域中的效率概念，其内涵与经济学领域中效率的内涵并无差异。

在市场经济条件下，效率主要通过竞争来实现，竞争是市场经济活力的来源。通过竞争，市场在资源配置中的决定性作用得到发挥，市场主体在优胜劣汰的竞争动力和压力双重作用下不断改善经营管理、提高技术水平、提高质量、改善服务，从而促进市场经济的

---

[1] OECD, "Background note by the secretariat, roundtable on bring competition into regulated industries", *Global Forum on Competition*, 2005, p. 2.

[2] 王俊豪：《论有效竞争》，载《中南财经大学学报》1995年第5期。

[3] See Frank H. Easterbrook, "The Limits of Antitrust", 63 Texas Law Review, 13, 1984.

[4] 王晓晔：《有效竞争——我国竞争政策和反垄断法的目标模式》，载《法学家》1998年第2期。

[5] 吴小丁：《现代竞争理论的发展与流派》，载《吉林大学社会科学学报》2001年第2期。

[6] [德] 乌尔里希·施瓦尔贝、丹尼尔·齐默尔：《卡特尔法与经济学》，顾一泉、刘旭译，法律出版社2014年版，第75页。

健康发展。因此，反垄断法通过对垄断行为的禁止，有助于保证公平竞争，从而促进和保障市场机制功能的充分有效发挥，提高经济效率。在具体的反垄断法执法和司法实践中，确定涉案行为是否有利于提高经济效率时，通常会从成本的降低、价格的下降、技术的进步、质量的提升、新产品的研发以及实现产品标准化等角度进行分析。

四、鼓励创新

2022年修改后《反垄断法》在第1条增加"鼓励创新"，将其作为立法目标之一，进一步丰富了我国《反垄断法》的立法目标体系。对于是否需要在《反垄断法》的立法目标中增加规定"鼓励创新"不无争议。有学者认为，《反垄断法》立法目标不宜过度分散，否则将淡化其主要目标。也有学者认为，经济学领域的经济效率已经包括动态效率，动态效率就是指由技术进步、发展或创新引起的成本节约或产品改进，在已经规定"提高经济效率"情况下，再规定"鼓励创新"有重复之嫌。赞成者则认为，增加"鼓励创新"的立法目标表明国家对支持创新的重视，具有重要的宣示意义。[1]

党的十九大根据发展阶段和社会主要矛盾的重大变化，经过充分论证，明确提出我国经济已由高速增长阶段转向高质量发展阶段。党的二十大报告中更是指出"高质量发展是全面建设社会主义现代化国家的首要任务"。高质量发展要有充满活力的竞争和充满动力的创新作为前提和基础。高质量发展离不开高水平创新，高水平创新离不开公平竞争。市场垄断和行政性垄断，都会扭曲竞争机制、破坏竞争秩序，损害创新。只有公平的竞争环境，才能繁荣创新；只有不断繁荣创新，才能提高竞争的层次和水平；只有提高竞争的层次和水平，才能进一步推动创新繁荣，从而持续推动经济高质量发展。有竞争而无增长，有增长而无创新，均非高质量发展。正是基于此，我国《反垄断法》在修改时，才在该法第1条增加了"鼓励创新"的表述。另外，创新是数字经济的主要特征之一。数字经济领域具有技术密集、技术更新迭代快等显著性的特点，修改后的《反垄断法》将"鼓励创新"作为一个独立目标予以规定，也是为了更好地适应数字经济的发展。[2]

五、维护消费者利益

反垄断法起源于19世纪中后期的美国，而消费者保护运动则直至20世纪60年代方大规模的兴起。因而在早期的反垄断法立法和实践中，消费者的利益在多元化的立法目标中并未凸显和独立。反垄断法上消费者的利益更多的是一种隐藏在竞争机制之后的一种"反射利益"，即通过竞争机制提高经济效率，经济效率的提高自然会带来成本的降低、质量的提高或商品服务的创新，进而间接上促进消费者利益的保护。随着反垄断法的演进与发展，现代反垄断法上消费者利益的保护已不再仅仅是一项反射利益，而是逐步成为独立的立法目标之一。

消费有生活消费和生产消费之分。广义上的消费者是指在市场中买卖或有偿使用物品或服务的个人或集体，既包括购买商品或服务用于使用的个人，也包括用于购买商品或服

---

[1] 例如，中国政法大学竞争法研究中心于2015年7月开始启动反垄断法修改的研究工作，并于2019年5月发布《〈中华人民共和国反垄断法〉专家修改建议稿》，明确建议在《反垄断法》第1条增加"鼓励创新"作为立法目标，并建议将该条文字修改为"为了预防和制止垄断行为，保护市场自由竞争与公平竞争，提高经济运行效率，鼓励创新，维护消费者利益和社会公共利益，促进社会主义市场经济健康发展，制定本法"。参见时建中主编：《〈中华人民共和国反垄断法〉专家修改建议稿及详细说明》，中国政法大学出版社2020年版，第1页、第3页相关内容。

[2] 时建中：《高质量法治建设保障高质量发展——学习党的二十大报告关于高质量发展与全面依法治国的体会》，载《政法论坛》2022年第6期。

务用于生产的商品生产者。狭义上消费者主要是指最终使用商品或服务的自然人，排除用于商业目的的商品买卖。欧盟竞争法对"消费者"采用了广义上的界定，例如欧盟委员会《关于适用欧共体条约和 81（3）条的指南》中规定："消费者是指依据买卖协议直接和间接商品使用者，包括将购买商品用于生产的生产者、批发商、零售商和最终消费者。例如自然人出于商业和专业以外的目的实施的购买行为。"[1] 我国《反垄断法》上并未对消费者的外延进行具体界定，对此学界也存在不同的理解。从我国反垄断法实践看，既有的行政处罚决定书或判决书中所指向的消费者多为终端消费者。事实上，作为购买商品或服务用于生产的"消费者"通常也可以通过提高商品或服务价格等方式将其受到的损害或损失转嫁给终端的消费者，而其自身利益并未受到实际损害。

《反垄断法》中的消费者利益与《中华人民共和国消费者权益保护法》（以下简称《消费者权益保护法》）的中消费者利益不同。《反垄断法》着眼于实现消费者的长远或整体利益，即通过市场在充分有效的竞争下为消费者提供低价格、高品质、多元化选择的商品或服务等。《消费者权益保护法》在于保证消费者的短期利益或个案利益，即消费者在具体案件中的安全保障权、知情权、公平交易权等。

六、维护社会公共利益

在我国许多法律中，都有关于"社会公共利益"的规定，甚至一样把维护社会公共利益作为立法目标之一规定在相关法律的第一条。例如，除《反垄断法》外，《中华人民共和国网络安全法》（以下简称《网络安全法》）、《招标投标法》《中华人民共和国政府采购法》《保险法》《证券法》《中华人民共和国期货和衍生品法》《中华人民共和国注册会计师法》（以下简称《注册会计师法》）、《中华人民共和国进出口商品检验法》《中华人民共和国密码法》《中华人民共和国英雄烈士保护法》。关于社会公共利益的界定，尚有许多不同认识，但可以从以下维度去揭示：在现实经济生活中，特别是在激烈的市场竞争中，个体的利益总是处于不同程度冲突之中，因此，公共利益不是凌驾于个体利益之上的，而是凝聚着所有不同个体的共同利益，与个体利益既不相同也不对立。因此，"公共利益"强调的是利益的公共性及其与私人利益的区别，而"社会公共利益"强调的利益主体并非具体个人或国家而是"社会"，因此，社会公共利益又不完全等同于国家利益。对于反垄断法的立法目标中是否应包括"维护社会公共利益"一直存在不同的认识。反对者认为，将社会公共利益目标纳入反垄断法之中超越了反垄断的初衷，即反垄断法仅对影响竞争的行为进行评估，而不应对非竞争因素进行考量，且社会公共利益具有多层次性、多样性和主观性的特点，外延宽泛而模糊，即使立法中规定社会公共利益，其内涵也具有不确定性。[2] 赞成者则认为，经济法是典型的社会本位法，反垄断法作为经济法体系的重要组成部分之一，将维护社会公共利益作为其立法目标之一并无不妥。在国际上，发展中国家的反垄断法更加关注社会公共利益。

虽然只有少数国家在反垄断立法中直接将社会公共利益作为立法目标之一，但是，各国在执法过程中都会考量诸如就业、国际竞争力、金融安全、财富分配等社会公共利益因素，特别是在经营者集中的反垄断审查案件中。欧盟《第 139/2004 号条例》第 21（4）条

---

[1] "CommissionNotice-Guidelines on the application of Article 81（3）of the EC Treaty", *Official Journal C* 101, 27/04/2004, p. 0097-0118.

[2] 张骏：《我国〈反垄断法〉的立法目的研究》，载《重庆工商大学学报（社会科学版）》2012 年第 5 期。

规定，允许欧盟成员国对属于欧盟管辖的案件，基于本国公共利益的考量采取适当的措施。该处的公共利益包括公共安全、媒体多元化及审慎原则，一般认为审慎原则主要是指金融行业监管。南非竞争执法机构也在多起经营者集中案件中考量社会公共利益，这些公共利益包括：促进就业、南非企业参与国际市场竞争的能力和机会、中小企业的利益等。[1] 我国《反垄断法》中有两处直接规定了社会公共利益的内容和范围：一是第 20 条第 1 款第 4 项规定"为实现节约能源、保护环境、救灾救助等社会公共利益的"，显然该处的公共利益包括环境保护、节约能源、救灾救助等内容；二是第 34 条规定了"经营者集中具有或者可能具有排除、限制竞争效果的，国务院反垄断执法机构应当作出禁止经营者集中的决定。但是，经营者能够证明该集中对竞争产生的有利影响明显大于不利影响，或者符合社会公共利益的，国务院反垄断执法机构可以作出对经营者集中不予禁止的决定。"尽管该条并未明确解释社会公共利益的范围，但从立法体系解释的角度看，该公共利益可以排除竞争机制、消费者利益、经济效率等竞争因素的内容，结合其他国家或地区的执法情况，该条所指社会公共利益主要是指我国企业国际竞争力、防范金融风险、保障金融安全、促进就业等非竞争因素的内容。但也可以看出，在反垄断执法的个案中考量社会公共利益因素，属于特殊而非一般情况，毕竟"竞争政策应当尽量避免为了追求社会福利目标而采取一些与市场竞争的本质相矛盾的做法，因为这些社会福利目标不是促进竞争而是破坏竞争，发展中国家和转轨国家应该牢记，竞争的最终目标必须与发展经济的竞争力、创新力以及经济发展密切相关。"[2]

七、促进社会主义市场经济健康发展

我国宪法第 15 条规定："国家实行社会主义市场经济。国家加强经济立法，完善宏观调控。国家依法禁止任何组织或者个人扰乱社会经济秩序。"因此，促进社会主义市场经济健康发展，是我国法律体系的共同使命。除《反垄断法》外，还有其他法律同样把"促进社会主义市场经济健康发展"作为立法目标规定在该法第 1 条，例如，《反不正当竞争法》第 1 条、《消费者权益保护法》第 1 条、《中华人民共和国外商投资法》第 1 条、《价格法》第 1 条。此外，还有一些法律第 1 条使用的表述是"促进社会主义市场经济的健康发展"，其与"促进社会主义市场经济健康发展"没有任何实质差别，例如，《中华人民共和国对外贸易法》（以下简称《对外贸易法》）第 1 条、《注册会计师法》第 1 条；还有一些法律第 1 条使用的表述是"促进社会主义市场经济的发展"，与前两种表述也没有实质差别，例如，《证券法》第 1 条、《中华人民共和国公司法》第 1 条、《中华人民共和国合伙企业法》第 1 条、《中华人民共和国商标法》第 1 条、《商业银行法》第 1 条、《中华人民共和国票据法》第 1 条。尽管《中华人民共和国企业国有资产法》第 1 条使用的表述是"促进社会主义市场经济发展"，但是，从立法目标的价值、功能等角度分析，与前三种表述同样没有实质差异。虽然促进社会主义市场经济健康发展是我国法律体系的共同使命，然而，不同法律实现这一使命的制度及其实施路径差异较大，可谓殊途同归。就《反垄断法》而言，"预防和制止垄断行为，保护市场公平竞争，鼓励创新，提高经济运行效率，维护消费者利益和社会公共利益"就是"促进社会主义市场经济健康发展"的前提、过程和具体表现。

---

[1] D Lewis, 2002, The role of public interest in merger evaluation, paper presented at the International Competition Network Merger Working Group, Naples, Italy, 28-29 September.

[2] [委内瑞拉] I·德利昂：《发展中国家和转轨国家竞争政策的制度分析》，载王晓晔、[日] 伊从宽主编：《竞争法与经济发展》，社会科学文献出版社 2003 年版，第 105 页。

回顾我国改革开放的历史进程，促进社会主义市场经济健康发展，不仅是我国法律体系的经济性目标，而且是我国法律体系的政治性目标。

总之，《反垄断法》第1条有关立法目标的规定，构建了以保护市场公平竞争为内核的多元多层有机统一的目标体系。反垄断法的立法目标分解为以"预防和制止垄断行为，保护市场公平竞争，鼓励创新，提高经济运行效率"为主要内容的经济性目标、以"维护消费者利益和社会公共利益"为主要内容的社会性目标和以"促进社会主义市场经济健康发展"为主要内容的政治性目标，可谓"三维一体"。事实上，其他国家或者地区的反垄断法治目标同样如此，对此，无须讳言。例如，《日本反垄断法》1947年颁布之后，截至2019年，先后修改了12次，但是，该法第1条仅在1953年作过一次修改，将原"不公正竞争方法"改为"不公平交易方法"。现该条规定："本法的目的，是通过禁止私人垄断、不正当交易限制以及不公平交易方法，防止经济权力过度集中，排除因结合、协议等方法形成的生产、销售、价格、技术等不正当限制以及其它对经营活动的不正当拘束，促进公平、自由的竞争，发挥企业的创造性，繁荣经营活动，提高就业水平和国民实际收入，保障广大消费者的利益且促进国民经济民主健康地发展。"[1] 显而易见，日本反垄断法第1条同样涵盖着经济性、社会性和政治性三类目标。

典型案件：李斌全因与湘品堂公司、珊珊公司、佳宜公司等垄断纠纷一案[2]

原告李斌全在乘坐高铁时，检票后进入长沙南站二层候车厅，发现湖南湘品堂工贸有限责任公司（以下简称湘品堂公司）、长沙凯源珊珊商贸连锁管理有限公司（以下简称珊珊公司）、湖南佳宜企业管理有限公司（以下简称佳宜公司）、北京泰和瑞通云商科技有限公司（以下简称泰和瑞通公司）、北京泰和瑞通云商科技有限公司长沙分公司（以下简称泰和瑞通长沙分公司）等五被告销售的555ml怡宝饮用纯净水的价格为每瓶3元。李斌全还发现长沙南站二层候车厅公共区域内只免费供应开水，没有免费供应凉水或温水。2018年9月1日，李斌全先后到湘品堂公司、珊珊公司、佳宜公司在距离长沙南站较近的住宅小区开设的超市，以每瓶2元购买了4瓶555ml怡宝饮用纯净水。李斌全认为，长沙南站二层候车厅是一个区域市场，湘品堂公司等五被诉经营者同时在该区域市场内经营饮用水，本应是具有竞争关系的经营者。但是，湘品堂公司等五被诉经营者在知晓区域市场内没有免费凉水或温水供应，在长沙南站二层候车厅销售饮用水的经营成本没有明显增加，湘品堂公司、珊珊公司、佳宜公司在长沙市场其他店铺所出售555ml怡宝饮用纯净水为每瓶2元的情形下，为了牟取暴利，利用垄断长沙南站二层候车厅区域饮用水消费市场的优势，相互串通抬高并固定555ml怡宝饮用纯净水价格至每瓶3元，该行为违反了2008年施行的《反垄断法》，属于以协同行为实施横向垄断协议。同时，在本案中，原告主张关于湘品堂公司等五被告将长沙南站二层候车厅所售555ml怡宝饮用纯净水价格确定为每瓶3元亦违反了价格法相关规定，损害了原告李斌全的消费者权益。

五被告抗辩：将555ml怡宝饮用纯净水定价为每瓶3元均是基于各经营者自身经营成本的考量，不存在任何意思联络和价格协同行为。在长沙南站销售商品，场地费远高于长沙市场的场地费用，而且长沙南站限制送货时间，致使配送的人力、运输成本相比市区至少高出50%。被告行为也不损害原告作为消费者的合法权益。

---

[1] https://www.jftc.go.jp/en/legislation_gls/AMA.pdf.

[2]（2021）最高法知民终1020号民事判决书。

一审法院湖南省长沙市中级人民法院认为，本案中李斌全并未提交任何证据证明，湘品堂公司等五被诉经营者就555ml怡宝饮用纯净水定价为每瓶3元进行过意思联络。现有证据不能证明湘品堂公司等五被诉经营者之间达成固定商品价格的垄断协议。故判决驳回原告李斌全全部诉讼请求。原告不服一审判决，向最高人民法院提起上诉。最高人民法院认为，李斌全提交的现有证据无法证明湘品堂公司等五被诉经营者实施了2008年施行的《反垄断法》禁止的协同行为，原审法院判决驳回李斌全的全部诉讼请求，并无不当。李斌全的上诉请求不能成立，应予驳回。

另外，在本案中，最高人民法院针对上诉人李斌全认为被上诉人将长沙南站二层候车厅所售555ml怡宝饮用纯净水价格确定为每瓶3元违反价格法相关规定，损害了其消费者权益的问题，作出如下评述：《消费者权益保护法》与2008年施行的《反垄断法》均系维护社会经济秩序，促进社会主义市场经济健康发展的重要法律，对于规范市场主体的经营行为，维护消费者利益和社会公共利益，促进高质量发展等发挥着重要作用。但是，《消费者权益保护法》和2008年施行的《反垄断法》的立法目的并不相同。消费者权益保护法作为保护市场交易中处于弱势地位的消费者的法律，立法目的主要在于对消费者提供特殊保护。2008年施行的《反垄断法》的立法目的主要在于维护市场竞争机制，有效配置资源，保护和促进竞争。2008年施行的《反垄断法》虽然不排除对消费者直接和具体的保护，但其目的侧重于维护统一、开放、竞争、有序的市场秩序，从而最终使消费者获得福利。可见，2008年施行的反垄断法对消费者的保护着眼于竞争行为是否损害了保障消费者福利的竞争机制，既不以某一行为是否为消费者满意作为判断标准，也不刻意保护某一具体消费者的利益。因此，如果个别消费者认为因经营者销售相关商品违反价格法等相关规定，损害了其消费者权益，原则上应当依据《消费者权益保护法》及时有效保护自己的权益。因此，本案中，李斌全认为湘品堂公司等五被诉经营者将长沙南站二层候车厅所售555ml怡宝饮用纯净水价格确定为每瓶3元违反价格法相关规定，损害了其作为普通消费者的合法权益，其应当依据《消费者权益保护法》主张权利。本案系垄断纠纷，湘品堂公司等五被诉经营者是否违反消费者权益保护法对于本案审理并无直接关联性，本院不再予以评述。

本案属于垄断纠纷，原告在主张被告行为违反《反垄断法》，构成反垄断法上的协同行为。但本案中，原告又同时在垄断纠纷案件中主张被告违反价格法等规定，损害其消费者合法权益。因此，最高人民法院在判决被告行为不构成垄断行为的同时，又对原告关于侵害其消费者权益的主张予以分析，指出《反垄断法》和《消费者权益保护法》虽然都对消费者权益予以保护，但两法关于消费者权益保护的机制和途径并不相同。《反垄断法》对消费者的保护着眼于竞争行为是否损害了保障消费者福利的竞争机制，既不以某一行为是否为消费者所满意作为判断标准，也不刻意保护某一具体消费者的利益。《消费者权益保护法》则对具体消费者的利益予以保护。消费者认为因经营者销售相关商品违反价格法等相关规定，损害其消费者权益的，原则上应当依据消费者权益保护法等其他法律保护自己的权益。如消费者依据《反垄断法》提起诉讼，法院仅会对被诉行为是否构成《反垄断法》上的垄断行为予以评判。

[本章参考文献]

（一）著作

1. 兰磊：《论反垄断法多元价值的平衡》，法律出版社2017年版。
2. ［美］罗伯特·H·兰德：《消费者选择——反托拉斯的终极目标》，徐伟敏译，载梁彗星主编：《民商法论丛（第 28 卷）》，法律出版社 2003 年版。

3. 焦海涛：《反垄断法上的社会政策目标》，中国政法大学出版社 2019 年版。

（二）论文

4. 焦海涛：《反垄断法上的竞争损害与消费者利益标准》，载《南大法学》2022 年第 2 期。

5. 张长树：《公平交易法立法体例及目的之研究》，载《公平交易季刊》1993 年第 4 期。

6. 蒋悟真：《反垄断法中的公共利益及其实现》，载《中外法学》2010 年第 4 期。

7. 土田和博、陈丹舟、王威驰：《关于"竞争法保护的是竞争而非竞争者"之格言》，载《竞争政策研究》2018 年第 1 期。

8. 李国海：《经济民主：反垄断法的宪政价值》，载《经济法论丛》2011 年第 1 期。

9. 谢长江：《初论非经济效率因素作为竞争法之目的：从秩序自由主义新布兰迪斯学派的发展谈起》，载《公平交易季刊》第 29 卷第 3 期。

10. Robert H. Bork, *The Antitrust Paradox: A Policy at War With Itself*, The Free Press, 1993.

11. D Lewis, 2002, The role of public interest in merger evaluation, paper presented at the International Competition Network Merger Working Group, Naples, Italy, 28-29 September.

12. OECD, Competition, Patents and Innovation, 2006.

13. Einer Elhauge & Damien Geradin, *Global competition Law and Economics (Second Edition)*, Hart Publishing, 2011.

第五章 反垄断法的适用范围

第一节 适用主体

法律的适用范围也就是法律的效力范围,是指法律的时间效力范围、空间效力范围和对象效力范围。[1] 对象效力范围是指一部法律应当适用于哪些主体。不同的部门法往往基于各自的调整任务和调整对象,对本部门法中的法律关系主体予以特殊规定,以解决本部门法中的特有问题。具体到反垄断法领域,各国关于主体的称谓和规定并不相同,明显体现出本国的立法传统与特点。

一、代表性国家或地区反垄断法的规定

(一) 美国

美国反托拉斯法将主体规定为"任何人(every person)"。《谢尔曼法》第8条规定,本法提到的"人",包括依据美国联邦法律、州法、准州法或外国法律成立的,经上述法律授权的现存公司及联合会。《克莱顿法》第1条规定,这里的"人"包括依据美国联邦法律、州法、准州法或外国法成立的或经上述法律授权的现存公司。尽管上述规定,均强调"人"这一主体包括公司或联合会,但并未排除公司或联合会之外的其他主体。有学者认为,之所以立法中作出这一强调,是避免将"人"理解为仅是自然人,故而强调包括公司或联合会。[2] 也就是说,美国反垄断法并未对主体范围作出任何限定,其具体范围主要是通过判例法予以明确。在美国法院的一些判例中,涉及反垄断法主体的范围非常广泛,包括自然人、法人、公司、联合体、任何形式的商业实体,以及州和地方政府部门。[3]

(二) 欧盟

欧盟竞争法将主体规定为"Undertaking"。国内对欧盟竞争法上的"Undertaking"一词如何进行翻译并无统一看法。有的学者将其译为"经营者",也有的学者将其译为"企业",本书采用"经营者"这一翻译。欧盟竞争法上并未对经营者的内涵进行具体界定。欧洲法院在判例中曾对经营者的内涵进行解释,认为经营者是由人、有形或无形要素组成的单一组织,是一个自主的法律实体,并追求既定的长远经济目标。[4] 结合欧盟判例法上的一系列阐释,学理上至少可将欧盟竞争法中的"经营者"概念作如下理解:其一,欧盟竞争法中经营者的外延非常广泛,包括自然人、法人、合伙、协会等,甚至政府机构从事特定经济活动的情况下也可被视为"经营者"。换句话说,通过使用"Undertaking"这一概念,极大地拓展了欧盟竞争法的主体适用范围;其二,"Undertaking"是欧盟竞争法语境下

---

[1] 张文显主编:《法理学》,法律出版社2007年版,第145页。
[2] 许光耀:《欧共体竞争法通论》,武汉大学出版社2006年版,第71页。
[3] 高菲:《论美国反托拉斯法及其域外适用》,中山大学出版社1993年版,第25页。
[4] 许光耀:《欧共体竞争法通论》,武汉大学出版社2006年版,第70~71页。

特有的概念。这一特殊概念的使用也反映出竞争法对法律关系主体的描述与民商法（例如公司法等）不同。民商法对主体的描述侧重于揭示其独立的人格、权利能力和责任能力等。在欧盟竞争法中，"经营者"的概念则侧重于从功能和事实层面揭示其是否构成一个稳定的从事经济活动的实体。例如，在欧盟 1974 年 Centrafarm 案中，[1] 法院认为，《欧盟运行条约》第 101 条（当时为《罗马条约》第 85 条）不适用于母子公司之间的安排，这些母子公司构成"单一经济体"（a single economic entity）。在该案中，法院认为母公司可以对子公司施加控制性影响，子公司对于自己的市场行为并没有真正决策的自由，母子公司之间也不可能存在实质上的竞争。母公司与子公司之间在相关市场上的共同安排行为，实质上是一个企业内部之间进行的任务分配。随着欧盟竞争法实施中类似案件的积累，"单一经济体"的基本内涵逐步明晰，即各自具有独立法律人格的公司、自然人或其他市场主体，基于某种法律或事实方面的因素，可在竞争法适用中将其视为是一个单一的经济实体。[2] 可见，作为一个法律概念，欧盟竞争法上的经营者有着区别于其他法律的特殊之处。

（三）我国台湾地区

我国台湾地区"公平交易法"将适用对象规定为"事业"。"公平交易法"第 2 条规定，"事业"包括公司、独资或合伙之工商行号、同业公会、其他提供商品或服务从事交易之人或团体。就公司而言，包括依据公司法成立的营利性社团法人。对于经许可在我国台湾地区内营业的外国公司也属于公司的范畴。对于依据特别法成立的公司也归入公司的范畴。例如，依据金融控股公司法成立的金融控股公司。独资或合伙之工商行号则是指以营利为目的，以独资或合伙方式经营，依据商业登记法或其他法令，经主管登记机关登记之行号。对于同业公会则采取广义之说，既包括依据工业团体法、商业团体法成立的工商团体，也包括各种经济性职业团体，如农会、律师公会、会计师公会及建筑师公会等。"其他提供商品或服务从事交易之团体"则属于兜底条款，包括未经依法成立的团体、具备公营色彩的财团法人、政党和政府机关等提供商品或服务的主体。[3] 需要特别指出的是，对于行政机关从事非公权力的私经济行为，例如行政机关的采购行为，并不排除我国台湾地区"公平交易法"的适用。可见，我国台湾地区对于公平交易法的适用主体，强调的是主体的独立性，以及经常性从事经济交易活动的人与团体，而并不关注其类型或组织形式。

二、我国反垄断法的规定

与其他国家或地区的规定或判例不同，我国《反垄断法》关于主体的规定，既承继了其他经济法立法中关于主体的通常规定，又体现出了反垄断立法的特殊性。《反垄断法》中不仅规定了经营者、行业协会，而且规定了行政机关和法律法规授权的具有管理公共事务职能的组织等主体。

（一）经营者

《反垄断法》第 15 条第 1 款规定，本法所称经营者，是指从事商品生产、经营或者提供服务的自然人、法人和非法人组织。该规定主要是从主体的范围和行为标准两个角度对经营者的概念进行阐释。

1. 主体范围。经营者的范围包括自然人、法人和非法人组织。作为经营者的自然人，包括我国公民、外国公民和无国籍人。关于法人，《中华人民共和国民法典》（以下简称

---

[1] Case 15/74, Centrafarm BV and Adriaan De Peijper v. Sterling Drug Inc. [1974] ECR 1147.
[2] 刘武朝：《欧盟竞争法中的单一主体规则及借鉴》，载《比较法研究》2014 年第 4 期。
[3] 赖源河编审：《公平交易法新论》，中国政法大学出版社 2002 年版，第 87 页。

《民法典》）将法人分为营利法人、非营利法人、特别法人三类。营利法人以取得利润并分配给股东等出资人为目的而成立。非营利法人为公益目的或者其他非营利目的成立，不向出资人、设立人或者会员分配所取得利润。特别法人有机关法人、农村集体经济组织法人、城镇农村的合作经济组织法人，还有基层群众性自治组织法人。关于"非法人组织"是指不具有法人资格，但是能够依法以自己的名义从事民事活动的组织，包括个人独资企业、合伙企业、不具有法人资格的专业服务机构等。

2. 行为标准。自然人、法人、非法人组织并不当然成为经营者，例如，自然人参与一项经济活动如购买商品以满足自己的生活需要时，是消费者而不是经营者。因此，判断一个主体是否成为经营者是从它的行为表现来看的，即是否从事商品生产、经营或者提供服务。通常，从事垄断行为的经营者是从事营利活动的主体，但现实中经常出现非营利性组织或个人从事垄断行为的情况，典型的主体如学校、医院、政府机关等，对于该类主体亦不应不排除反垄断法的适用，不能将"从事商品生产、经营或提供服务"简单理解为"以营利为目标"的主体，而应看其是否从事了经营活动，即在特定条件下是否获得了某种利益。例如，政府机关这一主体在职能上具有双重性，有时候行使公权职能，有时候从事经济活动。政府机关如果以私主体身份从事经济活动时，也应纳入经营者的范畴，而不能单纯按照其惯常属性进行界定。对此，需要在个案中根据其实施的具体行为进行判断，只要在个案中从事经济活动即可认定为"经营者"。对于何谓"经济活动"可从两个方面予以判断：一是在个案中其是否提供商品或服务活动；二是该活动是否可能使其获得某种经济上的利益。

3. 独立性标准。如上文所述，欧盟竞争法形成了"单一经济体"的概念，用于强调反垄断法上的主体不同于传统民商法关于主体的规定，即反垄断法上的主体不仅指他们在法律上具有独立人格，更重要的是指他们具有独立的商业决策能力。我国《反垄断法》中虽未明确规定"单一经济体"的概念，但相关规定中亦体现出类似规则。例如在"经营者集中"的相关规定中，《反垄断法》第 27 条规定："经营者集中有下列情形之一的，可以不向国务院反垄断执法机构申报：（一）参与集中的一个经营者拥有其他每个经营者百分之五十以上有表决权的股份或者资产的；（二）参与集中的每个经营者百分之五十以上有表决权的股份或资产被同一个未参与集中的经营者拥有的。"这一规定的基本含义是，如果参与集中的经营者各自不具有独立的决策能力，则该集中就可以被认定为企业的内部行为从而豁免申报。也即只有在法律上和经济上同时独立的经营者实施集中时，相关企业才具有申报义务。国家发展和改革委员会曾经在 2016 年公布的《国务院反垄断委员会关于认定经营者垄断行为违法所得和确定罚款的指南（征求意见稿）》（以下简称《罚款指南（征求意见稿）》）第 19 条规定，一般情况下，反垄断执法机构以直接实施垄断行为的经营者作为行政处罚对象。如果该经营者的母公司对其实施垄断行为具有决定性的影响力，可以以母公司为处罚对象。判断母公司是否对子公司实施垄断行为具有决定性的影响力，主要考虑前者对后者经营活动的控制力，考量因素包括股比构成、董事会构成、公司架构、经营管理制度、议事规则以及能够证明实际支配力的投资关系、协议或者其他安排。仅从这一规定来看，母公司可能因对子公司的经营活动有控制力或决定性影响因而共同构成单一经济实体。[1]

---

[1]《罚款指南（征求意见稿）》并未正式颁布。

(二) 行业协会

行业协会是指由同行业或者相关行业的经营者组成，行使行业服务和自律管理职能的各种协会、学会、商会、联合会、促进会等社会团体法人。"同业"可以包括国民经济行业分类中所规定的同性质的生产或经营，或者生产、销售、提供相同或者相近商品或者服务等。行业协会一般有以下特点：一是非营利性，即不同于企业经营者；二是中介性，行业协会往往承担着政府与企业之间的桥梁作用，促使企业与政府之间形成良性的互动与合作关系；三是自愿性，大部分行业协会采用会员制，会员可以自愿加入协会，同时也有退会的权利；四是自治性，行业协会一般均制定章程或类似文件，作为协会自治的基本准则。我国《反垄断法》对行业协会采用广义的概念，不仅包括在名称上冠以"行业协会"的组织，也包括虽然名称上不冠以"行业协会"但实际起到行业协会作用的"学会""商会""同业公会""联合会""促进会""联盟"等非营利性社团法人。对于行业协会的认定不应当局限于注册登记，只要是同业竞争者为业务合作而开展排除限制竞争行为的，均有可能被纳入行业协会的认定范畴。

行业协会一方面可以在市场竞争中发挥积极的作用，通过加强行业自律，引导本行业经营者依法开展竞争；另一方面，行业协会也可能会为了本行业经营者利润最大化，以决议或其他方式消除成员之间甚至市场上的竞争，因而成为反垄断法规制的对象。我国《反垄断法》第 14 条从正面规定，行业协会应当加强行业自律，引导本行业的经营者依法竞争，合规经营，维护市场竞争秩序。《反垄断法》第 21 条从反面规定，行业协会不得组织本行业的经营者从事本章（第二章垄断协议）禁止的垄断行为。

(三) 行政机关和法律、法规授权的具有管理公共事务职能的组织

改革开放以来，在我国市场经济发展过程中，一直存在两种排除限制竞争的行为：一是来自市场自身，由市场主体实施的排除限制竞争的行为；二是来自行政机关或具有管理公共事务职能的组织，滥用行政权力而人为的对市场进行不当地干预。学术界通常将前一种行为称为"市场垄断"或"经济垄断"，将后一种行为称为"行政性垄断"。

《反垄断法》第 10 条规定，行政机关和法律、法规授权的具有管理公共事务职能的组织不得滥用行政权力，排除、限制竞争。《反垄断法》第五章对具体的行政性垄断予以列举规定。从事行政性垄断的行政机关包括各级地方政府及其所属部门、国务院各部委，但不包括作为中央人民政府的国务院。法律、法规授权的具有管理公共事务职能的组织是指本身不是行政机关，但因法律、行政法规和地方性法规的授权而行使行政管理职能的组织。需要指出的是，如果行政机关和法律、法规授权的具有管理公共事务职能的组织以经营者身份从事经济活动，则应将其纳入"经营者"的范畴。

目前，《反垄断法》与《中华人民共和国行政诉讼法》（以下简称《行政诉讼法》）在授权组织方面的规定不一致，《反垄断法》的表述为"法律、法规授权的组织"，《行政诉讼法》的表述为"法律、法规、规章授权的组织"。有学者认为，《反垄断法》与《行政诉讼法》的规定应当一致：一是将授权组织的范围扩大至规章授权是《行政诉讼法》在 2014 年修法中的新增规定，体现了我国的最新立法动向；二是现代行政法下我国的行政主体走向多元化，实践中普遍存在规章授权的现象。相应地，《反垄断法》也应作相同规定。

拓展阅读：平台经济领域的经营者[1]

近年来，平台经济方兴未艾。互联网平台作为平台经济的主要载体，是通过网络信息技术，使相互依赖的双边或者多边主体在特定载体提供的规则下交互，以此共同创造价值的商业组织形态。

平台经济领域的经营者，包括平台经营者、平台内经营者以及其他参与平台经济的经营者。平台经营者，是指向自然人、法人及其他市场主体提供经营场所、交易撮合、信息交流等互联网平台服务的经营者。平台内经营者，是指在互联网平台内提供商品或者服务（以下统称商品）的经营者。尤其需要注意的是，平台经营者在运营平台的同时，也可能直接通过平台提供商品。

平台经营者即平台企业，是经营平台的主体，也是平台经济的关键驱动力量和主要竞争主体。不同于传统企业侧重于价格、产量方面的竞争，平台企业更加重视数据、质量、算法、创新、注意力、跨界等方面的竞争，且通常以实现和巩固多边架构、规模效应、范围经济、网络效应、平台生态为导向，并呈现出投资活跃、产融结合、并购频繁、创新密集、动态循环、赢者通吃等特点。

事实上，集团化、生态化、整合化经营是我国平台经济经营者的重要特点。也就是说，现实中的平台经营者并不局限在单一业务领域，而是围绕核心平台业务，叠加汇聚众多子平台业务。比如，以社交作为核心平台业务，在此基础上衍生出支付、购物、出行、短视频娱乐等业务，最终形成融汇业务、数据、流量、技术、资本、规则等于一体的闭环生态。在这样的生态体系中，平台经营者一方面掌控着具有"关键通道"甚至"瓶颈设施"属性的核心平台业务，制定平台运营的管理规范和业务规则，另一方面又在衍生领域与其关联子平台内的其他经营者展开竞争。这样的商业模式和经营特点，意味着大型互联网平台兼具"经营者"和"管理者"的双重角色，既充当"运动员"，也担任"裁判员"。

鉴于上述双重角色，平台经营者特别是具有市场支配地位或处于"守门人"地位的超大型平台经营者，往往具有很强的动机和能力来实施自我优待行为或歧视性待遇行为，包括但不限于下列情形：①对自家产品、服务、应用、内容、外链等予以自我优待，而对竞争对手的产品、服务、应用、内容、外链等施加歧视性待遇，即采取屏蔽内容、不予直链、关闭接口、阻塞通道、产品不兼容等封禁或阻碍措施；②诱导或胁迫商户接受独家入驻义务，即所谓的平台"二选一"，以获得折扣、优惠、流量等资源优待，否则遭到屏蔽店铺、商品下架、搜索降权、流量限制、技术障碍、扣取保证金、提高服务费、缩小配送范围等不利待遇；③强制性搭便车的行为，即擅自挪用平台上第三方卖家的经营数据，校准其零售业务和战略性商业决策，比如复制及"跟卖"其热销品类，推出类似自营产品，并操纵搜索结果以偏袒自家产品，从而损害其他第三方卖家的利益；④区分自己的顾客和竞争对手的实际或潜在顾客，通定向精准补贴向后者提供更优惠的价格乃至掠夺性的价格，意图抢占竞争对手的顾客并侵蚀其用户规模和网络效应，使其经营变得不经济甚至被迫退出市场；⑤基于大数据和算法，分析、预测消费者的消费偏好、使用习惯、支付意愿等特征，并对其采取差异性的交易价格或其他条件，即所谓的"大数据杀熟"或个性化定价。

---

[1] 相关观点及论述可参见时建中、马栋：《双重身份视角下平台自治与反垄断监管的界限》，载《竞争政策研究》2020年第4期；吴汉洪、刘雅甜：《平台经济与反垄断政策》，载《产业经济（人大复印）》2019年第3期；OECD（2020），Abuse of Dominance in Digital Markets：Background Note.

典型案件：广东粤超体育发展股份有限公司与广东省足球协会、广州珠超联赛体育经营管理有限公司垄断纠纷案[1]

广州珠超联赛体育经营管理有限公司（以下简称珠超公司）成立于2009年5月11日，广东粤超体育发展股份有限公司（以下简称粤超公司）成立于2011年3月17日，经营范围均包括对体育竞赛的组织经营活动。广东省足协实行会员制，珠超公司、粤超公司均不是广东省足协的会员。2009年7月8日，广东省足协（甲方）与珠超公司（乙方）签订《新广东省室内五人制足球联赛协议书》（以下简称《协议书》），约定：广东省足协批准珠超公司独家在广东省境内投资、组织、管理、运营和举办广东省室内五人制足球联赛，制定有关的规章、规则、标准和制度，决定参赛球队的数量和加盟球队的资格。广东省足协向珠超公司提供诸如争取有关政府机构和主管部门对联赛的支持和批准等与举办联赛相关的协助服务，珠超公司支付相应劳务费用每年10万元。2012年6月，粤超公司向广州市中级人民法院提起诉讼称，《协议书》具有排除、限制竞争的效果，是限制同行业之间竞争的排他性协议，违反了《反垄断法》的规定。广州市中级人民法院以（2012）穗中法民三初字第400号民事判决驳回粤超公司的全部诉讼请求。

粤超公司对一审判决不服，向广东省高级人民法院提起上诉，请求撤销一审判决。另主张：广东省足协案涉协议书违反修订前《反垄断法》第16条"行业协会不得组织本行业的经营者从事本章禁止的垄断行为"的禁止性规定。广东省高级人民法院作出（2015）粤高法民三终字第242号民事判决书，驳回粤超公司上诉，维持原判。

粤超公司不服原判决，向最高院申请再审称：广东省足协签订案涉协议书具有三重身份，既是法律法规授权的具有管理公共事务职能的组织，又是市场经营者，还是社会团体。案涉协议书因违反了反垄断法的相关规定无效：一是广东省足协作为代表广东省体育局行使足球管理职能的机关，限定交易相对人只能与其指定的珠超公司进行交易，滥用了其行政管理权构成行政垄断行为；二是广东省足协作为市场经营者，实施限定交易，构成滥用市场支配地位行为……。

最高人民法院确认广东省足协为"非营利性社团法人"，作为"非营利性社团法人"的广东省足协可以从事一定的经营活动，故广东省足协也是市场经营者；广东省足协是具有一部分与足球运动、足球竞赛有关的管理公共事务职能的组织。广东省足协虽是修订前《反垄断法》第32条（行政垄断行为）的规制对象，但在该案中广东省足协在《协议书》中所涉及的职能并不是行政性质的，故最高人民法院排除了此案中原告关于广东省足协行政垄断的主张。最高人民法院对广东省足协作为市场经营者是否滥用市场支配地位问题进行了分析，认为广东省足协在"室内五人制足球"联赛的组织（商业化运营）市场中具有支配地位。虽然广东省足协2009年与"珠超公司"签署了独家授权协议，但并未限制其他经营者只能与广东省足协或"珠超公司"进行交易，也未限定球队参赛的选择权利。故不构成《反垄断法》规定的限制交易行为。

本案系一宗发生在体育领域的民事垄断纠纷案，被称为"体育垄断第一案"。该案的焦点问题之一是广东省足协在体育领域协会的地位。最高人民法院对体育协会做了三重身份的认定，即"非营利性社团法人"、市场经营者、具有管理公共事务职能的组织。最高人民法院关于"非营利性社团法人"（即行业协会）的认定主要依据国务院《社会团体登记管理条例》和体育协会章程中明确了自己"非营利性社团法人"的性质。对于今后各体育协

---

[1]（2015）民申字第2313号民事裁定书。

会的性质认定具有重要的标杆性意义。最高人民法院认为体育协会作为"非营利性社团法人"可以从事一定的经营活动。从这个角度来看，体育协会又构成反垄断法上的"经营者"。最高人民法院也认为，体育协会可能是具有管理公共事务职能的组织。这意味着体育协会又满足实施行政垄断行为的主体要求，是属于《反垄断法》行政垄断的规制对象。这对于进一步规范体育协会行使公共事务管理职能具有重要的意义。

第二节 适用空间

任何法律都是在一定地域范围内有效，即法的空间效力。通常一国的法律只在其本国领域内具有约束力，即法的域内效力。当一国的法律超出其本国领域之外发生约束力时，即产生域外效力问题。

一、域内效力范围

《反垄断法》第2条规定，中华人民共和国境内经济活动中的垄断行为，适用本法。在我国，由于历史的原因存在香港、澳门和台湾三个特殊的地区，因而上述三个地区不适用本法。

同时，依据该条规定，"经济活动中的垄断行为"适用本法。经济活动通常表现为从事或参与商品生产、经营或提供经营性服务。对于《反垄断法》第五章规定的滥用行政权力排除、限制竞争行为，尽管本身并非经济活动或者与经济活动直接相关，但通常会直接或间接影响经营者的经济活动，故仍适用《反垄断法》。

二、域外效力范围

反垄断法的域外效力范围是指一国的反垄断法对不在本国领域范围内发生的限制竞争行为行使管辖权，适用本国反垄断法以排除限制竞争的行为来保护市场经济自由秩序。[1]

（一）域外效力的理论依据

国际法上承认的管辖权原则主要包括属地主义原则、属人主义原则、保护性主义原则。属地主义原则是指依照国家主权原则，一国法律可以对在本国领土范围内的任何行为主张管辖权而不管行为人的国籍如何。属人主义原则是指本国法律对具有本国国籍的人或法律拟制的人无论其处于境内或境外均具有约束力。保护性主义原则是指无论行为人是本国人还是外国人，也不论其行为发生在何地，只要这些人的行为损害了本国的国家安全或重大利益，即可从保护本国利益的角度出发对其适用本国法律。上述国际法上关于管辖权的三个原则中，保护性主义原则为反垄断法域外效力中具有特色的"效果原则"的产生和发展提供了理论依据。

（二）效果原则的产生和发展

1. 效果原则的产生。反垄断法领域中的效果原则确立于美国法院1945年审理的"美国诉美国铝公司"一案。[2] 该案中，美国铝公司在加拿大的子公司（加拿大铝业公司）与法国、瑞士、英国等铝生产商在美国境外达成了一个国际卡特尔协议，分配铝的生产限额，限制向美国出口铝的数量，被指控影响了美国的对外贸易，违反了《谢尔曼法》。法庭发现，从1934年到1938年，上述卡特尔协议控制了美国国内铝进口的90%份额，案涉公司均为外国公司，且共谋行为也在美国境外达成。美国第二巡回上诉法庭汉德法官认为，《谢

---

[1] 王晓晔：《反垄断法》，法律出版社2011年版，第383页。

[2] United States v. Aluminum Co. of America et al., 148F. 2d 416, 444 (2d Cir. 1945).

尔曼法》对于那些发生在境外却意图影响并且确实影响了美国国内市场的行为具有管辖权。该案确立了反垄断法域外效力的"效果原则"。依据"效果原则",发生在美国境外但只要对美国市场产生限制竞争影响效果的行为,无论行为人国籍如何,也不论行为发生在何地,美国反托拉斯法对其享有管辖权。效果原则强调行为的效果而不论行为人和行为地,是对国际法中传统的属地原则和属人原则的重大突破。[1]

2. 效果原则的限制。效果原则确立之后,美国凭借其经济实力广泛在域外适用其反托拉斯法追究其他国家外国企业的法律责任。美国的这种做法遭到了其他国家的强烈批评和反对。一些国家开始运用法律手段阻止美国执法机构的调查,拒绝提供涉案资料和文件,阻碍有关判例的执行。为了缓和反托拉斯法的域外适用引起的冲突,美国开始对效果原则的适用进行适当限制。

在1976年Timberlane Iaunber案中,美国第九巡回法院在判决中指出,不考虑另一国合法利益的效果原则是不完善的,并认为美国法院在反托拉斯案件中行使域外管辖权时,应满足三个条件:①被告的行为是否影响了或者是否企图影响美国的对外贸易;②被告的行为或行为结果的严重程度是否达到了属于《谢尔曼法》管辖的范围;③美国的利益以及与美国的联系(包括对美国对外贸易的影响程度),相对于他国来说是否足够重要,从而表明美国的域外管辖是否正当合理。[2] 该案确立了"合理管辖原则",其本质上是对"效果原则"的限制。

在随后美国相关反托拉斯法的修订中,"效果原则"又被进一步限制和细化。《谢尔曼法》第7条明确了本法适用的前提条件是被告的行为对美国国内贸易、美国进口贸易、美国出口活动有着"直接、实质和可合理预期的影响"。美国1995年4月修订后的《反托拉斯法国际适用指南》第3.14条进一步对此作出明确规定:"第三国企业间的合并如果对美国国内以及美国出口贸易或美国企业的出口机会产生直接、重大和可合理预见的影响,则根据《克莱顿法》第7条决定是否批准合并。"[3] 一方面,如今的反垄断法域外适用已演变为"效果原则基础上的合理管辖原则",只有限制竞争行为对本国的市场竞争产生"直接、重大和可预期的影响"时,才有必要采取反垄断法的域外适用。另一方面,国际礼让原则也对"效果原则"的适用起到一定的限制作用。所谓国际礼让原则是指为了尊重外国的国家主权和司法主权,一个国家的司法机关不能对另一主权国家的政府行使管辖权。依据国际礼让原则,美国反托拉斯法在域外适用时,应当考虑到他国的利益,特别是当涉案的限制竞争行为是一国的主权行为或国家采取的措施时,美国反托拉斯法不能予以适用。例如,1979年美国第九巡回法院法官乔伊在关于国际石油卡特尔(OPEC)的判决中指出:"虽然国内法将限制贸易的共谋行为视为非法行为,国际上还没有就谴责卡特尔、利润分配协议以及生产数量协议达成一致意见。美国和其他国家一样,承认对自然资源享有的国家最高主权原则。因为OPEC国家不同意将它们的行为视为违法行为,我们也不想在一个没有国际协议的领域进行司法干预。"[4]

3. 效果原则的借鉴。随着"效果原则"的日益完善,各国或地区纷纷借鉴该原则,在

---

[1] 仲春:《论我国〈反垄断法〉域外适用制度》,载《政法论丛》2009年第3期。

[2] 王晓晔:《效果原则——美国反垄断法的域外适用》,载《国际贸易》2002年第1期。

[3] U. S. Department of Justice and Federal Trade Commission, Antitrust Enforcement Guidelines for International Operations, § 3.14 (April 1995).

[4] Joseph p. Griffin, "Foreign Governmental Reactions to U. S. Assertions of Extraterritorial Jurisdiction", *E. C. L. R.* 2/ 1998, pp. 65-66.

竞争法引入域外管辖权。[1] 在欧盟，反垄断法的域外适用原则经历了"单一经济体原则""履行地原则""效果原则"的发展过程。在1972年染料案（Dyestuffs）中，欧盟法院采用"单一经济体原则"来解决欧盟竞争法域外适用的问题。[2] 在1985年的造纸材料案（Woodpulp）中，欧盟法院将"单一经济体原则"扩展到"履行地原则"。[3] 依据履行地原则，虽然限制竞争协议等垄断行为的决策地点或签署地在共同体外，但只要其在共同体内履行，无论该企业直接履行还是通过其他企业来履行，欧盟竞争法均可以视为管辖依据。在1999年在Gencor v. Commission一案，欧盟法院正式肯定了效果原则的适用。[4]

我国《反垄断法》也对效果原则予以借鉴，该法第2条规定："……中华人民共和国境外的垄断行为，对境内市场竞争产生排除、限制影响的，适用本法"。该规定可以使我国《反垄断法》与其他采取同样原则的多数国家的反垄断法对等适用，使我国可以在跨国竞争活动中主动采取法律行动，维护国家经济安全和经营者的正当权益，同时也有利于在平等协商的基础上与其他国家竞争执法机构解决双方经贸活动中出现的问题。[5] 反垄断法的域外适用的"效果原则"要以被管辖的案件与主张管辖的国家存在"直接、重大和可合理预见的效果"为条件，已成为各国反垄断法域外适用的一个基本原则。例如，国际竞争网络（ICN）2002年9月发布的《合并申报程序的推荐意见》也提出：主张管辖权的国家应与被审查的企业并购有恰当的地域联系，一国不应要求跨国并购对之进行申报，除非该交易对该国有着重大、直接且可预期的经济影响。[6] 目前，我国《反垄断法》第2条虽仅规定，对境内市场竞争产生排除、限制竞争影响的，适用本法。但在涉及反垄断域外适用的案件时，亦应当考虑案件是否对国内市场竞争或者我国企业的进出口有着"重大、直接和可以合理预期"的影响。

（三）域外适用的领域

涉及反垄断法域外适用的案例多发生在垄断协议领域。国际卡特尔一般表现为参与国际经济活动的跨国公司订立以固定价格、限制生产数量、划分地域或者销售渠道为内容的横向垄断协议。我国《反垄断法》实施以来，反垄断执法机构已处理过多起国际价格卡特

---

[1] 1990年-2020年竞争法中引入域外管辖权的发展中国家（以时间为序）：巴西（1994年）、哥斯达黎加（1994年）、土耳其（1994年）、阿尔巴尼亚（1995年）、津巴布韦（1996年）、南非（1998年）、阿根廷（1999年）、印度（2002年）、乌克兰（2002年）、巴布亚新几内亚（2003年）、坦桑尼亚联合共和国（2004年）、埃及（2005年）、沙特阿拉伯（2005年）、尼加拉瓜（2006年）、洪都拉斯（2006年）、斯威士兰（2008年）、纳米比亚（2008年）、中国（2008年）、秘鲁（2008年）、博茨瓦纳（2009年）、哥伦比亚（2009年）、俄罗斯联邦（2009年）、塞尔维亚（2009年）、赞比亚（2010年）、巴基斯坦（2010年）、肯尼亚（2011年）、智利（2013年）、墨西哥（2013年）、白俄罗斯（2014年）、菲律宾（2015年）、马来西亚（2016年）、多米尼加共和国（2017年）、尼日利亚（2019年）、越南（2019年）。See UNCTAD: Developing Countries Experience with Extraterritoriality in competition Law, at https: //unctad. org/system/files/official-document/ditccplp2021d3_ en. pdf.

[2] 在该案中，ICI等三家在欧洲共同体外的燃料制剂公司，通过其在共同体内的分支机构执行价格协议，欧盟委员依据单一经济体原则对三家共同体外母公司及其共同体内分支机构均处以罚款，欧盟法院对欧委会的处罚依据及处罚决定予以了支持。

[3] [英]马赫·M. 达芭：《反垄断政策国际化研究》，肖兴志、丁宁等译，东北财经大学出版社2008年版，第146~147页。

[4] 在该案中，欧盟委员会依效果原则行使管辖权并禁止南非的两家企业合并，欧盟法院对欧委会的管辖依据予以明确支持，指出"当一个拟议中的经营者集中对欧共体内有立即且实质性的影响时，欧盟行使反垄断管辖权受国际公法支持"。

[5] 王先林：《论我国反垄断立法中的域外适用制度》，载《法学杂志》2006年第1期。

[6] ICN, Recommended Practices for Merger Notification Procedures, 2002.

尔案件。例如，2014年8月，国家发展和改革委员会对日立、电装、爱三、三菱电机、三叶、矢崎、古河和住友等8家生产汽车零部件的日本企业分别作出处罚决定。这些企业为排除相互间的竞争和以最有利的价格得到汽车制造商的零部件订单，在日本频繁举办双边或多边会谈，协商价格，多次达成订单报价协议且实施了这些协议。再如，2014年8月，国家发展和改革委员会对不二越、精工、NTN、捷太格特等四家生产轴承的日本企业分别作出行政处罚决定，认定他们频繁地在日本召开亚洲研究会，讨论其产品在亚洲地区包括中国市场涨价的方针、涨价的时机和涨价幅度等，达成并实施了固定或变更在中国市场上销售轴承的价格协议。与垄断协议领域相比，国际上涉及滥用市场支配地位的反垄断法域外适用案例比较少。但随着经济的全球化，有些滥用市场支配地位的行为也具有跨国的性质，特别是在标准必要专利领域。例如，广东省深圳市中级人民法院2013年2月4日审理的华为技术有限公司诉美国交互数字技术公司、交互数字通信有限公司和交互数字公司滥用市场支配地位一案，三名被告都是美国公司。[1]

跨国公司之间的经营者集中行为是反垄断法域外适用最为频繁的领域。国外发生的经营者集中可能对本国市场产生重大影响的，主要有两种情况：一是本国企业与外国企业在外国发生的并购；二是外国企业在外国市场上发生的并购。这种情况下，这些外国企业实施管辖的国家一般都有分公司或者子公司。就我国而言，迄今审查的经营者集中的许多案件一般都是外国企业或跨国公司之间的并购，而且这些并购绝大多数发生在中国境外，但都属于可能对我国境内市场竞争产生负面影响的案件。

三、域外适用冲突的原因及表现

反垄断法的域外适用较之反垄断的域内适用更加复杂。当一国主张本国反垄断法的域外效力时，必然面临一系列障碍和冲突，可能表现在国家主权原则的适用、本国经济利益的保护、反垄断法的差异、域外取证和执行的合作等方面。

（一）域外适用与国家主权原则的冲突

根据国际公法的原则，主权属于国家。一国对本国的主体以及发生在本国内的行为行使管辖权，是国家主权的象征。其他国家行使域外管辖时，则可能被视为侵犯他国的主权。反垄断法的域外适用中，必然涉及其他国家的主权，而不能得到其他国家的认可。在一些外交抗议中，经常被提及的就是美国等一些国家对反垄断法行使域外管辖权。提出抗议的国家认为，对本国企业行使反垄断法管辖，侵犯其国家主权。例如，美国对瑞士制表业的反垄断诉讼中，瑞士政府就曾提出抗议，认为美国反垄断法的域外管辖侵犯了瑞士的主权，破坏了国际法，影响了美国和瑞士之间的国家关系。[2] 国际公法上的国家主权理论必然会对反垄断法的域外适用造成影响，毕竟反垄断法的域外适用不仅仅是一个法律问题，而且属于一个国家与另一个国家之间的关系问题。

（二）国家利益上的冲突

随着经济全球化和贸易与投资自由化，国际市场日益一体化，跨越两个或两个以上国境的垄断行为日益突出和严重，各个国家都试图用自己的国内反垄断法来规制这种限制竞争行为，维护本国的经济利益。[3] 从根本上说，一国反垄断法的终极目标首先要服务于本

---

[1] (2011)深中法知民初字第858号民事判决书、(2013)粤高法民三终字第306号民事判决书。

[2] [英]马赫·M.达芭:《反垄断政策国际化研究》，肖兴志、丁宁等译，东北财经大学出版社2008年版，第123页。

[3] 姜发根:《反垄断法域外适用制度研究》，载《安徽大学法律评论》2006年第2期。

国的经济利益，这样就不可避免地产生矛盾和冲突。例如，在美国波音和麦道公司合并案中，从欧洲、空客公司以及我国"大飞机项目"对该案不同的关注点即可以清楚地看出这一点：反垄断法域外适用问题往往会演变成国家间实力的较量，使经济问题政治化，加剧了国家之间的利益冲突。从更深层次上看，反垄断法域外适用的冲突和困难，甚至体现为发展中国家和发达国家之间的国家利益冲突。

（三）各国反垄断法的个性冲突

尽管国际上各国或地区的反垄断法在调整对象和内容上具有明显的相同性，一般都包括垄断协议、滥用市场支配地位、经营者集中等内容，但是除共性外，也不能忽视各国反垄断法的个性或特殊性。

一是各国反垄断法对"竞争""反竞争"等关键性的术语并无统一的认识；二是各国反垄断法所追求的立法目标并不完全一致，而且不同的国家在处理反垄断法与其他经济政策之间的关系时也存在不同的立场；三是各国反垄断法的传统和执法的严格程度不同，特别是发展中国家和发达国家之间的差异可能更为明显，例如，印度等发展中国家就曾主张"出口卡特尔行为"可以获得反垄断法的豁免，而在一些发达国家则可能持完全相反的立场；四是不同国家反垄断法实施的主导体制也不相同，既有行政主导模式，也有司法主导模式；五是不同国家对于反垄断法域外适用的态度也不相同，个别极端国家倾向于采用"单边主义"做法，另外一些国家更愿意采用"双边的""区域的"或"多边主义"做法。以上差异也会影响反垄断法域外适用的效果。

（四）域外适用中的取证冲突

一国的反垄断法主张对域外行为行使管辖权时，必然会涉及域外取证的问题。对发生在本国境外的反垄断行为，其主要证据也必然存在于境外。反垄断法对证据数量和证据标准的要求又非常高，而要想获得满足案件要求的证据，离开国外政府或司法机关的支持，则几乎是不可能完成的。尽管不少国家允许涉外取证，但却缺乏配合的积极性，甚至会基于本国利益的考量而予以阻碍。例如，英国1975年的《证据法》就不允许本国法院仅因为外国法院主张反垄断法的域外适用效力制度而支持其对信息的要求。[1]

（五）域外执行的冲突

即使一国执法机构或司法部门利用反垄断法域外效力制度，行使对域外垄断行为的管辖权，进而判决或认定该行为构成垄断行为，则仍然会涉及发生法律效力的司法文书的执行问题。如果域外行使执行权，就会不可避免地和其他国家的执行权发生冲突，从这个意义上说，这种执行权的冲突，实质就是国家管辖权的冲突。如果该等执行与本国利益冲突或不符时，必然会遇到他国法律的抵制。例如，澳大利亚1979年的《（限制执行）外国反托拉斯法判决法》规定，总检察长有权颁布命令，阻止国内承认和执行外国反托拉斯法判决，或者降低反托拉斯法判决所处罚款的判决。[2]

四、域外适用冲突的解决

原则上，解决反垄断法域外效力冲突的途径是在国际上或各国之间寻求一套共同的标准或做法，尽可能消除或降低反垄断法域外适用的冲突和障碍。为此，国际和国内都在积极进行探索，这些探索包括国内法的单边主义做法和国际上的合作两个层面。

在国内层面，一是需要在国内反垄断法中尽可能采用国际上一些通用的观点和标准，

---

[1] 孟雁北：《反垄断法》，北京大学出版社2017年版，第317页。
[2] 孟雁北：《反垄断法》，北京大学出版社2017年版，第317页。

尽量减少实体法上的差异，使各国法律逐渐趋向一致，即使发生了域外适用的冲突也容易被他国接受。[1] 二是就现阶段而言，各国还可以采取下列单边措施来减少或避免反垄断法域外适用所产生的冲突：[2] ①自我限制的方式，以属地原则来限制本国法的域外适用，尽可能地避免域外适用上的冲突。②以合理管辖原则作为域外管辖的依据，兼顾其他国家的政策和利益，并进行利益平衡分析，进一步限制反垄断法域外适用的条件。

当然，解决反垄断法域外适用的冲突，除上述各国内采取单边或单方措施外，在国际层面上开展反垄断法立法、执法、司法等方面的国际合作是最好的途径。目前，国际上反垄断法已基于双边合作、区域合作、多边合作等形式开展，并创设了信息交流、个案执法合作等多种机制。

典型案件：OPPO 公司与西斯威尔公司滥用市场支配地位纠纷[3]

OPPO 广东移动通信有限公司（以下简称 OPPO 公司）和 OPPO 广东移动通信有限公司深圳分公司（以下简称 OPPO 深圳分公司）是全球性智能终端制造商和移动互联网服务提供商，其共同向广州知识产权法院提起诉讼，主张西斯威尔国际有限公司及其子公司西斯威尔香港有限公司（以下简称西斯威尔方）拥有无线通信领域相关标准必要专利，具有市场支配地位，在标准必要专利的许可协商中违反了公平、合理和无歧视（FRAND）的原则，实施了收取不公平高价许可费等滥用市场支配地位的行为，并就相同专利在不同国家提起诉讼，给 OPPO 公司、OPPO 深圳分公司的经营行为造成负面影响和经济损失。

西斯威尔方提出管辖权异议，主张 OPPO 公司并未提交任何关于损害结果的证据或证明侵权结果发生地属于广州知识产权法院管辖范围的证据，在案证据不足以证明广州知识产权法院对该案具有管辖权。西斯威尔方已就标准必要专利许可问题在英国法院提起诉讼，该案存在中国法院不方便管辖、外国法院更适宜管辖的因素，本案应由英国法院审理。广州知识产权法院驳回了西斯威尔方的管辖权异议。西斯威尔方不服，提起上诉。

最高人民法院二审认为，我国《反垄断法》第 2 条明确了反垄断法的域外适用原则，但相关法律以及司法解释中并未针对中国境外的垄断行为的地域管辖作出明确规定。根据《垄断行为民事纠纷解释》第 4 条规定："垄断民事纠纷案件的地域管辖，根据案件具体情况，依照民事诉讼法及相关司法解释有关侵权纠纷、合同纠纷等的管辖规定确定"。根据《中华人民共和国民事诉讼法》（以下简称《民事诉讼法》）第 29 条规定："因侵权行为提起的诉讼，由侵权行为地或者被告住所地人民法院管辖。"根据《最高人民法院关于适用〈中华人民共和国民事诉讼法〉的解释》（以下简称《民诉解释》）第 24 条规定："民事诉讼法第二十九条规定的侵权行为地，包括侵权行为实施地、侵权结果发生地。"据此，对于垄断民事纠纷案件，合同履行地、被诉侵权行为实施地、侵权结果发生地、被告住所地人民法院均有权管辖。鉴于标准必要专利许可市场的特殊性，结合西斯威尔国际有限公司已在其他国家提起专利侵权诉讼，可能对 OPPO 公司等参与国内相关市场的竞争造成直接、实质、显著地排除与限制竞争效果，OPPO 公司住所地广东省东莞市可以作为本案侵权结果发生地，广州知识产权法院对本案具有管辖权。2020 年 12 月 28 日，最高人民法院裁定驳

---

[1] [英] 马赫·M. 达芭：《反垄断政策国际化研究》，肖兴志、丁宁等译，东北财经大学出版社 2008 年版，第 7 页。

[2] 姜发根：《反垄断法域外适用制度研究》，载《安徽大学法律评论》2006 年第 2 期。

[3] (2020) 最高法知民辖终 392 号民事裁定书。

回上诉，维持原裁定。

本案涉及与标准必要专利有关的滥用市场支配地位垄断纠纷管辖问题。案件既涉及双方主体在全球不同司法辖区平行的标准必要专利侵权纠纷对我国法院管辖垄断纠纷的影响，又涉及垄断纠纷的相关案件事实发生在国外应否适用不方便法院原则的问题。本案裁定以《反垄断法》第2条规定的域外适用原则为依据，对垄断纠纷的域外管辖问题进行了探索，明确了涉国际标准必要专利垄断纠纷案件的管辖规则，对人民法院依法积极行使对涉外反垄断案件的司法管辖权，充分发挥司法职能作用维护公平竞争的市场环境具有典型意义和促进作用。

第三节　适用除外

一、适用除外及相关制度

（一）适用除外的涵义

反垄断法的适用除外，也即反垄断法的例外，是指反垄断法明确规定的不受反垄断法管辖的特定领域及情形。反垄断法适用除外的情形越多，反垄断法适用的范围越窄。在市场经济，只有竞争才能带来繁荣。因此，不适用反垄断法的除外或者例外的特定领域及情形，须由反垄断法予以明确规定。我国《反垄断法》第69条规定："农业生产者及农村经济组织在农产品生产、加工、销售、运输、储存等经营活动中实施的联合或者协同行为，不适用本法。"就是典型的反垄断法适用除外或者例外制度。

（二）适用除外与相关制度的比较

与适用除外相关的制度，还有豁免制度和减免制度。从表面上看，这三项制度最大的相似之处在于反垄断法律责任的减免。

然而，这三项制度的差异也是十分明显的：适用除外即不适用反垄断法，属于反垄断法的"法外之地"，因此，适用除外的情形，不能被追究反垄断法上的法律责任；适用豁免制度或者减免制度的情形，是以适用反垄断法且违反反垄断法为前提的，能否得到豁免或者减免，要取决于是否符合反垄断法的相应规定。豁免制度适用的情形是法定的，换言之，只有符合法定的情形才可被豁免。例如，根据《反垄断法》第20条规定，经营者能够证明所达成的协议属于该条第一款所列举7种情形之一的，则不适用该法第17条、第18条第1款、第19条的规定。该法第17条、第18条第1款、第19条的规定均为禁止性规范，因此，不适用禁止性规范，即行为不被禁止，当事人不承担该法第56条所规定的法律责任。若经营者不能予以证明的，则行为即被禁止，当事人应承担该法第56条所规定的法律责任。减免制度适用的情形同样是法定的，减免制度只能适用于行政处罚而不能适用于民事责任。例如，《反垄断法》第56条第3款规定，"经营者主动向反垄断执法机构报告达成垄断协议的有关情况并提供重要证据的，反垄断执法机构可以酌情减轻或者免除对该经营者的处罚。"三项制度的具体区别如下：

第一，三项制度的内涵是不同的。适用除外制度是指反垄断法不适用于特定领域或者特定行为。豁免制度在我国反垄断法主要针对垄断协议，是指虽已经达成协议，但是，因不具有排除限制竞争效果，或者不会严重限制相关市场的竞争且能够使消费者分享由此产生的利益，反垄断法则不予禁止的情形。在我国，责任减免制度主要表现为宽大制度，是对经营者法律责任的减免。依据宽大制度，反垄断执法机构会认定经营者的协议违法，但可以酌情减轻或者免除处罚。

第二，三项制度在制定与实施目的上是不同的。适用除外制度的制定与实施目的是基于对特定领域、特定主体以及特定行为的保护，使反垄断法不适用于特定领域或者特定主体实施的特定行为。豁免制度的制定与实施目的是基于利益平衡的目标，确保具有明显经济效益和社会效益的协议能够得以实施，不被反垄断法所禁止。责任减免制度属于调查工具，目的在于激励经营者尽早停止实施违法行为，便利反垄断执法机构的调查工作，节约执法资源，允许符合承诺条件或者宽大条件的经营者获得罚款的免除或者减轻。

第三，三项制度在适用前提与实施结果上是不同的。针对适用除外制度，只要符合《反垄断法》第 69 条对适用除外情形的表述，就不再适用反垄断法，无须其他前提条件。豁免制度的适用前提是协议符合豁免条件，实施后果是协议不再被认定为垄断协议，经营者也不需要承担法律责任。而责任减免制度的适用前提是经营者停止实施违法行为并且配合调查，同时符合宽大制度的适用条件。具体来说，宽大程序以经营者主动申请而启动，当经营者报告垄断协议的有关情况并提供重要证据，反垄断执法机构可以酌情减轻或者免除处罚。宽大程序的实施结果是反垄断执法机构认定横向垄断协议违法，并决定对符合条件的经营者减轻或者免除处罚。

二、农产品经营活动的适用除外

(一) 农产品经营活动适用除外的内涵

我国《反垄断法》第 69 条规定，"农业生产者及农村经济组织在农产品生产、加工、销售、运输、储存等经营活动中实施的联合或者协同行为，不适用本法"。首先，适用除外的对象是具体的联合或者协同行为，并不是农业这一行业整体不适用反垄断法，也不是农业生产者及农村经济组织所实施的所有经济行为均不适用反垄断法。特定的联合或者协同行为的适用除外具有普遍性和绝对性，即使该行为可能损害竞争并危及消费者福利，也不适用反垄断法的禁止性规定。其次，该行为的实施主体必须是农业生产者或者农村经济组织。我国《宪法》第 8 条第 1 款对农村集体经济组织进行了定义，农村集体经济组织实行家庭承包经营为基础、统分结合的双层经营体制。农村中的生产、供销、信用、消费等各种形式的合作经济，是社会主义劳动群众集体所有制经济。参加农村集体经济组织的劳动者，有权在法律规定的范围内经营自留地、自留山、家庭副业和饲养自留畜。根据《宪法》中的定义，结合实践，我国农业生产者和农村经济组织包括：土地承包户、农民专业合作社、农民专业协会、乡镇村集体经济组织、农村股份制合作企业、供销合作社、信用合作社等。[1] 再次，相关经济行为所涉产品仅限于"农产品"。根据《农产品质量安全法》第 2 条规定，农产品是指来源于种植业、林业、畜牧业和渔业等的初级产品，即在农业活动中获得的植物、动物、微生物及其产品。最后，实施行为与农产品生产、加工、销售、运输、存储等经营活动相关，涉及农产品的生产与流通环节。需要注意的是，农业生产者或者农村经济组织从事的与农产品生产、流通无关的经济活动，不属于适用除外的范围。

(二) 农产品经营活动适用除外的意义

农产品经营活动属于反垄断法适用除外的意义主要有以下几点：

第一，基于农业生产的本质特性，在市场交易中农业生产者与农村经济组织通常处于弱势地位。农产品保存期限普遍较短、存储费用较高，导致个体农业生产者对中间商的依赖性较强。由于缺乏准确的市场信息，农业生产者和农村经济组织很难作出准确的决策。

---

[1] 时建中主编：《反垄断法——法典释评与学理探源》，中国人民大学出版社 2008 年版，第 525 页。

农业生产者和农村经济组织可以通过联合或者协同行为进行信息交换,组织农产品的生产、运输、销售与储存,在市场中获得一个合理的议价能力,建立一个更有效和更公平的生产与销售机制。

第二,农业生产往往面临较大风险,农产品生产周期长,农业生产具有连续性和季节性,其预期结果的稳定性会受到上述因素的影响。农业生产者可以通过联合或者协同行为,对共同的农业经营组织作出规划,共同应对风险,提高市场竞争力。

第三,农业的性质决定农业经济组织具有一定的分散性,单个的农业生产者或者农村经济组织往往生产规模较小,农业生产严重依赖土地,具有区域特性,因此,难以由某个集中组织来承担。联合或者协同行为可以将小规模、分散化的农业生产组织在一起,实现集中决策、集中生产与集中交易,以降低生产的成本与风险。

(三)欧美农产品经营活动的适用除外

美国反托拉斯法中也存在适用除外的规定,《克莱顿法》第6条规定,人的劳动不是一种商品或商业物品,因此,反托拉斯法不禁止那些以互助为目的,不拥有股份资本或者不以盈利为目的的劳动、农业或者园艺组织的存在和运作,也不禁止或者限制此类组织的个人成员实现其合法目的。此类组织或者其成员不应被认定或者解释为限制贸易的非法组织或者共谋。美国的《凯普-沃尔斯蒂德法》(Capper-Volstead Act),又称为"合作销售法",进一步规定了农业生产者可以通过组织农业合作协会以一致的价格联合销售其产品。美国农业部长有权监管此类协会,以防止他们实施和维持垄断。美国反托拉斯法对农业领域特定合作行为的适用除外并非是绝对的,它的目标是保护农业生产者对抗买家垄断,对于牺牲了消费者利益的行为仍然要受到反托拉斯法的规制。

欧盟农业领域的竞争政策是由欧盟一般性的竞争规则与农业部门的特殊规则所组成。《欧盟运行条约》第42条赋予农产品竞争法中的特殊地位。在立法上,涉及农产品生产、销售的竞争法规由欧洲议会和理事会单独制定。涉及农产品生产、销售的竞争法的主要立法目的为提高农产品生产力,保障农业社区的平等生活水平,稳定市场,保证供应和确保消费者的合理价格。[1]与我国《反垄断法》第69条类似,欧盟竞争法也不适用于农业生产者及其组织所达成的垄断协议,《共同市场组织条例》(又称为《第1308/2013号条例》)第209条规定,农民、农民协会、生产者组织或者生产者组织协会之间达成的协议、决定和协同行为不适用欧盟竞争法,除非该协议损害了《欧盟运行条约》第39条所规定的目标。

[本章参考文献]

(一)著作

1. [美]戴维·格伯尔:《全球竞争:法律、市场和全球化》,陈若鸿译,中国法制出版社2012年版。

2. [英]马赫·M.达芭:《反垄断政策国际化研究》,肖兴志、丁宁等译,东北财经大学出版社2008年版。

3. 于馨淼:《欧盟反垄断法域外适用研究》,法律出版社2015年版。

4. 高菲:《论美国反托拉斯法及其域外适用》,中山大学出版社1993年版。

5. 段宏磊:《产业法与竞争法二元互动视阈下的反垄断法适用除外制度研究》,武汉大

---

[1] 涉及农产品生产、销售的竞争法的立法目的参见《欧盟运行条约》第39条。

学出版社 2019 年版。

6. 刘宁元:《反垄断法域外管辖冲突及其国际协调机制研究》,北京大学出版社 2013 年版。

(二) 论文

7. 刘武朝:《欧盟竞争法中的单一主体规则及借鉴》,载《比较法研究》2014 年第 4 期。

8. 孟雁北:《反垄断法视野中的行业协会》,载《云南大学学报(法学版)》2004 年第 3 期。

9. 曹胜亮:《我国行业协会限制竞争行为规制路径的反思与重构》,载《法学论坛》2019 年第 2 期。

10. 仲春:《论我国〈反垄断法〉域外适用制度》,载《政法论丛》2009 年第 3 期。

11. 王晓晔:《效果原则——美国反垄断法的域外适用》,载《国际贸易》2002 年第 1 期。

12. 时建中、钟刚:《试析反垄断法农业豁免制度——兼论我国〈反垄断法〉第五十六条》,载《财贸研究》2008 年第 2 期。

13. 陈兵:《论农业产业政策与竞争政策的协调——以农业产业法规与反垄断法农业适用除外制度之关系补正为中心》,载《江汉论坛》2013 年第 1 期。

14. 郑鹏程:《美国反垄断法适用除外制度发展趋势探析》,载《现代法学》2004 年第 1 期。

15. 王玉辉:《日本反垄断法适用除外制度及启示》,载《东北大学学报(社会科学版)》2011 年第 1 期。

16. 钟刚:《反垄断法中的"豁免"及其体系》,载《江西社会科学》2009 年第 6 期。

17. 齐虹丽:《"不景气卡特尔适用除外制度"的性质与作用》,载《法学评论》2012 年第 1 期。

18. US. Department of Justice and Federal Trade Commission, Antitrust Enforcement Guidelines for International Operations,§3. 14 (April 1995).

19. ICN, Recommended Practices for Merger Notification Procedures, 2002.

20. ICN, Roundtable On Enforcement Cooperation Report & Questionnaire Summary, 2011.

21. OECD/ICN, Report on International Co-operation in Competition Enforcement, 2021.

第六章 相关市场的界定

第一节 相关市场的含义与作用

任何竞争行为均发生在一定的市场范围内。竞争分析的起点就是相关市场的界定。[1]换言之，相关市场的界定是对竞争行为进行分析的前提，是反垄断执法和司法工作的重要步骤。我国《反垄断法》第15条第2款规定了相关市场的概念，但未涉及界定相关市场的方法等内容，而是通过《关于相关市场界定的指南》对界定相关市场的作用、基本依据及一般方法等进行具体规定。

一、相关市场的概念和类型

（一）相关市场的概念

"市场"一词因不同的研究领域、分析对象或不同场合的需要，有着不同的解释。在经济学语境中市场具有多种含义，或认为市场是生产者与需求者为销售商品或购买商品的目的，相互接触所形成的组织；或认为"市场"这一概念泛指经营者所属的行业，或指代其销售商品的区域。例如，某一经营者属于房地产市场，该处的市场即是指其所处的行业或领域。[2]但该语境下的市场概念对反垄断法的执法和司法实践并不具有实际的指导意义。

与经济学语境下的市场概念不同，在反垄断法中相关市场具有特定的含义。部分国家或地区在反垄断立法中对相关市场的概念直接作出规定。例如，我国《反垄断法》第15条第2款规定，相关市场是指经营者在一定时期内就特定商品或者服务进行竞争的商品范围和地域范围。部分国家或地区认为，相关市场的界定属于反垄断法实施的范畴，并未在立法中直接规定相关市场的概念，而是由执法机构制定或界定相关市场的指南或通知。例如，欧盟委员会1997年发布的《为执行共同体竞争法关于相关市场界定的委员会通知》，对相关商品市场和相关地域市场的定义予以规定。[3]

（二）相关市场的类型

经营者之间的竞争通常在商品、地域、时间三个维度内展开。反垄断法上的相关市场就是从竞争的角度进行界定，关注的是哪些经营者之间存在竞争、什么商品与什么商品之间进行竞争、在哪些区域和时间范围进行竞争等问题。因此，相关市场通常包括相关商品市场、相关地域市场、相关时间市场。随着技术和创新在经济发展和市场竞争中的地位逐

---

[1] "The starting point in any type of competition analysis is the definition of the 'relevant' market", See GLOSSARY OF INDUSTRIAL ORGANISATION ECONOMICS AND COMPETITION LAW at https://www.oecd.org/regreform/sectors/2376087.pdf.

[2] 陈铭煌：《公平交易法界定市场范围之理论模型与实证分析——以农产品市场为例》，载《公平交易法季刊》第3期。

[3] "EU Commission Notice on the definition of the relevant market for the purposes of Community competition law", *Official Journal C* 372, 09.12.1997.

步上升，在相关市场的分类上又提出了相关技术市场和创新市场的概念，但实践中多数案件仅需要界定相关商品市场和相关地域市场。所谓的"界定"则是将这些彼此之间具有竞争关系的商品、区域所形成的范围进行划定。

1. 相关商品市场。经营者作为商品的供给者，针对需求者的需求展开竞争。商品是经营者之间竞争的载体，因此，确定存在竞争关系的商品是界定相关市场的第一步。反垄断法上，相关商品市场是根据商品的特性、用途及价格等因素，由需求者认为具有较为紧密替代关系的一组或一类商品所构成的市场。当然，相关商品市场中的"商品"不仅仅包括有形的产品，还包括无形的服务。

2. 相关地域市场。理论上，商品能够在全国乃至全球范围内的市场上自由流动。经营者可以在全国范围甚至全球范围内展开竞争，但实际上由于特定条件的限制，相关商品不可能在如此广泛的范围内展开竞争。因此，需要将经营者进行商品或服务供求活动的地区与其不能快速进入的相邻地区区分开来。在反垄断法上，相关地域市场是指需求者获取具有较为紧密替代关系的商品的地理区域。

3. 相关时间市场。我国《反垄断法》第15条在规定相关市场概念时，强调了经营者在"一定时期内"就特定商品或者服务进行竞争的商品范围和地域范围。因此，时间是与商品和地域并列的市场竞争的第三个维度。特别是当生产周期、使用期限、季节性、流行时尚性或知识产权保护期限等已构成商品不可忽视的特征时，界定相关市场还应考虑时间性。在反垄断法上，相关时间市场是指相同商品或具有紧密替代关系的商品在同一区域内相互竞争的时间范围。相比其他两个维度，时间意义上的相关市场在反垄断法的市场界定中出现的频率很少。例如，德国和欧盟范围内有限的判例主要集中在世界杯球票的销售和展览会两个领域，其更多强调的是，该市场只在特定时段出现，一定周期内不再重复，且产品和服务的数量有限（例如门票和展位）。

4. 相关技术市场。现代经济活动中，技术因素特别是知识产权对市场竞争越来越重要。技术市场的竞争状况逐步成为反垄断法关注的问题。美国司法部和联邦贸易委员会联合发布的《竞争者合作行为反托拉斯指南》中规定，如果知识产权与使用它的产品被分别在市场上销售，执法机关在评估包括知识产权许可的竞争者协同行为时将界定技术市场。技术市场包含被许可的知识产权和它的近似替代品。[1]

我国《关于相关市场界定的指南》第3条第5款也规定，在技术贸易、许可协议等涉及知识产权的反垄断执法工作中，可能还需要界定相关技术市场，考虑知识产权、创新等因素的影响。在反垄断法上，相关技术市场是指由需求者认为具有较为紧密替代关系的一组或者一类技术所构成的市场。在实际的市场活动中，技术也是作为与商品、服务并列的一种交易对象。技术作为智力成果，其本质上具有商品的属性。在一定意义上，相关技术市场可以纳入相关商品市场的范畴，即相关技术市场属于相关商品市场的一个特殊类型。但技术与商品相比，又具有特殊的属性。例如，技术的成本结构特殊，技术的前期研发成本较高，一旦研发成功，则后续成本很低，甚至可以忽略不计。[2]

5. 创新市场。在创新密集型产业中，关键性的竞争往往体现在研发环节。经营者的垄断行为可能导致的限制或排除竞争影响也当然会上溯至研发阶段。但由于这一阶段并无实际的商品的生产和销售，仅以现有商品为基础的相关市场界定模式显得难以应对。美国最

---

[1] USA. FTC and Department of Justice, Antitrust Guidelines for Collaborations Among Competitors.
[2] 王晓晔主编：《反垄断法的相关市场界定及其技术方法》，法律出版社2019年版，第172页。

早在司法实践中开始尝试界定创新市场。相关判例可追溯至 1993 年 United States v. General Motors Corp. 一案。[1] 该案中，General Motors Corp 公司拟将其阿里森运输部门出售给 ZF Friedrichshafen AG 公司。尽管两家公司并没有实际产品在相关市场上竞争，但美国司法部仍认为，两公司的合并将对"客车和大型卡车自动传送装置技术研发市场"的创新带来不利影响，并向法院提出初步禁令，两公司最终放弃该交易。1995 年，美国司法部和联邦贸易委员会联合发布的《关于知识产权的反垄断指南》中提及了创新市场的概念，即创新市场是指企业之间就某一领域中未来新技术或新产品的研发进行竞争所形成的市场，包括特殊新型或改进型产品或方法的研发和该研发的近似替代物。[2]

创新市场不同于相关商品市场。在相关商品市场中存在一个有形产品的卖方和买方。创新市场也不同于相关技术市场，相关技术市场中存在着知识产权的转让和许可。在创新市场中，并不存在现实的商品销售或技术许可等交易行为。因此，不少学者反对在反垄断法执法中界定相关创新市场，认为处于创新阶段的研发仅仅是商品投入的一个部分，而非独立的相关市场。反垄断法分析的是实际或未来的产出，而不应该分析投入。基于上述分歧，各国反垄断法的执法和司法实践中，极少在具体案件中界定相关创新市场，因此，我国《关于相关市场界定的指南》中并未规定相关创新市场界定的内容。

二、相关市场界定的地位和作用

（一）相关市场界定的地位

相关市场并不是与反垄断法同时产生的概念。1890 年美国《谢尔曼法》颁布实施以来，在很长一段时期内，美国反垄断法实施中并没有提及相关市场的概念。如果仅考察这一段历史，似乎可以得出相关市场界定并不重要的结论。但这一结论并不正确，也不符合反垄断法实施的现状。自相关市场的概念引入反垄断法制度以后，美国司法实践中极少有不界定相关市场的判例。相反，美国最高院在许多判例中论述了相关市场界定的重要性。欧盟、加拿大等司法管辖区的法院也同样多次强调相关市场界定对反垄断法实施的必要性。[3]

2010 年，美国司法部和联邦贸易委员会联合发布的《横向合并指南》指出"执法部门的分析不需要从相关市场的界定开始。尽管评估客户可获得的替代性产品在某些时刻总是必需的，但执法部门使用的一些评估竞争影响的工具并不依赖相关市场界定"。[4] 美国司法部和联邦贸易委员会颁布上述文件以后，一度引起学界和实务界的关注，并认为相关市场界定的地位下降，甚至认为反垄断案件不需要从界定相关市场开始。其实，美国司法部和联邦贸易委员会颁布上述文件以后，美国司法机关陆续审理的反垄断案件中均亦界定了相关市场，且在部分案件中重申了相关市场界定是处理反垄断案件的关键性因素的观点。竞争分析的起点是界定相关市场，这一原则仍具有普遍性。正如曾在美国联邦贸易委员会任职的凯文·莫非教授所言"相关市场是反垄断法不能废除的核心原则"。[5]

我国《关于相关市场界定的指南》第 2 条第 1 款对相关市场界定的地位予以强调，即"……在禁止经营者达成垄断协议、禁止经营者滥用市场支配地位、控制具有或者可能具有

---

〔1〕 United States v. General Motors Corp., Civ. No. 93-530 (D. Del. filed Nov. 16, 1993).

〔2〕 USA. FTC and Department of Justice, Antitrust Guidelines for the Licensing of Intellectual.

〔3〕 郑鹏程：《反垄断相关市场界定基本法律问题研究》，中国政法大学出版社 2018 年版，第 47~52 页。

〔4〕 U.S. Department of Justice and the Federal Trade Commission, Horizontal Mergers Guidelines, 2010.

〔5〕 郑鹏程：《反垄断相关市场界定基本法律问题研究》，中国政法大学出版社 2018 年版，第 47~52 页。

排除、限制竞争效果的经营者集中等反垄断执法工作中，均可能涉及相关市场的界定问题。"自2008年我国《反垄断法》施行以来，执法机构公布的案件和法院审理的司法案件中，均涉及了相关市场的界定。

(二) 相关市场界定的作用

《关于相关市场界定的指南》第2条第2款规定，科学合理地界定相关市场，对识别竞争者和潜在竞争者、判定经营者市场份额和市场集中度、认定经营者的市场地位、分析经营者的行为对市场竞争的影响、判断经营者行为是否违法以及在违法情况下需承担的法律责任等关键问题，具有重要的作用。

1. 识别涉案企业的竞争者和潜在竞争者。界定相关市场的直接目的是识别涉案企业的"实际竞争者和潜在竞争者"，明确哪些经营者对该涉案企业形成竞争约束。欧盟委员会1997年发布的《为执行共同体竞争法关于相关市场界定的委员会通知》第2段也解释了相关市场界定的这一功能，即"相关市场界定是确定企业竞争范围的工具。通过界定相关商品市场和地域市场，可以确定那些有能力限制经营者行为，通过施加竞争压力而阻止经营者独自采取某些市场行为的实际竞争者。"[1] 通过科学合理地界定相关市场，可以将涉案企业所在市场范围内的竞争者和潜在竞争者识别出来，以便进一步考察他们的市场力量、行为的过程及效果。

2. 认定涉案经营者的市场地位。市场份额和市场集中度是考察涉案经营者市场地位的重要指标之一。计算市场份额和市场集中度首先需要界定相关商品市场和相关地域市场的范围。只有在界定出相关市场范围之后，才能准确计算出涉案经营者所占的市场份额以及相关市场的集中度。

3. 分析涉案经营者行为对市场竞争的影响。一般而言，界定相关市场是判断经营者的行为是否产生排除、限制竞争效果的前提和基础。考察涉案经营者行为对竞争产生的影响必须以相关市场为考察范围，在涉及多个相关市场的案件中，排除、限制竞争效果的分析还需要进行跨市场的考察。相关市场的界定对于分析具体案件的竞争影响，具有一定的筛选功能。通常对于集中度较高的相关市场，或者在表面上即可能对相关市场竞争产生严重或实质性影响的案件，反垄断法将予以重点关注并进行仔细的审查和分析。相反，对于市场集中度较低的相关市场中的案件，反垄断法可能不需要进行仔细审查或适用简易程序予以审查。这样一方面可以节约执法资源，另一方面也可以降低判断错误的风险。

4. 判断涉案经营者的行为是否违法及责任的承担。在很多反垄断案件中，相关市场界定范围的大小直接关涉案件的处理结果。例如，在滥用市场支配地位的案件中，如果将相关市场范围界定得过小，则可能会不适当地夸大涉案经营者的市场地位和排除、限制竞争的程度，进而可能错误的将其行为认定为违法。相反，如果将相关市场范围界定得过于宽泛，则可能不适当地缩减涉案经营者的市场力量，进而使得违法者成为"漏网之鱼"。因此，无论是在反垄断民事诉讼案件中，还是在反垄断行政执法案件中，相关市场界定范围的大小总会成为涉案经营者抗辩的首要理由。特别是在反垄断民事诉讼中，相关市场界定范围的大小更是原被告双方攻防的焦点所在。一般原告往往会主张将相关市场的范围尽可能地界定窄一些，而被告则通常会抗辩原告界定的相关市场范围过小，主张相关市场的范围应该更大。

---

[1] "EU Commission Notice on the definition of the relevant market for the purposes of Community competition law", *Official Journal C* 372, 09.12.1997.

典型案件：北京奇虎科技有限公司诉腾讯科技（深圳）有限公司、深圳市腾讯计算机系统有限公司滥用市场支配地位纠纷案[1]

北京奇虎科技有限公司（以下简称奇虎公司）、奇智软件（北京）有限公司于2010年10月29日发布扣扣保镖软件。2010年11月3日，腾讯科技（深圳）有限公司（以下简称腾讯公司）发布《致广大QQ用户的一封信》，宣布在装有360软件的电脑上停止运行QQ软件。11月4日，奇虎公司宣布召回扣扣保镖软件。同日，360安全中心亦宣布，在国家有关部门的强力干预下，目前QQ和360软件已经实现了完全兼容。2010年9月，腾讯QQ即时通信软件与QQ软件管理一起打包安装，安装过程中并未提示用户将同时安装QQ软件管理。2010年9月21日，腾讯公司发布公告称，正在使用的QQ软件管理和QQ医生将自动升级为QQ电脑管家。奇虎公司诉至广东省高级人民法院，指控腾讯公司滥用其在即时通信软件及服务相关市场的市场支配地位。奇虎公司主张，腾讯公司和深圳市腾讯计算机系统有限公司（以下简称腾讯计算机公司）在即时通信软件及服务相关市场具有市场支配地位，两公司明示禁止其用户使用奇虎公司的360软件，否则停止QQ软件服务；拒绝向安装有360软件的用户提供相关的软件服务，强制用户删除360软件；采取技术手段，阻止安装了360浏览器的用户访问QQ空间，上述行为构成限制交易；腾讯公司和腾讯计算机公司将QQ软件管家与即时通信软件相捆绑，以升级QQ软件管家的名义安装QQ医生，构成捆绑销售。奇虎公司请求判令腾讯公司和腾讯计算机公司立即停止滥用市场支配地位的垄断行为，连带赔偿奇虎公司经济损失1.5亿元。

广东省高级人民法院于2013年3月20日作出（2011）粤高法民三初字第2号民事判决：驳回北京奇虎科技有限公司的诉讼请求。北京奇虎科技有限公司不服，提出上诉。最高人民法院于2014年10月8日作出（2013）民三终字第4号民事判决：驳回上诉、维持原判。

本案中涉及的争议焦点之一是如何界定本案中的相关市场。

奇虎公司认为：本案相关商品市场为集成了文字、音频及视频等综合功能的即时通信软件及其服务市场，相关地域市场为中国大陆地区综合功能即时通信软件及服务市场。综合性即时通信服务包括如腾讯QQ和微软的MSN、跨平台即时通信服务如中国移动推出的飞信产品、跨网络即时通信服务如Tom集团公司提供的Skype软件服务等三类产品。

腾讯公司和腾讯计算机公司认为：相关市场上提供即时通信服务的产品非常多，其他互联网产品和服务亦可实现即时通信服务功能，奇虎公司故意采用过窄的标准来划分和界定本案相关商品市场范围。本案的相关地域市场应为全球市场。

一审法院认为：①综合性的即时通信与文字、音频以及视频等单一的即时通信之间具有紧密的可替代性，属于同一相关市场的商品集合；②QQ与社交网站、微博服务属于同一相关市场的商品集合；③QQ与传统的短信、手机通话、固定电话通话之间不存在较为紧密的产品替代关系，相互之间不构成可替代商品；④电子邮箱与QQ不属于同一相关商品市场的商品集合。在此基础上，一审法院认定奇虎公司关于综合性即时通信产品及服务构成一个独立的相关商品市场的主张不能成立。⑤一审法院认为本案相关地域市场应为全球市场。

二审法院与一审法院界定的相关市场范围并不完全相同。二审法院认为，一审法院关

---

[1]（2013）民三终字第4号民事判决书。

于社交网络和微博应纳入本案相关商品市场范围的认定欠妥，二审法院予以纠正。本案相关地域市场应为中国大陆地区市场，对一审法院关于全球市场的认定予以纠正。

本案中，一审和二审法院对于相关市场界定的范围并不完全相同。二审法院对该问题予以论述如下：并非在任何滥用市场支配地位的案件中均必须明确而清楚地界定相关市场。竞争行为都是在一定的市场范围内发生和展开的，界定相关市场可以明确经营者之间竞争的市场范围及其面对的竞争约束。在滥用市场支配地位的案件中，合理地界定相关市场，对于正确认定经营者的市场地位、分析经营者的行为对市场竞争的影响、判断经营者行为是否违法，以及在违法情况下需承担的法律责任等关键问题，具有重要意义。因此，在反垄断案件的审理中，界定相关市场通常是重要的分析步骤。尽管如此，是否能够明确界定相关市场取决于案件具体情况，尤其是案件证据、相关数据的可获得性、相关领域竞争的复杂性等。在滥用市场支配地位案件的审理中，界定相关市场是评估经营者的市场力量及被诉垄断行为对竞争的影响的工具，其本身并非目的。即使不明确界定相关市场，也可以通过排除或者妨碍竞争的直接证据对被诉经营者的市场地位及被诉垄断行为可能的市场影响进行评估。因此，并非在每一个滥用市场支配地位的案件中均必须明确而清楚地界定相关市场。一审法院实际上已经对本案相关市场进行了界定，只是由于本案相关市场的边界具有模糊性，一审法院仅对其边界的可能性进行了分析而没有对相关市场的边界给出明确结论。有鉴于此，奇虎公司关于一审法院未对本案相关商品市场作出明确界定，属于本案基本事实认定不清的理由不能成立。

该案的意义在于：一是强调了反垄断案件中界定相关市场的地位和作用，即"在反垄断案件的审理中，界定相关市场通常是重要的分析步骤"；二是进一步阐述，界定相关市场是评估经营者的市场力量及被诉垄断行为对竞争的影响的工具，其本身并非目的；三是该案创造性地提出"并非在每一个滥用市场支配地位的案件中均必须明确而清楚地界定相关市场"，即使不明确界定相关市场，也可以通过排除或者妨碍竞争的直接证据对被诉经营者的市场地位及被诉垄断行为可能的市场影响进行评估；四是需要进一步说明的是，二审法院的"并非在每一个滥用市场支配地位的案件中均必须明确而清楚地界定相关市场"论述并非否定相关市场界定的地位和作用，也不是说在反垄断案件中可以不界定相关市场，而是强调相关市场界定具有复杂性，在复杂的反垄断案件中不是必须"清楚、准确无误地界定出相关市场"，这实际上是关于相关市场界定"证明标准"的论述。

第二节　相关商品市场的界定

相关市场的界定方法，即用于界定相关市场的办法或技术路线。相关市场的界定既是一个法律问题，也是一个经济学问题。为使相关市场界定能够尽可能地反映市场竞争的真实状况，法学家和经济学家探索了各种界定相关市场的方法，例如，合理替代性方法、供给替代性方法、剩余需求弹性方法、假定垄断者测试法、临界损失方法、价格趋同方法等。国内有学者依据这些方法对于经济学知识依赖的不同程度，将之分为两大类：定性方法与定量方法。[1] 就目前而言，在各国和地区反垄断实践中通常使用的主要方法有需求替代

---

[1] 侯利阳：《论反垄断法中的相关市场：源流、方法与反思》，载《竞争法律与政策评论》2008年第00期。

法、供给替代法、假定垄断者测试法。我国《关于相关市场界定的指南》第 7 条第 1 款规定，界定相关市场的方法不是唯一的。在反垄断执法实践中，根据实际情况，可能使用不同的方法。界定相关市场时，可以基于商品的特征、用途、价格等因素进行需求替代分析，必要时进行供给替代分析。在经营者竞争的市场范围不够清晰或不易确定时，可以按照"假定垄断者测试"的分析思路来界定相关市场。在多数反垄断案件中，相关市场界定通常主要从商品与地域两个角度展开，具体实践中一般可先界定相关商品市场，在明确哪些商品之间具有较强替代关系后，再进行相关地域市场的界定。故本节首先对相关商品市场的界定方法进行阐释。

一、需求替代法

（一）需求替代法的产生及含义

从需求者的立场看，能够满足其需求的商品可能非常多，需方在购买过程中，可能会因为这些商品价格的改变，而做出不同的选择。需求替代法是站在需求者（消费者）的角度，根据需求者对商品功能的需求、质量的认可、价格的接受以及获取的难易程度等因素，确定不同商品之间的替代程度，进而对相关商品市场进行界定的方法。利用需求替代法界定相关商品市场时，需要把相互之间具有密切替代关系的商品，即需方可能选择的商品，划定在同一个市场范围内。原则上，从需求者角度来看，商品之间的替代程度越高，竞争关系就越强，就越可能属于同一相关市场。

从历史上看，相关商品市场界定的司法实践早于其理论的发展，其系伴随着美国反垄断法的实施而产生的。一般认为，最早涉及需求替代界定相关商品市场的判例是 1916 年美国玉米深加工案。[1] 该案中，美国法院对界定相关商品市场的原则和方法进行了如下阐述：与被垄断的产品相比，物理上具有差异而功能上可以替代的那部分产品应被纳入相关市场，除非该产品在消费者偏好或成本上具有明显的优势，从而可以不被纳入相关市场中。1968 年，美国司法部发布的《合并指南》中第一次明确规定了需求替代法，即就商品维度而言，相关商品市场的划分主要依据商业习惯、商品价格、品质、用途及消费者偏好来分析商品之间的合理替代性。[2] 我国《关于相关市场界定的指南》第 5 条对需求替代法的内涵予以规定。

（二）需求替代法的适用

从表面上看，把满足消费者某种需求的商品找出来，并划定为同一个相关市场似乎不是难事，但事实上并非如此。在美国早期的反垄断执法实践中，判断商品之间是否存在替代关系的指标或因素并未明确且不断发生变化，直到美国 1968 年《横向合并指南》才确定了合理可替代性的基本判断因素。我国《关于相关市场界定的指南》第 8 条规定了运用需求替代法界定相关商品市场时需要考虑的主要因素：

1. 需求者因商品价格或其他竞争因素变化，转向或考虑转向购买其他商品的证据。考虑两种商品之间是否存在需求替代关系，最简单直接的方法就是对市场上需求者事实上的选择进行调查和判断。考察历史上是否存在"需求者因商品价格或其他竞争因素变化，转向或考虑转向购买其他商品的证据"。这些证据往往是确定相关商品市场的直接证据或事实，假若市场上存在需求者转向或考虑转向另一种其他商品的证据或事实，则通常能够将两种商品认定为一个相关商品市场。当然，反垄断执法机构需要注意这些证据搜集的时间

---

[1] United States v. Corn Products Refining Co. Supreme Court of the United States 332 U. S. 786；1916.
[2] 该指南是美国反垄断法历史上第一部合并指南。

点，一般应将收集这些证据或事实的时间节点限定在垄断行为发生前后的 1 年或 2 年内。[1]

2. 商品的外形、特性、质量和技术特点等总体特征和用途。需求者购买商品的目的在于满足特定的需求，如果两种商品具有满足需求者同一特定需求的用途，则可能被界定为同一相关市场。当然，用途相同也不必然构成同一相关市场，仍需进一步考察商品的外形、特性、技术等整体特征。多数情况下，具有相同的特性、质量、技术等特征是构成同一相关市场的必要条件。如果商品之间的物理性质或特性明显不同，则难以构成同一相关市场。例如，塑料容器与金属容器尽管都可以用于食品包装，但金属容器硬度大且不易破碎，能够直接用于烹饪加热，而塑料容器不具有这些特性，因而不属于同一相关市场。

3. 商品之间的价格差异。通常情况下，替代性较强的商品价格比较接近，而且在价格变化时表现出同向变化趋势。反之，两种商品之间的价格差异较大，则表明两者销售对象并不相同，通常两种商品不属于同一相关市场。例如豪华轿车与经济型轿车尽管在用途、特征和技术上相似，但由于价格差异过大导致需求者对其需求的程度完全不同，几乎不可能属于同一个相关市场。当然，在分析价格时，应排除与竞争无关的因素引起价格变化的情况。

4. 商品的销售渠道。一般情况下，商品销售渠道不同并不影响需求者的选择，但在特殊情况下，销售渠道不同的商品面对的需求者可能不同，相互之间难以构成竞争关系，则属于同一相关商品市场的可能性较小。例如，仅在零售药店销售的药品与仅在医院内销售的药品，由于销售渠道存在明显的差异，则通常不在同一相关市场内。

5. 其他重要因素。对于其他重要的因素，我国《关于相关市场界定的指南》第 8 条提及了三种因素：①需求者偏好或需求者对商品的依赖程度。需求替代的核心是从需求者的角度进行衡量，因此，需求者的消费习惯也是重要的参考因素。如果需求者具有难以改变的消费偏好，则难以认定两种商品属于同一相关市场。例如，欧盟在 United Brands 案中认为，香蕉与其他新鲜水果不属于一个相关市场，因香蕉柔软的特征更适宜老人和儿童食用，而其他水果则不太适宜老人和儿童。[2] 再如，尽管市场上的轮胎具有原厂轮胎和翻旧轮胎两种商品，但对于家庭轿车的需求者而言，基于安全的考量，其在更换轮胎时不太可能选择翻旧轮胎；但对于专门从事运输职业的需求者则可能基于成本的考量会选择翻旧轮胎。②可能阻碍大量需求者转向某些紧密替代商品的障碍、风险和成本。有些情况下，尽管两种商品或服务在特征、用途以及价格方面都存在很强的替代性，但可能存在法律、语言等方面的障碍，导致需求者无法转向另一种商品。③是否存在区别定价。例如，在供电服务市场上，往往按照不同的客户类型进行区别定价，分别对民用客户和工业客户制定不同的价格，尽管提供的都是供电服务，但可能需要界定为民用客户市场和工业客户市场。

（三）需求替代法的评价

需求替代法是最早在反垄断司法实践中用于界定相关市场的方法，也是后续其他界定相关市场方法的基础。从性质上分析，需求替代法属于定性分析方法。这种方法具有简单、直观、成本较低的特点，因此，成为反垄断实践中界定相关市场的主要方法之一。当然，需求替代法也存在着一定的局限性。首先，依据不可量化的替代程度判断两种商品之间是

---

[1] 侯利阳：《论反垄断法中的相关市场：源流、方法与反思》，载《竞争法律与政策评论》2018 年第 00 期。

[2] United Brands v. Commission. In Case 27/76 [1978].

否属于同一相关市场，难免存在主观性。其次，采用需求替代法需要考察多个不同的指标或因素，这也导致其客观性较差。

二、供给替代法

（一）供给替代法的产生及含义

相对于需求替代法，供给替代法出现得比较晚。一般认为，美国1948年的哥伦比亚钢铁公司案中首次正式运用了供给替代方法界定相关市场。[1] 该案中，美国最高院认为，圆轧钢可轻易制成钢板和型钢等其他产品，轧钢的生产者可通过转产生产钢板、型钢，因此，圆轧钢与钢板、型钢应属于同一相关市场。但供给替代法产生后并未得到广泛的认可，直到进入20世纪70年代后，供给替代法在美国反垄断法实践中方得到广泛的应用，并且在美国1982年《横向合并指南》中首次明确表述了供给替代法。[2] 所谓供给替代是指根据其他经营者改造生产设施的投入、承担的风险、进入目标市场的时间等因素，从经营者的角度确定不同商品之间的替代程度。需求替代是从需求者的角度来分析不同商品的替代性，而供给替代则是从供给者或生产者的角度来分析不同商品的替代性。从供给者的角度看，当某种商品销售良好且获利较多时，必然引起其他生产类似商品的生产者注意。这些生产者可能会短期内改变其既有生产的商品转而生产销售良好且获利较多的商品。供给替代是分析市场上尚未发生的情况，以潜在的竞争者为分析对象，需要分析涉案经营者可能受到哪些潜在竞争者的约束或影响。

（二）供给替代法的适用

供给替代法适用于哪个阶段，不同国家或地区的立场并不完全相同。一些国家和地区仅将供给替代法作为评估市场力量或进行竞争评估时适用，而一些国家和地区则在相关市场界定阶段适用供给替代分析，并将其作为界定相关市场的依据。我国《关于相关市场界定的指南》第6条将供给替代作为界定相关市场的依据，并在第8条第2款规定了从供给角度界定相关商品市场需要考虑的因素。

1. 其他经营者对商品价格等竞争因素的变化做出反应的证据。一般而言，其他供应商因为商品价格上涨而是否进行转产，往往依赖于许多复杂的问题和方面。与需求替代分析一样，也应首先考察历史上是否存在"其他经营者对商品价格等竞争因素的变化做出反应的证据"。

2. 其他经营者的生产流程和工艺。进行供给替代分析，需要考察其他潜在竞争者既有的生产流程和工艺是否与涉案经营者的生产流程和工艺不存在本质上的差异，其他经营者转产是否需要改建设备、生产流程或工艺等。生产流程、工艺、技术等因素决定着转产的可能性或难易程度。例如，涉案经营者生产男鞋，但生产女鞋的经营者在生产设备、生产技术和工艺、原材料等方面与男鞋生产者差别不大，其极易转而生产男鞋，则从供给替代角度分析，男鞋与女鞋应属于同一相关商品市场。

3. 转产需要的时间。通常生产转换是否能成为竞争者，还需要考察转产所需要的时间。即进行供给替代分析，应考察其他潜在经营者在多长时间内能够转而生产竞争商品。一些国家的实践认为，供应者转产时间通常应当发生在价格上涨后的1年以内；也有一些国家

---

[1] United States v. Columbia States Co. Supreme Court of United States 334 U. S. 862; 68 Sct 1525; 92 Led 1781; 1948.

[2] 李虹:《相关市场界定理论与实践——反垄断中相关市场界定的经济学分析》，商务印书馆2011年版，第76页。

没有明确转产的具体时间限制，而是使用"短期""迅速"以及"合理的时期"等。就我国而言，并未规定具体的转产时间，需要在个案中根据市场的特征以及案件特定的情况具体分析。

4. 转产的成本和风险。潜在竞争者的转产可能面临转产成本和多种风险因素。例如，转产是否面临技术上的风险；是否需要完全不同的经销或分销渠道；是否需要高额的广告投入，毕竟消费者对新厂商的产品并不熟悉；是否需要较高的转产成本等。如果转产不会产生特别大的成本或风险，方具有转产的可能性。

5. 转产后所提供商品的市场竞争力。对于转产后经营者提供的商品，还需要分析能否对现有经营者构成直接竞争压力。其中，最为核心的要素是转产厂商的产量，如果转产经营者的产出非常有限并不能对市场份额计算产生显著影响，则无需在相关商品市场界定时予以分析。反之，如果转产厂商的产量较大，可以对市场价格产生显著的影响，则可以成为潜在的竞争者。至于转产厂商的产量具体多大才能构成竞争约束，则需要反垄断执法机构在个案中根据收集的材料进行评估。

6. 法律上的壁垒或障碍。如果某些领域存在法律上的管制或许可，则现有的经营者可以有效阻止其他潜在竞争者的有效进入，其他经营者很难转产进入该领域。

（三）供给替代法的评价

供给替代考虑的是潜在竞争者进入的一种可能，或者说是一种理论上的可能，在实际执法中通常采用的不多，因此，其仅是界定相关商品市场的一种辅助方法。也就是说，不能单纯地仅使用供给替代法界定相关市场，否则会人为地扩大相关市场的范围，其必须与其他相关市场界定方法结合使用。另外，供给替代法需要考察其他经营者是否存在转产的可能，获取相关数据更难，也因此使用供给替代法比需求替代法更加复杂和困难。

三、假定垄断者测试法

一般认为，经济学家大卫·莫里斯在1959年最早提出了假定垄断者测试法。美国司法部1982年发布的《横向合并指南》中首次明确规定了该方法后，假定垄断者测试法被很多国家或地区借鉴，以至于该方法被称为界定相关市场的"最重要的贡献"和"值得注意的智力成就"。[1] 我国《关于相关市场界定的指南》也将假定垄断者测试法作为界定相关市场的方法之一。

（一）假定垄断者测试法的基本思路

1. 确定初始商品市场。反垄断执法机构首先选取涉案经营者本身提供的商品作为初始候选市场（目标商品），或者执法机构将涉案经营者本身提供的商品和与涉案商品具有紧密替代关系的商品（即执法机构凭经验或根据常识就能初步认定）作为初始候选市场（目标商品）。然后，假设所有生产这些商品（目标商品）的经营者是以利润最大化为经营目标的垄断者（假定垄断者）。

2. 进行提价分析。垄断者具有将价格提高到竞争水平之上的能力。在确定上述假定的垄断者之后，分析在其他销售条件保持不变的情况下，该假定垄断者能否持久地（一般为1年）小幅（一般为5%~10%）提高目标商品的价格。目标商品涨价会导致需求者转向购买具有紧密替代关系的其他商品，从而引起假定垄断者销售量下降。如果目标商品涨价后，即使假定垄断者销售量下降，但其仍然有利可图，则目标商品就构成相关商品市场。这一

---

[1] 张世明：《假定垄断者测试在竞争法中的应用研究》，载《内蒙古师范大学学报（哲学社会科学版）》2016年第2期。

过程中，反垄断执法机构一般会选择一个小的（small），但又显著（significant）、持久的（non-transitory）价格提升（increase in price）。因此，假定垄断者测试（Small but Significant and Non-transitory Increase in Price Test）通常被称为"SSNIP Test"。但是，如果初始市场中的假定垄断者在提价后不能保持盈利，那么就需要进行第三步分析。

3. 调整初始候选商品市场范围。如果涨价行为使假定垄断者无利可图（不能保持原来的盈利水平），那么就意味着大量的需求者在提价之后转而购买其他具有紧密替代关系的商品，此时反垄断执法机构需要调整初始候选市场（目标商品），将其他具有紧密替代关系的商品增加到候选商品市场（目标市场）中，该替代商品与目标商品形成商品集合。反垄断执法机构还应当主要考虑需求者在提价后转投的那些主要的经营者。在确定了这些经营者之后，反垄断执法机构将初始市场中的经营者与新加入的经营者共同认定为假定垄断者。

4. 重复以上程序。在对初始市场调整完毕之后，接下来分析如果该商品集合涨价，假定垄断者（初始市场中的经营者与新加入的经营者共同认定为的假定垄断者）是否仍有利可图。如果答案是肯定的，那么该商品集合就构成相关商品市场；否则还需要继续进行上述分析过程。随着商品集合越来越大，集合内商品与集合外商品的替代性越来越小，最终会出现某一商品集合，假定垄断者可以通过涨价实现盈利，由此便界定出相关商品市场。

（二）假定垄断者测试法的评价

假定垄断者测试法的基本原理仍然是替代分析。相对于需求替代法，假定垄断者测试法具有明显的优势。从性质看，假定垄断者测试法属于定量分析方法，理论上其更具有科学性。作为界定相关市场的一种分析思路，假定垄断者测试法可以帮助解决相关市场界定中可能出现的不确定性。但假定垄断者测试法也存在其固有的局限性。定量分析方法需要依赖大量的市场数据进行模拟的经济学分析，其方法较为复杂，且成本较高。另外，假定垄断者测试法的适用会受到以下因素的限制或影响。

1. 其他销售条件不变。假定垄断者测试法是假定其他销售条件不变，只是小幅提高被测试商品价格的前提下进行的，测试时假定不存在影响价格变化的非正常因素。现实中可能存在原材料价格变化、技术革新变化，甚至营销策略的变化等因素。因此，假定垄断者测试法需要排除价格之外其他因素的影响，才能得出较科学的结论。在商品差异化非常明显且质量、服务、创新、消费者体验等非价格竞争成为重要竞争形式的领域，采取该方法存在较大的不确定性，甚至无法适用。

2. 基准价格选择的困难。原则上，在使用假定垄断者测试法界定相关市场时，选取的基准价格应为充分竞争的当前市场价格。但在滥用市场支配地位、垄断协议和已经存在共谋行为的经营者集中案件中，当前价格明显偏离竞争价格，选择当前价格作为基准价格会使相关市场界定的结果不合理。在此情况下，应该对当前价格进行调整，使用更具有竞争性的价格。如果将已经形成的垄断价格作为基准价格，当价格上涨时，消费者转而购买其他产品的可能性就更大，以此得出的相关产品市场的范围也会过大，从而得出错误的结论。

3. 选择涨价幅度的不确定性。在使用假定垄断者测试法界定相关市场时，反垄断执法机构需要测试在被选取的基准价格基础上，价格上涨 5%～10%，面临着在 5%～10% 幅度之间如何具体选择的问题。如果选择的涨价幅度太大的话，需求者都转向的可能性就较大，界定的相关市场范围则可能过大。如果选择的幅度太小，不足以引起需求者的注意，界定的相关市场则可能过小。在具体执法实践中，需要根据案件涉及行业的不同情况，对价格小幅上涨的幅度进行分析确定。

4. 数据可获得性的要求。假定垄断者测试法适用中，并不是真实的提价，而是通过数据模拟进行定量分析，其适用的前提是数据具有可获得性和相对准确。

典型案件：上海食派士商贸发展公司滥用市场支配地位案[1]

2019年6月起，上海市市场监督管理局对上海食派士商贸发展有限公司（以下简称"食派士"或"当事人"）涉嫌滥用市场支配地位垄断案开展反垄断调查。2019年8月8日，依法决定对当事人立案调查。经调查，食派士经营模式为通过公司网页、手机APP"食派士"等媒介连接用户与线下餐饮企业，借助互联网信息平台，以习惯于使用英文的目标用户需求为导向，整合并向用户提供餐饮外送服务资源信息以及外送服务；用户进行线上订餐并向当事人支付餐品费用和配送费，在线下接受当事人提供的餐饮外送服务；与当事人合作的线下餐饮企业根据合同约定向当事人支付佣金。

在对当事人的市场份额、相关市场竞争状况、其他经营者对当事人依赖程度及进入相关市场的难易程度等因素进行综合性分析的基础上，执法机关认定2017年1月—2019年10月期间，当事人在中国上海市提供"英文服务的在线餐饮外送平台服务市场"具有支配地位。

在2017年1月~2019年10月期间，当事人实施了没有正当理由限定交易的滥用市场支配地位行为。主要违法事实如下：当事人与所有合作餐厅商户签订含有"排他性送餐权条款"的合作协议，即要求合作餐厅商户在未得到当事人同意的情况下，不得再与当事人的竞争对手合作提供送餐服务。当事人通过微信沟通、制作周报等形式要求未执行"排他性送餐权条款"的合作餐厅商户从竞争对手平台下架。2020年12月25日，上海市市场监督管理局作出行政处罚决定书，对当事人处以2018年度销售额38 954 830元3%的罚款，合计人民币1 168 644.90元（壹佰壹拾陆万捌仟陆佰肆拾肆元玖角）。

本案的相关商品市场被界定为"英文服务的在线餐饮外送平台服务市场"。首先，通过需求替代法，分析了在线餐饮外送服务和堂食服务之间的替代性。用户享受在线餐饮外送服务和堂食服务虽然同属于餐饮消费范畴，但无论从用户的核心诉求来看，还是从选择情境来看，都存在显著差异。从餐厅商户的需求方面进行分析，在线餐饮外送服务与堂食服务也不具有替代关系。其次，通过需求替代法，认定在线餐饮外送平台服务与餐饮企业自营在线餐饮外送服务不具有替代关系。最后，运用需求替代法，认定提供英文服务的在线餐饮外送平台服务和提供中文服务的在线餐饮外送平台服务不具有替代关系。提供英文服务的在线餐饮外送平台用户以习惯于使用英文的消费者群体为主，消费水平普遍较高，喜爱西式餐饮。提供中文服务的在线餐饮外送平台以习惯于说中文的消费者群体为主，消费水平相对较低，喜爱中式餐饮。此外，执法机构还通过供给替代法，认定提供英文服务的在线餐饮外送平台服务和提供中文服务的在线餐饮外送平台服务不具有替代关系。提供中文服务的在线餐饮外送平台要开发英文服务，需要招募会说英文的工作人员，开发英文订餐APP页面，翻译商户、菜单、图片等信息，前期投入大，运营成本高，且存在订单量不如预期的风险，等等。因此，即使提供中文服务的在线餐饮外送平台了解到提供英文服务的在线餐饮平台服务市场确有需求，但均表示暂未考虑进入该市场。

本案中，执法机构在上述需求替代法和供给替代法基础上，借助经济学工具进行假定垄断者测试，运用临界损失分析法对市场交易数据进行分析。通过定量分析也表明，提供英文服务的在线餐饮外送平台服务市场构成一个独立的相关商品市场。

---

[1] 沪市监反垄断处〔2020〕06201901001号行政处罚决定书。

首先，本案就相关商品市场的界定中，执法机关除了"需求替代性分析"和"供给替代分析"以外，采取了《关于相关市场界定的指南》第10条所提出的"假定垄断者测试法"，使得界定结果更具有说服力。其次，在采用"需求替代法"时，执法机构基于平台存在消费者和商户两个需求群体，分别从消费者与商家这两个平台的需求侧出发进行了分析。最后，该案中，尽管平台两端均存在不同的需求群体，但从两端需求者角度整体界定了一个相关商品市场，即"英文服务的在线餐饮外送平台服务市场"。

第三节 相关地域市场的界定

经营者之间的竞争不单在商品维度进行，也会在地域范围展开。即使两个经营者经营完全一样的商品会因为处于不同的地域，相互之间也无法进行有效的竞争，而分属于两个不同的相关市场。因此，在界定相关商品市场之后，还需要界定相关地域市场。从各国的立法规定及执法实践看，界定相关地域市场的方法与界定相关商品市场的方法相似。

一、需求替代法

需求替代法同样适用于相关地域市场的界定。我国《关于相关市场界定的指南》第9条第1款规定，从需求替代角度界定相关地域市场，可以考虑的因素包括但不限于以下各方面。

(一) 直接事实和证据

对于相关地域市场的界定，应该首先调查多数需求者选择商品的实际区域和主要经营者商品销售分布的直接事实和证据。这些直接事实和证据一般包括：涉案经营者在某一区域设置销售机构或销售代表等；多数需求者选择商品的实际区域；是否存在需求者因商品价格或其他竞争因素变化，转向或考虑转向其他地域购买商品的直接事实或证据等。例如，在上海食派士商贸发展有限公司滥用市场支配地位垄断案中，反垄断法执法机构认定"在线餐饮外送平台在平台设计时就进行了城市锁定，用户使用平台订餐时首先要选择城市，然后才能选择这个城市内的餐厅订餐，不能跨城市消费。"[1] 基于以上事实，本案相关地域市场界定为中国上海市。

(二) 商品的运输成本和运输特征

决定相关地域市场最为重要的因素为涉案商品的运输成本。一般说来，体积越大、运输成本越高且价值越低的商品其地域范围越小；而体积越小、运输成本越低且自身价格偏高的商品相关地域市场就比较大。例如，水泥、砖瓦等商品属于前一种情况，其运输成本占商品价格的比例较高，通常其地域市场范围较小；钻石、高档服饰等则运输成本占商品价格比例较低，其相关市场范围通常较大。当然，商品的运输特征也决定了商品的销售地域，例如，天然气、电力等需要管道或网络运输的商品，其相关地域市场主要取决于传送管道或网络的延至。

(三) 地区间的贸易壁垒

地区间的贸易壁垒，包括关税、地方性法规等直接影响地域市场的范围。通常，关税相对商品的价格来说比较高时，相关地域市场很可能是一个区域性市场。行业管制与监管法律对于相关地域市场的界定也具有重要的影响作用，例如，北京奇虎科技有限公司诉腾

---

[1] 参见沪市监反垄处〔2020〕06201901001号行政处罚决定书。

讯科技（深圳）有限公司、深圳市腾讯计算机系统有限公司滥用市场支配地位纠纷案中，最高院认为"即时通讯软件属于增值电信业务，其经营者必须取得相关电信监管部门的许可。境外即时通信服务经营者难以在较短的时间内进入中国大陆地区，其相关地域市场应为中国大陆地区市场"。[1]

（四）商品的性质

尽管我国《关于相关市场界定的指南》第9条第1款并未明确列举"商品的性质"这一因素，但商品本身固有的性质对于相关地域市场的界定也是重要的考量因素。有些商品由于其便于长期存储，适合长途运输，则其地域市场范围可能更大，例如汽车、运动器材等。有些商品由于其不适合长期存储，其主要是以地方需求为主，则相关地域市场范围因而较小，例如新鲜牛奶等。

（五）其他重要因素

《关于相关市场界定的指南》第9条第1款在兜底规定其他因素时，主要提及特定区域需求者偏好、商品运进和运出该地域的数量等两个因素。语言是分析特定区域需求者偏好的考虑情形之一，例如，北京奇虎科技有限公司诉腾讯科技（深圳）有限公司、深圳市腾讯计算机系统有限公司滥用市场支配地位纠纷案中，最高院认为"对于即时通信软件，鉴于语言方面的原因，大陆用户更倾向于使用中文版本的即时通讯软件，故相关地域市场应界定为中国大陆"。[2]

二、供给替代法

供给替代法同样适用于相关地域市场的界定。《关于相关市场界定的指南》第9条第2款规定，从供给角度界定相关地域市场时，一般考虑的因素包括：其他地域的经营者对商品价格等竞争因素的变化做出反应的证据；其他地域的经营者供应或销售相关商品的即时性和可行性，如将订单转向其他地域经营者的转换成本等。其中，其他地域的经营者对商品价格等竞争因素的变化做出反应的证据，仍然是基于直接事实和证据的调查分析。其他地域的经营者供应或销售相关商品的即时性和可行性，对于可行性一般会考虑其他区域经营者转向涉案经营者区域内可能涉及的成本、风险、销售渠道、法律法规，以及是否能取得足够的市场规模等因素；对于及时性，北京奇虎科技有限公司诉腾讯科技（深圳）有限公司、深圳市腾讯计算机系统有限公司滥用市场支配地位纠纷案中，最高院在分析即时性时解释为"较短的时间（如一年）"，认为境外即时通信服务经营者在较短的时间内（如一年）进入中国大陆地区并发展到足以制约境内经营者的规模存在较大困难。境外即时通信服务经营者需要通过合资方式建立企业、满足一系列许可条件并取得相应的行政许可，这在相当程度上延缓了境外经营者的进入时间。[3]

三、假定垄断者测试法

假定垄断者测试法用于界定相关地域市场时，与界定相关商品市场的思路和过程相似。首先从反垄断审查关注的经营者经营活动的地域（目标地域）开始，要分析的问题是，在其他地域的销售条件不变的情况下，假定垄断者对目标地域内的相关商品进行持久（一般为1年）小幅涨价（一般为5%~10%）是否有利可图。如果答案是肯定的，目标地域就构成相关地域市场；如果其他地域市场的强烈替代使得涨价无利可图，就需要扩大地域范围，

---

[1] 参见（2013）民三终字第4号民事判决书。
[2] 参见（2013）民三终字第4号民事判决书。
[3] 参见（2013）民三终字第4号民事判决书。

直到涨价最终有利可图，该地域就是相关地域市场。

需要说明的是，适用假定垄断者测试法用于界定相关地域市场时，如果存在涉案经营者对不同区域内需求者存在价格歧视的情况，需要予以特殊考量。例如，1992年美国司法部《横向合并指南》规定，相关地域市场是指在不存在"价格歧视"，且其他地域商品的销售条件不变的情况下，如果某个假定垄断者是一个区域内相关商品现在和未来唯一的生产者，且该假定垄断者对相关商品施加一个小幅但显著且非暂时的涨价后，仍能维持盈利能力不变甚至有所提高，则这个区域就是一个相关地域市场。[1] 依据该规定，假若涉案经营者在A市和B市实际进行销售，如果涉案经营者对A市和B市区域内的需求者不存在价格歧视，则进行假定垄断者测试时，初始地域市场的范围可确定为涉案经营者实际销售的A市和B市。如果涉案经营者对A市和B市区域内的需求者存在差别定价，假若对A市区域内消费者实施高价，此时初始地域市场的范围应确定为需求者承受高价的A市，而不包括未被实施高价的B市。[2] 将A市区域作为一个单独的初始市场予以特殊考量，是因为与B市区域内需求者相比，A市区域内需求者受到的损害更大，其转向其他区域的可能性也更大。

拓展阅读：相关市场界定的证据来源[3]

反垄断法执法机构在对相关市场进行界定时，可以选择上述界定方法之一或同时采用多个界定方法进行相关市场界定。但无论采用哪种方法均离不开相关信息和资料等证据。需要执法机构从各个方面获取信息和材料，并对这些信息和材料进行分析。在反垄断民事诉讼案件中，基于"谁主张，谁举证"的原则，则需要原告提供上述与相关市场界定有关的证据。

欧盟委员会1997年发布的《为执行共同体竞争法关于相关市场界定的委员会通知》第三部分规定了界定相关市场的证据。在委员会认为有必要进行准确的市场界定时，委员会通常会与该行业主要的顾客和主要的公司联系，询问他们对商品市场和地域市场界限的看法，并获取必需的事实证据，以得出结论。委员会可能也会联络相关的企业协会，在适当的时候也会与活跃在上游市场的企业联系，以便在必要的时候能够为所涉及的不同层次的商品或服务的销售划分产品和地域市场。这可能也需要相关企业提供更多的信息。在适当的时候，委员会将会向上述市场参与者提出书面信息要求。这些要求通常将包括一些与以下内容相关的问题，即公司对假设性涨价有何反应以及他们对相关市场界定的看法。它们也将包括要求提供委员会认为在就相关市场范围得出结论时所需的事实信息。委员会机构也可能会与那些公司的销售主管进行讨论，以更好地了解供应商和顾客之间的谈判情况及那些与相关市场界定有关的问题。在适当的时候，他们也可以对当事方的工作场所进行实地视察和检查，拜访他们的顾客或竞争对手，以更好地了解商品的生产和销售情况。

2012年经济合作组织（以下简称经合组织OECD）关于相关市场界定的圆桌会议所形成的文件对相关市场界定的证据来源进行了归纳：其一，市场结构变化的证据，如新的供

---

[1] U. S. Department of Justice and the Federal Trade Commission, Horizontal Mergers Guidelines, 1992.
[2] 李虹：《相关市场界定理论与实践——反垄断中相关市场界定的经济学分析》，商务印书馆2011年版，第158~159页。
[3] 相关论述及观点可参见"EU Commission Notice on the definition of the relevant market for the purposes of Community competition law", *Official Journal C* 372, 09. 12. 1997; OECD, Market Definition, 2012; 郑鹏程：《反垄断相关市场界定基本法律问题研究》，中国政法大学出版社2018年版，第262~292页。

应商进入；其二，最新竞争分析数据；其三，消费者调查证据；其四，公司内部文件，如公司营销部门收集的证据；其五，行业专家、行业顾问、公司前高管、产品供应商和分销商等提供的信息；其六，转向替代品的成本与时间、产品的特性等。

综上可见，从证据来源方面，执法机构可以向行业协会、消费者、竞争者、供应商、被调查的涉案经营者等主体进行询问、调查，获取相关信息和材料。具体而言，界定相关市场的证据类型可以简要梳理如下：其一，政府资料。基于行业监管或宏观调控的需要，政府往往会定期收集各种经济数据、统计年鉴等。在反垄断法民事诉讼中，原被告通常会将政府资料作为界定相关市场的证据之一。但是政府资料并不是专门为界定相关市场而准备的，因此，政府资料往往与界定相关市场的关联性不强。从美国反垄断法实践来看，美国法院采信此类证据的概率是比较低的。其二，行业资料。行业资料主要是指行业协会收集、整理、公布的与本行业有关的统计数据、研究报告等。执法机构可以通过涉案经营者所在行业的协会了解情况，询问行业协会关于相关市场界定的看法，获取并分析行业协会的年度市场分析报告或资料等。行业协会资料直接反映协会对产业的认知，与政府资料相比，行业协会资料与界定相关市场的关联性更强。不过，行业协会资料的局限性在于其所界定的相关市场往往较窄。其三，被调查经营者或被告的文件。被调查经营者的资料或文件往往是其在日常生产经营过程中产生的。此类文件资料包括会议记录、备忘录、电子邮件、商业规划、市场调查报告等，该类资料可能会描述经营者所处的市场、竞争对手、竞品、以及其所处的市场地位等。执法机构也可以要求被调查经营者提供相应的信息资料，与被调查经营者相关销售人员、高管进行交流，了解有关价格变化引起的供应反应。如果相关被调查经营者有委托第三方机构进行的市场调查报告、咨询报告等资料的，也可以作为参考证据。其四，客户证据。反垄断执法中客户调查的对象包括企业客户和消费者客户。对客户调查的证据往往是界定相关市场的主要证据来源之一。譬如，通过询问客户其考虑过哪些替代品？哪些是有效的替代物？哪些因素（价格、运输等）会影响其作出选择？涨价多少其会转向购买其他替代品？等等。当然，客户调查资料会受制于被调查客户的数量、代表性、是否中立客观等因素。其五，专家证人。反垄断法实施与经济学和产业密切相关。相关市场界定同样离不开专家证人，特别是经济学家和产业专家的帮助。但专家提供的意见、证词或报告同样需要满足可靠性和关联性的标准。可靠性一般应从专家证言是否以经济学工具为基础，是否有足够的事实或数据，是否阐释了有说服力的理由等进行判断；关联性是指专家的证言必须契合案件的事实。

拓展阅读：平台经济领域相关市场的界定[1]

平台经济业务类型复杂、竞争动态多变，界定平台经济领域相关商品市场和相关地域市场需要遵循《关于相关市场界定的指南》所确定的一般原则和方法。但平台经济是典型的双边市场，界定平台经济领域的相关市场同时需要考虑平台经济的特点，结合个案进行具体分析。

一、平台经济的特点

基于双边市场的平台经济具有以下典型的特征：其一，存在两个不同的消费群体，他们之间在一定程度上彼此需要并依赖平台为中介完成他们之间的交易。平台同时为这两个

---

[1] 相关论述及观点可参见林平、刘丰波：《双边市场中相关市场界定研究最新进展与判例评析》，载《财经问题研究》2014年第6期；OECD, Rethinking Antitrust Tools for Multi-Sided Platforms, 2018; OECD, Non-price Effects of Mergers: Background Note by the Secretariat, 2018; OECD, Two-Sided Markets, 2009.

消费群体提供商品或服务。其二，整个消费群体之间存在间接的外部效应。平台一边的消费者在平台实现的价值随着另一边消费者数量的增加而增加或减少。例如，淘宝平台连接商户与消费者，商户越多就会吸引越多消费者，而消费者越多也同样会吸引越多商户入驻，商户与消费者间形成了正向的外部效应。其三，非均衡的价格结构。价格结构是价格在平台两边市场上消费者的分布方式。平台往往向需求弹性较高的一端提供补贴，收取低价格，甚至免费；在需求弹性较低的一端获取更大的利润以弥补在另一端的损失。例如，搜索平台向用户提供免费搜索服务，但向广告商收取宣传推广费用。平台通过这种非均衡的价格结构，可获得的总利润超过其在两个市场都收取正的价格时所获得的利润。

二、相关市场界定的特殊性

（一）相关商品市场

平台经济领域相关商品市场界定的基本方法是替代性分析法。在个案中界定相关商品市场时，可以基于平台功能、商业模式、应用场景、用户群体、多边市场、线下交易等因素进行需求替代分析；当供给替代对经营者行为产生的竞争约束类似于需求替代时，可以基于市场进入、技术壁垒、网络效应、锁定效应、转移成本、跨界竞争等因素考虑供给替代分析。

（二）相关地域市场

平台经济领域相关地域市场界定同样采用需求替代分析和供给替代分析。在个案中界定相关地域市场时，可以综合评估考虑多数用户选择商品的实际区域、用户的语言偏好和消费习惯、相关法律法规的规定、不同区域竞争约束程度、线上线下融合等因素。根据平台特点，相关地域市场通常界定为中国市场或者特定区域市场，根据个案情况也可以界定为全球市场。

（三）其他考量因素

1. 竞争的非价格维度。在平台经济领域中，相关市场界定的一个关键挑战是，需着重关注竞争的非价格维度，避免将价格作为竞争的单一维度。在平台经济领域，价格不是竞争的唯一因素，甚至不是最重要的因素。消费者可以通过零价格获取各种数字产品和服务就生动地说明了这一点。然而，如何考虑创新、质量等非价格竞争因素，颇具挑战性。经合组织OECD指出，反垄断执法机构需要根据消费者所看重的特征确定相关竞争维度；同时权衡不同竞争维度（如价格与质量）之间的关系。由于数字市场零价格竞争的特点以及SSNIP测试方法难以使用，对消费者偏好、弹性和替代的充分理解——无论是使用调查还是公司内部关于预期消费者行为的文件，都可以用于建立非价格竞争的定性市场界定。

2. 界定一个还是多个相关市场。平台经济涉及将不同用户群体连接在一起的互联网平台，属于多边市场。平台相关市场界定的一个主要问题是，应该界定一个市场还是多个市场？换句话说，反垄断执法机构需要确定平台各边是相互关联的独立市场，还是在整体上属于一个市场？国务院反垄断委员会《平台反垄断指南》第4条规定，具体而言，可以根据平台一边的商品界定相关商品市场；也可以根据平台所涉及的多边商品，分别界定多个相关商品市场，并考虑各相关商品市场之间的相互关系和影响。当该平台存在的跨平台网络效应能够给平台经营者施加足够的竞争约束时，可以根据该平台整体界定相关商品市场。

3. 界定平台经济市场的分析工具。为克服平台经济领域相关市场界定带来的挑战，反垄断执法机构可考虑如下策略：一是改进假定垄断者测试。在零价格的情况下，零价格一侧的SSNIP测试不会产生有意义的结果。要正确运用SSNIP测试，竞争主管机构需要在交易总成本的基础上进行，并对需求弹性和跨平台网络外部性的价值进行可靠的估计。二是当非价格竞争很重要时，另一种选择是"小而显著的非短暂性质量下降"测试（SSNDQ 测试），但该测试对数据的要求也很高，很少被定量地应用。尽管如此，SSNIP 和 SSNDQ 测试仍能为相关市场界定的定性分析提供有用的原则。

[**本章参考文献**]

（一）著作

1. 李虹：《相关市场界定理论与实践——反垄断中相关市场界定的经济学分析》，商务印书馆 2011 年版。
2. 郑鹏程：《反垄断相关市场界定基本法律问题研究》，中国政法大学出版社 2018 年版。
3. 王晓晔主编：《反垄断法的相关市场界定及其技术方法》，法律出版社 2019 年版。

（二）论文

4. 时建中、王伟炜：《〈反垄断法〉中相关市场的含义及其界定》，载《重庆社会科学》2009 年第 4 期。
5. 林平、刘丰波：《双边市场中相关市场界定研究最新进展与判例评析》，载《财经问题研究》2014 年第 6 期。
6. 丁茂中：《反垄断法实施中的"相关市场"界定国际比较》，载《法学杂志》2012 年第 8 期。
7. 侯利阳：《论反垄断法中的相关市场：源流、方法与反思》，载《竞争法律与政策评论》2018 年第 00 期。
8. 郑鹏程、刘长云：《我国反垄断相关市场界定执法实践检讨与反思——兼论〈关于相关市场界定的指南〉的不足与完善》，载《中南大学学报（社会科学版）》2016 年第 5 期。
9. 王先林：《论反垄断法实施中的相关市场界定》，载《法律科学（西北政法学院学报）》2008 年第 1 期。
10. Louis Kaplow, "why (Ever) Refine Markets?", 124 Har V. L. Rev. 437, 440, 2010.

（三）欧盟委员会通告及国际组织研究报告

11. OECD, Market Definition, 2012.
12. OECD, Rethinking Antitrust Tools for Multi-Sided Platforms, 2018.
13. OECD, Two-Sided Markets, 2009.

第二编　反垄断法实体制度

第七章 垄断协议

第一节 垄断协议制度的基本原理

一、垄断协议的基本含义

(一) 垄断协议的称谓

垄断协议，是多个主体联合限制竞争的协议，理论上又称限制竞争协议或联合限制竞争行为。在各国立法中，其称谓并不相同，我国《反垄断法》使用了"垄断协议"的提法。

美国《谢尔曼法》第1条规定垄断协议时，使用了"合同"（contract）、"联合"（combination）与"共谋"（conspiracy）三个概念。[1] 在司法实践中，《谢尔曼法》第1条所说的"联合"，有时也包括企业合并。即便在1914年《克莱顿法》颁布并在第7条正式确立了企业合并控制规则之后，美国司法实践中仍有援引《谢尔曼法》第1条处理企业合并的判例。直至《克莱顿法》第7条在1950年经《塞勒-凯弗维尔法》（Celler-Kefauver Act）修订而内容日趋完善之后，《谢尔曼法》第1条才逐渐脱离了企业并购规则的属性。

《欧盟运行条约》第101条是关于垄断协议的规定，但该法没有对垄断协议提出一个总体称谓，而是采用描述的方式，指出凡是经营者之间的协议（agreements between undertakings）、经营者协会的决定（decisions by associations of undertakings），[2] 或者协同行为（concerted practices），如果具有阻碍、限制或扭曲竞争的目的或效果，则应当被禁止。在欧盟委员会发布的指南中，这三种行为往往被统称为"协议"，例如，欧盟委员会发布的《横向合作协议指南》，名称虽然使用了"协议"一词，但这里的"协议"包括经营者协会的决定，也包括协同行为。[3] 此外，欧盟《纵向限制指南》中，还使用了横向协议（horizontal agreements）、横向共谋（horizontal collusion）、纵向协议（vertical agreements）与纵向限制（vertical restraints）等提法。[4]

《日本反垄断法》中，与垄断协议相近的概念是"不正当的交易限制"（unreasonable restraint of trade）。韩国《垄断规制与公平交易法》使用了"不公平合作行为"（unfair collaborative acts）的提法。

(二) 垄断协议的含义

我国《反垄断法》第16条规定："本法所称垄断协议，是指排除、限制竞争的协议、

---

[1] 在学术文献中，这三个概念常被统称为"通谋"（collusion）。

[2] 《欧盟运行条约》中的undertaking，有时也被直接翻译为"企业"。

[3] Guidelines on the applicability of Article 101 of the Treaty on the Functioning of the European Union to horizontal co-operation agreements（2023年修订），paras. 2. 10. 14.

[4] Guidelines on Vertical Restraints, Brussels, 10. 5. 2022, C（2022）3006 final.

决定或者其他协同行为"。其中,"排除、限制竞争"指的是垄断协议的损害标准,"协议、决定或者其他协同行为"指的是垄断协议的外在形式。"垄断协议"的本质是"联合",即多个主体基于一致意思而共同从事了限制竞争行为。对垄断协议的含义,可以从以下三个方面理解:

第一,存在多个独立主体。垄断协议的当事人为多个市场主体,且相互之间具有独立性。这里的独立性,不仅指它们在法律上具有独立人格,更重要的是指它们具有独立的商业决策能力。只有这些主体能够独立作出商业决策才是独立参与市场竞争的主体,它们之间的联合行为才有可能限制竞争,反垄断法才有必要关注这类行为。相反,如果这些主体之间存在控制关系,如一方是另一方的母公司,则子公司的商业决策原本就被母公司控制,其是否及如何参与市场竞争都由母公司决定,这种情况下,即便它们之间达成了所谓的不竞争协议,如以同样价格销售商品,反垄断法也无需关注。因为表面上看似乎它们之间没有了竞争,但这种竞争限制与它们之间的协议无关,即便没有协议,由于控制关系的存在,它们之间也基本不会竞争。在美国《谢尔曼法》的实施中,1984年的Copperweld案确立了如下规则:母公司与其全资所有但单独注册的子公司,应被视为一个企业,不会发生《谢尔曼法》第1条意义上的通谋——这就是所谓的Copperweld原则。[1] 在欧盟1971年Béguelin Import Co.案中,法院指出,母子公司之间的独家销售安排不构成反垄断法意义上的协议,因为子公司虽然具有单独的法人资格,但不享有经济独立性(economic independence)。[2] 在1974年Centrafarm案中,法院指出,《欧盟运行条约》第101条(当时为《罗马条约》第85条)不适用于母子公司之间的安排,因为这些企业构成"单一经济体"(a single economic entity),在这个经济体中,子公司不享有决定其市场行为的真正自由,且母子公司之间的安排涉及的是企业内部的任务分配。[3]

第二,行为人之间存在意思联络。垄断协议与平行行为的最大区别,是行为人之间是否存在意思联络。参与市场竞争的不同主体,完全有可能实施一致行为,但只要它们之间没有进行过意思联络,就是纯粹的平行行为或者跟随行为。原材料价格的上涨、供求关系的变化,都可能导致竞争者们提价,这是市场发挥作用的正常表现。反垄断法不会对平行行为作出否定性评价。反垄断法谴责的是共同行为,即原本独立决策的经营者以共同行为代替了市场竞争。《谢尔曼法》第1条所说的"合同""联合"与"共谋",指的都是合作行为;《欧盟运行条约》及我国《反垄断法》所说的"协议""决定"与"协同行为",也具有同样含义。

第三,共同实施了限制竞争的行为。垄断协议的外在表现,是当事人经意思联络而达成一致意见之后共同行动:主要是调整自身行为,如一致提高商品价格,或者实施其他有助于提高商品价格的行为;当然也包括一致不作为,如约定在一段时间内不得降价。这些行为具有外在的一致性,使得原本相互独立的多个市场主体,表现得就像一个主体一样,进而在它们之间或者在上下游市场上排除、限制竞争。如同其他垄断行为一样,垄断协议的违法性,主要来自其对竞争的限制,即这类行为实施后可能产生的排除、限制竞争效果。

---

[1] Copperweld Corp. v. Independence Tube Corp., 467 U.S. 752 (1984), p.771.

[2] Case 22-71, Béguelin Import Co. v. S. A. G. L. Import Export, Judgment of the Court of 25 November 1971, para. 8. 类似表述还可参见以下案件判决:①Case 30/87, Corinne Bodson v. SA Pompes funèbres des régions libérées, Judgment of the Court (Sixth Chamber) of 4 May 1988, para. 19;②Case C-73/95P, Viho Europe BV v. Commission of the European Communities, Judgment of the Court (Sixth Chamber) of 24 October 1996, para. 16.

[3] Case 15/74, Centrafarm BV and Adriaan de Peijper v. Sterling Drug Inc.[1974] ECR 1147, para. 41.

各国反垄断法一般会以列举方式规定垄断协议的具体表现,以便为反垄断执法机构提供指导,如《欧盟运行条约》第 101 条和我国《反垄断法》第 17 条、第 18 条。也有些国家不作列举,如美国《谢尔曼法》第 1 条仅有原则性表述。

(三) 垄断协议与合同

从字面上看,垄断协议是"协议"的一种。在美国《谢尔曼法》中,垄断协议的外在形式之一就是"contract",《欧盟运行条约》第 101 条也使用了"agreement"的概念。这些表述与民商法上的"合同"相近,可能会让人理解为二者具有相同含义和认定标准。其实,反垄断法上的"协议",与合同法上的"合同"存在一定的区别。

1. 认定标准。合同法上的"合同",不论是书面合同还是口头合同,都需要双方一致的意思表示,因此,双方之间必须经过明确的意思沟通,没有任何意思沟通则无法形成合同。主要表现就是,一方发出要约之后,对方必须明确作出同意要约的意思表示,即承诺,合同才成立。但是在反垄断法上,由于垄断协议是法律禁止的行为,因而当事人会极力回避以明确的协议方式来达成这类安排。更常见的情况是,当事人之间的确存在事实上的意思联络,但没有留下任何证据。这时,要以"协议"来指控联合限制竞争行为的存在,会变得极为困难。因此,各国反垄断法上的一个基本原则是,对垄断协议中"意思联络"的认定,应坚持比合同法更加宽松的标准,并不要求直接证明当事人进行了有关限制竞争的意思交流,也未必需要直接证明当事人之间达成了合意,对于"协议"的外在形式更是没有严格的要求。限制竞争的"协议",可以是书面形式,也可以是口头形式,甚至是心照不宣的"君子协定"。很多时候,看似单方的行为,也可能被认定为反垄断法上的"协议"。要约与承诺的要求,反垄断法并不过于看重,尤其是不太在意另一方当事人是否作出明确的承诺。

美国和欧盟竞争法中,都认可反垄断法上"协议"的更低标准。例如,在 Esco Corp. 案 (1965) 中,美国法院认为,"心领神会的一个眨眼可能胜过语言表达"(A knowing wink can mean more than words.);[1] 在 General Motors Corp. 案 (1966) 中,法院认为,《谢尔曼法》第 1 条所指控的共谋行为,并不依赖于一个明确的协议 (explicit agreement),而是可以体现为一些联合和协作行动 (joint and collaborative action)。[2] 在欧盟 BP Kemi 案中,欧盟委员会指出,尽管本案合作协议从未签署,但双方已经据此采取实际行动,这已经构成反垄断法上的"协议";[3] 在 WEA-Filipacchi Music SA 案中,法院确认,一方当事人发出一项指示,要求接收方对收到指示的事实进行通知,而并不要求后者明确接受指示的内容,也可认定构成一项"协议";在 Sandoz 案中,生产商向其客户供应药品的发票标有"禁止出口"的字样,其客户在实践中也普遍接受这种要求,法院据此认为,该发票并不只是单方的要求,而是构成了"协议",因为客户没有提出异议即意味着默认了这个交易条件,发票上注明的"禁止出口"文字就是协议的内容。[4]

2. 协议的主体及内容。合同法上的合同,是双方主体之间相互约定权利义务的方式,是一种典型的相对性行为。一方面,合同的当事人主要是两方,即债权人与债务人,尽管

---

[1] Esco Corp. v. U. S., 340 F. 2d 1000 (1965), p.1007.

[2] U. S. v. General Motors Corp., 384 U. S. 127 (1966), pp. 142–143.

[3] Commission Decision of 5 September 1979 relating to a proceeding under Article 85 of the EEC Treaty (IV/29.021 - BP Kemi - DDSF), OJ [1997] L 286, para. 45.

[4] 参见许光耀:《欧共体竞争法通论》,武汉大学出版社 2006 年版,第 81~82 页。

每一方的主体可以是多数人，但合同主要在双方主体之间达成，是双方行为；另一方面，合同的内容即权利义务具有相对性，是特定双方之间的权利义务，即一方对另一方享有权利或负有义务，而且这种权利义务通常还存在此消彼长的关系。反垄断法上的垄断协议，在这两方面都与合同法上的合同存在区别：在主体上，垄断协议是所有参加人的共同行为，其当事人通常为多方主体（至少为两方），这些主体也无法分为债权人与债务人，而是形成一个整体，共同对抗协议外的竞争对手或其他主体，所以它们之间并不能简单地划分为甲方、乙方或者债权人、债务人；在内容上，垄断协议当事人之间的关系具有整体性，不一定是相对的、此消彼长的，而是大多具有同向关系，表现为行为的一致性，并都能从一致行动中获利，尤其是横向垄断协议，具有典型的"一荣俱荣"属性。

二、垄断协议的表现形式

根据我国《反垄断法》第16条的规定，垄断协议是排除、限制竞争的"协议、决定或者其他协同行为"。这里出现了两个"协议"，其中，被定义项的"协议"是广义概念，而定义中的"协议"是狭义概念。狭义的"协议"，加上"决定"和"其他协同行为"，构成了广义上"协议"最主要的表现形式，也可说是垄断协议的形成方式。

（一）协议

这里的"协议"，指当事人之间直接达成的限制竞争安排，即当事人直接接触，经意思联络而形成一致意见。这也就是《欧盟运行条约》第101条所说的"经营者之间的协议"，行为的直接主体是经营者。协议可以是书面的，也可以是口头的。早期的垄断协议，通常由当事人直接达成，是一种明示的"协议"，甚至会留下直接证据，但随着企业对垄断协议违法性认识的加强，这种形式会越来越少。

（二）决定

垄断协议的当事人是参与市场竞争的主体，但它们之间未必会直接达成协议，通过第三方尤其是它们所属的同一行业协会，也可能起到协调行为的效果。我国《反垄断法》第16条所说的"决定"，与《欧盟运行条约》第101条所说的"经营者协会的决定"含义一致，主要指经营者团体（或经营者联合组织，主要指各种行业协会）发布的供会员企业遵守的具有限制竞争内容的各种形式的决议。我国《反垄断法》没有使用"经营者协会""经营者联合组织"等概念，而是在相关条文中直接称"行业协会"。由于反垄断法主要调整经营者行为，故这里的行业协会主要就是指经营者协会，非经营者组成的行业协会如各种学会，一般不会与反垄断法发生关联。

经营者协会是以企业为主的经营者自发成立的自律性组织，主要指"由同行业经济组织和个人组成，行使行业服务和自律管理职能的各种协会、学会、商会、联合会、促进会等社会团体法人"。[1] 这些协会的法律性质，大多属于我国《民法典》上所说的"非营利法人"，即具备法人条件，基于会员共同意愿，为会员共同利益等非营利目的设立的社会团体。在现代社会，行业协会的自治性治理在市场经济中发挥着重要作用，但行业协会也可能会以决议或其他方式排除或限制成员之间的市场竞争。基于此，我国《反垄断法》一方面在总则第14条中规定："行业协会应当加强行业自律，引导本行业的经营者依法竞争，合规经营，维护市场竞争秩序"；另一方面在"垄断协议"一章的第21条中又特别规定："行业协会不得组织本行业的经营者从事本章禁止的垄断行为"。

行业协会组织本行业经营者达成垄断协议的主要方式是发布各种具有限制竞争内容的

---

[1]《禁止垄断协议规定》第21条第2款。

决定，如"制定、发布含有排除、限制竞争内容的行业协会章程、规则、决定、通知、标准等"。此外，行业协会也可以通过召集、组织或者推动本行业的经营者达成含有排除、限制竞争内容的协议、决议、纪要、备忘录等，或者采取其他方式，组织本行业经营者达成垄断协议。[1]

与狭义的"协议"相比，行业协会的"决定"，在行为主体上具有较大的特殊性。"协议"至少需要两方主体，而"决定"可以由单一主体作出。但事实上，行业协会"决定"的效果，与协会会员之间直接达成狭义的"协议"并无本质区别。协会的"决定"对会员具有实质上的约束力，如果"决定"中包含限制竞争的内容，会员遵守该"决定"，就相当于这些会员之间相互协调了行动，即等于所有会员之间订立了限制竞争的"协议"。

典型案件：射阳县大米协会垄断协议案[2]

江苏省市场监督管理局于 2021 年 12 月对射阳县大米协会涉嫌组织本行业经营者从事垄断协议行为立案调查，2022 年 5 月作出行政处罚决定。

2021 年 9 月 9 日，射阳县大米协会组织第五届一次会员大会通过《射阳县大米协会会员单位行为自律公约》（以下简称《自律公约》）。《自律公约》中规定"4、协调销售价格……市场行情发生波动时要相互协商，坚持优质优价，统一价格，滞销时不得相互倾轧，保持相对稳定并与市场衔接……"。同时，在售后服务条款中，要求各会员单位在外地选择一至两个销售窗口，收集射阳大米价格相关信息，及时向协会反馈。

经执法机构对当事人调查发现，2003 年 12 月 18 日第二届会员大会、2008 年 12 月 18 日第三届会员大会、2016 年 2 月 24 日第四届会员大会通过的各版本《自律公约》中，均出现协调销售价格等字样。2016 年发布的《射阳县大米协会关于第三届理事会工作情况的报告》中提到"打造射阳大米航母，有利于整合经营渠道，统一销售价格"相关表述。射阳县大米协会还在会员大会上向会员单位提出"不能低于一定的价格销售""销售时统一价格""'高端产品打品牌，中端产品创效益，低端产品占市场'的经营之路，高端的每斤都卖在 10 元以上"等要求。自 2020 年 4 月 30 日第四届十次理事会修订的《自律公约》起，明确出现"统一价格"的表述。上述各版本《自律公约》均由射阳县大米协会组织起草，召集理事会、会员大会向会员单位宣讲，并组织会员单位表决通过。

此外，为确保《自律公约》的实施，射阳县大米协会还出台了一系列制度措施。例如，协会在吸纳会员时，入会协议书中明确载明："乙方必须履行《射阳县大米协会章程》，执行《射阳县大米协会会员自律公约》"；将"射阳大米"地理标志集体商标使用与《自律公约》履行情况挂钩；组织评优评先鼓励会员单位协调价格；等等。

江苏省市场监督管理局认为，射阳县大米协会本应当加强行业自律，引导本行业的经营者依市场规律开展交易，维护正常市场竞争秩序，但却以不合理条件作为约束，组织制定含有统一价格内容的《自律公约》，并强制会员单位参与，违反了《反垄断法》及相关规章的规定，具有明显排除限制竞争的目的和意图。据此，江苏省市场监督管理局对射阳县大米协会做出了 40 万元罚款的行政处罚。

---

[1]《禁止垄断协议规定》第 21 条第 1 款。
[2] 苏市监反垄断案〔2022〕1 号行政处罚决定书。

（三）其他协同行为

除"协议"和"决定"外，垄断协议还可能以其他更为隐蔽的方式达成。随着反垄断法的实施时间越来越长，企业对反垄断法会更加了解，不同企业即便真的去协调各自行动，也可能不会留下任何"协议"的证据。尤其在非常透明的高集中度市场（如寡头垄断市场）上，企业彼此关注对方行动，在某个主体作出相应决策或发出某个信号时，竞争对手很容易就能察觉并随之调整自身行为，这时，当事人之间很可能没有发生直接的意思沟通，甚至也不必这样做，但它们相互一致的行为也可能损害市场竞争。为了规范这类行为，欧盟竞争法创设了"协同行为"（concerted practices）的概念。美国《谢尔曼法》中则有与之类似的"默示通谋"（tacit collusion）。

1. 欧盟竞争法中的"协同行为"。在《欧盟运行条约》第101条中，"协议""决定"与"协同行为"是三个并列的概念，基本包含了垄断协议的所有形成方式。欧盟之所以创设"协同行为"的概念，是为了将企业间发生的所有可能产生限制竞争效果，但又不能归为狭义"协议"或认定为"决定"的协调行动，纳入竞争法的调整范围。"协同行为"起着类似兜底项的作用，能够弥补过于强调"协议"条件而使反垄断法的规制范围存在遗漏的不足。

关于"协同行为"的含义，欧盟委员会及法院对其进行了广泛的解释。在 Dyestuffs 案中，欧盟法院将"协同行为"解释为经营者间的"一种协调形式"（a form of coordination）——尚未达到可以称为订立了协议的阶段，却故意地以实际上的合作（practical cooperation）来代替竞争的风险。[1] 换言之，"协同行为"是经营者间为避免竞争所带来的不确定性风险，而心照不宣地协调各自行为，虽然没有采用"协议"或"决定"的形式，但当事人刻意为之，彼此间自觉使自己的行为符合对方的意愿。在1975年的 Sugar Cartel 案中，法院对"协同行为"作了与前述案件一样的解释，即属于一种"实际合作"，但同时补充提及，"考虑到产品的性质、经营者的重要性和数量以及相关市场的规模和性质，这种实际合作导致了不符合正常市场情况的竞争条件"；"特别是当其使得当事人能够加强其已确立的市场地位，来损害产品的有效自由流动以及消费者选择供应商的自由时，这种实际合作构成协同行为"。[2]

"协同行为"的证明，一般需要众多的客观证据，且主要是间接证据：一般需要先证明行为人间存在一致行动；再次证明它们之间存在某种形式的联系，使得它们可以通过这种联系来交流信息。单纯的一致行动，可能只是无意识的平行行为，关键是当事人之间"联系"的证明。这种联系，可以是不留证据的信息交换，也可以通过第三方来实施，如通过它们共同的一个客户，甚至是国家机关或其工作人员。

2. 美国反托拉斯法中的"默示通谋"。美国《谢尔曼法》第1条的表述因过于抽象而没有提供垄断协议的具体判断标准，但"合同""联合"和"共谋"都在指向某一个共性，即行为人间的合作。这种合作应当达到什么程度，受普通法上"合同"的认定标准影响较大。对《谢尔曼法》第1条的各种解释，常常以普通法上的"合同"作为参照，例如，需要证明当事人之间存在"意思一致"（meeting of the minds）或"相互同意"（mutual assent）。很多依据《谢尔曼法》第1条作出的判决都表明，该法要求必须证明当事人之间存

---

[1] ICI and others v. Commission, Case 48-57/69, [1972] ECR 619; CMLR 557.
[2] Joined cases 40 to 48, 50, 54 to 56, 111, 113 and 114-73, Suiker Unie and others v. Commission, [1975] ECR 1663, paras. 26-27.

在一个明示的"协议",才能认定当事人之间存在限制竞争的"合同""联合"或"共谋",而没有这样的"协议",就不受《谢尔曼法》第 1 条管辖。将合作行为的认定标准简化为明示的"协议",的确有利于可操作性,但却大大提高了《谢尔曼法》第 1 条的适用门槛。

唐纳德·特纳在其 1962 年发表的文章《谢尔曼法中"协议"的定义:有意识的平行行为与拒绝交易》中指出,《谢尔曼法》第 1 条强调"协议"的存在,而寡头垄断不需要"协议",因而不属于《谢尔曼法》的管辖范围。特纳认为,鉴于寡头垄断特殊的市场结构,企业间的一致行为是理性的,也不可避免,因为寡头垄断市场上的每个企业,都必须根据竞争对手的产出,以及对手们对自身行为的反应,来确定自己利润最大化的产出率。基于此,没有哪个法院能够颁布一项法令,要求企业在决策时不得考虑竞争对手的存在。[1]

对上述观点,美国的很多学者提出了质疑。霍温坎普认为,对"协议"的过分强调,会使得《谢尔曼法》存在相当大的"裂口",即有些行为被遗漏了。这些行为尽管是反竞争的,但没有证据证明它们是竞争者间订立了明示协议的结果。从 19 世纪早期,经济学家们就发现,在集中度高的市场上,企业可以不经明示的交流而把价格提高到竞争性水平之上,因而当事人间自然不需要"共谋"或"协议"这样的方式。[2]

至于寡头垄断市场上企业间行为的一致性(寡头依赖性),是否符合《谢尔曼法》中"协议"的要件,特纳的批评者们通过对"协议"的扩大解释解决了这个问题,即提出了所谓的"默示通谋"概念。如果企业之间存在明示的协议,则构成"明示通谋"(express collusion),而寡头企业之间相互依赖的行为,可解释为"默示通谋"(tacit collusion),两种通谋都是"协议"的表现形式,因而都属于《谢尔曼法》第 1 条所说的合作行为。

波斯纳就是"默示通谋"概念的支持者,他在批评特纳时指出,寡头企业之间的一致行为,与卡特尔具有相似性;在高度集中的市场上,企业们究竟是按照一个明示的协议行动,还是对市场上清楚明白的信号做了同样的反应,这只是细节问题。[3]

明示通谋与默示通谋的区分,一定程度上解决了《谢尔曼法》第 1 条适用中"协议"的解释及证明问题。美国法院判决的案件中,逐渐承认了"默示通谋"的存在。在 1948 年 Paramount Pictures 案中,法院判决表明,认定通谋不需要证明存在明示协议,证明存在一致行动(a concert of action)也可以。[4] 不过,一致行动可能只是一种自觉效仿,效仿行为在反垄断法中不能被认定为垄断协议。在 1954 年 Theatre Enterprises 案中,最高法院就指出,传统司法允许以间接证据证明有意识的平行行为(consciously parallel behavior)可能构成通谋,但这类行为不完全都是《谢尔曼法》中的通谋。[5] 所以,在一致行动之外,一定还需要证明存在其他因素使得一致行动具有了违法性。这里的其他因素在美国反托拉斯法上通常被叫作"附加因素"(plus factors)。[6]

---

[1] D. Turner, "The Definition of Agreement Under the Sherman Act: Conscious Parallelism and Refusals to Deal", 75 *Harv. L. Rev.* 665, 1962.

[2] [美]赫伯特·霍温坎普:《联邦反托拉斯政策——竞争法律及其实践》,许光耀、江山、王晨译,法律出版社 2009 年版,第 170 页、第 178 页。

[3] R. Posner, "Oligopoly and the Antitrust Laws: A Suggested Approach", 21 *Stan. L. Rev.* 1562, 1969.

[4] U. S. v. Paramount Pictures, 334 U. S. 131 (1948), p. 142.

[5] Theatre Enterprises, Inc. v. Paramount Film Distributing Corp., 346 U. S. 537 (1954), p. 541.

[6] [美]欧内斯特·盖尔霍恩、威廉姆·科瓦契奇、斯蒂芬·卡尔金斯:《反垄断法与经济学》(第 5 版),任勇、邓志松、尹建平译,法律出版社 2009 年版,第 223 页。

美国判例法中确认了多种附加因素可用于证明默示通谋的存在。例如，多个被告行为一致，但没有在先协议这种一致不可能实现；被告突然改变商业行为，但如果被告行为是单方的，则这样做会违背自身利益。

3. 我国《反垄断法》中的"其他协同行为"。我国《反垄断法》在"协议""决定"之外，也规定垄断协议可能以"其他协同行为"的方式存在。"其他协同行为"的概念借鉴于欧盟，但与欧盟不同的是，我国《反垄断法》将垄断协议界定为"协议、决定或者其他协同行为"，这意味着所有的垄断协议都是一种协同行为，而协议、决定不过是协同行为的典型表现形式。在欧盟竞争法，"协同行为"并非"协议""决定"的上位概念，而是与它们并列。[1]

规定"其他协同行为"有助于将各种比较隐蔽的垄断协议达成方式包含进来。特别是在数字经济领域，垄断协议很可能不需要当事人的直接联络，也不依赖于一个第三方的决定，而是借助技术、数据和算法达成。例如，经营者可能会利用平台收集或者交换价格、销量等敏感信息，利用技术手段进行意思联络，或者利用数据和算法协调行动等，这些做法涉嫌构成反垄断法上的垄断协议，但并不存在明显的协议或决定，通常只能认定为"其他协同行为"。

《禁止垄断协议规定》第5条第3款规定："其他协同行为是指经营者之间虽未明确订立协议或者决定，但实质上存在协调一致的行为"。第6条规定："认定其他协同行为，应当考虑下列因素：（一）经营者的市场行为是否具有一致性；（二）经营者之间是否进行过意思联络或者信息交流；（三）经营者能否对行为的一致性作出合理解释；（四）相关市场的市场结构、竞争状况、市场变化等情况。"其中第一项，说的是行为的一致性，后几项是从客观方面来证明，这种行为的一致性在没有当事人意思联络的情况下不可能实现。满足这两个条件，平行行为的可能性就被排除了，一致行为就只能是垄断协议。

典型案件：我国"协同行为"第一案——艾司唑仑案[2]

华中药业股份有限公司（以下简称华中药业）、山东信谊制药有限公司（以下简称山东信谊）和常州四药制药有限公司（以下简称常州四药），均为艾司唑仑原料药和片剂的生产及供应商。艾司唑仑具有镇静、催眠和抗焦虑疗效，是二类精神药品。我国对二类精神药品原料药的准入和生产实行严格管制，全国获得艾司唑仑原料药生产批准的企业仅4家，而实际在产的只有本案中被处罚的3家企业。本案的相关商品市场为艾司唑仑原料药市场和艾司唑仑片剂市场。

2016年7月27日，当时的价格垄断执法机构国家发展和改革委员会公布了对上述3家企业的处罚决定书，对3家药企违反《反垄断法》达成并实施垄断协议的行为进行处罚，合计罚款260余万元。本案是我国反垄断法实践中涉及"协同行为"认定的第一个案件。

国家发展和改革委员会调查认定，华中药业、山东信谊和常州四药在艾司唑仑原料药市场达成并实施了联合抵制交易的垄断协议，在艾司唑仑片剂市场达成并实施了固定或变更商品价格的垄断协议。上述3家药企于2014年9月至10月间在河南郑州召开会议，协商艾司唑仑原料药和片剂的有关事宜，并达成了共识：一是每家企业生产的艾司唑仑原料药

---

[1] 许光耀：《垄断协议的反垄断法调整》，人民出版社2018年版，第45页。
[2] 参见国家发展和改革委员会官网：《国家发展改革委依法查处艾司唑仑药品垄断协议案》，载https://www.ndrc.gov.cn/xwdt/xwfb/201607/t20160728_955602.html，最后访问日期：2023年7月26日。

仅供本企业生产片剂使用，不再外销；二是艾司唑仑片剂集体涨价，其中华中药业在会上作出了艾司唑仑片剂联合涨价至每片0.1元的提议。会后，3家企业实施了上述垄断协议。自2014年10月起，3家企业陆续停止对外正常供货，生产的原料药仅供自用。2014年12月之后，3家企业大幅提高艾司唑仑片的价格，涨价时机高度一致。最终，艾司唑仑片出厂价格涨至约每片0.1元。值得注意的是，郑州会议后，华中药业和山东信谊还通过会面、电话和短信等方式多次就调价信息进行沟通联络。

国家发展和改革委员会对提取的生产、库存和销售数据进行了经济学分析，认为3家药企通过实施上述垄断协议，提高了艾司唑仑片剂价格，减少了艾司唑仑片剂的总供给量，严重排除、限制了竞争，损害了消费者的利益。

在调查中过程中，常州四药提出，其在郑州会议上并未明确表示同意或反对华中药业提出的联合抵制和涨价。该公司决定停止供货是由于其原料药生产存在产能限制，艾司唑仑片剂的价格是根据国家政策和市场竞争状况独立制定的。该公司基于市场上收集到的艾司唑仑片涨价的信息，采取了相应涨价措施。

国家发展和改革委员会并不认可常州四药的主张。国家发展和改革委员会认定，艾司唑仑原料药市场是一个典型的寡头垄断市场，3家涉案企业对原料药市场实施封锁，使得下游片剂市场的竞争者急剧减少，市场竞争十分有限。常州四药参加了协商不对外供货和联合涨价的会议，与竞争者就未来业务安排和价格等敏感信息进行了交流，对于华中药业提议的联合抵制及涨价未表示明确反对，也没有向反垄断执法机构主动报告。此外，常州四药停止供货和涨价的时间点与华中药业和山东信谊是高度一致的，且涨价幅度与华中药业在会上的提议基本一致。鉴于上述理由，尽管常州四药在垄断协议的达成、实施过程中属于跟随者，但国家发展和改革委员会事实上实施了联合抵制和固定价格的垄断协议。

典型案件："密码器"案[1]

2010年10月20日，人民银行合肥中心支行牵头组织召开安徽省支付密码产品选型评审会议，从6家参选供应商中确定信雅达公司、兆日公司、海基业公司作为安徽省范围内推荐使用支付密码器供应商。当年12月7日，3家公司和安徽省20家银行业金融机构共同参加人民银行合肥中心支行组织召开的安徽省支付密码推广工作会议，就支付密码器销售市场分配、产品型号、市场价格、推广宣传等事项达成一致意见。

原安徽省工商行政管理局认为，上述3家企业是具有横向竞争关系的独立法人，虽然3家企业之间没有直接签订书面协议，但在实际经营活动中，共同参加了人民银行合肥中心支行组织召开的相关会议进行意思联络，一致按照分配方案划分的对象对应销售且不交叉供货，一致固定和调整销售价格，统一支付和取消代理服务费，共同开展宣传推广活动和应对媒体负面报道危机并承担相关费用等多项协同一致行为，排除、限制了竞争，扰乱了市场竞争秩序，损害了消费者权益，影响了经济运行效率。

2016年9月18日，原安徽省工商行政管理局对3家公司作出行政处罚。海基业公司不服该行政决定向国家工商行政管理总局申请复议，后者维持该行政处罚决定。而后海基业公司向北京市西城区人民法院提起诉讼，一审法院认为安徽省工商局及国家工商行政管理总局所作决定并无不当，驳回原告的全部诉讼请求。海基业公司不服一审判决，向北京市第二中级人民法院提起上诉。

---

[1] (2018) 京02行终82号行政判决书。

二审法院着重分析了该案的争议焦点，即"协同行为的认定"。二审法院认为，以协同行为方式达成垄断协议的认定标准和考虑因素主要有以下五点：①是否符合达成垄断协议行为的主体要件；②客观上经营者之间是否存在一致性市场行为；③主观上经营者之间是否进行过意思联络或者信息交流；④经营者能否对一致性行为作出合理解释；⑤相关市场的结构情况、竞争状况、市场变化情况、行业情况等因素。最终，北京市第二中级人民法院认为，一审判决认定事实清楚，适用法律正确，审理程序合法，故驳回上诉，维持一审判决。

典型案件：英国 GBE 公司与 Trod 公司利用定价算法实施协同行为案[1]

GB eye Limited 公司（以下简称 GBE 公司）是一家获得授权的体育与娱乐衍生物商品制造和销售公司，海报是其核心产品。Trod Limited 公司（以下简称 Trod 公司）是一家玩具、体育与娱乐衍生物商品销售公司。两家公司均在亚马逊（英国）平台上开展海报线上销售业务，具有竞争关系，但同时 Trod 公司也是 GBE 公司最大的在线零售商之一。

英国竞争与市场管理局（Competition And Market Authority，以下简称 CMA）经调查发现，GBE 公司在亚马逊（英国）平台上打"价格战"，引起 Trod 公司的强烈不满。GBE 考虑到 Trod 公司是自己最大的海报在线零售商之一，便于 2011 年 3 月 24 日向 Trod 公司发送电子邮件表示将停止降低部分商品的价格。之后，Trod 公司与 GBE 公司多次信件往来对双方的定价作进一步商讨，双方愿意互相不降低海报价格，并时刻保持价格追踪。一段时间后，两家公司希望利用自动定价软件实施价格监测。GBE 公司技术员工的工作记录亦证明，GBE 公司在训练自动定价软件来提高价格监测的匹配度。Trod 公司使用了不同于 GBE 公司的软件，但仍然可以遵守两公司之间的协议安排。此外，CMA 还发现，GBE 公司与 Trod 公司还曾就自动定价软件使用过程中产生的问题进行过邮件交流，以确保价格安排的准确性。双方的固定价格行为从 2011 年 3 月一直持续至 2015 年 7 月。

CMA 认为，基于现有证据，虽然 GBE 公司与 Trod 公司之间没有垄断协议的形式外观，但构成协同行为。协议与协同行为这两个概念旨在捕捉具有相同性质的垄断形式，这些形式之间的区别仅在于它们的强度和外观。CMA 指出，司法实践已经表明，协同行为应当从以下几方面理解：一是协同行为的经营者必须是独立依据自己的意志做出该行为；二是经营者之间并没有达成形式上的协议，而是用实际行动实现合作；三是协同行为包括经营者间任何直接或间接的联系，关键是存在共识；四是协同行为的证明包括行为、共谋以及行为与共谋之间的因果关系。本案中，两公司通过邮件达成了固定价格的共谋，并基于此共谋做出了实际行动。对于自动定价软件的评价，CMA 认为，自动定价软件是线上销售商常用的定价方式，不能当然地认为其违法，但本案中，GBE 公司与 Trod 公司实际上将该软件作为促进与监督实施两公司达成的固定价格共谋的工具，应予以禁止。

综上，CMA 认定两公司的行为违反英国竞争法，于 2016 年 8 月 12 日决定对 Trod 公司处以 163371 欧元的罚款，GBE 公司因申请适用宽大制度、主动提交两公司达成价格共谋的证据而被 CMA 免除处罚。

---

[1] Competition and Markets Authority: non-confidential version of infringement decision on online sales of posters and frames, https://www.gov.uk/cma-cases/online-sales-of-discretionary-consumer-products.

三、垄断协议的经济学解释

垄断协议是垄断行为的一种，反垄断法之所以禁止垄断协议，是因为它和其他垄断行为一样，会损害市场竞争，进而带来其他各种损失。在对垄断行为的各种否定性评价中，经济学上的解释一般被视为反垄断法制度的重要基础。

（一）垄断协议的本质

经济学理论告诉我们，如果单个企业的市场力量足够强大，以至于处于垄断地位时，它就是"价格的制定者"，而非"价格的接受者"。理性的垄断者基于利益最大化的考虑，必然会将价格提到竞争性水平之上，产量降低至竞争性水平之下，"无谓损失"将不可避免。反垄断法之所以禁止滥用市场支配行为，主要原因就在于此。某个企业拥有市场支配地位，也即具有了控制价格能力，[1] 当它滥用该能力，直接提高价格（剥削型滥用），或者采用排除竞争对手的方式（排他型滥用），间接提高价格，就会导致社会福利损失，因此，反垄断法需要禁止它。从这个角度看，垄断的本质是一种"提价能力"，波斯纳称之为"价格支配力"。[2]

在竞争性市场之上，企业之所以无法提价，而只能是"价格的接受者"，是因为竞争者所提供的产量有限，其提价会导致买家转移到行为人的竞争对手那里，如果市场上在行为人之外还有众多其他企业也在提供同类产品，转移而来的买家就能被其他竞争对手接纳，行为人的涨价行为将无利可图，也就难以维持。但是，如果行为人联合其竞争对手一起涨价，情况将有所不同：买家虽然也可以转移，但转移到别的卖家那里也无济于事，因为都涨价了。这时，单个卖家虽然不具有控制价格的能力，但这些竞争者之间联合起来，就很可能获得了提价能力。

这就是垄断协议的本质，即在单个企业不具有价格控制能力的情况下，它们以联合的方式，暂时获得共同的价格控制能力。如果单个垄断者提高价格的行为违法，那么多个竞争者联合起来共同提高价格的行为也应当作一样的评价。从这个意义上看，垄断协议与滥用市场支配地位的本质相同，都是不当的提价行为，区别仅在于行为主体的多少上。

（二）垄断协议的条件

如果将垄断协议的本质理解为多个企业共同获得提价能力，那么就会发现，一个垄断协议要想长期持续下去或者产生较大的竞争损害，就必须具备多个条件，其中，最为重要的条件包括以下方面：

1. 协议当事人的市场份额之和必须足够大。当事人要想通过垄断协议的方式来提高商品价格，就必须保证提价之后，买家已经基本没有转向其他卖家的可能性，或者发生转向的买家数量较少，不足以对提价行为产生足够的约束力。这就要求垄断协议当事人的市场份额加起来必须能够达到趋于"垄断"的程度。当事人的市场份额之和越大，垄断协议就会越有效；如果达到了100%，则它们和一个垄断者已经没有区别。

垄断协议的这个条件也意味着，如果当事人的市场份额之和非常低，则一般不会产生损害效果。因为买家完全可以转向其他卖家，这时，垄断协议要么无法持续较长时间，要么接受高价的买家数量较少。两种情况之下，不论市场竞争秩序还是消费者利益，受到的

---

[1] 我国《反垄断法》第22条对市场支配地位的定义，主要着眼于"经营者在相关市场内具有能够控制商品价格、数量或者其他交易条件，或者能够阻碍、影响其他经营者进入相关市场"的能力。

[2] [美]理查德·A·波斯纳：《反托拉斯法》（第2版），孙秋宁译，中国政法大学出版社2003年版，第9页。

损害都可以忽略不计，反垄断执法机构没有必要去关注这类协议。

不过，上述判断似乎不能完全从各国立法和实践中得到支持，因为不同于滥用市场支配地位行为，很多国家反垄断法禁止垄断协议时，都未将市场份额作为违法性标准。尤其对于固定价格、限制产量和分割市场等横向垄断协议，大多国家将其视为"本身违法"或"核心限制"，即不看行为人的市场份额多少，只要实施了这类行为就应当去禁止。

虽然从垄断协议的基本原理看，上述做法似乎不合理，但从务实性的角度看，忽略市场份额因素而禁止某些垄断协议又具有很大程度上的合理性，这主要是基于节约执法资源的考虑。如果反垄断法将市场份额作为垄断协议的违法性标准，即过滤掉那些当事人市场力量之和较小的垄断协议，表面上看似乎解脱了执法机构，但实际上，反垄断执法机构查处垄断协议时必须考察行为人的市场力量有多大，这又涉及相关市场的界定、市场份额的计算等一系列复杂问题，如果额外进行市场力量调查的成本过大，结果反而增加了执法机构的负担。很可能这样下来，在有限的执法资源下，反垄断执法机构能够处理的垄断协议案件会更少。

此外，市场主体都是理性的，它们也知道如果市场份额较小即便达成垄断协议也无济于事，所以实践中，凡已经达成垄断协议的场合下，当事人基本已经进行过判断，即很大程度上具有提高价格的可能性。同时，协议当事人的市场力量之和到底达到多大程度，这类协议才会产生需要反垄断法关注的竞争损害，也很难确定一个明确的标准。

当然，如果协议当事人的市场份额非常之小，即便不依赖严格的市场调查，也能确定地知道协议当事人的市场份额之和不足以形成控制价格的能力，则对这些协议，反垄断执法机构也可以忽略。欧盟竞争法有这方面的相关规定。欧盟专门发布通告（De Minimis Notice），对那些影响较小的协议（agreements of minor importance）排除了竞争法的适用，即如果某些协议对成员国之间的贸易或竞争影响微乎其微时，则不认为它们属于竞争法上的垄断协议，进而排除竞争法规则的适用。这里的影响较小的协议，主要就是从当事人市场份额来认定的，即竞争者间协议当事人的市场份额之和不超过10%，或者非竞争者间协议当事人的市场份额均不超过15%。[1]

2. 协议外的其他市场主体无法破坏该协议。一个限制竞争的协议不仅面临相关市场上未参与协议的现有竞争对手的挑战，还面临潜在竞争者的压力。产品价格的提高会导致潜在竞争者进入该市场，如果市场进入是自由、充分和及时的，买家就可迅速转向这些新的进入者，随着协议外的竞争者数量增多，价格自然下降，垄断协议也就难以维持。所以，市场进入障碍构成了垄断协议得以维持的另一个重要条件。在不存在市场进入障碍的情况下，垄断协议大多会因市场的自由竞争而被消解。执法机构可以将有限的执法资源更多用于存在较大市场进入障碍的领域，因为存在较大市场进入障碍的话，垄断协议的维持会更加容易，损害效果也会更加明显。

分析垄断协议中的市场进入障碍，与分析滥用市场支配地位行为和经营者集中的市场进入障碍没有区别，都可以从准入制度、规模经济、投资风险、沉没成本、客户忠诚度、排他协议等方面去判断。

3. 协议当事人必须能够发现成员的欺骗行为并施加惩罚。经济学研究发现，垄断协议很容易达成，但同时也很脆弱，容易被成员背叛。因为在利润最大化的刺激下，每个垄断

---

[1] Notice on agreements of minor importance which do not appreciably restrict competition under Article 101（1）of the Treaty on the Functioning of the European Union（De Minimis Notice）（2014/C 291/01）.

协议成员都有欺骗的动机。一个成功的垄断协议，能够使得各方的销售价格都高于自己的边际成本，但每个企业的边际成本不同，如果某个成员能够暗地里以低一点的价格销售商品，只要高于自己的边际成本，就可以进一步增加自己的利润。因为一方面会有很多买家不愿支付垄断高价但愿意支付该更低的价格，另一方面也可以将其他成员的客户"偷"一些过来。垄断协议容易发生欺骗的根源在于，每个成员都知道，只要低于约定的价格但高于自己的边际成本销售商品，就能获得更多的利润。有学者就指出，只要其他协议成员都能坚守承诺，而欺骗行为又不易被发现的话，遵守固定价格等垄断协议就会显得"愚昧"。[1]

实践中，垄断协议成员的欺骗方式有多种。例如，可以是秘密打折，即表面上按照约定的垄断高价销售但偷偷地打折或返点；也可以是秘密的价格歧视，即对不易被发现的客户实施低价，对大多数客户仍是高价销售；还可以"偷龙转凤"，在产品上做文章，如将垄断协议所涉及的产品伪装成协议外的产品而低价销售。

理论上看，只要垄断协议所确定或维持的高价超过了其成员的边际成本，垄断协议就有随时被瓦解的可能性，除非成员的欺骗行为能够被有效、及时地发现并被惩罚。实践中，发现欺骗行为有多种方式，如垄断协议成员可以互相允诺查询对方的销售记录和账簿，可以直接公开价格，可以约定采用标准化的产品以防止发生隐性的价格歧视等。

要维持垄断协议的稳定性，仅发现欺骗行为还不够，还必须能够对欺骗行为进行惩罚，使得欺骗行为无利可图。这种惩罚当然不能通过诉讼的方式来实现，因为垄断协议是违法的，不受法律保护。常见的惩罚方式是降价，即一旦发现某个成员欺骗，未欺骗的成员可以把价格降到竞争性水平，这样的后果是，实施欺骗行为的成员也不得不降价，最终大家都无法获得垄断利润，欺骗行为也就无利可图。此外，"最低价承诺"的方式也可以起到惩罚效果，即垄断协议成员和买家约定，一旦发现其他协议成员以更低价格销售，自己的客户也能获得该低价。不过，上述惩罚方式都是"一损俱损"的，即欺骗者虽然无利可图了，未欺骗的成员也因此损失了垄断利润。所以实践中，还会存在其他惩罚方式，即让欺骗者付出更大的代价，或者说惩罚者受到的损失相对更低。例如，未欺骗的成员可能会对欺骗者实施抵制，如要求它们共同的客户（如上游的原料供应商或下游的销售商）不再与欺骗者进行交易，只要未欺骗者加起来的市场力量足够强大，这种抵制往往能够很方便地实施。

第二节 垄断协议的主要类型

一、垄断协议的分类及其意义

（一）垄断协议的基本分类

垄断协议可以在学理上进行多种分类，如价格垄断协议与非价格垄断协议、明示垄断协议与默示垄断协议、典型垄断协议与非典型垄断协议等。从协议当事人之间的关系看，垄断协议可以分为横向垄断协议和纵向垄断协议。这种分类在反垄断法理论和实践中最为常见。我国《反垄断法》第17条和第18条分别规定了横向垄断协议与纵向垄断协议，即将这两类协议分别规定。不过，这种做法在世界范围内并非惯例。美国《谢尔曼法》第1条、《欧盟运行条约》第101条在规定垄断协议时都将二者统一在一起，德国《反限制竞争

---

[1] [美]欧内斯特·盖尔霍恩、威廉姆·科瓦契奇、斯蒂芬·卡尔金斯：《反垄断法与经济学》（第5版），任勇、邓志松、尹建平译，法律出版社2009年版，第159页。

法》、《日本反垄断法》、韩国《垄断规制与公平交易法》及我国香港特别行政区《竞争条例》也采用同样做法，未在立法上对垄断协议作出横、纵的区分。不过，这些国家或地区的相关配套指南、反垄断法理论与实践一般都接受横向垄断协议与纵向垄断协议的区分。

1. 横向垄断协议与纵向垄断协议的含义。从字面上看，垄断协议是限制竞争的协议，其上位概念是协议。协议是中性概念，如果协议中包含了反垄断法所关注的排除、限制竞争内容，则构成一项垄断协议。横向垄断协议的上位概念是横向协议，纵向垄断协议的上位概念是纵向协议。

横向垄断协议，又称横向限制（horizontal restraints），即横向协议中的排除、限制竞争内容，是指因生产或销售同一类产品或提供同一类服务而具有竞争关系的经营者，通过协议、决定或协同方式共同实施的限制竞争行为。具有竞争关系的经营者，包括处于同一相关市场进行竞争的实际经营者和可能进入相关市场进行竞争的潜在经营者。横向垄断协议的行为人之间本来具有竞争关系，但通过横向联合，消除或限制了相互之间的竞争。在反垄断法文献中，横向垄断协议习惯性被称为"卡特尔"（cartel）。

纵向垄断协议，又称纵向限制（vertical restraints），即纵向协议中的排除、限制竞争内容，是指同一产业中处于不同经济层次的经营者之间达成的限制竞争行为。纵向垄断协议发生在同一产业中的上下游企业之间，如生产商与批发商、批发商与零售商之间，这些经营者之间不是竞争关系，而是交易关系。这种安排不会直接在它们之间排除或限制竞争，但通过纵向垄断协议，上游或下游市场上的竞争可能受到限制。

2. 特殊情形下的垄断协议认定。在认定某个协议属于横向垄断协议还是纵向垄断协议时，需要注意几个特殊问题：

（1）竞争者之间也可能达成纵向垄断协议。这包括两种情形：一是竞争者间达成的互惠型纵向垄断协议，即协议当事人均同时为上游的生产商（或供应商）与下游的分销商，双方订立的互相分销协议中包含限制竞争的内容，由于这种协议很容易产生横向共谋的效果，所以对其法律评价一般按照横向垄断协议来处理；二是竞争者间达成的非互惠性纵向垄断协议，主要指双重分销（dual distribution）的场合，即协议的一方当事人既是上游的生产商（或供应商），又是自己产品的下游分销商，同时还将产品交由独立分销商进行分销，这时，生产商与独立分销商之间既存在纵向关系（供货），也在分销市场上存在竞争关系，如果分销协议中包含限制竞争的内容，则构成垄断协议——由于分销协议的主要内容仍是交易，所以通常按纵向垄断协议对待。

（2）商品销售中的代理协议，不构成纵向垄断协议。代理协议指代理人被授权代表本人（被代理人）从事某行为，行为效果归属本人的协议安排。如果代理协议发生在商品销售领域，即便协议内容涉及对代理人销售活动的限制，如生产商设定代理人销售商品的最低价格，一般也不能认定为纵向垄断协议。因为代理人是代表本人从事销售活动的，其销售活动原本就应接受代理人的限制，或者说，代理人的行为在效果上如同本人的行为，所以，本人对代理人销售活动的限制，本质上是单方行为。

是否属于真正的代理协议，主要判断标准是商品销售中的所有权归属及风险负担，即商品所有权归谁，商品的运输、存储、滞销、损害赔偿等风险由谁承担。如果商品仍由本人所有，商品销售中的主要风险均由本人承担，则构成真正的代理协议。实践中，有时当事人以代理协议自居，但实际上双方之间就是买卖合同关系，则这时合同中的限制性条款，就可能构成纵向垄断协议。

当然，说代理协议不构成纵向垄断协议的前提是代理协议中的限制性内容仅涉及商品销售。如果限制性内容涉及代理人和本人关系，如存在排他代理的要求——代理人要求本人只能将商品交由其来代理，或者本人要求代理人不得代理与本人有竞争关系的其他品牌，则这些条款仍然可能构成纵向垄断协议。因为这些条款限制的是代理人和本人的代理关系，而非所代理商品的销售条件；在决定由谁代理、为谁代理时，本人、代理人均属独立的经营者，所以，这种限制仍然可能构成纵向垄断协议，其限制竞争效果需要进一步分析。

（3）对终端消费者的限制，不构成纵向垄断协议。商家可能对终端消费者施加某些限制，如要求消费者只能购买、消费自己的商品，不能购买、消费竞争性品牌，这一般也不被视为纵向垄断协议。

一般认为垄断协议是两个以上经营者之间的行为，不涉及消费者。一方面，终端消费者购买商品，是为消费而非转售，即不再参与市场竞争，故这种限制不会对下游市场的竞争产生影响；另一方面，限制终端消费者，虽然可能在上游市场产生一定的排他效果，但因为消费者购买的数量有限，这种限制竞争的效果也不明显。基于此，各国反垄断法关注的纵向垄断协议，基本不包括经营者与终端消费者订立的协议。

需要注意的是，这种限制虽不构成纵向垄断协议，但有可能构成滥用市场支配地位。当行为人具有较大的市场力量时，它可以对所有或绝大多数终端消费者施加限制要求，这就可能对其竞争对手造成较大的排斥效果，即竞争对手无法再将商品销售给足够数量的终端消费者。在我国《反垄断法》中，这种限制性做法可能涉嫌构成滥用市场支配地位中的限定交易或者附加不合理的交易条件。

（二）垄断协议分类的意义

将垄断协议区分为横纵两类，主要原因是这两种垄断协议对竞争的损害效果不同，因而反垄断法的适用需要采用不同的分析方法。

1. 横向垄断协议与纵向垄断协议的竞争效果差异。横向垄断协议与纵向垄断协议损害竞争的方式、大小与类型均存在差异。

第一，限制竞争的方式不同。横向垄断协议的当事人是具有竞争关系的经营者，因而这类协议会产生直接的限制竞争效果，其对竞争的限制是立竿见影的。纵向垄断协议的当事人之间是交易关系，其对竞争的限制只能发生在上游或下游市场之上，这种限制是间接的，且依赖于多种条件。例如，当生产商要求销售商不能销售竞争性品牌时，限制竞争效果发生在上游市场上，即对生产商的竞争对手造成排斥，但只有下游的销售商足够重要时，这种限制才会真正对生产商的竞争对手产生实质性影响。当生产商对销售商的转售价格进行限制时，损害效果表现为下游市场上销售商之间的价格竞争受到影响，但只有当生产商对所有或绝大多数销售商都施加同样限制时，损害效果才会出现。[1]

第二，竞争损害的大小不同。横向垄断协议的当事人之间具有相互诱导性，而纵向垄断协议的当事人之间具有相互抑制性。这会使得纵向垄断协议的损害通常比横向垄断协议小。横向垄断协议主要涉及生产或销售相同或类似商品的竞争者之间的协议，在横向关系中，一个经营者利用市场力量提高产品价格，可能使竞争对手受益，因为竞争对手也会随之提高价格，大家共同获利。这会激励竞争者诱导彼此从事限制竞争行为。在纵向关系中，当事人之间是交易关系，也可以说存在互补性，一方的产品往往是另一方的投入品，无论

---

[1] 正因为纵向垄断协议不直接限制竞争，我国学者许光耀认为，纵向垄断协议本质上不是一种独立的垄断协议。参见许光耀：《反垄断法前沿问题的研究进展》，载《价格理论与实践》2020年第1期；许光耀、牛钰彤：《转售价格维持的反垄断分析方法研究——兼评"韩泰轮胎案"》，载《价格理论与实践》2021年第9期。

是上游还是下游经营者对交易相对方施加限制通常会损害另一方对产品的需求。因此，纵向垄断协议当事人常常有阻止另一方施加限制的动机。

第三，竞争损害的类型不同。反垄断法所维护的竞争，可以分为"品牌内的竞争"（Intra-brand Competition）和"品牌间的竞争"（Inter-brand Competition）。两种竞争虽然都需要维护，但二者对整个市场竞争的影响不同。通常情况下，"品牌内竞争的减少只有在品牌间竞争有限时才会成为问题"。[1] 如果品牌间竞争是激烈的，品牌内竞争的减少不大可能削弱市场竞争状况，也不大可能对消费者产生消极效果。因为品牌间竞争的压力，使得某品牌的生产商或销售商不敢提高价格、减少供应，否则消费者会流向其他品牌。只有在品牌间竞争有限时，品牌内竞争的削弱才会成为问题，因为这时，来自其他品牌的竞争压力小了，品牌内部竞争的限制很可能会导致产品价格的提高或者产品供应的减少。所以在反垄断法上，更加关注并刻意维持的主要是品牌间的竞争，只有品牌间竞争受到限制时，才需要维护品牌内的竞争。横向垄断协议大多是不同品牌的竞争者间达成的安排，主要限制品牌间的竞争；纵向垄断协议大多是同一品牌内部不同交易环节的上下游经营者间达成的安排，如生产商对销售商的限制，所以限制的主要是品牌内的竞争。

此外，大多横向垄断协议不大可能在限制竞争的同时还产生促进竞争的积极效果，而大多纵向垄断协议往往同时具有消极效果与积极效果，所以反垄断法适用时更需要正负效果的衡量。

2. 纵向垄断协议竞争效果的特殊性。纵向垄断协议的消极效果通常体现为限制同一品牌内不同销售商之间的竞争，或者通过提高市场进入障碍对其他经营者造成反竞争性排斥，有些情况下也会减少品牌间的竞争，如多个生产商将不同品牌商品交由同一销售商销售并施加纵向限制时可能会便利生产商之间的共谋。

不过，在分析纵向垄断协议的竞争影响时，承认其可能产生某些积极效果非常重要。纵向垄断协议由于涉及生产商和销售商之间的生产或销售安排，通常有助于企业优化生产或分销过程，并因此带来效率。如果某个市场主体不拥有市场力量，进而无法通过直接或间接提高价格来谋求垄断利润，那么它只能通过优化生产或分销过程来增加利润。在很多情形下，纵向垄断协议有助于这种优化。

纵向垄断协议的积极效果通常表现为以下几个方面：

第一，解决"搭便车"（free-rider）问题。在同一相关市场内，由于商品的相同或相似性，经营者很容易搭上竞争对手的"便车"。"搭便车"问题主要发生在销售商间，即一个销售商对商品的宣传，会使销售同一品牌商品的其他销售商从中获利。纵向垄断协议可以解决这种"搭便车"问题。例如，生产商在某个区域内只有一家销售商，则该销售商的宣传行为就无法被其他销售商"搭便车"。

第二，有利于开辟或进入新市场。如果生产商想要进入一个新的地域市场，则可能需要销售商在该市场为树立品牌形象而进行专门的"初始投资"。为了说服当地的销售商进行这种投资，生产商可能需要为销售商提供地域保护，即在有限的时间内，保证不会在该地域内设立另外的销售商，以便该独家销售商能够通过暂时收取高价而收回投资。

第三，解决"套牢"（hold-up）问题。有时为了达成某项交易，行为人可能需要针对特定相对人进行专属投资，在投资完成后，如果不通过某些限制条款来确保投资人利益，投资人就很可能被"套牢"。在相关限制性安排确认之前，行为人也不会有投资动力，交易

---

[1] Case C-306/20 - Visma Enterprise, para. 78.

也就无法达成。所以这类限制性安排通常被认为有助于提升效率。与交易相关的特殊设备采购、特殊设施建设、特殊员工培训等，都可能构成专属投资。

第四，维护产品的统一性和质量的标准化。纵向垄断协议可以通过对销售商施加一定程度的一致性和质量标准化要求，来帮助创建品牌形象，从而增加产品对最终消费者的吸引力，并增加其销售额。

第五，改善销售体系。实践中很多销售行为以"专卖店"的形式出现，既然是"专卖"，自然不能销售竞争性品牌。有些"专卖"要求可能是生产商对销售商施加的，这涉嫌构成纵向垄断协议，而之所以有这类限制，可能是为了建立更好的销售体系。例如，对一些高档产品来说，不仅产品的声誉、形象至关重要，购物环境与售后服务同样重要，而专卖有助于商品销售，并能给消费者提供更好的购买体验与售后服务。此外，有些商品或服务的销售需要重大投资（如汽车销售），销售商未必具有足够的投资能力，这时，如果生产商完成或参与投资，则其往往会要求销售商不得同时销售竞争性品牌。这类限制不仅有利于商品销售体系的建立，进而增加市场竞争，也可避免投资完成后竞争性品牌"搭便车"。

二、横向垄断协议的主要类型

根据我国《反垄断法》第17条的规定，横向垄断协议主要有以下类型：

（一）固定或者变更商品价格

固定或变更商品价格的垄断协议，简称固定价格协议，又称价格卡特尔，是指在同一相关市场上具有竞争关系的多个竞争者，以协议、决定或其他协同方式固定或者变更商品（含服务，下同）价格的行为。固定或者变更价格主要指作为卖家的经营者约定共同提高价格或者不降价，而不包括它们共同降价的行为。如果行为人属于买方，固定或者变更价格则体现为压低购买价。在反垄断法上，如果没有特别说明，垄断行为主要被假设为是卖家行为，对应的英文是 monopoly。如果垄断行为由买家实施，则属于"买家垄断"，在英文中有专门的词即 monopsony。这两种垄断行为的分析方式不尽相同，但大致而言，是方向相反的两种行为，所以也有学者说，买家垄断是卖家垄断的"镜像"（the mirror image of monopoly）。[1]

固定或变更商品价格的垄断协议存在多种表现形式，不仅可以直接固定价格，还可以通过对形成价格的各种因素达成一致意见，或者进行价格信息交流等方式间接固定价格等。具体来说，下列价格行为一般会被认为属于固定或者变更商品价格的垄断协议：①固定或者变更价格水平、价格变动幅度、利润水平或者折扣、手续费等其他费用；②约定采用据以计算价格的标准公式、算法、平台规则等；③限制参与协议的经营者的自主定价权；④通过其他方式固定或者变更价格。

在招投标领域，价格卡特尔可能表现为串通投标的一种方式。串通投标一般包括两种行为：一是投标人之间的串通，即多个投标人就投标报价达成一致安排，以抬高或压低标价，或者让某人中标、排斥其他投标人；二是投标人与招标人之间的串通，即投标人与招标人以不正当手段从事私下交易，使公开招标投标流于形式，如招标人故意泄露标底、故意引导促使某人中标、实行歧视性招标等。第一种串通投标行为涉嫌构成横向垄断协议。在招投标活动中，投标人之间具有竞争关系，应当独立报价，串通投标则破坏了公平竞争的招投标秩序。德国《反限制竞争法》、韩国《垄断规制与公平交易法》、我国香港特别行

---

[1] Maurice E. Stucke, "Looking at the Monopsony in the Mirror", 62 *Emory L. J.* 1509, 2013, p.1516.

政区《竞争条例》等国家或地区反垄断法中规定了这类行为。我国《反垄断法》虽然没有将串通投标列为横向垄断协议的一种类型，但固定或者变更商品价格、分割市场等垄断协议可以将其包含。此外，《招标投标法》明确禁止串通投标，[1]《中华人民共和国刑法》（以下简称《刑法》）中也有串通投标罪。

价格是市场供求关系的反映和资源配置的信号，价格机制是价值规律的基础，在市场机制中居于核心地位，价格竞争也是最基本和最重要的市场竞争形式。固定或者变更商品价格的垄断协议限制了价格形成的竞争机制，破坏了市场经济的基础，所以，通常在各国立法或实践中被视为最严重的垄断协议类型。

典型案件：上海黄金饰品垄断案[2]

上海黄金饰品行业协会分别于2007年7月、2009年1月、2009年10月、2010年2月、2011年11月21日多次组织具有竞争关系的会员单位商议制定《上海黄金饰品行业黄金、铂金饰品价格自律实施细则》，约定了黄、铂金饰品零售价格的测算方式、测算公式核定价浮动幅度。执法人员依照前述"价格自律细则"中规定的测算公式制作了某商品测算价格及浮动范围表，经对比，发现老凤祥银楼、老庙、亚一、城隍珠宝、天宝龙凤这五家金店的黄、铂金饰品零售牌价全部落在测算公式规定的浮动范围内，并且调价时间、调价幅度以及牌价高度一致，故认定五家金店操纵了黄、铂金饰品价格。

本案涉及行业协会组织本行业经营达成垄断协议，且属于固定或者变更商品价格的横向垄断协议，而固定方式则是设定统一的价格计算公式。

典型案件：两家药企通过串通投标提高药品销售价格案[3]

2023年4月，上海市市场监督管理局对上海旭东海普药业有限公司（以下简称旭东海普）与天津天药医药科技有限公司（以下简称天药科技）达成并实施"固定或者变更商品价格""分割销售市场"的垄断协议行为作出行政处罚，对两家公司罚款合计57 055 846.09元。

经查，旭东海普主要从事药品生产、药品销售等业务，天药科技主要从事药品批发、药品零售等业务，氟尿嘧啶注射液（抗代谢抗肿瘤药）系双方经营产品之一，在该药品销售领域，双方是具有竞争关系的经营者。2015年10月至2020年12月，旭东海普与天药科技在中国境内销售氟尿嘧啶注射液时，达成并实施了固定或者变更商品价格、分割销售市场的协议，排除、限制了市场竞争，损害了消费者利益和社会公共利益。

2015年，旭东海普与天药科技多次会面，讨论氟尿嘧啶注射液合作事宜，并于2015年10月28日达成氟尿嘧啶注射液"横向联盟"协议，形成固定或者变更商品价格、分割销售市场的共识和长期默契。具体内容如下：①双方达成共识，在氟尿嘧啶注射液投标时相互沟通报价，不打价格战，实行价格联动，将各地投标价提升至不低于6.52元/支，对商业公司供货价提升至不低于5.28元/支。之后，双方通过协商再提高价格。②双方约定，根据各自传统优势销售区域对中国境内市场进行划分，其中安徽、甘肃、广东、海南、广

---

[1]《招标投标法》第32条第1款规定："投标人不得相互串通投标报价，不得排挤其他投标人的公平竞争，损害招标人或者其他投标人的合法权益。"

[2] 参见国家发展和改革委员会官网：《上海黄金饰品行业协会及部分金店实施价格垄断被依法查处》，载https：//www.ndrc.gov.cn/xwdt/xwfb/201308/t20130813_956186.html，最后访问日期：2023年7月26日。

[3] 沪市监反垄处〔2023〕3220190101501号行政处罚决定书、沪市监反垄处〔2023〕3220190101519号行政处罚决定书。

西、河南、湖南、江西、辽宁、内蒙古、青海、山东、陕西、新疆和上海等15省份为旭东海普的销售市场，北京、福建、贵州、河北、黑龙江、吉林、江苏、山西、湖北、四川、云南、浙江、重庆、宁夏和天津等15省份为天药科技的销售市场。双方约定须配合对方销售市场招投标工作，以保证对方公司中标。同时，双方可以在对方销售市场销售氟尿嘧啶注射液，但在对方销售市场的各省份平均每月销售量不超过10件（1件为120盒，1盒为5支），即每年销售量不超过7.2万支。

上海市市场监督管理局认为，在上述垄断行为实施期间，氟尿嘧啶制剂企业较少，市场竞争并不充分，当事人的行为严重排除、限制了市场竞争，使价格作为资源优化配置的信号失灵，削弱了两家公司通过改进生产工艺、提高药品质量，进而增加利润的动力，不利于医药行业持续健康发展。此外，涉案行为还损害了患者利益、增加了国家医保基金支出。

(二) 限制商品的生产数量或者销售数量

限制商品的生产数量或者销售数量的垄断协议，简称限制数量协议，又称数量卡特尔，是指具有竞争关系的经营者通过限制相关市场上商品的生产数量或销售数量，间接控制商品价格的垄断协议。一般来说，价格与数量之间呈反比例关系。市场上商品的数量越多，价格就越低；商品的数量越少，价格就越高。在有效竞争的情况下，经营者会根据市场价格的变化调节商品生产或销售的数量，同时，数量变化又会使得价格在正常范围内发生变化。因此，经营者之间除了直接固定或者变更商品价格之外，还可能会通过限制数量来达到固定或者变更商品价格的目的。据此，各国反垄断法一般也将限制数量协议看作与固定或者变更商品价格一样，对市场竞争具有较大的危害性。

从内容看，限制数量协议有两种：①限制生产数量协议，即经营者以限制产量、固定产量、停止生产等方式限制商品的生产数量，或者限制特定品种、型号商品的生产数量；②限制销售数量协议，即以限制商品投放量等方式限制商品的销售数量，或者限制特定品种、型号商品的销售数量。

典型案件：宜宾市砖瓦协会案[1]

2009年7月，宜宾市恒旭投资公司、吴桥建材公司、四和建材公司三家企业作为发起单位，成立了宜宾市建材行业协会砖瓦分会（2010年设立为宜宾市砖瓦协会）。成立后，协会组织56家成员企业召开大会，协商通过了《宜宾市建材行业协会砖瓦分会暂行管理办法》，约定成员企业分片区确定29家企业停产停工、27家企业继续生产，以此控制砖瓦总产量。以《管理办法》为基础，协会制定了《技术服务合同》和《停产整改合同》，对停产会员单位予以费用补偿。2009年7月至9月，协会对成员企业陆续进行了产量核定，出具了《产量确认书》，并分别与生产企业签订了《技术服务合同》，与停产企业签订了《停产整改合同》，约定由宜宾市砖瓦协会按约支付停产扶持费，振兴砖厂、曹地湾砖厂等停产企业在停产期间，不得恢复生产，否则将承担违约金。

2012年2月，原四川省工商行政管理局对宜宾市砖瓦协会及相关厂家涉嫌垄断行为正式立案调查，并于2013年3月对宜宾市砖瓦协会作出了50万元的行政处罚决定，对多家主

---

[1] 川工商处字〔2013〕7001号、7003号、7004号、7005号、7006号、7007号行政处罚决定书；(2020) 最高法知民终1394号民事判决书。

要成员企业也分别进行了行政处罚。

就上述涉案行为,华家矸砖厂张某某主张,其系在宜宾市砖瓦协会的发起人吴桥建材公司、四和建材公司、曹某某等的胁迫下,加入该砖瓦协会,签订《停产整改合同》,并因该合同被迫停止生产;宜宾市砖瓦协会及其发起人通过广泛签订上述合同,迫使宜宾市部分砖瓦企业停产,通过减少砖瓦供应量,实现提高砖瓦价格、赢取不当利益的目的,但宜宾市砖瓦协会和仍维持生产的砖瓦企业支付了少量停产扶持费后不再依照约定付款,其行为排除了张某某参与竞争,构成对反垄断法的违反,故诉至成都中院,请求判令宜宾市砖瓦协会、吴桥建材公司、四和建材公司、曹某某等连带赔偿经济损失 33.6 万元及维权合理开支 8 万元。成都中院认为,被诉行为构成对反垄断法的违反,侵害了张某某的权益,故判决四被告连带赔偿经济损失 33.6 万元、维权合理开支 5000 元。吴桥建材公司、曹某某、宜宾市砖瓦协会不服,向最高人民法院提起上诉。最高人民法院知识产权法庭二审认为,张某某自愿参与该案横向垄断协议并作为实施者之一,主张该横向垄断协议的其他实施者赔偿其因实施该垄断协议引发的所谓经济损失,实质上是要求瓜分垄断利益,并非反垄断法所意图救济的对象,故判决撤销原判,驳回张某某的全部诉讼请求。

(三) 分割销售市场或者原材料采购市场

分割销售市场或者原材料采购市场的垄断协议,简称分割市场协议,主要指具有竞争关系的经营者之间共同划定或分割地域市场、客户市场或产品市场的行为。由于固定或者变更商品价格的垄断协议一般在各国受到严厉禁止,分割市场协议就往往作为一种替代方式,即经营者通过在一定的地域市场、客户市场或产品市场内减少或排除竞争者来间接达到控制价格的目的。

根据分割的对象不同,分割市场协议一般涉及地域市场、客户市场和产品市场三种。我国《反垄断法》没有按对象对分割市场协议进行区分,而是按照标的是成品还是原材料,将分割市场协议界定为分割销售市场和分割原材料采购市场两类。但不论销售市场还是原材料采购市场,都涉及地域、客户及产品等具体对象,所以两种分类方法的具体内容基本一致。

具体来说,我国《反垄断法》界定的分割市场协议主要指下列行为:①划分商品销售地域、市场份额、销售对象、销售收入、销售利润或者销售商品的种类、数量、时间;②划分原料、半成品、零部件、相关设备等原材料的采购区域、种类、数量、时间或者供应商。同时,反垄断法关于分割销售市场或者原材料采购市场的规定适用于数据、技术和服务等。

分割市场协议与固定价格协议、限制数量协议一样,都会对市场竞争造成严重限制,只是其形式不同,本质上都是控制商品价格。各国反垄断法一般对分割市场协议持严厉禁止的态度。

典型案件:江苏省连云港市预拌混凝土行业分割销售市场案[1]

《反垄断法》2008 年实施后,工商行政管理机关作为当时的三家反垄断执法机构之一,处理的第一个垄断案件就涉及分割市场。

---

[1] 苏工商案字 [2010] 第 00037 号、第 00038 号、第 00039 号、第 00040 号、第 00041 号、第 00042 号行政处罚决定书。

2009年3月，江苏省连云港市建筑材料和建筑机械行业协会成立的混凝土委员会组织连云港18家预拌混凝土企业（其中5家为常设委员会会员单位）召开会议，协商制定了《预拌混凝土企业行业自律条款》和《检查处罚规定》。具体做法是：会员单位设置信息员，将了解到的工程信息上报到委员会办公室，办公室统计汇总；5家常设委员会单位提出分配意见后，由经理联席会议按照就近原则和会员生产能力，确定混凝土供应单位；供应单位再与施工单位签订混凝土买卖合同；合同签订后由会员单位向协会办公室备案；常设委员会牵头组织监督检查，发现违反约定承接工程的，予以处罚。

经当时的国家工商行政管理总局授权，江苏省工商行政管理局负责调查此案。执法机构认为，混凝土委员会各成员企业属于经营同种业务的独立经营者，相互间在区域市场内具有竞争关系，该协会组织具有竞争关系的会员企业达成"行业自律条款"及"检查处罚规定"，客观上限制了预拌混凝土区域市场的竞争，属于反垄断法所禁止的"分割销售市场"的垄断协议。据此，江苏省工商行政管理局对混凝土委员会处罚款20万元，对5家常设委员会会员单位共没收违法所得136 481.21元、罚款530 723.19元，对参与签订垄断协议的其他企业，鉴于积极配合案件调查工作并及时终止违法行为，未予罚款。

（四）限制购买新技术、新设备或者限制开发新技术、新产品

《反垄断法》第17条第4项规定的横向垄断协议是"限制购买新技术、新设备或者限制开发新技术、新产品"，可简称为限制创新协议。

竞争导致优胜劣汰，为了在竞争中获得优势，经营者必然倾向于研发或购买新技术、新设备或开发新技术、新产品。与此同时，如果具有竞争关系的经营者为了摆脱竞争压力，以协议方式限制参加协议的经营者进行创新，则对于这些经营者而言，不但省去了创新投入，也不必再担心其他经营者可能进行创新而使自己处于不利的竞争地位。因此，限制创新的垄断协议，使得经营者不必再通过创新参与市场竞争，保护了低效率和落后，使得新技术、新设备、新工艺等创新技术或产品不能得到推广应用，也使新技术和新产品的开发失去了原始动力。同时，限制创新的垄断协议也会损害消费者福利，使得消费者不能得到品质更优的产品，并且可能要支付更高的价格。

具体来说，具有竞争关系的经营者达成的下列限制创新协议一般属违法行为：①限制购买、使用新技术、新工艺；②限制购买、租赁、使用新设备、新产品；③限制投资、研发新技术、新工艺、新产品；④拒绝使用新技术、新工艺、新设备、新产品；⑤通过其他方式限制购买新技术、新设备或者限制开发新技术、新产品。

典型案件：欧盟委员会对宝马、戴姆勒和大众的处罚[1]

我国《反垄断法》实施以来，还没有依据《反垄断法》第17条第4项处理的垄断案件，不过境外有相关案件。

欧盟委员会于2017年开始调查德国三家车企：宝马、戴姆勒和大众，三家车企涉嫌在柴油发动机尾气排放清洁技术上达成协议。涉案行为主要是，三家车企涉嫌在处理汽车尾气排放时使用小尺寸的AdBlue尿素储液罐，而AdBlue尿素溶液有助于减少尾气排放中的有害气体——氮氧化物的含量；同时，它们还达成一致，未在柴油发动机中安装微粒过

---

[1] Antitrust: Commisson fines can manwfacturers € 875 million for restricting Competition in emission cleaning for new disel passenger cars, https://ec.europa.eu/commission/presscorner/detail/en/ip_21_3581.

滤器。

2019年4月5日，欧盟委员会宣布，调查证实大众、戴姆勒和宝马非法垄断柴油发动机排放清洁技术，并向三家企业发送"异议声明"。

2021年7月8日，欧盟委员会作出处罚决定，宝马、大众合计被罚8.75亿欧元（约合人民币67亿元），戴姆勒则因为提供了关键信息被免于处罚。欧盟竞争事务专员玛格丽特·韦斯塔格说："车企们研发出非常好的技术，却选择不相互竞争，从而不发挥这种技术的全部潜力。它们串通一气，相互示意都不会把排放物清洁至法律要求的最低标准以下。"

（五）联合抵制交易

联合抵制交易又称联合拒绝交易，是指具有竞争关系的经营者联合起来，共同拒绝与上下游客户或者竞争对手进行交易的行为。

联合抵制交易不仅限制了行为人之间的竞争，还会限制被抵制方正常的交易自由。在自由竞争条件下，作为独立市场主体的经营者有权选择交易对象，但是，如果多个经营者联合起来，共同抵制与特定的经营者进行交易，那么被抵制的经营者就会处于不利的市场地位，甚至被排挤出市场。

我国《反垄断法》禁止三种形式的联合抵制交易：①联合拒绝向特定经营者供应或者销售商品；②联合拒绝采购或者销售特定经营者的商品；③联合限定特定经营者不得与其具有竞争关系的经营者进行交易。第一种行为是联合拒绝供货，抵制的是下游客户；第二种行为是联合拒绝采购，抵制的是上游客户；第三种行为抵制的是竞争对手，需要借助第三方来实施，该第三方通常是行为人及其竞争对手的共同客户。对竞争对手的抵制，一般是各国反垄断法规制的重点。

联合抵制交易的效果具有一定的不确定性，通常取决于抵制目的。联合抵制交易可能存在不同的目的，但比较常见的目的就是通过剥夺交易相对人或竞争对手的交易机会将其排除出相关市场或者使其处于不利地位。例如，在固定或者变更商品价格的垄断协议中，联合抵制交易可以用来惩罚破坏协议的当事人。在这种情况下，联合抵制交易对竞争是有害的，在立法或实践中一般被作为违法行为处理。与此同时，联合抵制交易在某些情况下也可以提高经济效率或有助于实现其他价值。例如，同行业经营者联合起来，拒绝与污染环境的企业交易，拒绝与从事违法行为的企业交易，甚至联合抵制交易可以用来作为小企业对抗大企业的重要手段，从而确保相关市场的有效竞争。

典型案件：广州市番禺动漫游艺行业协会案[1]

2012年5月25日，广州市番禺动漫游艺行业协会草拟了一份《展会联盟协议书》。6月2日，协会召开"第二届理事工作会议"，《展会联盟协议书》在会上通过。有19家与会企业现场在协议书上签名盖章。会后，协会工作人员将协议书送到其他会员处，征集签名、盖章。最终有52家会员企业签名、盖章。

《展会联盟协议书》的主要内容为：会员单位、本协议的联盟企业郑重承诺，除本协议约定的特殊情况外，仅参加由本协会主导、主办或者承办的广州展会；协会会员或者本协议的联盟企业如参与其他广州展会，需在参展前提前30天书面向协会提出申请，并由协会书面批示方可参加。

---

[1] 粤工商经处字〔2015〕第2号行政处罚决定书。

经原国家工商行政管理总局授权，广东省工商行政管理局对本案予以调查，并于2015年7月9日作出行政处罚决定。广东省工商行政管理局认为，上述协议内容对各协议签署企业参加展览会的选择权进行了限定，其实质是各签署企业联合抵制了广州市范围内除涉案协会主导、主办或者承办的动漫展会之外的其他动漫展会，这将排斥、限制动漫游艺展会行业本应有的自由竞争，对广州市动漫游戏展会市场的健康发展产生现实或潜在的危害。基于此，广东省工商行政管理局责令当事人停止违法行为，并对其处以10万元罚款。

本案的一个特殊性在于，广州市番禺动漫游艺行业协会既作为行业管理者（非营利性社团法人），组织本行业经营者达成了联合抵制交易的垄断协议，自己又是该协议的受益人，目的是推广自己提供的动漫游艺展会业务，而在从事该业务时，其身份又是普通的经营者。

（六）其他横向垄断协议

《反垄断法》第17条除了列举上述典型的横向垄断协议外，还有一个兜底项，即"国务院反垄断执法机构认定的其他垄断协议"。该项在我国反垄断执法和司法实践中还未适用过，反垄断法的配套规章或司法解释也未明确列举过其他横向垄断协议类型。

从理论上看，经营者之间会以各种形式展开竞争，这些竞争形式都是反垄断法的保护对象。例如，价格竞争是经营者之间最常见的竞争形式，所以《反垄断法》首先规定了价格卡特尔，而价格与商品数量、经营者所在的市场、创新等因素密切相关，所以也存在数量卡特尔、分割市场协议和限制创新协议。

同时，商品的价格也与质量紧密关联，离开质量谈价格没有现实意义，因而经营者之间也会开展质量竞争。既然有价格卡特尔，也就可能存在质量卡特尔，即具有竞争关系的经营者以共谋方式降低商品或服务的质量，这也能实现限制价格竞争的类似效果。例如，在数字经济领域，隐私保护（如商家是否过度收集个人信息）是一个重要问题，甚至可以看作是相关数字产品或服务的质量，如果大多消费者都在意隐私保护水平，则提供相关产品或服务的经营者就会在这方面存在竞争，如果它们之间就此达成共谋（如约定收集一样的个人信息），本质上就可看作一种新型的横向垄断协议。

三、纵向垄断协议的主要类型

在各国反垄断法立法与实践中，纵向垄断协议根据是否涉及转售价格的限制，被分为纵向价格垄断协议和纵向非价格垄断协议两种。

（一）纵向价格垄断协议

纵向价格垄断协议，指经营者与交易相对人之间达成协议，对交易相对人向第三人转售商品的价格进行限制的行为，一般发生于生产商与批发商、批发商与零售商之间，又被称为转售价格维持协议（Resale Price Maintenance，RPM）。我国《反垄断法》第18条第1款规定："禁止经营者与交易相对人达成下列垄断协议：（一）固定向第三人转售商品的价格；（二）限定向第三人转售商品的最低价格；（三）国务院反垄断执法机构认定的其他垄断协议。"其中，第一项和第二项属于纵向价格垄断协议。

在纵向关系中，限制转售价格的形式一般包括直接固定转售价格、限制最低转售价格和限制最高转售价格三种，有时也以推荐价的形式存在。不同的价格限制形式对竞争的影响不同，因而各国反垄断法多加以区分。限制最高转售价格和推荐价格一般不会对竞争造成限制，也不会损害消费者利益，各国反垄断法对其态度较为宽容，而固定转售价格和限制最低转售价格则是规制重点。我国《反垄断法》禁止的纵向价格垄断协议就是这两种，而不包括限制最高转售价格和推荐价格。

固定转售价格，指经营者与交易相对人达成协议，固定交易相对人向第三人转售商品的价格，包括固定转售商品的价格水平、价格变动幅度、利润水平或者折扣、手续费等其他费用。因为固定转售价格协议的存在，某一产品的价格被人为地固定下来，导致了不同经销商的价格竞争被消除，这就相当于经销商之间达成了横向的固定价格协议。价格竞争被认为是市场竞争的最重要方面，排除、限制价格竞争行为具有较大的危害性。如果该产品的生产领域竞争不足，即同类产品的生产者数量较少，固定转售价格协议的危害性还会被放大，可能直接导致该产品市场上不存在有效的市场竞争。

限制最低转售价格，指经营者与交易相对人达成协议，限定交易相对人向第三人转售商品的最低价格，包括直接限定转售商品的最低价格，也包括通过限定价格变动幅度、利润水平或者折扣、手续费等其他费用限定转售商品的最低价格。与固定转售价格不同，限制最低转售价格没有完全剥夺销售商根据市场竞争状况作出相应价格调整的权利，但这种价格调整的自由又是有限的，只能在最低价格之上进行调整。同时，由于经营者限定了最低转售价格，很可能导致消费者要支付比在有效市场竞争条件下更高的价格。

典型案件：茅台、五粮液两家酒企共领罚 4.49 亿元[1]

2013 年 2 月 22 日，贵州省茅台酒销售有限公司和宜宾五粮液酒类销售有限公司接到执法部门的正式处罚通知。

贵州省物价局在其处罚决定中称，茅台酒销售有限公司通过合同约定，对经销商向第三人销售茅台酒的最低价格进行限定，对低价销售茅台酒的行为给予处罚，违反了《反垄断法》，故对该公司依法处以上一年度销售额的 1% 的罚款 2.47 亿元。

四川省发改委在其处罚决定中称，五粮液公司通过合同约定、价格管控、区域监督、考核奖惩、终端控制等方式，对经销商向第三人销售白酒的最低价格进行限定，违反了《反垄断法》，故对该公司依法处以上一年度销售额的 1% 的罚款 2.02 亿元。

典型案件：北京凯瑞联盟教育科技有限公司固定转售价格案[2]

2021 年 2 月 20 日，北京市市场监督管理局对北京凯瑞联盟教育科技有限公司（以下简称当事人）涉嫌与交易相对人达成并实施固定转售价格垄断协议的行为立案调查。当事人是美国芝麻街英语的被许可人，拥有该品牌在中国的专有使用权和分许可权，主要从事校外儿童英语培训特许经营活动。当事人向加盟商收取许可使用费、履约保证金、管理费等费用，授权加盟商转售其课程资源开展培训活动，为加盟商提供管理咨询、教学材料、人员培训等支持服务。

2014 年至 2021 年，当事人与交易相对人通过签署合作协议、发布规章制度、下发区域定价及优惠方案、统一客服答复等方式达成并实施固定课程价格的垄断协议。例如，当事人与其所有加盟商签署的《芝麻街英语培训中心合作协议》或《特许经营协议》均有"禁止乙方的价格调整行为"条款，规定"乙方不得调整甲方规定的由乙方向学生收取的各类费用价格。未经甲方允许，乙方不得对各类收费有任何形式的涨价、打折、优惠等行为"；

---

[1]《茅台和五粮液因实施价格垄断被罚 4.49 亿元》，载 http://www.ce.cn/cysc/sp/subject/rdzt/mtwlybf/，最后访问日期：2023 年 7 月 26 日。

[2] 京市监垄罚〔2022〕06002 号行政处罚决定书。

当事人制定《芝麻街英语合作中心课程定（调）价管理制度》《芝麻街英语合作中心违规处理制度》《芝麻街英语培训中心违规处理办法》等规章制度，要求加盟商定价、调价均须报当事人审批；当事人还通过邮件将不同时期、不同地区的课程定价（包括原价即对外报价、优惠价即实收价格）发给加盟商，制定统一的优惠方案，要求全国各加盟商优惠政策须严格按照优惠方案执行，不得私自更改优惠方式及幅度。

北京市市场监督管理局认为，当事人与加盟商构成纵向上下游关系，当事人对加盟商作出统一的分地区价格管控，固定加盟商收取学费的价格调整范围，对不执行其价格管控的加盟商采取警告、限期停业整顿、罚款、全国通报批评等惩罚措施，促使当事人设定的转售价格得以实施，属于典型的固定转售价格行为。该行为排除、限制竞争，损害消费者利益。据此，对当事人处 2020 年度销售额 3% 的罚款，计人民币 942 386.47 元。

（二）纵向非价格垄断协议

经营者与交易相对人之间不直接涉及转售价格的限制竞争协议，为纵向非价格垄断协议。我国《反垄断法》没有对纵向非价格垄断协议一一列举，但第 18 条第 1 款有一个兜底项，即"国务院反垄断执法机构认定的其他垄断协议"。欧盟委员会《纵向限制指南》提及了多种纵向非价格垄断协议，下文对此做简要介绍。

1. 转售地域或客户限制。由于转售价格维持几乎在各国都被认定违法，所以市场主体就寻求其他替代方式来实现相同或类似目的，其中，对商品的转售地域或客户进行限制就是一种常见方式。具体来说，它主要表现为生产商（或供货商）对销售商转售商品的地域或客户进行限制，不允许销售商超出指定地域或对某些客户销售商品，从而确立起由生产商控制的销售网络，限制同一品牌商品在特定地域或特定客户上的竞争。

转售地域或客户限制可以表现为直接的合同义务，也可以通过间接手段实现，如以拒绝或减少折扣、拒绝供货或威胁终止合同等方式要求销售商遵照其限制，减少供应量或使供应量仅能满足所分配区域或客户群的需求，对超出地域或客户的产品索要更高价格等。

2. 排他分销。在欧盟竞争法中，排他分销（exclusive distribution）指某个品牌产品的销售商获得了一定范围内的排他性地位，有时也被称为独家销售，具体指在特定地域或针对特定客户群，某品牌商品的供应商只向一家分销商供货，导致该分销商具有了排他性。排他分销可以以地域为标准，也可以以客户为标准。排他分销的本质在于"专属地域或客户"，获得排他地位的分销商消除了来自其他分销商的竞争压力，所以实践中更多是分销商对供应商的限制，即分销商往往具有一定的市场力量。

排他分销与转售地域或客户限制具有一定的相似性，都涉及销售地域或客户的限制。二者区别在于，转售地域或客户限制是生产商对销售商的限制，销售商未必获得排他性，即在某个地域或特定客户群上，销售商可能有多个，只是它们都被要求不得向别的地域或客户销售商品。不过在排他分销中，为了确保分销商的排他地位，生产商往往也会要求购买商获得商品后，用于转售时不得"越界"，即不得向其他的排他分销区域或客户群主动销售。如果没有这种限制，其他分销商的排他地位就难以保证。所以实践中，排他分销与转售地域或客户限制很可能会同时存在。

3. 单一品牌限制。单一品牌限制（single branding）也是欧盟竞争法中的概念，指购买商被要求或诱导只能或主要购买某品牌商品用于转售，而不能购买、转售竞争性品牌的商品。与其他纵向限制主要削弱品牌内的竞争不同，这种限制会对竞争性品牌产生排斥效果，限制的是品牌间的竞争。

根据限制程度的不同,欧盟竞争法又将单一品牌限制分为两种:一是限制程度比较严重的"不竞争义务",指购买商全部或绝大多数(80%以上)同类商品来自于同一品牌;二是限制程度相对较轻的"数量强制义务",即只需要一定比例(如20%、30%)的商品属于同一品牌,往往体现为合同中的最低购买要求。

4. 排他供应。排他供应(exclusive supply),主要指供应商被要求或被诱导仅仅或主要向一个购买商销售合同商品。这种限制属于购买商(买方)对供应商(卖方)的限制,属于买方垄断。现实中,排他供应多发生于原料、配件等半成品领域,即生产商要求或诱导原料、配件供应商只向自己供货,不向竞争对手供货。如果原料、配件是生产某种产品必不可少或非常重要的,排他供应会对生产商的竞争对手造成严重影响,从而限制市场竞争。

排他供应和单一品牌限制一样,也可以表现为不竞争义务或数量强制义务。二者对竞争的影响也比较相似,主要限制品牌间的竞争,但方向刚好相反,一个是对上游供应商的限制,另一个是对下游销售商的限制。

5. 选择性分销。选择性分销(selective distribution),主要指供应商按照设定的标准在某一区域选择数量有限的分销商来销售合同商品,这些分销商同时被要求不能向该供应商的非授权分销商销售商品。

选择性分销与排他分销具有类似的效果,都限制了分销商的数量,且限制分销商向他人转售商品。二者区别在于:其一,选择性分销限制分销商的数量,不取决于排他地域,而取决于与产品性质相关的选择标准;其二,选择性分销限制转售,不是禁止对其他排他区域的主动销售,而是禁止向非授权分销商销售,即只能销售给其他授权分销商或最终消费者。

选择性分销往往是出于产品质量和形象的要求而建立起来,在两类商品上较为普遍:一是汽车、电子产品等专业性较强的商品;二是高档珠宝、香水等奢侈品。这两类商品的生产者,一般不愿将商品交给非专业人士或不符合其形象要求的销售商。

欧盟《纵向限制指南》将选择性分销分为两种:一是质量型选择性分销,即生产商仅依据产品性质所要求的客观标准,如销售人员的专业能力、销售点提供的专业服务以及销售环境的要求等,来确定分销商,这些标准的适用一般不会直接限制经销商的数量,只要标准确立具有必要性、适当性,标准适用具有非歧视性,质量型选择性分销一般不会产生限制竞争问题;二是数量型选择分销,指除适用客观的选择标准外,生产商还人为限制特定地域的分销商数量,这种选择性分销有相对明显的限制竞争效果。

典型案件:科蒂(Coty)案[1]

科蒂(Coty)要求其授权分销商遵循特定要求,不得使用其他商号在线销售科蒂产品,也不能通过未经科蒂授权的第三方网站进行在线销售,直接限制了授权分销商通过亚马逊或eBay等在线平台销售科蒂产品。科蒂的一个授权分销商Parfümerie Akzente拒绝遵循该要求,其通过亚马逊平台销售科蒂产品。科蒂在德国起诉欲阻止Parfümerie Akzente上述行为。德国的初审法院以科蒂的选择性分销行为缺乏正当理由为由拒绝了科蒂的诉求,同时认定其施加的在线销售限制无法被豁免。随后,科蒂向法兰克福高等地区法院起诉,该法院于2016年4月19日将涉案法律问题移交给欧洲法院,请求欧洲法院就若干关键问题作出预先裁决。

---

[1] Case C-230/16, Coty Germany, 6 December 2017, ECLI:EU:C:2017:941.

本案涉及多个争议问题，其中最基本的争议点是：如果选择性分销的目的是维护奢侈品形象，分销商因此被统一禁止通过第三方平台开展网络销售，该限制性行为是否违反《欧盟运行条约》第101条第1款。

针对上述问题，欧洲法院的观点如下：①为了维护奢侈品形象采用选择性分销系统是被《欧盟运行条约》第101条第1款允许的行为。在消费者眼中，奢侈品自带"奢侈光环"，这一属性使得奢侈品区别于其他类似商品，如果这一光环受损，奢侈品的实际质量可能会大打折扣，而选择性分销系统的特点和条件能够帮助维护奢侈品的质量和形象。②本案中，科蒂的限制行为并不构成对在线销售的全面禁止，分销商或转售商可以通过自身的在线网站销售科蒂产品。如果奢侈品通过亚马逊、eBay等第三方平台销售，该产品的品牌形象在消费者眼中则可能会受到损害。相反，如果奢侈品供应商以统一、客观的标准选择分销商，并以非歧视的方式施加在线销售限制，则这些行为并不超出维护奢侈品形象的必要范围。

6. 其他纵向非价格垄断协议。除上述纵向非价格垄断协议外，平价条款（最惠国条款）、进场费、搭售等，在欧盟《纵向限制指南》中也被认为可能构成纵向垄断协议。

拓展阅读：反垄断法上的最惠国条款

反垄断法中的最惠国条款（Most-favoured-nation clauses），是对国际贸易中最惠国待遇的一种类比，主要发生于买卖双方之间，指卖家向特定买家承诺，不会向其他买家提供更好的交易条件，或者如果给了其他买家更好的交易条件，则该条件也会同样给予当前买家。商业实践中的最惠国条款，准确说应该是最惠客户条款（Most-favoured-customer clauses），因为获得最惠待遇的并非国家，而只是行为人的客户。从内容看，最惠国条款虽然可能涉及各种优惠条件，但主要是价格承诺，因此，也常被称为平价条款（Price parity clauses）。

随着数字经济的迅速发展，最惠国条款开始与互联网平台相结合，产生了平台最惠国条款（Platform Most-favoured-nation clauses），即互联网平台与平台内商家约定，如果后者在其他平台或渠道以更优惠条件销售商品的，那么该优惠条件也适用于本平台。例如，某平台要求平台内商家不参与其他平台的促销活动，就是较为典型的平台最惠国条款。

我国《平台反垄断指南》第7条规定"纵向垄断协议"时提及了平台最惠国条款问题，即"平台经营者要求平台内经营者在商品价格、数量等方面向其提供等于或者优于其他竞争性平台的交易条件的行为可能构成垄断协议，也可能构成滥用市场支配地位行为"。该条指明了平台最惠国条款可能构成的垄断行为类型。

拓展阅读：纵向非价格垄断协议的分析方法

纵向垄断协议（特别是其中的非价格垄断协议）的限制竞争效果因没有横向垄断协议和纵向价格垄断协议明显，且通常具有某些积极效果，故对纵向非价格垄断协议的分析必须综合考虑多种因素。以下两项是比较重要的因素：

1. 行为人的市场力量。市场力量的因素在纵向非价格垄断协议的分析中特别重要，它直接决定了协议能否有效实施以及实施之后的损害效果大小。有学者指出，欧盟竞争法对纵向限制的主要担忧就来自于市场力量。[1] 欧盟2010年版《纵向限制指南》明确指出，"对于多数纵向限制，只有当一个或者多个贸易环节的竞争不充分的情形下，即在供应商环节或者购买商环节，或者这两个环节同时存在一定程度的市场力量时，才会导致竞争问题。"[2] 欧盟《纵向限制指南》在分析纵向限制的经济效果时，特别重视行为人市场力量的作用，在此基础上，还会进一步考虑行为人的竞争对手和客户的市场力量。

对纵向非价格垄断协议竞争效果的评估，如果不考虑行为人的市场地位，结果很可能不准确。以单一品牌限制来说，从绝对不能与竞争对手合作，到绝大多数需求不能与竞争对手合作，再到仅施加一定的数量强制义务，限制竞争效果原则上是逐渐递减的，但如果忽略了行为人的市场地位，这种判断很可能不准确。一般来说，数量强制义务的损害效果最低，但即便是这类限制，在行为人的市场份额足够大时，也能产生明显的市场封锁效果。可以假设如下情形：生产商A占有10%的市场份额，它通过下游分销商销售其80%产品，则即便分销合同要求所有的分销商只能100%采购自己的产品，其锁定的市场份额也仅为$10\% \times 80\% = 8\%$；如果A的市场份额为20%，限制条款相同的话，其锁定的市场份额为16%；如果A的市场份额为40%，则即便其仅要求销售商60%的需求向自己采购，其锁定的市场份额也达到了$40\% \times 80\% \times 60\% = 19.2\%$。

至于达到多大的市场份额，反垄断法才应禁止一项纵向非价格垄断协议，并没有绝对的标准。即便欧盟《纵向协议集体豁免条例》采用30%市场份额的安全港标准，也不意味着30%以下必然会被豁免，30%以上一定会被禁止。该安全港只是一种推定豁免，个案中可以被推翻。如果欧盟委员会能够证明，符合安全港标准的纵向非价格垄断协议在实践中产生了明显的限制竞争效果，则可以撤销《纵向协议集体豁免条例》赋予的豁免推定。同时，即便行为人的市场份额超过30%，也不影响其依据《欧盟运行条约》第101条第3款寻求个案豁免。

2. 累积效果。"累积效果"（cumulative effects），也可称网络效应（network effects），[3]即相似协议的市场覆盖率。在一个行业中，如果大部分或者全部市场主体都实施相似的纵向垄断协议，则会产生累积效果。在行为人市场地位有限时，单个或者少数纵向垄断协议的限制竞争效果并不明显，但如果这类限制数量众多，甚至整个行业都在实施这种限制，限制竞争的风险就会被放大。

累积效果的竞争风险，主要表现在通过市场封锁，可能会削弱行为人之间竞争的压力，潜在竞争也容易被排除。存在累积效果的情况下，行为人通过各自实施的纵向垄断协议，分别控制了一批合作对象，将这些合作对象束缚在自己身上，而不对竞争对手开放，从而形成以各个行为人为核心的销售或供应网络，这会使得它们面对竞争对手的竞争压力减少，或者便利它们共谋，也可能使得潜在竞争者找不到足够的合作对象，市场进入变得困难。

可以假设以下例子说明累积效果的危害性：A、B、C、D、E均为外卖平台企业，它们分别占有15%的市场份额，单看每个平台，15%的市场份额并不足以支配市场，所以，如果只有一家或两家平台要求商家只能入驻自己平台（排他分销），有效的市场竞争仍能维

---

[1] p. Sean Morris, "Vertical Restraints and Parallel Trade: Selective Distribution and Article 101 of the Treaty on the Functioning of the European Union in light of the Revised Rules on Vertical Agreements", 32 *U. La Verne L. Rev.* 185, p. 196.

[2] Guidelines on Vertical Restraints, (2010/C 130/01), para. 6.

[3] Frances Dethmers, "Ten Years on: Vertical Agreements under Article 81", *E. C. L. R.* 2009, 30 (9), p. 437.

持，但如果五个平台均通过排他分销各自控制了一批入驻商家，则75%的市场份额就被封锁了——该市场上实际有效竞争的市场份额只有25%，其他外卖平台只能在这25%的市场份额中选择合作商家，潜在竞争者进入该市场也只能就该部分份额进行争夺。

还可以以选择性分销为例来分析累积效果的影响。我们假设以下的例子：某体育用品市场上有7个生产商，市场份额分别为25%、20%、15%、15%、10%、8%和7%，前五大生产商通过选择分销体系销售产品，覆盖率为85%；各生产商的选择标准类似：必须设有实体店、必须雇佣受训的员工并提供售前服务、店内须有销售该产品的特别区域且达到一定面积、必须销售该品牌多种型号的产品、商店必须位于商业街、该类型产品销售必须占该商店总营业额的30%；五个品牌的分销商基本相同，剩下两个生产商通过不太专业的零售商销售；五个品牌都通过广告和赞助获得较好的品牌形象，两个小生产商则使用没有强大品牌形象的低价策略。本事例就存在比较明显的累积效果。首先，较高的选择标准使得一般的折扣店和网店无法加入五个主导品牌产品的分销网络，结果，消费者别无选择，只能从高服务/高价格的商店购买五个主导品牌的产品，这导致五个主导品牌的品牌间竞争减少；其次，品牌间竞争也因多品牌使用同一分销商而受到限制，甚至增加它们之间发生共谋的可能性；此外，消费者尽管可以在低服务/低价格的商店中买到两个小品牌产品，但这不能弥补上述竞争的减损，因为五个主导者的品牌形象要强大得多。

四、垄断协议的特殊达成方式

垄断协议既可能由当事人自发达成，也可能在第三方的组织或帮助下达成。我国《反垄断法》第19条规定了经营者的组织与帮助行为，第21条则规定了行业协会的组织行为。

（一）经营者的组织和实质性帮助行为

《反垄断法》第19条规定："经营者不得组织其他经营者达成垄断协议或者为其他经营者达成垄断协议提供实质性帮助。"

1. 组织与帮助行为的含义。组织行为是指对垄断协议的达成具有决定性或主导作用的行为，没有组织行为，垄断协议基本不可能达成。根据《禁止垄断协议规定》第18条第1款的规定，经营者组织其他经营者达成垄断协议，主要包括下列情形：①经营者不属于垄断协议的协议方，在垄断协议达成或者实施过程中，对协议的主体范围、主要内容、履行条件等具有决定性或者主导作用；②经营者与多个交易相对人签订协议，使具有竞争关系的交易相对人之间通过该经营者进行意思联络或者信息交流，达成反垄断法禁止的垄断协议；③通过其他方式组织其他经营者达成垄断协议。第一种情形下，作为组织者的经营者，未与他人直接达成协议，但作为第三方对他人达成垄断协议发挥了至关重要的组织作用，如主动召集他人达成垄断协议、提供了垄断协议的范本、设定了垄断协议的核心内容等。第二种情形下，作为组织者的经营者，既是他人达成横向垄断协议的第三方，也分别与横向垄断协议的当事人达成了纵向协议，构成了多个纵向协议中的协议方之一，也即这时存在若干个比较明显的纵向协议和一个比较隐蔽的横向垄断协议。需要注意的是，这里的纵向协议，未必是纵向垄断协议。

帮助行为是指对垄断协议的达成起重要推动、促进作用的行为。没有帮助行为，垄断协议通常也会达成，但效果会受到一定的影响。因此，帮助行为相比组织行为，行为人的主观恶性和行为的实际损害效果要轻一些。《反垄断法》对帮助行为的表述是"实质性帮助"，以区别一般性帮助。根据《禁止垄断协议规定》，经营者为其他经营者达成垄断协议提供实质性帮助，包括提供必要的支持、创造关键性的便利条件，或者其他重要帮助。

《反垄断法》第19条只是规定了垄断协议的特殊达成方式，即第三人发挥了组织和帮助作用，因此，严格来说，不宜将组织者和帮助者视为垄断协议的当事人。组织行为的本质，是组织他人达成垄断协议，组织行为虽然至关重要，但垄断协议的当事人仍是他人。帮助行为的本质，是为他人达成垄断协议提供协助，帮助者本身也非垄断协议的当事人。相比于垄断协议当事人来说，组织者和帮助者都是第三人。

2.《反垄断法》第19条与轴辐协议的关系。《反垄断法》第19条的规定与轴辐协议具有紧密关联。在各种经组织、帮助达成的垄断协议中，比较典型的一类便是轴辐协议。轴辐协议是一种特殊形式的垄断协议，当事人的行为被比喻为一个自行车轮，其包含一个轴心（hub）和多个辐条（spokes），轴心与辐条不处在市场的同一层次，往往是上下游关系，辐条之间则互为竞争对手，但辐条之间没有直接的意思联络，它们之间的意思联络以每个辐条与轴心之间的纵向关系为纽带。从形式上看，轴辐协议像是一个横向协议与多个纵向协议的混合物，既包含了轴心与辐条之间的纵向关系，也包含辐条之间的横向关系。

轴辐协议的主要特点是，辐条之间虽然没有直接的意思联络，但实际上存在共谋。这种共谋主要借助轴心完成，即具有横向竞争关系的经营者分别与轴心沟通，轴心将沟通的信息在不同竞争者之间传播，最终形成了竞争者之间的一致意思，垄断协议得以达成。可见，轴辐协议的形成，很多时候体现为轴心的组织或帮助，这就与我国《反垄断法》第19条的规定相吻合。

不过，基于以下两个原因，不宜将《反垄断法》第19条直接理解为轴辐协议的规定。其一，《反垄断法》第19条规定的组织、帮助行为非常广泛，未必就是帮助竞争者传递信息，因而本条在外延上会超出轴辐协议的范围。例如，某经营者组织多个竞争性企业面对面地开会，如果参会者通过直接沟通达成了垄断协议，这就是普通的横向垄断协议，而不属于轴辐协议。《禁止垄断协议规定》界定的几种"组织"情形中，第二种情形主要属于轴辐协议，第一种情形则基本与轴辐协议无关。其二，在轴辐协议中，轴心的作用是信息交换的媒介，轴心的身份多种多样，不一定是经营者，而我国《反垄断法》第19条仅禁止经营者的组织与帮助行为。

典型案件：湖南省娄底市保险行业价格垄断案[1]

2007年6月，由娄底市保险行业协会牵头，中国人民财产保险、中国平安财产保险、天安财产保险、中华联合财产保险、中国太平洋财产保险、安邦财产保险、阳光财产保险、中国人寿财产保险、都邦财产保险、渤海财产保险、中国大地财产保险等11家财险公司设立在娄底市的支公司与湖南瑞特保险经纪有限公司，共同组建了娄底市新车保险服务中心。该新车保险服务中心由娄底市保险行业协会领导，先后与11家财险公司签订了"合作协议"，规定所有新车保险业务必须集中在该中心办理，并划分了各公司在娄底市新车保险业务中的市场份额，如果各公司在"中心"外办理新车保险业务，则按实收保费的2倍处以违约金，同时扣减当年市场份额的1个百分点。

2009年7月，娄底市保险行业协会牵头10家财险公司签订了《娄底市保险业机动车辆保险费率优惠标准自律公约》，规定各财险公司不得对新车保险给予任何费率折扣和优惠，违反规定每单将处违约金1000元。当年12月，娄底市保险行业协会再次牵头组织10家财

---

〔1〕 肖建生：《湘首例价格垄断案查处 娄底保险业被罚229万》，载 https：//hnrb.voc.com.cn/article/201212/201212282319146192.html，最后访问日期：2023年7月26日。

险公司签订《自律公约》，规定各签约公司不得对使用年限 1 年以内的新车给予任何费率折扣和优惠，违者将处该单保费 2 倍的违约金。

2010 年 6 月，10 家财险公司与湖南瑞特保险经纪有限公司续签合作协议，规定各公司不得在新车保险服务中心场外出单，特殊情况确需场外出单的，须报新车保险服务中心同意，并用新车保险服务中心工号出单；各公司应严格遵守娄底市保险行业协会牵头制定的《自律公约》。2011 年 12 月，中国大地财产保险股份有限公司娄底市支公司加入该公约。

2012 年 4 月，娄底市保险行业协会组织召开新车商业保险费率统一优惠折扣会议，11 家财险公司和新车保险服务中心均出席了会议并商定：对符合一定条件的新车，投保新车商业险，统一给予 95% 的优惠。到 2012 年 5 月 4 日，11 家财险公司全部都实施了 95% 的折扣优惠措施。

湖南省物价局于 2012 年 12 月 28 日召开新闻通报会称：经 7 个月的调查，最终认定湖南娄底市保险行业协会、11 家财产保险公司娄底支公司和湖南瑞特保险经纪公司实施"价格联盟"；本案行为违反了《反垄断法》规定，属于排除、限制竞争的垄断行为，决定给予娄底市保险行业协会罚款 20 万元，给予平安财险娄底支公司、天安财险娄底支公司、太平洋财险娄底支公司、都邦财险娄底支公司等 6 个单位共计 219 万元的行政罚款，其余 5 家财险公司，鉴于其在娄底保险市场所占份额较小，且在调查中提供了关键证据，按《反垄断法》的有关规定依法免除经济处罚。

本案中，湖南省物价局未对湖南瑞特保险经纪有限公司进行处罚，只是将其移交有关部门处理。

典型案件：苹果公司电子书案[1]

在苹果公司 2010 年推出 iPad 及内置 iBooks 程序之前，亚马逊凭借其明星产品 Kindle 已占据电子书市场 90% 份额。亚马逊为了推广其 Kindle，将电子书价格一律确定为 9.99 美金。出版商试图与亚马逊谈判，希望提高电子书售价，但亚马逊和出版商之间采用的是批发模式，亚马逊购买电子书后自己拥有定价权，即便出版商将批发价从 9.99 美元提高到近 13 美元时，亚马逊仍维持 9.99 美元的零售价格，不惜以亏损策略来激励消费者投资 Kindle 产品。

苹果公司 iPad 和 iBooks 的出现改变了这种格局。苹果公司与每个出版商单独谈判，并提供了相似的合同条款，核心内容可概括为"代理模式+最惠国条款+最高价计划"。代理模式意味着电子书价格由出版商自己决定，苹果公司只收取 30% 抽成；最惠国条款意味着当出版商的电子书在其他平台售价较低时，也必须在苹果 iBooks 中以相同低价销售；最高价计划则通过设置代理模式下电子书的最高售价（12.99 美元或 14.99 美元），有效防止了出版商获得电子书定价权后提高书价的行为。这几种合同条款的相互结合既能保证电子书的售价将大幅提高（这符合出版商利益），也能确保苹果 iBooks 中的电子书价格最低（这符合苹果公司利益）。最惠国条款迫使出版商持续与亚马逊谈判，让后者也接受代理模式，否则出版商也只能在苹果 iBooks 中以低价销售电子书。出版商紧接着便逐一向亚马逊施压，后者最终不得不接受了代理模式。随后，出版商一致提高了电子书售价。

正因为在出版商与亚马逊的谈判及后续提价中，苹果公司的合同条款起到了至关重要的作用，美国司法部起诉苹果公司和出版商共同达成了垄断协议，违反了《谢尔曼法》第

---

[1] U. S. v. Apple Inc., 952 F. Supp. 2d 638 (2013); U. S. v. Apple, Inc., 791 F. 3d 290 (2015).

1条。一审法院认为,苹果公司在共谋中是知情且积极的一员,苹果公司不仅心甘情愿地参与了(willingly joined)这场共谋,还有力地为其提供了便利(facilitated it)。[1] 二审法院同样认为,出版商间的横向价格协议正是苹果公司精心策划的结果。[2]

拓展阅读:轴辐协议

轴辐协议的概念来自美国。在反垄断法领域,轴辐协议的最早先例一般被认为是1939年的Interstate Circuit案。本案当事人Interstate Circuit是一家在德克萨斯州的6个城市中具有垄断地位的电影首轮放映商(first-run film exhibitor),它与8家电影发行商分别在合同中约定,发行商将影片提供给其他影院后轮放映时,A级影片每晚的成人门票价不得低于25美分(在没有协议时,发行商制定的后轮放映价仅为10~15美分)。就这样,在后轮放映市场上,Interstate Circuit在电影发行商之间构建了一个横向卡特尔。虽然发行商之间没有直接交流,但联邦最高法院在判决中指出,"每个发行商都知道,其他发行商也参与了同样的计划……。非法的共谋可能并经常是在共谋者没有达成协议的情况下形成。在没有事先达成协议的情况下,竞争对手共同接受了参与一项计划的邀请,如果其必然后果是限制州际贸易,这足以构成《谢尔曼法》第1条规定的非法共谋"。[3] 本案判决虽未使用轴辐协议的提法,但该表述初步表达出了轴辐协议的含义。

明确使用"轴辐协议"概念的反垄断法案件,是美国联邦贸易委员会(FTC)1998年处理的Toys "R" Us案(TRU案)。之后这一概念正式进入反垄断法领域。对于什么是轴辐协议,判例上的界定主要采用描述的方式。比较典型的一个定义是,轴辐协议指一个企业(轴心)通过纵向限制,在上游或下游企业(辐条)间组织的一种横向共谋。[4]

上述定义并不能反映轴辐协议的全部内容。轴辐协议的含义可以从以下几个方面来理解:①轴辐协议中既有纵向关系也有横向关系。这是学界公认的轴辐协议的最典型特点。②轴心的身份具有多元性,不一定是经营者,因此,它与辐条之间不一定存在交易关系。实践中,充当轴心角色的主体可以是普通的代理人,甚至是非经营者。例如,在招标活动中,多个投标人可以借助同一政府机关或其工作人员实现敏感信息交换,这时,轴心与辐条之间并不存在交易关系。③轴心即便是经营者,在与辐条之间的纵向关系中,可能处于上游,也可能处于下游。④轴心不一定是主动者。大多轴辐协议中,轴心都是积极促成辐条之间达成横向共谋的主动者,不过实践中也可能是多个辐条同时向轴心施压,要求后者与每个辐条采用相同的纵向安排。

由于轴辐协议同时包含横向关系和纵向关系,所以轴辐协议到底是横向垄断协议、纵向垄断协议还是第三类协议,学界存在争论。实践中,行为人被指控达成轴辐协议时可能选择以纵向协议抗辩,即将轴辐协议视为一个个独立的、相似的纵向协议,因为在法律适用上,纵向协议的违法标准相对较高。在TRU案中,TRU就因不同意FTC的横向协议认定而将FTC告到法院。在苹果公司电子书案中,苹果公司也一直主张其与出版商间的协议安排仅构成纵向协议,但地区法院和上诉法院均拒绝了苹果公司的抗辩,认定本案的轴辐协

---

[1] U. S. v. Apple Inc. , 952 F. Supp. 2d 638 (2013), p.691.

[2] U. S. v. Apple, Inc. , 791 F. 3d 290 (2015), p. 320, p. 339.

[3] Interstate Circuit v. U. S. , 306 U. S. 208 (1939), p. 227.

[4] Orbach, Barak, *Hub-and-Spoke Conspiracies*, The Antitrust Source, April 2016, http: //ssrn. com/abstract = 2765476, p. 1.

议本质上就是苹果公司组织出版商达成的一种横向价格固定协议。

在美国文献中，大多学者将轴辐协议视为横向协议，纵向关系只是达成横向协议的手段。也有少数观点认为，轴辐协议包含纵向协议。苹果公司电子书案中，不同法官的观点就不一致：Raymond J. Lohier 法官认为本案属于横向垄断协议；Dennis Jacobs 法官则认为，苹果公司与出版商间达成的是纵向协议。

我国学界关于轴辐协议的法律性质主要有两种观点：横向垄断协议和第三种协议。所谓第三种协议，指轴辐协议是上下游经营者之间达成的纵向关系和横向关系的综合，既存在轴心与不同辐条之间相互平行的纵向协议，也存在辐条之间的横向共谋，两类协议构成一个整体，不能视为多个纵向协议与一个横向协议的简单相加，因此，轴辐协议是游离于横向协议和纵向协议之外的第三类垄断协议。[1]

（二）行业协会的组织行为

《反垄断法》第 21 条规定："行业协会不得组织本行业的经营者从事本章禁止的垄断行为。"2024 年 1 月，国务院反垄断反不正当竞争委员会发布了《关于行业协会的反垄断指南》，对本条规定予以了细化。

1. 行业协会组织本行业经营者达成垄断协议的方式。一般来说，行业协会主要以两种方式组织本行业经营者达成垄断协议：①制定、发布含有排除、限制竞争内容的行业协会章程、规则、决定、通知、标准等；②召集、组织或者推动本行业经营者达成含有排除、限制竞争内容的协议、决议、纪要、备忘录等。第一种情形主要指的就是《反垄断法》第 16 条所说的"决定"；第二种情形中，行业协会本身虽未直接发布一项决定，但正因为行业协会的召集、组织或者推动，会员企业之间通过协议、决议、纪要、备忘录等形式，达成了垄断协议，这种垄断协议的外在形式，可能是"协议"，也可能是较为隐蔽的"协同行为"。也就是说，在行业协会的组织下，一项垄断协议可能因行业协会直接作出某项限制竞争的"决定"而达成，也可能行业协会只是提供了一种交流或合作平台，经由行业协会，经营者之间以"协议"或"协同行为"的方式达成了垄断协议。

行业协会组织本行业经营者达成的垄断协议既可能是横向垄断协议，也可能是纵向垄断协议。前者如固定或者变更商品价格、分割销售市场或者原材料采购市场、限制商品生产数量或者销售数量以及联合抵制交易，后者主要体现为行业协会让成员企业固定或者限制商品的转售价格。

2. 行业协会组织本行业经营者达成垄断协议的特殊性。当行业协会以发布决议的方式组织本行业经营者达成垄断协议时，该协议与经营者直接达成的垄断协议存在一个重要区别。经营者之间直接达成的垄断协议建立在自愿的基础之上，反映了它们的共同意愿，体现为双方或多方的一致同意。而行业协会的决议通常不以全体成员同意为必要，只需要多数成员通过即可，某些决议甚至可以根据章程授权由协会的决策机构直接作出。在这种情况下，行业协会内部的大企业很可能利用自身优势地位强迫小企业接受某些决议。这时，垄断协议表面上是全体协会成员的共同意见，实际上可能只代表多数成员或者某些大企业的意志。反垄断执法机构对这类垄断协议进行处罚时，需要考虑行业协会及不同成员在垄断协议达成中所起作用的差异。为解决这一问题，《关于行业协会的反垄断指南》第 23 条第 2 款规定："反垄断执法机构确定行业协会和经营者的法律责任时，应当考虑违法行为的

---

[1] 张晨颖：《垄断协议二分法检讨与禁止规则再造——从轴辐协议谈起》，载《法商研究》2018 年第 2 期。

性质、程度、持续时间、消除违法行为后果的情况、行业协会发挥的作用、经营者发挥的作用、垄断协议实施的情况等因素。"

典型案件：陕西省水泥协会组织水泥企业达成并实施垄断协议案[1]

陕西省水泥行业协会有关负责人通过组织尧柏、盾石（冀东）、声威、华山（生态）、海螺等5个水泥品牌共13家水泥企业的有关负责人开展行业会议、聚会、微信聊天等活动，促成各涉案水泥企业商议水泥产品价格，并多次就共同上调水泥销售价格达成一致。例如，2018年8月，由水泥协会有关负责人组建"决策者"微信群，成员包括尧柏、冀东、海螺、声威、生态等品牌的水泥企业有关负责人，聊天内容包含有统一上调水泥价格的相关内容；同年10月，五品牌水泥企业及陕西省水泥行业协会有关负责人达成共识，自10月30日起将各种水泥价格上调30元/吨。又如，2019年3月，水泥行业协会及五品牌水泥企业有关负责人在广西北海开会，会议内容涉及上调水泥价格；同年3月22日，五品牌水泥企业及陕西省水泥行业协会有关负责人达成共识，自3月23日起将各种品种水泥上调20元/吨。

经调查查明，陕西省水泥行业协会不仅促成各涉案企业达成统一涨价的垄断协议，还在实施阶段协调各涉案水泥企业上调价格，提高了涉案水泥企业对垄断协议的执行效率。

2022年6月28日，陕西省市场监督管理局经综合考虑当事人违法行为的性质、程度和持续时间后，依法对本案当事人作出行政处罚决定：决定责令停止违法行为，对陕西省水泥行业协会处罚款50万元。因陕西生态水泥股份积极配合调查，最终被处以2018年度销售额2%的罚款，而其余12家水泥企业被处以2018年度销售额3%的罚款。

第三节 垄断协议违法性的分析模式

一、美欧垄断协议违法性的分析模式

垄断协议违法性的分析模式，主要指垄断协议违法性的判断标准和判断方法，其核心问题是，对一些典型的垄断协议类型，如我国《反垄断法》第17条和第18条明确列举的垄断协议，个案中是否还需要分析其排除、限制竞争效果。垄断协议的违法性分析模式在各国并不相同，美国和欧盟的做法在世界范围内具有较大的代表性。总的来说，在各国反垄断法实践中，横向垄断协议与纵向垄断协议的分析模式一般有所区别，典型垄断协议与非典型垄断协议的分析模式也会有所区别。

（一）美国垄断协议违法性的分析模式

美国《谢尔曼法》第1条在实施中逐渐衍生出两个重要原则：本身违法原则与合理原则。这两个原则适用的区分，构成了美国反托拉斯法中垄断协议的基本分析模式。本身违法原则一般是指对垄断协议合法与否的判断仅以行为是否发生为标准，只要符合法律规定的行为一经发生就构成违法，而不再分析行为是否存在合理理由以及是否存在促进竞争的效果。本身违法原则的适用比较简单，它集中关注某种行为是否发生，所以被称为一种

---

[1] 陕市监反垄断处字〔2022〕6号行政处罚决定书。

"明线标准"(bright-line tests)。[1] 与本身违法原则简单的禁止性标准不同,合理原则使用了包含多个考量因素的分析方法,即强调综合考虑垄断协议的商业背景、主要内容、实际效果等诸多因素,进而决定其合法与否。

在美国反垄断法实践中,本身违法原则与合理原则的适用范围在不断变化,但大致是确定的。对典型的横向垄断协议,如固定价格、分割市场等,美国大多适用本身违法原则,仅在少数案件中出现了例外。对纵向垄断协议,美国一度将其区分为纵向价格限制与纵向非价格限制,前者适用本身违法原则,后者适用合理原则,但该区分现在也发生了变化。对于纵向价格限制,1911 年的 Dr. Miles 案[2] 确立了本身违法原则的适用,而对于纵向非价格限制,则在 1977 年的 Sylvania 案[3] 中确立了合理原则。但是,2007 年的 Leegin 案[4] 构成了纵向价格限制法律适用的转折点,实施近百年的本身违法原则被推翻。这意味着,目前所有的纵向垄断协议,在美国都适用合理原则。

需要注意的是,本身违法原则与合理原则看似完全不同的两个标准,但它们之间的关系远非简单的二分法。在 20 世纪 70 年代之后,美国联邦最高法院在多个案件中承认,本身违法原则和合理原则并非相互割裂的两极,它们之间存在中间地带;在衡量行为的合理性时,法官很像在使用一把"滑尺"(sliding scale)。

典型案件:美国 Leegin 案[5]

生产女性时尚饰品的被告 Leegin,要求所有经销商都要遵守其产品价格政策,不能低于其规定的最低价格。原告 PSKS 不执行 Leegin 的价格政策,Leegin 因此拒绝供货,PSKS 随后起诉 Leegin 违反反托拉斯法。

在案件审理中,地区法院认可 PSKS 意见,联邦第五巡回上诉法院也维持了一审判决。为此,Leegin 上诉到联邦最高法院。

2007 年 6 月,联邦最高法院经过审理,以 5∶4 否决了 1911 年 Dr. Miles 案确立的本身违法原则。代表多数意见的肯尼迪大法官撰写判决,理由为:根据反托拉斯法,本身违法原则应限于审查明显严重损害产出的限制性行为,转售价格维持协议(即纵向价格限制)却对市场竞争具有双重性影响;经济学文献提出足够的论证,转售价格维持协议在特定环境下可能损害竞争(如有助于达成卡特尔等),但同样会具有促进竞争的效果(如促进品牌间的竞争、有利于新公司的市场进入等)。鉴于其促进市场竞争的可能性,多数法官认为转售价格维持不应适用本身违法原则,而应采用合理原则进行个案分析。因此,联邦最高法院最后决定,撤销第五巡回上诉法院的判决并发回重审。

因遵循美国联邦最高法院的判决,原告 PSKS 公司根据合理原则主张,Leegin 公司的行为在"女性配饰用品市场"(the market for "women's accessories")上导致反竞争的损害。2010 年 8 月,联邦第五巡回上诉法院拒绝了原告的主张,指出"为有效指控一个纵向限制,原告必须可信地证明被告拥有市场力量,很难想象 Leegin 公司在如此宽泛而模糊界定的市

---

[1] [美]欧内斯特·盖尔霍恩、威廉姆·科瓦契奇、斯蒂芬·卡尔金斯:《反垄断法与经济学》(第5版),任勇、邓志松、尹建平译,法律出版社 2009 年版,第 163 页。
[2] Dr. Miles Medical Co. v. John D. Park & Sons Co., 220 U. S. 373 (1911).
[3] Continental T. V., Inc. v. GTE Sylvania Inc., 433 U. S. 36 (1977).
[4] Leegin Creative Leather Products, Inc. v. PSKS, Inc., 551 U. S. 877 (2007).
[5] Leegin Creative Leather Products, Inc. v. PSKS, Inc., 551 U. S. 877 (2007).

场上拥有市场力量"。因此，联邦第五巡回上诉法院认为上诉人 PSKS 既未能充分证明被上诉人 Leegin 有市场力量，又难以证明后者限制最低转售价格会导致品牌间竞争受损或消费者福利受损，因而驳回 PSKS 的起诉。

（二）欧盟垄断协议违法性的分析模式

《欧盟运行条约》第 101 条是垄断协议的主要规范，该条有 3 款：第 1 款规定具有排除、限制或者扭曲竞争目的或有此效果的垄断协议违法，并列举了应当禁止的垄断协议类型；第 2 款规定了违法的垄断协议自动无效；第 3 款规定了垄断协议的豁免条件。这 3 款中，垄断协议的违法性标准主要是 1 和 3 两款：第 1 款规定的是竞争损害标准（消极效果），第 3 款规定的则是促进竞争标准（积极效果）。第 1 款大致对应我国《反垄断法》第 17 条和第 18 条，是关于垄断协议的禁止性规定，第 3 款则大致对应我国《反垄断法》第 20 条，是关于垄断协议的豁免规定。

欧盟委员会 2001 年发布、2011 年和 2023 年两次修订的《横向合作协议指南》第 17 段，[1] 对《欧盟运行条约》第 101 条的适用方法作了详细解释，即第 101 条下的垄断协议评估包括两个步骤：

1. 第一步：评估消极效果。《欧盟运行条约》第 101 条第 1 款的适用，主要是判断一项协议的消极效果，只有符合第 101 条第 1 款即具有限制竞争目的或效果的协议，才是欧盟竞争法所关注的垄断协议。该款提供了判断一项协议消极效果的两种方法：目的性限制和效果性限制。

"目的性限制"（restrictions of competition by object）是指那些就其本身性质而言，具有限制竞争极大可能性的协议，即这类协议对竞争的限制是其固有属性，以至于个案中不必再证明其具有实际或潜在的限制竞争效果，就可以认定其属于《欧盟运行条约》第 101 条第 1 款的禁止范围。这种假设是基于这类协议限制竞争的严重性，也是基于丰富的执法和司法经验。在欧盟竞争法中，目的性限制又称"核心限制"（hardcore restrictions），即在欧盟立法中被列入黑名单（black-listed）的那些限制竞争协议，如横向垄断协议中的固定价格、限制数量以及分割市场协议，纵向垄断协议中的转售价格维持、转售地域或客户限制等。

如果一项协议被认定为目的性限制，就不必再审查其对市场的实际或潜在影响而可以推定禁止。如果一项协议不属于目的性限制，那么就必须考察它是否对竞争具有限制效果（restrictive effects on competition）。效果分析必须要考虑实际与潜在效果两个方面。换言之，该协议必须具备可能的反竞争效果，但不要求已经实际产生限制竞争效果。在欧盟竞争法中，限制竞争的效果，主要指协议对产品或服务的价格、产量、创新、多样性及质量产生的负面影响。

2. 第二步：评估积极效果。消极效果的判断只是垄断协议违法性分析的第一步，具有消极效果的协议未必会被禁止，还要看其是否具有积极效果。一项协议如果具有限制竞争的目的或效果，则落入《欧盟运行条约》第 101 条第 1 款的调整范围，但如果同时符合第 3 款的豁免条件，又不会被禁止。

---

[1] 该指南最早于 2001 年颁布，名为 Guidelines on the applicability of Article 81 of the EC Treaty to horizontal co-operation agreements（2001/C 3/02）；2011 年、2023 年作了修订，名为 Guidelines on the applicability of Article 101 of the Treaty on the Functioning of the European Union to horizontal co-operation agreements.

《欧盟运行条约》第 101 条第 3 款提供了垄断协议豁免的四个条件：一是有助于改善商品的生产或销售，或者有助于促进技术和经济进步；二是能使消费者公平地分享到由此产生的收益；三是限制竞争行为对实现上述目标具有必要性；四是限制竞争行为不能消除竞争。某项协议满足这四个条件，意味着协议会加强相关市场内的竞争，因为它使企业向消费者提供更廉价或者更好的产品，能够抵消限制竞争行为带来的负面影响。

二、我国垄断协议违法性的分析模式

（一）垄断协议分析模式争议

由于 2007 年《反垄断法》在列举垄断协议的具体表现时，使用了"禁止"一词，且在列举条款中未规定任何抗辩内容，我国反垄断执法机构在依据老《反垄断法》处理垄断协议案件时，倾向于将垄断协议违法性分析模式解释为"禁止+豁免"，或者说"原则禁止+例外豁免"。[1] 具体是指，对《反垄断法》明确列举的垄断协议类型，即兜底项之外的规定，一方面因法律已明确表明其禁止态度，另一方面这些协议在实践中基本被证明具有极大的危害性，因此，在个案中不必再证明其排除、限制了市场竞争或具有这种可能性，而可以直接认定为垄断协议并禁止（原则禁止），当事人如果能够证明其协议符合《反垄断法》中豁免规定的，则予以豁免（例外豁免）。这种分析模式也被称为"可抗辩的违法推定"，即先推定违法，但允许当事人依据豁免规定抗辩。至于垄断协议列举条款中的兜底项，因涉及的不是典型的垄断协议，执法机构认为需要在个案中详细分析其是否会排除、限制竞争，有证据证明其排除、限制竞争的，才认定为垄断协议并予以禁止。[2]

在我国以往大多司法案件中，法院的核心观点主要有两个：其一，垄断协议必须以具有排除、限制竞争效果为前提，不论是《反垄断法》明确列举的协议类型，还是兜底项，认定其构成垄断协议，都要证明其具有排除、限制竞争的效果。其二，在个案中，垄断协议效果要件的证明，根据《垄断行为民事纠纷解释》第 7 条确定，即被诉垄断行为属于 2022 年《反垄断法》第 17 条 1 至 5 项规定的垄断协议的，被告应对该协议不具有排除、限制竞争的效果承担举证责任。换言之，典型横向垄断协议的排除、限制竞争效果，法院可以直接推定，原告无需证明；其他类型的垄断协议，包括《反垄断法》明确列举的纵向垄断协议（即固定或限制转售价格协议），以及第 17 条和第 18 条的兜底项，都需要原告证明排除、限制竞争效果。

法院与执法机构的主要观点分歧，集中体现在固定或限制转售价格的纵向垄断协议上。执法机构认为，固定或限制转售价格属于《反垄断法》明确列举的典型垄断协议，可直接推定禁止，个案中无需再证明其符合"排除、限制竞争"的标准；法院则认为，原告起诉被告实施固定或限制转售价格的，必须证明该协议具有排除、限制竞争效果。

典型案件：海南裕泰公司案[3]

2017 年 2 月 28 日，海南省物价局作出琼价监案处〔2017〕5 号《行政处罚决定书》，

---

[1] 参见杨洁：《对我国反垄断法有关垄断协议规制的理解与认识（二）》，载《工商行政管理》2009 年第 22 期；徐新宇：《纵向价格垄断协议法律规制的比较分析》，载《中国价格监督检查》2012 年第 7 期；许昆林：《宽大政策适用于纵向垄断协议》，载《中国经济导报》2013 年 10 月 31 日，A03 版；卢延纯、苏华：《汽车业反垄断指南起草若干重点问题的思考》，载《中国价格监管与反垄断》2016 年第 3 期。

[2] 参见国家市场监督管理总局发布的《禁止垄断协议暂行规定》（2019）第 13 条、《禁止垄断协议规定》（2022）第 16 条。

[3] （2018）最高法行申 4675 号行政裁定书。

认定海南裕泰公司与其经销商签订的《饲料产品销售合同》第7条违反了《反垄断法》的规定，构成了与交易相对人达成"固定向第三人转售商品的价格"的垄断协议。该条主要内容是，"乙方（经销商）应为甲方（裕泰公司）保密让利标准，且销售价服从甲方的指导价，否则，甲方有权减少其让利"。海南省物价局认为，该约定排除、限制了销售同一品牌（"裕泰"）鱼饲料的不同经销商之间的价格竞争，并据此责令裕泰公司立即停止违法行为，并对其罚款20万元。

裕泰公司不服处罚决定，起诉至海口市中级人民法院，认为其与经销商签订的合同条款没有排除、限制竞争效果，不构成垄断协议。海口市中级人民法院认为，对于原《反垄断法》第14条（现《反垄断法》第18条）所规定的垄断协议的认定，不能仅以经营者与交易相对人是否达成了固定或者限定转售价格协议为依据，而需要结合该法关于垄断协议的定义，进一步综合考虑相关价格协议是否具有排除、限制竞争效果。法院最终认为本案行为不具有排除、限制竞争效果，因而不构成垄断协议。

海南省物价局不服一审判决，提起上诉。海南省物价局认为，《反垄断法》明确列举的"固定向第三人转售商品价格"的协议本身已经属于垄断协议，无需再结合定义条款进行二次验证。二审法院即海南省高级人民法院基于以下理由，支持了海南省物价局的主张：①对垄断行为不仅要"制止"也要"预防"，如果坐等协议产生限制竞争效果才禁止，无法实现"预防"目的；②《反垄断法》规定的三类垄断行为中，仅经营者集中要求"具有或者可能具有排除、限制竞争效果"，垄断协议并无该限制条件；③《反垄断法》在列举垄断协议时使用了"禁止"一词，已表明了我国反垄断法对垄断协议持否定态度；④垄断协议条款所列举的对象，法律表述为"垄断协议"而非"协议"，从逻辑上说，符合该条明确列举情形的已属垄断协议，无需再进行效果分析。

裕泰公司不服二审判决，向最高人民法院申请再审。最高人民法院认为，"是否构成《反垄断法》所禁止的垄断协议，应当以该协议是否排除、限制竞争为标准"；有些经营者之间的协议，"一旦形成，必然会产生排除、限制竞争的后果，对这类协议应采取本身违法的原则"，即只要行为被证实存在就构成垄断协议；纵向垄断协议"往往具有限制竞争和促进竞争的双面效应"，但"在当前的市场体制环境和反垄断执法处于初期阶段的情况下，如果要求反垄断执法机构在实践中对纵向垄断协议都进行全面调查和复杂的经济分析，以确定其对竞争秩序的影响，将极大增加执法成本，降低执法效率，不能满足当前我国反垄断执法工作的需要"；就原《反垄断法》第14条（现《反垄断法》第18条）的列举规定来说，除了"其他垄断协议"需要由国务院反垄断执法机构认定以外，"固定向第三人转售商品的价格及限定向第三人转售商品的最低价格这两种协议，一般情况下本身就属于垄断协议"，符合《反垄断法》垄断协议定义中的排除、限制竞争标准。

基于上述判断，最高人民法院指出，二审法院认为原《反垄断法》第14条（现《反垄断法》第18条）规定的限制转售价格行为无须以"排除、限制竞争"为标准缺乏法律依据，但对于本条第1项、第2项两项列举的纵向垄断协议，执法机构只要经过调查证实行为存在，即可认定为垄断协议，无须对该协议是否符合"排除、限制竞争"这一构成要件承担举证责任。

（二）新《反垄断法》的规定

《反垄断法》2022年修改时基本解决了上述争议，新法第18条第1款列举固定或限制转售价格协议之后，新增第2款指出，"对前款第一项和第二项规定的协议，经营者能够证明其不具有排除、限制竞争效果的，不予禁止"。本款的具体含义，可以从以下两方面来理解：

第一，对固定或限制转售价格的纵向协议，推定其具有排除、限制竞争效果。要求经营者反证协议不具有排除、限制竞争效果，意味着在个案中，原告和执法机构就无需再证明涉案协议具有排除、限制竞争效果。这实际上确立了纵向价格垄断协议的"推定禁止"规则。实践中，对于典型横向垄断协议的损害效果是否需要在个案中证明，我国执法机构与法院一直没有实质分歧，最高人民法院《垄断行为民事纠纷解释》（2012）第7条明确规定，对《反垄断法》兜底项之外的横向垄断协议，"被告应对该协议不具有排除、限制竞争的效果承担举证责任"。这样一来，2022年《反垄断法》实施以后，不论是横向垄断协议还是纵向垄断协议，只要不属于兜底项，执法机构和原告均无需再证明协议具有排除、限制竞争效果。

第二，即便是固定或限制转售价格协议，经营者仍可以反证涉案协议不具有排除、限制竞争效果。损害效果的推定规则，只是基于某些协议的自身性质和执法、司法经验而确立的一种简化的效果证明机制。推定规则适用于大多情况，但未必吻合每一个个案。某项协议即便涉及固定或限制转售价格的内容，但当事人如果能证明其确实不具有排除、限制竞争效果，则不应认定为违法的垄断协议。不过需要注意的是，2022年《反垄断法》修改时对典型横向垄断协议和典型纵向垄断协议的损害效果认定，采取了不同模式。第18条就固定或限制转售价格协议，给当事人提供了一个证明协议不具有排除、限制竞争效果的抗辩机会，但第17条规定横向垄断协议时，并未给典型横向垄断协议的当事人提供抗辩机会。这可以理解为：对典型横向垄断协议，可以直接"认定"其具有排除、限制竞争效果，不允许当事人抗辩不存在损害；对于典型纵向垄断协议，则"推定"具有排除、限制竞争效果，允许当事人抗辩不存在损害。

三、垄断协议的反垄断法豁免

（一）垄断协议的豁免情形

如果一项垄断协议属于《反垄断法》第17条或第18条的禁止范围，当事人可以依据第20条寻求豁免。豁免是指某些协议虽然具有排除、限制竞争效果，但如果能够带来更大的积极效果，则反垄断法不予禁止。

垄断协议豁免主要有两种模式：一是美国模式，美国《谢尔曼法》中没有垄断协议豁免的专门规定，但合理原则能够起到豁免作用，即具有积极效果的垄断协议，在合理原则下有可能被豁免；二是欧盟模式，即立法中有专门的豁免规定，《欧盟运行条约》第101条第3款规定的就是垄断协议豁免制度。

我国采用的是欧盟模式，《反垄断法》第20条从豁免情形与豁免条件两个方面规定了垄断协议的豁免制度。根据我国《反垄断法》，垄断协议符合以下情形的，有可能被豁免：

1. 研发协议。研发协议（research and development agreement），指当事人间订立的以研究、开发新产品或新技术以及对该新产品或新技术予以联合利用为内容的协议。研发协议可以有不同的表现形式：可以是当事人共同对现有产品或技术进行改进，也可以是合作研发一种新产品或新技术；可以当事人自行研发，也可以付费由他人进行研发，后者被称为研发活动的外购（outsourcing）；可以进行松散的合作研发，也可以共同成立一个合资企业或设立一个联合组织，专门从事研发活动。

研发协议的消极效果可能表现为：当事人在创新领域的竞争有可能被限制，因为不订立研发协议的话，当事人需要各自研发，可能会激励创新活动；当事人在研发方面建立的合作可能会延伸到其他领域，如方便它们在其他产品市场上协调各自的行为；在研发成果的利用上，一旦涉及排他性利用，可能会影响市场进入。同时，研发协议也可能会带来明显的积极效果：节约研发成本、降低研发风险；汇集智慧与经验，加速现有产品或技术的改进，或者研发出新产品或新技术。

2. 标准化协议。《反垄断法》第 20 条第 1 款第 2 项所说的 "为提高产品质量、降低成本、增进效率、统一产品规格、标准……"，指的就是标准化协议（agreement on standards），主要指企业间就它们生产的产品进行技术、质量等方面的约定，要求各自生产的产品均需符合该标准。标准化协议的内容，可以表现为统一产品的规格、型号，与其他产品的兼容，符合特定的技术条件或标准（如使用某种认证标志）等。

标准化协议可能会削弱产品的多样性，影响产品创新，也可能导致当事人关闭特定的生产线，使得产品数量减少——这些都属于消极效果。同时，标准化协议的好处也是明显的，如提高产品质量、降低产品成本、方便消费者使用等。

3. 专业化协议。《反垄断法》第 20 条第 1 款第 2 项还提及了专业化协议（specialisation agreement）。这类协议又称专业分工协议，指互为实际或潜在竞争者的当事人之间，对各自生产的产品种类进行分配，从而使每一生产商只专门生产一部分或一定范围内的产品，其他产品则由其他当事人专门生产，然后当事人间互相供货。专业化协议约定的产品，既可能是成品，也可能是零部件，后一种情况会更为普遍。

从内容看，专业化协议实际上是一种涉嫌划分产品市场的垄断协议，所以很可能会限制市场竞争，但这类协议往往又能大幅度降低产品成本，并提高产品质量，因为每个当事人只生产自己最擅长的产品，所需的其他产品又能从更专业的其他当事人处购买。

4. 中小企业协议。一般来说，中小企业不能直接在反垄断法上得到保护，所以中小企业达成的协议不应直接被豁免，但如果中小企业已经面临严重的生存困境，再强调竞争就可能会退出市场时，它们之间的合作协议可能就是必要的。避免中小企业退出市场，并不一定能获得更高的经济效率，但避免它们破产会带来非经济方面的好处，如解决更多的就业问题。德国《反限制竞争法》第 3 条专门规定了 "中小企业卡特尔" 的豁免内容，即 "竞争企业间的协议，或者企业协会的决定，如果主要内容是通过企业间的合作实现经济活动的合理化"，且 "没有实质性地损害市场竞争"，并 "有助于提高中小企业的竞争能力"，则视为符合豁免规定。

5. 实现节约能源、保护环境、救灾救助等社会公共利益的协议。"节约能源、保护环境、救灾救助等社会公共利益"，虽然不是反垄断法的直接目标，但反垄断法的实施必须兼顾这些利益。如果当事人订立某项协议的目的是实现 "节约能源、保护环境、救灾救助等社会公共利益"，则即便该协议一定程度上限制了竞争，反垄断法也不宜直接禁止它。例如，企业为了履行环境保护法上的某些义务，可能会联合关停某些生产线，这涉嫌构成限制商品生产数量的垄断协议，但如果这样做的目的是保护环境，则这类协议很可能会得到豁免。再如，为了完成救灾救助任务，企业可能会联合实施一系列行为，包括联合采购、联合生产、联合销售等，这些行为难免会限制市场竞争，因而在正常时期可能不被允许，但在紧急时期就可能是正当和必要的。

6. 经济不景气协议。《反垄断法》第 20 条第 1 款第 5 项规定的 "因经济不景气，为缓解销售量严重下降或者生产明显过剩的" 而达成的限制竞争协议，通常被称为经济不景气协议。这类协议具有特定目的，当事人暂时选择合作，是为了尽快度过危机、恢复生产能力。相反，经济不景气时期，企业之间过于激烈的竞争可能会危及企业的生存能力，从长远来看，反而不利于市场竞争。

7. 对外贸易和对外经济合作中的协议。这类协议的目的是"保障对外贸易和对外经济合作中的正当利益"，即更好地鼓励企业参与对外贸易活动。

8. 法律和国务院规定的其他情形。从理论上看，垄断协议的豁免情形应当是开放的，只要当事人能够证明达成的协议有助于实现各种经济或非经济方面的好处，都可以主张豁免。基于此，《反垄断法》第 20 条第 1 款第 7 项为豁免情形设置了一个兜底项，即"法律和国务院规定的其他情形"。

（二）垄断协议的豁免条件

根据《反垄断法》规定，存在豁免情形并不必然能够被豁免，当事人还要证明协议符合法定条件。除对外贸易和对外经济合作中的协议外，《反垄断法》为其他豁免情形规定了两个必须同时满足的条件：一是所达成的协议不会严重限制相关市场的竞争；二是能够使消费者分享由此产生的利益。

1. 不会严重限制相关市场的竞争。能够被豁免的垄断协议所带来的消极效果不能太大，否则无法被其积极效果抵消。关于这个条件，我国《反垄断法》的表述是"不会严重限制相关市场的竞争"，《欧盟运行条约》第 101 条第 3 款的规定是不能"消除竞争"。我国的规定似乎比欧盟更严。不能消除竞争实际上是一个"底线"，只要竞争未被消除，即市场上还存在有效竞争，就意味着满足这个豁免条件了。而不会严重限制竞争，是对竞争限制程度的更进一步要求，它实际上可分解为两个内容：首先必须不能消除竞争；其次在限制竞争的情况下，也不能达到严重的程度。

2. 能够使消费者分享由此产生的利益。消费者分享，是指协议带来的好处必须能够传递给消费者，而不能只是协议当事人获得了好处。之所以强调消费者分享，是因为反垄断法追求的经济效率是一种消费者导向的效率，消费者利益通常被认为是反垄断法的最终目标。行为人对垄断协议进行效率抗辩时，必须证明协议带来的效率惠及消费者。

消费者分享的利益可以以不同方式呈现，通常包括：其一，成本效率，即协议能使产品的成本降低，从而使消费者享受到更低的价格。其二，质量效率，即协议能够使消费者获得更好的产品或服务，包括对已有产品的质量改进或者推出更有创新性的新产品等。其三，选择机会的增加，即消费者有更多的产品种类、更多的消费渠道可供选择。

3. 其他条件。我国《反垄断法》关于垄断协议的豁免条件，主要受《欧盟运行条约》第 101 条第 3 款影响，不过该条规定的豁免条件，除"不能消除竞争"和"消费者分享"外，还有另外两个：

第一，协议带来了显著的经济效率。垄断协议能否被豁免，首要条件就是其产生了足够的好处。关于这个条件，《欧盟运行条约》的表述是"有助于改进商品的生产或销售，或者有助于促进技术和经济进步"。我国《反垄断法》第 20 条虽然未明确规定这一条件，但对豁免情形的列举起着类似作用。

第二，限制竞争的必不可少性。必不可少性的基本含义是，只有限制竞争的手段在实现效率目标上具有必要性，协议才能被豁免。这意味着，当事人必须证明没有非限制竞争的措施或者限制效果更小的措施能够实现同样的效率目标。我国《反垄断法》第 20 条没有这种要求，但《禁止垄断协议规定》对此要件进行了弥补。该规定第 20 条指出，反垄断执法机构认定被调查的垄断协议是否属于反垄断法第 20 条规定的情形，应当考虑下列因素：①协议实现该情形的具体形式和效果；②协议与实现该情形之间的因果关系；③协议是否是实现该情形的必要条件；④其他可以证明协议属于相关情形的因素。其中，第③项指的就是"必不可少性"。

四、垄断协议的安全港制度

（一）我国的垄断协议安全港制度

1. 《反垄断法》中的安全港。《反垄断法》第18条第1款禁止经营者与交易相对人达成垄断协议，第3款规定："经营者能够证明其在相关市场的市场份额低于国务院反垄断执法机构规定的标准，并符合国务院反垄断执法机构规定的其他条件的，不予禁止。"该条确立了纵向垄断协议的"安全港"制度。所谓安全港，主要指某些垄断协议的当事人市场份额较低并符合其他条件的，则协议不大可能产生消极效果，或者虽然有消极效果，但积极效果能够覆盖消极效果，因而没必要予以禁止，也即这些协议是安全的。

《反垄断法》确立的安全港制度，主要包括两项内容：

第一，安全港的适用范围主要是纵向垄断协议，不包括横向垄断协议。在2021年10月份全国人大常委会公布的《反垄断法（修正草案）征求意见稿》中，安全港的适用范围包括所有的垄断协议。当时的表述是，经营者能够证明其在相关市场的市场份额低于国务院反垄断执法机构规定的标准的，不适用《反垄断法》中关于垄断协议的禁止性规定，但有证据证明经营者达成的协议排除、限制竞争的除外。在最终修改通过的《反垄断法》中，安全港制度被置于纵向垄断协议的条文之中，横向垄断协议被排除在适用范围之外。之所以如此，主要是考虑到横向垄断协议的竞争损害效果比较明显，在美国大多属于本身违法，在欧盟也基本被视为核心限制，因而不宜基于当事人市场份额较低就不将其视为垄断协议或不予禁止。

第二，安全港的适用条件主要是市场份额，但还包括"国务院反垄断执法机构规定的其他条件"。纵向垄断协议的当事人间是交易关系，协议的限制竞争效果发生在上游或下游市场，如果协议双方的市场份额都较低，意味着上下游市场均存在激烈的竞争，当事人面临较大的竞争压力而不敢（也不能）随意提高价格，这时即便协议中存在部分限制竞争内容，相比整个市场来说也可能是微不足道的，消费者一般也不会受到损害。基于此，安全港的适用条件主要是市场份额。市场份额的具体标准由国务院反垄断执法机构规定。不过，为避免单一的市场份额标准不足以兼顾个案的特殊情况，如在某些特殊的市场中，市场份额不能准确反映经营者的市场地位，或者较低的市场份额配合其他手段也可能产生排除、限制竞争效果，《反垄断法》还在市场份额之外为安全港的适用确立了"国务院反垄断执法机构规定的其他条件"。不过，在国家市场监督管理总局2023年发布的《禁止垄断协议规定》中，安全港的市场份额标准及"其他条件"尚未进一步细化。

2. 相关指南中的安全港。除《反垄断法》第18条，我国多部反垄断指南中也规定了垄断协议的安全港制度。

国务院反垄断委员会《关于知识产权领域的反垄断指南》第13条的名称就是"安全港规则"，其规定：安全港规则是指，如果经营者符合下列条件之一，通常不将其达成的涉及知识产权的协议认定为《反垄断法》第13条（现《反垄断法》第17条）第1款第6项和第14条（现《反垄断法》第18条第1款）第3项规定的垄断协议，但是有相反的证据证明该协议对市场竞争产生排除、限制影响的除外。①具有竞争关系的经营者在相关市场的市场份额合计不超过20%；②经营者与交易相对人在受到涉及知识产权的协议影响的任一相关市场上的市场份额均不超过30%；③如果经营者在相关市场的份额难以获得，或者市场份额不能准确反映经营者的市场地位，但在相关市场上除协议各方控制的技术外，存在四个或者四个以上能够以合理成本得到的由其他经营者独立控制的具有替代关系的技术。

该安全港规则的适用效果是，符合条件的协议，将不会被认定为《反垄断法》规定的垄断协议。

国务院反垄断委员会《关于汽车业的反垄断指南》第4条规定了"推定豁免"规则，即为降低行政执法成本和经营者合规成本，本指南列出了不具有显著市场力量的经营者设置的纵向地域限制和客户限制若干情形，可以推定适用《反垄断法》第15条（现《反垄断法》第20条）的规定。指南强调，执法实践和理论研究证明，该等情形通常能够提高经销服务质量、增进经销效率、增强中小经销商经营效率和竞争力，一般不会严重限制相关市场的竞争，并且能够使消费者分享由此产生的利益，因而符合《反垄断法》第15条（现《反垄断法》第20条）规定的条件。该安全港规则的适用效果是，符合条件的协议虽然可能具有消极效果，进而构成垄断协议，但推定能够产生更大的积极效果，因而可以被豁免、无需禁止。

（二）欧盟的垄断协议安全港制度

我国垄断协议的安全港制度，主要借鉴自欧盟。如前所述，欧盟的垄断协议分析模式主要体现为两个步骤，分别评估消极效果和积极效果，在这两个步骤中，各存在一个安全港制度。

1. 第一个安全港。在1969年的 Völk 案中，欧洲法院认为，如果考虑到相关主体在相关产品市场上的弱势地位，该协议对市场仅产生微不足道的影响，则其不在欧盟竞争法的禁止范围内。[1] 该案确立了《欧盟运行条约》第101条第1款的适用门槛，即一项协议的限制竞争效果必须达到"显著"的程度（appreciable restrictive effects），才有关注的必要，也才会被认为是一项"垄断协议"。

为更确定地判断"显著"与否，欧盟委员会2001年颁布了《关于影响较小的协议的通告》（以下简称"低影响协议通告"），2014年该通告重新颁布。[2] 根据通告，当协议当事人是实际或潜在的竞争对手（即竞争者之间的协议），且在相关市场上的份额总和不超过10%，或者协议当事人不具有竞争关系（即非竞争者之间的协议），且在相关市场上的份额均不超过15%时，该协议通常不会对竞争产生较大限制，因而就没有必要认定为《欧盟运行条约》第101条第1款意义上的垄断协议。如果难以分清某一协议是竞争者之间还是非竞争者之间的协议，则适用10%的最小市场份额门槛。

"低影响协议通告"确立的就是一种安全港规则，这是欧盟垄断协议认定中的第一个安全港。2004年欧盟委员会发布的"垄断协议豁免指南"[3] 再次重述了该原理。指南第24段规定，对一项"效果性限制"来说，其负面效果应当是相当显著的，当所确认的反竞争效果不显著时，《欧盟运行条约》第101条第1款确立的禁止性规则不适用。"低影响协议通告"正是通过市场份额的量化从反面排除不大可能显著影响市场竞争的协议，从而在第一步就排除了《欧盟运行条约》第101条第1款的适用。不过，"低影响协议通告"同时规定，核心限制不适用安全港规则。

2. 第二个安全港。在欧盟竞争法中，某项协议即便被认定属于《欧盟运行条约》第

---

[1] Case 5-69, Judgment of the Court of 9 July 1969, Franz Völk v S. P. R. L. Ets J. Vervaecke, ECLI identifier: ECLI: EU: C: 1969: 35, para. 7.

[2] Notice on agreements of minor importance which do not appreciably restrict competition under Article 101 (1) of the Treaty on the Functioning of the European Union (De Minimis Notice) (2014/C 291/01).

[3] Guidelines on the application of Article 81 (3) of the Treaty (2004/C 101/08), OJ [2004] C 101/97.

101 条第 1 款的适用范围，即构成一项"垄断协议"，也未必会被禁止，因为还需要依据第 3 款的豁免条款进行积极效果的衡量。豁免的本质是，那些积极效果大于消极效果的垄断协议，没必要禁止。不过，豁免条款的适用往往会给行为人带来较重的举证负担，执法机构的分析过程也较为繁琐，因此，欧盟竞争法发展出了集体豁免（block exemption）规则——其功能在于，通过量化的市场份额门槛，直接推定某些协议的积极效果大于消极效果，因而可以豁免，从而免去了在个案中对行为促进竞争效果的复杂经济分析过程。

欧盟《纵向协议集体豁免条例》规定，[1] 就某些纵向垄断协议来说，当生产商和购买商（即协议的双方当事人）在相关市场上的份额均不超过 30% 时，可依本条例直接予以豁免。这是欧盟垄断协议认定中的第二个安全港规则。同样，该安全港规则也不适用于核心限制。

欧盟的两个安全港规则，形式区别在于市场份额的标准不同，实质区别则在于两种制度的性质存在较大差异。"低影响协议通告"适用于垄断协议分析的第一步，其功能在于推定行为不具有反竞争效果，即不属于"垄断协议"；集体豁免制度适用于第二步，在涉案协议已构成"垄断协议"的情况下，通过市场份额推定协议具有更大的积极效果，进而豁免该垄断协议。

[本章参考文献]

（一）著作

1. 许光耀：《垄断协议的反垄断法调整》，人民出版社 2018 年版。
2. 何晴：《纵向垄断协议合意之研究》，法律出版社 2020 年版。

（二）论文

3. 王健：《垄断协议认定与排除、限制竞争的关系研究》，载《法学》2014 年第 3 期。
4. 兰磊：《转售价格维持违法推定之批判》，载《清华法学》2016 年第 2 期。
5. 兰磊：《论我国垄断协议规制的双层平衡模式》，载《清华法学》2017 年第 5 期。
6. 侯利阳：《转售价格维持的本土化探析：理论冲突、执法异化与路径选择》，载《法学家》2016 年第 6 期。
7. 叶卫平：《反垄断法分析模式的中国选择》，载《中国社会科学》2017 年第 3 期。
8. 张骏：《转售价格维持反垄断法规制路径之争的化解》，载《法学》2017 年第 7 期。
9. 时建中、郝俊淇：《原则性禁止转售价格维持的立法正确性及其实施改进》，载《政治与法律》2017 年第 11 期。
10. 王晓晔：《转售价格维持的反垄断规制适用"合理原则"之批判》，载《法商研究》2021 年第 1 期。
11. 许光耀：《转售价格维持案件中垄断行为的识别——兼评新〈反垄断法〉第 18 条》，载《法学评论》2023 年第 3 期。
12. 李剑：《消费者价格决策方式与建议零售价的法律规制——行为经济学下的解释、验证及其启示》，载《法商研究》2012 年第 1 期。
13. 李剑：《出版物多样性保护与反垄断法的转售价格维持规制》，载《中外法学》

---

[1] 欧盟最新版《纵向协议集体豁免条例》（2022/720 号条例）于 2022 年 5 月 10 日颁布，其全称为 "COMMISSION REGULATION (EU) 2022/720 of 10 May 2022 on the application of Article 101 (3) of the Treaty on the Functioning of the European Union to categories of vertical agreements and concerted practices"。

2013年第2期。

14. 焦海涛：《文化多样性保护与反垄断法文化豁免制度》，载《法学》2017年第12期。

15. 焦海涛：《环境保护与反垄断法绿色豁免制度》，载《法律科学（西北政法大学学报）》2019年第3期。

16. 焦海涛：《纵向非价格垄断协议的反垄断法规制：困境与出路》，载《现代法学》2019年第4期。

17. 江山：《论纵向非价格限制的反垄断规制》，载《法律科学（西北政法大学学报）》2020年第1期。

18. 王玉辉：《垄断协议组织帮助行为条款缺陷及其补救》，载《法学》2023年第2期。

19. 焦海涛：《垄断协议达成中的组织与帮助行为》，载《中州学刊》2023年第2期。

20. 王慧群：《中国垄断协议安全港规则的立法逻辑：信息成本的视角》，载《法学家》2023年第1期。

21. 刘继峰：《我国反垄断法纵向垄断协议安全港制度的完善》，载《中州学刊》2023年第2期。

22. 杨文明：《算法时代的垄断协议规制：挑战与应对》，载《比较法研究》2022年第1期。

23. 江山：《反垄断法上协同行为的规范认定》，载《法商研究》2021年第5期。

24. 张世明：《结果论与目的论：垄断协议认定的法律原理》，载《政法论丛》2020年第3期。

25. 张晨颖：《垄断协议二分法检讨与禁止规则再造——从轴辐协议谈起》，载《法商研究》2018年第2期。

26. 侯利阳：《轴辐协议的违法性辨析》，载《中外法学》2019年第6期。

27. 焦海涛：《反垄断法上轴辐协议的法律性质》，载《中国社会科学院研究生院学报》2020年第1期。

28. 焦海涛：《我国反垄断法中垄断协议违法性的分析模式》，载《法学》2024年第2期。

29. 焦海涛：《垄断协议"安全港"制度的性质定位与规范修复》，载《环球法律评论》2023年第6期。

30. Sina Tannebaum, "The Concept of the Restriction of Competition by Object and Article 101 (1) TFEU", 22 *Maastricht J. Eur. & Comp. L.* 138, 2015.

31. Kelvin Hiu Fai Kwok, "Re-Conceptualizing Object Analysis under Article 101 TFEU: Theoretical and Comparative Perspectives", 14 *J. COMp. L. & ECON.* 467, 2018.

32. Elizabeth Prewitt, Greta Fails, "Indirect Information Exchanges to Hub-and-Spoke Cartels: Enforcement and Litigation Trends in the United States and Europe", 1*CLPD* 63, 2015.

33. Ariel Ezrachi & Maurice E. Stucke, "Artificial Intelligence & Collusion: When Computers Inhibit Competition", *U. ILL. L. REV.* 1775, 2017.

第八章 滥用市场支配地位

第一节 市场支配地位

一、市场支配地位的界定

（一）市场支配地位的含义

市场支配地位（Dominant Position），早期也曾被翻译为"优势地位"，我国反垄断法中的市场支配地位，是指经营者在相关市场内具有能够控制商品价格、数量或者其他交易条件，或者能够阻碍、影响其他经营者进入相关市场能力的市场地位。以此概念为基础，我们可以在两种情形下认定经营者具有市场支配地位，一是可以控制相关市场内的商品价格、数量或其他交易条件；二是可以限制其他经营者进入相关市场。这两种情形既可能单独存在，也可能会实质性并存，因为在经营者无力阻碍其他经营者进入相关市场的情况下，它们往往很难控制相关市场内的商品价格、数量或者其他交易条件。实际认定过程中，主要是要依赖于认定证据来证明以上情形的存在从而确认市场支配地位。

市场支配地位也是德国《反限制竞争法》和《欧盟运行条约》使用的概念，只是它们并未对其含义作出明确界定。欧洲法院在 1983 年 Mechelin 案的判决中认为，市场支配地位是指"……一个企业所享有的经济能力地位。这种能力地位能够使该企业无须考虑其竞争者、顾客和最终消费者的反应，而采取显著程度的独立行为，来妨害相关市场内有效竞争的维持"。[1] 欧盟在其"排他性滥用行为执法重点指南"（2009）[2] 中采用了类似的界定。美国法律使用的相关概念是"Monopoly power"或"Market power"，后者被翻译为：市场力量、市场势力或者市场支配力，美国《知识产权许可的反托拉斯指南》（2017）[3] 从卖方角度描述到，市场支配力是指在相当长的时间内能够将价格维持在高于竞争水平或将产量维持低于竞争水平却仍能获利的能力。制定者也对此进行了进一步的解释，除了以价格和产量为评估因素外，还可以在其他的经济因素如质量、服务、新产品或改进产品和方法开发等方面，进行市场支配力的评估。在这个定义中，预设前提是除了被考量的因素之外，其他所有的竞争因素维持不变，所以一个卖方有能力对较高质量的产品收取较高的价格，并不意味着其拥有市场支配力。同时，如一个买方能够始终获得低价并抑制产量，则可能会被认为具有市场支配力。

---

[1] 阮方民：《欧盟竞争法》，中国政法大学出版社1998年版，第188页。

[2] Communication from the Commission—Guidance on the Commission's enforcement priorities in applying Article 82 of the EC Treaty to abusive exclusionary conduct by dominant undertakings (2009/C 45/02).

[3] See Antitrust Guidelines for the Licensing of Intellectual Property (2017), Issued by the U.S. Department of Justice and the Federal Trade Commission, January 12, 2017. p. 4.

(二) 市场支配地位的特征

多数国家都在法律中对市场支配地位进行了界定,尽管各国实际情况存在差异,规定的内容也不尽相同,但构成法律意义上的市场支配地位,一般都具有以下共同特征:其一,市场支配地位要达到一定的程度;其二,市场支配地位的存在要持续一定的时间;其三,市场支配地位要存在于一定的范围。[1]

在市场发展的不同时期,多数企业都会拥有程度不等的市场力量。如果这种力量很快会被新的市场进入者所取代,一般不会被认定为有市场支配地位。例如,某个革命性的技术创新,可能会在很短的时间内迅速改变一个市场的状况。只有市场力量长期存在后形成的市场支配地位,才会受到反垄断执法机构的关注并由法律进行规制。同样,如果这个企业销售量非常小,对社会造成的损失也可以忽略不计,那么,法律也不会对其进行规制。

一般而言,只有界定好相关市场,才能评估市场支配地位。合理地界定相关市场,对于正确认定经营者的市场地位、分析经营者行为对市场竞争的影响、判断经营者行为是否违法以及在违法情况下需承担的法律责任等关键问题,具有重要意义。当然,界定相关市场是评估经营者的市场力量及被诉垄断行为竞争影响的工具,其本身并非目的。最高人民法院在"奇虎诉腾讯滥用市场支配地位案"中提到,并非在任何滥用市场支配地位的案件中均必须明确而清楚地界定相关市场。秉持这种观点时,即使不明确界定相关市场,实施机构也可以通过排除或者妨碍竞争的直接证据,对被诉经营者行为的市场影响进行评估。

典型案件:潘某与上海国际商品拍卖有限公司滥用市场支配地位纠纷案

潘某系上海市市民,多次参与上海国际商品拍卖有限公司(以下简称上海拍卖公司)组织的上海市非营利性客车额度拍卖,但未获成功。上海拍卖公司根据上海市交通委员会的委托,为上海市非营业性客车额度的唯一拍卖公司,其对参加拍卖的竞拍者收取2000元保证金,并收取每次100元拍卖手续费。潘某提起诉讼认为,作为非营利性客车额度拍卖市场上唯一拍卖机构,上海拍卖公司利用其在上海非营利性客车额度拍卖市场的支配地位,对竞拍者收取高额保证金和拍卖手续费,构成滥用市场地位的垄断行为,诉请法院确认上海拍卖公司高额收费行为属于垄断行为,并赔偿其经济损失300元。

法院审理认为,上海市非营利性客车额度属于由政府统一调控和管理的社会公共资源,不属于市场交易的商品或服务。对非营业性客车额度组织竞价拍卖,是政府交通管理职能部门调控和管理这种公共资源的一种具体方式。上海拍卖公司接受委托所提供的此项拍卖服务本质上不构成《反垄断法》第12条(现《反垄断法》第15条)规定可以竞争的商品或服务市场,不属于反垄断法调整范畴,遂判决驳回潘某的诉讼请求。

在数字经济时代,反垄断法实施者对市场支配地位的理解也存在着持续的变化。正如最高人民法院在"奇虎诉腾讯滥用市场支配地位案"中提到,"在免费的互联网基础即时通信服务已经长期存在并成为通行商业模式的情况下,用户具有极高的价格敏感度,改变免费策略转而收取哪怕是较小数额的费用都可能导致用户的大量流失。同时,将价格由免费转变为收费也意味着商品特性和经营模式的重大变化,即由免费商品转变为收费商品,由间接盈利模式转变为直接盈利模式。在这种情况下,如果采取基于相对价格上涨的假定

---

[1] 尚明主编:《反垄断——主要国家与国际组织反垄断法律与实践》,中国商务出版社2005年版,第62页。

垄断者测试，很可能将不具有替代关系的商品纳入相关市场中，导致相关市场界定过宽。因此，基于相对价格上涨的假定垄断者测试并不完全适宜在本案中适用。一审法院在本案中未作变通而直接运用基于价格上涨的假定垄断者测试方法，有所不当。"可见，互联网市场高速迭代发展，新的商业模式和运营方式不断涌现，对反垄断法的适用产生了许多影响，如对 SSNIP 测试法的挑战。SSNIP 测试法在传统相关市场的界定中以价格分析为基础，但数字经济带来的新问题需要对 SSNIP 测试法进行革新，具体包括如采取数量不大但有意义且并非短暂的质量下降（SSNDQ）方法，从基于价格的分析转向基于转移成本的分析，或者尝试引入产品性能测试法、盈利模式测试法等新方法，甚至综合运用这些方法进行相关商品市场的界定。

（三）市场支配地位的认定因素

1. 市场份额。经营者在相关市场的市场份额以及相关市场的竞争状况，是评价经营者是否具有市场支配地位的结构性方法。市场份额，是指特定经营者的总产量、总销售量或者其他描述经营者能力的指标在特定的相关市场所占的比例或者百分比。多数情况下，市场份额是以销售额为基础，此时又被称为市场占有率。市场份额是经营者规模的外在反映，也是经营者利润的内在基础。一般而言，在市场份额高到法定比例时，我们可以直接推定经营者的市场支配力，而在市场份额不高的情况下，判定一个经营者是否具有市场支配地位，还需要考虑相关市场竞争状况等其他因素。

欧洲法院在 1979 年罗氏案件[1]中指出，尽管市场份额的意义随着市场的不同而有差别，但是人们应当承认，除了特殊情况，特别高的市场份额就是市场支配地位的一个证据。如果一个企业在市场上长期占有特别高的份额，它就会基于自己的生产和销售规模获得一种优势，这种优势使之成为一个具有显著影响的市场参与者，并使其行为在一个较长时期内不受约束，这种优势就是市场支配地位。在这种情况下，市场份额很小的企业，不可能在短时间内，满足市场支配地位企业所能满足的市场需求。

一般而言，市场份额越高，经营者具有市场支配地位的可能性就越大。如果一个经营者的市场份额极低，就不可能具有随意降低产量或者将价格显著地提高到竞争水平以上还能盈利并生存的能力。相反，如果经营者具有显著高的市场份额，并且市场存在显著的进入障碍，它就非常可能拥有支配力量。欧盟通过"排他性滥用行为执法重点指南"（2009）指出：如果经营者在相关市场的市场份额低于 40%，该经营者不太可能具有市场支配地位。考虑市场份额的重要性，多数成文法国家的反垄断立法，通常都会确定一个市场份额的比例来判断市场支配地位。具体而言，就是当经营者占有特定市场份额时，执法机构可以直接推定其占有市场支配地位，这个份额会呈现差别，以单个经营者被推定市场支配地位为例，各国确定的市场份额分别有 20%、30%、1/3、35%的，当然也有跟我国选择的份额一致的。[2] 我国《反垄断法》第 24 条第 1 款规定："有下列情形之一的，可以推定经营者具有市场支配地位：（一）一个经营者在相关市场的市场份额达到二分之一的；（二）两个经营者在相关市场的市场份额合计达到三分之二的；（三）三个经营者在相关市场的市场份额合计达到四分之三的。"

还需要注意的是，有效的市场份额考察还取决于准确界定相关市场的能力，当市场界限难以划分时，市场份额就趋于主观，市场份额仅仅是经营者在特定时间市场优势的相对

---

[1] Case 85/76 Hoffmann La Roche v Commission [1979] ECR 461.

[2] 时建中主编：《三十一国竞争法典》，中国政法大学出版社 2009 年版，第 156 页。

反映。如果在一段时间内经营者的市场份额变化很大，往往能说明相关市场存在着有效竞争。欧洲法院就认为需要考察市场份额的持续时间长短，一般 3 年时间被认定为是一个起点。进一步看，由于市场份额具有动态性、不确定性和评估的复杂性等特点，我们要避免它被绝对化，不能将其作为市场支配地位认定的唯一标准，还要分析相关市场竞争状况，考虑相关市场的发展状况、现有竞争者的数量、市场集中度、商品差异程度、创新和技术变化、销售和采购模式、潜在竞争者情况等因素。

典型案件：欧盟委员会处理的高通滥用市场支配地位案[1]

2018 年 1 月 24 日，欧盟委员会发布处罚公告，认定高通公司滥用其在 LTE 基带芯片市场上的支配地位，通过向苹果公司支付巨额款项以换取苹果公司独家采购其生产的 LTE 基带芯片，由此损害了 LTE 基带芯片市场上的竞争。因此，欧盟委员会对高通公司课以高达 9.97 亿欧元的罚款。

LTE 基带芯片是满足 4G 通信标准的基带芯片。在该相关市场上，高通是目前为止世界上最大的 LTE 基带芯片供应商，而英特尔公司一直试图与高通公司争夺客户、与高通公司展开激烈的竞争。苹果公司作为全球范围内高端手机和平板电脑的尖端品牌厂商，其属于 LTE 基带芯片生产商竞相争取的重要客户。欧盟委员会特意强调在涉案期间，高通公司占据了相关市场 90% 以上的市场份额。而且，由于研发的巨大投入和成本开支以及因高通公司所享有的一系列专利所带来的壁垒，LTE 基带芯片市场的进入壁垒非常高。除此之外，欧盟委员会也考虑了买方抗衡力量的因素。欧盟委员会认为，苹果公司等 LTE 基带芯片客户的商业优势尚不足以影响高通公司的支配地位。

2022 年 6 月，欧洲普通法院否定了欧盟委员会该裁决，称 9.97 亿欧元的罚款是无效的。对于欧洲普通法院的裁决，欧盟委员会有权向欧洲法院提起上诉但其最终决定不上诉。

2. 其他认定因素。经营者在相关市场的市场份额是认定市场支配地位应考虑的首要因素，但是由于市场竞争本身的复杂性，"市场支配地位可能来源于市场份额、供求关系的平衡，也可能来源于资本量的悬殊差距，还可能来自于知名品牌或法律授予的特权。"[2] 美国法院在 1953 年的"美国诉联合制鞋机械公司案"[3] 中认为，企业占有 75% 的市场份额虽然对认定其是否具有垄断力是重要的，但市场份额本身对案件的结果并不具有决定性意义，除了市场占有率以外，法院还要考察其他因素，包括企业制定价格的行为、企业及其竞争对手的竞争实力、企业的研究优势、企业产品的花色品种等。我国《反垄断法》第 23 条规定，认定经营者具有市场支配地位，除了考察经营者在相关市场的市场份额以及相关市场的竞争状况外，还应当依据以下其他因素：

（1）该经营者控制销售市场或者原材料采购市场的能力。这个因素主要用于评估经营者对上下游市场的控制能力。如果经营者可以对上下游市场进行控制，他将能够实现对相关市场的间接控制，即便经营者的竞争者们有能力生产一样的产品，但支配企业能够控制产品销售或原材料采购，就同样可以对其他竞争者的经营行为产生重要影响，他对产品生产的控制力体现出对市场的支配力。

---

[1] Case AT. 40220-Qualcomm（Exclusivity Payments），OJC269，31.7.2018，pp.25-26.
[2] 刘继峰：《竞争法学》，北京大学出版社 2018 年版，第 155 页。
[3] United States v. United Shoe Machinery Corp.，110 F. Supp. 295（D. Mass. 1953）.

具体而言，可以考虑该经营者控制产业链上下游市场的能力，控制销售渠道或者采购渠道的能力，影响或者决定价格、数量、合同期限或者其他交易条件的能力，以及优先获得企业生产经营所必需的原料、半成品、零部件、相关设备以及需要投入的其他资源的能力等因素。例如在"阿里巴巴滥用市场支配地位案"中，阿里集团就被认定具有控制平台内经营者销售渠道的能力，其经营的淘宝和天猫平台商品交易额在中国境内网络零售商品交易总额中占比超过50%，是经营者开展网络零售最主要的销售渠道，对经营者具有很强影响力。

（2）经营者的财力和技术条件。这个因素是对经营者经济技术基础和竞争优势的考量，我们需要综合考虑经营者的财力和技术条件能够以何种方式和程度促进其业务扩张或者巩固市场地位。如果说经营者的财力是其参与市场竞争的后盾，那么经营者的技术条件就可能是它在市场竞争中的护城河。经营者的财力包括资产规模、盈利能力和融资能力等，决定它是否处于比其他经营者更有利的地位，是否能够有更强的承担风险的能力；而其技术条件包括研发能力、技术装备、技术创新和应用能力、拥有的专利、商标及版权等知识产权，体现的是经营者的核心竞争优势。

高级形态的市场竞争很多时候就是技术之间的竞争，技术优势就是一种竞争优势。作为法定垄断权，如果一种拥有知识产权的技术没有可替代性或者很难被替代，那么这个技术本身就是一种市场力量。特别是当一种技术成为必要专利被选入技术标准后，标准必要专利（SEPs）的拥有者就在特定的许可市场中当然具有市场支配地位。华为技术有限公司诉美国交互数字集团（IDC）垄断案、华为公司与中兴通讯公司互诉标准必要专利侵权案、高通公司因滥用标准必要专利被调查案等都集中反映了标准必要专利对市场竞争的影响。

（3）其他经营者对该经营者在交易上的依赖程度。经营者之间的长期合作会促使相互之间依赖性的提高。在长期合作关系中，如果一方对另一方的依赖性很高，那么对方对它就存在一定的市场影响力甚至是控制力。具体而言，我们可以考虑其他经营者与该经营者之间的交易关系、交易量、交易持续时间、在合理时间内转向其他交易相对人的难易程度、退出成本等因素。

退出成本是其他经营者退出与该经营者合作、改变生产经营活动的成本，退出成本越高，就意味着它对该经营者的依赖性越大。一般而言，经营者获取原料的途径越多，对上游企业的依赖性也会越低；其自身产品的经济价值越高，适用范围越广，对下游企业的依赖性就会越低；其生产经营活动越多元，经营收益越多样化，对交易对象的依赖性也就越低。在互联网经济中，平台对平台内经营者具有很强的网络效应和锁定效应，就体现了平台内经营者对平台的高度依赖。对买方抗衡力量（Countervailing Buyer Power）[1]的考察，对此项因素进行评估的情形之一。如果一个具有足够经济实力的买方，能够抵制一个卖方企业施加的支配力，能够具有实施反竞争行为的能力，也能够找到有效的替代选择，可以转向其他供应商、进行纵向联合或者支持一个新的供应商进入市场，这时买方力量就与准入壁垒一样影响着卖方市场力量的评估。

（4）其他经营者进入相关市场的难易程度。从理论上讲，一个市场的竞争结构会直接影响甚至决定市场进入的难易程度，完全竞争市场的竞争进入相对容易，市场机会多、障碍少，是最容易进入的市场；如果是垄断性竞争市场，经营者往往需要持有差异化产品才能进入；而完全垄断市场则基本没有机会，换言之，如果有支配企业在相关市场上控制价

---

[1] OECD, Evidentiary Issues in Proving Dominance (2006), DAF/COMP (2006) 35, p.8.

格、原材料和销售网络，其他经营者进入相关市场的难度将非常大。

我们可以从市场进入壁垒（Barriers to entry）角度进行理解。进入壁垒是指产业内既存经营者对于潜在进入者和刚刚进入这个产业的经营者所具有的某种优势的程度。换言之，是指潜在进入者和新进入者与已有经营者竞争时可能遇到的种种不利因素，如市场准入制度、获取必要资源的难度、采购和销售渠道的控制情况、资金投入规模、技术壁垒、品牌依赖、用户转换成本、消费习惯等。

一般而言，进入壁垒的形成因素主要涉及资金、技术、政策法律和设施等。资金壁垒相对简单，行业进入需要的资本量越大，筹措越困难，壁垒就越高，进入难度也就更大；技术壁垒是围绕商品的生产所需要的技术和知识产权而产生的壁垒；政策法律壁垒是由法律或政策所规定的标准或条件形成的壁垒，比如规定相关市场的准入需要政府监管部门审批，审批的概率和难度会直接影响经营者是否可以进入该市场；设施壁垒主要指必需设施壁垒，指进入市场所必不可少的设施的占有者拒绝提供该设施而形成的壁垒。美国和欧盟反垄断法判例发展出"必需设施"理论。必需设施（Essential Facility）是由于重建特有设施是不可能或者极端困难而产生的，被依赖者掌握着其他竞争者进入市场的瓶颈，潜在竞争者要进入这个特定市场必须使用这一设施，而在必需设施的限制下却无法进入市场。在反垄断实践中，必需设施涉及的范围很广，包括铁路、港口以及电信等运输网络设施、金融部门中的支付系统等，也有少数扩展到知识产权领域以及平台经济领域。

（5）其他因素。具体可以包括如进出口贸易的影响，即国际贸易对国内市场竞争状况产生的重要影响。又如扩张壁垒，与考察其他企业能否进入市场的进入壁垒不同，这是考察竞争对手是否可以扩张市场，这影响到在先企业能否长久维持其市场力量，但与进入壁垒一样，扩张壁垒也只是认定市场支配地位的必要条件，而非充分条件。再如经营者在关联市场的市场地位，平台经济时代的超级平台在相邻市场都有生态化布局，能巩固和增强其在相关市场的市场力量。在美团案[1]中，市场监管总局在行政处罚决定书就提到："当事人关联市场布局巩固和增强了市场力量。当事人在到店餐饮消费、生活服务、酒店旅游、出行等多个领域和餐饮外卖上下游进行生态化布局，为网络餐饮外卖平台带来更多交易机会，加深了平台内经营者对当事人的依赖，进一步巩固和增强了当事人的市场力量。"我们在认定平台经济领域经营者具有市场支配地位时，可以考虑相关行业竞争特点、经营模式、交易金额、交易数量、用户数量、网络效应、锁定效应、技术特性、市场创新、控制流量的能力、掌握和处理相关数据的能力及经营者在关联市场的市场力量等因素。

拓展阅读：竞争法与竞争政策中的进入壁垒[2]

市场进入壁垒是指在某一行业中在位企业赚取超额利润的情况下，仍可能阻止或妨碍新企业进入该行业的若干因素。进入壁垒可分为两大类：结构性（或经济性）壁垒和战略性（或行为性）壁垒。

市场进入的结构性壁垒源于技术、成本和需求等行业基本特征。哪些因素可以构成相关的结构性壁垒存在争论。最广泛的定义认为，进入壁垒来自产品差异化、在位企业的绝对成本优势和规模经济。产品差异化为在位企业创造了优势，因为进入者必须克服现有产品积累的品牌忠诚度。绝对成本优势意味着，新进入者在每一产出率下的单位成本都会较

---

[1] 国市监处罚〔2021〕74号行政处罚决定书。
[2] See UNCTD, Model Law on Competition (2010), TD/RBP/CONF. 7/8, p. 38.

高，这可能由于其技术水平较低。规模经济限制了在一定规模的市场上以最低成本运营的企业数量。乔治·斯蒂格勒（George Stigler）和芝加哥学派的支持者对市场进入的结构性壁垒给出了一个更狭义的定义。他们认为，只有当新进入者必须承担在位企业无须承担的成本时，才会出现进入壁垒。因此，这一定义将规模经济和广告费用排除在壁垒之外（因为这些都是在位企业为取得市场地位而不得不承担的成本）。其他经济学家也强调了沉没成本作为进入壁垒的重要性。因为这些成本必须由新进入者承担，而在位企业已经承担了这些成本，所以就形成了进入壁垒。此外，沉没成本降低了退出市场的能力，从而给潜在的进入者带来了额外的风险。

市场进入的战略性壁垒是指在位企业的行为。特别是，在位企业可能会采取行动，加强市场进入的结构性壁垒，或以进入市场后会采取报复行为来威胁进入者。当然，在进入市场之前，这种威胁必须是可信的，即在位企业必须有动力去实施这些报复行为。战略性壁垒往往与在位企业某种先发制人的行为有关。一个例子是在设施上的先发制人，即在位企业大力投资生产能力，以便在实际进入时以价格战相威胁。另一个例子是在位企业人为地创造新的品牌和产品，以限制被模仿的可能性。这种可能性仍有待商榷。最后，政府也可以通过发放许可证和制定其他法规，对进入某一行业设置壁垒。

进入某一特定行业的壁垒可能因为市场的成熟度或发展水平而有很大差异。在一个成熟的经济体中，某些行业的进入壁垒大致如下：

高进入壁垒（行业）	中等偏高进入壁垒（行业）	低进入壁垒（行业）
发电和配电	烘焙	肉类包装
本地电话服务	软饮料	面粉
报纸	香烟	水果和蔬菜罐头
品牌肥皂	期刊	羊毛和棉花纺织品
飞机及零部件	石膏制品	服装
汽车工业	有机化学品	小金属制品
大型计算机	盥洗用品	木制家具
重型电气设备	石油精炼	瓦制容器
火车	铝	印刷
啤酒	重型工业机械	鞋类
谷物	大型家用电器	卡车和公路运输
	铁路运输	

（四）关于双边市场和平台经济的特殊考量

传统市场中，交易一方直接面对另一方交易主体，这种交易模式形成的市场被视为单边市场（One-sided Market）。随着交易的逐渐复杂，双边市场（Two-sided Market）在不断推陈出新的交易模式推动下逐渐形成，并从最初的银行卡系统、超级市场等发展到现在的互联网、超级平台等。[1] 典型的双边市场包括但不限于三个基本要素：①有两个或两个以上相互区分的群体；②存在因这两个群体之间的联系和合作而产生的外部性，即存在交叉网络外部性（cross-group externalities）；③将交叉外部性实现内部化所必需的媒介（平台）。[2] 简单的一种情形如，平台企业同时向双边群体（用户）提供具有相互依赖性和互补性的产品或服务，并且将双边用户吸引到市场中，此时，市场一方的用户数量和交易量会影响到另一方用户的数量和交易量，即产生交叉网络外部性。

双边市场理论在相关产品市场界定中具有重要的意义，也被用来分析平台经济，并成为最有影响力的理论。我国反垄断实践中已经存在不少与平台经济相关的案件，如阿里"二选一"案、美团"二选一"案等。《反垄断法》也在第9条规定，经营者不得利用数据和算法、技术、资本优势以及平台规则等从事本法禁止的垄断行为；在第22条第2款规定，具有市场支配地位的经营者不得利用数据和算法、技术以及平台规则等从事前款规定的滥用市场支配地位的行为。

结合双边市场理论，我们在分析数字经济中平台的市场力量时，既需要考虑市场份额等一般性因素，也需要考虑数字经济所特有的因素，如网络效应、规模经济、单归属和多归属、数据的掌握和处理以及数字市场的创新和技术变化等。[3]

1. 市场份额。在平台经济领域中，市场份额与市场力量评估之间的相关性，与其他市场相比显得更小，这主要是由于数字经济极其开放的市场化及动态性，新技术会不断迭代。我们在确定平台经济领域经营者市场份额时，可以考虑交易金额、交易数量、销售额、活跃用户数、点击量、使用时长或者其他指标在相关市场所占比重，同时也要考虑该市场份额持续的时间。

2. 网络效应。网络效应并非平台经济所独有，但是平台经济中更加明显，产品价值随购买这种产品及其兼容产品的消费者的数量增加而增加。对于平台经济领域经营者控制上下游市场或者其他关联市场的能力，执法机构可以通过其经营模式和网络效应来进行评估。一般而言，网络效应具有积极的正外部性和消极的负外部性两个方面的特性，网络效应的正外部性，能够使得产品对其直接使用者和其他群体都更有价值，能促使产品的价格更低、质量更好，从而使得消费者由此获利。同时，网络效应也可能对竞争有害，有可能提高市场进入壁垒和消费者承担的转换成本，在网络之间的兼容性不高时，消费者基于成本会不愿意切换到另一个供应商。总体而言，显著的网络效应是存在市场力量的重要指标之一。

3. 规模经济。规模经济在一般的市场支配地位评估中也扮演重要角色，是进入壁垒评估时的重要考量因素。规模经济意味着，在固定成本不变的情况下，随着产出的增加，平均成本会下降。对于平台而言，规模经济可以进一步增强其固有的自我提高正反馈循环，也是平台市场力量评估的重要指标，具有规模经济优势时，平台可以阻止潜在竞争者的市场进入，或者使进入变得更加困难。

4. 单归属和多归属。在平台经济领域中，如果用户只在一个平台上进行注册交易，此时用户所在的这一边市场就具备单归属特征，而多归属则指用户同时在两个或者更多的平台上进行注册交易。一般而言，多归属会降低网络效应中可能包括的锁定效应，也可以降

---

[1] 参见[美]杰伊·皮尔·乔伊主编：《反垄断研究新进展：理论与证据》，张嫚、崔文杰等译，东北财经大学出版社2008年版，第35~54页。

[2] Roberto Roson, "Two-sided Market: a Tentative Survey", 4 *Review of Network Economics* 4, p. 142.

[3] 参见韩伟：《迈向智能时代的反垄断法演化》，法律出版社2019年版，第101~106页。

低进入壁垒，而单归属会加剧平台为了获取更大的市场而竞争，增加与单归属用户签订排他性协议的动机。我国《平台反垄断指南》关于市场支配地位的认定中提到，用户黏性、转换成本是认定其他经营者对该经营者在交易上依赖程度的考量因素。

5. 数据的掌握和处理。是否掌握客户和用户的数据以及第三方的数据，是表明经营者市场力量的重要因素。对数据进行掌握和处理，并非是平台经济所特有的现象，但是数据的系统收集、处理、分析和挖掘利用，是平台领域经营者改进产品、提供个性化服务或改进定制化广告的重要基础。对特定数据的排他性控制，同样也是竞争对手进入市场的壁垒。在评估市场支配地位时，数据可以发挥重要的作用，对数据进行利用的算法和技术，也同样能够反映经营者的市场力量。

6. 创新和技术变化。与普通市场相比，平台所处的互联网市场是高度动态的，它以大量的创新和固有的破坏性变革为特征，创新和技术变化可能在短时间内就会颠覆旧的市场而创造和建立新的市场。这个过程并不能简单否认既有在线平台所拥有的市场支配地位，但也必须进行必要的具体分析。

总体而言，针对平台经济领域中特定经营者市场力量的评估，我国在《平台反垄断指南》中明确提出，分析相关市场竞争状况，可以考虑相关平台市场的发展状况、现有竞争者数量和市场份额、平台竞争特点、平台差异程度、规模经济、潜在竞争者情况、创新和技术变化等。

二、市场支配地位的经济学解释

（一）市场支配地位的成因[1]

市场支配地位，其在经济学中被视为实质性市场力量或者垄断力量，换言之，就是指经营者通过有利可图的方式在相当长的一段时间内把价格提高到竞争性水平以上的能力。国际竞争网络（ICN）发布的报告[2]将市场支配地位和实质性市场力量视为两个可以相互替换的概念，并且认为二者都体现了经营者的两方面能力：一是将价格提升到竞争性水平之上并有利可图；二是将这种价格维持在相当长时间的能力。由于这种超竞争性水平的定价能力或获利能力，内在地需要经营者不仅具有结果意义上的"价格控制能力"，还要具有过程意义上的"竞争抵制能力"，因而市场支配地位也被理解为经营者"控制价格或者排斥竞争的能力"。经营者为何可以控制价格和排斥竞争，为何具有实质性的市场力量，主要有四大成因：效能竞争、合法授权、不当竞争、行政垄断。

市场支配地位最直接的具有经济合理性的成因之一，是基于效能竞争。在遵循优胜劣汰的市场法则之下，经营者通过降低成本、提高质量、丰富选择、优化服务、改善管理、拓展模式、积极创新等方式，促进生产效率、助推业务扩张、增加营业利润、实现长期增长，从而赢得市场优势乃至市场支配地位。普通的企业在激烈的市场竞争中，凭借敏锐的洞察和出色的经营，迎合市场发展趋势，甚至由于某些偶然性，逐步获得显著的市场地位和竞争优势。这种成因下的市场支配地位本身是符合市场规则的，我们不能因为一个经营者业绩优秀而制裁他，而是需要评估他在争夺市场胜出后，是否采取滥用支配地位的行为来维持和加强自身市场优势并攫取垄断性收益，是因为这些行为不仅对经济效率产生影响，

---

[1] 郝俊淇：《基于不同成因的市场支配地位及其反垄断法关注与应对》，载《岭南学刊》2020年第4期。
[2] ICN Unilateral Conduct Working Group, Dominance/Substantial Market Power Analysis Pursuant to Unilateral Conduct Laws, https://www.internationalcompetitionnetwork.org/wp-content/uploads/2018/07/UCWG_RP_DomMarPower.pdf.

还会威胁到公共价值或利益的实现，诸如经济参与的自由性和开放性、交易的公平性等。

市场支配地位的成因之二，是基于合法授权。经营者基于实现特殊政策目标的国家法律的规定而合法取得支配地位。每个国家在不同时期都会有特定的行业政策考虑，或者所涉行业在产业政策扶持下需要培养国家冠军，或者所涉行业需要实行专营专卖，或者关系国民经济命脉和国家安全而需要国有经济占控制地位，或者所涉行业具有自然垄断属性等。从企业性质上看，垄断国有企业和公用企业是基于合法授权取得支配性地位的典型代表。在不同国家，这类支配企业大多存在于能源、烟草、食盐、城市公用事业等领域。支配企业在被查处时主张政府行为抗辩或者管制行为抗辩，也相应在反垄断实践中出现过，一般而言，这种情形要求存在管制性立法并且管制机构始终积极管制。

前述两个成因的反面因素即不当竞争和行政垄断，也会促成市场支配地位的形成。与效能竞争对应的不当竞争，不是依靠效能进行竞争，而是对竞争自由的滥用，比如协商操纵价格的垄断协议、实施具有限制竞争效果的经营者集中等。与合法授权对应的行政垄断，不是在合法授权下约束竞争，而是滥用行政权力损害市场竞争，或者实施具体的垄断行为或者通过抽象的行政垄断行为来实质性分配资源，非法让个别经营者获得市场力量和市场支配地位。

市场支配地位一旦被不当创造、维持和加强，会造成一系列危害，不仅包括经济学意义上的效率损失或福利损失（welfare loss），比如资源配置无效率即福利的无谓损失或净损失、X—非效率即经营者的内部效率损失或生产效率损失、租金耗散或寻租的成本即经营者将垄断利润用于巩固既得利益而从事非生产性的寻租活动，而且包括对其他公共价值或利益的消极影响，比如对经济竞争或竞争过程之独立价值的威胁，对分配正义的扭曲如消费者的财富向经营者不当转移、对经济自由以及中小经营者参与竞争权益的冲击等。

（二）市场支配地位的经济测算

1. 市场力量的计算方法。西方经济学对市场支配地位的测算主要是通过测算市场竞争程度、定价能力等进行：

（1）传统的市场竞争程度测算方法。

第一，市场集中度的 CRn 指标（Concentration Ratio）。集中度（CRn）是指同一产业内，若干家（n 家）最大企业的销售收入或就业量、资本量等占整个产业的比重，它通常用来测量一个市场的集中程度，用来表示该类市场竞争的激烈或垄断程度。

集中度（CRn）指标中，n 的值可以取任何正整数，但一般研究者多取 4 或者 8，即前 4 家或者前 8 家企业的市场占有率。这一指标可以用来表明市场的竞争状况与市场的结构类型。完全竞争的市场结构中，每家企业的销售收入都非常小，任何少数几家企业的销售收入之和也很小，因此，CRn 趋近于 0；完全垄断市场结构中，市场上只有一家卖主，企业的销售收入就是整个产业的销售收入，所以 CRn =1；而在垄断竞争市场和寡头垄断市场上，0<CRn<1。

集中度指标在实证研究中应用广泛，也存在部分缺陷。在界定相关市场时，替代产品往往局限于市场内的产品，忽略了市场外的产品与市场内产品的竞争，以及市场内企业之间的互相牵制。而且，n 的取值有一定的任意性，当 n 取不同的值时会得出不同的结论。另外，集中度指标反映了 n 家最大企业的情况，而忽略了其他企业的数量及其分布规律，埋没了与所研究问题有关的大量信息。[1] 由此，传统方法也关注其他因素，如市场进入条

---

[1] 王传辉：《反垄断的经济学分析》，中国人民大学出版社 2004 年版，第 103 页。

件、行业特点等，用来修正根据集中度所推断的市场力量。

第二，赫芬达尔-赫希曼指数（Herfindahl-Hirschman Index）。为了修正 CRn 测算市场集中度的缺陷，美国率先采用赫芬达尔-赫希曼指数（以下简称 HHI 指数）来评估市场集中度，该指数是由经济学家赫希曼和赫芬达尔先后提出的[1]，是经济学界和政府管制部门使用较多的综合指数。简单来说，赫芬达尔-赫希曼指数等于所有被计算企业市场占有率的平方和。

实践中计算 HHI 指数时，并不需要把所有的企业占有率进行计算，只需要选择最大几十家企业（20 家或者 50 家）的市场占有率的平方和即可作为整个产业的 HHI 指数。从理论上讲，赫氏指数不但考虑了企业总数，而且考虑了企业的规模分布，是一个较好的计算垄断程度的一个公式，它取决于各企业的不均等程度和企业数量，用以测算市场竞争状况与市场集中度。

在完全竞争市场中，HHI 趋近于 0；在完全垄断市场上，HHI 等于 1；而在介于完全竞争和完全垄断的市场中，0<HHI<1。一般说来，HHI 值越大，说明市场集中程度越高。实践中，一般会将其值乘上 10000 而予以放大，故 HHI 此时介于 0 到 10000 之间，如美国司法部和联邦贸易委员会在其共同制定的《横向合并指南》[2] 确定以 HHI 指数为基准的市场结构分类时，认定 1500 以下为非集中型，1500≤HHI≤2500 为适度集中型，2500 以上属于高集中型。

（2）测算市场力量的分析方法及工具[3]。

第一，边际成本分析法。经济学范畴里，增加一单位的产量随即而产生的成本增加量即称为边际成本，通俗的理解，边际成本可以定义为"为了做某一件事情本身而必须付出的代价"。勒纳指数[4]，也称为勒纳垄断势力指数，就是通过对价格与边际成本偏离程度的度量，反映市场中垄断力量的强弱。勒纳指数在 0 到 1 之间变动，数值越大，表明垄断势力越大。勒纳指数实际上计量的是价格偏离边际成本的程度，价格越是高于边际成本，表明垄断势力越强。在市场完全竞争时，勒纳指数则等于 0。

第二，剩余需求分析法。单个企业面临的剩余需求是在任意给定的价格水平下其他卖者无法满足的那一部分市场需求。例如，假设在某地域市场，某种产品的销售市场被 A、B、C、D、E 五家企业占有，具有较大市场占有率的企业 A 采取抬价行为，但其他竞争者都不相应抬高价格，随后，企业 A 在该地区的市场占有率大幅度下降。又假定企业 A 所失去的市场占有率为企业 B、C 所抢占，但企业 D、E 并没有增加市场占有率。这说明，尽管企业 A 具有较大的市场占有率，但不具备经济学意义上的市场力量，也就是法律意义上的市场支配地位，同时也说明企业 B、C 对于企业 A 的市场力量具有更大的制约作用。这个案例所使用的方法就是测算企业 A 抬价以后产生的剩余需求由谁来满足。如果其他四家企业都不能满足，说明 A 可以成功抬价，因而具有市场支配地位。

第三，需求交叉弹性变化分析法。需求交叉弹性是指一种产品的需求量对另一种相关

---

[1] [美] 马克·赫斯切：《管理经济学》，李国津译，机械工业出版社 2005 年版，第 249 页。

[2] "Based on their experience, the Agencies generally classify markets into three types: Unconcentrated Markets: HHI below 1500; Moderately Concentrated Markets: HHI between 1500 and 2500; Highly Concentrated Markets: HHI above 2500." See Horizontal Merger Guidelines (August 19, 2010), p.19.

[3] 此部分主要参考时建中主编：《反垄断法——法典释评与学理探源》，中国人民大学出版社 2008 年版，第 232~233 页。

[4] 该指数的计算公式为：$L=(P-MC)/P$。式中：L 为勒纳指数，P 为价格，MC 为边际成本。

产品价格变化的反应程度[1]。也就是说,当存在需求交叉弹性时,一种产品发生价格变化,则另一种产品的需求量也将随之变化。该方法的理论基础是拥有市场支配地位的企业在市场买方没有需求替代品时会提高价格。例如,对于有购铝需求的企业来讲,如果铁是铝的替代品,那么,一旦铝的价格被生产商提高到竞争性价格之上,它们作为铝的买方会转向购买铁。也就是说,对铝的市场需求弹性很高。在这种情形下,铝市场内有多少竞争者是无关紧要的,即便该市场内的独占企业也会发现其受到买方替代品的威胁,不敢提高价格,从而它不具有法律意义上的市场支配地位。换句话说,如果铝没有相应的替代品,一个生产企业将可以随意提高铝的价格,他就会具有市场支配地位。

此外,还有多重价格策略分析法,其理论基础是企业之间在合作关系中的表现会与竞争关系中的表现不同。除了存在卡特尔或者长期价格战的情形外,如果某一市场在一定时期内时而出现合作性定价,时而出现价格战,说明该市场中某企业存在市场支配地位[2]。总体而言,经济学研究提供的这些指数和经济分析工具,可以让我们更好地理解和分析市场竞争状况,更好地认定市场支配地位。但是这些指标的计算和工具的使用都需要大量统计数据,应用难度较大,更多是为执法或司法活动提供理论思路。而且,即便这些统计数据都是可以获得的,但人们对数据本身也通常有着不同的解释,因此,不能完全依赖这些数据和指数来最终确定一个企业是否达到了具有市场支配地位的程度。

(3) 数据要素在市场力量评估中的作用。在评估市场力量时,如何衡量数据的存在以及数据作为基本要素的价值,是数字经济时代必需面对的问题。互联网平台给用户提供各种服务和建议,都是依赖于它们对用户习惯和偏好的了解,并进行大数据基础的预测,这些工作都依赖于大量的个人数据,如果没有数据,算法将无法发挥作用。互联网平台的市场力量首先来源于数据或数据驱动的网络效应,其次来源于处理数据的算法。谷歌、微软和腾讯等大型技术公司的市场力量多源于此,拥有的个人数据远远超过初创企业可能获得的数据,新进入者难以打开市场而与它们竞争。

我国《平台反垄断指南》提到,确定平台经济领域经营者市场份额,可以考虑交易金额、交易数量、销售额、活跃用户数、点击量、使用时长或者其他指标在相关市场所占比重,同时考虑该市场份额持续的时间;对经营者控制市场的能力评估时,需要考虑相关平台经营模式、网络效应,以及影响或者决定价格、流量或者其他交易条件的能力;对经营者的财力和技术条件评估时,需要考虑其掌握和处理相关数据的能力,应该还有数据接口的控制能力;对其他经营者进入相关市场的难易程度评估时,需要考虑数据获取的难易程度等;在考虑平台是否构成必需设施时,一般需要综合考虑该平台占有数据情况、其他平台的可替代性、是否存在潜在可用平台、发展竞争性平台的可行性、交易相对人对该平台的依赖程度、开放平台对该平台经营者可能造成的影响等因素。我国《反垄断法》第 22 条第 2 款对数据的市场力量予以认可,其特别规定:具有市场支配地位的经营者不得利用数据和算法、技术以及平台规则等从事前款规定的滥用市场支配地位的行为。

客观而言,把数据归入分析市场力量的框架中是存在难度的,很难比较不同平台所拥有数据集的大小、种类、价值等内容,也很难对不同的数据进行区分并为其确定价值,显然,量化这些数据存在挑战。但是,我们在衡量数据拥有者的竞争优势和市场力量时,首

---

[1] [美] S. 卡利斯·莫瑞斯、克利斯多弗 R. 托马斯,《管理经济学》,陈章武等译,机械工业出版社 2003 年版,第 365 页。

[2] Robert H. Porter, "On the Incidence and Duration of Price Wars", 33 *J. INDUS. ECON.* 415 (1985).

先可以考虑的方法是评估他们通过数据获利的能力，简言之就是对基于数据的营利模式进行分析，是通过对第三方发放数据访问许可，还是提供有针对性的广告服务，或向输入数据的用户提供其他付费产品和服务来维持其市场影响力。由于数据的价值主要取决于所有者的使用方法，而不仅仅是纯粹的数量，因此，我们需要分析数据市场中企业的不同活动在总营业额所占份额来进行计算，分析企业基于数据所产生的支配地位。当然，也有并未从数据中获利的企业，数据并未作为直接盈利的产品或服务。此时，反垄断实践将重点考虑潜在的竞争，而不仅仅依赖市场份额。在欧盟关于微软和Skype的合并决定中，欧盟委员会认为，市场份额在数字服务市场中仅提供有限的作用，因为该行业的创新特征和动态特征，使得市场份额可以在短时间内被迅速改变。类似的判断也出现在搜索引擎及电子商务平台等市场份额高度变化的数字驱动型平台。

潜在竞争是数字市场中最重要的评估因素，也是对数据持有者的限制因素。此时，我们对数据持有者的市场力量进行评估，需要考虑到：其一，数据获取和持有的成本；其二，数据集是否因得到知识产权法或其他法律的保护，导致其他竞争者无法自由获取所需数据；其三，市场上是否存在与现有数据持有者有效竞争所需的其他数据集或者说替代品；其四，潜在竞争者自行进行数据开发并获得与已有数据持有者类似的数据集是否有可能性。

2. **市场份额的具体类型**。市场份额是反映企业经营业绩和经营者竞争地位的一个重要指标，它的大小及其变化往往能够反映一个企业对市场的影响力。对于企业而言，特别是有规模经济特点的产业中，市场份额的增加就意味着它比竞争者更具有竞争力，而市场份额越大，就可以进一步获取规模效益，当市场份额达到一定程度后，行业竞争对手将减少，可以实现促销费用等产品成本的下降和节约，以及企业利润的提高，这将有利于增强产品的价格竞争力和获利能力，实现以市场份额的增长带动利润增长的良性发展。数字经济时代，注意力就是财富，市场份额的扩大将夺得更多的注意力，而更多的注意力又会进一步扩大市场份额，所以，许多平台经营者都十分注重市场份额的维护和扩大，甚至一些经营者不惜以"烧钱"为代价扩张市场份额，争夺其在商业竞争中的优势地位。

在以销售收入为基数时，部分经济学教材将市场份额等同于市场占有率，实际上两者还是存在一定区别。市场占有率更多属于财务体系概念，体现为一定时期内，企业所生产的产品在其市场上的销售量或者销售额占同类产品销售量或销售额的比重；市场份额属于战略概念，比纯粹的市场占有率更加抽象和宏观。在反垄断法语境中，我们一般会在不同的市场占有率中进行选择，用以体现相关市场中经营者的市场力量。

（1）行业市场占有率。在可供选择的市场占有率不同计算方法中，最常见的是行业市场占有率。行业市场占有率是指企业的销售在行业总销售中所占的比例。行业一般是指生产同一类商品的企业在同一市场上的集合，使用这种方法时，必须确定行业的统计口径和销售计量单位，界定好相关市场也是必要前提，比如计算铝行业的销售量（额）时，需要考虑是否将进口铝也计算在内，是否将二手回收铝也计算在内。而且，我们还要确定是用销售量还是销售额为计量单位，比较而言，销售额既有数量也有价格，更加全面，更能反映市场竞争的细节。行业市场占有率，在分析大型企业时具有现实意义，对中小企业则不然，因为它们往往都在特定区域市场进行竞争，而非在全国性甚至国际性的行业市场中从事经营，即便销售额有大幅度变化，在整体行业市场中的比率变化也很小，因此，考察行业领先企业的市场份额时，我们较多选择行业市场占有率作为市场份额计算的基数，而考察中小企业时，更多使用的是服务市场占有率。

（2）服务市场占有率。服务市场占有率是指企业的销售占其所服务市场的销售额的比例。这里所指的服务市场是指对企业产品产生需求并为企业市场营销努力所触及的市场，有些产品的服务市场可能就是整个行业市场，而有些产品的服务市场可能限于运输条件和储藏要求会远远小于整个行业市场。在区域市场中，服务市场占有率更有意义，因为分析特定区域中特定企业的市场地位和竞争能力时，不可能会在全行业进行评估，而只能聚焦在该区域所对应的相关地理市场来评估。

（3）相对市场占有率。相对市场占有率是用来反映企业与竞争对手之间强弱变化的关系。它有两种计算方法：其一，是相对三个最大竞争者的总销售额而言，企业的市场占有率的大小，如果指标高于33%，则认为企业具有较强市场力量。其二，是相对最大竞争者的市场销售额而言，企业的占有率的大小，如果指标超过100%，则企业就是市场领先者。在无法获得行业整体销售数据而只有个别竞争者的销售数据时，相对市场占有率可以用来评估企业的市场影响力。

总体上说，计算反垄断法中的市场份额，其前提仍是对相关市场的界定，在确定相关商品市场和相关地域市场后，执法机构多数都是考虑行业市场占有率和服务市场占有率来统计市场份额。考察市场占有率，实际上也有一定局限性，市场占有率只能反映企业市场占有的数量而很难反映市场占有的质量，市场份额的稳定性、购买者的忠诚度等难以体现。客观来说，市场占有率只是对企业现有市场地位的一种静态描述，反映的是过去的企业市场地位和竞争能力。由此，反垄断法对市场支配地位的评估因素中，市场份额是最重要的因素但不是唯一因素。

三、市场支配地位的认定

（一）认定步骤和标准

在反垄断实践中，认定经营者市场支配地位的方法和步骤大致如下：①确定该经营者作为市场参与者所在的相关市场；②计算该经营者在相关市场的占有率，即市场份额；③通过比较其他竞争者的市场份额，初步确定该经营者的市场份额是否大到足以推定其具有相应程度的市场力量，即市场支配地位；④综合分析其他因素，如该经营者的盈利水平、市场进入的难易程度、是否存在价格歧视、其他竞争者对该主体的竞争约束是否充分有效等，最终认定该主体是否具有市场支配地位。当然，在欧盟等区域，其反垄断法实施还必须证明所涉相关市场属于欧盟市场或其中相当一部分区域。

与经济学理论关于市场支配地位的分析中注重定量分析不同，反垄断执法和司法对市场支配地位的认定体现了定量分析和定性分析相结合的特点。各国执法机构和法院一方面强调市场份额对市场支配地位认定的意义，另一方面也对市场竞争相关因素进行定性分析，从而综合认定经营者是否具有市场支配地位。

例如，欧盟在其"排他性滥用行为执法重点指南"（2009）中指出，[1] 在一般情况下，市场支配地位源于几个因素的组合，尽管这些因素分开考虑各自不一定具有决定性作用。[2] 在1978年的联合商标案中，欧洲法院除了考虑该公司在相关国家的香蕉市场上占据45%的市场份额，还考虑到其他因素，如该公司的市场份额是其最大竞争者的两倍，联

---

[1] 参见欧洲法院判决 Case 27/76 United Brands Company and United Brands Continentaal v Commission［1978］ECR 207，第113段到121段；欧洲法院判决 Case T 395/94 Atlantic Container Line and Others v Commission［2002］ECR II 875，第330段。

[2] 参见欧洲法院判决 Case 27/76 United Brands and United Brands Continentaal v Commission［1978］ECR 207，第65段和第66段；欧洲法院判决 Case C 250/92 Gøttrup Klim e. a. Grovvareforeninger v Dansk Landbrugs Grovvareselskab［1994］ECR I 5641，第47段；欧洲法院判决 Case T 30/89 Hilti v Commission［1991］ECR II 1439，第90段。

合商标公司拥有高水平的广告、先进技术、市场运输控制力以及其他的有利条件等。通过对这些因素的综合考虑，欧盟委员会和法院才最终作出结论，联合商标在欧洲部分国家的香蕉市场上取得了支配地位[1]。

概括而言，关于市场支配地位的认定标准，主要有三个不同的选择：一是市场结果标准，即在竞争性市场条件下，企业的销售价格应当符合其生产成本，因价格与生产成本之间的显著差别而产生非同寻常的盈利，就可归结为缺乏竞争，从而可以得出企业取得了市场支配地位的结论。欧盟在其"排他性滥用行为执法重点指南"（2009）中提到，委员会认为如果一家企业能够在一段时间内（通常为期2年）以高于竞争水平的高价盈利，说明该企业没有受到充分有效的竞争约束，因此，该企业通常被认为具有市场支配地位。二是市场行为标准，即一个企业如果在确定其销售、价格以及其他经营决策时，不受其他竞争者的相关约束，该企业就占有市场支配地位，特别是以下因素：现有供应渠道、市场地位、实际的竞争对手带来的约束；实际竞争对手未来扩张或潜在竞争对手的进入威胁带来的约束；客户讨价还价能力（买方抗衡力量）带来的约束。三是市场结构标准，即一个企业如果在特定相关市场上占有相当大的市场份额，该企业就占有市场支配地位[2]。

在反垄断实践中，多数国家都是综合三个标准来进行市场支配地位的认定。市场结果标准中的生产成本在实践中往往难以精确测定；市场行为标准中，企业的经营决策是否受到其他竞争者同类行为的影响，在实践中往往难以证明；而市场结构标准又过度依赖市场份额，仅是静态描述而具有局限性，所以这些标准需要共同发挥作用。其中，市场结构标准通过市场份额来评估，是最直观、最具可操作性的，是许多国家和地区的立法和司法实践确定经营者具有市场支配地位的推定规则。

我国立法也结合结果标准和行为标准对市场支配地位进行了定义，具体分为两种衡量标准：其一，能够控制商品或者服务价格、数量或者其他交易条件。所谓的其他交易条件，是指能够对市场交易产生实质影响的其他因素，包括商品品种、商品品质、付款条件、交付方式、售后服务、交易选择、技术约束等。其二，能够阻碍、影响其他经营者进入相关市场，包括排除其他经营者进入相关市场，或者延缓其他经营者在合理时间内进入相关市场，或者导致其他经营者虽能够进入该相关市场但进入成本大幅提高，无法与现有经营者开展有效竞争等情形。

（二）推定市场支配地位

我国《反垄断法》第24条规定了根据市场份额推定经营者具有市场支配地位的情形："有下列情形之一的，可以推定经营者具有市场支配地位：（一）一个经营者在相关市场的市场份额达到二分之一的；（二）两个经营者在相关市场的市场份额合计达到三分之二的；（三）三个经营者在相关市场的市场份额合计达到四分之三的。有前款第二项、第三项规定的情形，其中有的经营者市场份额不足十分之一的，不应当推定该经营者具有市场支配地位。被推定具有市场支配地位的经营者，有证据证明不具有市场支配地位的，不应当认定其具有市场支配地位。"《垄断行为民事纠纷解释》第9条规定："被诉垄断行为属于公用企业或者其他依法具有独占地位的经营者滥用市场支配地位的，人民法院可以根据市场结构和竞争状况的具体情况，认定被告在相关市场内具有支配地位，但有相反证据足以推翻的

---

[1] 参见欧洲法院判决 Case 27/76 United brands v Commission, [1978] E. C. R. 207, 第65段。

[2] [德] P·贝伦斯：《对于占市场支配地位企业的滥用监督》，载王晓晔编：《反垄断法与市场经济》，法律出版社1998年版，第204页。

除外。"这实质上也属于司法领域对市场支配地位进行推定的情形。

所谓推定，是指依照法律规定从已知的基础事实推断未知的事实的存在，并允许当事人提出反证以推翻的一种证据法则。市场支配地位的推定规则，减轻了反垄断实施机构的证明责任，降低了认定市场支配地位的难度，最终减少了实施机构的工作量。我国现有推定条款的推翻规则也非常明确，部分经营者的市场份额不足1/10的不应当推定，被推定者有证据证明自己不具有支配地位的不应当认定。

由此，在我国，单个的经营者在相关市场上所占的市场份额达到1/2的，就可以推定该经营者具有市场支配地位，如果该经营者实施了我国《反垄断法》第22条规定的行为，就属于滥用市场支配地位。两个经营者在相关市场的市场份额合计达到2/3或三个经营者在相关市场的市场份额合计达到3/4的，被认为是规定共同支配地位的条款。我国《禁止滥用市场支配地位行为规定》第13条规定，认定两个以上的经营者具有市场支配地位，除考虑一般因素外，还应当考虑经营者行为一致性、市场结构、相关市场透明度、相关商品同质化程度等因素。应当注意，被推定具有共同市场支配地位的企业之间是存在经济联系的，可能是股权关系，可能有共同达成的协议、决定，也可能存在极为默契的协同行为，它们已实质性构成一个整体。

对共同市场支配地位的认定案例，我国实践主要出现在原料药市场。原料药市场中获得生产资质的企业数量十分有限，市场结构多呈现寡头垄断特点。2018年的"扑尔敏原料药垄断案"[1]中，执法机构同时采用了推定和认定方式，并未提出共同市场支配地位的具体标准。扑尔敏案所涉市场是寡头垄断市场，当事人湖南尔康和河南九势是仅有的两个原料药生产企业。执法机构先根据双方市场份额较高而满足市场份额标准的情况，推定双方拥有共同市场支配地位，之后又分析当事人之间签订战略合作协议、存在潜在股权收购关系和相互协调配合实施一致行为等因素，认定双方共同支配扑尔敏原料药市场。执法机构总体概括了三个认定因素：一是较高的市场份额；二是当事人间存在紧密联系，即签订了战略合作协议、存在潜在股权收购关系；三是相互协调配合实施一致行动。

第二节 滥用市场支配地位的基本原理

一、滥用市场支配地位的含义

滥用市场支配地位是指具有市场支配地位的经营者，利用其支配地位排除或限制竞争的行为。其特征包括：①行为主体具有特定性，必须是在市场中具有支配地位的一个或数个企业。②行为本身具有反竞争性，构成滥用行为即排除、限制竞争的行为。这两个特征不可或缺。

我国《反垄断法》第7条规定，"具有市场支配地位的经营者，不得滥用市场支配地位，排除、限制竞争。"该条文对我国具有市场支配地位经营者的一般义务进行了规定，也确定了我国评价市场力量的基本准则，即法律并不禁止经营者具有市场支配地位，只是禁止经营者滥用该支配地位从事排除、限制竞争的行为。滥用市场支配地位成为我国反垄断法所规制的垄断行为之一，有利于预防和制止具有支配地位的经营者滥用该地位，损害消费者和其他经营者的合法权益，也有利于保持涉及国家经济安全和国民经济命脉重要行业和领域的健康发展。

---

[1] 国市监处〔2018〕21号、〔2018〕22号行政处罚决定书。

《欧盟运行条约》第 102 条明确禁止滥用市场支配地位，"一个或多个经营者，滥用其在欧盟内部市场或其重要部分中的支配地位，如果有可能影响成员国间的贸易，则被视为与欧盟内部市场不相容而被禁止"。欧盟在"排他性滥用行为执法重点指南"（2009）中进一步明确，一个拥有市场支配地位的企业应承担特殊责任，该特殊责任的范围可考虑每个案件的具体情况，核心是不得损害"有效竞争"，该指南导言还提到："依照判例法，企业具有市场支配地位本身不违法，且该企业有权利用此优势进行竞争。但是该企业承担其行为不得损害共同市场有效竞争的责任。"[1]

从立法层面看，我国和欧盟都是采取概括加列举的方式，对滥用市场支配地位进行规范，即立法作出原则性禁止规定，同时也列举若干典型的滥用行为，我国《反垄断法》第 22 条和《欧盟运行条约》第 102 条都有列举具体的行为类型，欧盟列举的行为包括有：①直接或间接地施加不公平的购买或销售价格，或者其他不公平的交易条件；②限制生产、销售或技术开发，从而损害消费者利益；③对同等交易条件的其他交易方适用不同的条件，从而使其处于不利的竞争地位；④要求交易相对方接受与合同标的在性质上或者商业惯例上无关的额外义务作为缔结合同的前提条件。

美国作为判例法系国家，其分散的立法并没有使用"市场支配地位"这一概念，而是围绕市场力量（Market Power）来规范。《谢尔曼法》进行原则性禁止规定，使用"从事垄断或企图垄断"进行表述，由法院根据具体案情对具体行为予以禁止，其第 2 条[2]规定："任何人滥用市场力量（monopolize）、试图滥用市场力量（attempt to monopolize），或者与他人联合、共谋滥用市场力量，以限制州际间或者与外国之间的贸易或者商业，将构成重罪。违法行为一经定罪，如果参与人是公司，将处以不超过一亿美元的罚款；如果参与人是个人，将处以不超过一百万美元的罚款或十年以下监禁，或者由法院酌情并用两种处罚。"《克莱顿法》和《联邦贸易委员会法》等是对具体行为进行列举，如价格歧视行为、排他性交易行为、附条件交易行为等，还有不公平的交易方法等不追究刑事责任的其他违法行为。

二、滥用市场支配地位的经济学解释

自 20 世纪 30 年代开始，哈佛学派和芝加哥学派两个不同的思想流派，对美国反垄断法的发展产生着重要的影响。比较而言，芝加哥学派更相信市场的力量，更关注积极的错误，其不认为市场会存在进入障碍或很少有长期的威胁，并假定市场总是有效率的，而哈佛学派则怀疑市场对垄断的自我免疫能力，更关注消极的错误，他们强调不完全竞争的粘性，并假定那些短期内的进入障碍，也能够引起严重的竞争扭曲。学界有不同的争论是正常的，但法律必须追求稳定性。各国的法律需要避免同时出现这两种错误，在滥用市场支

---

[1] "I. INTRODUCTION…In accordance with the case-law, it is not in itself illegal for an undertaking to be in a dominant position and such a dominant undertaking is entitled to compete on the merits. However, the undertaking concerned has a special responsibility not to allow its conduct to impair genuine undistorted competition on the common market". See Guidance on the Commission's enforcement priorities in applying Article 82 of the EC Treaty to abusive exclusionary conduct by dominant undertakings (2009/C 45/02).

[2] "Every person who shall monopolize, or attempt to monopolize, or combine or conspire with any other person or persons, to monopolize any part of the trade or commerce among the several States, or with foreign nations, shall be deemed guilty of a felony, and, on conviction thereof, shall be punished by fine not exceeding $ 100, 000, 000 if a corporation, or, if any other person, $ 1, 000, 000, or by imprisonment not exceeding 10 years, or by both said punishments, in the discretion of the court." See 15 U. S. Code § 2 - Monopolizing trade a felony; penalty.

配地位规则中，法律必须允许公平获胜的市场支配者的存在，同时也要避免该支配者实施破坏竞争的滥用行为。

（一）经济理论的演变

如何评价市场力量，以新古典理论为出发点，经济学界主要是从市场结构和市场行为两个角度做出回答，与此对应，反垄断法针对滥用市场支配地位的规制也演变出两种不同的分析范式即"结构主义"和"行为主义"，并由此形成了不同的法律制度。

1. 结构主义。结构主义范式的基本特征是以新古典的价格理论为基础，将产业分解为特定的市场，并用"市场结构（Structure）—市场行为（Conduct）—市场绩效（Performance）"三分法对特定市场进行分析，其中，市场结构是决定和影响市场行为和绩效的关键因素。秉持结构主义的反垄断法执法机构认为，市场支配地位是一种天生的弊端，经营者一旦形成市场支配地位，便会自然滋生阻碍创新、排挤竞争的动机并付诸实施。所以，保护市场竞争最好的方法就是采用以市场结构为调整对象的约束制度，针对市场结构来规制具体的垄断状态。

具体而言，结构主义的主要理论逻辑包括：①市场结构属于在时间上稳定的、可观察的变量，它是决定卖方和买方行为的主要因素。绩效取决于卖方和买方的行为，而卖方和买方的行为取决于市场结构。结构则取决于技术和产品需求等市场基本状况。产业组织的目标就是描述和预测市场结构如何组成一个连续统一的现实产业行为。②市场结构是导致厂商不同行为和绩效的主要因素，其中进入壁垒构成了市场结构决定性的要素。进入壁垒程度的高低决定了市场结构的差异程度，壁垒越高，市场集中程度相应地越高，壁垒越低则市场集中程度相应地越低。决定进入壁垒的因素包括现有厂商最低有效规模、必要资本量、绝对成本优势和产品差异化等。进入壁垒并不是企业可以随意得到的好处，它是经营者明确采取行动来建立和维护市场地位的结果，以掠夺性定价为例，经营者并非以低成本取胜，而是可能利用价格歧视，把从某一个市场中得到的垄断利润转移到另外一个市场，通过对后一个市场的补贴，来获得对该市场的垄断[1]。

在结构主义的影响之下，美国执法机构对具有市场力量经营者的规制十分激进。特纳就认为，问题的关键在于一家厂商是否具有来源于垄断的市场结构的"市场力量本身"，不论厂商行为如何，具有"市场力量本身"就是拆散厂商的初步依据[2]。资料显示，1945年美国铝公司案中，该公司根据一个测算方式被确认拥有铝产品90%的市场份额，尽管没有任何不利竞争后果被证明，该公司还是被法官定罪，法官指出，国会没有区分好的垄断还是坏的垄断，垄断本身就是违法。

2. 行为主义。行为主义的理论基础来源于芝加哥学派[3]。芝加哥学派尽管也缺乏完整和严密的逻辑体系，但是继承了自由主义传统，从企业行为出发对市场结构和市场绩效进行评估，他们认为市场结构是由产业行为及其绩效所决定的，所以也被称为"行为主义学派"。

在斯蒂格勒看来，纯粹由经济力量形成的壁垒是少见或影响不大的，并非是损害竞争

---

[1] [美] 小贾尔斯·伯吉斯：《管制和反垄断经济学》，冯金华译，上海财经大学出版社2003年版，第189页。

[2] [美] 保罗·A. 萨缪尔森、威廉·D. 诺德豪斯：《经济学》（第12版），高鸿业等译，中国发展出版社1992年版，第906页。

[3] 由于对贝恩的产业组织理论进行整体批判的学者，包括斯蒂格勒、德姆塞茨、波斯纳等人，大多具有芝加哥大学的背景，学界将他们称为"芝加哥学派"。

的重要因素。真正的壁垒多是政府干预造成的，如政府管制最容易造成准入壁垒。高集中度的市场结构往往导致高利润的存在，这是来自垄断力量还是企业的高效率，两个学派有不同的观点。哈佛学派主要认为是市场垄断力量在发挥作用，而芝加哥学派的观点是，即使市场中存在某些垄断势力，只要不存在政府所致的准入壁垒，这种高利润会因为新企业的大量进入或垄断协议的破裂而无法长期维持。

此后，德姆塞茨等学者通过大量的实证研究表明，高集中行业市场与高利润率正相关，并不反映高集中度行业内主要企业存在共谋提升价格的行为，而是反映他们的效率更高、成本更低，其通过对不同集中水平、规模企业的比较，显示出最小资产规模的企业利润率并没有随不同产业集中度的上升而提高，这表明高集中度会导致企业垄断、共谋定价从而获得垄断利润的假定是缺乏依据的。从这个立场出发，芝加哥学派继承了新古典的价格理论分析框架，并且力图将价格理论中的完全竞争和垄断这两个传统概念作为剖析问题的基本出发点，他们沿用效率决定论的思想，认为市场行为和绩效决定了市场结构。简单来说，企业达到一定规模并占有一定比例的市场份额，并非总是坏事，也可能会有利于经济发展，不能对他们进行一刀切的限制。

芝加哥学派的经济理论，为各国反垄断法实施选择行为主义范式奠定了深厚的理论基础，各国竞争立法规制的重点逐渐确定为限制经营者滥用市场支配地位的行为而不是限制市场支配地位本身。各国实现从"结构主义"向"行为主义"的过渡后，市场支配地位本身就不再直接受到法律的谴责，而只有经营者在凭借其市场支配地位实施了限制竞争的行为且不具有任何正当理由时，反垄断法才将其纳入规制范畴。与此对应，对于非法垄断判定的侧重点，也从对市场支配地位的判断转移到是否有滥用市场支配地位的行为上，我国《反垄断法》的规定也基本体现了这种思路。

典型案件：微软垄断案

1999年11月5日，美国联邦地区法院法官杰克逊（Thomas P. Jackson）就美国司法部和19个州控告微软公司实行垄断一案作出初步裁决[1]，认定美国微软公司为垄断企业，从事了垄断行为。杰克逊法官公布的事实认定书中提出了三条理由：第一，微软在全球个人电脑操作系统的占有率已经稳定地保持在95%以上；第二，微软的市场占有率受到进入该产业高入门障碍的保护；第三，由于微软产品的高入门障碍，消费者缺乏商业上显著的替代性选择。

2000年4月，司法部要求法官将微软一拆为二——即一个经营操作系统业务的公司和一个经营应用软件及互联网业务的公司，同年6月，杰克逊法官正式裁决将微软一拆为二，并且规定分拆后的两家公司在10年内不得合并。2001年6月，联邦上诉法院以7比0的投票结果，以证据不足为理由驳回了联邦地区法院的初审判决[2]。同年9月，联邦司法部发表声明，决定不再要求以拆分方式处罚微软，并撤销对微软将浏览器与视窗捆绑销售违法的指控。

经过后续多轮谈判，微软与司法部达成和解协议，同意政府对其今后的经营行为实施一些限制措施，并停止违法的商业运作，给计算机厂商在新电脑上安装非微软系统和软件的更多自由。由此，在此案中，结构主义下的分拆措施最终被行为主义主导下的惩罚措施

---

[1] U. S. v. MICROSOFT Corp. 84 F. Supp. 2d 9 (D. D. C. 1999).

[2] U. S. v. MICROSOFT Corp. 253 F. 3d 34 (D. C. Cir. 2001).

所代替。

(二) 滥用市场支配地位的危害

滥用市场支配地位行为的表现形式是多种多样的,但是它们的目标都是一样的,都是为了挤走竞争者、独占市场、限制或排除竞争;它们的危害也是相同的,会损害消费者福利和社会总福利,并最终限制、破坏和损害市场竞争。具体危害可以包括以下内容:

第一,排挤竞争对手。企业在激烈的竞争中一旦取得市场支配地位,很容易借助自己的市场支配地位设置障碍,将自己的竞争对手从市场中排挤出去。最为典型的案例如阿里巴巴集团为限制其他竞争性平台发展,维持、巩固其自身市场地位,便滥用其在中国境内网络零售平台服务市场的支配地位实施"二选一"行为,通过禁止平台内经营者在其他竞争性平台开店或参加其他竞争性平台促销活动等方式,排挤竞争对手。

第二,削弱市场活力。市场经济通过优胜劣汰来推动经营者创新和发展,经营者为了存活必须不断改善产品质量、降低价格,推动生产和技术发展,提升市场效率。而拥有市场支配地位的企业,可能就会背道而驰,阻碍市场要素的自由流动,从而阻碍市场健康发展,甚至对市场经济造成损害。例如,拥有市场支配地位的企业,阻碍所在行业采取新技术、新设备。客观来说,虽然某些滥用市场支配地位行为可能会提高市场效率,或者通过规模经济减少成本,而使消费者受益,但企业创新积极性会减少,从长远看也会损害经济和社会的发展。

第三,损害消费者利益。在滥用市场支配地位行为的具体危害后果中,对消费者权利的限制和垄断价格的产生,也是最为典型的情形。在企业滥用市场支配地位的情况下,消费者的自由选择权和公平交易权被限制,只能被动接受垄断企业的交易条件,无法享受其他经营者更具竞争力的价格和服务。同时,如具有市场支配地位的企业采取超高定价策略,必然会攫取高额垄断利润,更会直接伤害到消费者利益。从长远看,市场竞争强度的降低,不仅损害消费者的现实利益,也会损害消费者的期待利益,从而减损社会总体福利水平。

滥用市场支配地位是垄断行为发展的高级形态,它不仅会排除、限制相关市场竞争,损害消费者利益,阻碍创新发展,还会对市场经济秩序造成破坏,从影响范围和强度看,它对行业的危害和对竞争的破坏,在所有垄断行为中可能是最大的。我国《反垄断法》对其法律责任的规定和执法实践,也间接反映出这个事实。全国范围内的市场支配地位经营者在被处罚时,处罚数额动辄以亿为基本单位,这让此类反垄断案件产生了强大的社会威慑效果,如阿里巴巴滥用市场支配地位案的处罚金额就达到了人民币182.28亿元,引起社会公众对该案的强烈关注,让反垄断法的影响得到明显的扩大。

三、滥用市场支配地位的主要分类

对滥用市场支配地位的具体行为,我国《反垄断法》采取概括列举方式进行规定,但这种方式本身具有非周延性,加之市场竞争行为的多样性,滥用市场支配地位的具体表现形式也层出不穷。我国《反垄断法》在其第22条第1款规定:"禁止具有市场支配地位的经营者从事下列滥用市场支配地位的行为:……(七)国务院反垄断执法机构认定的其他滥用市场支配地位的行为。"法律规定国务院反垄断执法机构有权认定其他滥用市场支配地位行为,认定遵循的基本规则目前就是《禁止滥用市场支配地位行为规定》第20条。考虑实际认定的复杂性,我们有必要在共同的认定基础上,根据不同的学理标准对滥用行为进行分类,从而便于更好地认识和认定不同表现形式的滥用行为。实践中,滥用市场支配地位通常会有以下两种主要分类:

(一) 剥削型滥用和妨碍型滥用

滥用市场支配地位行为，根据其具体目的的不同可以分为两类，一类是剥削型滥用（Exploitative abuses），一类是妨碍型滥用（Exclusionary abuses），这种分类源自德国理论界，在欧共体区域得到普遍认可[1]。

剥削型滥用，指的是占市场支配地位的企业，对其交易对方提出不合理的价格等交易条件，通过剥夺交易对方的利益来获得垄断利润的行为。对剥削型滥用行为进行管制的经济理论基础，主要是新古典经济模式对独占的判断，他们认为，独占者通过降低产量和将价格提高到竞争水平以上的方式，让自己处于利润最大化的地位。剥削型滥用，主要是以对消费者收取过高的价格或者对供应商确定过低的价格、歧视、搭售或者强加不合理条件等方式，损害其链条上不同层次供应商、客户或者消费者的利益，从而达到获取垄断利润的目标。在竞争充分的市场，这些行为是难以出现的，但由于独占市场结构的原因，人们与支配企业进行交易时会被迫接受这些不利的条件，从而呈现被剥削的状态。在数字经济时代，剥削型滥用行为更为突出。例如，大数据杀熟行为，其本质就是企业基于其收集的大数据，分析消费者的消费信息、消费喜好和消费能力等，从而对消费者进行差别定价，攫取超额市场利润，剥削消费者的权益。

妨碍型滥用，或者称之为支配企业的排挤性行为，指的是占市场支配地位的企业，为了维护或加强自己的市场支配地位，或者为了将其市场支配地位扩大到相邻的市场上，凭借已取得的市场支配地位，妨碍公平竞争，排挤竞争对手或者阻止潜在的竞争者进入市场。实践中此类别滥用行为也比较常见，具体表现如实施有策略的掠夺性定价、拒绝交易等。支配企业通过这些行为，让新的进入者丧失市场信心放弃继续投入，或者加大进入难度让潜在竞争者放弃进入，从而扭曲竞争并维持自己的市场力量。自由便利的市场进入和退出机制对市场经济和竞争的意义非常重大，是竞争性市场的基本配置条件。和剥削型滥用一样，妨碍型滥用行为的认定也是以行为主体具有市场支配地位为前提，这种行为在完全竞争市场中就可能归属于企业正常的竞争举措。

当然，上述分类只是基于研究需要，两类行为并不能截然分开，剥削型滥用对消费者的损害更加直接，而妨碍型滥用则重点则在于通过妨碍行为来限制竞争。

实际上，这种学理分类下的两种行为类型，在实践操作时可能会在同一个滥用行为的认定中出现。以歧视性定价为例，支配企业对不同的客户提供不同的价格，可能是为了剥削没有替代性购买方案的客户而采取的，也可能是为了阻止特定客户购买其竞争企业的产品。其实，不管行为目标如何，这两类行为都是具有支配地位企业排除、限制竞争的行为，都会对消费者福利造成消极影响，也会对经济发展造成损害。

(二) 单独滥用和共同滥用

这种分类是以共同市场支配地位（Collective Dominance）[2]的概念为基础产生的，单一经营者被认定为市场支配地位的，其滥用行为为单独滥用；多个经营者拥有共同市场支配地位的，其滥用行为为共同滥用。不过，学界对共同市场支配地位的概念并未达成一致意见。这个分类，主要是便于我们在垄断行为出现竞合时能更好地分析和选择反垄断法的具体适用。

---

[1] [美]戴维 J. 格伯尔：《二十世纪欧洲的法律与竞争》，冯克利、魏志梅译，中国社会科学出版社 2004 年版，第 385 页。

[2] 时建中：《共同市场支配地位制度拓展适用于算法默示共谋研究》，载《中国法学》2020 年第 2 期。

共同市场支配地位肯定者认为，我国《反垄断法》第 24 条对共同市场支配地位作了规定，构建了三个基于市场份额的法律推定[1]：一是两个经营者在相关市场的市场份额合计达到 2/3 的，可以推定为具有共同市场支配地位；二是三个经营者在相关市场的市场份额合计达到 3/4 的，可以推定为具有共同市场支配地位；三是前两项中的经营者市场份额不足 1/10 的，不应当推定该经营者具有市场支配地位。2021 年国务院反垄断委员会《关于原料药领域的反垄断指南》第 22 条直接使用了"共同滥用市场支配地位"的标题，其提到："两个以上的原料药经营者分工负责、相互配合实施本章规定的垄断行为，可能构成共同滥用市场支配地位行为……"

共同市场支配地位的经济理论基础，在于经济学者对寡头垄断（Oligopoly）的研究，寡头垄断是介于独占垄断（Monopoly）与完美竞争（Perfect Competition）之间的两种市场结构类型之一，另外一种类型为垄断竞争（Monopolistic Competition）。所谓寡头垄断，是指一种由少数卖方（寡头）主导市场的市场结构，其英语词源为希腊语中"很少的卖者"，它是同时包含垄断因素和竞争因素而更接近于完全垄断的一种市场结构。它的显著特点是少数厂商垄断了相关市场，从而控制着该行业的产品供给。1929 年，张伯伦提出："任何企业（寡头垄断者）降低价格的结果都会降低自身的利润，因此，没有人会降价，并且，尽管寡头垄断者是完全独立的，但是如此的结果与他们之间签订垄断协议的结果是完全一样的。"[2] 显然，寡头垄断者共同提价的平行行为，产生了与垄断协议类似的限制竞争后果。此后，哈佛学派和芝加哥学派对此也提出了各种观点，但他们对寡头垄断会产生限制竞争效果的可能性都是予以认可的，只是在是否有促进竞争效果方面存在争议。

共同市场支配地位的相应法律实践，主要出现在欧盟竞争法体系中。欧盟法院在 1992 年对共同市场支配地位进行定义，即"两个及以上的经营者以经济联系联合，相对于其他竞争者共同拥有市场支配地位。"[3] 经过长期发展后，欧盟委员会确立共同市场支配地位的三个要件分别是：①相关市场具有较高的透明度（Market Transparency），这使得寡头垄断者可以进行合作。②寡头垄断者之间存在制约机制（Retaliation Mechanism），这使得他们不会偏离提价的集体策略（Common Policy）。③其他竞争者或交易相对方没有能力对抗寡头垄断者的提价行为。[4]

不论是否认可共同市场支配地位，我们都必须认识到，限制竞争行为存在竞合时该如何适用法律，是一个客观存在且必须面对的问题。我国《反垄断法》第 22 条第 1 款第 3 项关于拒绝交易行为的规定和第 17 条第 5 项关于联合抵制交易行为的规定在适用时可能存在竞合，即某种反竞争行为可能同时违反第 22 条第 1 款第 3 项和第 17 条第 5 项的禁止性规定。例如，在某一相关市场中存在少数几个大企业，分别占有相当大的市场份额而共同具有市场支配地位，当他们之间达成一个拒绝与其他经营者进行交易的协议，其行为既构成

---

[1] 侯利阳：《共同市场支配地位法律分析框架的建构》，载《法学》2018 年第 1 期。

[2] Edward Chamberlin, "Duopoly: Value Where Sellers Are Few", *Quarterly Journal of Economics*, 11 (1), 1929, p. 80.

[3] Case T-68, 77, 78/89, Societa Italiana Vetro SpA and Others v. European Commission, [1992] ECR II 1403, para. 358.

[4] Commission Guidelines (2002) 2002/C165/03 of 9 July 2002 on Market Analysis and the Assessment of Significant Market Power Under the Community Regulatory Framework for Electronic Communications Networks and Services [2002] OJ C165/6, 7 November 2002, para. 96. 与此相比，美国采取的是"有意识的平行行为加附加因素"的分析路径，参见张晨颖：《共同市场支配地位的理论基础与规则构造》，载《中国法学》2020 年第 2 期。

拒绝交易行为，又同时构成联合抵制交易行为。[1] 考虑到这种行为通常对市场竞争影响更为重大，我们应允许由执法机关根据证据情况选择适用具体条文，并对行为人处以较重处罚。

除了上述两个分类外，由于我国原来反垄断执法中价格和非价格事项的执法机构不同，此前的实践还有基于与价格的关联度对滥用行为的分类，具体分为价格滥用行为和非价格滥用行为，欧盟的规则也有类似情况。在我国执法机构改革后，这个分类的实践意义又被削弱。一般而言，价格滥用行为包括不公平价格、掠夺性定价和价格差别待遇等，而非价格滥用行为则包括限定交易、拒绝交易及搭售行为等。

四、滥用市场支配地位的分析框架

不同国家对滥用市场支配地位的界定有着不同的分析框架。关于是否构成反垄断法意义上的垄断，以日本为代表的部分国家，其分析框架是市场支配地位加上市场损害；以德国为代表的部分国家，其分析框架是市场支配地位加上滥用支配地位的行为，再加上对竞争的实质损害；以美国为代表的部分国家，其分析框架是市场支配地位加上故意取得和维持市场支配地位的行为。一般认为，我国反垄断实施机构对滥用市场支配地位的判断，可以包括三个部分：一是认定经营者是否具有市场支配地位；二是认定经营者是否实施具有排除、限制竞争影响的行为；三是认定经营者的抗辩理由是否成立。具体而言，包括以下要件：

（一）行为主体

滥用市场支配地位行为必须是由具有支配地位的经营者实施，即行为主体是具有市场支配地位的经营者。对市场支配地位的认定，是确认滥用市场支配地位的前提和基础。有些国家并没有对市场支配地位进行规定，认为是一个实践问题，而有些国家作了明确界定。我国《反垄断法》第22条第3款作了明确规定："本法所称市场支配地位，是指经营者在相关市场内具有能够控制商品价格、数量或者其他交易条件，或者能够阻碍、影响其他经营者进入相关市场能力的市场地位。"在这个要件中，最核心的问题就是对相关市场的界定。

（二）行为性质

从行为性质看，经营者实施的行为属于排除、限制竞争的"滥用"行为。反垄断法并不禁止市场支配地位本身，而只是禁止支配地位滥用的行为，换言之，我们需要分析，经营者的行为是否已经或可能阻碍其他竞争者自由地开展竞争活动，是否已经或可能对相关市场和其他市场上的竞争产生不利影响，从而恶化市场结构，排除、限制竞争。

如何理解该要件中的"排除、限制竞争"，在理论和实践中有不同的观点和思路，法院裁判和行政执法中也出现过不同的理解。[2] 主流观点认为，需要评估是否产生了排除、限制竞争的效果，其认为我国《反垄断法》第7条已经直接规定："具有市场支配地位的经营者，不得滥用市场支配地位，排除、限制竞争。"另一种观点则认为，不需要评估是否已产生排除、限制竞争的效果，仅以行为的客观存在，就可根据《反垄断法》第22条予以认

---

[1] 实际上，这两条适用竞合的情况绝不仅仅包括拒绝交易行为和联合抵制行为，例如在相关市场中存在少数几家大企业，分别占有相当大的市场份额而具有市场支配地位，当他们之间达成一个限制产量或提高价格的垄断协议时，该行为也同样既违反垄断协议的规定，也违反滥用市场支配地位的规定。可参见阮方民：《欧盟竞争法》，中国政法大学出版社1998年版，第203页。

[2] 焦海涛：《滥用市场支配地位的性质定位与规范修正》，载《中国政法大学学报》2022年第1期。

定。因为第 22 条是直接予以禁止,未提及"排除、限制竞争",只有在对第 22 条兜底条款进行适用时才需要对效果进行考量。

所谓"滥用",是指不正当地使用,各国主要依照本国竞争政策的宗旨和反垄断法的任务对"滥用"的概念进行各自的细化。一般而言,传统的竞争性市场中,任何经营者都有选择交易相对人、交易内容的合同自由,但考虑市场支配地位企业的特殊性,立法者为避免因市场主体地位的不平等而造成交易不平等,交由反垄断法来保护弱者、限制强者的合同自由权利以保护弱者,在"合法的合同自由和非法的合同自由二者之间划一个界限"[1]。

我国在《反垄断法》第 22 条第 1 款中对"滥用"行为进行了细化规定,具体包括以不公平价格行为、掠夺性定价行为、拒绝交易行为、限定交易行为、搭售或附加不合理交易条件行为、差别待遇行为等。

(三)行为抗辩

行为抗辩,即经营者主张其定价公平或其行为具有正当理由。执法实践中,认定经营者行为构成滥用市场支配地位是一个复杂的过程,有些行为符合认定滥用市场支配地位的形式要件,但具有合理性,不应予以规制。所以,对具有市场支配地位企业的行为,需要根据具体案件予以分析判断。

如果支配企业实施行为具有正当理由或其他合理解释,可以不受反垄断法的规制。一般而言,所谓正当理由可以包括经济方面的理由,如鲜活商品可低价处理、交易相对人有不良信用记录可不交易等情形,这些主要是基于成本、效率、消费者福利等原因;也可以包括技术方面的理由,如不可抗力导致无法交易、为保护知识产权所必须、为实现特定技术所必须等情形;其他的就是法律方面的理由,即法律直接或间接规定的情形,例如因清偿债务、转产、歇业降价销售商品,在合理期限内为推广新商品进行促销等情形,还有分散在不同法律法规中特殊的地域限制、行业管制等合法的限制。

实践中,我们必须综合行为的存在和行为的抗辩两者来分析企业行为最终是否具有排除、限制竞争的影响,抗辩理由也可能交缠着多方面的要求。换言之,行为的竞争影响是具体评估的结果,并非本身就直接可以推定。

五、滥用市场支配地位的抗辩

如上所述,滥用市场支配地位的认定必须以经营者实施相关行为不具有正当理由为条件。根据现有程序规则,"正当理由"的证明责任,是由经营者以行政相对人或者被告抗辩的方式承担,是否接受这个理由则由执法机构或司法机关予以考量。有观点认为,从行为的违法性角度来看,如能在司法中证明具有支配地位的市场经营者在相关同一市场中有滥用行为发生,即可认定为违反反垄断法。除非被告有"合理的理由"进行抗辩,反证其行为不足以认定为存在"排除、限制竞争"的结果,否则即认定为滥用。[2] 欧盟在"排他性滥用行为执法重点指南"(2009)[3] 中也指出:占支配地位的企业有义务提供证明其行为客观合理的所有必要证据,而委员会将负责作出最终评估。从目前各国的实施来看,主要有两种类型的抗辩来由:

―――――――

[1] [德] P·贝伦斯:《对于占市场支配地位企业的滥用监督》,载王晓晔编:《反垄断法与市场经济》,法律出版社 1998 年版,第 208 页。

[2] 参见刘贵祥:《滥用市场支配地位理论的司法考量》,载《中国法学》2016 年第 5 期。

[3] Guidance on the Commission's enforcement priorities in applying Article 82 of the EC Treaty to abusive exclusionary conduct by dominant undertakings (2009/C 45/02).

（一）效率抗辩

域外反垄断法对滥用行为效率抗辩的表述是：经营者实施这种行为是为了实现某种效率，而为了实现效率所施加的限制是必不可少的，并且该可能的效率要超过对市场竞争及消费者福利可能造成的负面影响。

效率抗辩，并不是指特定行为会创造效率就可以。欧盟在"排他性滥用行为执法重点指南"[1]中列举了具体的条件，欧盟委员会认为一个占市场支配地位的企业可能以其效率足以保证消费者不受到任何损害为理由，对其封锁竞争对手的行为进行辩护。在此情况下，占支配地位的企业通常需要有足够的可能性及以可核实的证据为基础，证明其满足以下诸项条件：①其行为已经或可能实现效率，如产品质量方面的技术进步，或者降低生产或分销的成本。②为实现这些效率，其行为是不可或缺的。即一定不存在具有更低的反竞争效应且能够产生同样效率的可替代行为。③其行为所产生的可能的效率，超过受到影响的市场中的竞争者和消费者福利所遭受的负面效应。④其行为没有以消除所有或大部分现有的实际或潜在竞争来源的方式，排除有效竞争。

欧盟强调，企业之间的竞争是经济效率的重要动力，包括以创新为形式的动态效率。如果没有竞争对手，占支配地位的企业会缺乏充足的动力进行持续创新和提高效率。除非符合上述的四个条件，否则企业的滥用行为通常不能以其创造效率收益为由进行辩护。

国际竞争网络（ICN）在其2008年发布的一份报告中[2]，根据其成员司法辖区的反垄断立法与执法实践，梳理了适用于效率抗辩的证明标准，以及抗辩所需的证据类型。报告指出，排他行为可能具有一定的提高效率的效果，使用最频繁的效率类型包括：其一，与基于特定关系的投资和行为有关，欧盟、丹麦、德国和土耳其有相关规定；其二，能够促进创新，墨西哥、俄罗斯和瑞士有相关规定；其三，能够减少交易成本，欧盟、法国、德国、韩国、墨西哥和瑞士等有相关规定。同时，大多数司法辖区立法都认为必须将效率与行为的反竞争效果进行比较，而不能以自身单独作为一个完整的抗辩。

我国《反垄断法》在滥用市场支配地位部分使用了正当理由的表述，但并未进一步明确正当理由包含的内容，也并没有提到效率抗辩。2023年施行的《禁止滥用市场支配地位行为规定》，在很多条款中详细界定了作为抗辩理由的"正当理由"，涉及效率抗辩的事项包括：保护知识产权、商业秘密或者数据安全所必需、保护针对交易进行的特定投资所必需等。此外，《禁止滥用市场支配地位行为规定》第22条还直接提到，反垄断执法机构认定正当理由时，应当考虑下列因素："……（三）有关行为对经济运行效率、经济发展的影响；（四）有关行为是否为经营者正常经营及实现正常效益所必需；（五）有关行为对经营者业务发展、未来投资、创新方面的影响；（六）有关行为是否能够使交易相对人或者消费者获益……"，等等。我国2021年颁布的《平台反垄断指南》也有类似的规定。

（二）客观必要性抗辩

所谓客观必要性抗辩，指的是企业可以证明其行为具有客观的和必要的理由，从而对滥用行为的指控提出抗辩。比如关于价格调整必要性的抗辩，就应属于客观必要性的抗辩

---

[1] Guidene on the Commission's enforcement priorities in applying Article82 of the EC Treaty to abusive exdusionany conduct by dominant undertakings (2009/c45/12).

[2] See International Competition Network (ICN), Report on Single Branding/Exclusive Dealing, April 2008, pp.18-19, https://www.internationalcompetitionnetwork.org/wp-content/uploads/2018/07/UCWG_SR_SingBrndExc-Dealing.pdf.

情形。商品的销售以价格为核心因素，我国《反垄断法》禁止具有市场支配地位的经营者以不公平的高价销售商品或者以不公平的低价购买商品，也禁止具有市场支配地位的经营者没有正当理由，以低于成本的价格销售商品。在这两个禁止性规定的适用中，经营者可以对其价格调整的客观性和公允性进行抗辩，如与其他经营者在相同或相似市场交易（包括市场条件和市场区域等）的价格基本一致，与成本增长或降低的幅度保持基本的一致等。

滥用市场支配行为是否具有客观必要性，还可根据实施滥用行为的经营者具有的某些特殊因素来确定，例如考虑与所涉产品有关的安全问题，或者说为满足产品安全要求所必需、可以客观地认为限定交易行为或搭售行为是必要的。当然，主张这种抗辩理由时需要考虑到制定和执行公共卫生和安全标准通常是有关政府部门的责任，而不应当由具有市场支配地位的经营者自发采取措施排除其认为危险或者不如自己的产品。同样，"交易相对人明确表示或者实际不遵守公平、合理、无歧视的平台规则"，也是拒绝交易的正当理由之一。

另外，实践中还可能存在交易习惯抗辩，主要指要考虑商业运行的基本规律。市场经营的本质就是控制成本、增加收益、实现利润。经营者在难以继续经营盈利的情况下，争取早日实现资金回笼，此时其商品价格低于成本价是可理解和可接受的，具有一定的合理性，比如降价处理鲜活商品、季节性商品、有效期限即将到期的商品和积压商品，或因清偿债务、转产、歇业降价销售商品，合理期间低价促销商品等，这些也都是我国反垄断法规范中有规定的具体抗辩事由。类似的情况还有差别待遇的正当理由之一，该交易属于"基于公平、合理、无歧视的平台规则实施的随机性交易"。

第三节　滥用市场支配地位的行为类型

一、不公平价格行为

（一）不公平价格行为的概念

不公平价格行为是指具有市场支配地位的经营者以不公平高价销售商品或不公平低价购买商品的行为，可以细分为不公平高价行为和不公平低价行为。在正常市场竞争中，价格应该由市场供给和需求共同决定，价格高低不但影响消费者福利水平，同时还将决定社会资源能否实现优化配置。根据经济学理论，在完全竞争的情况下，均衡市场价格应等于边际成本，在达到均衡市场价格的情况下实现社会资源的最优配置。但在垄断市场中，具有市场支配地位的经营者可以背离基本的价格形成机制，按照自身利润最大化的原则确定其销售或购买价格，这种价格往往背离公平定价机制，将造成消费者福利的损失，导致消费者在购买相同数量的商品时，要被迫接受更高的价格，而且也扭曲了价格信号传递功能，妨碍了生产要素在社会范围内的优化配置。在卖方市场条件下，不公平价格通常是垄断高价，具有市场支配地位经营者向购买者索取高价；在买方市场条件下，不公平价格通常是垄断低价，具有市场支配地位经营者强制销售者按照低价进行交易。

按经济学观点，具有市场支配地位的经营者从事不公平高价行为，必然会吸引潜在的竞争者进入市场，从而打破其支配地位。简言之，由于企业具有自由的定价权，市场本身会对价格进行调整，如果价格不公平，只要市场进入没有障碍，就会刺激新竞争者进入从而加剧竞争。由此，也有部分观点认为无需竞争法对定价问题进行控制和干预。

实际上，对不公平高价行为进行规制，也有部分原因是维护宏观经济秩序稳定的需要。不公平高价容易与通货膨胀相伴而行，并损害消费者利益，特别是在经济不稳定时，政府对不公平高价的控制也是宏观经济政策的一个辅助措施。而不公平低价侵害的主要是上游经营者的利益，主要是对上游生产者剩余的剥夺。

价格是否公平应当以经济上的理由为中心，因为对具体的产品而言，价格主要由其成本和相关经济因素决定。一个经营者在给产品定价时，需考虑成本并期待带来一定的利润。因此，影响价格变动的主要因素包括内在因素如产品成本、销售量、定价策略和方法等，还有外在因素如需求关系、竞争状态、消费偏好等。在判断价格是否公平的时候，这些因素都是执法者判断的依据和经营者的抗辩事由。

（二）不公平价格行为的认定

不公平价格行为一般以不公平高价为代表，不公平高价又称为垄断高价，或超高定价（Excessive Pricing），是具有市场支配地位的经营者以在正常竞争条件下不可能获得的远超公平标准的价格进行商品销售。一般而言，不公平价格行为可以包括剥削型不公平定价行为（Exploitative Pricing）和排他型不公平定价行为（Exclusionary Pricing），前者是对客户的剥削，后者是对下游竞争对手的排挤，实践中也被归于价格歧视行为。作为滥用市场支配地位行为的一种典型表现形式，不公平价格行为在世界各国有着不同的理论和制度实践。我国《反垄断法》在第22条明确规定："禁止具有市场支配地位的经营者从事下列滥用市场支配地位的行为：（一）以不公平的高价销售商品或者以不公平的低价购买商品；……"

1. 美国的实践。美国反托拉斯法实践，一直认为企业单纯的超高定价并不违法。美国立法中没有关于超高定价的规定，理论上也认为价格机制本身有修复能力，无需担心超高定价对市场的消极影响。由此，政府不会干预经营者的定价行为，该等行为也不应受反垄断法约束。

这种做法跟美国经济思想更关注自由竞争的态度是高度相关的，美国的法律非常重视保护经营者的经济机会、财产和契约免受政府权力的侵害，其反托拉斯法更愿意通过保护市场竞争来实现市场自由等诸多价值，而不愿意通过政府强制性的价格管制来实现。在2004年Verizon v. Trinko一案中，美国最高法院认为："仅仅因为拥有垄断势力并由此索取了垄断价格，这不能被视为违法，因为这是自由市场经济的一个重要机制。可以索取垄断价格，或至少可以在一个短时期内索取垄断价格，这对企业来说首先是一个激励机制，另一方面它还可以降低企业在创新和研发中的风险。"[1]

2. 欧盟的实践。欧盟认为，不公平高价会造成排除、限制竞争的后果，需要反垄断法的介入。《欧盟运行条约》第102条列举的滥用市场支配地位行为就包括"直接或间接地施加不公平的购买或销售价格，或者其他不公平交易条件"。欧洲法院将其进一步解释为：索取因与所提供产品的经济价值没有任何合理联系而显得过高的价格。在欧盟范围内，价格管制被认可为保护消费者的需要，欧盟竞争法更多强调公平，而不是仅仅从经济效益角度来评估价格行为。

如何认定市场的公平价格，在对不公平高价或低价进行法律规制的过程中，是最重要也是最困难的，这也是美国反垄断执法机构不愿意对超高定价进行干预的原因之一。决定商品价格的因素非常复杂，执法者进行价格管制时，必须掌握特定领域或行业的专业知识和技术知识，才能了解进行管制所需要的消费需求、成本结构和技术水平等具体信息，而且这些信息本身也是动态变化的，信息的不确定性和信息的不对称性，容易造成执法的偏差甚至错误。客观而言，由于这个难题，欧盟实践中的大多数高价行为，在调查之后都未

---

[1] 王晓晔：《王晓晔论反垄断法（2011—2018）》，社会科学文献出版社2019年版，第209页。

最终得到认定，欧盟委员会（1993年之前为欧共体委员会）在1957~2002年期间，认定具有市场支配地位的经营者构成超高定价的处理决定一共只有4个，而且其中2个后来还被欧洲法院所否定，欧盟成员国涉及超高定价的案件也很少。[1]

3. 不公平价格行为的认定方法。客观而言，对于不公平价格行为，世界多数竞争执法机构倾向于整合多种方法来进行分析。一般包括以下方法：

（1）成本加合理利润比较法。此方法就是将市场支配地位经营者销售或购买的价格和其成本及合理利润相比较。该方法假设的前提条件是：在竞争性市场中，一个产品的合理价格应该同它的成本大体相符。以这个假设为前提进行推理的缺陷在于：商品价格通常由成本和企业利润构成，在企业生产成百上千产品的情况下，一般很难准确测定出某个产品的生产成本，同时，不同行业和不同企业的利润水平也肯定存在差异，而且这种差异也具有市场合理性，如果由反垄断实施机构确定合理的价格，实际上也是要它来确定经营者的合理利润水平，这不符合自由市场规律。因此，成本加合理利润只是确定公平价格的参考性因素之一，涉及平台经济领域时，还应该考虑平台涉及多边市场中各相关市场之间的成本关联情况及其合理性。

典型案件：联合商标案[2]

在该案中，被调查人UBC公司在欧洲的许多国家出售品牌香蕉，而且在每个国家出售的价格不一致。其在德国、丹麦等国出售的香蕉的价格要比在爱尔兰出售的价格高至少100%，并且其所售的品牌香蕉要比没有品牌的香蕉的价格高20%~40%，比其他品牌的香蕉的价格要高7%以上。欧盟竞争委员会认定UBC的定价构成了不公平高价。UBC遂向欧盟法院提起了上诉。欧盟法院认为，就不公平高价这一指控而言，需要裁判的是被调查人UBC实际发生的成本与其实际索要的价格的差异是否过大的问题。如果回答是肯定的，那么则要判断这一价格本身就是不公平的，还是与竞争性产品的价格相比是不公平的。根据这一原则，欧盟法院认为欧盟委员会没有提交被调查人的有关香蕉成本的数据，因此，判决欧盟委员会败诉。

（2）空间或时间比较法。空间比较或时间比较的方法，就是通过将具有市场支配地位企业的产品或服务的价格，与其他地区或者国家同类产品或者服务的价格进行比较，或者通过比较不同时期产品或服务价格的变化，进而确定一个公平的价格。欧洲法院曾经在一个判决中指出："一个拥有市场支配地位的企业，如果服务的价格明显高于这种服务在其他成员国的价格，并且这种价格水平的比较结果不是偶然的，这种价格差异应该被视为是滥用市场支配地位的表现。"[3] 在采用空间比较的方法时，应注意不同区域市场条件的相似性，只有在市场条件相同或相似的情况下，市场价格才有可比性。我国《禁止滥用市场支配地位行为规定》在第14条第4款明确规定，认定市场条件相同或者相似，应当考虑经营模式、销售渠道、供求状况、监管环境、交易环节、成本结构、交易情况、平台类型等因素。在采用时间比较的方法时，应注意不同时期价格变化，如占有市场支配地位的经营者

---

[1] 王先林：《超高定价反垄断规制的难点与经营者承诺制度的适用》，载《价格理论与实践》2014年第1期。

[2] United Brands v. Commission, Case 27/76 [1978] ECR 207.

[3] Case 110/88, Lucazeau v. SACEM, [1989] ECR 2521.

在其成本无变化的情况下提高产品或服务价格等。

(3) 收益率分析法。除了以上两种方法之外，还有一种收益率（Rate of Return）分析方法可供选择。收益率分析是检验企业的资本回报，从而确定特定企业获得的利润是否有别于竞争性市场中所预期的正常的资本收益率的方法。经合组织（OECD）甚至认为，从方法的精确性与可靠性来说，收益率分析是最优选择[1]。收益率分析必须将经济收益率区别于会计收益率并选择适当的期限范围，而难点则在于正确评估资产的价值特别是无形资产。

我国对不公平价格的认定基本使用了前面两个价格比较的方法。《禁止滥用市场支配地位行为规定》第14条第2款规定，认定"不公平的高价"或者"不公平的低价"，可以考虑下列因素：①销售价格或者购买价格是否明显高于或者明显低于其他经营者在相同或者相似市场条件下销售或者购买同种商品或者可比较商品的价格；②销售价格或者购买价格是否明显高于或者明显低于同一经营者在其他相同或者相似市场条件区域销售或者购买同种商品或者可比较商品的价格；③在成本基本稳定的情况下，是否超过正常幅度提高销售价格或者降低购买价格；④销售商品的提价幅度是否明显高于成本增长幅度，或者购买商品的降价幅度是否明显高于交易相对人成本降低幅度；⑤需要考虑的其他相关因素。

典型案件：卡莫司汀注射液不公平高价案

在2017年6月至2020年9月期间，金耀药业是中国市场唯一的卡莫司汀注射液生产经营者，相关市场份额为100%。由于国家药品监督管理部门未批准国外卡莫司汀注射液进口，金耀药业并不存在其他竞争者，且其通过全部购入上游企业的原料药实际控制了这种注射液的生产，在中国卡莫司汀注射液市场具有支配地位。

天津市市场监督管理委员会调查发现，2016年起，金耀药业大幅减少了卡莫司汀注射液销售量，从之前年产7000支减少为3500支左右。在供应量减少的情况下，该公司又大幅提高了卡莫司汀注射液销售价格，造成该药品市场短缺，正常价格形成机制被扭曲。据执法机构介绍，2017年6月28日开始，金耀药业生产的卡莫司汀注射液的价格从之前的100~245元/支，涨到平均价格超过1500元/支，相比2016年提高约7.5倍。此举不仅破坏市场竞争秩序，也损害了消费者利益和社会公共利益。卡莫司汀注射液是恶性淋巴瘤自体造血干细胞移植的必需药品，金耀药业的行为最终导致患者用药成本大幅提高。

从2017年6月大幅提高卡莫司汀注射液价格开始，到2020年9月接受调查，金耀药业的违法行为持续了3年零3个月。鉴于违法行为的持续时间、当事人主动提供销售记录等证据材料配合调查，以及采取大幅降低涉案商品价格、增加供应量等整改措施，天津市市场监督管理委员会决定对金耀药业处以2019年度销售额2%的罚款，共计2772.13万元。

4. 平台经济中不公平价格行为认定。平台经济领域中，企业在双边市场模式下的定价策略跟单边市场不同，其为了吸引尽可能多的用户到平台上交易，平台经营者会将双边用户的外部性进行内部化，对需求价格弹性较大的一边制定的价格，会低于边际成本，甚至免费乃至补贴；而对需求价格弹性较小的另一边制定的价格却可能远高于边际成本。比如在即时通信市场中，平台一般会对广告商或者软件开发商收取较高的价格，而对普通个人用户则可能允许他们免费使用。

传统的单边市场中，产品定价比较单一，对成本利润进行测算或者在产品之间进行价

---

[1] OECD, Excessive Prices, DAF/COMP (2011) 18.

格比较相对可行。而双边市场的价格涉及平台两边，平台成本被融入两边的价格中，对其中一边的价格成本进行测算会失去参考意义。同时，平台对双边用户的定价也有着不同的特点，要判断平台企业是否实施了不公平价格行为，需要结合价格结构综合考察双边用户的价格总水平是否明显地高于平台产品成本。此时，如以双边总价格为基础，仍然可以采用产品、空间及时间的比较方法。

在网络技术和双边市场的共同影响下，平台企业的不公平价格行为更加难以认定。我国《平台反垄断指南》在第12条中对不公平价格行为进行了针对性的规定，其指出：具有市场支配地位的平台经济领域经营者，可能滥用市场支配地位，以不公平的高价销售商品或者以不公平的低价购买商品。

具体而言，在平台经济领域中，分析是否构成不公平价格行为，可以考虑以下因素：①该价格是否明显高于或者明显低于其他同类业务经营者在相同或者相似市场条件下同种商品或者可比较商品的价格；②该价格是否明显高于或者明显低于该平台经济领域经营者在其他相同或者相似市场条件下同种商品或者可比较商品的价格；③在成本基本稳定的情况下，该平台经济领域经营者是否超过正常幅度提高销售价格或者降低购买价格；④该平台经济领域经营者销售商品提价幅度是否明显高于成本增长幅度，或者采购商品降价幅度是否明显低于成本降低幅度。此时，认定市场条件相同或者相似，一般可以考虑平台类型、经营模式、交易环节、成本结构、交易具体情况等因素。

5. 涉及知识产权产品的不公平价格行为认定。作为一种法定垄断权，知识产权在涉及不公平价格认定时也必须得到特殊对待。出于弥补权利人创新成本的考量，立法会赋予权利人收取许可费用的权利，这个许可费用最终会被包含在产品价格之中，因此，在评估产品价格时，我们除考虑产品的生产成本之外，还需要考虑创新成本，认可创新者基于知识产权获得高于竞争性价格的定价权，如果创新者前期的研究开发费用得不到补偿，这种创新将不会再出现。

如何在不公平价格认定中体现知识产权的合理回报，具有一定的难度。超高定价本身在反垄断法中就存在一定的争议，而适用于知识产权领域时争议就更多，需要在知识产权激励功能和竞争机制保护之中寻找平衡。部分发展中国家考虑消费者的承受能力，会将专利药品的高价作为知识产权滥用的一个方面加以规制，例如南非竞争委员会就裁定过葛兰素史克（GlaxoSmithKline）和勃林格殷格翰（Boehringer Ingelheim）在南非销售治疗艾滋病的药物中从事了反竞争行为，指出这两家制药公司对治疗艾滋病的药物收取过高的价格。[1]

典型案件：华为诉 IDC 案[2]

华为技术有限公司（以下简称华为公司）向法院提起诉讼称，华为公司是全球主要的电信设备提供商。交互数字技术公司、交互数字通信有限公司、交互数字公司（以下统称为交互数字）参与各类无线通信国际标准的制定，将其直接或间接拥有的专利权纳入无线通信的国际标准，并以此形成了相关市场的支配地位。

---

[1] 王先林：《超高定价反垄断规制的难点与经营者承诺制度的适用》，载《价格理论与实践》2014 年第 1 期。

[2] 华为技术有限公司诉交互数字技术公司、交互数字通信有限公司、交互数字公司滥用市场支配地位纠纷上诉案，（2013）粤高法民三终字第 306 号民事判决书。

华为公司主张，本案相关商品市场是交互数字为专利权人的必要专利的许可市场，相关地域市场为全球必要专利许可市场中的中国市场和美国市场。交互数字在相关市场处于垄断地位。交互数字无视其在加入标准组织时对公平、合理、无歧视原则的承诺，对其专利许可设定不公平的过高价格，对条件相似的交易相对人设定歧视性的交易条件，在许可条件中附加不合理的条件，在许可过程中涉嫌搭售，通过在美国起诉华为公司及华为公司的美国子公司来拒绝与华为公司进行交易，滥用其市场支配地位，不仅损害了竞争秩序，也对华为公司造成实质损害，已威胁到华为公司在相关市场的正常运营。故华为公司请求法院判令交互数字立即停止垄断民事侵权行为，赔偿华为公司经济损失人民币2000万元等。

法院经审理后认为，标准必要专利权利人在每个标准专利许可市场上均具有市场支配地位。标准必要专利权利人违背公平、合理、无歧视的许可承诺，无视实施者在许可谈判过程中的诚意和善意，以诉讼手段威胁强迫实施者接受过高的专利许可条件，逼迫实施者就必要专利之外因素支付相应对价，构成滥用市场支配地位。遂判令交互数字立即停止针对华为公司实施的过高定价和搭售的垄断民事侵权行为并赔偿华为公司经济损失人民币2000万元。

二、掠夺性定价行为

（一）掠夺性定价行为的概念

掠夺性定价行为（Predatory pricing）是指具有市场支配地位的经营者为了排挤竞争对手，一定时期内在一定范围的市场中以低于成本价格销售商品以获取竞争优势。我国反垄断立法简单描述为：没有正当理由以低于成本的价格销售商品。对掠夺性定价行为的界定是反垄断法中难度最大的问题之一。从对其运行方式的考察可以发现，这种行为本质上是以扩大自身损失的方式来使竞争者发生亏损，从而对其进行排斥，在将对方驱逐出市场或使其屈服后，再提高价格收回掠夺成本并获取垄断利润。因此，其考察核心主要有二：一是当事人的降价行为是否构成"扩大自身损失"，二是掠夺所付的代价是否有得到补偿的可能性。[1]

从企业自身经营策略的角度看，掠夺性定价是一种牺牲短期利益从而换取长期利益的价格策略，其目标是排挤现有的竞争对手并阻止潜在竞争者的进入。掠夺性定价的目标能否实现，并非取决于掠夺性定价行为本身，还要受到很多因素的影响，降价行为本身既不是排除、限制竞争的充分条件，也不是必要条件。有经济学观点认为，这是一个合理的企业市场战略行为，因为往往这个低于成本的价格恢复到正常价位后，新的竞争对手又有可能重新进入市场。由此，掠夺性定价行为除了第一阶段的低于成本价销售，还需要第二阶段进入壁垒的存在，[2] 从而阻止竞争对手进入并获得相应的垄断利润，涵盖了抬高价格和维持高价的两个环节。

对掠夺性定价中的成本，学者有着不同的理解，如企业个别成本、企业平均成本、边际成本等，比较普通的观点是采取平均可变成本来判断，将是否低于平均可变成本作为掠夺性定价的衡量标准。所谓平均可变成本（Average Variable Cost，AVC），是指随着生产的

---

[1] 许光耀：《掠夺性定价行为的反垄断法分析》，载《政法论丛》2018年第2期。
[2] 参见时建中、王强：《掠夺性定价的经济学分析和竞争法对策》，载徐杰主编：《经济法论丛》第4卷，法律出版社2004年版。

商品数量变化而变动的每单位成本。与之关联的是平均成本（Average Cost，AC），平均成本是指一定范围和一定时期内成本耗费的平均水平，或者说平均每单位产品所分摊的成本。假设总成本为 TC（total cost），总产量为 Q（quantity），则平均成本 AC = TC/Q，在短期内它等于每单位产品的平均固定成本（Average Fixed Cost，AFC）加上平均可变成本。

1975 年美国的阿里达和特纳在他们共同发表的论文[1]中，提出了所谓的 AT 检验法（Areeda-Turner Test），低于成本销售被分为三种情况进行讨论：第一种情况是低于平均可变成本的价格被假定为非法，需要被告证明这种价格是正当的，否则属于掠夺性定价；第二种情况是大于平均可变成本而小于平均成本的被假定为合法，但有可能受到反托拉斯机构的质询，如能证明市场结构和厂商的意图具有掠夺性，也是掠夺性定价；第三种情况是大于平均成本的价格是合法的。其背后的逻辑在于，任何产品的价格都是必须能覆盖其可变成本的，如果一个企业的产品价格不能收回其在生产经营中的可变成本，这个企业一般将面临倒闭，如果其不倒闭反而继续长期经营，企业难以解释这种损失的市场合理性，除非目标就是排挤竞争对手。但是，确定平均可变成本仍然是一件复杂的事情，而且美国法院在实践中发现这个规则过于有利于被告，此后，对掠夺性定价进行认定时的非价格要件逐渐被加入，包括主观目的、市场结构等。而对于进入壁垒的评估，也逐渐转化为存在进入壁垒的目的和手段即可，而不是必须有结果。

（二）掠夺性定价行为的认定

在对反垄断法中的掠夺性定价进行认定时，必须将它与价格法体系中的低价倾销作适当的区分。1997 年，我国颁布《价格法》，其第 14 条第 2 项禁止经营者在依法降价处理鲜活商品、季节性商品、积压商品等商品外，为了排挤竞争对手或者独占市场，以低于成本的价格倾销，扰乱正常的生产经营秩序，损害国家利益或者其他经营者的合法权益。随后在 1999 年，我国又出台部门规章《关于制止低价倾销行为的规定》对低价倾销行为进行细化。此前 1993 年，我国颁布的《反不正当竞争法》也有类似的规定，该法在第 11 条明确规定经营者不得以排挤竞争对手为目的，以低于成本的价格销售商品，同时规定了例外情形，包括销售鲜活商品、处理有效期限即将到期的商品或其他积压的商品、季节性降价和因清偿债务、转产、歇业降价销售商品。在实施二十多年之后，此条文已在 2017 年法律修订时被删除。

需要注意的是，价格法体系中的低于成本价格销售行为，并无主体具有市场支配地位的要求，其规定相对简单，对成本界定为"合理的个别成本"，无法确认时，由政府价格主管部门按该商品行业平均成本及其下浮幅度认定。概括来说，现行价格法体系下的低于成本价格销售或称低价倾销，其适用范围比反垄断法中的掠夺性定价行为更广，主体并未局限在具有市场支配地位的经营者，成本认定会相对明确，其执法机构是价格主管部门而非市场监督管理部门。在我国《反垄断法》对掠夺性定价进行规定后，具有市场支配地位的经营者，没有正当理由以低于成本的价格销售商品，应适用《反垄断法》予以规制。

1. 基本要素。我国《反垄断法》第 22 条规定："禁止具有市场支配地位的经营者从事下列滥用市场支配地位的行为：……（二）没有正当理由，以低于成本的价格销售商品……"以此规定为基础，我们可以推知反垄断法框架下掠夺性定价的基本要素一般包括：

---

[1] Phillip Areeda and Donald F. Turner, "Predatory Pricing and Related Practices under Section 2 of the Sherman Act", *Harvard Law Review*, 88, 1975, pp. 697-733.

第一，实施企业具有市场支配地位。正如美国最高法院在 Brooke Group 案[1]中提到的，其必须是拥有足够的市场力量把价格抬高到垄断价格并能保持该价格水平足够长的时间的优势企业[2]。这个要件是适用反垄断法还是其他法律规制此类行为的关键所在，比如我国的《价格法》对于低于成本价销售也有规定，但未对主体有支配地位的要求。

第二，以排挤竞争对手为目的低于成本销售商品，这是掠夺性定价的客观行为表现。在市场经济体系中，每个企业都有定价和追求利润的自由，如果价格是高于成本的，执法机构将没有理由进行管制。关于成本如何认定，我国的反垄断实践也进行了相应的探索。我国《禁止滥用市场支配地位行为规定》第 15 条第 2 款规定："认定以低于成本的价格销售商品，应当重点考虑价格是否低于平均可变成本。平均可变成本是指随着生产的商品数量变化而变动的每单位成本。……"在确认低于成本销售后，执法机构需要评估该企业是否在排挤竞争对手，是否有可能在排挤竞争对手后再提高价格，以弥补其低于成本销售的损失。从这个角度来看，不公平价格行为可能就是掠夺性定价的一种结果。但需要注意的是，认定掠夺性定价所考虑的是弥补损失的可能性而非必须有结果。

第三，经营者的行为不存在正当的抗辩事由。我国《禁止滥用市场支配地位行为规定》第 15 条进行细化的规定，所谓的正当理由，包括但不限于：降价处理鲜活商品、季节性商品、有效期限即将到期的商品或者积压商品的；因清偿债务、转产、歇业降价销售商品的；在合理期限内为推广新商品进行促销的；能够证明行为具有正当性的其他理由。这意味着，在企业的实际经营中，经营者可以根据生产能力、经营状况及市场需求关系对其价格作出低于成本的安排，以应对正常的市场竞争。此外，某种情形下，从事公用事业或公益性服务的经营者，可能在政府定价的框架下低于成本销售商品而这种定价行为并非在市场调节价框架之内，也得到了法律的认可[3]。

2. 美国的实践。掠夺性定价在美国并没有专门规范的法律，在判例法中一般以《谢尔曼法》第 2 条作为其法律依据，同时也会作为《罗宾逊-帕特曼法》第 2 条价格歧视的一种适用情形来处理。该条文规定："商人在其商业过程中，在国内对同一品质、数量、等级的商品，通过给予买者比其竞争者更高的折价回扣、补贴、广告劳务费故意进行歧视，或为了破坏竞争、消灭竞争者，以低于其竞争者的价格出售或以不合理的低价出售，是非法的。"

基于《谢尔曼法》的规定，美国的掠夺性定价属于"企图垄断"（attempt to monopolize）的行为类型，并不以行为人具有市场支配地位为前提。1911 年，标准石油公司案[4]中，法院认定，标准石油公司在 19 世纪后半叶，以掠夺性定价的方式先后使 120 个小石油公司陷入破产的境地，然后收购他们，从而控制了美国采油和炼油市场 90%的份额。最终，标准石油公司被拆分为 34 个小公司。在这个案件中，标准石油公司被指控在存在竞争对手的市场中实施了掠夺性定价，试图将竞争对手排挤出市场，同时，公司也用在其他不存在竞争或很少有竞争的市场中获得的利润，来弥补在掠夺性定价市场所造成的短期损失。

---

[1] Brooke Group v. Brown & Williamson Tobacco. 509 U. S. (1993).

[2] 时建中、王强：《掠夺性定价的经济学分析和竞争法对策》，载徐杰主编：《经济法论丛》第 4 卷，法律出版社 2004 年版，第 55 页。

[3] 《价格法》第 18 条规定：下列商品和服务价格，政府在必要时可以实行政府指导价或者政府定价：……④重要的公用事业价格；⑤重要的公益性服务价格。

[4] Standard Oil Co. v. United States, 22 U. S. 1 (1911).

在此之后，美国法院多次处理过掠夺性定价的相关问题。在芝加哥学派时代，掠夺性定价被该学派认为不应产生反垄断担忧，其直接的体现就是1986年美国最高法院对松下（Matsushita）案件[1]的判决，其判决陈述到：学界的共识是掠夺性定价策略极少被尝试，成功的先例则更为罕见。该判决的影响力非常深远，很多经济学家至今对掠夺性定价的可行性持怀疑态度。随着博弈论应用的发展，美国经济学者在20世纪70年代对掠夺性定价进行了革新的思考，尝试建立博弈理论模型，使理性掠夺性定价在理论上的可行性得以恢复。后芝加哥学派的观点认为，在经济学中，掠夺性价格是指在假设没有希望将新进公司驱逐出市场的情况下，既存公司的定价低于其本应设定的价格。[2]

关于掠夺性定价，在美国被援引最多的判例是1993年的Brooke Group案[3]。在这个案例中，法院提出了判定是否构成掠夺性定价的二重标准：其一，原告必须证明其指控的价格低于"经适当测算的竞争对手的成本"，高于成本的定价不违法；其二，原告必须证明掠夺者合理地预见或有极大的可能收回其低于成本定价所遭受的损失，包括其掠夺性定价行为的支出。其理由在于，如果不能收回损失，掠夺性定价行为只会使市场总体价格更低，并增加消费者福利。在该案中，掠夺者不可能补偿其损失，也没有损害竞争，因此，法院认为掠夺性定价不能成立。

3. 欧盟的实践。欧盟竞争法将掠夺性定价视为滥用市场支配地位的一种具体表现，《欧盟运行条约》第102条表述为"直接或间接地施加不公平的购买或销售价格或者其他不公平交易条件的"。欧盟在其"排他性滥用行为执法重点指南"（2009）中，将掠夺性定价界定为"占支配地位的企业短期内以故意遭受亏损或牺牲利润的方式从事的掠夺性行为"[4]，其涵盖两种情况："故意遭受亏损"主要指"以低于成本的价格销售商品"；而"牺牲利润"则可能无需价格低于成本，只要牺牲本来可获得的利润，也即故意遭受本可避免的损失，就可能构成掠夺性定价。这个定义跟美国后芝加哥学派的理论"掠夺性价格有可能高于成本"的观点存在共同之处。

欧盟关于掠夺性定价的典型案例，包括有AKZO案以及2003年的Wanadoo案。欧洲法院在AKZO中基本也是使用平均可变成本和平均成本进行分析，认可了当时欧共体委员会的认定，认为决定性的界定标准是占市场支配地位的企业排挤竞争对手的意图，只要是出于限制竞争的目的而降价，就是一种滥用行为，而从细节上看，存在低于平均可变成本定价时，不必证明行为人的主观意图就认定构成滥用，而将价格定在平均总成本下、平均可变成本之上的，在能够证明其具有排挤竞争对手意图时也可认定构成滥用。相对而言，美国重视实施者掠夺定价后自行补偿的可能性，而欧盟则更在意实施者的意图。

典型案件：AKZO案[5]和Wanadoo案[6]

本案中，AKZO向其主要竞争对手ECS的客户销售特定的维他命和添加剂，价格明显低于ECS对相同客户的供应价，也低于AKZO对其绝大部分客户的供应价，目标客户同时

---

[1] Matsushita v. Zenith Ratio. 475 U.S.（1986）.

[2] 参见Adrian Emch, Gregory K. Leonard：《掠夺性定价的经济学及法律分析——美国和欧盟的经验与趋势》，载《法学家》2009年第5期。

[3] Brooke Group v. Brown & Williamson Tobacco. 509 U.S.（1993）.

[4] Deliberately incurring losses or foregoing profits, para. 63.

[5] Case C-62/86. AKZO Chemie v. Commission, 1991, ECR I-3359.

[6] Case COMP/38.233-Wanadoo Znteractive Case, 2003.

包括大型买家（一家大型的制造集团）和中等规模的独立制造厂。欧共体委员会发现这一低价情形持续存在了差不多 3 年的时间。同时，欧共体委员会从原告 ESC 公司获取了被告 AKZO 公司威胁其的信函证据，并从 AKZO 公司的会议记录中发现了一个"烟幕弹"（smoking gun）的字眼，从而找到了证明该公司排挤竞争对手的主观意图的证据。欧共体委员会据此判定被告 AKZO 公司的行为构成掠夺性定价，应处以罚款。

AKZO 公司辩称，它们的产品价格超过了平均可变成本，根据阿里达-特纳规则，其行为是合法的。欧共体委员会则认为阿里达-特纳规则是建立在对企业的经济效益采取静态和短期考察的基础上，没有考虑占市场支配地位的企业在价格竞争中的长期策略，而欧共体的竞争政策恰恰是要在共同体大市场建立有效竞争的市场结构，故阿里达-特纳规则不适用于该案。1985 年，欧共体委员会认为，AKZO 公司显然具有排除竞争对手的意图，因此，其行为应属违法，并应当被处以罚款。

该案被诉至欧共体法院。1991 年 7 月，欧共体法院的判决基本维持了委员会的裁决，并提出了判定掠夺性定价的标准，其认为，如果价格低于平均可变成本，可以直接视为是滥用行为，即使价格高于平均可变成本，只要其低于平均成本，且意在排挤竞争对手，则这种定价也可以被认为是滥用的一种表现。在本案中，AKZO 公司对自己原有的客户定价高于平均总成本，对于原 ECS 公司的客户定价则低于平均总成本，具有十分明显的差异，排挤对手的意图非常明显，因而应当被认定为违法。

在 Wanadoo 案中，一审法院认为依据 AKZO 测试标准，如果价格在平均总成本和平均可变成本之间，欧盟委员会必须有"完整的、有说服力的证据"证明一项排除竞争计划的存在。法院认为委员会的证据是充分的，因为案卷材料中许多 Wanadoo 的内部文件都表明公司的意图是为"先占"市场。此外，法院毫不犹豫地否决了 Wanadoo 关于收回损失的抗辩，法院援引先例表示，收回损失的证据并不是存在掠夺性定价的前提。

目前，欧盟在其"排他性滥用行为执法重点指南"（2009）中采用的成本标准是平均可避免成本（Average Avoidable Cost，缩写为 AAC）和长期平均增量成本（Long-Run Average Incremental Cost，缩写为 LRAIC）。平均可避免成本是企业没有额外生产就可避免的成本的平均值，在这种情况下，企业额外的生产量就是受滥用行为影响的生产量。在大多数情况下，平均可避免成本（AAC）和平均可变成本（AVC）是相同的，因为通常只有可变成本才能避免。长期平均增量成本（LRAIC）是企业生产特定产品发生的所有成本（可变成本和固定成本）的平均值，对于只生产单一产品的企业而言长期平均增量成本（LRAIC）和平均总成本（Average Total Cost，缩写为 ATC）是相同的。如果生产多种产品的企业具有规模经济，那么每个产品的长期平均增量成本（LRAIC）低于平均总成本（ATC），因为共同成本没有计算在长期平均增量成本（LRAIC）之中。

4. 平台经济中掠夺性定价行为的认定。在平台经济领域中，互联网等数字经济业态给掠夺性定价的认定带来了新的挑战。我国《禁止滥用市场支配地位行为规定》第 15 条第 2 款提到，涉及平台经济领域，还可以考虑平台涉及多边市场中各相关市场之间的成本关联情况及其合理性。作为多边市场的平台企业，非对称定价是其基本行为特征，它同时面对了不同群体的客户，个别市场直接是低价格甚至是零价格免费供给产品或服务，此时按照单边市场的逻辑将被归于明显低于成本的情形，但平台企业的利润并未被牺牲，因为它通过多边之间的交叉补贴效应实现盈利，自然也无法看到提价补偿过程。而以双边总价格为基础进行比较，我们又会遇到成本难以认定的难题，由此，我们必须充分考虑各市场之间的成本关联情况及合理性。

平台企业提供的产品多为信息产品,其前期的固定成本通常很高,包括研发成本、知识产权许可费用等,而一旦投入运营后,其边际成本或可变成本就几乎为零,我们难以通过边际成本或平均可变成本来衡量其定价是否构成掠夺性定价。在其突破临界规模后,双边市场的交叉网络效应会加快其基础用户数量的扩张,从而获取越来越高的市场份额,也对平台用户产生了锁定效应。此时的平台企业,具备第一阶段实施掠夺性定价、第二阶段提升价格的能力[1],处于竞争劣势的平台企业,特别是尚未突破临界规模的,则面临着退出市场或被大型平台收购的竞争后果。

理论上而言,我们需要将平台和双边用户视为一个整体,从整体上考察平台的总成本和其收取的总价格之间的关系,以及平台整体而言的固定成本和可变成本。同时,我们还可以考察平台企业实施特定行为的主观意图,即借鉴欧盟的做法,评估行为人是否有排除竞争对手的意图。考虑到平台经济双边市场的相互依赖性和网络外部性,对平台企业定价行为的法律评判不仅应该考虑平台经营的总成本,防止平台企业滥用市场支配地位,还应特别避免其将一边市场的成本转移到另一边市场上去,必须防范平台企业的对策行为弱化规制效果。[2]

在网络技术和双边市场的共同影响下,平台企业的掠夺性定价行为更具有隐蔽性。我国《平台反垄断指南》在第 13 条第 1 款对掠夺性定价行为进行了针对性的规定,详言之,具有市场支配地位的平台经济领域经营者,可能滥用市场支配地位,没有正当理由,以低于成本的价格销售商品,排除、限制市场竞争。第 13 条第 2 款规定,分析是否构成低于成本销售,一般重点考虑平台经济领域经营者是否以低于成本的价格排挤具有竞争关系的其他经营者,以及是否可能在将其他经营者排挤出市场后,提高价格获取不当利益、损害市场公平竞争和消费者合法权益等情况。第 13 条第 3 款规定,在计算成本时,一般需要综合考虑平台涉及多边市场中各相关市场之间的成本关联情况。关于低于成本销售的正当理由,《平台反垄断指南》予以细化规定,平台经济领域经营者低于成本销售可能具有以下正当理由包括有:在合理期限内为发展平台内其他业务;在合理期限内为促进新商品进入市场;在合理期限内为吸引新用户;在合理期限内开展促销活动;能够证明行为具有正当性的其他理由。

三、拒绝交易行为

(一) 拒绝交易的概念

拒绝交易,是指具有市场支配地位的经营者无正当理由拒绝与交易相对人进行交易的行为。市场经济中,市场主体意思自治,有着交易自由的权利,有权选择交易对象,也有权拒绝跟特定主体进行交易。一般情况下,经营者不承担与竞争对手或者交易相对人进行交易的义务,但是,当一个经营者具有市场支配地位时,除非有正当理由,否则它不能拒绝交易。因为这种情况下,拒绝交易会阻碍潜在竞争者进入相关市场,或限制交易相对人所在市场的竞争。

---

[1] 2021 年上任的美国联邦贸易委员会主席 Lina M. Khan 在其文章中提到,像亚马逊这类的公司创造了一个"平台市场",能够凭借其体量和规模通过掠夺性定价进入新的业务。同时她也提到两种不同的监管方法,其中之一是需要监管机构更新针对掠夺性定价的保护措施,并为在线平台的垂直整合导致的反竞争行为设置限制。See Lina M. Khan, "Amazon's Antitrust Paradox", 126 *Yale Law Journal* 710, 2017.

[2] 叶卫平:《平台经营者超高定价的反垄断法规制》,载《法律科学(西北政法大学学报)》2014 年第 3 期。

市场复杂多变，而拒绝交易的原因也各有不同。一般情况下，拒绝交易行为是作为市场支配经营者控制市场的手段出现，有时是直接用来破坏市场交易秩序，阻止交易相对人获取产品或服务，有时是作为其他滥用行为如搭售、限定交易等的辅助性手段出现，在交易相对人拒绝搭售等直接要求后，市场支配经营者拒绝与其交易，从而达到控制市场的目标。实践中，拒绝交易的情况常见于公用事业领域或传统的自然垄断行业，经营者通常掌管着关系到国计民生的公共资源，或者由于自然原因占领相关市场，典型的如水电煤气等基础设施经营者。如果这些经营者被赋予提供公共产品的义务，无论考虑其国有企事业的性质，还是考虑反垄断法的立法目的，这种拒绝交易权都应该受到限制，不能允许它们行使拒绝交易权侵害社会成员的基本权利。

如果交易的产品是由反垄断法认定的市场支配地位经营者提供，买受人往往很难选择交易对象，市场支配经营者实力强大，其产品的可替代性很弱。在这种情况下，买受人自身实力与经营者差距悬殊，很难进行真正平等的商品交易，对于其生产生活的基本需求，法律有必要予以满足并加以保障。不管何种原因，拒绝交易行为最终的消极结果在于对市场秩序的破坏，对弱势经营者和消费者利益的损害，有些情况下也会对相邻市场的竞争产生限制效果，例如，一个占市场支配地位的钢铁企业，意图进入相邻的汽车制造业市场，他就可能以拒绝交易的形式来限制竞争，如拒绝向市场上已有的汽车制造企业提供某种生产汽车所必需的特种钢材。

拒绝交易对市场竞争的影响是明显的。首先，最直接的影响在于，拒绝交易会让销售网络日益封闭，从而阻止其他成本低廉的竞争销售网络进入市场，被拒绝的经营者受到限制甚至被排挤出市场。其次，生产商通过拒绝交易的方式，可以强迫批发商或者零售商按照其规定的价格或条件销售商品，从而限制批发商或者零售商在这种产品上的竞争，也限制了处于上下游第三方企业的经营活动。最后，拒绝交易行为最终限制了消费者的购买渠道。供应商通过拒绝给某些销售商供货的方式，替消费者排除了对部分销售商的选择。这种排除即使会有一定的积极效果，也当然会产生消极效果，所以，我们在认定其限制竞争效果时，需要使用合理原则对其行为的目的和后果进行具体的分析。比如，对具有特殊性能或者高科技的产品，供应商为了保证向消费者提供质量稳定的商品并使其得到良好的售后服务，会拒绝向不合格的销售商供货，这对消费者的作用就是积极的。而更为普遍的情况是，具有市场支配地位的供应商拒绝按照较低的批发价销售给众多的零售商，而是以较高价格选择性地供货给部分零售商，此时，消费者的选择将受到限制。

典型案件：异烟肼原料药垄断案

作为治疗肺结核的常用低价药，异烟肼是肺结核患者的救命药。2014年，产量占全国异烟肼原料药总产量2/3以上的浙江新赛科药业有限公司、天津汉德威药业有限公司两家公司分别与山东隆舜和公司达成独家销售协议，约定仅向隆舜和公司及其指定的制药公司、商业公司出售异烟肼原料药，并拒绝向其原客户销售原料药。这些行为破坏了异烟肼原料药市场的竞争秩序，致使原料药价格大幅上涨，并间接导致了异烟肼制剂价格的大幅上涨。

调查同时表明，两家公司自身也对异烟肼原料药进行提价。2015年，汉德威公司异烟肼原料药最高销售价格是上一年度最高价格的19倍；2017年，新赛科公司的平均售价也达到上一年度平均售价的3.52倍。对于原料药销售价格的大幅上涨，两家公司均未能给出因生产成本上涨、市场供需变化进而导致原料药价格大幅上涨的充分证据。

最终，执法机关为维护原料药市场公平竞争环境，规范市场价格秩序，对浙江新赛科、天津汉德威滥用市场支配地位以不公平高价销售异烟肼原料药以及无正当理由拒绝交易依法作出处理决定，开出"发改办价监处罚〔2017〕1号"和"发改办价监处罚〔2017〕2号"两张罚单，分别处以2016年度相关市场销售额2%的罚款，共计人民币44.39万元。

(二) 拒绝交易的认定

1. 传统市场的认定规则。我国《反垄断法》第22条规定："禁止具有市场支配地位的经营者从事下列滥用市场支配地位的行为：……（三）没有正当理由，拒绝与交易相对人进行交易……"我国拒绝交易的具体表现方式在《禁止滥用市场支配地位行为规定》第16条进行了进一步规定，即具有市场支配地位的经营者没有正当理由，不得通过下列方式拒绝与交易相对人进行交易：①实质性削减与交易相对人的现有交易数量；②拖延、中断与交易相对人的现有交易；③拒绝与交易相对人进行新的交易；④通过设置交易相对人难以接受的价格、向交易相对人回购商品、与交易相对人进行其他交易等限制性条件，使交易相对人难以与其进行交易；⑤拒绝交易相对人在生产经营活动中，以合理条件使用其必需设施。

拒绝交易的分析要素一般包括：①实施企业具有市场支配地位，可以包括单一市场支配经营主体，也包括共同市场支配地位的多个经营主体。②拒绝与交易相对人进行交易且有排斥竞争的目的，这是拒绝交易的具体行为表现。美国在相关拒绝交易的判例中，强调对拒绝交易行为进行判断的"意图标准（Intent Test）"，例如1951年Lorain Journal案[1]中，法院认为，一家具有垄断地位的报社拒绝接受同时又在当地广播电台做广告的人的广告，该拒绝行为就是非法的，因为其意图通过排斥竞争，维持报社的独占地位。③经营者的行为不存在正当的抗辩事由。我国《禁止滥用市场支配地位行为规定》第16条第3款规定的正当理由，包括但不限于：因不可抗力等客观原因无法进行交易；交易相对人有不良信用记录或者出现经营状况恶化等情况，影响交易安全；与交易相对人进行交易将使经营者利益发生不当减损；交易相对人明确表示或者实际不遵守公平、合理、无歧视的平台规则；能够证明行为具有正当性的其他理由。总体而言，如需要证明拒绝交易行为的合法性，经营者需要证明其行为的客观正当性，没有阻断交易相对人的市场选择或者在做出拒绝交易行为时经营者自身的经营风险显著增加。

需要注意的是，如果是多主体联合实施拒绝交易行为，从行为的性质来认定，将符合多个经营者垄断协议行为中联合抵制的分析要素，该行为同样是对市场竞争秩序的破坏，也被多个司法辖区的反垄断法明文禁止。简单来说，联合抵制行为就是市场竞争者之间联合起来不与其他相关市场经营者或者买受人进行交易的行为。此时，我们需要区分联合抵制和拒绝交易，关键在于联合抵制的行为主体不需要具有市场支配地位。同时，共同市场支配地位经营者例如上下游企业共同拒绝特定主体的交易，将符合滥用市场支配地位行为中拒绝交易的特征，尽管也是多主体的行为，但因不属于竞争者之间的协同行为，从而不属于联合抵制。

2. 必需设施理论。在市场支配地位的认定中，我国反垄断法引入了必需设施理论。《禁止滥用市场支配地位行为规定》第16条第1款规定："禁止具有市场支配地位的经营者没有正当理由，通过下列方式拒绝与交易相对人进行交易：……（五）拒绝交易相对人在生产经营活动中，以合理条件使用其必需设施……"

---

[1] Lorain Journal Co. v. United States, 342 U.S. 143 (1951).

1912 年的 Terminal Railroad of St. Louis 案[1]被认为是必需设施理论的源起。圣路易斯铁路跨河设施被要求开放,原因在于,其他运输公司在事实上无法建立自己的跨河设施,而它们通过圣路易斯却必然需要使用这些设施,此后,美国有系列案件延伸到不同行业。欧盟对此也有着持久的适用和争论,从 Bronner 案[2]到 Magill 案[3]等,始终难以在必需设施的定义和界定上达成一致。理论界甚至有不少反垄断法专家直接否定必需设施理论[4]。但实践中,美国和欧盟会经常使用该理论来分析和解决电信、电力等一些与网络或者其他基础设施相关的案件。这些案件的基本结论是:当某项设施对一个经营者能否在某个市场从事经营是关键的和必需的,那么在某些情况下该设施的所有者有义务准许他人使用该关键设施。

传统观点认为,当特定网络或数据等要素的拥有者,同时也经营终端服务时,出于在下游市场获得更多交易机会的目的,它会拒绝其他的终端服务商使用自己网络或要素的要求,此时,即便终端服务是可以竞争的,由于网络或要素本身的核心地位,其拥有者会同时垄断上、下游产业,造成下游市场的封闭和竞争限制,此时,在合理的条件下开放该等要素,成为保护竞争的可能选择。当然,开放的条件必须是合理的,如果交易相对人提供的交易对价明显不合理,拒绝交易是具有正当性的。[5]

在数字经济时代,必需设施理论也有了进一步的发展。数字经济以数据为基础,数字平台收集了大量消费者和使用者数据,具有巨大的竞争优势,作为市场基本要素的数据能否成为"必需设施"是受到重点关注的话题。《网络安全法》第 31 条[6]有个相近的概念"关键信息基础设施",其核心是涉及某个行业的运营秩序。数字经济中的超级平台,得益于强大的规模经济和网络效应,在数据相关市场内收集和使用数据可以获得巨大的"正反馈"效应,客户或消费者越来越多,数据愈加丰富,提供服务的质量也进一步提升,最终形成对数据的垄断,并可能产生排除、限制竞争的效果。

需要注意的是,拥有必需设施并不等同于具有反垄断法意义上的市场支配地位。必需设施的认定必须考虑设施拥有者的主体属性,如果属于市场经营者,还需要对相关市场进行分析和界定,但一旦界定好相关市场,必需设施将成为考量市场支配地位的重要因素之一。我国《禁止滥用市场支配地位行为规定》第 16 条第 2 款对必需设施的考虑因素进行了明确的规定,指出应当综合考虑以合理的投入另行投资建设或者开发建造该设施的可行性、交易相对人有效开展生产经营活动对该设施的依赖程度、该经营者提供该设施的可能性以及对自身生产经营活动造成的影响等因素。

---

[1] United States v. Terminal Railroad Ass'n, 224 U.S. (1912).

[2] Case 7/97 Oscar Bronner v. Mediaprint Zeitungs und Zeitschriftenverlag, Mediaprint Zeitungsvertriebsgesellschaft and Mediaprint Anzeigengesellschaft [1998] ECR I 7791.

[3] Cases C 241/91 P and C 242/91 Radio Telefis Eireann (RTE) and Independent Television Publications (ITP) v. Commission (Magill) [1995] ECR I 743.

[4] 如 Philip Areeda 提出:没有任何案件可以为此理论提供一个完整的理论框架或剖析法律上要求与竞争对手分享资财所可能带来的成本及收益。See "Essential Facilities: An Epithet in Need of Limiting Principles", 58 Antitrust Law Journal, 1990.

[5] 李剑:《反垄断法核心设施理论研究》,上海交通大学出版社 2015 年版,第 5 页。

[6]《网络安全法》第 31 条第 1 款:"国家对公共通信和信息服务、能源、交通、水利、金融、公共服务、电子政务等重要行业和领域,以及其他一旦遭到破坏、丧失功能或者数据泄露,可能严重危害国家安全、国计民生、公共利益的关键信息基础设施,在网络安全等级保护制度的基础上,实行重点保护。关键信息基础设施的具体范围和安全保护办法由国务院制定。"

在知识产权领域，我国《禁止滥用知识产权排除、限制竞争行为规定》第 10 条规定：具有市场支配地位的经营者没有正当理由，不得在行使知识产权过程中，拒绝许可其他经营者以合理条件使用该知识产权，排除、限制竞争。认定前款行为需要同时考虑下列因素：①该项知识产权在相关市场上不能被合理替代，为其他经营者参与相关市场的竞争所必需；②拒绝许可该知识产权将会导致相关市场上的竞争或者创新受到不利影响，损害消费者利益或者公共利益；③许可该知识产权对该经营者不会造成不合理的损害。

3. 平台经济中拒绝交易行为的认定。我国《平台反垄断指南》在第 14 条第 1 款对拒绝交易行为进行了针对性的规定，其指出：具有市场支配地位的平台经济领域经营者，可能滥用其市场支配地位，无正当理由拒绝与交易相对人进行交易，排除、限制市场竞争。分析是否构成拒绝交易，可以考虑以下因素：①停止、拖延、中断与交易相对人的现有交易；②拒绝与交易相对人开展新的交易；③实质性削减与交易相对人的现有交易数量；④在平台规则、算法、技术、流量分配等方面设置不合理的限制和障碍，使交易相对人难以开展交易；⑤控制平台经济领域必需设施的经营者拒绝与交易相对人以合理条件进行交易。

根据《平台反垄断指南》的上述规定，除前三个因素归属于一般的拒绝交易表现形式外，我国平台经济所特有的拒绝交易行为，主要呈现为两种表现形式：其一，以平台规则、算法、技术等限制和阻碍交易，其二，作为平台经济领域中必需设施的控制者拒绝交易。我国《反垄断法》第 22 条第 2 款对第一种表现形式有对应的描述：具有市场支配地位的经营者不得利用数据和算法、技术以及平台规则等从事前款规定的滥用市场支配地位的行为。针对第二种表现形式，《平台反垄断指南》第 14 条第 2 款进一步规定，认定相关平台是否构成必需设施，一般需要综合考虑该平台占有数据情况、其他平台的可替代性、是否存在潜在可用平台、发展竞争性平台的可行性、交易相对人对该平台的依赖程度、开放平台对该平台经营者可能造成的影响等因素。

根据指南的规定，平台经济领域经营者拒绝交易可能具有以下正当理由：①因不可抗力等客观原因无法进行交易；②因交易相对人原因，影响交易安全；③与交易相对人交易将使平台经济领域经营者利益发生不当减损；④交易相对人明确表示或者实际不遵守公平、合理、无歧视的平台规则；⑤能够证明行为具有正当性的其他理由。与一般拒绝交易行为的抗辩理由相比，指南除了措辞略有差别外，最重要的是强调平台规则的约束力，如果交易相对人明确表示或者实际不遵守公平、合理、无歧视的平台规则，可以作为拒绝交易的正当理由用以抗辩。

在数字经济时代的背景下，平台企业拒绝数据开放或拒绝数据访问被广泛讨论，有时，这种拒绝行为也表现为拒绝与其他平台之间的互联互通。拒绝数据访问行为，主要是指以网络平台等形式存在的数据拥有者，拒绝其他领域的经营者或者本领域的竞争对手访问自己的数据。数据拥有者是否具有市场支配地位，包括其是否为必需设施的拥有者，决定该行为是否属于《反垄断法》的规制范畴。当其作为垄断者存在时，数据拥有者对其他经营者的数据访问进行不合理地限制，将涉嫌构成滥用市场支配地位，这种拒绝行为可能被视为数据垄断者通过杠杆行为、跨界传导垄断力的行为。

数据访问限制和数据抓取行为，相互独立但也有着一定的关联。数据抓取是数据需求者通过爬虫技术进行信息提取的行为，其后续一般伴有数据使用行为，其抓取和使用都必须有合法性依据。我国新浪诉脉脉不正当竞争案[1]中，法院主要就是审查了脉脉软件实施数据抓取行为的不正当性。平台对数据访问进行限制的理由之一，就是限制不正当的数据抓取行为。问题的关键在于，我们应该如何配置平台经营者与相关主体间的数据的控制权和使用权，这也是数字经济发展中的重要问题。在2021年关于抖音起诉腾讯案的相关报道中，有观点认为，当数据已经成为某个行业基础性的生产要素，或者被认定为必需设施时，它将不仅仅是某个平台的私产，平台不合理的拒绝使用或拒绝访问，将要受到《反垄断法》的规制。

典型案件：HiQ v. linkedIn 案[2]

LinkedIn 即领英是微软旗下拥有7亿用户的职场社交平台，用户可以在 LinkedIn 网站建立个人档案，包括教育背景、工作经历、技能等信息。HiQ Labs 是一家主打帮助雇主企业做决策、提供员工离职风险和技能分析的初创公司，其商业模式依赖于其从 LinkedIn 爬取的公开数据，HiQ 将其从 LinkedIn 爬取的数据进行整理分析后，将处理结果出售给相关企业。

在本案发生时，任何访问 LinkedIn 网站的人都可以访问这些数据。随着越来越多的公司爬取 LinkedIn 的数据，LinkedIn 采取了措施来禁止违规者的账户。2017年6月，因 LinkedIn 禁止 HiQ 爬取其用户公开数据，HiQ 向北加州地区法院提起诉讼，控诉领英涉嫌滥用市场支配地位实施垄断行为，随后申请临时禁令，以禁止 LinkedIn 阻止 HiQ Labs 访问其数据。LinkedIn 则回应，HiQ 在非授权的情况下，通过技术手段抓取平台上的用户公开数据严重威胁用户隐私。

两个关键的问题，一个关于数据抓取的合法性，一个是有关 LinkedIn 的行为是否抑制了竞争。关于后者，HiQ 指控 LinkedIn 的行为从以下两个方面违反了美国反托拉斯法的精神。首先，LinkedIn 不公正地利用了其在职业社交网络市场中的优势地位，以确保其在数据分析市场中获取竞争优势；其次，LinkedIn 的行为违反了"必需设施原则"，即垄断或试图占据垄断地位的企业控制了市场准入的关键设施以阻断竞争对手进入市场。因此，HiQ Labs 认为 LinkedIn 的行为属于加州法律所规定的不公平竞争行为。

HiQ 的诉求得到地方法院和上诉法院的支持。2017年8月，地区法院基于数据的自由流动及公共利益的考量，颁发了有利于数据分析公司 HiQ 的初步禁令，禁止 LinkedIn 拒绝 HiQ 访问 LinkedIn 用户个人资料的公开数据，要求 LinkedIn 在24小时之内移除任何禁止 HiQ 访问、复制或使用 LinkedIn 公开数据的阻断手段。

LinkedIn 对此判决不服，提起上诉，但未能改变结果。2019年9月9日，美国联邦第九巡回法院作出上诉判决：维持北加州地区法院就 HiQ Labs 诉 LinkedIn 案颁布的裁决。法院认为，HiQ 在无法获取相关信息的情况下可能会面临停业，让 LinkedIn 等公司"自由支配"公共用户数据，有可能造成损害公共利益的"信息垄断"。然而，2021年6月14日，美国最高法院裁决撤销判决，要求第九巡回上诉法院重审该案。

---

[1] 北京淘友天下技术有限公司等与北京微梦创科网络技术有限公司不正当竞争纠纷案，(2016) 京73民终588号民事判决书。

[2] LinkedIn Corporation v. HiQ Labs, Inc. 273 F. Supp. 3d 1099 (N.D. Cal. 2017); 938 F. 3d 985 (9th Cir. 2019); Supreme Court of The United States Order List June 14, 2021.

四、限定交易行为

(一) 限定交易行为的概念

限定交易,也称为排他性交易、独占交易或强制交易,指具有市场支配地位的经营者没有正当理由,限定交易相对人只能与其进行交易或者只能与其指定的经营者进行交易。从所涉主体来看,该行为主要是发生在上下游企业之间,经营者通过限定交易实现排除竞争甚至将竞争者驱逐出市场的目的,同时给潜在竞争者设置进入壁垒。从其内容看,限定交易可以分为排他性销售和排他性购买两类行为。从其行为效果看,该行为不仅是对意思自治和合同自由的限制,也会产生排除、限制竞争效果。

在我国反垄断实践中,由于纵向垄断协议特别是纵向非价格垄断协议的认定存在难度,被处罚的典型限定交易行为多是出现在滥用市场支配地位领域内。学界和实务界普遍认为,限定交易也可能带来效率收益,如果并非是具有市场支配地位经营者实施的限定交易行为,其反竞争效果往往是不确定的,甚至可能存在一定的合理性,如提供品牌忠诚度、防止搭便车、防止前期投资被锁定等。但客观而言,具有市场支配地位经营者的限定交易行为会具有明显的外部性负效应。限定交易行为对市场主体竞争空间的大小和自由选择的机会产生了不合理的限制,也剥夺了竞争主体的交易机会从而产生反竞争封锁效应,最终对市场机能的发挥产生消极效果。

对于交易相对人而言,市场支配者的限定交易会使其交易自由受到限制,不仅无法通过意思自治来选择交易对象,而且会对市场支配者形成交易上的依赖。对于潜在的市场进入者而言,如果具有市场支配地位的供应商对下游销售商进行限定交易,实际上就很容易形成市场壁垒,它们将无法自由自主地进入市场,自然也没有办法在不同市场中参与竞争。

随着数字经济的蓬勃发展,平台企业滥用市场支配地位实施的限定交易行为成为反垄断执法的重点。从1998年美国司法部诉微软案到2009年欧盟英特尔公司案、我国的奇虎诉腾讯滥用市场支配地位案,再到2021年阿里巴巴和美团的滥用市场支配地位等众多案件,都是限定交易行为的典型案件。

由于交叉网络外部性、消费者锁定效应等互联网市场特征的影响,平台企业实施的"二选一"等限定交易行为相较于传统企业的排他性交易行为而言,不仅隐蔽性更强,而且危害性更大。平台企业不需要与交易相对人达成公开的排他性交易协议,通过技术措施即可间接强制实施排他性交易行为,从而提高相关市场的进入壁垒,排除、限制相关市场竞争,阻碍互联网行业的技术创新,也可能降低经济效率,减损消费者的经济福利。当平台企业具有市场支配地位时,其所谓"二选一"行为就属于我国《反垄断法》第22条规定的滥用市场支配地位行为;如不能认定其具有市场支配地位,其"二选一"行为可适用《中华人民共和国电子商务法》(以下简称《电子商务法》)予以处理,该法第35条规定,电子商务平台经营者不得利用服务协议、交易规则以及技术等手段,对平台内经营者在平台内的交易、交易价格以及与其他经营者的交易等进行不合理限制或者附加不合理条件,或者向平台内经营者收取不合理费用。[1]

---

[1] 同时《电子商务法》第82条规定了电子商务平台经营者违反本法第35条规定,对平台内经营者在平台内的交易、交易价格或者与其他经营者的交易等进行不合理限制或者附加不合理条件,或者向平台内经营者收取不合理费用的,由市场监督管理部门责令限期改正,可以处5万元以上50万元以下的罚款;情节严重的,处50万元以上200万元以下的罚款。

(二) 限定交易行为的认定

1. 基本要素。我国在《禁止滥用市场支配地位行为规定》中对限定交易行为作出了细化规定。禁止具有市场支配地位的经营者没有正当理由限定交易可以包括：限定交易相对人只能与其进行交易；限定交易相对人只能与其指定的经营者进行交易；限定交易相对人不得与特定经营者进行交易。同时，具有市场支配地位经营者从事这些限定交易行为，可以是直接限定，也可以是采取惩罚性或者激励性措施等方式变相限定。变相限定也应该包含价格折扣的方式。[1]

概括来说，限定交易的分析要素一般包括：

第一，实施主体具有市场支配地位。经营者的市场支配地位，除了源自自身的市场力量，也包括基于行政权力所产生的市场支配地位，实践中的限定交易案件有不少具有行政性垄断的因素。

第二，限定交易相对人只能与其进行交易或者只能与其指定的经营者进行交易，这是限定交易的客观行为表现。广义上，除前述两类行为，限定交易还包括限定他人不得与特定的人交易。限定交易行为既可以是直接限定，也可以是变相限定；既可以表现为强制性限定，也可以表现为诱导性限定，如利乐公司滥用市场支配地位案[2]所涉及的"忠诚折扣（Loyalty discounts）"。此外，限定他人只能与自己交易，就是所谓的强买强卖，与搭售存在一定的重合，一般而言，将搭售行为作为一种独立的滥用行为进行法律规制。

典型案件：威海宏福置业有限公司诉威海市水务集团有限公司滥用市场支配地位纠纷案[3]

宏福置业公司是一家位于山东省威海市的房地产开发公司，2021年1月宏福置业公司向法院起诉，请求判令威海水务集团赔偿因其实施滥用市场支配地位的行为给宏福置业公司造成的经济损失并支付诉讼合理开支。

一审法院认定，威海水务集团在威海市区供水、污水设施建设和管理中处于市场支配地位，但现有证据不能证明威海水务集团存在限定交易行为，判决驳回宏福置业公司诉讼请求。宏福置业公司不服，提起上诉。最高人民法院二审认为，威海水务集团不仅独家提供城市公共供水服务，而且承担着供水设施审核、验收等公用事业管理职责，其在参与供水设施建设市场竞争时，负有更高的不得排除、限制竞争的特别注意义务。威海水务集团在受理给排水市政业务时，在业务办理服务流程清单中仅注明其公司及其下属企业的联系方式等信息，而没有告知、提示交易相对人可以选择其他具有相关资质的企业，属于隐性限定了交易相对人只能与其指定的经营者进行交易，构成限定交易行为。宏福置业公司没有提供证据证明限定交易的实际支出高于正常竞争条件下的合理交易价格，且其自身对涉案给排水设施的拆除重建负有主要责任，其也没有提供可供法院酌定损失的相关因素。最高人民法院终审判决，撤销一审判决，改判威海水务集团赔偿宏福置业公司为调查、制止垄断行为所支付的合理开支。

---

[1] 2010年《反价格垄断规定》第14条就曾直接规定，具有市场支配地位的经营者没有正当理由，不得通过价格折扣等手段限定交易相对人只能与其进行交易或者只能与其指定的经营者进行交易。该规定现在已经被废止。

[2] 工商竞争案字[2016]1号行政处罚决定书。

[3] (2022)最高法知民终395号民事判决书。

此案例明确了反垄断法上的限定交易行为可以是明示的、直接的，也可以是隐含的、间接的，阐明了认定限定交易行为的重点在于考察经营者是否实质上限制了交易相对人的自由选择权，为具有市场独占地位的经营者特别是公用企业提供了依法从事市场经营活动的行为指引。同时，也明确了限定交易垄断行为造成损失的认定标准和举证责任分配。

第三，经营者的行为不存在正当的抗辩事由。与其他各类滥用行为的行为方式相同，只有在"无正当理由"的情况下，限定交易才构成滥用行为。我国《禁止滥用市场支配地位行为规定》第17条第3款规定的正当理由，包括但不限于：为满足产品安全要求所必需；为保护知识产权、商业秘密或者数据安全所必需；为保护针对交易进行的特定投资所必需；为维护平台合理的经营模式所必需；能够证明行为具有正当性的其他理由。

典型案件：阿里巴巴滥用市场支配地位案[1]

2015年以来，阿里巴巴集团（以下简称当事人）为限制其他竞争性平台发展，维持、巩固自身市场地位，滥用其在中国境内网络零售平台服务市场的支配地位，实施"二选一"行为，通过禁止平台内经营者在其他竞争性平台开店和参加其他竞争性平台促销活动等方式，限定平台内经营者只能与当事人进行交易，并以多种奖惩措施保障行为实施，违反《反垄断法》第17条（现第22条）第1款第4项关于"没有正当理由，限定交易相对人只能与其进行交易……"的规定，构成滥用市场支配地位行为。具体行为包括：

第一，禁止平台内经营者在其他竞争性平台开店。为增强自身竞争力，削弱其他竞争性平台的市场力量，当事人对核心商家提出禁止在其他竞争性平台开店的要求。一是在协议中直接规定不得在其他竞争性平台开店。二是口头提出不得在其他竞争性平台经营要求。

第二，禁止平台内经营者参加其他竞争性平台促销活动。为获取竞争优势，当事人重点对平台内核心商家提出不得参加其他竞争性平台重要促销活动的要求。一是在协议中直接规定不得参加其他竞争性平台促销活动。二是口头提出不得参加其他竞争性平台促销活动要求。

第三，当事人采取多种奖惩措施保障"二选一"要求实施。当事人一方面通过流量支持等激励性措施促使平台内经营者执行"二选一"要求，另一方面通过人工检查和互联网技术手段监控等方式，监测平台内经营者在其他竞争性平台开店或者参加促销活动情况，并凭借市场力量、平台规则和数据、算法等技术手段，对不执行当事人相关要求的平台内经营者实施处罚，包括减少促销活动资源支持、取消参加促销活动资格、搜索降权、取消在平台上的其他重大权益等。

调查过程中，当事人提出签订合作协议为平台内经营者自愿，会给予平台内经营者独特资源作为对价，属于激励性措施，具有正当理由。当事人采取限制性措施是针对平台内经营者没有按照约定执行的情况，实施有关行为是保护针对交易的特定投入所必须。

执法机关认为，当事人提出的理由不能成立，实施有关行为没有正当理由。一是大部分含有"二选一"内容的合作协议并非平台内经营者自愿签订。二是调查发现，部分平台内经营者并未因执行当事人口头要求而获得对价，取消对价只是当事人对平台内经营者进行处罚的手段之一。三是排他性交易并非保护特定投入所必须。当事人在日常经营和促销期间投入的资金和流量资源是平台自身经营所需的投入，并非为特定平台内经营者进行的

---

[1] 国市监处〔2021〕28号行政处罚决定书。

投入。

最终，执法机关根据《反垄断法》第47条（现第57条）、第49条（现第59条）规定，综合考虑当事人违法行为的性质、程度和持续的时间，同时考虑当事人能够按照要求深入自查，停止违法行为并积极整改等因素，对当事人作出处理决定：一是责令停止违法行为。①不得限制平台内经营者在其他竞争性平台开展经营；不得限制平台内经营者在其他竞争性平台的促销活动。②当事人应当自收到本行政处罚决定书之日起15日内，提交改正违法行为情况的报告。③根据《中华人民共和国行政处罚法》（以下简称《行政处罚法》）坚持处罚与教育相结合的原则，结合调查过程中发现的问题，制作《行政指导书》，要求当事人从严格落实平台企业主体责任、加强内控合规管理、保护消费者权益等方面进行全面整改，依法合规经营。二是对当事人处以其2019年度中国境内销售额4557.12亿元4%的罚款，计182.28亿元。

2. 欧美的实践。世界上多数国家，都将限定交易行为纳入到反垄断法体系中进行规制。美国《克莱顿法》第3条[1]规定："商人在其商业过程中，不管商品是否被授予专利，商品是为了在美国……使用、消费或零售、出租、销售或签订销售合同，是以承租人、买者不使用其他竞争者的商品作为条件，予以固定价格，给予回扣、折扣，如果该行为实质性减少竞争或旨在形成商业垄断，是非法的。"该法提及"实质性减少竞争"的标准，实践中，美国反垄断实施机构采取效果主义来评估特定行为的违法性，其预先假定所述行为的合法性，同时对限定交易等行为的反竞争效果进行全面综合评估，并要求反竞争效果显著大于促进竞争的效果时，才属于违法。

欧盟在其"排他性滥用行为执法重点指南"（2009）[2]中指出，一个占支配地位的企业可能试图以排他性采购协议、折扣的方式妨碍竞争对手向客户销售，进而封锁竞争对手，此类行为统称为排他性交易（Exclusive Dealing）。由此，欧盟的排他性交易行为即限定交易行为，根据其手段可大致分为两个类型：通过排他性采购（Exclusive Purchasing）进行直接限定和通过有条件的价格折扣（Conditional Rebates）进行间接限定。

直接限定的排他性采购，是指行为人要求特定市场上的交易相对人只能从他这里购买，或者主要从他这里购买。[3] 从字面含义看，这比我国《反垄断法》对限定交易的规定要宽泛些，不仅有限定交易内容，还包括有数量强制义务的内容，例如至少80%以上的需求只能从该生产商那里购买。

在间接限定中，有条件的价格折扣，也可称为忠诚折扣或者有条件定价（Conditional pricing），主要是指行为人根据交易相对人的忠诚度给予不同比例的折扣，忠诚度越高，获得的折扣就会越优惠。欧盟的指南列举了许多不同的表现形式。一种是事后返利形式的折扣或称为回扣（rebate）或返点，其具体形式有增量折扣（incremental rebates）[4] 以及追溯折扣（retroactive rebates）[5]。另一种是事先减扣并直接支付折后价的常见折扣形式，其

---

[1] 15. U. DS. C. § 14：Sale, etc., on agreement not to use goods of competitor.

[2] Guidance on the Commission's enforcement priorities in applying Article 82 of the EC Treaty to abusive exclusionary conduct by dominant undertakings（2009/C 45/02），para. 32, p. 12.

[3] Guidance on the Commission's enforcement priorities in applying Article 82 of the EC Treaty to abusive exclusionary conduct by dominant undertakings（2009/C 45/02），para. 33.

[4] 指对超过一定量后的购买行为给予返利。

[5] 指采购量达到一定标准后，往前追溯的购买者所有的购买行为，都可获取返利。

包括有总量折扣（volume discounts）[1]，还有市场份额折扣、个性化折扣和标准化折扣等。欧盟2006年Tomra案[2]就是典型案例之一。

从欧美实践看限定交易行为，其一部分出现在滥用市场支配地位行为框架中，还有一部分可能出现在纵向垄断协议的案件中，如欧盟委员会在纵向垄断协议规则中使用的单一品牌（Single brand）术语，指称卖方要求买方只能与自己进行交易，而不得与自己的竞争者进行交易，涵盖独家交易和数量限制等情形。从更大的范围看，多数国家和地区对限定交易行为的认定都没有明确的标准，基本都是结合不同的因素进行考察，自由裁量的空间比较大。比如美国要考察市场份额，考察是否会实质性提高竞争对手的成本或使其利润减少，是否会对消费者福利构成损害等，以评估特定行为的反竞争效果。

欧盟对限定交易行为进行评估时，除了考虑滥用市场支配地位所必须考虑的因素，如市场地位、相关市场条件、对手的市场地位、客户或投入品供应商的市场地位、涉嫌滥用行为的程度和实际封锁效应的可能证据外，还需要重点考虑：竞争对手是否能以同等条件为每个客户的全部需求与之竞争，这实际上就是要评估客户需求不可竞争部分的大小。如果对于市场上的部分需求，对交易相对人来说，占支配地位的企业是无法替代的贸易伙伴，比如其品牌是很多最终消费者首选的"必须库存的商品"，或者由于其他供应商供应能力的限制，市场上的部分需求只能由占支配地位的企业予以供应，这两种情况下，一旦行为人实施限定交易行为都将导致反竞争的封锁效应，即使仅是短期的排他性采购协议也将如此。

以忠诚折扣为例，欧盟的审查思路有着较大的变化，自20世纪70年代的欧洲糖业案以来，此前的欧共体及现在的欧盟，在其已经裁定的数十起忠诚折扣案件中都是采取"形式主义"（form-based approach）方式处理，简单来说，就是关注折扣行为是否符合具体的法律标准。此后，逐步转向到"效果主义"（effects-based approach），即关注潜在竞争损害的严重程度，特别是当行为的效率大于可能产生的反竞争损害时会更为关注效率抗辩。欧盟强调，这将跟其他行为的分析方法保持一致，这些行为包括有排他性交易、折扣行为、搭售、掠夺性定价等[3]。

3. 平台经济中限定交易行为的认定。由于互联网服务的技术特征和锁定效应，平台企业的限定交易行为会对市场竞争产生更大的消极影响。我国《平台反垄断指南》在第15条第1款对限定交易行为进行了针对性的规定，其指出：具有市场支配地位的平台经济领域经营者，可能滥用市场支配地位，无正当理由对交易相对人进行限定交易，排除、限制市场竞争。

在平台经济领域，分析行为人是否构成限定交易行为，可以考虑以下因素：①要求平台内经营者在竞争性平台间进行"二选一"，或者限定交易相对人与其进行独家交易的其他行为；②限定交易相对人只能与其指定的经营者进行交易，或者通过其指定渠道等限定方式进行交易；③限定交易相对人不得与特定经营者进行交易。上述限定可能通过书面协议的方式实现，也可能通过电话、口头方式与交易相对人商定的方式实现，还可能通过平台规则、数据、算法、技术等方面的实际设置限制或者障碍的方式实现。

在平台经济领域，分析是否构成限定交易，可以重点考虑以下两种情形：一是平台经营者通过屏蔽店铺、搜索降权、流量限制、技术障碍、扣取保证金等惩罚性措施实施的限

---

[1] 指有采购量达到某一数值后就可享受折扣价格。
[2] Case COMP/E-1/38.113-Prokent/Tomra, OJ [2008] C 219/5.
[3] OECD, Fidelity and Bundled Rebates and Discounts, DAF/COMP (2008) 29, p.11.

制,这种情形因对市场竞争和消费者利益产生直接损害,一般可以认定为构成限定交易行为;二是平台经营者通过补贴、折扣、优惠、流量资源支持等激励性方式实施的限制,这种情形可能对平台内经营者、消费者利益和社会整体福利具有一定积极效果,但如果有证据证明对市场竞争产生明显的排除、限制影响,也可能被认定构成限定交易行为。

根据指南的规定,平台经济领域经营者在被认定限定交易行为时,可以提出以下正当理由抗辩:①为保护交易相对人和消费者利益所必须;②为保护知识产权、商业机密或者数据安全所必须;③为保护针对交易进行的特定资源投入所必须;④为维护合理的经营模式所必须;⑤能够证明行为具有正当性的其他理由。显然,这些理由都需要得到证据的支撑。

拓展阅读:关于忠诚折扣

折扣是一种常见的市场定价方式,它能够吸引消费者并使其获益,正常的折扣行为不会受到反垄断法的干预,是卖方自主设计、买方自愿接受的一种机制,但是当折扣设置的经营者具有市场力量时,会产生实际或潜在的市场封锁效应,尤其是以追溯折扣为代表的忠诚折扣,对购买者会产生锁定效应,而其他供应商难以找到足够的购买者,难以进行市场扩张,潜在竞争者的市场进入也同样会非常困难,由此,忠诚折扣作为间接限定交易的方式之一受到反垄断法的约束。

现实中价格折扣的产生方式是复杂多样的,有的是根据交易数量,有的是根据交易主体的身份,前者可能构成间接的限定交易,后者则可能构成基于身份的差别待遇和价格歧视。实践中,也有部分司法辖区将价格折扣纳入差别待遇进行规范,在美国司法实践中,除了将之认定为限定交易,还有将忠诚折扣认定为掠夺性定价行为的案例。在欧盟滥用市场支配地位相应规则中,执法机构使用"有条件的价格折扣"来予以规制,这种折扣是一种常见的做法,具有市场支配地位的经营者可能为了吸引更多的消费者而提供折扣,因此,这可能会刺激需求且使消费者受益,但这种折扣也会产生实际或潜在的封锁效应。特别是追溯折扣,如果客户把需求转换到可替代的供应商后其将失去折扣,这将减少客户转换的吸引力。此时,折扣在总价格中所占的百分比越高,且设定的标准值越高,对现实或潜在竞争对手可能的封锁效应就越强。

我国 2016 年利乐公司滥用市场支配地位案,细化出很多价格折扣的种类,如追溯性累计销量折扣和个性化目标折扣等也对"忠诚折扣(Loyalty discounts)"进行了大量的分析。需要注意的是,2016 年该案件处理结论中,忠诚折扣并未被认定为限定交易,而是被认定为"国务院反垄断执法机构认定的其他滥用市场支配地位的行为"。

原国家工商行政管理总局在处罚决定书中提到,2009~2013 年间当事人利用其在中国液体食品纸基无菌包装设备市场、纸基无菌包装设备技术服务市场和纸基无菌包装材料市场的支配地位,实施的没有正当理由搭售、没有正当理由限定交易,以及排除、限制竞争的忠诚折扣行为构成了《反垄断法》规定的滥用市场支配地位行为。具体处罚决定包括责令停止违法行为:①不得在提供设备和技术服务时无正当理由搭售包材;②不得无正当理由限制包材原纸供应商向第三方供应牛底纸;③不得制定和实施排除、限制包材市场竞争的忠诚折扣。此外,对当事人处以 2011 年度在中国相关商品市场销售额 7% 的罚款,合计 667 724 176.88 元人民币。

该处罚决定书对忠诚折扣进行了定义,忠诚折扣是经营者以交易相对人在一定时期内累计的商品交易数量、交易金额、交易份额为条件或根据其他忠诚度表现给予的折扣。

2009~2013年期间，利乐在包材业务上实施的折扣种类多达数十种，其中追溯性累计销量折扣和个性化目标折扣属于忠诚折扣。

追溯性累计销量折扣，简称为追溯累计折扣，指客户一定时期的购买量达到特定数量阈值时，该客户会得到某个单价折扣，该折扣追溯适用于这一时期该客户的所有累计购买量，当达到更高的阈值时，折扣幅度更高，即折扣幅度按照销量阈值表现出累进的特征。追溯累计折扣是利乐忠诚折扣体系的核心，主要特征在于时间上的"追溯性"和数量上的"累计性"。利乐的追溯累计折扣主要表现为单一产品追溯累计折扣（简称单一追溯累计折扣）和复合产品追溯累计折扣（简称复合追溯累计折扣）两类。

单一追溯累计折扣是根据单个客户一年内购买单一品种包材的累计数量，按照预先设定的阈值给予累进折扣，如2009年利乐砖（TBA）、利乐枕（TFA）的年度包材销量折扣（AVD）和单品设计折扣（IDI）等。该折扣是利乐基本折扣政策之一。复合追溯累计折扣是在单一追溯累计折扣的基础上，将两个以上品种的包材产品的购买数量合并累加计算，并给予统一折扣或在单一追溯累计折扣的基础上额外折扣。这类折扣在追溯性、累计性之外增加了复合性的特点。

个性化采购量目标折扣一般是以特定客户一定时期内采购产品达到或超过目标比例或个别固定的数量为条件给予的折扣，通常采取协议、备忘录等方式实施，体现为一定价款的折让或者其他优惠措施。利乐的目标折扣往往由利乐根据具体客户的情况量身定做，通常具有特别的背景，具有很强的目标性。例如，利乐与某公司签订的返利协议中提到：利乐对于一个设定的采购量给予该公司的返利，这个采购量对应满足某公司3.5年产量的需求。

执法机构认为，利乐实施的忠诚折扣在特定的市场条件下具有明显的排除、限制竞争效果。其一，忠诚折扣具有诱导效应。具有支配地位的经营者往往根据客户具体情况设定采购比例和目标采购量，并以此为条件给予折扣。其二，利乐的忠诚折扣在特定的市场条件下具有明显的反竞争效应。目标折扣附加的条件往往是根据客户产能、包材使用情况等设定的采购比例和目标采购量，主要目的就是保持或提升买方忠诚度，将原本可竞争部分需求变为不可竞争需求。目标折扣的直接后果是锁定了客户的采购比例和采购量，进一步压缩了其他包材厂商的可竞争空间。其三，利乐的忠诚折扣影响了包材市场的竞争。这也是处罚决定书中最重要的分析内容之一，其提到：利乐的忠诚折扣迫使竞争对手以更大的折扣幅度匹配利乐的价格并参与竞争。

短期内，这种竞争可能对客户有利，但竞争对手为了争夺一部分采购量，不仅要对可竞争部分给出不低于利乐的折扣，还必须要弥补客户由于减少从利乐采购而损失的不可竞争部分的折扣，从而导致竞争对手在可竞争部分给出的价格必须低于利乐的折后净价。在本案特定市场条件导致可竞争部分需求有限的情况下，竞争对手需要匹配的价格会很低，提高了竞争对手参与竞争的难度，甚至有可能退出竞争，这样会诱导客户进一步选择利乐，对竞争对手造成封锁，排除、限制了市场竞争。长期看，忠诚折扣使得其他包材厂商的销量和利润受到限制，导致产能利用率不足，生存发展受到限制，进而影响到包材市场的竞争和消费者利益。

综合而言，利乐的忠诚折扣将客户不可竞争部分需求捆绑可竞争部分需求，与其他折扣叠加运用，短期内对竞争对手造成封锁，导致长期内无法与利乐在相同或相似的成本上竞争，其实质是凭借其在包材市场的支配地位实施排除、限制竞争行为。

五、搭售或附加不合理交易条件行为

(一) 搭售的概念

在反垄断法中,搭售行为是指经营者提供商品或服务时,强迫交易相对人购买其不需要、不愿意购买的商品或服务,而附加不合理交易条件行为则是经营者提供商品或服务时,强迫交易相对人接受其他不合理的条件,如转让技术时限制产品产量、销售价格和销售区域等。搭售的目的是将市场力量扩大到被搭售产品的市场上,或者妨碍潜在的竞争者进入。当拥有市场力量的搭售方具有市场支配地位时,该等搭售行为可能归入滥用市场支配地位的行为类型,当搭售方经营者并不具有市场支配地位时,该等搭售行为可能会作为垄断协议中的纵向非价格协议被评估。

搭售或者附加不合理的交易条件违反市场经济中交易自由的原则,影响市场的公平竞争。各国反垄断法一般都将搭售作为滥用市场支配地位行为进行规制。美国《谢尔曼法》第1条和第2条、《克莱顿法》第3条和《联邦贸易委员会法》第5条就对搭售行为进行了规制。在美国法中,搭售(Tying Arrangement)是指卖主在销售一种产品(tying product,译为结卖品或搭售品)时,要求买主以同时购买另一种产品(tied product,译为搭卖品或被搭售品)为条件。再如《欧盟运行条约》第102条对这种滥用行为也有所描述:"要求交易相对方接受与合同标的在性质上或者商业惯例上无关的额外义务作为缔结合同的前提条件。"

我们必须了解搭售理论中的一个基础性问题——单一产品问题(Single Product Issue),即搭售品和被搭售品是否可以分开销售,是否存在两种独立的产品。产品的独立性并非通过肉眼观察物理状态的分离来判断,必须从反垄断法的法律意义上考虑,这在很多搭售案件中都是争议的难点和焦点问题。典型案例如微软公司在 Windows 中搭售 IE 浏览器[1]、柯达公司在复印机上搭售售后零件[2]等。从反垄断实践看,单一产品的具体标准可以包括需求标准、功能标准和交易习惯标准等,但每一个标准都有争议,也未曾形成统一适用的标准。其中,需求标准是最基本、最有影响力的标准,如在欧盟处理的微软搭售案中,委员会提到:在某种意义上讲,如果没有分开的消费者的单独需求,那么指控企业滥用市场支配地位实施搭售行为就没有实质意义。[3]

捆绑(bundling)销售与搭售(tying)这两个概念在反垄断法上的区别,在于判断产品是否可以分开单独销售。捆绑销售,有时也称为捆绑交易,是指以两种或更多种产品组合的形式销售那些可以单独销售的产品;而构成搭售的情形则是企业销售捆绑产品,但却不单独出售其中的某种独立产品。还有一种混合捆绑(mixed bundling)的情形,是指企业会分别销售所有的独立产品,但是会为捆绑产品提供折扣,有时某些较大幅度的折扣也可能被认为构成实质上的搭售。

在产品功能越来越复杂的背景下,特别是数字经济时代,产品的单一性并非是纯粹的事实判断,软件等数字产品之间的特殊关联,让传统的判断因素包括产品功能、需求独立性、节省成本等显得并不充分,创新和效率成为一个重要的考量因素,这主要是因为数字产品的整合性更为突出。所谓产品整合(Product integrate)或者说产品一体化,是指将原

---

[1] United States v. Microsoft Corp., 253 F. 3d34, 85 (D. C. Cir. 2001).

[2] Eastman Kodak Co. v. Image Technical Servs., Inc., 504 U. S. 451 (1992).

[3] 李剑:《合理原则下的单一产品问题——基于中国反垄断法搭售案件的思考》,载《法学家》2015年第1期。

本两个或两个以上独立的产品转变为一个产品，数字经济时代，数据产品的特殊性必然让原来基于物理形态的产品评价因素有所改变，必须考虑产品整合和创新所带来的变革，与产品的独立性相比，应该更加关注产品整合所带来的积极效果。

(二) 搭售的认定

1. 基本要素。滥用市场支配地位规则中关于搭售行为的分析要素一般包括：①实施企业具有市场支配地位。②没有正当理由搭售商品，或者在交易时附加其他不合理的交易条件，这是搭售的客观行为表现。我国《禁止滥用市场支配地位行为规定》第18条规定其表现形式可包括：违背交易惯例、消费习惯或者无视商品的功能，利用合同条款或者弹窗、操作必经步骤等交易相对人难以选择、更改、拒绝的方式，将不同商品捆绑销售或者组合销售；对合同期限、支付方式、商品的运输及交付方式或者服务的提供方式等附加不合理的限制；对商品的销售地域、销售对象、售后服务等附加不合理的限制；交易时在价格之外附加不合理费用；附加与交易标的无关的交易条件等。③经营者的行为不存在正当的抗辩事由。根据我国的规定，搭售的正当理由可以包括：符合正当的行业惯例和交易习惯；为满足产品安全要求所必需；为实现特定技术所必需；为保护交易相对人和消费者利益所必需；能够证明行为具有正当性的其他理由。

搭售并不总是违法的，在判断搭售行为是否违反反垄断法时，有两个关键的因素：

第一，分析搭售是否属于合理的安排，是否有正当的理由。比如搭售是否出于正当的行业惯例或该商品的交易习惯，如鞋子和鞋带一起销售，不但可以节约销售时间，对消费者也是有利的。再比如，将搭售商品分开销售，是否会损害结卖品的产品安全，比如某高科技产品可能会需要特定的辅助性器材以保障安全。搭售具有正当理由的时候，其不构成违法行为。

第二，分析交易相对人是否有选择的自由，进而分析该搭售行为是否具有反竞争的效果。普通的捆绑销售在不侵犯经营者或消费者的选择权时是合法的，也是合理的，或者符合交易习惯，或者有利于商品性能或价值的实现，或者有利于提高效率。但市场支配者强迫交易相对人购买捆绑的商品或服务，而对方别无选择，这种情形往往涉嫌违法。

搭售行为与限定交易行为有时难以区分，特别是两个所涉产品的市场范围大体相同时，更难区分。比如经销商从汽车生产商处获得4S特许经营[1]授权后，就只能销售该品牌汽车，生产商要求经销商必须从他这里购买所有的轮胎、电池及其他汽车零配件甚至零售百货时，限定交易和搭售都存在可能，此时，两者都具有同样的经济功能和相同的限制市场影响。区别在于，限定交易一般不会需要评估产品的独立性和相互之间的关系，而是多视为同一产品，而搭售可能存在与其他产品市场的交叉并需要评估产品的独立性，但两者都可能构成剥削型滥用，都可能会作为价格歧视的手段而存在。

在我国反垄断实践中，搭售案件非常具有代表性，有时搭售也与捆绑交易混同适用，如最高人民法院就曾选择在第79号指导案例吴小秦诉陕西广电网络传媒（集团）股份有限公司捆绑交易纠纷案[2]中针对搭售行为进行分析，搭售的构成要件被确定为五个：一是搭售产品和被搭售产品是各自独立的产品；二是搭售者在搭售产品市场上具有市场支配地位；

---

[1] 4S店是一种以汽车销售、维修、配件和信息服务"四位一体"为核心的汽车特许经营模式，包括整车销售（Sale）、零配件（Sparepart）、售后服务（Service）、信息反馈（Survey）等。

[2] 最高人民法院指导案例第79号；（2012）西民四初字第438号民事判决书、（2013）陕民三终字第00038号民事判决书、（2016）最高法民再98号民事判决书。

三是搭售者未为消费者提供选择权;四是搭售不具有正当性,不符合交易惯例、消费习惯等;五是搭售对竞争具有消极效果。

2. 欧盟的实践。欧盟对搭售的分析步骤跟其他滥用行为基本是一致的,考察当事人是否在相关市场上拥有支配地位,其行为是否对竞争产生排除、限制竞争效果,该限制是否为实现某种效果所必需的。具体到搭售行为,在确认一个企业在搭售市场中占支配地位后,委员会通常会采取行动的条件是:①搭售品和被搭售品是不同的产品;②搭售做法可能产生反竞争的封锁效应。[1]

欧盟的"排他性滥用行为执法重点指南"(2009)[2]提到:搭售,通常是指客户购买一个产品被要求从占支配地位的企业处购买另外的产品的一种情形。搭售可以通过技术和协议的方式进行。如果结卖品被设计成只有与搭卖品一起使用才能正常工作,且不能与竞争对手提供的替代品兼容,便产生了技术搭售。当购买结卖品的客户保证同时购买搭卖品且不是竞争对手提供的替代产品时,便出现了合约搭售。

此外,欧盟还对捆绑销售(Bundling)进行评估,将之作为企业提供产品和定价的具体方式进行讨论。在纯捆绑的情况下,产品以固定的比例共同出售,在混合捆绑的情况下,产品可以单独出售,但基于多产品折扣的安排,单独销售的价格总是比捆绑销售的价格更高,实践中,有些大幅度的折扣就会导致这种安排被认定为搭售。当然,对于捆绑销售而言,执法机构也有认定其是否构成掠夺性定价的考量。

在欧盟,被调查的企业也可以提出效率抗辩,即宣称其搭售和捆绑销售的行为可能节约生产或分销的成本而有利于消费者。具体而言,委员会将考虑这些行为是否能为客户降低交易成本,或者是否能够为供应商大幅节约包装和分销成本;调查将两种独立的产品组合成一个新的、单一的产品,是否能提高其为客户利益而将此类产品推入市场的能力;考虑这些行为是否能够让供应商传递因搭售而产生的效率。[3]

3. 美国的实践。美国反托拉斯法曾长期对搭售行为持严厉态度,在 1958 年 North Pacific Railway Co.[4] 案判决中,联邦最高法院明确对搭售行为适用本身违法规则。当时主流的哈佛学派认为,搭售必定压制竞争,他们使用杠杆理论来分析搭售,认为垄断企业可以通过搭售将结卖品市场的垄断势力传导到搭卖品市场,从而在两个产品市场获得垄断利润,这将产生两个变化:搭卖品市场结构发生改变,由竞争性市场变为垄断市场;而结卖品市场则获得更多的垄断利益即双重垄断利润。

这种观点被芝加哥学派所否认,他们认为搭售具有合理性,能够增进效率,所谓双重垄断利润是不可能的,其广泛存在的原因是为了实施价格歧视从而实现厂商利润的最大化,即可以基于大量的搭卖品将购买者划分为不同的群体,从而作为厂商进行价格歧视的方法。[5] 后芝加哥学派则通过建立新的经济学模型,判断搭售在很多情况下具有实质效率,

---

[1] Guidance on the Commission's enforcement priorities in applying Article 82 of the EC Treaty to abusive exclusionary conduct by dominant undertakings (2009/C 45/02), para. 50.

[2] Guidance on the Commission's enforcement priorities in applying Article 82 of the EC Treaty to abusive exclusionary conduct by dominant undertakings (2009/C 45/02), para. 48.

[3] Guidance on the Commission's enforcement priorities in applying Article 82 of the EC Treaty to abusive exclusionary conduct by dominant undertakings (2009/C 45/02), para. 62.

[4] North Pacific Railway Co. et al v. United States, 356, U.S. (1958).

[5] [美] 理查德·A·波斯纳:《反托拉斯法》(第 2 版),孙秋宁译,中国政法大学出版社 2003 年版,第 98 页。

但也具有限制竞争的效果,要区分反竞争的搭售并不容易,所以,判断违法搭售应该秉持合理原则,基于个案对搭售进行合理分析。

在美国关于搭售行为的立法规定中,《谢尔曼法》第 1 条的适用标准跟《克莱顿法》差别不大,其适用对象也都是针对没有达到《谢尔曼法》第 2 条"垄断化"所要求的市场份额要件的企业。如果搭售是支配企业单方施加的,可能违反《谢尔曼法》第 2 条。美国各法院对搭售形成的标准会有所不同,有的采取五要素标准,有的采用四要素标准,有的采用三要素标准,操作中差别并不大。以五要素为例,具体包括:①结卖品和搭卖品必须是各自独立的产品;②必须有证据证明卖方实施了强制,使得买方事实上不得不接受搭卖品;③卖方在结卖品市场上,必须拥有相当大的经济力量,来强制买方接受搭卖品;④必须是在搭卖品市场上产生了反竞争效果;⑤必须是牵涉到搭卖品市场的"并非少量(not insubstantial amount)"的州际商业。[1] 美国司法实践中晚近的判例,对结卖品市场份额少于 30%的搭售安排,一般都不予以谴责。

总体而言,目前美国大多数法院认定搭售行为并未直接适用本身违法原则,一般会要求评估卖方的市场力量和搭售行为的反竞争效果,[2] 这些主要是围绕单一产品的界定来进行也会对消费者需求进行分析,并特别考虑效率的因素。波斯纳认为,如果两种产品"联合提供有明显的经济",则应将其视为单一产品[3]。这里所说的"明显的经济",至少可以解释为显著而巨大的成本节约。

4. 平台经济中搭售行为的认定。在平台经济的互联网技术特点和双边市场特征影响下,平台企业的搭售行为更具有隐蔽性。我国《平台反垄断指南》在第 16 条第 1 款对搭售行为进行了针对性的规定,其指出:具有市场支配地位的平台经济领域经营者,可能滥用市场支配地位,无正当理由实施搭售或者附加不合理交易条件,排除、限制市场竞争。

在平台经济领域中,分析是否构成搭售或者附加不合理交易条件,可以考虑以下因素:①利用格式条款、弹窗、操作必经步骤等交易相对人无法选择、更改、拒绝的方式,将不同商品进行捆绑销售;②以搜索降权、流量限制、技术障碍等惩罚性措施,强制交易相对人接受其他商品;③对交易条件和方式、服务提供方式、付款方式和手段、售后保障等附加不合理限制;④在交易价格之外额外收取不合理费用;⑤强制收集非必要用户信息或者附加与交易标的无关的交易条件、交易流程、服务项目。

对于平台经济中搭售行为"正当理由"的解释,《平台反垄断指南》提出:平台经济领域经营者实施搭售可能具有以下正当理由:①符合正当的行业惯例和交易习惯;②为保护交易相对人和消费者利益所必须;③为提升商品使用价值或者效率所必须;④能够证明行为具有正当性的其他理由。

典型案件:2018 年谷歌安卓手机操作系统案

2018 年 7 月 18 日,欧盟委员会公布了谷歌安卓(Android,以下称安卓)手机操作系统案的处罚公告,认为谷歌滥用其在安卓手机操作系统市场的支配地位,违反了《欧盟运

---

[1] [美]赫伯特·霍温坎普:《联邦反托拉斯政策——竞争法律及其实践》,许光耀、江山、王晨译,法律出版社 2009 年版,第 433 页。

[2] 许光耀:《支配地位滥用行为的反垄断法调整》,人民出版社 2018 年版,第 270~271 页。

[3] [美]赫伯特·霍温坎普:《联邦反托拉斯政策——竞争法律及其实践》,许光耀、江山、王晨译,法律出版社 2009 年版,第 459 页。

行条约》第 102 条以及《欧洲经济区协定》第 54 条规定，对其处以 43.4 亿欧元的巨额罚款。

在本案中，欧盟委员会认为，谷歌在以下三个市场具有支配地位：通用互联网搜索服务市场，可授权的智能手机操作系统（Licensable Smart Mobile Operating Systems）市场，以及安卓手机操作系统的应用商店（App Stores for the Android Mobile Operating System）市场。在欧盟范围内，谷歌在上述三个市场的份额均超过 90%。其中，就后两个市场而言，谷歌在除中国外的全球市场的份额也超过 90%。

根据欧盟委员会的认定，谷歌有以下三种触犯反垄断法的行为：①要求制造商预装谷歌搜索和谷歌 Chrome 浏览器的应用程序，作为授权进入谷歌应用商店的条件；②给制造商和网络运营商提供财务激励，以换取他们在其设备上独家预装谷歌搜索；③阻止希望预装谷歌应用的设备制造商销售运行未经谷歌认可的其他可替代版本的操作系统的智能移动设备。

欧盟委员会官员表示，移动互联网占据了半数以上的全球互联网总流量，因此，维护移动互联网领域的有效竞争及消费者福利是至关重要的。但是，谷歌的排他性商业行为进一步巩固了谷歌搜索在通用互联网搜索服务中的支配地位，并阻碍和削弱了其竞争对手创新与竞争的机会与能力。

六、差别待遇行为

（一）差别待遇的概念

差别待遇指具有市场支配地位的经营者没有正当理由，对条件相同的交易相对人在交易价格等交易条件上实行差别待遇，使得部分交易相对人或竞争对手处于不利的竞争地位。这里的交易条件包括交易价格、配件供给、交货速度、担保以及其他交易条件，差别待遇的最典型形式就是价格歧视（Price discrimination）。需要注意的是，"价格歧视"这个术语在美国反托拉斯法中的外延更为广泛，基本涵盖了我国反垄断法的差别待遇规则但又不限于此，还包括我国限定交易中的价格折扣以及我国《价格法》中所规定的不正当价格行为等。美国反托拉斯理论将价格歧视分为直接价格歧视和间接价格歧视，前者表现为产品的不同价格，后者表现为正常价格以外的与成本无关联的其他价格条件，包括货币形式的折扣、优惠、劳务费和补贴，也包括非货币形式的销售服务或设施等。

在经济学上，与单一产品价格制相对应，价格歧视作为一个中性词汇，代表着其他不同的定价方式，可以分为一级（first-degree）价格歧视、二级（second-degree）价格歧视和三级（third-degree）价格歧视。所谓一级价格歧视，也被称作完全价格歧视，是指卖方对每一个客户所出售的每一个单位都能采用该客户所愿意支付的最高价格收取，此时，卖方可以获得全部的消费者剩余。客观来说，完全价格歧视是不存在的，对每个客户索取各自不同的价格通常是不现实的，因为完全掌握消费者充分的偏好信息，在事实上也是做不到的。退而求其次，二级价格歧视就是卖方设计一系列购买数量区间，每个数量区间价格不同，让买方根据自己的心理价位选择，如典型的手机流量包套餐。三级价格歧视就是将买方划分为不同群体，对不同群体收取不同费用，典型就如儿童票、老人票的门票设置，在大数据时代，互联网企业有非常多的技术手段可以辅助区分消费者或客户，从而也产生所谓"大数据杀熟"的问题。

在现实生活中，经营者对不同的交易对手提供不同的价格是比较常见的，有时，反映的只是风险的差异、交易条件的差异或者其他市场特征上的差异，毕竟在竞争市场中，如果一个企业想向其客户收取高价格，客户就会自然转向另一个企业购买，反竞争的价格歧视需要依赖于某种市场力量。因此，具有市场支配地位的经营者对条件相同的交易相对人出售相同的交易产品时，应采用相同价格和相同交易条件，否则其应当证明采取差别待遇有正当理由。具有市场支配地位的经营者实施差别待遇行为，会产生无谓损失，排除或限制其他竞争对手的进入，不仅影响市场竞争，而且会损害消费者的利益。

因此，许多国家和地区的反垄断法都禁止差别待遇行为，如德国《反限制竞争法》第19条第4项规定了"提出的付款或其他交易条件差于该支配市场的企业本身在类似市场上向同类购买人所要求的付款或其他交易条件，除非该差异是有客观的合理理由（Objective Justification）"的滥用情形，该法第20条规定的"禁止歧视（Prohibition of Discrimination）"中有"支配企业、企业联合组织不得以不公平的方式在通常向同类企业开放的活动中直接或者间接阻碍其他企业，没有客观的正当理由不得直接或者间接对同样的企业给予不同的待遇"情形。

法学界普遍关注的是差别待遇对竞争秩序的破坏和市场机制的损害，但经济学理论表明，差别待遇或价格歧视或差别待遇并不必然是反竞争的，实际商业活动中他们也是普遍存在的，而且，市场创造力的来源正在于有差别价格或差别条件的存在，市场主体有动力创造具有差异进而具有竞争力的产品，市场的良性竞争必然促进市场的发展。法律必须在市场支配地位的滥用行为规制中把握适当的平衡。

（二）差别待遇的认定

滥用市场支配地位规则中关于差别待遇的分析要素一般包括：

1. 卖方企业具有市场支配地位。不同经营者以不同价格和条件提供同一产品，不会构成价格歧视和差别待遇，因为这不会妨害竞争且本身就是竞争的一部分，只有同一经营者在具有市场支配地位时提供不同的价格或条件时，才会构成滥用市场支配地位中的差别待遇。由此，认定单一卖方是必需前提，而评估市场支配地位是基本要件。

2. 没有正当理由，对条件相同的交易相对人在交易价格等交易条件上实行差别待遇，这是差别待遇的客观行为表现。我国《禁止滥用市场支配地位行为规定》第19条规定其表现形式可包括：实行不同的交易价格、数量、品种、品质等级；实行不同的数量折扣等优惠条件；实行不同的付款条件、交付方式；实行不同的保修内容和期限、维修内容和时间、零配件供应、技术指导等售后服务条件。《反垄断法》规定的"条件相同"，是指交易相对人之间在交易安全、交易成本、规模和能力、信用状况、所处交易环节、交易持续时间等方面不存在实质性影响交易的差别。需注意的是，交易中依法获取的交易相对人的交易数据、个体偏好、消费习惯等方面存在的差异不影响认定交易相对人条件相同。举例来说，对信用状况不同的交易相对人，经营者提供不同的交易条件，并不会构成此处的差别待遇。

3. 经营者的行为不存在正当的抗辩事由。根据我国的规定，差别待遇的正当理由可以包括：根据交易相对人实际需求且符合正当的交易习惯和行业惯例，实行不同交易条件；针对新用户的首次交易在合理期限内开展的优惠活动；基于公平、合理、无歧视的平台规则实施的随机性交易；能够证明行为具有正当性的其他理由。

对于具有正当性的其他理由，执法机构一般还会基于"条件相同"的评估，考虑以下情形：其一是情势变更，如果卖方证明市场情况发生的变化使得之前的价格已不现实，就可以对差别待遇的指控进行抗辩；其二是成本差别，如果不同销售合同之间的成本存在实质性差异，价格或交易条件的不同就是合理的，比如因为买方自提使得卖方节省了运输费用而提供的具有合理性的折扣；其三是价格竞争，经营者为了回应竞争对手的价格，出于合法竞争的目的采用的公平低价或优惠条件等，我们不可能约束经营者始终保持唯一销售价格，否则竞争机制和价格机制就毫无意义。第三种情形可能存在一定的争议，但正如欧共体委员会曾经在联合商标公司案中所提到的：一个企业具有支配地位的事实并不剥夺其保护自己商业利益的权利，如果它们遭受攻击的话，必须承认该企业有权采取合理的措施，只要它相信这是适于保护它所说的利益的，但如果它的真实目的是加强它的支配地位和滥用这种地位，那么它采取的这些行动就得不到支持。

差别待遇与其他滥用市场支配地位行为联系密切，特定情形下，搭售会产生导致价格歧视，从而成为差别待遇行为的具体手段，同时，掠夺性定价也会作为差别待遇行为的手段出现。比如具有支配地位的经营者给予竞争对手的客户优惠低价，这种以争夺客户为目的的低价行为可能构成价格歧视，同时构成掠夺性定价行为，再如对客户收取过高价格，可能构成不公平高价行为，也可能同时构成拒绝交易或价格歧视。[1]

（三）美国的实践

关于差别待遇中最为典型的价格歧视，美国的相关反托拉斯立法主要是《罗宾逊-帕特曼法》，其在《克莱顿法》的最初规定上作出了修订，按其第1条（a）项第1款规定，价格歧视行为如满足以下条件，则受到禁止：①行为人对不同交易对象采用"不同价格"；②"不同价格"针对的是"同一等级、同一质量的产品"；③对竞争造成的损害，包括对卖方所在市场上的竞争产生损害，也包括对买方所在市场上的竞争产生损害。《欧盟运行条约》第102条对这种滥用行为也有所描述："……（c）对同等交易条件（equivalent transactions）的其他交易方适用不同的条件，从而使其处于不利的竞争地位；……"但与欧盟法只反对"支配企业"的价格歧视行为相比，《罗宾逊-帕特曼法》则没有这一限定，其价格歧视规定也可能包含《谢尔曼法》第2条下的掠夺性定价歧视行为。

《罗宾逊-帕特曼法》对"不同价格"予以特别强调，此时，价格相同但交易内容完全不同，包括存在实际成本不同或返利等实质差异的情形，都无法由该法管辖。这种相对僵化的规定，让该法认定的价格歧视在实践中非常容易被规避。该法对价格歧视的界定比普遍意义的"价格歧视"更加狭窄，后者认为，某个企业进行两笔销售所得回报率不同，构成价格歧视。单一的价格不同，还可以使用"差别定价"来予以描述，即对两个不同的买方销售相同商品时价格不同。此时，就同一产品对两个买方采用不同的销售价格，如果这一价格差别与向这两个买方供应产品的边际成本之差别成正比，则不是歧视性的。同样，两笔销售即使价格相同，如果从事这两笔交易的边际成本不同，则在经济学上也可以认为是歧视性的。[2]

美国反托拉斯法对价格歧视所损害的竞争有所区分，根据竞争主体的不同可分为：第一线的竞争，即卖主之间的竞争，其造成的损害为一线损害（Primary Line Injury）；第二线的竞争，即买方同其竞争对手之间的竞争，其造成的损害为二线损害（Secondary Line Injury）；第三线的竞争，即买方的买方同其竞争对手之间的竞争，其造成的损害为三线损害。这种划分与美国反托拉斯法的发展有关，美国最先规制价格歧视行为的立法是1914年制定的《克莱顿法》第2条，其禁止可实质性地削弱竞争或趋向于建立垄断的价格歧视行为。

---

[1] 时建中主编：《〈中华人民共和国反垄断法〉专家修改建议稿及详细说明》，中国政法大学出版社2020年版，第82页。

[2] 例如，某个卖方对离它1英里远的买方和离它100英里远的买方采用同样的交货价格，那么，如果卖方100英里的运费高于1英里的运费的话，则构成价格歧视。参见［美］赫伯特·霍温坎普：《联邦反托拉斯政策——竞争法律及其实践》，许光耀、江山、王晨译，法律出版社2009年版，第624页。

但当时的立法意图,只是禁止卖主通过价格差别安排来削弱卖主同其竞争对手之间的竞争即所谓的第一线竞争,因为在当时,很多大托拉斯组织为了将竞争对手逐出市场或为了阻止新的竞争对手进入市场,不惜大幅度降低商品的价格,甚至采取低于成本的掠夺性定价,规模较小的企业往往会被这种恶性价格行为逐出市场。

因此,《克莱顿法》的制定者们主要关注价格歧视的安排对卖主之间竞争的影响。法院在适用该法时,也只认定削弱卖主之间的竞争属于实质性地削弱市场竞争。但此后的实践发现,价格歧视对第二线的竞争即买方与其竞争对手之间的竞争影响更恶劣却无法可依,为此,美国国会于1936年通过《罗宾逊-帕特曼法》来弥补这一缺陷。这时立法者关心的已经不是防止个别卖主通过商品削价来排挤其他卖主,而是如何防止实力强大的买方通过强迫手段或者与卖主合意,从卖主那里获得不应有的利益,从而使其他的买方处于不利的竞争地位。在现在的美国反托拉斯法实践中,价格歧视本身饱受争议,美国联邦贸易委员会调查处理的价格歧视越来越少,价格歧视的诉讼请求在法院也很少得到支持。[1]

(四)平台经济中差别待遇行为的认定

当我们讨论实践中被广泛关注的大数据杀熟或者个性化定价时,本质上就是需要判断这些行为是否构成反垄断法意义上的价格歧视,从而适用差别待遇条款等予以规制。这种情形中,卖方经营者通过数据挖掘分析,筛选对价格不太敏感或者品牌忠诚度高的客户,施以高价;而对价格敏感的客户,则通过折扣提供低价,将按高价卖不出去的商品卖给他们,从而获得本来难以获得的收益。大数据时代对客户偏好的深入了解,是通过算法进行个性化定价的重大前提,这使得定价体系能逐渐区分不同的客户群体甚至是单个客户,进而实施价格歧视。

在"算法黑箱"的影响下,平台企业的差别待遇行为更具有隐蔽性。我国《平台反垄断指南》在第17条第1款对差别待遇行为进行了针对性的规定,其指出:具有市场支配地位的平台经济领域经营者,可能滥用市场支配地位,无正当理由对交易条件相同的交易相对人实施差别待遇,排除、限制市场竞争。如前所述,所谓"条件相同"是指交易相对人之间在交易安全、交易成本、信用状况、所处交易环节、交易持续时间等方面不存在实质性影响交易的差别,并不意味着交易相对人完全不存在差别。需要强调的是,平台在交易中获取的交易相对人的隐私信息、交易历史、个体偏好、消费习惯等方面存在的差异不影响认定交易相对人"条件相同"。

简单来说,不同客户群体或者每个独立个体,存在偏好、习惯等方面的差异是正常的,但这些差异并不否认他们在法律上的"条件相同",而在确定交易条件相同后,这些差异一旦被平台企业利用来实施歧视性对待行为,就可能构成差别待遇。根据指南,在平台经济领域中,分析是否构成差别待遇,可以考虑以下因素:①基于大数据和算法,根据交易相对人的支付能力、消费偏好、使用习惯等,实行差异性交易价格或者其他交易条件;②实行差异性标准、规则、算法;③实行差异性付款条件和交易方式。算法或标准都可作为差别待遇的手段存在,但是否构成差别待遇,最终还是需要根据个案情况来进行判断。

七、其他滥用市场支配地位行为

我国《反垄断法》第22条对滥用市场支配地位的行为类型进行了兜底性的规定,即禁

---

[1] "司法部自1997年后就不再执行该法,而联邦贸易委员会也基本上把它忽略不计了。"参见[美]赫伯特·霍温坎普:《联邦反托拉斯政策——竞争法律及其实践》,许光耀、江山、王晨译,法律出版社2009年版,第631页。

止具有市场支配地位的经营者从事下列滥用市场支配地位的行为：国务院反垄断执法机构认定的其他滥用市场支配地位的行为。在《禁止滥用市场支配地位行为规定》第20条，立法进行了相应的细化规定。市场监管总局认定其他滥用市场支配地位行为，应当同时符合下列条件：①经营者具有市场支配地位；②经营者实施了排除、限制竞争行为；③经营者实施相关行为不具有正当理由；④经营者相关行为对市场竞争具有排除、限制影响。此条明确体现了我国反垄断法执法体系对"其他滥用市场支配地位行为"的认定要件，与《反垄断法》第22条规定的前六项具体行为类型相比，执法机构明确要求该行为需要对市场竞争具有排除、限制影响，以防止无限扩大对滥用市场支配地位行为的认定。

随着数字经济的不断发展，大型平台企业的影响不断增强，不同法域都在采取措施以应对围绕它们所出现的法律挑战，例如欧盟的《数字市场法》、我国的《平台反垄断指南》等。新类型、新形式的滥用支配地位行为也将随之被关注和认定，其中，平台自我优待（Self-preferencing）就是被重点关注的行为。所谓平台自我优待行为，一般是指平台经营者通过自己制定的平台规则或特有资源，更加优待自身业务的行为，具体包括有数据访问优待、数据使用优待、数据传输优待、广告发布优待等[1]。由于平台主要是优待自身，并未直接排除竞争对手，加上平台本身合法的自治权利，该行为也存在一定的合理性。实践中，只有当这些自我优待行为会造成一定的竞争损害比如造成过高的市场进入壁垒时，各国反垄断法才会予以调整。关于自我优待最为著名的案例是欧盟谷歌案件[2]。在该案中，谷歌调整了搜索结果排列顺序的算法，偏袒其自营比价服务，其服务总是被置于搜索结果页面的顶端，欧盟委员会认为谷歌的行为构成"杠杆（leveraging），"即"将一个市场的主导地位扩展到一个或多个相邻市场"，是一种独立的滥用行为，而欧盟法院认为"杠杆"本身不是一种独立的滥用行为，而是一系列行为的集合，因此，认定构成差别待遇行为。

如前所述，反垄断法并不禁止经营者具有优势地位本身，也不禁止经营者利用市场优势地位参与市场竞争且不与竞争对手分享该优势，除非该优势地位构成"必需设施"或"市场支配地位"才会考虑对竞争的限制效果。自我优待行为同样需要个案分析后确认，而相关市场的分析和市场支配地位的认定仍然是必要的前提。根据我国《反垄断法》第22条第2款规定："具有市场支配地位的经营者不得利用数据和算法、技术以及平台规则等从事前款规定的滥用市场支配地位的行为。"

从我国现有法律规定的滥用支配地位行为类型出发，平台自我优待行为可能构成拒绝交易行为，当其行为主要是通过拒绝竞争对手的接入和拒绝数据分享等实施时，我们需要考虑平台是否形成必需设施从而有交易义务。平台自我优待行为也可能构成搭售或附加不合理的交易条件，如谷歌在与广告发布商签订的合同中约定"禁止性条款"以及"优先展示条款"，排除竞争对手的广告在发布商平台出现等。平台自我优待行为也可能构成差别待遇，其体现出非价格差别待遇的特征。

我国反垄断执法机构在阿里巴巴案中提及的事实部分，也有广告业务上的自我优待情形，但最终并未对其作出认定，仅作为限定交易行为的证据出现。平台的自我优待行为是否需要独立为一个单独的滥用行为，甚至独立于反垄断法之外，在独立的数字市场立法中单独调整，是包括我国在内的各国立法未来需要抉择的问题。

---

[1] 邓辉：《数字广告平台的自我优待：场景、行为与反垄断执法的约束性条件》，载《政法论坛》2022年第3期。

[2] Case AT. 39740 Google Search (Shopping), 27 June 2017.

拓展阅读：《数字市场法》——守门人的义务

欧盟委员会官网显示[1]，2021年11月23日，委员会修改了公布于2020年12月15日的《数字市场法案》（Digital Markets Act，DMA）草案，该法案意在明确大型数字服务提供者的责任，遏制大型网络平台企业的非竞争性行为，其核心内容为守门人（gatekeeper）的义务（obligations）、范围（scope）和管理方式（governance），2022年3月24日，欧洲理事会和欧盟委员会就《数字市场法案》达成政治一致，2022年10月19日法案获得正式通过并于2022年10月27日公布，2022年11月1日起正式生效。《数字市场法》应对的是线上平台对竞争环境所产生的经济影响。达到法案规定的守门人门槛的公司需要在2023年6月底之前通知委员会，而被委员会认定为守门人的公司需从2024年3月起遵守法案的相关要求。

《数字市场法》法案最大的特点，是针对大型线上平台提出了守门人（Gatekeepers）的概念。被欧委会认定为守门人的线上平台公司，必须遵守法案第5至7条规定的一系列义务以及几项附属要求。违反相关义务，将导致该公司年度全球营业额20%的罚款等。这些企业不同于一般的平台公司，其规模足够大，是具有系统性影响的平台企业，且连接了广泛的个人和企业用户。在性质上，守门人具有强大的经济地位，对所处市场具有重大影响。执法机构将从营业额（市场估值）、用户数量和提供服务三个方面界定守门人，需要同时满足公司在过去三个财政年度中在欧洲经济区（EEA）实现的年营业额等于或超过75亿欧元或者在上一个财政年度平均市值达到750亿欧元、在欧盟至少有4500万的月度最终用户（约为2021年欧盟总人口4.47亿的10.1%）和至少10 000个企业用户、平台必须至少控制3个成员国的1项或者多项核心平台服务这三个条件，这些核心平台服务包括线上中介服务、搜索引擎、社交网络、云服务、广告服务、语音助手和网络浏览器等。

守门人的义务范围是立法过程中讨论最广泛的内容，陆续也有些调整。例如，在某些特定情况下，守门人需要允许第三方与自己的服务进行交互操作；需要为其业务用户提供生成数据的访问权限；要求确保终端用户使用平台而提供、产生的数据具有可移植性；需要允许其业务用户在该平台之外推广产品、签订合同。同时，守门人不得自我优待自身提供的服务和产品；不得阻止用户卸载任何预安装的软件或应用程序，特别是在iOS和Android等移动操作系统中；不得使用从业务用户处获得的数据与它们竞争；不得限制其用户访问该平台之外的服务。

[**本章参考文献**]

（一）著作

1. ［美］理查德·A·波斯纳：《反托拉斯法》（第2版），孙秋宁译，中国政法大学出版社2003年版。
2. 许光耀：《欧共体竞争法通论》，武汉大学出版社2006年版。
3. ［美］赫伯特·霍温坎普：《联邦反托拉斯政策——竞争法律及其实践》，许光耀、江山、王晨译，法律出版社2009年版。
4. 韩伟主编：《美欧反垄断新规选编》，法律出版社2016年版。
5. 许光耀：《支配地位滥用行为的反垄断法调整》，人民出版社2018年版。

---

[1] https://ec.europa.eu/competition-policy/sectors/ict/dma_en.

6. 郝俊淇：《滥用市场支配地位的反垄断法原理》，中国社会科学出版社 2022 年版。

7. ［美］马克·R. 帕特森：《新经济反垄断法：谷歌、耶尔普、伦敦同业拆借利率以及信息控制》，兰磊译，法律出版社 2022 年版。

8. ［美］克里斯托弗·L. 萨格尔斯：《反托拉斯法：案例与解析》，谭袁译，商务印书馆 2021 年版。

9. 张江莉：《反垄断法在互联网领域的实施》，中国法制出版社 2020 年版。

10. 国家市场监督管理总局反垄断局编著：《滥用市场支配地位经典案例选编》，中国工商出版社 2021 年版。

11. 尚明：《对企业滥用市场支配地位的反垄断法规制》，法律出版社 2007 年版。

12. ［英］阿里尔·扎拉奇、［美］莫里斯·E. 斯图克：《算法的陷阱：超级平台、算法垄断与场景欺骗》，余潇译，中信出版集团 2018 年版。

13. 时建中、张艳华主编：《互联网产业的反垄断法与经济学》，法律出版社 2018 年版。

14. 时建中主编：《三十一国竞争法典》，中国政法大学出版社 2009 年版。

15. ［英］查尔斯·亚瑟：《数字战争：苹果、谷歌与微软的商业较量》，余淼译，中信出版社 2013 年版。

（二）论文

16. 焦海涛：《滥用市场支配地位的性质定位与规范修正》，载《中国政法大学学报》2022 年第 1 期。

17. 郝俊淇：《市场支配地位与实质性市场势力之辨析——兼及〈反垄断法〉第 17 条第 2 款的修改》，载《当代法学》2020 年第 3 期。

18. 许光耀：《互联网产业中双边市场情形下支配地位滥用行为的反垄断法调整——兼评奇虎诉腾讯案》，载《法学评论》2018 年第 1 期。

19. 刘贵祥：《滥用市场支配地位理论的司法考量》，载《中国法学》2016 年第 5 期。

20. 袁晓磊：《论滥用市场支配地位私人诉讼之举证困境及对策》，载《中国政法大学学报》2019 年第 4 期。

21. Robin Cooper Feldman "Defensive leveraging in antitrust", *Georgetown Law Journal*, Vol. 87, 1999.

22. 许光耀：《价格歧视行为的反垄断法分析》，载《法学杂志》2011 年第 11 期。

23. 焦海涛：《社会政策目标的反垄断法豁免标准》，载《法学评论》2017 年第 4 期。

24. 谭袁：《互联网平台滥用市场支配地位行为规制的困境与出路》，载《法治研究》2021 年第 4 期。

25. 陈兵：《因应超级平台对反垄断法规制的挑战》，载《法学》2020 年第 2 期。

26. 戴龙：《论我国〈电子商务法〉竞争规制条款的适用》，载《法治研究》2021 年第 2 期。

27. 王先林、方翔：《平台经济领域反垄断的趋势、挑战与应对》，载《山东大学学报（哲学社会科学版）》2021 年第 2 期。

28. 殷继国：《大数据经营者滥用市场支配地位的法律规制》，载《法商研究》2020 年第 4 期。

29. 胡丽：《互联网企业市场支配地位认定的理论反思与制度重构》，载《现代法学》2013 年第 2 期。

30. 黄勇、蒋潇君：《互联网产业中"相关市场"之界定》，载《法学》2014 年第 6 期。

31. 朱理：《互联网产业滥用市场支配地位行为的反垄断分析》，载《竞争政策研究》2015 年第 2 期。

32. 张江莉：《互联网平台竞争与反垄断规制——以 3Q 反垄断诉讼为视角》，载《中外法学》2015 年第 1 期。

33. 侯利阳、李剑：《免费模式下的互联网产业相关产品市场界定》，载《现代法学》2014 年第 6 期。

34. 金善明：《反垄断法实施的逻辑前提：解释及其反思》，载《法学评论》2013 年第 5 期。

35. 叶明：《互联网企业独家交易行为的反垄断法分析》，载《现代法学》2014 年第 4 期。

36. 喻玲：《算法消费者价格歧视反垄断法属性的误读及辨明》，载《法学》2020 年第 9 期。

37. 王晓晔：《论电商平台"二选一"行为的法律规制》，载《现代法学》2020 年第 3 期。

38. 张晨颖：《公共性视角下的互联网平台反垄断规制》，载《法学研究》2021 年第 4 期。

39. 孙晋：《数字平台的反垄断监管》，载《中国社会科学》2021 年第 5 期。

40. 郭传凯：《互联网平台企业封禁行为的反垄断规制路径》，载《法学论坛》2021 年第 4 期。

41. 杨东：《论反垄断法的重构：应对数字经济的挑战》，载《中国法学》2020 年第 3 期。

42. 袁嘉：《数字背景下德国滥用市场力量行为反垄断规制的现代化——评〈德国反限制竞争法〉第十次修订》，载《德国研究》2021 年第 2 期。

43. 钟刚：《平台经济领域滥用市场支配地位认定的证据规则思考》，载《法治研究》2021 年第 2 期。

44. 张凌寒：《算法规制的迭代与革新》，载《法学论坛》2019 年第 2 期。

45. M. Armstrong, "Competition in two-sided markets", *London*: *University College*, 2004.

46. B. Baker, "Protecting and fostering online platform competition: the role of Antitrust Law", *Journal of Competition Law&economics*, 2021, 17（2）: 493~501.

47. 王晓晔：《论相关市场界定在滥用行为案件中的地位和作用》，载《现代法学》2018 年第 3 期。

48. Hovenkamph, "Antitrust and platform monopoly", *The Yale Law Journal*, 2021, 130（8）.

49. 王健、吴宗泽：《论数据作为反垄断法中的必要设施》，载《法治研究》2021 年第 2 期。

50. 郭传凯：《超级平台企业滥用市场力量行为的法律规制——一种专门性规制的路径》，载《法商研究》2022 年第 6 期。

51. 叶明：《论互联网企业滥用市场支配地位的判定原则》，载《经济法论坛》2014 年第 1 期。

52. L. Katzm, "Multisided platforms, big data, and a little antitrust policy", *Review of Industrial Organization*, 2019 (4): 695-716.

53. 许光耀:《"相对优势地位"与"市场支配地位"的法理辨析——对〈反不正当竞争法(征求意见稿)〉第6条的不同阐释》,载《价格理论与实践》2016年第5期。

54. 袁波:《电子商务领域"二选一"行为竞争法规制的困境及出路》,载《法学》2020年第8期。

55. 王闯、朱理、石磊:《〈北京奇虎科技有限公司诉腾讯科技(深圳)有限公司、深圳市腾讯计算机系统有限公司滥用市场支配地位纠纷案〉的理解与参照——互联网领域相关市场界定及滥用市场支配地位行为的分析方法》,载《人民司法》2021年第17期。

56. 孟雁北、赵泽宇:《反垄断法下超级平台自我优待行为的合理规制》,载《中南大学学报(社会科学版)》2022年第1期。

57. 蒋岩波:《互联网产业中相关市场界定的司法困境与出路——基于双边市场条件》,载《法学家》2012年第6期。

58. Erik Hovenkamp, "Platform antitrust", *Journal of Corporation Law*, Vol. 44, No. 4, 2019.

59. 剌森:《互联网平台滥用相对优势地位的规制理论与制度构成》,载《环球法律评论》2023年第1期。

60. A. Ezrachi, M. E. Stucke, "Virtual Competition: The Promise and Perils of the Algorithm-Driven Economy," *Harvard University Press*, 2016.

61. D. D. Sokol, E. R. Comerford, "Antitrust and Regulating Big Data", *George Mason Law Review*, 2016, 119 (23).

62. 梅夏英、王剑:《"数据垄断"命题真伪争议的理论回应》,载《法学论坛》2021年第5期。

63. 时建中:《新〈反垄断法〉的现实意义与内容解读》,载《中国法律评论》2022年第4期。

64. 许光耀:《掠夺性定价行为的反垄断法分析》,载《政法论丛》2018年第2期。

65. 王玉辉:《滥用优势地位行为的违法性判定与规制路径》,载《当代法学》2021年第1期。

66. 丁茂中:《自我优待的反垄断规制问题》,载《法学论坛》2022年第4期。

67. 侯利阳:《互联网平台反垄断的局限与突破:由"腾讯封禁抖音案"引发的思考》,载《商业经济与管理》2021年第4期。

68. 唐要家、唐春晖:《数字平台反垄断相关市场界定》,载《财经问题研究》2021年第2期。

69. 张江莉、张镭:《互联网"平台封禁"的反垄断法规制》,载《竞争政策研究》2020年第5期。

70. Nicolas Petit, "Theories of self-preferencing and the wishful prerequisite of the essential facilities doctrine: a reply to Bo Vesterdorf: 1", *Competition Law and Policy Debate*, 6-7, 2015.

第九章 经营者集中

第一节 经营者集中控制制度的基本原理

经营者集中是市场经济中一类较为常见的商业活动，它是企业做大做强的重要竞争策略之一。经营者集中具有提高经济运行效率，促进竞争与创新的积极一面。通过经营者集中，企业可以迅速扩大生产规模、[1] 充分整合资源与要素、提高生产效率、提升产品竞争力、开拓新市场。这对于提高社会整体经济运行的效率、优化产业结构、促进行业技术创新等都大有裨益。但应当意识到，经营者集中也可能会对市场竞争产生负面影响。首先，集中活动能够直接消灭或者控制市场上的竞争对手，使其丧失独立参与竞争的能力，参与集中的各方由此可以获得或强化自身的市场支配力。此外，经营者集中完成后，市场上的竞争对手减少，这有助于企业之间协调一致，联合起来实施排除、限制竞争的行为。[2] 鉴于经营者集中对市场竞争具有双重影响，为切实维护市场竞争和消费者的合法权益，世界主要国家和地区都创设了经营者集中控制制度。该制度已经成为反垄断法律制度的核心内容之一，与禁止垄断协议、禁止滥用市场支配地位共同构成了现代反垄断法律制度的三大支柱。

一、经营者集中控制制度的历史演进

环顾全球，经营者集中控制制度的发展已历经百余年。在美国，《谢尔曼法》就是美国历史上第一次企业合并浪潮的产物，该法明确规定，任何妨碍州际的或者对外贸易的商业合同、托拉斯或者其他任何形式的联合或者共谋均为非法。[3] 此外，《克莱顿法》第 7 条也规定，如果并购造成实质性减少竞争的效果，则任何人不得直接或间接并购其他人的全部或部分资产。《克莱顿法》以高度概括性的语言给予了反垄断执法机构在禁止集中上的实质权力。作为《克莱顿法》第 7 条的补充性规定，1976 年颁布的《哈特-斯科特-罗迪诺法案》（Hart-scott-Rodino Antitrust Improvement Act）进一步规定，达到一定标准的企业合并应当在合并前向联邦贸易委员会或司法部反托拉斯局进行申报，违反申报义务的企业合并应被征收罚款。企业合并的事先申报制度虽然是一项程序性规定，但它是反垄断执法机构对合并进行实质性干预的基础和前提条件。该法案第一次规定了企业合并的事前申报制度，改变了《克莱顿法》中确立的事后控制模式，在反垄断法历史上具有重要意义。为了提高执法透明度，美国司法部和联邦贸易委员会自 1968 年起发布了多份合并指南，包括《横向

---

[1] 参见张秋生：《并购学：一个基本理论框架》，中国经济出版社 2010 年版，第 15~16 页。
[2] See U. S. Department of Justice &The Federal Trade Commission, "Vertical Merger Guidelines", June 30, 2020, https：//www.ftc.gov/public-statements/2020/06/us-department-justice-federal-trade-commission-vertical-merger-guidelines.
[3] See Sherman Act Section 1.

合并指南》（1968，1982，1984，1992，1997，2010）以及《纵向合并指南》（2020）。2023年12月18日，美国司法部和联邦贸易委员会发布了最新版的《合并指南》，取代了此前的《横向合并指南》（2010）与《纵向合并指南》（2020），统一规定反托拉斯当局在审查经营者集中竞争效果时需要考量的因素和分析的基本框架。此外，2020年，美国司法部还发布了新版的《合并救济手册》。

在欧盟，经营者集中控制法律制度也经历了一个逐渐丰富完善的过程。最初，欧盟主要是适用《欧共体条约》第81~82条对经营者集中行为施加控制。由于条约第82条只是适用于可加强市场支配地位的经营者集中，而不能干预可能产生市场支配地位的集中，为了更有效地抵御共同体市场的经济集中和垄断趋势，欧共体于1989年通过了《控制企业合并的第4064/89号条例》。该条例自生效以来历经多次修订，最新的版本是《控制企业合并的第139/2004号条例》，该条例已成为欧盟经营者集中控制制度的重要规范依据。在修订条例的同时，欧盟委员会还于2004年、2008年分别发布了《横向合并指南》《非横向合并指南》，这也是欧盟经营者集中控制制度的重要立法进展之一。

在中国，政府部门在经济体制改革中一向较为注重在推动企业联合和发展企业集团的同时预防垄断。[1] 2003年，原对外贸易与经济合作部和原国家工商行政管理总局等联合发布的《外国投资者并购境内企业暂行规定》以及2006年商务部、原国家工商行政管理总局等六部委共同签发的《关于外国投资者并购境内企业的规定》都明确规定，在一定情形下，外国投资者并购境内企业应向商务部和国家工商行政管理总局报告，如《关于外国投资者并购境内企业的规定》第51条规定："外国投资者并购境内企业有下列情形之一的，投资者应就所涉情形向商务部和国家工商行政管理总局报告：（一）并购一方当事人当年在中国市场营业额超过15亿元人民币；（二）1年内并购国内关联行业的企业累计超过10个；（三）并购一方当事人在中国的市场占有率已经达到20%；（四）并购导致并购一方当事人在中国的市场占有率达到25%。虽未达到前款所述条件，但是应有竞争关系的境内企业、有关职能部门或者行业协会的请求，商务部或国家工商行政管理总局认为外国投资者并购涉及市场份额巨大，或者存在其他严重影响市场竞争等重要因素的，也可以要求外国投资者作出报告。上述并购一方当事人包括与外国投资者有关联关系的企业。"2008年，《反垄断法》正式施行，其第四章第20条至第31条对经营者集中制度进行了规定，涵盖经营者集中的概念、申报或不予申报的情况、经营者集中的审查程序与审查期限、实质性审查的标准以及经营者集中豁免、外资并购境内企业的国家安全审查等内容。由于《反垄断法》的规定相对比较原则，为使这部法律更具有可操作性，国务院分别于2018年、2024年修订了《国务院关于经营者集中申报标准的规定》。三家反垄断执法机构合一后，国家市场监督管理总局又陆续发布了《国家市场监督管理总局反垄断局关于经营者集中申报文件资料的指导意见》（2018，以下简称《关于经营者集中申报文件资料的指导意见》）、《国家市场监督管理总局反垄断局关于经营者集中简易案件申报的指导意见》（2018，以下简称《关于经营者集中简易案件申报的指导意见》）等规章。2022年修改的《反垄断法》增加了"中止计算审查期限"（第32条）、"分类分级审查"（第37条）等内容。此外，2023年3月，国家市场监督管理总局修订完成了《经营者集中审查规定》。《反垄断法》以及配套规章的修订反映了经营者集中控制制度在中国的最新立法进展。

---

［1］ 参见王晓晔：《〈中华人民共和国反垄断法〉析评》，载《法学研究》2008年第4期。

二、经营者集中的概念与类型

（一）经营者集中的概念

作为反垄断法上的特有概念，经营者集中是指，经营者通过合并，取得其他经营者的股权、资产以及通过合同等方式取得对其他经营者的控制权或者能够对其他经营者施加决定性影响的情形。经营者集中包括三类法定情形：经营者合并；经营者通过取得股权或者资产的方式取得对其他经营者的控制权；经营者通过合同等方式取得对其他经营者的控制权或者能够对其他经营者施加决定性影响。

经营者合并是狭义的经营者集中形式，是经营者之间人、财和物等要素的全方位集中，表现为一种组织体（人格）的充分融合。经营者合并往往伴随着一方或多方经营者的（人格）终止，合并导致了参与合并的各方经营者合并成为一个组织体，是经营者之间结合程度最为紧密的一种经营者集中形式，也是各国反垄断法普遍予以规定的一种经营者集中形式。

股权和资产是经营者取得控制权的重要载体。在一些国家，比如美国，当企业决定实施并购行为时，一般会选择取得股权或者资产的方式，并且通常是用现金、新发行的股票来获得其他上市公司的股份。这是因为，相对于合并这一经营者集中形式，通过取得股权或者资产的方式取得对其他经营者的控制权，除了可以避免适用公司法上为合并设定的繁杂程序之外，还可依法享受与合并同等的免税待遇。

除了合并、取得股权或者资产，经营者还可以通过合同等方式取得对其他经营者的控制权或者对其他经营者施加决定性影响，同样可以达到紧密联系、共同行动、排除和限制竞争的效果。《反垄断法》第25条在立法技术上属于弹性条款，一方面对"控制权""决定性影响"等具体标准的界定留有余地，交由下位法规定或者通过法律解释进行填充；另一方面可以把除合并、取得股权和资产等行为之外的，引起控制权和影响力移转的集中行为，根据现实情况囊括进来予以规制。[1]

（二）经营者集中的本质——控制权变化

受欧盟立法的影响，我国学界、实务界常用控制权来描述集中行为，但是《欧盟合并控制条例》中并无控制权的概念，而与之相对应的是条例中的"控制"一词。《欧盟合并控制条例》第3条第2项认为，控制是指基于权利、合同或其他手段，在法律上或事实上，单独或共同地获得了对一家企业实施决定性影响的可能性。因此，控制的本质是对企业施加决定性影响的可能性，它源于以下两个方面：其一是所有权或使用一家企业全部或部分资产的权利；其二是对一家企业机构的组成、表决和决定施加决定性影响的权利或合同。[2]

在中国法下，经营者集中语境下的控制权，是指经营者对其他经营者的生产经营活动或者重大经营决策具有或者可能具有决定性影响的权利或者状态，包括单独控制权与共同控制权。控制权的持久变化是判断集中行为发生的核心标准。[3] 依据《反垄断法》和

---

[1] 参见时建中主编：《反垄断法——法典释评与学理探源》，中国人民大学出版社2008年版，第250~251页。

[2] See Commission Consolidated Jurisdictional Notice under Council Regulation (EC) No 139/2004 on the control of concentrations between undertakings.

[3] 参见曾晶：《经营者集中反垄断法规制的"控制"界定》，载《现代法学》2014年第2期；曾晶：《以"控制"弥补"经营者合并"的缺陷——兼论以"控制"为标准构建反垄断法"经营者集中"的审查制度》，载《政治与法律》2014年第3期。

《国家市场监督管理总局反垄断局关于经营者集中申报的指导意见》,控制权的变化主要包括以下几种情形:一是合并。合并之前,参与合并的各方之间不存在任何形式的控制关系,而合并之后,由于产生或引入了新的经营者,如新设合并产生了一家新的经营者,吸收合并则引入了一个经营者,此种情况下,经营者的控制权发生变化。二是经营者通过取得股权或者资产的方式取得对其他经营者的控制权。需要注意的是,取得少数股权也可能导致控制权变化,比如,目标公司股权分散,取得少数股权即成为第一大股东而取得单独控制权。三是经营者通过合同等方式取得对其他经营者的控制权或者能够对其他经营者施加决定性影响。

判断经营者是否通过交易取得对其他经营者的控制权或者能够对其他经营者施加决定性影响,取决于大量法律和事实因素。包括但不限于:①交易的目的和未来的计划;②交易前后其他经营者的股权结构及其变化;③其他经营者股东大会的表决事项及其表决机制,以及其历史出席率和表决情况;④其他经营者董事会等决策或者管理机构的组成及其表决机制,以及其历史出席率和表决情况;⑤其他经营者高级管理人员的任免等;⑥其他经营者股东、董事之间的关系,是否存在委托行使投票权、一致行动人等;⑦该经营者与其他经营者是否存在重大商业关系、合作协议等。[1] 控制权取得,可由经营者直接取得,也可通过其已控制的经营者间接取得。

控制权的持久变化意味着市场力量在经营者之间重新组合,它可能会导致市场结构的变化。按照哈佛学派的观点,市场结构对市场竞争具有重要影响。正是基于这一考量,应当对经营者集中进行反垄断审查,这是经营者集中控制制度的生成逻辑。[2]

(三) 经营者集中与其他垄断行为的区别与联系

经营者集中、垄断协议以及滥用市场支配地位都是法定的排除、限制竞争的行为类型。三者关联紧密,无论是经营者集中,还是垄断协议抑或是滥用市场支配地位都可能导致竞争失序,使市场处于非充分竞争状态,损害经营者和消费者的合法权益。企业间的联营既可能构成违法的经营者集中,也可能构成垄断协议。[3] 而且在实践中,这三种行为有时是继发甚至是并发的,比如经营者集中完成之后,合并各方有可能会进一步实施滥用市场支配地位行为或者达成垄断协议损害竞争。[4] 但是,三者也存在明显的区别:

第一,制度目的不同。禁止滥用市场支配地位、禁止达成垄断协议是对结果的反垄断,实现的是反垄断法制止垄断行为的功能。相比之下,经营者集中控制制度是对潜在垄断行为的事前控制,实现的是反垄断法预防垄断行为的功能。[5] 滥用市场支配地位和垄断协议制度是面向事后的,经营者集中控制制度则是面向事先的。

第二,行为构成要件不同。反垄断执法机构或者法院在认定垄断协议时并不以经营者已经联合控制市场或取得市场支配地位为必要条件。滥用市场支配地位的认定则必须要以相关经营者具有或者取得市场支配地位为前提。而违法经营者集中的行为表现更为多样,包括应当申报而未申报、申报后未批准、违法限制性条件等,行为不以参与集中的经营者具有或者取得市场支配地位为必然前提。

---

[1] 参见《经营者集中审查规定》第5条。
[2] 参见时建中:《我国〈反垄断法〉的特色制度、亮点制度及重大不足》,载《法学家》2008年第1期。
[3] 参见江山:《论协议型企业联营的反垄断规制》,载《环球法律评论》2017年第6期。
[4] 参见丁茂中:《论我国经营者集中控制制度的立法完善》,载《法商研究》2020年第2期。
[5] 参见林峰:《经营者集中、垄断协议还是滥用市场支配地位?——对内蒙古自治区鄂尔多斯市3家燃气公司垄断案的思考》,载《中国工商报》2017年8月24日,第003版。

第三，经营者集中涉及企业控制权的转移。发起集中的经营者通过控制其他经营者获得了市场力量并进而可能实施垄断行为，垄断协议与滥用市场支配地位均不涉及企业控制权的转移。

（四）经营者集中与公司法、证券法上合并的区别与联系

一些国家（地区）的反垄断法采用"企业合并"这样一种立法表达。无论用"经营者集中"还是用"企业合并"，需要明确的是，在反垄断法项下，企业合并这个概念与企业法或公司法意义上的"企业（公司）合并"存在很大区别。

首先，监管的目的不同。企业合并是企业改变组织形态的一种方式，一般而言，企业合并属于企业自治的范畴，但企业组织结构的改变对企业利益相关者可能会产生重大影响，所以，企业法对企业合并行为进行调整，其目的是促使企业在合并时遵循一定的行为准则和程序，以维护企业债权人和股东的合法权益，确保交易的安全稳定。[1] 而反垄断法对经营者集中进行控制，其目的是规范经营者集中对市场竞争秩序的影响，防止出现垄断现象，对经营者集中审核时，主要的参考因素是集中对既有竞争者的影响和对潜在竞争者的影响。[2] 其次，形式不同。企业合并分为吸收合并与新设合并两种形式，每一种形式都涉及至少一个企业的组织人格的改变。经营者集中不仅包括企业合并，还包括一个企业通过以下方式取得对另一个企业的控制权：其一，取得资产。即一个企业通过购买、承担债务或者以其他方式取得另一个企业全部或相当部分的资产（根据企业解散、破产、停止支付、和解或其他类似程序而取得的财产不属此类）。其二，取得股权。即一个企业取得另一个企业股权达到一定比例或掌握另一企业一定份额的表决权，通过控股的方式对被合股企业施加支配性影响。其三，订立合同。即企业与企业之间通过订立有关承包、租赁及委托经营等协议的方式取得对其他经营者的控制权或者能够对其他经营者施加决定性影响。最后，程序和方法不同。企业合并需要履行内部程序和外部程序。内部程序（如果是公司企业）主要是召开股东大会作出合并事项的表决；外部事项包括公告、登记备案，并以登记备案作为企业合并成功的标志。经营者集中的内部事项也是各企业通过内部表决形成统一集中的意见；外部事项主要是向反垄断执法机构进行申报，并由反垄断执法机构审批。经营者集中能否实施由反垄断执法机构最终决定。

经营者集中与证券法上的合并控制也是一对联系紧密但区别明显的概念。我国《证券法》第四章确立了上市公司的合并控制制度。《证券法》规定："投资者可以采取要约收购、协议收购及其他合法方式收购上市公司。"[3] 而且，"通过证券交易所的证券交易，投资者持有或者通过协议、其他安排与他人共同持有一个上市公司已发行的有表决权股份达到百分之五时，应当在该事实发生之日起三日内，向国务院证券监督管理机构、证券交易所作出书面报告，通知该上市公司，并予公告，在上述期限内不得再行买卖该上市公司的股票，但国务院证券监督管理机构规定的情形除外。"[4] 据此可知，无论是反垄断法上的经营者集中还是证券法上的上市公司合并都涉及企业之间权利的转移。但是这两类制度也存在很大不同。首先，主体不同，就经营者集中而言，参与集中的经营者可以是上市公司也可以是非上市公司，它对公司类型没有硬性要求。而上市公司合并的参与主体只能是上市

---

[1] 参见刘继峰：《反垄断法》，中国政法大学出版社 2012 年版，第 242 页。
[2] 参见丁茂中：《论我国经营者集中控制制度的立法完善》，载《法商研究》2020 年第 2 期。
[3] 参见《证券法》第 62 条。
[4] 参见《证券法》第 63 条第 1 款。

公司。其次，制度目的存在明显不同，反垄断执法机构审查经营者集中的目的是预防垄断行为，而证券监管部门审查上市公司合并的主要目的是维护投资者的利益和证券市场的稳定。最后，经营者集中涉及合并方之间控制权的转移，而上市公司合并不一定会导致控制权转移，需要具体问题具体分析。

（五）经营者集中的类型

在反垄断法学理上，一般将经营者集中分为横向的经营者集中、纵向的经营者集中和混合的经营者集中。这种分类的意义在于，不同的集中方式对于市场竞争秩序的影响不同。一般而言，横向集中对市场竞争的影响大于非横向集中，因而，可能受到更为严格的审查。

1. 横向集中。横向集中又称水平合并，是指在同一相关市场上、同一生产经营环节的经营者之间的集中。横向集中发生在同一相关地域市场上的生产具有替代性产品的企业之间。

企业实施横向集中一般是为了取得规模经济效益和占有更大的市场份额。由于参与横向集中的经营者具有竞争关系，所以，横向集中对市场竞争的消极影响是显而易见的。横向集中的直接后果是减少相关市场上竞争对手的数量，集中后的经营者可能具有市场支配地位。即使最终没有出现一家经营者独占市场的情形，也可能出现几家经营者控制整个行业的局面。正因如此，横向集中是各国反垄断执法机构严格审查的对象。美国、欧盟以及德国等主要国家和地区均将横向集中作为经营者集中控制的重点对象。这在1962年"布朗鞋"案[1]等一系列经典案件中有明显体现。

2. 纵向集中。纵向集中指的是同一产业处于不同生产经营环节的经营者之间的集中，换言之，它是同一产业中处于不同阶段而实际上相互间有交易关系的各个经营者之间的集中。经营者实施纵向集中是因为企业的生产、经营能力是决定成本、利润的关键经济变量。为持续提高自身生产经营能力以获取稳定的利润，经营者具有对主业的上下游环节进行控制的动机。如果某一生产经营环节的原材料供应脱节，经营者就不得不考虑推动"向前一体化"，控制导致脱节的上游原材料企业。如果经营者的销售渠道不畅或受制于其他经营者，经营者往往会考虑进行"向后一体化"。实践中，纵向集中是企业形成完整产业链或进一步扩大营销体系的一种常见形式。

对于纵向集中是否妨碍竞争，理论上还存在一定的分歧。一种观点认为，纵向集中虽然不像横向集中那样直接提升市场份额，但依然会产生排除、限制竞争的效果，即所谓封锁（foreclose）与剥削（squeeze）行为。[2]而一些经济学家则认为，即便实施纵向集中，合并方也无法获取超额利润。因为，此类集中并不具备经济上的诱因。在实践中，反垄断执法机构始终没有放下对纵向集中行为的戒心。参与集中的经营者可能没有获得超额利润，但没有获得超额利润不等于没有排挤竞争对手。在"ALoca公司"案中，美国ALoca公司生产和销售一种杜拉铝合金材料，其通过合并控制了原材料市场，而其竞争对手要生产这种材料就必须向ALoca购买原铝。ALoca公司铝锭的价格只是略低于杜拉铝，因此，对杜拉铝市场的竞争者产生了价格上的挤压。[3]

3. 混合集中。混合集中也称混合合并，它指的是同一市场上的非竞争者或非交易相对

---

[1] See Brown Shoe Co. v. United States, 370 U. S. 294 (1962).
[2] See Microsoft/LinkedIn, Case M. 8124, Commission decision of December 6, 2016.
[3] 参见[德]曼弗里德·诺伊曼：《竞争政策——历史、理论及实践》，谷爱俊译，北京大学出版社2003年版，第166页。

人之间实施的集中。换言之，它是同一市场上既不存在竞争关系，也不存在交易关系的经营者之间实施的集中。依据目的和效果不同，混合集中还可以进一步细分为三类：其一，市场扩张型经营者集中，即同一生产经营环节从事同类经营活动的经营者在不同市场区域的集中；其二，产品扩张型经营者集中，即产品功能互补的生产者之间或经营者之间实施的集中；其三，纯粹的经营者集中，即那些生产和经营彼此毫不相干的产品或者服务的经营者之间实施的集中。混合集中的目的往往不是出于节约成本及稳定经营的考量，而是为了分散经营者追求高利润的商业风险，充分利用内部的剩余资本。一般而言，混合集中不会导致相关市场上竞争对手的减少，也不会使某一市场对另外一些竞争者关闭，因此，它对市场竞争的负面影响是较为有限的。混合集中可能引发的排除、限制竞争后果是合并方利用其跨行业的雄厚资金，集中对某一行业的产品在短期内进行掠夺性定价将竞争对手驱逐出市场。"恐吓理论"认为，当企业实施混合集中时，参与合并的各方所拥有的市场力量本身便足以对其他竞争对手产生巨大的心理压力，使那些潜在的竞争对手望而却步，不利于促进市场竞争。"恐吓理论"并不具有很强的解释力，因为经营者打价格战一般需要耗费巨大的财力，所以，这种理论仅能够适用于地区性的或者地理范围十分有限的市场上，而且，参与集中的经营者必须在一个或多个市场上已经取得了市场支配地位。其他一些可能的排除、限制竞争效果还包括：混合集中通过经营者之间的交叉补贴，使得集中后的经营者便于针对小的竞争者实施掠夺性定价；混合经营者集中会使弱小的竞争对手在与集中后所形成的大经营者之间的竞争中充满忧虑，当达到一定程度时，会削弱这些弱小的竞争对手与大经营者之间的竞争。

综上，横向集中对竞争的威胁最大，正因如此，反垄断执法机构最关注这一类集中，有关经营者集中的控制标准也主要围绕横向集中展开。相比之下，纵向集中和混合集中一般不会导致相关市场上竞争对手的减少，世界主要国家和地区的反垄断法对二者采取了相对宽容的态度，但纵向集中和混合集中依然有可能对市场竞争秩序造成损害，从保护市场自由竞争的角度出发，反垄断法也需要对两者进行审查。

三、经营者集中的竞争效果

经营者集中一方面具有提高经济效率、实现规模经济效应和范围经济效应、推动技术进步等积极效果；另一方面，它也可能阻碍市场竞争。

（一）积极效果

1. 提高经济效率。经营者集中有助于提高经济效率，实现规模经济效益和范围经济效益，降低产品成本，丰富产品种类。规模经济，是指随着生产规模的扩大，平均成本逐步下降而获得较多利润的现象。经济学上，这种现象又被称为规模收益递增。规模经济可以分为工厂规模经济和企业规模经济，内部规模经济和外部规模经济。与经营者集中密切相关的规模经济是企业规模经济和外部规模经济。企业规模经济是指经营范围扩大而带来的成本节约效果。也就说，在一个给定的技术水平上，经营者集中使得合并方的生产规模扩大，平均成本（单位产出成本）逐步下降。与规模经济不同，范围经济指的是由于企业的范围而非规模带来的经济，即当同时生产两种产品的费用低于分别生产每种产品所需成本的总和时所存在的状况。范围经济的存在使得经营者多种产品的联合生产成本降低。这主要是由于经营者生产多种产品时共用了某些资源。[1] 例如，企业生产相关产品共用了同一

---

[1] 参见李剑：《多产品下的相关市场界定——基于中国经营者集中典型案例的反思》，载《法学》2019年第10期。

种技术，或企业在营销过程中，多种产品共用同一品牌。除此之外，还可以共享营销渠道、采购渠道、研究开发等资源。

2. 促进技术创新。经营者集中可以整合技术研发的资源和力量，促进技术创新。一般而言，技术研发属于企业产品投放之前的活动，尚未直接面对市场的商业化环节，处于预竞争阶段，促进竞争效果最为显著。[1] 经营者集中通过将合并各方的资产和专门技术实施共享，可以分担研发风险，降低开发成本，缩减开发周期，增加开发出成功产品的可能性。具体而言，经营者将互补性的资产、技术和专有技术结合起来，从而更迅捷或有效地开发新产品、服务或生产工艺或改进现有产品、服务或生产工艺。[2]

经营者集中促进技术创新的效果在互联网领域表现得较为明显。互联网平台本身就是基于创新的产物。互联网行业的经营者为增强自身创新能力，积极参与涉及专利与技术标准的并购交易。如 Uber 在自主研发之外，就通过收购的方式获得 9 项涉及网约车运营所依赖的关键技术专利。此外，近年来，反垄断执法机构审查的"微软收购诺基亚""谷歌收购摩托罗拉移动"以及"诺基亚收购阿尔卡特朗讯股权"等一系列经营者集中案件，均涉及大量的标准必要专利技术。专利的积累以及新技术的交叉融合有助于推动创新。

3. 提升市场竞争活力。经营者集中可以促使其他经营者提高产品质量，降低产品价格，增进消费者利益。集中完成之后，一般而言，合并后的经营者在市场力量方面会有一个较大幅度的跃升，竞争优势会进一步凸显，这可能会加大相关市场上其他竞争对手的竞争压力，相关市场上的竞争对手为了生存下去，为了更好地应对竞争，会倾向于降低自身产品的价格，提高服务的质量，研发新技术、新产品，而这都会增进消费者利益和社会整体利益。

(二) 消极效果

1. 单边效应。所谓单边效应，是指经营者集中强化了相关经营者的市场力量，使其具有了单独排除、限制竞争的能力。由于这种单方行为无需与其他竞争对手共谋，而且，其他竞争对手也无法对其行为进行有效的约束。因此，单边效应也被称作非协调效应。[3] 1992 年，美国司法部和联邦贸易委员会联合发布的《横向合并指南》首次将单边效应认定为经营者集中的负面影响之一。自此以后，美国反垄断执法机构在决定禁止一起经营者集中时往往都以该集中可能产生单边效应作为基本依据。欧盟《横向合并指南》第 22 条也规定，横向合并可能会产生严重妨害竞争的效果，即合并通过消除一个或多个竞争对手使得外部竞争约束减弱，无需采取协同行动则可以实施单边行为。[4]《横向合并指南》同时指出，引发单边效应的经营者集中可能会通过取得或者加强一个经营者的支配地位而严重阻碍有效竞争，通常情况下这个企业拥有的市场份额要比紧临的竞争对手大得多。而且，在寡头垄断市场中，经营者集中消除了合并企业之间重要的竞争约束，同时又减少了对其余竞争者的竞争压力，即使寡头成员之间没有协调的可能性，也会严重阻碍竞争。[5]

---

[1] 参见江山、苏竣:《论企业联营合作创新的反垄断法规制》，载《东方法学》2014 年第 2 期。

[2] See ABA Section of Antitrust Law, Joint Ventures: Antitrust Analysis of Collaborations Among Competitors, *ABA Publishing*, 2006, pp. 13-14.

[3] See U. S. Department of Justice and the Federal Trade Commission, Horizontal Merger Guidelines, p. 20.

[4] See EU Commission, Guidelines on the assessment of horizontal mergers under the Council Regulation on the control of concentrations between undertakings, [2004] OJ C 31/03.

[5] See EU Commission, Guidelines on the assessment of horizontal mergers under the Council Regulation on the control of concentrations between undertakings, [2004] OJ C 31/03.

美国 2023 年《合并指南》从合并方对市场地位的巩固以及将支配地位传导至另一个市场的可能性等角度考察单边效应。欧盟 2004 年《横向合并指南》中列出了 6 项判定单边效应可能性的要素。[1] 这 6 项因素包括：

第一，参与集中的经营者的市场份额。通常情况下，市场份额是衡量市场力量大小和市场力量变动幅度的首要参照指标。经营者的市场份额越大，集中后它们大幅度提高价格的可能性就越大。

第二，产品的替代性。如果参与集中的经营者可以以较低的成本相对容易地重新定位自身的产品或者扩展产品的门类，则集中企业对市场的控制能力会增强，往往存在提高价格的动机。产品替代的程度可以通过消费者偏好调查、购买模式分析、产品交叉价格弹性的估算以及购买转移率（diversion ratio）来衡量。

第三，消费者转移的可能性。在参与集中的经营者之外，如果消费者能够转向的供应者较少或者更换供应者的成本较高，则集中之后，经营者面临的提价约束较小，经营者提价的可能性较大。尤其是当消费者对产品提价的容忍度较高时，该集中就更有可能对消费者的权益造成损害。

第四，竞争对手增加供应的可能性。假设集中之后，参与集中的经营者提高产品（服务）的价格，市场条件使得竞争者不可能大幅度增加供应，则参与集中的经营者可能将产量削减至低于集中前各方的总产量的水平，以此提升价格。

第五，集中后经营者对竞争对手扩张的限制。有些经营者集中一旦完成，集中后的经营者将有能力和动机给潜在竞争者和小企业的扩张制造障碍，或者限制竞争对手的竞争能力，从而严重影响市场竞争。例如，集中后的经营者一定程度上控制或者影响着生产要素供应或分销渠道，这可能会显著增加竞争对手进入或者扩张的成本。集中后的经营者控制了有关的专利或者其他知识产权也会增大企业进入或者扩张的难度，在不同的基础设施或者平台之间的互操作性具有重要意义的市场上，集中后的经营者可能有能力与动机增大竞争对手的服务成本或者降低自身的服务质量。参与集中的经营者与竞争对手悬殊的财力将进一步助长合并后企业的市场力量。

第六，集中消除了重要的竞争力量。有些经营者对保持市场动态竞争的作用较大，市场份额之类的指标无法充分体现这类经营者的市场力量。一旦此类经营者被合并，则很有可能对现有的市场竞争格局产生负面影响。例如，竞争往往激励经营者去创新，而一项经营者集中可能通过集中后企业将其创新努力降低至不集中水平之下，来减少创新竞争。创新的减少可能表现为减少继续现有产品开发努力的激励，或者减少开发新产品的激励。这在数据驱动型并购（data-dirven merge）中有较为明显的体现。

总结起来，作为经营者集中负面效果的重要体现，单边效应意味着集中后的经营者具有了提高产品价格，降低产品（服务）质量，减少产品多样性，延缓创新的能力与动机。这很有可能对消费者的权益造成侵害。如果大量用户偏好的某一产品在经营者集中之后被减产、停产，除了对产品的价格与产量产生一定影响外，产品的停产、产品多样性的消失本身也是对消费者的损害。[2] 产品的停产与多样性消失一方面构导致产品质量的下降，另一方面抑制了创新，这不仅减损了消费者选择的范围，也削弱了消费者选择的能力。

---

[1] See U. S. Department of Justice and the Federal Trade Commission, Horizontal Merger Guidelines, p. 20.

[2] See EU Commission, Guidelines on the assessment of horizontal mergers under the Council Regulation on the control of concentrations between undertakings, [2004] OJ C 31/03.

2. 协调效应。所谓协调效应，是指以前独立参与竞争的企业在经营者集中后可能相互协作，引发共谋。[1] 一般而言，相关市场上的经营者在集中之后更容易将价格提到相对合并前更有利的水平。集中之后，相关市场的市场集中度发生变化，经营者可以实施单边行为。另外，在集中完成之后的市场结构条件决定了经营者更容易达成或维持明示或默示的共谋，或者巩固彼此间已经形成的共谋。经营者之间的协调可以采取多种形式。在一些市场上，最可能的协同是在竞争水平之上维持价格，或者分配竞标合约，或者划分销售区域；在其他一些市场上，最可能的协同涉及限制生产或者新的生产能力进入市场。

在判断相关市场出现协调效应的可能性时，欧盟《横向合并指南》提出了一个常用的分析框架。经营者之间协调一致的行动未必一定表现在价格层面，需要关注产量等其他考量因素。根据欧盟《横向合并指南》，评估协调效应时应格外关注以下因素：其一，达成共谋条件的难易程度。一般来说，市场环境越简单、稳定，经营者就越容易达成共谋。企业在产品性质、成本结构、产能水平方面相对均衡，达成协调一致的可能性会更高。其二，监督机制与威慑机制。参与共谋的经营者并不是铁板一块，有的经营者有可能会实施降价、提高产量等策略。[2] 确保一致行动的一个重要条件即是构建有效防止背离的威慑机制。只有当参与者的背离能够及时被发现并且威慑机制能够切实发挥作用时，威慑才是可靠的。[3] 从这个意义上来说，当市场透明度较高，经营者可以较为容易地判断对方是否遵守了协议，同时存在有效的威慑机制时，经营者集中后实施协调一致的行动的可能性更高。其三，外部反应。反垄断执法机构在评估协调效应产生的可能性时，还可以考虑未参加协调行为的竞争者以及消费者是否有能力抵制和惩罚经营者的协调行为。[4]

美国2023年《合并指南》采取了与欧盟大体类似的标准去审查、评估协调效应。在美国法上，反垄断执法机构有时会从协调效应的角度出发质疑一项合并的合理性。除此之外，高集中度的市场、先前实际或者尝试过协调、消灭"特立独行者"等都是评估一项经营者集中是否可能产生协调效应的主要考量因素。[5]

拓展阅读：平台企业经营者集中的竞争效果分析

数字经济时代，大型平台企业之间的竞争已经从工业经济时代单一的价格竞争，转变为数据竞争、注意力竞争、技术竞争、标准竞争等多维竞争。大型平台通过免费模式将诸多产品（服务）的价格直接设定为"0"，隐藏了显性的价格与产出指标。因此，贯穿于经营者集中审查各个环节的价格理论分析工具，在分析经营者集中的竞争效果时会失灵。对于质量损害（如隐私损害等）、创新损害等数字经济背景下的新型竞争损害，价格分析范式是无能为力的，反垄断执法机构需要找到更为妥适的评估集中行为竞争效果的方法。

在经营者集中竞争效果的评估方面，对于平台企业实施的集中尤其是数据驱动型集中而言，反垄断执法机构在评估集中行为的竞争效果时应将价格与产量置于次要位置，而更

---

[1] See U. S. Department of Justice and the Federal Trade Commission, Horizontal Merger Guidelines, p. 20.

[2] See EU Commission, Guidelines on the assessment of horizontal mergers under the Council Regulation on the control of concentrations between undertakings, [2004] OJ C 31/03.

[3] See EU Commission, Guidelines on the assessment of horizontal mergers under the Council Regulation on the control of concentrations between undertakings, [2004] OJ C 31/03.

[4] See EU Commission, Guidelines on the assessment of horizontal mergers under the Council Regulation on the control of concentrations between undertakings, [2004] OJ C 31/03.

[5] See U. S. Department of Justice and the Federal Trade Commission, Merger Guidelines, p. 8.

关注该集中是否可能造成合并方对用户个人数据的操纵；此外，还应重点关注集中是否阻碍了其他竞争对手的市场进入，是否封锁了数据原料与关键技术，是否延缓了新产品进入市场的速度，是否降低了产品的多样性，是否损害了消费者选择的能力与范围。

第二节 经营者集中申报

对经营者集中实行有效的监管和控制不仅需要完善的实体性控制制度，一套行之有效的程序性控制制度同样必不可少。

理论上，对经营者集中的控制有两类模式：合并方申报模式与反垄断执法机构调查模式。其中，合并方申报模式主要指当事人的事前申报，部分国家也存在事后申报。起初，一些国家对经营者集中的控制采取同垄断协议、滥用市场支配地位一样的调查模式，如美国1914年《克莱顿法》确立的就是反垄断执法机构调查模式，此后一直沿用。1976年《哈特-斯科特-罗迪诺法案》颁行之后，美国才转向合并方事前申报模式。反垄断执法机构调查模式的优势在于保障了企业之间集中的效率，有助于提升市场活力，但该模式难以起到预防垄断的效果，而且集中完成后，如果反垄断执法机构认定经营者集中违法，进而拆分企业，合并方将面临巨大的经济负担。

合并方申报模式可以分为强制申报模式与自愿申报模式。强制申报模式下，合并方负有向反垄断执法机构申报经营者集中的法定义务；自愿申报模式下，是否向反垄断执法机构申报由合并方自行决定，但反垄断执法机构一般鼓励合并方主动申报。世界主要国家和地区采取的都是强制申报模式，部分国家（如英国）采取的是自愿申报模式。

强制申报模式又可以进一步分为事前强制申报模式与事后强制申报模式。事前强制申报模式是指，达到法定规模的经营者集中在进行集中前应当向反垄断执法机构申报，在获得批准后才能实施经营者集中。事后强制申报模式是指，达到法定规模的经营者集中在进行集中实施后一定期限内应当向反垄断执法机构申报，否则需要承担罚款等责任。对于准备实施经营者集中的经营者而言，事前强制申报模式可以避免集中完成后又被认定为违法，面临处罚，甚至被解散的风险，进而避免给合并方造成更大的损失；对于反垄断执法机构而言，事前强制申报模式可以使其及时了解经营者集中的情况，更有效地对集中行为实施管控，预防垄断风险。目前，世界主要国家和地区采取都是事前强制申报模式。

拓展阅读：全球经营者集中反垄断申报模式[1]

强制事前申报		强制事后申报	自愿申报
阿尔巴尼亚	肯尼亚	阿根廷	澳大利亚
阿尔及利亚	拉脱维亚	希腊	智利
阿根廷	立陶宛	印度尼西亚	科特迪瓦
奥地利	马其顿	日本	印度

---

[1] See UNCTD, Model Law on Competition (2010), TD/RBP/CONF.7/8, p.81. 作者注：本表由联合国贸发会（UNTCD）总结于2010年，随着各国或地区反垄断法的修订，经营者集中申报模式可能会发生变化。

续表

强制事前申报	强制事后申报	自愿申报
阿塞拜疆	墨西哥	韩国	新西兰
白俄罗斯	摩尔多瓦共和国	俄罗斯	挪威
比利时	荷兰	南非	巴拿马
巴西	波兰	前南斯拉夫共和国	英国
保加利亚	葡萄牙	马其顿	委内瑞拉
加拿大	韩国	突尼斯	
哥伦比亚	罗马尼亚		
克罗地亚	俄罗斯		
塞浦路斯	斯洛伐克共和国		
捷克共和国	斯洛文尼亚		
丹麦	南非		
欧盟	西班牙		
爱沙尼亚	瑞典		
芬兰	瑞士		
法国	泰国		
德国	突尼斯		
希腊	土耳其		
匈牙利	乌克兰		
爱尔兰	美国		
以色列	乌兹别克斯坦		
意大利			
日本			
哈萨克斯坦			

一、申报标准

规模过大的经营者集中可能会形成垄断或寡占的市场结构，但适度的经营者集中也会带来规模效益，提高合并方的国际竞争力。所以，只有对竞争会产生实质性限制的经营者集中才应受到反垄断法的控制，而申报标准作为经营者集中申报的一道"门槛"，划定了反垄断法对经营者集中控制的边界，具有重要的意义。申报标准的划定应务求科学，申报标准定得过低，经营者实施集中动辄就要申报审批，不利于企业通过集中产生规模效益，也会加大反垄断执法机构的执法负担和成本；而申报标准定得过高，又可能无法有效防止因过度集中而形成垄断。一个科学合理的申报标准可以使经营者集中控制制度的正面作用得到最大程度的发挥。

关于经营者集中申报，世界主要国家和地区采取的申报标准主要包括以下几类：一是以销售额、总资产、交易规模等指标为依据的绝对规模标准，如欧盟和日本；二是以市场份额为依据的相对规模标准；三是上述几种标准混合使用的模式，如美国采用交易规模为主，当事人规模为辅的申报标准。

（一）营业额标准

所谓营业额标准，是指以参与集中的经营者上一会计年度的营业额作为是否需要申报的标准。大多数国家（地区）采取的都是这一标准。欧盟的《第139/2004号条例》第1条第2款规定，当集中行为符合下列条件时即具有"共同体规模"，应当申报：①所有相关企业在全世界范围内的联合总营业额超过50亿欧元；并且②在相关企业中至少有两个，其每一个在共同体范围内的总营业额都超过2.5亿欧元。但每一个相关企业在同一成员国内的营业额均超过其在共同体范围内总营业额的2/3者除外。

我国采用的也是营业额标准。2024年，我国对营业额标准进行了修订，修订后的《国务院关于经营者集中申报标准的规定》第3条规定，经营者集中达到下列标准之一的，经营者应当事先向国务院反垄断执法机构申报，未申报的不得实施集中：①参与集中的所有经营者上一会计年度在全球范围内的营业额合计超过120亿元人民币，并且其中至少两个经营者上一会计年度在中国境内的营业额均超过8亿元人民币；②参与集中的所有经营者上一会计年度在中国境内的营业额合计超过40亿元人民币，并且其中至少两个经营者上一会计年度在中国境内的营业额均超过8亿元人民币。营业额的计算，应当考虑银行、保险、证券、期货等特殊行业、领域的实际情况，具体办法由国务院反垄断执法机构会同国务院有关部门制定。[1] 此外，为了填补法律漏洞，《国务院关于经营者集中申报标准的规定》还进一步明确，经营者集中未达到本规定第3条规定的申报标准，但有证据证明该经营者集中具有或者可能具有排除、限制竞争效果的，国务院反垄断执法机构可以要求经营者申报。[2]

以营业额为申报标准的优势在于它较为容易计算，便于反垄断执法，但这一标准也存在明显弊端，举其要者如下：其一，申报标准缺乏灵活性。难以适应处在变化中的经济形势，[3] 又难以关照到不同产业、不同类别的经营者，容易引发申报标准过高或者过低的争议。其二，判断结果不够精确。在互联网等新兴产业的商业模式、盈利模式、竞争力影响因素等已发生重大变化的情况下，经营额标准无法对互联网平台的市场竞争力作出准确评估。[4] 为了应对这一挑战，《平台反垄断指南》在立法层面作出了回应。《平台反垄断指南》规定，在平台经济领域，经营者的营业额包括其销售商品和提供服务所获得的收入。根据行业惯例、收费方式、商业模式、平台经营者的作用等不同，营业额的计算可能有所区别。对于仅提供信息匹配、收取佣金等服务费的平台经营者，可以按照平台所收取的服务费及平台其他收入计算营业额；平台经营者具体参与平台一侧市场竞争或者发挥主导作

---

[1] 参见《国务院关于经营者集中申报标准的规定》《金融业经营者集中申报营业额计算办法》等文件。
[2] 参见《国务院关于经营者集中申报标准的规定》第4条。
[3] 参见王晓晔：《我国〈反垄断法〉修订的几点思考》，载《法学评论》2020年第2期。
[4] 参见徐瑞阳：《论经营者集中申报标准实施机制的完善》，载《法学家》2016年第6期。

用的，还可以计算平台所涉交易金额。[1]

（二）交易额标准

交易额标准通常以经营者集中交易的最终金额作为判断一项集中是否需要申报的标准。美国是以交易额为主要申报标准的国家（除交易额外，还综合考虑净销售额和总资产额）。

交易额标准也存在一定的弊端：其一，交易规模标准是建立在复杂的经济学模型基础上的，其设计和适用都比较复杂；其二，经营者集中的交易额不是企业日常的会计记载事项，在很多情况下是集中行为发生时才由各方约定的数额，以交易额作为申报标准来划定反垄断执法机构的管控范围，有可能滋长申报人故意压低交易额以规避申报义务和反垄断审查的情况。在我国，存在大量国有企业参与的集中案件，申报人压低交易额导致国有资产流失的情况时有发生。

根据德国《反限制竞争法》中关于经营者集中申报标准的规定，如果在集中上一会计年度内同时满足下列条件，有关经营者集中的规则将适用：①参与集中的所有企业全球营业总额超过5亿欧元；②至少有一家企业在德国境内营业额高于5000万欧元，另一家企业在德国境内营业额高于1750万欧元。可知，德国经营者集中申报适用营业额标准。在2017年，《反限制竞争法》第九次修正案又新增了交易额标准，即"符合下列条件的，有关经营者集中的规则也得以适用：①满足第1款第1项的条件；②交易之前在德国境内上一会计年度中：参与集中的一个经营者的营业额超过5000万欧元，且被收购经营者以及任何其他参与集中的经营者的营业额都未超过1750万欧元；③本次集中的交易价格超过4亿欧元；④第2项中被收购的经营者在德国境内有重要的商业活动。"

（三）销售额标准

采用销售额申报标准的国家或地区也较多。根据国际竞争网络（ICN）的建议，申报标准应当完全以客观量化的指标如资产和销售额为基础。销售额标准要求实施集中的经营者依据其国际销售额和国内销售额来确定申报义务。销售额标准能够反映合并各方的市场影响力，且与市场集中度的联系十分密切，符合反垄断法通过防止市场的高度集中来鼓励竞争定价的根本目的。但是，在数字经济语境下，销售额标准的适用存在一定困境，因为平台都是免费提供产品（服务），销售额难以计算。此时的销售额标准难以准确反映网络外部性、锁定效应、技术创新和知识产权等对市场力量的影响。

（四）市场份额标准

市场份额标准是以合并各方市场份额的大小作为判定一项集中是否需要申报的标准。由于各个行业经济规模的差异性，经营者的绝对规模与其市场力量之间究竟存在多大的关联性，理论和实践尚无统一定论。因此，一个统一、固定的绝对规模标准很难准确地反映不同行业的经营者在本行业的市场力量。相比之下，在横向集中中，市场份额与市场力量之间存在较强的正相关关系，能够较为准确地反映出市场集中度，而且可以避免因行业规模不同而适用统一的绝对规模标准来判定经营者在本行业的市场地位有可能产生的偏差。仅就这一点而言，市场份额作为申报标准似乎有其优于绝对规模标准之处。但应注意，市场份额的确定是以"相关市场"的界定为前提的，而"相关市场"又是一个需根据个案具体情况加以界定的不确定概念，这些都决定了市场份额的评估是很复杂的经济分析和判断工作。[2] 这项工作以对市场的整体把握和评价为前提，对单个经营者而言是不能承受之

---

[1] 参见《平台反垄断指南》第18条第1款。
[2] 参见徐瑞阳：《论经营者集中申报标准实施机制的完善》，载《法学家》2016年第6期。

重。也正因如此，世界上绝大多数国家或地区，包括欧盟、美国、日本等都明确反对采用市场份额作为经营者集中的申报标准，而主张以客观计算得出的纯数量标准为申报标准。以绝对规模标准为申报标准的申报机制执法效率高且成本低，而以市场份额为申报标准的申报机制执法效率低且浪费大，这几乎已经成为世界各国或地区的共识。[1]

（五）其他标准

除上述几类申报标准外，有些国家和地区还会采取其他一些申报标准，如资产总额标准等。资产总额标准是以合并各方的资产总额作为判断一项集中是否需要申报的标准。资产总额标准的优点是相对比较明确，但将经营者的资产作为一项申报标准并非特别适宜，资产规模并不能表征经营者对市场的影响力，有些经营者尽管资产规模很大，但由于资产质量不高且经营不善，它在市场上就很可能处于弱势；另外，在经营者的资产质量与经营水平相差不大的情况下，经营者的销售额与资产规模一般成正比，所以，以经营者的年销售额作为申报标准就足以取代资产规模标准。资产总额标准具有一定的合理性，但经营者资产包括的范围相当广泛，不仅包括有形资产，也包括无形资产，而对无形资产的估算常常带有很大的主观性和不确定性。因此，在适用这一标准时需要尤为注意。

申报标准的确定与一国的经济发展程度、阶段密切相关，它的确定应建立在对海量数据的分析之上，包括但不限于GDP、人口、人均GDP、财政支出额等，这是专业性很强的工作，反垄断执法机构在制定申报标准过程中要克服主观性和随意性。另外，从主要国家和地区的实践经验来看，小规模的集中一般会得到反垄断法的豁免，因为这类集中不会损害市场竞争，反而可以改善经营者的状况，提振市场活力，因此，在确定申报标准时应尽量使小规模的合并免于申报。申报标准的确定要考虑细分行业的特殊性，《金融业经营者集中申报营业额计算办法》就是这一思路的很好实践注脚。

拓展阅读：数字经济时代经营者集中申报标准革新

满足申报标准要求是启动经营者集中审查程序的前提条件之一。我国《反垄断法》采取的是营业额标准，由参与集中的经营者自行判断其营业额是否达到规定的标准，是否需要向反垄断执法机构进行申报。在数字经济背景下，以营业额为唯一申报标准势必使一些可能具有反竞争效果的经营者集中逃脱反垄断执法机构的审查。相较于传统经营者集中提高生产和分销能力、增加市场份额的集中目的，数字经济领域中的经营者集中，如数据驱动型经营者集中的主要目的是获得更多的数据以在竞争中维持数据优势，或减少潜在的竞争威胁，这类集中通常会造成数据的集中和聚合，增强集中后企业的数据控制能力，营业额通常无法全面反映这类集中导致的市场竞争变化。数据驱动型企业，特别是初创企业，在发展初期更注重用户群拓展，致力于吸引大量的用户而获得宝贵的数据，并不太会考虑短期利润，其竞争潜力不会反映在营业额上。营业额低并不表示这类企业的经济价值或竞争能力低，营业额标准在数字经济语境下不能全面反映平台企业的竞争潜力。

为更好应对数字经济的挑战，一些国家开始引入"交易额"标准，如德国《反限制竞争法》第35条第1a款规定，交易额达到4亿欧元的，经营者应当申报。德国修法的主要考量是，在数字经济环境下，初创企业具有重要的竞争意义，该条款能够限制大型企业收购对竞争有重要意义的初创企业。奥地利在《卡特尔与竞争法修正案》也引入了交易额条款。与此同时，德国也尝试在欧盟层面推动欧盟规定类似的条例按照交易额条款的规定。

---

[1] 参见方小敏：《经营者集中申报标准研究》，载《法商研究》2008年第3期。

二、申报程序

参与集中的经营者在正式申报前可以向反垄断执法机构申请商谈。申报前商谈（Pre-notification contacts），或称事前咨询、申报前磋商、申报前沟通，是准备实施经营者集中的当事人在提出正式申报之前，就其集中计划涉及的申报信息、法律适用等咨询反垄断执法机构，并根据其意见进行申报或调整原计划，以使集中顺利进行的程序性制度。[1] 申报前商谈有助于帮助合并方明确并购交易是否需要进行经营者集中申报，同时，可以解答合并方在申报材料准备环节的疑问，就集中审查中可能涉及的实体问题进行初步探讨。可见，申报前商谈是经营者集中事前申报审查程序中一个很重要的环节，事实上已成为经营者集中反垄断审查体系的第一个阶段，对于合理配置执法资源，提高执法效率，加强反垄断执法的民主性和可预测性均大有裨益。申报前商谈，就其制度属性而言，该制度是非法定、不具有法律约束力的程序，体现了反垄断执法的柔性化。

（一）申报义务人

理论上，参与集中的经营者都应向反垄断执法机构履行申报义务。而一个集中往往涉及多个经营者，要求所有参与集中的经营者都申报不仅会大幅增加经营者的交易成本，也会增加反垄断执法机构的执法成本。因此，在具体的经营者集中情景下确定合适的申报义务人十分关键。对此，《反垄断法》第 26 条只是简单地规定申报义务人为经营者，并没有根据具体的申报方式确定申报主体。[2] 《经营者集中审查规定》作出了更为细致的规定，对于内资企业的经营者集中，按照经营者集中方式的不同，由下列经营者作为义务人履行申报义务：①通过合并方式实施的经营者集中，合并各方均为申报义务人；②其他情形的经营者集中，取得控制权或者能够施加决定性影响的经营者为申报义务人，其他经营者予以配合；③同一项经营者集中有多个申报义务人的，可以委托一个申报义务人申报。被委托的申报义务人未申报的，其他申报义务人不能免除申报义务。申报义务人未申报的，其他参与集中的经营者可以提出申报。申报人可以自行申报，也可以依法委托他人代理申报。[3] 对于外资并购，两个或者两个以上外国投资者共同并购的，可以共同或确定一个外国投资者向商务部提出并购安全审查申请。[4]

（二）申报时点

一般情况下，申报人应当在集中协议签署之后，集中实施之前向反垄断执法机构申报。以公开要约方式收购上市公司的，已公告的要约收购报告书可视同为已签署的集中协议。

（三）申报文件、材料

申报义务人应向反垄断执法机构提交相关文件和资料，这是反垄断执法机构判断经营者集中所产生的竞争效果的重要依据。从世界主要国家和地区反垄断相关的立法规定来看，申报内容包括参与集中的经营者的相关信息，有关集中的相关信息以及供反垄断执法机构分析集中产生的竞争效果的相关信息等。对于评价一项经营者集中竞争效果有重要作用的信息，大多数国家的反垄断立法都作了强制性的规定，要求经营者必须提供。对于没有提

---

[1] 参见张东：《经营者集中申报前商谈制度比较研究》，载《比较法研究》2013 年第 5 期。
[2] 参见《反垄断法》第 26 条。
[3] 参见《经营者集中审查规定》第 13 条。
[4] 参见《商务部公告 2011 年第 53 号——商务部实施外国投资者并购境内企业安全审查制度的规定》第 1 条。

供完备文件和资料的情况，通常反垄断执法机构允许经营者在一定期限内补交，如果逾期不补交的，视为未申报。需要注意的是，对于经营者集中申报的文件和资料，反垄断法仅作形式上的完备性要求，并不要求内容上的准确性。对申报内容准确性的判断应交由反垄断执法机构在集中的具体审查阶段进行。当然，这并不意味着经营者无需诚实地向反垄断执法机构披露信息。在审查阶段如果发现经营者提供的信息不准确，通常需要延长审查期限以进行核实，这对于经营者是不利的，这一制度设计也促使经营者在申报阶段提供准确和充分的信息。

在我国，根据《经营者集中审查规定》第14条的规定，申报文件、资料应当包括如下内容：①申报书。申报书应当载明参与集中的经营者的名称、住所（经营场所）、经营范围、预定实施集中的日期，并附申报人身份证件或者登记注册文件，境外申报人还须提交当地公证机关的公证文件和相关的认证文件。委托代理人申报的，应当提交授权委托书。②集中对相关市场竞争状况影响的说明。包括集中交易概况；相关市场界定；参与集中的经营者在相关市场的市场份额及其对市场的控制力；主要竞争者及其市场份额；市场集中度；市场进入；行业发展现状；集中对市场竞争结构、行业发展、技术进步、创新、国民经济发展、消费者以及其他经营者的影响；集中对相关市场竞争影响的效果评估及依据。③集中协议。包括各种形式的集中协议文件，如协议书、合同以及相应的补充文件等。④参与集中的经营者经会计师事务所审计的上一会计年度财务会计报告。⑤市场监管总局要求提交的其他文件、资料。对于外资并购和境内企业而言，此类集中所要求提交的材料具有一定的特殊性。申报义务人在向国家市场监督管理总局提出并购安全审查正式申请时，申请人应提交下列文件：①经申请人的法定代表人或其授权代表签署的并购安全审查申请书和交易情况说明；②经公证和依法认证的外国投资者身份证明或注册登记证明及资信证明文件；法定代表人身份证明或外国投资者的授权代表委托书、授权代表身份证明；③外国投资者及关联企业（包括其实际控制人、一致行动人）的情况说明，与相关国家政府的关系说明；④被并购境内企业的情况说明、章程、营业执照（复印件）、上一年度经审计的财务报表、并购前后组织架构图、所投资企业的情况说明和营业执照（复印件）；⑤并购后拟设立的外商投资企业的合同、章程或合伙协议以及拟由股东各方委任的董事会成员、聘用的总经理或合伙人等高级管理人员名单；⑥为股权并购交易的，应提交股权转让协议或者外国投资者认购境内企业增资的协议、被并购境内企业股东决议、股东大会决议，以及相应资产评估报告；⑦为资产并购交易的，应提交境内企业的权力机构或产权持有人同意出售资产的决议、资产购买协议（包括拟购买资产的清单、状况）、协议各方情况，以及相应资产评估报告；⑧关于外国投资者在并购后所享有的表决权对股东会或股东大会、董事会决议、合伙事务执行的影响说明，其他导致境内企业的经营决策、财务、人事、技术等实际控制权转移给外国投资者或其境内外关联企业的情况说明，以及与上述情况相关的协议或文件；⑨商务部要求的其他文件。[1]

关于申报材料的提交，《反垄断法》第29条还规定，经营者提交的文件、资料不完备的，应当在国务院反垄断执法机构规定的期限内补交文件、资料。经营者逾期未补交文件、资料的，视为未申报。实践中，在一些情况复杂、对市场竞争有重大影响的案件中，经营者的合并申报很难做到一次就符合反垄断执法机构的要求。例如，在松下公司收购三洋公

---

[1] 参见《商务部公告2011年第53号——商务部实施外国投资者并购境内企业安全审查制度的规定》第5条。

司一案中，松下公司于2009年1月21日首次递交了申报材料，但商务部直至2009年5月4日才予以立案审查。这一方面要求，申报人应尽可能提交完整的申报材料；但另一方面也敦促反垄断执法机构应当提高执法透明度。另外为减轻申报企业不必要的负担，最初申报的材料一般只需达到限于集中审查所必要的程度。[1]

在美国，经营者集中申报应当提交的材料大体包含以下几项：经营者集中的一般情况；集中涉及的股票或者资产金及比率；申报人准备的文件，具体包括对合并的可行性分析、美国证券交易委员会有关批文和财务会计报告；按产品分类列出的特定年份申报人的营业收入；申报人的自身情况，包括申报人所属企业的情况，股东情况和股东的持股比例等；有关相关地域市场的资料；固定的供销关系；申报人先前的收购；申报人的联系方式。此外，申报人还需要对其所有的最终母体和在其控制之下的分支机构在美国境内的营业收入额进行申报。与美国类似，欧盟在受理申报时要求负有事前申报义务的当事人提供大量与集中有关的资料，包括：①经营者集中当事人的概况；②受到经营者集中影响的市场的情况；③相关经营者的所有及支配关系；④经营者集中当事人在最近的会计年度内的营业额；⑤有关该经营者集中在经济上、财务上的说明；⑥在该市场内的协作协定以及经营者团体的现状；⑦关于受影响的市场的供给结构及需求结构的明细及研究开发情况的说明等。

（三）申报文件、材料的核查

反垄断执法机构对申报文件、材料进行形式核查。《经营者集中审查规定》第16条规定："市场监管总局对申报人提交的文件、资料进行核查，发现申报文件、资料不完备的，可以要求申报人在规定期限内补交。申报人逾期未补交的，视为未申报。"如果申报材料不完整，一般而言，反垄断执法机构会向申报人发出"补充问题清单"，要求补充相关材料，补充的内容是申报材料中缺少的数据、信息或附件材料等。

（四）受理

《经营者集中审查规定》第17条规定："市场监管总局经核查认为申报文件、资料符合法定要求的，自收到完备的申报文件、资料之日予以受理并书面通知申报人。"此外，关于申报未达标准的受理，《经营者集中审查规定》规定，经营者集中未达到申报标准，参与集中的经营者自愿提出经营者集中申报，市场监管总局收到申报文件、资料后经核查认为有必要受理的，按照反垄断法予以审查并作出决定。在前款所述申报和立案审查期间，参与集中的经营者可以自行决定是否暂停实施其集中交易，并承担相应的后果。

三、未达申报标准的经营者集中的处理

2008年《反垄断法》没有对未达到申报标准但具有排除、限制竞争效果的经营者集中应当如何处理作出规定。2022年修改的《反垄断法》在填补漏洞的同时，相关规则设计又有一定创新。[2] 具体而言，修改后的《反垄断法》为经营者提供了指引与守法缓冲，对未达到申报标准但具有排除、限制竞争效果的经营者集中，《反垄断法》第26条第2款规定，"国务院反垄断执法机构可以要求经营者申报"。同时，第26条第3款也为反垄断执法机构启动调查行为设定了清晰的法定条件，"经营者未依照前两款规定进行申报的，国务院反垄断执法机构应当依法进行调查"。

另外，《反垄断法》第26条的规则设计秉持了"规范与发展并重"的理念原则，也较好地诠释了在反垄断法的语境下"有为政府"与"有效市场"应当如何良性互动。第26

---

[1] 参见王晓晔：《反垄断法》，法律出版社2011年版，第267页。

[2] 参见时建中：《新〈反垄断法〉的现实意义与内容解读》，载《中国法律评论》2022年第4期。

条在强化经营者集中审查的同时，设置了"国务院反垄断执法机构可以要求经营者申报"的程序，这相当于给予了经营者一次守法合规的机会，避免对经营者的集中行为过度干预，有利于保障反垄断执法的客观和公正，减少误判（false positive）风险。融入"柔性"的反垄断法有助于保持市场主体的活力，维护并更好发挥市场在资源配置中的决定性作用。这也符合国家强化竞争政策基础地位的政策要求。[1]

四、申报豁免

实践中，一些经营者集中实质上是企业集团内部交易，对市场竞争不会产生负面影响。对此，反垄断法不强制要求经营者申报。《反垄断法》第27条规定，经营者集中有下列情形之一的，可以不向国务院反垄断执法机构申报：①参与集中的一个经营者拥有其他每个经营者50%以上有表决权的股份或者资产的；②参与集中的每个经营者50%以上有表决权的股份或者资产被同一个未参与集中的经营者拥有的。一般而言，母子公司之间的集中有助于扩大经营规模，合理配置资源，提升盈利水平，增强竞争能力。集团内部企业的集中不会对市场结构造成影响，市场竞争状况也没有因集中改变。所以，反垄断法不对经营者施加申报的义务，更不限制其集中，这是国际通行的惯例。[2]

五、未申报的处理

近年，数字经济领域的经营者集中频繁发生，但很多集中未依法申报。自2020年始，国家加大了数字经济领域的反垄断力度，查处了多起未依法申报的案件。如国家市场监督管理总局对阿里巴巴投资有限公司收购银泰商业（集团）有限公司股权、阅文集团收购新丽传媒控股有限公司股权、深圳市丰巢网络技术有限公司收购中邮智递科技有限公司股权等三起未依法申报违法实施经营者集中案进行了调查，并于2020年12月14日依据《反垄断法》第48、49条作出处罚决定，对阿里巴巴投资有限公司、阅文集团和深圳市丰巢网络技术有限公司分别处以50万元人民币罚款的行政处罚。2021年11月，国家市场监督管理总局宣布对43起未依法申报违法实施经营者集中案作出行政处罚。依法处理未依法申报案件，既能保障各类市场主体公平参与竞争，维护反垄断法权威，不断优化公平、透明、可预期的竞争环境，又能有效督促企业提升合规意识和能力，推动企业和行业持续健康发展。

对有初步事实和证据表明存在未依法申报嫌疑的经营者集中，反垄断执法机构应当立案，并书面通知被调查的经营者。被调查的经营者应当在立案通知送达之日起30日内，向反垄断执法机构提交与被调查交易是否属于经营者集中、是否达到申报标准、是否已实施且未申报等有关的文件、资料。反垄断执法机构应当自收到被调查的经营者依据法律要求提交的文件、资料之日起30日内，对被调查的交易是否属于未依法申报经营者集中完成初步调查。不属于未依法申报经营者集中的，反垄断执法机构应当作出不实施进一步调查的决定，并书面通知被调查的经营者。属于未依法申报经营者集中的，反垄断执法机构应进行进一步调查，并书面通知被调查的经营者，经营者应暂停实施集中。反垄断执法机构决定实施进一步调查的，被调查的经营者应当自收到书面通知之日起30日内，按照《经营者集中审查规定》的规定向反垄断执法机构提交相关文件资料。反垄断执法机构应当自收到被调查的经营者提交的符合前款规定的文件、资料之日起120日内，完成进一步调查。在调查过程中，被调查的经营者、利害关系人有权陈述意见。反垄断执法机构应当对被调查

---

[1] 参见时建中：《强化反垄断 深入推进公平竞争政策实施》，载《人民日报》2021年10月13日，第14版。

[2] 参见王晓晔：《〈中华人民共和国反垄断法〉中经营者集中的评析》，载《法学杂志》2008年第1期。

的经营者、利害关系人提出的事实、理由和证据进行核实。被调查的经营者、利害关系人或者其他有关单位或者个人应当配合反垄断执法机构依法履行职责，不得拒绝、阻碍调查。经调查认定被调查的经营者未依法申报而实施集中，且具有或者可能具有排除、限制竞争效果的，由反垄断执法机构责令停止实施集中、限期处分股份或者资产、限期转让营业以及采取其他必要措施恢复到集中前的状态，处上一年度销售额10%以下的罚款；不具有排除、限制竞争效果的，处500万元以下的罚款。[1]

针对经营者违法实施集中的行为，反垄断执法机构可以采取两类措施，即为恢复到集中前的状态的补救性措施以及为惩罚、威慑非法集中行为的惩罚性措施。补救性措施包括责令停止实施集中、限期处分股份或资产、限期转让营业等，而惩罚性措施则主要是指行政罚款。

其中，责令停止实施集中适用于未向反垄断执法机构申报且集中行为尚未实施完毕的情形，反垄断执法机构一般先发布停止实施的禁令，然后根据具体的情况再采取下一步的措施；限期处分股份或资产主要适用于经营者通过取得股权或者资产的方式取得对其他经营者的控制权这种集中方式。反垄断执法机构对已经实施完毕或者未实施完毕的集中，如果认定其违法，并认为有必要恢复原有的市场竞争水平，可以责令经营者在一定期限内把取得的股份和资产归还给先前所有者，或在不能归还的情况下，转让或分配给第三方；限期转让营业是指对所经营的事业的转让，通常包括营业财产的转让和营业组织的转让。

对于惩罚性措施而言，行政罚款是适用最为广泛、最为常见的一种责任承担方式。它是反垄断执法机构强制违法行为人承担金钱给付义务的处罚形式，是一种财产性惩罚方式，且具有强制性，其目的在于惩罚与威慑。对于应申报而未申报的经营者集中，很多国家都规定了这种责任形式，但罚款的数额以及确定数额的数据有所不同。2008年《反垄断法》赋予了反垄断执法机构根据经营者集中的性质、程度和持续时间等因素决定是否予以罚款和罚款的数额。但是，其规定的50万元以下的行政罚款最高限额偏低，难以起到预设的威慑作用。2022年，《反垄断法》修改时进行了调整，《反垄断法》第58条规定："经营者违反本法规定实施集中，且具有或者可能具有排除、限制竞争效果的，由国务院反垄断执法机构责令停止实施集中、限期处分股份或者资产、限期转让营业以及采取其他必要措施恢复到集中前的状态，处上一年度销售额百分之十以下的罚款；不具有排除、限制竞争效果的，处五百万元以下的罚款。"

典型案件：腾讯控股有限公司收购中国音乐集团股权违法实施经营者集中案[2]

2016年7月12日，腾讯控股有限公司（以下简称腾讯）以估值（略）的业务（主要是QQ音乐业务）投入中国音乐集团，获得中国音乐集团61.64%股权，取得对中国音乐集团的单独控制权，属于《反垄断法》第20条规定的经营者集中。并且腾讯及中国音乐集团的营业额达到《国务院关于经营者集中申报标准的规定》第3条规定的申报标准，属于应当申报的情形。而2017年12月6日，交易完成股权变更登记手续，腾讯并未向反垄断执法机构申报集中，违反《反垄断法》第21条规定，构成违法实施的经营者集中。2021年1月25日国家市场监督管理总局依法对腾讯收购中国音乐集团股权涉嫌违法实施经营者集中进行立案调查。

---

[1] 参见《反垄断法》第58条。
[2] 参见国市监处〔2021〕67号行政处罚决定书。

执法机构将本案相关市场界定为交易双方存在横向重叠的中国境内网络音乐播放平台市场。并且中国的网络音乐播放平台获得授权的音乐版权传播范围一般为中国境内，且主要面向中国境内用户，因此，相关地域市场界定为中国境内。针对该项集中展开的竞争分析发现，首先，集中后实体在相关市场内 HHI 指数达到 6950，为高度集中市场，集中产生的增量为 3350。交易导致相关市场集中度进一步提高，竞争被进一步削弱。其次，腾讯 QQ 音乐与中国音乐集团旗下平台互为较为紧密竞争者，集中将减少相关市场主要竞争对手，进一步削弱市场竞争。最后，集中可能导致相关市场内从版权资源、用户锁定等方面进一步提高相关市场进入壁垒。

为此，国家市场监督管理总局针对腾讯的违法集中行为作出责令腾讯及其关联公司采取相关措施恢复相关市场竞争状态、处以 50 万元罚款、依法申报经营者集中、依法合规经营，建立健全公平参与市场竞争的长效机制的行政处罚。其中主要的恢复措施包括：①不得与上游版权方达成或变相达成独家版权协议或其他排他性协议，已经达成的，须在本决定发布之日起 30 日内解除；②没有正当理由，不得要求或变相要求上游版权方给予当事人优于其他竞争对手的条件，已经达成的，须在本决定发布之日起 30 日内解除；③不得通过高额预付金等方式变相提高竞争对手成本，排除、限制竞争。

第三节　经营者集中审查

现代社会中社会关系与主体利益的复杂多元性决定了法律制度及其价值体系的复杂性，在反垄断法领域也同样如此。[1] 经营者集中具有促进竞争的一面，也具有妨碍竞争的可能，为了更好地预防垄断发生，反垄断执法机构应当依法对经营者集中活动进行审查。

一、审查标准

纵观世界主要国家和地区的反垄断立法实践，立法除了对经营者集中中的审查标准作总括性的规定之外，还会规定相应的配套制度和量化标准，以便于反垄断执法机构开展审查。

（一）中国的审查标准——"排除、限制竞争效果"

《反垄断法》第 34 条规定，经营者集中具有或者可能具有排除、限制竞争效果的，国务院反垄断执法机构应当作出禁止经营者集中的决定。但是，经营者能够证明该集中对竞争产生的有利影响明显大于不利影响，或者符合社会公共利益的，国务院反垄断执法机构可以作出对经营者集中不予禁止的决定。可见，我国《反垄断法》采取的是"排除、限制竞争效果"的审查标准。基于此，反垄断执法机构在审查一项经营者集中时，须考察集中是否产生或者加强了某一经营者单独排除、限制竞争的能力、动机及其可能性；当集中所涉及的相关市场中有少数几家经营者时，还应考察集中是否产生或加强了相关经营者共同排除、限制竞争的能力、动机及其可能性；当参与集中的经营者不属于同一相关市场的实际或潜在竞争者时，重点考察集中在上下游市场或关联市场是否具有或可能具有排除、限制竞争效果。另外，还需要结合《反垄断法》第 33 条规定的考量要素进行综合分析判断。

1. 参与集中的经营者在相关市场的市场份额及其对市场的控制力。经营者的市场份额在很大程度上体现了该经营者的经济实力与竞争能力，它是市场控制力的显性体现。因此，世界主要国家和地区的反垄断法一般都将市场份额作为判断经营者市场地位的一项重要参

---

[1] 参见叶卫平：《反垄断法的价值构造》，载《中国法学》2012 年第 3 期。

照指标。例如，欧盟《第139/2004号条例》规定，如果参与集中的经营者的市场份额不大，集中不会影响市场的有效竞争，经营者集中就可以被视为与欧共体市场相容。[1] 在我国，虽然没有规定具体的市场份额标准，但在一些案件中，集中后经营者的市场份额较高时容易引发反垄断执法机构的担忧。例如，在2009年"辉瑞公司和惠氏公司合并"案[2]中，由于重合业务（猪支原体肺炎疫苗业务）合并后的市场份额接近50%。商务部附条件通过了该项集中，所附条件主要为"剥离在中国境内（指中国大陆地区，不包括香港、澳门及台湾）辉瑞旗下品牌为瑞倍适（Respisure）及瑞倍适-旺（Respisure One）的猪支原体肺炎疫苗业务"。一般而言，可通过营业额来计算市场份额，在数字经济语境下，计算平台的市场份额，除以营业额为指标外，还可以考虑采用交易金额、交易数量、活跃用户数、点击量、使用时长或者其他指标在相关市场所占比重，并可以视情况对较长时间段内的市场份额进行综合评估，判断其动态变化趋势。[3]

关于"市场控制力"，依据《经营者集中审查规定》第33条第1款的规定，评估参与集中的经营者对市场的控制力，可以考虑参与集中的经营者在相关市场的市场份额、产品或者服务的替代程度、控制销售市场或者原材料采购市场的能力、财力和技术条件、掌握和处理数据的能力，以及相关市场的市场结构、其他经营者的生产能力、下游客户购买能力和转换供应商的能力、潜在竞争者进入的抵消效果等因素。在数字经济语境下，对经营者市场控制力的考察应更多考虑以下因素：经营者是否对关键性、稀缺性资源拥有独占权利以及该独占权利持续时间、平台用户黏性、多栖性、经营者掌握和处理数据的能力，对数据接口的控制能力，向其他市场渗透或者扩展的能力，经营者的盈利能力及利润率水平，技术创新的频率和速度、商品的生命周期、是否存在或者可能出现颠覆性创新等。[4]

2. 相关市场的市场集中度。市场集中度是对相关市场的结构所作的一种描述，体现相关市场内经营者的集中程度。市场集中度是评估经营者集中竞争影响时应重点考虑的因素之一。通常情况下，相关市场的市场集中度越高，集中后市场集中度的增量越大，集中产生排除、限制竞争效果的可能性越大。市场集中度一般用"市场前N家企业联合市场份额"（CRn指数，以下简称"市场集中度指数"）和"HHI指数"来衡量。

市场集中度指数一般以某一市场排名前4位的企业的销售额（或生产量等数值）占市场总的销售额的比例来度量。CR4越大，说明这一市场的集中度越高，市场结构越趋向于垄断；反之，集中度越低，市场竞争越充分。集中度是衡量相关市场结构的一个重要指标。

与市场集中度指数的计算方法不同，HHI指数等于集中所涉相关市场中每个经营者市场份额的平方和乘以10000。例如，如果市场上有4个企业，市场份额分别为40%、30%、20%、10%，则这个市场上的HHI=10000×（0.4×0.4+0.3×0.3+0.2×0.2+0.1×0.1）=40×40+30×30+20×20+10×10=3000。可见，HHI指数是一个大于零且小于等于10000的自然数。HHI指数越大，表明市场集中度越高，反之，HHI指数越小，则市场集中度越低。根据美国2003年《合并指南》的规定，合并后，HHI指数超过1800或合并后当事人市场份额达到30%，且HHI增幅超过100的合并行为，会被推定为显著的弱竞争。[5] 与CR4标

---

[1]《第139/2004号条例》序言（33）。

[2] 参见《关于附条件批准美国辉瑞公司收购美国惠氏公司反垄断审查决定的公告》（商务部公告2009年第77号）。

[3] 参见《平台反垄断指南》第20条第1款第1项。

[4] 参见《平台反垄断指南》第20条第1款第2项。

[5] U. S. Department of Justice and the Federal Trade Commission, Merger Guidelines, p. 6.

准相比较，HHI 指数能更为精确地反映市场结构状况，它不仅考虑相关市场上几个最大经营者的市场份额，还要考虑其他竞争者的市场份额。由于 HHI 指数使用的是平方计算方法，大企业在市场中所占份额越大，HHI 指数越大，显示的市场集中度越高。根据 HHI 指数的计算方法，大企业的市场份额对市场集中度会产生较大的影响。例如，如果某一相关市场上有 6 家企业，它们的市场份额分别为 30%、20%、15%、15%、10%、10%，则 CR4 数额是 80%，HHI 指数 = $30^2 + 20^2 + 15^2 + 15^2 + 10^2 = 1850$；如果 6 家企业的市场份额变为 30%、20%、20%、10%、10%、10%，则 CR4 数额仍为 80%，但 HHI 指数增长为 $30^2 + 20^2 + 20^2 + 10^2 + 10^2 + 10^2 = 2000$。可见，HHI 指数对大企业的市场份额的变化反应较为敏感。正因如此，美国 1982 年《横向合并指南》改用了 HHI 指数作为衡量标准，2023 年《合并指南》继续采行这一标准。[1]

3. 经营者集中对市场进入、技术进步的影响。进入分析是从潜在竞争者面临的市场状况来分析市场结构和竞争空间的。如果潜在竞争者进入一个市场较为容易，以至于集中之后市场参与者们无论是集体还是单方都无法维持一个高于合并前的盈利性价格上涨水平，那么，这项经营者集中就不可能产生或者加强市场力量。在进入较为容易的市场上，经营者集中不会被干预。这里的"容易"，是指潜在竞争者在进入的数量、性质和范围上能够可能、及时和充分地阻止或抵消集中所抑制的竞争效果。如果潜在竞争者能够及时、充分地进入市场，那么这类集中通常不具有排除、限制竞争的效果。对此，反垄断执法机构通常采取三个步骤进行判断：第一步，评估市场进入的可能性。可能性的衡量以集中前的价格水平为标准。如果一项进入以集中前的价格水平衡量是盈利的，并且该进入者仍能享受这种价格水平，那么，此项进入选择就具有可能性。第二步，评估市场进入的及时性。这是衡量在一个适当的时间内潜在竞争者的进入能否取得明显的市场影响。这里的"市场影响"主要是考察其产品价格对集中后经营者提高产品价格的回应能力。如果需要一个较长的时间潜在竞争者才能进入市场，那么，该进入将不会抵消集中所产生的排除、竞争效果。第三步，评估市场进入的充分性。潜在竞争者可能而及时的进入能够使市场价格回落到集中前的水平，即是充分的进入。这就要求潜在竞争者的进入必须要达到相当的规模，否则其无力弥补集中后所产生的竞争损失。如果市场上已存在的竞争者施加控制阻止进入者获得所需要的资源，那么这种进入不可能是充分的。另外，进入要能对集中后企业的定价行为起到有效的约束作用，进入者的产品必须与合并企业的产品存在替代性。在数字相关市场中，由于动态竞争明显，因此，要尤为考虑经营者集中对市场进入的影响。具体而言，可以考虑市场准入情况，经营者获得技术、知识产权、数据、渠道、用户等必要资源和必需设施的难度，进入相关市场需要的资金投入规模，用户在费用、数据迁移、谈判、学习、搜索等各方面的转换成本，并考虑进入的可能性、及时性和充分性。[2]

4. 经营者集中对消费者和其他有关经营者的影响。保护消费者权益是反垄断法的核心立法目的之一。一定情形下，经营者集中可能会增加消费者的福利，比如，当集中产生规模效益时，经营者的生产效率提高，它可以向市场提供更为质优价廉的商品。但是，经营者集中也可能会减损消费者的福利，因为，经营者集中会使市场上竞争者的数量减少，集中后的经营者在获得市场力量后可能会利用其市场支配力向消费者索取更高的价格或者在交易时附加不合理的条件。同样，经营者集中也可能会损害其他有关经营者的利益，比如，

---

[1] 参见刘继峰：《反垄断法》，中国政法大学出版社 2012 年版，第 269 页。
[2] 参见《平台反垄断指南》第 20 条。

当集中后的经营者拥有了市场支配地位,它可能会利用该地位控制原材料市场,排挤相关市场上其他经营者,阻碍潜在的竞争者进入。鉴此,在评估经营者集中的竞争效果时,要考察经营者集中对消费者和其他有关经营者的影响。详言之,可以考虑集中后经营者是否有能力和动机以提高商品价格、降低商品质量、减少商品多样性、损害消费者选择能力和范围、区别对待不同消费者群体、不恰当使用消费者数据等方式损害消费者利益。

5. 经营者集中对国民经济发展的影响。经营者集中可能会对某一产业的竞争格局产生重大影响,具有排除、限制竞争效果的经营者集中对产业的健康发展是十分不利的,甚至会直接影响国民经济运行的稳定。当然,如果一个关系国民经济发展的支柱产业中,企业较多,各个企业的市场份额都比较分散,很可能意味着这个行业的整体竞争力不够强大,此时,出于增强产业竞争力、国际竞争力的考量,以产业政策为中心,通过政府扶持或倡导的方法强化经营者集中就显得十分必要。这方面的例子很多,比如,正是出于国家整体经济利益的考虑,1997年美国联邦贸易委员会在波音和麦道合并后占据世界飞机制造市场64%的份额的情况下,仍然不顾欧共体的强烈反对,批准了该合并。2014年,国内轨道交通装备市场的两大巨头中国南车与中国北车合并,合并后我国轨道交通装备市场基本由中国中车独家占有。商务部无条件批准了此项合并也是出于该项合并可能有助于提升国内轨道交通装备企业国际竞争力的考量。[1] 所以,如果一项损害竞争的经营者集中可能有利于国民经济整体的发展,该起经营者集中有可能被反垄断法豁免。

6. 应当考虑的影响市场竞争的其他因素。除了上述几个因素外,经济发展周期、国内外经济形势、国家宏观调控政策和竞争政策等都对市场竞争产生直接或间接的影响,在审查经营者集中的竞争效果时也应当酌情予以考虑。

典型案件:禁止马士基、地中海航运、达飞设立网络中心案[2]

丹麦穆勒马士基集团(以下简称马士基)、地中海航运公司(以下简称地中海航运)、法国达飞海运集团公司(达飞)分别是全球最大、第二和第三大的集装箱海运企业,三者在中国各主要港口从事集装箱班轮航运服务及其他相关业务。2013年10月,马士基、地中海航运、达飞(以下称交易方)签署协议,拟在英格兰和威尔士设立一家有限责任合伙制的网络中心,统一负责交易方在亚洲-欧洲、跨大西洋和跨太平洋航线上集装箱班轮的运营性事务。2013年9月18日,商务部收到本案经营者集中反垄断申报。经审核,商务部认为该申报文件、资料不完备,要求申报方予以补充。2013年12月19日,商务部对该项经营者集中申报予以立案并开始初步审查。2014年1月18日,商务部决定对此项经营者集中实施进一步审查。

经审查,相关商品市场为国际集装箱班轮运输服务市场。亚洲-欧洲航线、跨太平洋航线均覆盖中国主要港口,因此,相关地域市场为亚洲-欧洲航线、跨太平洋航线和跨大西洋航线。鉴于在跨太平洋航线上存在份额较高的竞争者,市场结构相对分散,商务部重点考察了亚洲-欧洲航线集装箱班轮运输服务市场。商务部经分析认为,首先,本次交易通过设立网络中心,整合了交易方在全球东西航线(亚洲-欧洲航线、跨太平洋航线和跨大西洋航线)的全部运力,形成了紧密型联营,与传统的航运联盟在合作形式、运营程序、费用分

---

[1] 参见刘桂清:《"走出去"战略下的央企合并竞争审查:挑战与应对》,载《法律科学(西北政法大学学报)》2017年第2期。

[2] 参见商务部公告2014年第46号。

摊等多个方面存在实质区别。其次,马士基、地中海航运、达飞在亚洲-欧洲航线运力份额分别排名第一、第二、第三,任一交易方的运力份额均超过其他竞争对手。交易方合计运力份额高达46.7%,运力整合后的市场控制力明显增强。再次,审查表明在此次交易后,HHI指数值达到2240,增加约1350,相关市场将从较为分散变为高度集中,市场结构将发生明显变化。并且,本次交易集合了交易方的实力,整合交易方的运营网络,消除了相关市场中主要竞争者之间的有效竞争,可能进一步推高相关市场的进入壁垒,难以产生新的有竞争力的制约力量。最后,本次交易完成后,交易方通过整合其航线和运力资源,进一步增强其市场控制力,可能挤压其他竞争者的发展空间,使其在未来的竞争中进一步处于劣势地位。此外,货主企业对集装箱运输的议价能力较弱,交易方可能利用其增强的市场控制力损害货主的利益。同时,该项交易还将增强交易方对港口的议价能力。为争取交易方船舶挂靠,港口可能被迫接受更低的港口服务价格,给港口发展带来负面影响。

经审查,商务部认为此项经营者集中形成了交易方紧密型联营,在亚洲-欧洲航线集装箱班轮运输服务市场可能具有排除、限制竞争效果。参与集中的经营者不能证明该集中对竞争产生的有利影响明显大于不利影响或者符合社会公共利益,并且交易方提交的最终救济方案缺少相应的法律依据和可信服的证据支持,不能解决商务部的竞争关注。因此,商务部决定禁止此项经营者集中。

典型案件:禁止虎牙公司与斗鱼国际控股有限公司合并案[1]

虎牙公司(以下简称虎牙)与斗鱼国际控股有限公司(以下简称斗鱼)均在中国境内主要从事游戏直播等互动娱乐视频业务,虎牙由腾讯控股有限公司(以下简称腾讯)单独控制,斗鱼由腾讯与斗鱼创始人陈少杰团队共同控制。根据集中协议,腾讯拟通过虎牙收购斗鱼全部股权,交易后腾讯将取得合并后实体单独控制权。2020年11月16日,市场监管总局收到腾讯提交的本案经营者集中反垄断申报。经审核,市场监管总局认为该申报文件、资料不完备,要求申报方予以补充。2021年1月4日,市场监管总局对此项经营者集中予以立案审查,后决定对此项经营者集中实施进一步审查。2021年4月30日,经申报方同意,市场监管总局决定延长进一步审查期限。经过申请方申请撤回和再次申报,通过审查,市场监管总局认为,此项集中对中国境内游戏直播市场和网络游戏运营服务市场具有或者可能具有排除、限制竞争效果。

经审查,虎牙和斗鱼在游戏直播、娱乐直播、电商直播和短视频市场存在横向重叠,腾讯在游戏直播的上游从事网络游戏运营服务。本案所涉相关业务均需取得我国监管机构准入许可,且主要面向国内用户,使用中文制作。因此,上述商品的相关地域市场均界定为中国境内。腾讯在上游网络游戏运营服务市场份额超过40%,排名第一;虎牙和斗鱼在下游游戏直播市场份额分别超过40%和30%,排名第一、第二,合计超过70%。目前,腾讯已具有对虎牙的单独控制权和对斗鱼的共同控制权。市场监管总局深入分析了此项经营者集中对市场竞争的影响,认为如虎牙与斗鱼合并,将使腾讯单独控制合并后实体,将强化腾讯在中国境内游戏直播市场上的支配地位,同时使腾讯有能力和动机在上下游市场实施闭环管理和双向纵向封锁,具有或者可能具有排除、限制竞争效果,不利于市场公平竞争、可能减损消费者利益,也不利于网络游戏和游戏直播市场规范健康持续发展。

鉴于此项经营者集中对中国境内游戏直播市场和网络游戏运营服务市场具有或者可能

---

[1] 参见《市场监管总局关于禁止虎牙公司与斗鱼国际控股有限公司合并案反垄断审查决定的公告》。

具有排除、限制竞争的效果，申报方未能证明集中对竞争产生的有利影响明显大于不利影响，或者符合社会公共利益，且申报方提交的承诺方案无法有效减少集中对竞争产生的不利影响，市场监管总局决定，根据《反垄断法》第28条（现《反垄断法》34条）和《经营者集中审查暂行规定》第35条（现《经营者集中审查规定》42条）规定，禁止此项经营者集中。

（二）美国和欧盟的审查标准

观诸世界主要国家和地区的立法和司法实践，除我国《反垄断法》确立的"排除、限制竞争效果"审查标准外，经营者集中的审查标准还有两类：一是"实质性减少竞争"标准，即以经营者集中是否发生或可合理预见发生实质性限制竞争的后果作为判断标准，美国《克莱顿法》创设了这一标准。另一类标准是"严重妨碍有效竞争"标准，即以一项经营者集中是否会严重妨碍有效竞争作为判断标准。

1. 美国——"实质性减少竞争"标准。《克莱顿法》第7条规定："……任何人不能占有其他从事商业或影响商业活动的人的全部或一部分资产，如果该占有实质性减少竞争[1]或旨在形成垄断"。这是在成文法上首次确立经营者集中控制的"实质性减少竞争"标准。该条的目的是预防性地阻止实质性减少竞争的行为，由此引申出了早期经营者集中控制的基本规则。尽管此后经济环境随着时代变迁而发生了重大变化，但这一标准没有发生实质性改变。

美国司法部和联邦贸易委员会在分析一项合并是否实质性减少竞争时，主要从以下五个方面进行综合考查：其一，审查经营者集中是否能显著提高市场的集中度；其二，依据市场集中度和其他相关的市场因素，评价集中是否产生潜在的排除、限制竞争效果；其三，潜在的市场进入能否及时地、可能地和充分地阻止或者抵消集中产生的排除、限制竞争效果；其四，集中后企业的经济效益，包括规模经济、生产设备的联合、工厂的专业化、运输费用的降低以及与合并企业的生产、服务和销售有关的其他效益；其五，参与集中的经营者是否有一方面临破产的威胁。破产将导致经营者的资产从相关市场上流失，集中便不可能产生或者加强市场势力，也不可能推动产生市场势力。

2. 欧盟——"严重妨碍有效竞争"标准。《第139/2004号条例》第2条第2款规定："若某一项合并，尤其是造成或加强市场支配地位的合并，并未严重妨碍共同体市场或其主体部分的有效竞争，应视为符合共同体市场。"同时，第2条第3款规定："若某项合并，尤其是造成或加强市场支配地位的合并，严重妨碍共同体市场或其主体部分的有效竞争，应视为不符合共同体市场。"可见，欧盟确立了经营者集中反垄断审查的"严重妨碍有效竞争"标准，即如果一项集中尤其是因其产生或增强企业的支配性地位而严重妨碍共同体市场或其相当部分地域的有效竞争的，则应宣布该集中与共同体市场不相容并应予以阻止，相反则不应阻止。"严重妨碍有效竞争"标准能够有效地对"支配性地位标准"不适用于寡头垄断市场非共谋式合并的漏洞进行拾遗补缺。[2] 同时，为进一步明确"严重妨碍有效竞争"标准，减少适用上的歧义，欧盟委员会根据《第139/2004号条例》第2条的授权专门制定了《横向合并指南》，对委员会评估市场份额及集中度的方法和要素——合并可能引

---

[1]《克莱顿法》第7条原文为："the effect of such acquisition may be substantially to lessen competition, or to tend to create a monopoly"。

[2] 参见吴振国、刘新宇：《企业并购反垄断审查制度之理论与实践》，法律出版社2012年版，第55页。

发的排除、限制竞争效果，具有抵消反竞争效果的购买力，进入的可能性、及时性和充分性，效率及破产抗辩等进行了详尽的阐述。

从考量因素以及实际的运用过程观之，"排除、限制竞争效果"标准和"实质性减少竞争"及"严重妨碍有效竞争"标准大致是一致的，即都需要结合市场份额、市场集中度以及市场进入的可能性、及时性等要素综合审查、判断。

二、审查程序

反垄断执法机构受理经营者集中申报之后，就进入审查程序。对经营者集中的审查一般分为两个阶段：初步审查和进一步审查。[1]

（一）初步审查

初步审查主要是对经营者集中是否会对市场竞争造成影响进行初步判断，以排除对市场竞争没有负面影响的经营者集中，对于那些可能影响市场竞争的经营者集中则还要进一步审查。从申报被受理之日起至反垄断执法机构作出审查决定之日止，原则上不得实施集中，该期限被称为"等待期间"。如果反垄断执法机构逾期未作出决定，则视为同意该经营者集中，经营者可以直接实施集中计划。

我国《反垄断法》第30条规定，反垄断执法机构应当自收到经营者提交的符合规定的文件、资料之日起30日内，对申报的经营者集中进行初步审查，作出是否实施进一步审查的决定，并书面通知经营者。反垄断执法机构作出决定前，经营者不得实施集中。反垄断执法机构作出不实施进一步审查的决定或者逾期未作出决定的，经营者可以实施集中。

（二）进一步审查

反垄断执法机构经初步审查，认为经营者集中可能对市场竞争造成一定影响时，应当对经营者集中进行进一步审查。进一步审查主要是在综合考虑各种因素的基础上，就经营者集中是否影响市场竞争进行具体分析，从而作出是否准许集中的最终决定。

根据我国《反垄断法》第31条，反垄断执法机构决定实施进一步审查的，应当自决定之日起90日内审查完毕。在三类情形下，反垄断执法机构经书面通知经营者，可以延长审查期限，但最长不得超过60日：①经营者同意延长审查期限的；②经营者提交的文件、资料不准确，需要进一步核实的；③经营者申报后有关情况发生重大变化的。进一步审查完毕后，反垄断执法机构应作出是否禁止经营者集中的决定，并书面通知经营者。作出禁止经营者集中的决定，应当说明理由。反垄断执法机构逾期未作出决定的，经营者可以实施集中。在进一步审查期间，经营者不得实施集中。根据我国《反垄断法》第58条，经营者违反规定实施集中，且具有或者可能具有排除、限制竞争效果的，由反垄断执法机构责令停止实施集中、限期处分股份或者资产、限期转让营业以及采取其他必要措施恢复到集中前的状态，处上一年度销售额10%以下的罚款；不具有排除、限制竞争效果的，处500万元以下的罚款。

即便法定审查期限最长达到180天，对于一些较为复杂的经营者集中案件，反垄断执法机构也常常面临审查时间不足的困境。自2021年1月至2022年12月，国家市场监督管理总局共计公布了9起附条件批准经营者集中案件以及1起禁止经营者集中案件，10起案件无一例外均未按时完成审查。遇此情形，申报方只得先撤回再重新申报，一些申报甚至撤回了两次，历时超过1年。每一次撤回重报，审查期限都将重新计算，申报方将不得不承受因审查不确定性而带来的巨大时间成本与机会成本。经营者集中审查效率与审查效果

---

[1] 参见《经营者集中审查规定》第22条。

之间的冲突仍有待进一步妥善解决。

2022年，《反垄断法》修改完成，修法者引入了中止计算审查期限制度。根据《反垄断法》第32条，在三类法定情形下，反垄断执法机构可以决定中止计算经营者集中的审查期限，待法定情形消除之后，再继续计算审查期限。第32条的立法目的十分明确，即通过中止计算审限赋予反垄断执法机构更多的"行动自由"，为过于刚性的法定审查期限（最长不得超过180日）注入灵活性，以应对经营者集中审查实践中的新情势。

《经营者集中审查规定》对中止计算审查期限的三类情形进行了更为细致的规定。具体而言，《经营者集中审查规定》第24条规定："在审查过程中，申报人未按照规定提交文件、资料导致审查工作无法进行的，市场监管总局应当书面通知申报人在规定期限内补正。申报人未在规定期限内补正的，市场监管总局可以决定中止计算审查期限。申报人按要求提交文件、资料后，审查期限继续计算。"第25条规定："在审查过程中，出现对经营者集中审查具有重大影响的新情况、新事实，不经核实将导致审查工作无法进行的，市场监管总局可以决定中止计算审查期限。经核实，审查工作可以进行的，审查期限继续计算。"第26条规定："在市场监管总局对申报人提交的附加限制性条件承诺方案进行评估阶段，申报人提出中止计算审查期限请求，市场监管总局认为确有必要的，可以决定中止计算审查期限。对附加限制性条件承诺方案评估完成后，审查期限继续计算。"

（三）美国和欧盟的审查程序

美国在1976年通过的《哈特-斯科特-罗迪诺法案》中明确规定了合并交易的事前审查机制（pre-merge notification and waiting period），即达到一定规模的合并交易必须事前向司法部或者联邦贸易委员会申报。审查机构受理经营者集中申报后存在为期30日的等待期（waitingperiod），在现金收购的情况下，等待期为15日。如遇合并方提交的文件、资料不符合要求等情形，审查机构可酌情延长等待期，但最长不得超过30日；在现金收购的情况下，最长不得超过10日。

欧盟在《第139/2004号条例》中明确规定了经营者集中审查的两个阶段。第一个阶段，审查机构应在25个工作日内认定作出申报的经营者集中是否属于集中及是否造成严重的竞争损害，但是在规定的特殊情况下可以将该期限延长至35个工作日。第二个阶段是对于在第一阶段审查过程中认定经营者集中对竞争产生较大损害的行为进行的进一步审查，从此阶段程序启动之日起90个工作日内作出最后决定，同时认为如果基于企业的承诺而作出附条件决定的，需要审查承诺内容是否适格，因此，可以将此期限延长至105个工作日。当事人可以在规定时间内申请审查期限的延长，但延长期限不能超过20个工作日。

三、分类分级审查

《反垄断法》第37条规定："国务院反垄断执法机构应当健全经营者集中分类分级审查制度，依法加强对涉及国计民生等重要领域的经营者集中的审查，提高审查质量和效率。"据此，我国正式确立了经营者集中分类分级审查制度。经营者集中分类分级审查制度的构建和实施，可以在审查程序的初始阶段，根据经营者集中所处的经济领域、整体规模、市场影响、潜在风险的不同，为审查者匹配相适应的审查程序与执法资源，这将有效地提高经营者集中审查的科学性、合理性和效率性。[1]

虽然，《反垄断法》第37条并未对"分类分级"的具体内涵作出明确的区分，有学者认为，经营者集中分类分级审查制度包含两重要素：分类审查与分级审查。分类审查主要

---

[1] 参见时建中：《新〈反垄断法〉的现实意义与内容解读》，载《中国法律评论》2022年第4期。

进行的是横向的类别细分,即根据经营者集中所处的国民经济行业或领域进行分门别类;而分级审查则主要是对经营者集中进行纵向的级别细分,即根据经营者集中的具体规模、影响力、适用的程序、可能给予的审查待遇等,为其配置与之相适应的行政级别或其他执法资源。在功能定位上,分类审查着重于提高审查质量;而分级审查则着重于提高审查效率。[1]

分级分类审查借助类型化的法学方法具有三重制度价值:首先,有助于合理配置执法资源,提高经营者集中审查效率,保障审查结论的科学性、合理性;其次,有助于执法资源聚焦于可能引发垄断风险的经营者集中,预防重点行业、重点领域的潜在垄断行为;最后,有助于提高国计民生重要领域经营者集中审查的可预测性,提升保持市场的开放与活力。在具体适用第37条时,由于新法并未对"国计民生的重要领域"作出限定,"国计民生"一词的外延具有一定的不确定性,立法表述模糊不利于充分发挥反垄断法治的引领、规范、保障作用,可能会影响反垄断执法机构对相关领域经营者集中的审查、评估工作,也可能会影响到正在计划或者已经参与经营者集中的经营者对自身的定位和对集中行为的准确判断,最终也将不利于高效规范、公平竞争、充分开放的全国统一大市场的建设。鉴此,对关系"国计民生的重要领域"的外延作出界定,以明确反垄断执法机构在执法过程中对该条规定的适用范围。对于依照本条规定需要进行加强审查的关系国计民生的重要领域范围的界定应当秉持科学、客观、审慎、必要的理念原则,对真正需要加强经营者集中审查的相关领域严格谨慎纳入其中,而对于在当前经济大环境下,需要优先保障经济活力以推动社会经济发展的行业和领域,应当遵循"规范与发展"并重的价值取向。

拓展阅读:试点委托审查

自2008年《反垄断法》实施以来,反垄断执法机构收到的经营者集中申报数量、审结的经营者集中案件数量均呈整体递增趋势。其中,2021年收到经营者集中申报824起,审结727起,相较2020年同比分别增长58.5%和52.9%,相关案件数量显著高于往年。案件数量激增的背后,一方面体现了随着近两年反垄断执法力度的不断加大,企业的竞争合规意识不断增强;另一方面,也表明市场监管总局在着力提升审查效率与审查质量的同时,正在面临着与日俱增的案多人少带来的审核压力。

在此背景下,2022年市场监管总局正式开展试点委托审查工作。试点委托审查是对分类分级审查制度的落实,是我国反垄断执法机构为优化央地执法资源配置,充分发挥经营者集中审查的事先预防功能,进一步提升经营者集中反垄断审查效能的重要举措,也是市场监管总局首次尝试下放经营者集中审查权限至省级市场监督管理局,具有非常重要的引领和示范作用。

但应注意,试点委托并不等于授权执法,虽然《市场监管总局关于试点委托开展部分经营者集中案件反垄断审查的公告》委托5个省级市场监管部门开展部分简易案件审查工作(详见表9-1),但符合委托条件的案件,申报人依然要向市场监管总局申报,最终的审查决定也由市场监管总局在审核试点省级市场监管部门审查报告和审查意见基础上作出。

---

[1] 参见段宏磊:《我国经营者集中分类分级审查制度的构建——以新〈反垄断法〉第37条为分析对象》,载《法商研究》2022年第6期。

表 9-1　5 个省级试点单位及相关区域

序号	试点单位	相关区域
1	北京市市场监督管理局	北京、天津、河北、山西、内蒙古、辽宁、吉林、黑龙江
2	上海市市场监督管理局	上海、江苏、浙江、安徽、福建、江西、山东
3	广东省市场监督管理局	广东、广西、海南
4	重庆市市场监督管理局	河南、湖北、湖南、重庆、四川、贵州、云南、西藏
5	陕西省市场监督管理局	陕西、甘肃、青海、宁夏、新疆

四、审查决定的作出与公布

对申报的经营者集中经过初步审查和进一步审查后，反垄断执法机构应当作出最后决定。根据《反垄断法》第34、35条的规定，我国经营者集中审查决定分为两类：禁止集中的决定和不予禁止的决定。

（一）审查决定的作出

1. 禁止决定。经营者集中具有或者可能具有排除、限制竞争效果的，国务院反垄断执法机构应当作出禁止经营者集中的决定。

2. 不予禁止的决定。《反垄断法》第34条规定："……经营者能够证明该集中对竞争产生的有利影响明显大于不利影响，或者符合社会公共利益的，国务院反垄断执法机构可以作出对经营者集中不予禁止的决定"。不予禁止的决定包括两类：一类是不附加任何条件的决定，另一类是附加限制性条件的决定。对于具有或者可能具有排除、限制竞争效果的经营者集中，参与集中的经营者提出的附加限制性条件承诺方案能够有效减少集中对竞争产生的不利影响的，反垄断执法机构可以作出附加限制性条件批准决定。参与集中的经营者未能在规定期限内提出附加限制性条件承诺方案，或者所提出的承诺方案不能有效减少集中对竞争产生的不利影响的，反垄断执法机构应当作出禁止经营者集中的决定。

自2008年《反垄断法》施行以来至2023年底，我国反垄断执法机构共审结经营者集中案件5787件，作出过3项禁止决定与61项附加限制性条件批准的决定，其余5725件经营者集中案件均为无条件批准通过。3项禁止决定分别是"商务部关于禁止可口可乐公司收购中国汇源公司审查决定"（2009）、"商务部关于禁止马士基、地中海航运、达飞设立网络中心经营者集中反垄断审查决定"（2014）以及"市场监管总局关于禁止虎牙公司与斗鱼国际控股有限公司合并案反垄断审查决定"（2021）。61项附加限制性条件批准的决定包括"市场监管总局关于附加限制性条件批准博通公司收购威睿公司股权案反垄断审查决定"（2023）、"市场监管总局关于附加限制性条件批准先声药业有限公司收购北京托毕西药业有限公司股权案反垄断审查决定"（2023）等。[1]

禁止经营者集中案件、附加限制性条件批准经营者集中案件占审结案件总数的比重约为1%，这也证明了经营者集中审查不会过度干预经营者的正常经营活动。

（二）审查决定的公布

关于审查决定的公布，《反垄断法》第36条仅规定应当将禁止经营者集中的决定以及

---

[1] 许新建：《优化经营者集中审查激发经营主体活力》，载《经济日报》2024年2月3日，第4版。

附加限制性条件的决定及时向社会公布，无条件通过的决定不在公布要求之列。禁止决定和附加限制性条件决定对有关经营者的利益影响较大，而且因其影响相关市场竞争而对全社会产生一定影响，这类决定应当让社会公众知悉和了解。因此，我国《反垄断法》规定这两类审查决定应当向社会公布。关于向社会公布审查决定的内容范围，《反垄断法》未作出具体规定。但《反垄断法》第31条规定，作出禁止经营者集中的决定，应当说明理由。由此可以推知，至少在公布禁止经营者集中的决定时，应当同时公布禁止的理由。另外，《反垄断法》也未对公布审查决定的方式作出规定。

第四节　经营者集中抗辩

一、经营者集中抗辩的原理

任何事物都具有双面性，经营者集中也不例外，它兼有促进竞争的一面与妨害竞争的一面。因此，反垄断执法机构应当综合权衡集中的益处与弊病，全面考察一项集中行为的本质与效果。同时，为保证审查决定的合理性，维护参与集中的经营者的合法权益，反垄断法应当赋予参与集中交易的经营者依法进行抗辩的权利。根据《反垄断法》第34条，反垄断执法机构作出禁止经营者集中的决定时，如果经营者能够证明该集中对竞争的有利影响明显大于不利影响，或者符合社会公共利益的，反垄断执法机构可以作出对集中不予禁止的决定。这是经营者行使抗辩权的核心法律依据。此外，《经营者集中审查规定》第38条还规定："市场监管总局认为经营者集中具有或者可能具有排除、限制竞争效果的，应当告知申报人，并设定一个允许参与集中的经营者提交书面意见的合理期限。参与集中的经营者的书面意见应当包括相关事实和理由，并提供相应证据。参与集中的经营者逾期未提交书面意见的，视为无异议。"实践中，参与集中的经营者可能会以经营者集中有助于提升效率，挽救破产企业为由提出抗辩。

二、经营者集中抗辩理由类型

（一）效率抗辩

经营者集中的效率抗辩是经营者集中反垄断审查中的一项关键制度。经营者集中一方面能够促进经济效率，使消费者和社会整体受益，另一方面也会损害消费者和社会公益。因此，反垄断法需要对效率和反竞争效果这两个因素综合权衡，经营者集中反垄断审查中的效率抗辩制度即是这一权衡的具体体现。[1] 如果有证据证明集中所产生的效率足以抵消或超过集中产生的排除、限制竞争效果，那么该项集中就能够获得反垄断法上的豁免。这一法律制度不仅在美国、加拿大、欧盟和日本等西方发达国家和地区已经确立，在墨西哥、南非、印度等发展中国家也已经有所规定。

1. 世界主要国家和地区关于"效率抗辩"的立法表达。我国《经营者集中审查规定》第36条明确规定："评估经营者集中对国民经济发展的影响，可以考虑经营者集中对经济效率、经营规模及其对相关行业发展等方面的影响。"第37条规定："评估经营者集中的竞争影响，还可以综合考虑集中对公共利益的影响……"据此，我国确立了效率抗辩制度。我国《反垄断法》第33条和第34条的规定也为效率抗辩的实施提供了一定的制度空间。在第33条列举的有关经营者集中审查需要考虑的六大因素中，对技术进步和对国民经济发展影响的考量都与效率紧密相关。其中，技术进步可以视为一种微观效率，而国民经济发

---

[1] 参见史建三：《完善我国经营者集中实质审查抗辩制度的思考》，载《法学》2009年第12期。

展则可以视为一种宏观效率。[1]

在美国，效率抗辩制度的确立也经历了一个较为漫长的过程。1968 年《横向合并指南》中加入了含义并不十分明确的效率抗辩，即"除非是例外的情况下"这一立法表达。由于效率难以量化，[2] 很长一段时间里，这一问题没有得到有效解决。1982 年的《横向合并指南》放宽了效率认定的条件。1992 年的《横向合并指南》进一步明确指出："合并对经济的主要益处是它们具有提高效率的潜力，效率可提高企业的竞争力并对消费者降低产品价格……在大多数情况下，指南允许企业不受当局干预进行合并以提高效率，该效率是通过其他途径不可获得的……"经过 5 年的实践积累，为适应日益高涨的合并浪潮，司法部和联邦贸易委员会于 1997 年 4 月公布了《横向合并指南》中有关效率一节的修正案。该修正案进一步确立、提升了经营者集中的效率价值，同时也进一步放松了对联邦反托拉斯当局在处理这一问题时的约束，将"合并特有效率"确定为反托拉斯当局审理合并案件时"可予以考虑的效率"。在这样的"合并特有效率"政策指导下，很多合并都可以顺利通过反垄断审查。由此，横向合并的认定标准也变更为："如果一个合并会导致垄断或者近乎垄断，这个合并中的效率就不具有合理性。"[3] 美国 2023 年《合并指南》重申了经营者集中效率抗辩制度的重要价值，并规定了"效率是合并特有的""效率是可证实的"等评估抗辩理由合理与否的考量因素。

在欧盟，效率抗辩也早已被确立。从《第 139/2004 号条例》制定开始，欧盟就明确承认了效率抗辩存在的必要性。正如上文所述，《控制企业合并的第 139/2004 号条例》采用"严重妨碍有效竞争"这一标准对合并进行审查，而非以前所采用的"滥用支配性地位"标准。而且，条例序言（4）规定："符合动态竞争的要求，可以增进欧洲工业的竞争性，改善发展的条件，并提高共同体居民的生活条件的合并重组是受欢迎的"。序言（29）规定："为了确定某一集中对共同市场上竞争的影响，应当对所涉企业提出的任何实际的和可能的效率均予以考虑；因为，并购产生的效率可能抵消其对竞争本来可能产生的负面影响，尤其是抵消对消费者本来可能产生的潜在威胁，且结果是该并购并没有显著限制共同市场上或其重要部分的有效竞争"。[4] 尽管条例中有法律约束力的条文中并没有对效率问题作出更进一步的规定，但序言的规定已然表明条例对效率因素的重视态度。

2. 效率抗辩的评价标准。我国《反垄断法》所使用的"对技术进步的影响""对国民经济发展的影响"和"对竞争产生的有利影响明显大于不利影响"等立法表述，实际上包含了对效率因素的考量，但是，并不是所有的效率都能够成为抗辩因素，也并不是在任何情况下合并方提出的效率抗辩都能被反垄断执法机构接受。效率抗辩的展开，尚需要满足一定的适用条件。

在世界范围内，允许经营者集中效率抗辩的国家和地区，几乎都要求抗辩所主张的效率是集中所特有的，即效率并非是在经营者集中之外产生的。这表明，如果有可以不通过合并，且能以较低的代价达成效率目标的替代方案，那么这种效率就不是合并所特有的。美国 2023 年《合并指南》规定，"合并将产生巨大的竞争优势，而如果没有正在审查的合

---

[1] 参见应品广：《经营者集中效率抗辩的证明》，载《广东行政学院学报》2011 年第 1 期。

[2] 参见 [美] 理查德·A·波斯纳：《反托拉斯法》（第 2 版），孙秋宁译，中国政法大学出版社 2003 年版，第 156 页。

[3] 参见尚明主编：《主要国家（地区）反垄断法律汇编》，法律出版社 2004 年版，第 248 页。

[4] 参见许光耀主编：《欧共体竞争立法》，武汉大学出版社 2006 年版，第 388、392 页。

并，就无法实现这些优势"。欧盟2004年《横向合并指南》第85段也明确规定，效率只有在是合并的直接后果，并且通过其他具有更小反竞争效果的方式不能获得类似程度效率的情况下，才与合并的竞争性评价相关。在这些情况下，效率才被认为是由合并产生的，因此，是合并所特有的。

此外，效率抗辩所主张的效率应当具有客观性，而不应当仅仅是相关集中企业的主观推测。美国2023年《合并指南》认为，合并企业必须将效率具体化，以便执法机构去证实；如果效率主张太过模糊、具有猜测性，无法被合理证实，则不被考虑。欧盟《横向合并指南》也指出，效率必须是可证实的，以便委员会能够合理地肯定效率有可能实现，并足以抵消合并对消费者的潜在利益损害。在现实中，对于许多并购交易而言，并购发生后的具体效率提高是很难被评估的，相关并购主体将证明效率的材料提交给监管机构时，往往具有夸大效率因素的动机，而且这种主观的自我效率评价也常被证明是错误的。因此，在一项并购中，如果有可能，那么效率及其所得的收益应当被量化，以实现有效地抗辩。

根据主体利益标准，效率抗辩评价标准可分为不同类型。消费者福利标准（消费者剩余标准）与总剩余标准是效率抗辩的两个基本评价标准，由此两标准又衍生出了若干标准，如价格标准、希尔斯顿标准（Hillsdown Standard）、加权剩余标准等。上述各种标准共同的要求是效率必须是并购所特有的，是可证实的；不同点则在于对效率惠及消费者的要求程度不同。

第一，"消费者福利标准"。该标准以消费者福利为导向，与价格标准相同，它关注并购对消费者利益的影响，如产品（服务）价格的变化；不同点在于消费者福利标准不仅考虑价格因素，还考虑产品质量、服务和创新等因素对消费者利益的影响。欧盟采取的就是这一标准。2004年欧盟《横向合并指南》第七部分规定，效率抗辩应当同时满足三个条件：效率必须惠及消费者，即消费者可以从新的或改进的产品或服务中受益，比如在研究和发展及创新领域的效率收益带来的好处；效率必须是并购所特有的；效率必须是可证实的。欧盟《横向合并指南》确立了消费者福利标准，有利于符合消费者利益的并购得到批准。[1] 但是从2004年以后的经营者集中审查实践来看，效率抗辩的重要性并没有理论预设那般大，至今欧盟委员会和欧盟法院也没有一项决定或判例是单纯因为效率抗辩而使并购获得批准的。

第二，"总剩余标准"。该标准兼顾消费者利益和经营者利益，不仅关注消费者利益，也关注经营者利益；造成价格上升的并购也有可能获得批准，只要该并购产生了效率收益；效率不必惠及消费者，利益在经营者和消费者之间转移是中立的。[2]

3. 效率的证明。一般而言，效率证据的来源主要包括三方面：

第一，由参与集中的经营者提供证据。该部分证据主要包括管理层用于决定是否合并的内部文件、管理层对所有者和资本市场所作的关于期待效率的陈述、效率提高的历史性记录以及合并前外部专家对于效率种类和大小的研究。这部分证据是效率抗辩的最主要证据来源，因为是否获得以及如何获得效率，只有参与集中的当事方最清楚。在这部分证据中，有的是参与集中的经营者的内部文件和资料，其中日常商业文件的证明力要大于集中被审查以后提交于反垄断执法机构或法院的文件材料；有的是合并方提供的第三方研究和

---

[1] See EU Commission, Guidelines on the assessment of horizontal mergers under the Council Regulation on the control of concentrations between undertakings, [2004] OJ C 31/03.

[2] 参见刘东屏：《经营者集中规制中的效率抗辩》，载《价格理论与实践》2008年第7期。

专家证言，比如，在"Superior Propane"案[1]中，合并方提交了一份由商业评估机构撰写的关于效率的独立研究报告，以及一份由管理咨询公司提供的报告。在这部分证据中，通常可以认为公众持股公司所提出的效率主张会相对保守，因为如果集中后没有取得事先预测的效率，将会遭遇股票市场的"报复"。

第二，来自外部专家和第三方的证据。这些证据并非来自集中企业内部，而主要来自于相关行业的专家对该领域集中效率的分析和预测。专家证言和分析等必须具有独立性，即与所涉集中企业没有直接的利害关系。

第三，反垄断执法机构或法院主动搜集的证据。反垄断执法机构可以借助专家的专业知识协助评估效率主张，但为了恰当评估效率是否存在，执法机构的官员和经济学家需要详细的财务信息及其他信息，因此，可能需要进入特定经营场所进行现场调查，并且向能够说明当前企业如何运营以及效率如何获得的经营管理层获取资料和信息。除此之外，还存在一种被波斯纳称之为"事件研究"的分析方式：通过统计上的办法，使股市对一个事件作出反应，例如，公告一起经营者集中事件，与同时发生的、对该事件所涉企业的价值可能有影响的其他事件分离开来。如果研究显示，公告将要进行的合并导致了合并方的商业投资价值上升，则这跟该合并能够产生效率的预先判断是一致的，跟合并能够带来市场份额增量也是一致的，然而如果该公告导致了合并方的股价下跌，这表明该合并不太可能具有效率，但这一方法的适用较为困难。该方法假定证券市场能够正确反映一项经营者集中的价值，但是，证券市场并非常常趋于理性，在现阶段的我国更是如此，而且也很难将一项集中引发的效率提升与其他因素完全区分开来，股票价格的涨跌并不仅仅因为对集中效率的预期而改变，还会受到很多其他外部因素的影响。从事件分析的角度看，反倒是竞争对手对集中的指控，很可能说明集中会显著提高效率，因为，竞争对手提高效率对于自己恰恰是严重的竞争威胁。

(二) 非效率抗辩

除效率抗辩外，参与集中的经营者也可以以集中有助于增进公共利益，集中是为了挽救破产为由主张豁免。

1. 公共利益抗辩。经营者集中产生单边效应、协调效应，如果对市场竞争造成严重损害的，反垄断执法机构将不予批准；但集中有利于公共利益的，反垄断执法机构则往往会网开一面。2015年3月底，商务部批准中国南车股份有限公司与中国北车股份有限公司合并即属于此种情况。[2]

关于公共利益抗辩，我国《反垄断法》第34条规定："经营者集中具有或者可能具有排除、限制竞争效果的，国务院反垄断执法机构应当作出禁止经营者集中的决定。但是，经营者能够证明该集中对竞争产生的有利影响明显大于不利影响，或者符合社会公共利益的，国务院反垄断执法机构可以作出对经营者集中不予禁止的决定。"在公共利益抗辩中，公共利益的界定十分关键。公共利益是典型的不确定概念，在不同法律文本情境下，含义是有区别的。就反垄断法而言，学界对于如何确定公共利益的具体指向，提出了一元论、二元论、三元论等诸多观点。一元论认为，公共利益就是反垄断法所维护的自由竞争秩序本身；二元论认为，反垄断法上的公共利益不仅包括自由竞争秩序本身，还包括比较高层

---

[1] See Commissioner of Competition v. Superior PropaneInc., 2000 Comp. Trib. 15, 2000, (8).

[2] 参见赵嘉妮：《中国南车北车合并方案出炉——南车换股吸收北车，合并后拟定名为"中国中车"；合并后总资产有望超3000亿元》，载《新京报》2014年12月31日，第B09版。

次的经营者、消费者在内的整体社会经济利益。[1] 一些学者还提出了三元论,认为反垄断法中的公共利益包括有效竞争、消费者利益和整体经济利益三个方面的内容。[2] 上述观点有一定差异,但都认为竞争秩序是反垄断法公共利益的最基本、最重要的方面。

2. 破产抗辩。比效率抗辩、公共利益抗辩更易于接受的抗辩理由是破产。破产抗辩是国际上通行的禁止企业合并的豁免理由,其理论基础在于与其让一家企业破产,不如让新的所有人通过经营者集中来取得并运营公司的资产,以便使其保持竞争状态。美国2023年《合并指南》3.1节规定了适用破产抗辩应满足的三个条件:其一,有证据证明破产企业面临很大概率的商业失败;其二,破产企业重组的前景黯淡或根本不存在重组可能;其三,并购破产公司或将其置于控制之下的公司是唯一可行的买家。欧盟在《横向合并指南》中规定适用破产抗辩的三个条件,即"①濒临破产的企业不被另一个企业接管,其将在不久后就会面临财务困难而被迫退出市场;②合并之外并无其他反竞争效果更小的替代方案;③如果没有合并,濒临破产的企业的资产将会不可避免地退出市场。"经合组织OECD在《竞争法的基本框架》文件第七节"企业合并和收购"中第9条(b)项也将破产列为可不受反垄断执法机构禁止的情形:"该项集中的当事人之一面临着实际的或迫近的财务失败,而该项集中为该当事人的资产提供了一种在已知选择中对竞争危害最小的用途。"我国《经营者集中审查规定》第37条规定:"评估经营者集中的竞争影响,还可以综合考虑集中对公共利益的影响、参与集中的经营者是否为濒临破产的企业等因素。"

从根本上讲,竞争会导致优胜劣汰,企业破产原本是市场经济正常的现象。但过度的企业破产又会引发严重失业及社会不稳定等诸多社会经济问题。允许优势企业对那些濒临破产的企业进行"拯救"而不使之进入破产清算程序,这种行为既有利于被合并企业,也符合社会整体利益。首先,它可以避免濒临破产的企业的资产被迫退出市场,造成不必要的经济损失。其次,它有利于保障企业员工的就业机会,避免股东和投资人的损失。此外,由于濒临破产的企业本身的竞争力不强,对濒临破产的企业进行并购重组可能不会产生严重的反竞争问题。

第五节 对经营者集中附加的限制性条件

一、附加限制性条件的原理分析

附加限制性条件是指反垄断执法机构在综合权衡一项经营者集中对竞争的影响之后作出不予禁止的决定,同时对参与集中的经营者施加一定义务,以降低该项集中对竞争的负面影响的事前控制措施。域外反垄断法律文件通常称之为救济措施。对于反垄断法律制度而言,任何一项具体的规则设计背后都体现着某种经济学理论主张。附加限制性条件亦是如此。哈佛学派提出的"SCP范式"对附加限制性条件的选择与适用产生了重要影响。在哈佛学派看来,市场中经营者的数量越多,竞争越激烈,接近完全竞争状态时,基本就能实现比较高的资源配置效率。而市场中企业数量较少,呈现寡头垄断或垄断结构状态时,少数经营者之间的合谋及较高的市场进入壁垒会削弱市场竞争活力,使具有市场支配力量

---

[1] 参见刘桂清:《反竞争经营者集中的公共利益辩护:路径选择与制度建构》,载《政法论坛》2016年第5期。
[2] 参见李国海:《反垄断法公共利益理念研究——兼论〈中华人民共和国反垄断法(草案)〉中的相关条款》,载《法商研究》2007年第5期。

的垄断企业获得相当长时间的垄断利润,降低资源配置效率。基于此,哈佛学派强调反垄断法应侧重采取结构性救济,而非行为救济。哈佛学派的这一主张对世界主要国家和地区的经营者集中救济实践产生了重大影响。

美国2011年《合并救济指南》确立了合并救济的基本原则,即"有效维持竞争是一项适当的救济措施的关键;而基于合并可能导致的损害理论去涉及救济方案,是确保有效救济的最好方式。"该指南认为应当基于合并类型选择救济措施,即在横向合并中,资产剥离是更常见的方式,也可能辅之以行为救济;而在纵向合并中,更多采用承诺供货、通知排他性行为等行为救济,很少采用结构救济。

在美国2020年发布的新版《合并救济手册》中,美国司法部强调,结构救济清晰、明确、有效且能够避免政府对市场的持续干预,因此,在横向和纵向合并中更宜采用结构救济。仅在有限情况下,适用行为救济是恰当的,比如,结构救济会导致重大效率减损,而行为救济能够完全解决竞争损害问题且能够有效实施。除美国外,欧盟2008年《合并救济通告》也明确表达了欧盟委员会将优先考虑结构救济的态度。[1]

在域外经营者集中救济实践中,相较于行为救济,结构救济更受反垄断执法机构青睐。欧美等国家和地区的反垄断执法机构认为,资产剥离等结构救济更有效,因为它直接针对竞争损害源头且监督成本低,扭曲市场的可能性小;同时也承认行为救济的适用空间,特别是作为结构救济的补充措施。我国反垄断执法机构则更多适用行为救济,即便在只有横向关系的集中交易中也经常适用行为救济,这与欧美明显不同。[2]

二、结构性条件

结构性条件,也称结构救济,是一种旨在恢复有效竞争结构的救济措施,其形式为资产剥离或业务剥离。

(一)剥离的含义

剥离(Divestiture)是经营者集中救济措施中最常用、最重要和首选的措施,属于典型的结构救济手段。[3] 在欧美反垄断法律规范中,虽没有对剥离进行明确定义,但通过考察剥离制度的运行实践可以发现,一般而言,剥离指的是,参与集中的经营者将其部分资产或业务转让给非关联企业的一种经营者集中反垄断补救措施。反垄断执法机构在附条件批准具有限制竞争效果的经营者集中时,为了消除竞争疑虑,要求参与集中的经营者将部分资产或业务转让给反垄断执法机构认可的非关联第三方,通过购买方运营被剥离资产或者剥离的业务,维持相关市场上竞争者的数量,进而恢复相关市场上的竞争秩序。

(二)剥离方式

《经营者集中审查规定》将资产剥离的种类划分为自行剥离和受托剥离。[4] 其中,自行剥离是指剥离义务人在审查决定规定的期限内,自行找到适当的资产购买方并与之签订资产出售协议及其他相关协议、完成资产剥离的情形。受托剥离则是指如果剥离义务人未能如期完成自行资产剥离,则由剥离受托人按照审查决定规定的期限和方式找到适当的资产购买方,并与之达成资产出售协议及其他相关协议以完成资产剥离的情形。我国关于资

---

[1] 参见袁日新:《经营者集中救济类型位阶性的理论反思》,载《法律科学(西北政法大学学报)》2016年第2期。

[2] 叶军:《经营者集中反垄断控制限制性条件的比较分析和选择适用》,载《中外法学》2019年第4期。

[3] 参见美国律师协会反垄断分会编:《美国并购审查程序暨实务指南》,李之彦、王涛译,北京大学出版社2011年版,第474页。

[4] 参见《经营者集中审查规定》第46条。

产剥离的该种分类与欧盟《合并救济通告》内容基本一致。

（三）剥离法律关系的主体

在剥离法律关系中，剥离义务人、买方、剥离受托人等是最为核心的主体。

1. 剥离义务人。剥离义务人是指按照审查决定应当出售剥离业务的经营者。一般而言，剥离义务人应当在审查决定确定的期限内，找到合适的买方并与之签订出售协议及其他相关协议，自行完成剥离。剥离义务人与买方签订的任何协议，包括出售协议、过渡期协议，均不得含有与审查决定相违背的内容。根据《经营者集中审查规定》第51条的规定："在剥离完成之前，为确保剥离业务的存续性、竞争性和可销售性，剥离义务人应当履行下列义务：（一）保持剥离业务与其保留的业务之间相互独立，并采取一切必要措施以最符合剥离业务发展的方式进行管理；（二）不得实施任何可能对剥离业务有不利影响的行为，包括聘用被剥离业务的关键员工，获得剥离业务的商业秘密或者其他保密信息等；（三）指定专门的管理人，负责管理剥离业务。管理人在监督受托人的监督下履行职责，其任命和更换应当得到监督受托人的同意；（四）确保潜在买方能够以公平合理的方式获得有关剥离业务的充分信息，评估剥离业务的商业价值和发展潜力；（五）根据买方的要求向其提供必要的支持和便利，确保剥离业务的顺利交接和稳定经营；（六）向买方及时移交剥离业务并履行相关法律程序。"

2. 买方。确定剥离资产与业务的适格买方是结构救济中的重要一环，也是剥离能否成功实施的核心环节。适格的买方应当符合以下条件：一是独立于集中双（各）方。独立于集中双（各）方并且是非关联方，不会产生另外的排除、限制竞争效果，同时，也应当保证买方能够从相关机构获得所有必要许可；二是必须符合预先设定的资格标准。一般资格要求是具有一定的经济能力、专业能力和动力维持剥离资产、业务的存在和发展，以使其作为可存续的、有活力的市场力量与合并方及其他的竞争者进行竞争，确保市场的有效竞争；三是买方的最终确定需经反垄断执法机构的批准。鉴于买方在资产剥离中有至关重要的作用，为减少买方的不确定性，反垄断执法机构应对买方的关联关系和条件进行审查。

3. 监督受托人和剥离受托人。剥离法律关系中的监督受托人，是指受义务人委托并经市场监督管理总局确定，负责对义务人实施限制性条件进行监督并向市场监督管理总局报告的自然人、法人或非法人组织。剥离受托人，是指受义务人委托并经市场监督管理总局评估确定，在受托剥离阶段负责出售剥离业务并向市场监督管理总局报告的自然人、法人或者非法人组织。[1] 监督受托人和剥离受托人应当符合下列要求：①独立于义务人和剥离业务的买方；②具有履行受托人职责的专业团队，团队成员应当具有对限制性条件进行监督所需的专业知识、技能及相关经验；③能够提出可行的工作方案；④过去五年未在担任受托人过程中受到处罚；⑤市场监督管理总局提出的其他要求。

在剥离法律关系中监督受托人的义务在于对被剥离资产进行保管，保证被剥离资产的经济性和可存活性，监督被剥离的资产的运营与管理，采取适当的措施防止交易方获取被剥离资产的商业秘密，专利技术及其他保密信息等。剥离义务人应当与监督受托人和剥离受托人签订书面委托协议，明确双方的职责和义务。监督受托人和剥离受托人的报酬由剥离义务人支付，报酬及其支付方式不得损害监督受托人和剥离受托人履行受托职责的独立性及工作效率。监督受托人应当自委托协议生效之日起至业务剥离完成之日止的期间内履行职责；剥离受托人应当自委托协议生效之日起，至受托剥离阶段结束之日止的期间内履

---

[1] 参见《经营者集中审查规定》第44条。

行职责。非经执法部门同意，剥离义务人不得解除、变更与监督受托人和剥离受托人的委托协议。根据《经营者集中审查规定》第45条的规定，剥离义务人应当在市场监管总局作出审查决定之日起15日内向市场监管总局提交监督受托人人选。限制性条件为剥离的，义务人应当在进入受托剥离阶段30日前向市场监管总局提交剥离受托人人选。确定监督受托人后其应当在市场监管总局监督下，本着勤勉、尽职的原则，独立于剥离义务人履行下列职责：①监督义务人履行本规定、审查决定及相关协议规定的义务；②对剥离义务人推荐的买方人选、拟签订的出售协议进行评估，并向市场监管总局提交评估报告；③监督剥离业务出售协议的执行，并定期向市场监管总局提交监督报告；④协调剥离义务人与潜在买方就剥离事项产生的争议；⑤按照市场监管总局的要求提交其他与义务人履行限制性条件有关的报告。[1] 如果剥离义务人未能如期完成自行剥离，则可以请求反垄断执法机构进行受托剥离。由剥离受托人按照审查决定规定的期限和方式找到适合的买方，并达成出售协议及其他相关协议。

4. 管理人。管理人是剥离期间专门管理剥离业务的主体，美国称营运受托人（Operating Trustee）。在剥离完成之前，为确保剥离业务的存续性、竞争性和可销售性，剥离义务人应当指定专门的管理人，负责管理剥离业务。管理人在监督受托人的监督下履行职责，其任命和更换应当得到监督受托人的同意。

（四）剥离的程序

限制性条件为剥离的，剥离义务人应当在审查决定规定的期限内，自行找到合适的剥离业务买方、签订出售协议，并报经反垄断执法机构批准后完成剥离。剥离义务人未能在规定期限内完成剥离的，反垄断执法机构可以要求义务人委托剥离受托人在规定的期限内寻找合适的剥离业务买方。

审查决定未规定自行剥离期限的，剥离义务人应当在审查决定作出之日起6个月内找到适当的买方并签订出售协议。经剥离义务人申请并说明理由，反垄断执法机构可以酌情延长自行剥离期限，但延期最长不得超过3个月。审查决定未规定受托剥离期限的，剥离受托人应当在受托剥离开始之日起6个月内找到适当的买方并签订出售协议。

剥离义务人应当在反垄断执法机构审查批准买方和出售协议后，与买方签订出售协议，并自签订之日起3个月内将剥离业务转移给买方，完成所有权转移等相关法律程序。经剥离义务人申请并说明理由，反垄断执法机构可以酌情延长业务转移的期限。

典型案件：日本三菱丽阳公司收购璐彩特国际公司案[2]

2008年12月22日，日本三菱丽阳公司向商务部提交了申报材料。三菱丽阳公司根据商务部要求对申报材料进行了补充，2009年1月20日，商务部对此项申报进行立案审查，并通知了三菱丽阳公司。2009年2月20日，初步阶段审查工作结束后，商务部决定实施进一步审查，书面通知了三菱丽阳公司，并于2009年5月20日前完成了审查工作。

经审查，商务部认定本案的相关产品市场为MMA（甲基丙烯酸甲酯，Methyl methacrylate，简称"MMA"）、SpMAs、PMMA粒子和PMMA板材市场。本项集中的相关地域市场为中国市场。商务部依法对此项集中进行了全面评估，确认集中将产生如下不利影响：从横向看，双方合并后的市场份额达到64%，远远高于位于第二的吉林石化和位于第三的黑

---

[1] 参见《经营者集中审查规定》第52条。
[2] 参见商务部〔2009〕第28号公告。

龙江龙新公司，凭借在 MMA 市场取得的支配地位，合并后三菱丽阳公司有能力在中国 MMA 市场排除和限制竞争对手。从纵向看，交易完成后，凭借在上游 MMA 市场取得的支配地位，合并后三菱丽阳公司有能力对其下游竞争者产生封锁效应。

鉴于此，商务部认为，此项经营者集中将对中国 MMA 市场及其下游市场有效竞争产生不利影响。集中双方提出了足以消除不利影响的解决方案，商务部决定接受集中双方所做承诺，附加限制性条件批准此项经营者集中，具体条件如下：首先，璐彩特中国公司将其年产能中的 50% 剥离出来，一次性出售给一家或多家非关联的第三方购买人，剥离的期限为 5 年。第三方购买人将有权在 5 年内以生产成本和管理成本（即成本价格，不附加任何利润）购买璐彩特中国公司生产的 MMA 产品。如果在剥离期限内产能剥离未能完成，集中双方同意商务部有权指派独立的受托人将璐彩特中国公司的 100% 股权出售给独立第三方。剥离应在拟议交易完成后的 6 个月内完成。如果璐彩特公司有合理理由提出延期申请，商务部有权将以上期限延长 6 个月。其次，在自拟议交易完成至完成产能剥离或完成全部剥离期间内（"独立运营期"），璐彩特中国公司与三菱丽阳公司在中国的 MMA 单体业务将独立运营，分别拥有各自的管理层和董事会成员。在独立运营期内，集中双方将继续在相互竞争的基础上分别在中国销售 MMA，两家公司不得相互交换有关中国市场的定价、客户及其他竞争性信息。独立运营期内，集中双方违反承诺发生重大违法行为，应支付总金额介于人民币 25 万元和人民币 50 万元之间的罚款，具体金额由商务部根据相关重大违法行为的性质及其对中国市场竞争的影响决定。最后，未经商务部事先批准，合并后三菱丽阳公司在拟议交易交割后 5 年内不得从事下列行为：①在中国收购 MMA 单体、PMMA 聚合物或铸塑板生产商。②在中国新建生产 MMA 单体、PMMA 聚合物或铸塑板的工厂。

三、行为性条件

行为救济，有时也被称作"非结构"救济，它指的是，反垄断执法机构为克服集中行为的负面竞争效果，而对参与集中的各方的业务行为施加的某些限制措施。同结构救济一样，行为救济试图保留集中产生的效益，同时力图防止集中后合并方从事排除、限制竞争行为。

观诸世界主要国家和地区的反垄断立法，目前鲜有国家对行为救济进行划分归类，通常是直接规定具体的行为救济措施。举例而言，美国司法部 2020 年《合并救济手册》直接列举了行为救济的具体表现形式，包括防火墙、非歧视、强制许可、透明度等措施。欧盟 2008 年《合并救济通告》中的"其他非剥离救济"项下甚至没有列举任何具体的救济方式。此前，欧盟委员会曾在 2005 年《合并救济研究》中将开放救济归入了非剥离救济，但在随后的 2008 年《合并救济通告》中，欧盟委员会又将开放救济和长期排他性合同的改变纳入了"其他结构救济"范畴。事实上，这两种救济方式在其他国家通常被视为行为救济措施。欧盟委员会的做法似乎表明，欧盟委员会已经较为清楚地认识到开放救济在集中救济案件中所能够发挥的作用以及需要克服的不足，长期以来，欧盟委员会在开放救济上的诸多运用案例也从实践角度证明了这一点。我国《经营者集中审查规定》第 40 条规定了经营者集中附加行为性限制条件的具体类型，包括：开放其网络或者平台等基础设施、许可关键技术（包括专利、专有技术或者其他知识产权）、终止排他性协议等。

（一）开放网络或者平台等基础设施

开放类行为救济措施（Access Remedies）在不同国家的称谓有所不同，欧盟委员会将其称为开放类条件，主要是指集中当事人承诺将其控制的关键基础设施或网络、关键技术等重要资源在非歧视、透明的情况下许可第三方进入或使用,以维护相关市场上的市场竞争。在美国,则使用强制许可条款(Mandatory licensing Provisions)这一概念。加拿大使用知识产权许可(Licensing Intellectual Property)和非歧视开放(Non-Discriminatory Access)指代开放类行为救济措施。尽管称谓上有所差别,但救济措施的内容基本一致,主要包括以下两类情形:一是开放基础设施和网络等。如果集中导致的竞争关注是由集中双方控制的基础设施或网络等引起的,那么,开放该类基础设施和网络是可以接受的。开放基础设施救济主要涉及输送管道或通讯传输网络、技术平台(如付费收视技术系统、票务销售系统等)、机场停机坪等资产的许可使用,[1] 也包括数据的开放。二是许可关键技术或知识产权。一般涉及专利、专有技术、重要信息(如产品研发的资料信息等)、商标和版权等无形资产或知识产权的使用。许可关键技术或知识产权应在消除反竞争效果和保证知识产权的创新性之间保持平衡。[2]

(二)许可关键技术

当经营者集中的潜在竞争损害是由对关键技术的控制所引起时,如果剥离该项技术可能阻碍正在进行的有效研究,则反垄断执法机构可以接受"许可关键技术"作为救济措施,要求集中各方向一定范围的竞争者许可知识产权。向指定范围内的特定主体许可知识产权一般存在于市场中竞争企业数量有限或较易识别有效竞争者的市场中。这些市场往往具有以下一些特点:①市场存在很高的进入壁垒,一般企业难以进入该行业或者进入后也难以生存,只存在有限的在位企业或潜在市场进入者;②市场发展趋缓,较难吸引充分的市场进入,只有有限的在位企业或具备进入市场竞争条件的企业;③管制行业或者因为国内市场面临国际竞争的威胁,出于产业政策的考虑,市场上只有有限的一些企业。这时反垄断执法机构可能会指定向一定范围的竞争者许可关键技术。

(三)终止排他性或者独占性协议

终止排他性或长期协议安排(Change of Long-term Exclusive Contracts)是欧盟《合并救济通告》中采用的称谓。在美国,与之类似的限制性条件称为"禁止限制或排他性合同行为"(Prohibitions on Certain Contracting Practices)。限制或排他性的条款一般具有双重效应,一方面可能促进竞争;另一方面可能阻碍竞争,延缓潜在竞争者的市场进入。例如,合并方与某一经营者签订的长期的、排他性的供应合同,一般会排除相关市场上其他竞争者的上游原料投入或者下游客户获得。此种情况下,为了消除竞争担忧,终止或改变现有排他性协议是可行的。欧盟对于该类限制性条件的适用一般较为谨慎,认为长期协议的改变通常只在一揽子限制性条件方案中辅助性地适用,方可消除确定的竞争问题。美国则没有对此作出专门的限制。

(四)修改平台规则或者算法

在数字经济领域,平台企业间实施经营者集中之后,参与集中各方可能会借助算法、技术以及平台规则从事滥用市场支配地位等行为,此时,"修改平台规则或者算法"就成为反垄断执法机构可以采用的有效救济措施。"修改平台规则或者算法"能够起到预防平台经济领域经营者集中潜在的竞争损害效果。[3]

---

[1] 参见金美蓉:《论经营者集中救济措施中的知识产权许可》,载《中外法学》2017年第1期。

[2] See ICN Merger Working Group, Analytical Framework Subgroup, Merger Remedies Review Project: Report for the Fourth ICN Annual Conference at Bonn 1, June 2005, p. 13.

[3] 参见仲春:《我国数字经济领域经营者集中审查制度的检视与完善》,载《法学评论》2021年第4期。

（五）承诺兼容或者不降低互操作性水平

缺乏互操作性是数字经济市场竞争不充分的关键因素。当一项经营者集中的潜在竞争损害是由于合并方对系统、应用程序接口（API）等的控制而引起时，反垄断执法机构可以采取"承诺兼容或者不降低互操作性水平"作为救济措施。由于"承诺兼容或者不降低互操作性水平"偏于柔性，所以，不能仅依靠合并方自觉履行，反垄断执法机构应当以书面形式详细载明合并方履行承诺的期限、方式、效果以及监督检查等程序要求并可视个案情况设立相应的监督机构，确保反垄断执法机构、监督机构能够及时核查承诺的具体履行情况，保证救济的实施效果。

（六）其他行为性条件

不同的经营者集中产生的排除、限制竞争效果可能并不相同，因此，个案中适用的行为性救济条件千差万别，无法一一穷尽。本书选取实践中反垄断执法机构较常适用的其他行为性救济条件，列示如下：

第一，公平交易条款，也称非歧视条款（Non-Discrimination Provisions）。公平交易条款，是指集中后的企业在与不同市场主体进行交易时应当采用同等的交易条件，不得有歧视行为，特别是在上游企业与下游企业合并的情形下。美国 2020 年《合并救济手册》规定了这一行为救济措施。当参与集中的经营者同时覆盖上下游产业链且具有较大规模时，反垄断执法机构可考虑适用非歧视交易条款，消解潜在的竞争损害。例如，上游公司 A 合并下游市场中 B、C、D 三个公司中的 B 公司，则上游公司 A 可能对下游市场中 C、D 两公司实施拒绝或者歧视性供应行为。此时，反垄断执法机构则可以考虑要求 A 公司无歧视或以同等条件向下游 C、D 供应原料等，以维持下游市场中的有效竞争。公平交易条款旨在确保参与集中各方之外的其他竞争者能获得上游供应或者向下游销售，不至于被排除在市场竞争之外。[1]

第二，防火墙条款（Firewall Provisions）。防火墙条款主要应用于纵向集中以及混合集中，目的是防止协调效应出现。经营者纵向集中后，合并方的生产、销售活动往往覆盖了同一产品上、下游各个阶段，企业之间（包括企业的各个部门之间）通过共享信息便可轻松利用其信息优势通过抬高价格等手段打击上、下游的竞争者。因此，建立防火墙条款是为了禁止集中后的各方在一定时间内互通敏感信息。举例而言，上游产业公司 A 同时向下游产业中 B、C、D 公司供应原料，若 A 拟合并 B、C、D 中的 B 公司，则可能导致两种反竞争行为：一是因上游公司 A 能同时获得 B 公司或 C、D 公司的相关信息，则可能将该信息泄露给其控制的 B 公司，在下游产业中从事反竞争行为；二是上游公司 A 也可能将从其控制的 B 公司获得的相关下游产业信息与上游产业中其他竞争者分享，便利上游产业中相关竞争者之间进行协调。为避免这一情况发生，反垄断执法机构通常禁止该类竞争敏感信息在 A、B 公司之间传递，亦即建立起 A、B 公司之间的"防火墙"。

第三，透明度条款（Transparency Provisions）。透明度条款是指在一些情况下，反垄断执法机构要求参与集中的经营者提交一定的信息，包括产品价格、服务收费标准、产量或业务量、产品（服务）的质量标准等。平时参与集中的经营者无需向反垄断执法机构提供上述信息。通过透明度条款可防止参与集中的经营者从事排除、限制竞争的行为。需要注意的是，设置透明度条款也可能会带来一些竞争风险，如因为设置透明度条款反而增加了

---

[1] 参见刘武朝：《经营者集中附加限制性条件制度研究——类型、选择及实施》，中国法制出版社 2014 年版，第 50 页。

相关市场中竞争者之间协调的可能性。[1]

第四，禁止报复条款（Anti-retaliation Provisions）。禁止报复条款包含两层含义：一是禁止参与集中的经营者报复可能转向其竞争对手的消费者或其他客户，防止其实施不合理的限制行为；二是禁止参与集中的经营者对举报其不遵守限制性条件承诺的客户或消费者进行歧视和报复。可见，将禁止报复条款确立为一项独立的行为限制性条件类型，不但有助于维护市场竞争，也有助于保障经营者集中限制性条件的实施和遵守。

典型案件：美国通用汽车有限公司收购美国德尔福公司案[2]

一、立案和审查过程

2009年8月18日，美国通用汽车有限公司（简称通用汽车）向商务部提交了申报材料，并于8月28日、8月31日根据商务部要求对申报材料进行了补充。8月31日，商务部认为申报材料符合《反垄断法》（2007年）第23条规定的标准，对此项申报进行初步审查，并通知通用汽车。在审查过程中，商务部集中对市场竞争造成的各种影响进行了评估，并于2009年9月28日前完成审查工作。

二、相关市场

集中交易双方的产品和业务没有横向重叠，但在上下游市场中存在纵向关系。因此，本案中根据交易双方各自的产品分别界定相关市场。就通用汽车的产品而言，相关产品市场界定为汽车乘用车市场和汽车商用车市场；两个相关产品市场的相关地域市场均为中国市场。就美国德尔福公司（简称德尔福）的产品而言，相关产品市场界定为10个独立的汽车零部件市场，它们分别是汽车电子电气传输系统市场、汽车连接系统市场、汽车电气中心市场、汽车热能系统市场、汽车娱乐和通信市场、汽车控制和安全市场、汽车安全系统市场、汽车汽油发动机管理系统市场、汽车柴油发动机管理系统市场、汽车燃料供给和蒸发产品市场，以上10个相关产品市场的相关地域市场均为中国市场。

三、竞争分析

商务部认为此项集中可能具有以下排除、限制竞争的效果：

第一，德尔福是国内多家整车厂的独家供应商，鉴于集中实施后双方的控股关系和利益一致性，有必要消除集中对德尔福对国内其他汽车制造企业的供货稳定性、价格和质量可能带来的不利影响，从而避免因此排除、限制国内汽车市场的竞争；

第二，鉴于集中实施后双方的控股关系和利益一致性以及通用汽车对德尔福董事会的介入，有必要确保通用汽车不获得德尔福掌握的国内其他汽车制造企业的研发技术、车型资料等竞争信息，从而避免因此排除、限制国内汽车市场的竞争；

第三，鉴于集中实施后双方的控股关系和利益一致性，国内其他汽车制造企业在转换零部件供应商时，有必要确保德尔福不会采取拖延和不配合策略，提高转换成本，从而避免因此排除、限制国内汽车市场的竞争；

第四，基于集中实施后双方的控股关系和利益一致性，通用汽车可能未来增加自德尔福的汽车零部件采购，提高国内其他零部件企业进入通用汽车采购渠道的难度，使国内其他零部件企业和德尔福相比处于不利地位，从而排除、限制国内汽车零部件市场的竞争。

---

[1] 参见刘武朝：《经营者集中附加限制性条件制度研究——类型、选择及实施》，中国法制出版社2014年版，第51~52页。

[2] 参见商务部〔2009〕第76号公告。

四、审查决定

商务部认为，此项经营者集中对中国汽车整车市场及其上游汽车零部件市场的竞争产生不利影响。但是，鉴于集中双方提出了足以减少集中对竞争产生不利影响的解决方案，商务部决定接受集中双方提出的解决方案，附加限制性条件批准此项经营者集中，具体条件如下：

第一，集中交易完成后，通用汽车、德尔福应当保证德尔福及其控股和实际控制的关联企业将继续对国内汽车厂商无歧视性地供货，并且承诺将一如既往地确保供货的及时性、可靠性及产品质量，确保在供货的价格和数量上依据市场规则和已达成的协议而定，不应附加会直接或间接排除、限制竞争的不合理条件；

第二，集中交易完成后，通用汽车不得非法寻求获得德尔福掌握的国内其他汽车厂商的竞争性保密信息，德尔福不得非法向通用汽车披露其掌握的国内其他汽车厂商的竞争性保密信息，双方不得以正式或非正式的方式非法相互交换和沟通第三方的竞争性保密信息；

第三，集中交易完成后，通用汽车、德尔福应当保证德尔福及其控股和实际控制的关联企业应客户的合法要求，配合客户平稳转换供应商，不得故意拖延或设置、主张限制性条件，以提高其他整车厂商的转换成本，从而达到限制竞争的效果；

第四，集中交易完成后，通用汽车应当对其所有汽车零部件的采购继续遵循多源供应和非歧视原则，在符合通用公司相关要求的条件下无歧视性地采购，不得专门制定对德尔福有利而对其他供应商不利的不合理条件。

四、限制性条件的选择

个案中，经营者集中产生的潜在竞争损害不同，选择妥当的限制性条件对于保障经营者集中救济的成功至关重要。

（一）选择限制性条件的基本原则

经营者集中救济实践中，相关市场竞争状况的复杂性常常导致反垄断执法机构附加的限制性条件无效。为避免救济失败，反垄断执法机构在选择限制性条件时应坚持如下原则：

第一，选择的限制性条件必须完全消除竞争问题，必须是全面和有效的。在杜邦案中，布伦南法官就指出，"反托拉斯救济全部问题的关键当然是找到将会有效维持竞争的措施。"[1]

第二，选择的限制性条件必须具有及时性，必须能够在短时间内得到有效的执行。限制性条件执行越及时，经营者集中潜在竞争损害被消解的可能性就越大。

第三，选择的限制性条件必须具有一定程度的确定性，以便于其顺利实施。结构性条件的确定性相对较高，反垄断执法机构对结构性条件进行监督的需求通常小于行为性条件。行为性救济条件必须有监督措施。

（二）不同类型的经营者集中案件中限制性条件的选择

第一，就横向集中而言，通常情况下，解决集中各方之间横向业务重叠竞争问题最常用的限制性条件是剥离。当然，在一定条件下行为救济措施在此类经营者集中中也可以适用。

第二，就纵向集中而言，纵向集中最常见的竞争问题是市场封锁。因此，授权获得基础设施、知识产权或者相关产品是最常适用的救济措施。在纵向竞争问题是由于竞争者之

---

[1] See United States v. E. I. Du Pont de Nemours & Co., 366 U. s. 316, 326 (1961).

间横向业务重叠而导致的情况下，如果竞争者中的一方已经在重叠市场的上游或下游开展经营，此时业务剥离或者其他形式的结构性措施也被认为是必要的。除封锁的风险外，纵向并购也可能引起集中后实体获得敏感商业信息的风险。因此，防火墙之类的救济措施也是经常适用的。

第三，就混合集中而言，解决潜在竞争风险的通常方式是业务剥离或者附加与业务剥离具有相似效果的救济措施，比如，不滥用市场支配地位的承诺等。

拓展阅读：数字经济领域经营者集中附加限制性条件的选择

反垄断法是控制企业并购的重要工具，设置合理的救济能在不否决并购的同时将竞争损害降到最低。数字经济领域的初创企业并购的竞争损害除表现为增强并购方的市场力量外，还可能导致被并购方产品或服务的价值减损甚至消失，也可能因并购对象涉及重要资源而产生市场封锁效果；在数字经济领域，初创企业并购还可能为自我优待创造条件，并导致用户信息的过度商业化利用或损害用户其他权益。

一般来说，救济措施的选择与并购类型紧密相关。救济措施的确定就是为了解决竞争损害的问题，二者必须相适应，有什么样的竞争损害，就要采取什么样的针对性救济措施。而不同类型的并购活动，竞争损害及其产生机制明显不同，因而需要施加不同的救济措施。在反垄断法理论与实践中，并购通常被分为横向、纵向和混合三类，数字经济领域企业并购也是如此。

如果数字经济领域的初创企业并购是横向的，目标产品、服务被"扼杀"或实质性减损的可能就大大增加，相应的救济措施就是要确保目标产品、服务的持续运营与有效存活。纵向并购与混合并购的竞争损害总体上比横向并购小，但损害的产生方式和表现形式更为复杂。相应的救济措施可以围绕着确保市场开放、防止利益冲突和保护用户权益展开。

基于上述竞争损害和救济理念而设置的救济措施，可以包括以下行为性救济：通过禁止"扼杀"与独立运营来确保被并购方产品或服务的有效存活，并限制并购方不当利用其因并购而增加的市场力量；通过确保市场开放来避免封锁效果，通过功能分离机制来削弱自我优待产生的可能性；同时对并购方施加数据独立要求并为用户提供更多选择，以更好地保护数字经济下的用户权益。结构性救济在初创企业并购中也有适用的可能性，但应受到较大限制，通常在行为性救济无效的情况下，如涉及横向并购且市场结构非常特殊，才应考虑资产或业务的结构性剥离，且在具体实施时应坚持"最小化剥离"的要求。[1]

五、限制性条件的实施、监督、变更以及解除

限制性条件的实施、监督、变更与解除均是经营者集中救济的核心环节，决定了经营者集中救济的具体效果。

（一）限制性条件的实施与监督

1. 限制性条件的实施。限制性条件确定后，反垄断执法机构和参与集中的经营者就要履行职责和承担相应的义务，充分践行经营者集中救济承诺，努力实现经营者集中救济承诺的目标。结构性条件成功实施的关键在于待剥离资产的买方要适当，待剥离资产应尽快完成剥离，在剥离前的过渡期内应注意确保待剥离资产价值的稳定。行为性条件成功实施的关键在于两方面的制度设计：首先是有效的监督机制；其次是对执行中出现的争议事项

---

[1] 参见焦海涛：《数字经济领域初创企业并购的反垄断法救济措施》，载《地方立法研究》2023年第1期。

设置快速仲裁机制。限制性条件的实施必须要有灵活的配套制度,以保证救济的顺利有效开展。

2. 限制性条件的监督。限制性条件的监督是指对经营者集中附加的限制性条件的制定和执行情况进行的检查和督促,是经营者集中救济具体执行的重要环节。经营者集中救济一旦启动,便会对反垄断执法机构、集中各方以及利害关系人等产生较大的影响,各方都需要投入一定的人力、物力、财力来应对自己面临的情势,最大程度地维护自身利益。对经营者集中救济活动进行监督是救济有效运作的保障。监督贯穿于救济的各个环节,对权力和权利的行使保持合法性的判断力,防止、控制和纠正经营者集中救济运作中的失误。同时,监督增强了反垄断执法机构、集中各方以及利害关系人等主体之间的互动,体现了经营者集中救济的制度优势,促进了救济目标的实现。

限制性条件的监督主要包括两类方式:反垄断执法机构自行监督与受托人监督。对此,《经营者集中审查规定》第44条第2款规定:"市场监管总局可以自行或者通过受托人对义务人履行限制性条件的行为进行监督检查。通过受托人监督检查的,市场监管总局应当在审查决定中予以明确……"

实践中,反垄断执法机构常通过受托人对义务人履行限制性条件的行为进行监督检查。就结构性条件履行情况的监督而言,受托人监督制度的核心价值在于:其一,建立受托人监督制度有助于实现业务剥离的有效性。在业务剥离过程中,当事人、买方和反垄断执法机构各自关注的侧重点不同,必然会产生各种各样的矛盾和利益冲突。作为制度运作主导的反垄断执法机构,其人力、物力和财力毕竟有限,而且,一些剥离业务可能涉及专业领域,反垄断执法机构难以胜任。由是,建立受托人监督制度,由其协助反垄断执法机构履行监督职责是非常必要的,这将有助于实现业务剥离的有效性。其二,建立受托人监督制度有助于及时反映和解决问题。虽然在实施资产剥离的过程中会遇到一些问题,但买方有时并不愿意主动向反垄断执法机构报告其所遭遇的困难。由于受托人拥有不受限制地进入合并当事人和买方设施的权限,并且可以及时地向反垄断执法机构报告各项情况,可以促使当事人和买方均积极地履行各自在资产剥离中的义务,因此,此制度还有利于问题得到及时、有效地解决,提高资产剥离实施的效率。其三,建立受托人监督制度有助于成功实现业务的剥离。受托人不仅具备足够的资历和经验,而且独立于当事人,在现阶段和将来都不能存在利益冲突,能够确保剥离业务的活力、市场适应力和竞争力,确保业务剥离顺利完成。[1]

相比结构性条件,行为性条件的确定和实施相对复杂、产生误解和争议的风险较大、救济谈判和执行的成本较高。因此,通过受托人对行为性条件履行情况进行监督更为必要。

(二) 限制性条件的变更与解除

对于附加限制性条件的经营者集中,条件的期限和解除方式直接影响义务人实际履行义务的时间以及限制性条件到期后义务人的经营和业务安排等,是限制性条件的关键构成,也是义务人和反垄断执法机构磋商的重点。

《经营者集中审查规定》第54条规定:"审查决定应当规定附加限制性条件的期限。根据审查决定,限制性条件到期自动解除的,经市场监管总局核查确认,义务人未违反审查决定的,限制性条件自动解除。义务人存在违反审查决定情形的,市场监管总局可以适当

---

[1] 参见刘武朝、时建中:《论经营者集中反垄断审查中的监督受托人——欧美的经验及借鉴》,载《河北法学》2014年第5期。

延长附加限制性条件的期限,并及时向社会公布。根据审查决定,限制性条件到期后义务人需要申请解除的,义务人应当提交书面申请并说明理由。市场监管总局评估后决定解除限制性条件的,应当及时向社会公布。限制性条件为剥离,经市场监管总局核查确认,义务人履行完成所有义务的,限制性条件自动解除。"此外,该规定第55条规定:"审查决定生效期间,市场监管总局可以主动或者应义务人申请对限制性条件进行重新审查,变更或者解除限制性条件。市场监管总局决定变更或者解除限制性条件的,应当及时向社会公布。市场监管总局变更或者解除限制性条件时,应当考虑下列因素:(一)集中交易方是否发生重大变化;(二)相关市场竞争状况是否发生实质性变化;(三)实施限制性条件是否无必要或者不可能;(四)应当考虑的其他因素。"需要注意的是,四类解除情形在对义务人的要求、解除程序、审查重点等方面有所不同。期限届满自动解除和义务履行完成自动解除需经反垄断执法机构核查确认,相关期限还可能因义务人存在违反审查决定的情形而延长。对于期限届满评估解除和决定生效期间解除,反垄断执法机构需进行评估并决定是否解除。评估期间,义务人仍需履行相关限制性条件。在评估中,反垄断执法机构主要考虑集中交易方是否发生重大变化、相关市场竞争状况是否发生了实质性变化、实施限制性条件是否无必要或不可能等因素。反垄断执法机构决定解除限制性条件的,应当及时向社会公布。《经营者集中审查规定》对相关内容予以明确,进一步提高了程序透明度和义务人的可预期性。

典型案件:解除联发科技股份有限公司吸收合并晨星半导体股份有限公司经营者集中限制性条件[1]

一、背景和审查程序

2013年8月27日,商务部发布2013年第61号公告(以下简称《公告》)附条件批准联发科技股份有限公司(简称联发科技)吸收合并开曼晨星半导体公司(简称开曼晨星),要求联发科技、开曼晨星和晨星半导体股份有限公司(以下简称晨星台湾)履行相关义务。2016年9月,联发科技和晨星台湾(以下合称当事方)提出解除《公告》附加的限制性条件的申请。2017年11月,当事方补充提交了新的理由和证据。

二、竞争分析

商务部评估认为,相关市场竞争状况已发生较大变化,解除限制性条件难以对市场竞争产生排除、限制的影响。

(一)当事方市场份额显著下降

根据《公告》,在中国液晶电视主控芯片市场,开曼晨星的市场份额为65%,联发科技的市场份额为15%,合计市场份额为80%。2013年以来,联发科技和晨星台湾市场份额持续下降。根据独立第三方数据,2017年上半年,在中国液晶电视主控芯片市场,晨星台湾市场份额约40%~45%,联发科技市场份额约5%~10%,合计低于50%,市场份额明显下降。

(二)新的竞争者进入相关市场

根据《公告》,在中国液晶电视主控芯片市场上,除联发科技和开曼晨星之外,其他市场参与者市场份额较小,新进入者不多。2013年以来,锐迪科、晶晨、海思陆续进入相关市场,联咏及瑞昱市场份额也不断上升,对当事方形成有效的竞争约束。根据独立第三方数据,2017年上半年,瑞昱、锐迪科、三星、联咏4家竞争者市场份额均约5%~10%,超

---

[1] 参见商务部〔2018〕第21号公告。

过联发科技。此外,海思、晶晨也对联发科技形成一定竞争约束。

(三) 下游电视机厂商对当事方依赖程度明显下降

根据《公告》,中国大陆六大电视机厂商均把联发科技和开曼晨星作为主要芯片供应商,对联发科技和开曼晨星存在一定依赖。2013年以来,随着市场新进入者的增加,中国电视机厂商与其他芯片供应商合作增多,近几年纷纷将国内数家芯片企业纳入其供应商体系,对联发科技和晨星台湾的依赖程度明显降低。

(四) 解除限制性条件可减少当事方重复投资和研发成本

当事方提出,由于限制性条件要求联发科技与晨星台湾承诺分别对电视芯片产品持续投入研发费用,开发相似竞争产品,导致双方对一些技术进行重复投资。解除限制性条件可减少当事方重复投资,降低研发成本。

(五)《公告》中考察的行业特征进一步显现

近年来,《公告》中所考察的行业特征及发展趋势进一步显现。其一,智能电视芯片的推广进程日益加快,电视芯片与手机芯片、电脑芯片的边界进一步模糊。其二,交易后,中国大陆电视机厂商开始寻求其他竞争者作为供货商,数家新的竞争者成功进入该市场。

三、审查决定

根据《反垄断法》(2007) 第27条、《关于经营者集中附加限制性条件的规定(试行)》(现已失效) 第25条、第26条、第27条、第28条,商务部决定解除《公告》附加的限制性条件。

第六节　简易程序

2018年,国家市场监督管理总局修订并颁布了《关于经营者集中简易案件申报的指导意见》。2023年,国家市场监督管理总局修订完成《经营者集中审查规定》,该规定第19条规定,符合法定情形的经营者集中,经营者可以作为简易案件申报,市场监管总局按照简易案件程序进行审查。上述法律规范从实体和程序两个层面初步确立了我国的反垄断经营者集中简易案件审查制度,从而进一步提高了我国经营者集中案件审查的程序效率,节省了执法资源。

一、简易程序的一般原理

(一) 简易程序的生成背景

自2008年我国《反垄断法》实施以来,反垄断执法机构审结的经营者集中案件数量很多,但真正可能存在排除、限制竞争效果,改变相关市场结构的经营者集中案件仅占全部经营者集中申报案件中的很小比例,简易案件的数量约占80%。[1] 在并购交易中,时间因素对于交易的重要性不言而喻,经营者集中案件的审查期限成为合并各方在申报过程中除竞争问题之外最为关心的事项。然而,绝大多数不存在排除、限制竞争效果的经营者集中案件却因适用了普通程序审查而造成程序效率低下,并购交易成本陡增。我国反垄断执法资源十分有限,确需将可以简单办理的案件分离出来,以集中精力审查更为复杂的案件,从而"将有限的资源用在更加重要的案件上"。简易程序的制度属性满足了反垄断执法机构

---

[1] 参见吴振国:《健全反垄断审查制度 推动经济高质量发展——〈经营者集中审查暂行规定〉解读》,载《中国市场监管报》2020年10月29日,第004版。

的这一迫切需求。它能够进一步提高经营者集中反垄断审查效率,缩短审查流程,减轻申报人的负担。正是在上述背景下,反垄断执法机构创设了简易案件审查程序。

(二)简易程序的制度价值

1. 加速资源流转,促进经济运行效率。经营者集中与市场竞争、消费者利益及社会整体福祉息息相关。对于那些不会产生负面竞争效果的经营者集中而言,反垄断执法机构快速审查通过,有助于参与集中的经营者尽快开展生产经营活动,加速资源流转,提高经济运行的效率,这在数字经济场景中尤为重要。

2. 提升审查效率、节约执法资源。效率是行政活动重要的价值追求之一,反垄断执法是行政执法的核心组成部分,提高执法效率也是反垄断执法最重要的价值追求之一。简易程序的设置将一些较为简单的集中案件快速"放过",这有助于反垄断执法机构以较少的时间消耗处理绝大多数的集中案件,从而将有限的人员投入到大案、要案的审查工作中去,提高经营者集中审查的质量。[1]

3. 降低申报人负担。除时间成本外,经营者在前期的申报材料准备上耗费的人力、物力、财力等也属于经营者集中申报的成本,对于简单的集中案件来说,这些成本的一部分是不必要的,属于资源的浪费,违反经济合理性。较之普通程序而言,简易程序要求提交的申报材料较少,可以有效降低这部分的成本,减轻申报人的负担,也间接提高了申报活动的效率。

二、适用简易程序的情形

(一)认定标准

为实现提升审查效率,节约程序资源的制度目的,简易案件审查制度需要从实体法角度确立简易案件的认定标准以使其区别于普通案件。通过建立认定标准,确保达到简易案件认定标准的大部分经营者集中案件不会产生排除、限制竞争效果,在缩短该类型经营者集中案件申报时间的同时,也有效保护了竞争秩序。《经营者集中审查规定》第19条分别从市场份额、合并方的横向和纵向关系、控制权取得的方式、相关市场的具体情况、集中对中国市场的影响等几个维度确定简易案件的认定标准,详见表9-2。

表9-2 简易案件认定标准

认定标准	具体规定
市场份额标准	横向集中:在同一相关市场,所有参与集中的经营者所占的市场份额之和小于15%。
	纵向集中:存在上下游关系的参与集中的经营者,在上下游市场所占的份额均小于25%。
	混合集中:不在同一相关市场、也不存在上下游关系的参与集中的经营者,在与交易有关的每个市场所占的份额均小于25%。

---

[1] 参见张世明:《经营者集中简易案件审查程序评议》,载《人大法律评论》2017年第1期。

续表

认定标准	具体规定
活动范围标准	参与集中的经营者在中国境外设立合营企业，合营企业不在中国境内从事经济活动。
	参与集中的经营者收购境外企业股权或资产的，该境外企业不在中国境内从事经济活动。
控制权变化标准	由两个以上经营者共同控制的合营企业，通过集中被其中一个或一个以上经营者控制。

（二）例外情形

根据《经营者集中审查规定》第20条，符合该规定第19条但存在下列情形之一的经营者集中，不视为简易案件：①由两个以上经营者共同控制的合营企业，通过集中被其中的一个经营者控制，该经营者与合营企业属于同一相关市场的竞争者，且市场份额之和大于15%的；②经营者集中涉及的相关市场难以界定的；③经营者集中对市场进入、技术进步可能产生不利影响的；④经营者集中对消费者和其他有关经营者可能产生不利影响的；⑤经营者集中对国民经济发展可能产生不利影响的；⑥市场监管总局认为可能对市场竞争产生不利影响的其他情形。

三、简易程序的申报与审查

《关于经营者集中简易案件申报的指导意见》第1条即明确规定："在正式申报前，经营者可以就拟申报的交易是否符合简易案件标准等问题向反垄断局申请商谈。商谈申请应以书面方式，通过传真、邮寄或专人递送等方式提交。商谈不是经营者集中简易案件申报的必经程序，经营者自行决定是否申请商谈。"本条规定确立了简单案件申报的基本流程。

（一）申报

对于符合简易案件标准的经营者集中，申报人可以申请作为简易案件申报；申报人未申请的，应作为非简易案件审查。

1. 申报义务人。简易案件的申报义务人的确立方法与普通案件的申报义务人的确立方法是一致的，即通过合并方式实施的经营者集中，合并各方均为申报义务人；其他情形下的经营者集中，取得控制权或者能够施加决定性影响的经营者为申报义务人，其他经营者予以配合。同一项经营者集中有多个申报义务人的，可以委托一个申报义务人申报。被委托的申报义务人未申报的，其他申报义务人不能免除申报义务。申报义务人未申报的，其他参与集中的经营者可以提出申报。申报人可以自行申报，也可以依法委托他人代理申报。[1]

2. 申报材料、文件。《关于经营者集中简易案件申报的指导意见》第3条规定："申报的文件、资料包括如下内容：（一）申报书。申报书应当载明参与集中的经营者的名称、住所、经营范围、预定实施集中的日期。申报人身份证明或注册登记证明，境外申报人须提交当地有关机构出具的公证和认证文件。集中委托代理人申报的，应当提交经申报人签字的授权委托书。（二）集中对相关市场竞争状况影响的说明。包括：集中交易概况；相关市

---

[1] 参见《经营者集中审查规定》第13条。

场界定；参与集中的经营者在相关市场的市场份额；主要竞争者及其市场份额；集中对相关市场竞争状况影响的效果评估及依据等。（三）集中协议。包括各种形式的集中协议文件，如协议书、合同以及相应的补充文件等。（四）参与集中的经营者经会计师事务所审计的上一会计年度财务会计报告。（五）反垄断局要求提交的其他文件资料。"

3. 立案与公示。《关于经营者集中简易案件申报的指导意见》第 7 条规定："经审核申报材料，符合简易案件标准的经营者集中，反垄断局按简易案件立案；不符合简易案件标准的经营者集中，申报人应按非简易案件重新申报。申报人提交的文件、资料不齐备、不完整或不准确的，应在反垄断局规定的时限内补充、修改、澄清或说明。"申报人在申报时应填报《经营者集中简易案件公示表》（以下简称《公示表》）。简易案件立案后，反垄断局将申报人《公示表》在国家市场监督管理总局网站予以公示，公示期为 10 日。在公示期内，任何单位和个人（第三方）均可对该案是否应被认定为简易案件向反垄断执法机构提交书面意见。第三方认为公示案件不应被认定为简易案件的，应在公示期内向反垄断执法机构提出异议，并提供相关证据和联系方法。反垄断执法机构应对第三方的意见和证据进行核实。对于没有提供联系方法或提供虚假联系方法，致使无法核实意见和证据的，反垄断局不予采信。

（二）审查

1. 审查标准。关于简易案件的审查标准，《反垄断法》《经营者集中审查规定》以及《关于经营者集中简易案件申报的指导意见》等法律文件均未作明确规定，本书认为，简易案件的审查也应遵循同普通案件一样的"排除、限制竞争效果"标准，反垄断执法机构在审查时要考量参与集中的经营者在相关市场的市场份额及其对市场的控制力、相关市场的集中度以及经营者集中对市场进入、技术进步的影响等因素综合判定。

2. 审查期限。目前，国家市场监管总局发布的有关集中案件简易程序的规定中没有涉及审查时限的内容。简易案件审理期限是否适用普通案件的决定期限？同时，简易案件是否需要在初步审查阶段就完成审查？从目前的条文规定来看，被认定为简易案件一般可以在初步审查阶段（立案后 30 日内）就完成审查。对此，无论将来立法对于简易程序的审查时限作出何种规定都应当基本遵循以下几个原则：其一，申报人可以向反垄断执法机构提出加快案件审查的要求，反垄断执法机构应予以考量；其二，反垄断执法机构有权根据案件具体情况决定审查时限；其三，简易案件的审查期限应当比普通案件短；其四，简易案件可以在初步审查阶段就宣告完成审查。

3. 审查决定。关于简易案件的审查决定，《反垄断法》《经营者集中审查规定》以及《关于经营者集中简易案件申报的指导意见》等法律文件均未明确规定。本书认为，简易程序的审查决定可以参照普通程序的审查决定执行，反垄断执法机构一般会在立案之日起 30 日内作出审查决定。

四、撤销简易案件立案的情形

关于简易案件的撤销，《关于经营者集中简易案件申报的指导意见》第 9 条第 3 款规定："反垄断局在审查时发现根据《规定》不应认定为简易案件的，应撤销简易案件认定，并要求申报人按非简易案件重新申报。"反垄断执法机构在立案前拟退回简易案件申请或立案后拟撤销简易案件认定时，应当充分听取申报人的意见，并对其提出的事实、理由和证据进行核实。

[本章参考文献]

（一）著作

1. 时建中主编：《反垄断法——法典释评与学理探源》，中国人民大学出版社2008年版。
2. 许光耀：《欧共体竞争法通论》，武汉大学出版社2006年版。
3. 韩伟：《经营者集中附条件法律问题研究》，法律出版社2013年版。
4. 丁茂中、林忠：《经营者集中控制制度的理论与实务》，复旦大学出版社2012年版。
5. 韩立余：《经营者集中救济制度》，高等教育出版社2011年版。
6. 王炳：《反垄断法中的经营者集中附条件许可问题研究：争议与反思》，中国政法大学出版社2015年版。
7. 李俊峰：《经营者集中反垄断救济措施运行机制研究》，上海大学出版社2015年版。
8. 袁日新：《经营者集中救济法律制度研究》，法律出版社2017年版。
9. 叶军：《经营者集中附条件研究——欧美反垄断法律移植和中国本土化经验》，法律出版社2022年版。
10. 陈肖盈：《经营者集中申报标准及其新经济时代应对》，法律出版社2022年版。

（二）论文

11. 时建中：《新〈反垄断法〉的现实意义与内容解读》，载《中国法律评论》2022年第4期。
12. 王晓晔：《市场界定在反垄断并购审查中的地位和作用》，载《中外法学》2018年第5期。
13. 刘武朝：《论经营者集中附限制性条件执行争议的仲裁适用》，载《河北法学》2013年第10期。
14. 孙晋：《谦抑理念下互联网服务行业经营者集中救济调适》，载《中国法学》2018年第6期。
15. 王晓晔：《〈中华人民共和国反垄断法〉中经营者集中的评析》，载《法学杂志》2008年第1期。
16. 王晓晔：《〈中华人民共和国反垄断法〉析评》，载《法学研究》2008年第4期。
17. 叶军：《经营者集中法律界定模式研究》，载《中国法学》2015年第5期。
18. 徐瑞阳：《论经营者集中申报标准实施机制的完善》，载《法学家》2016年第6期。
19. 孙晋：《数字平台垄断与数字竞争规则的建构》，载《法律科学（西北政法大学学报）》2021年第4期。
20. 王先林：《我国反垄断法修订完善的三个维度》，载《华东政法大学学报》2020年第2期。
21. 陈肖盈：《互联网领域未依法申报经营者集中的执法困境及其解决方案》，载《中国社会科学院研究生院学报》2020年第1期。
22. 段宏磊：《我国经营者集中分类分级审查制度的构建——以新〈反垄断法〉第37条为分析对象》，载《法商研究》2022年第6期。
23. 许光耀：《互补性产品间混合集中行为的反垄断法分析方法》，载《竞争政策研究》2017年第6期。
24. 王磊：《数据驱动型并购创新效应的反垄断审查》，载《北京大学学报（哲学社会科学版）》2022年第3期。

25. 韩伟:《经营者集中对创新影响的反垄断审查》,载《清华法学》2022年第4期。

26. 金美蓉、董艺琳:《经营者集中反垄断域外救济冲突与国际合作机制》载《法学家》2022年第2期。

27. Daniel. A. Crane, Herbert Hovenkamp, *The Making of Antitrust Policy*, Oxford University Press, 2012.

28. Geoffery G. Parker, Marshall W. Van Alstyne, Sangeet Paul Choudary, *Platform Revolution*, W. W. Norton & Company, 2016.

29. Ariel Ezrachi, Maurice E. Stucke, *Virtual Competition: The Promise and Perils of the Algorithm - Driven Economy*, Harvard University Press, 2016.

30. Tim Wu, The *Attention Merchants: The Epic Scramble to Get Inside Our Heads*, New York: Knopf, 2016.

31. Mats A. Bergman, Maria Jakobsson, Carlos Razo, "An econometric analysis of the European Commission's merger decisions", *International Journal of Industrial Organization*, Vol. 23, Iss. 9, 2005.

32. William E. Kovacic, Robert C. Marshall, Leslie M. Marx, Steven p. Schulenberg, "Quantitative Analysis of Coordina Effects", *Antitrust Law Journal*, Vol. 76, Iss. 2, 2009.

33. John E. Lopatka, "Market Definition?", *Review of Industrial Organization*, Vol. 39, Iss. 1/2, 2011.

34. Christopher R. Knittel, Konstantinos Metaxoglou, "Challenges in Merger Simulation Analysis", *The American Economic Review*, Vol. 101, Iss. 3, 2011.

35. Budzinski Oliver & Ruhmer Isabel, "Merger Simulation in Competition Policy: A Survey", *Journal of Competition Law & Economics*, Vol. 6, Iss. 2, 2010.

36. Roy J. Epstein, Daniel L. Rubinfeld, "Merger Simulation: A Simplified Approach with New Applications", *Antitrust Law Journal*, Vol. 69, Iss. 3, 2002.

37. Jean-Jacques Laffont, Patrick Rey, Jean Tirole, "Network Competition: I. Overview and Nondiscriminatory Pricing" *The Rand Journal of Economics*, Vol. 29, Iss. 1, 1998.

38. John E. Kwoka, Diana L. Moss, "Behavioral Merger Remedies: Evaluation and Implications for Antitrust Enforcement", *The Antitrust Bulletin*, Vol. 57, Iss. 4, 2012.

39. Genna Robb & Avias Ngwenya, "Theory and practice in the use of merger remedies: considering South African experience", *Journal of Economic and Financial Sciences*, Vol. 4, Iss. 3, 2011.

第十章　滥用行政权力排除、限制竞争

第一节　行政性垄断制度的基本原理

一、行政性垄断的概念

（一）行政性垄断的定义和特征

滥用行政权力排除、限制竞争，又称为行政性垄断，是指行政机关和法律、法规授权的具有管理公共事务职能的组织滥用行政权力，排除、限制竞争的行为。行政性垄断是我国学者为与传统的市场主体实施的经济性垄断行为相区分而抽象出来的一个概念，行政性垄断具有"行政性"和"垄断性"两个基本特征。我国《反垄断法》未将行政性垄断作为法条术语表述，而是使用了"滥用行政权力排除、限制竞争"的表达，也未对行政性垄断作出具体的概念界定。

1. 行政性垄断的"行政性"。"行政性"是指垄断行为的形成受行政权力影响。"行政性"是行政性垄断的形式要件，即垄断行为产生的影响因素。有学者指出，经济性垄断指向的影响力量是私权力，行政性垄断指向的影响力量是公权力，二者主要表现为形式上的差别。垄断行为之所以形成，主要在于行为主体在市场经济中处于优势地位，力量对比中的悬殊促使行为主体得以实现排除、限制竞争的效果。[1]"经济性"和"行政性"，表明了行为主体"市场力量"来源的本质差别，前者是市场经济发展运作的结果，后者则是因为行政干涉产生的结果。"行政性"指明行政权力为致使垄断行为产生的必要条件，其仅要求借助行政权力或其影响力的行为确实影响到了垄断的形成。基于此，除行政法律行为外，行政事实行为和实践中性质存在争议的与行政职权相关的其他行为，如政府采购，亦可以构成行政性垄断的力量来源。

一般认为，只要与行政权力有关的行为都符合"行政性"的要求，但是也有例外，比如国家垄断。国家垄断通常指中央政府依据国家有关的法律和相关经济政策而实施的合法垄断，行政性垄断的主体不包括国务院，但国务院下属的部委、社会公共组织等均属于行政性垄断的实施主体。"行政性"仅是对垄断行为产生的原因进行描述，并不意味行为主体仅限于行政主体。目前不少学者认为，《反垄断法》对于借助行政权力，获得市场优势地位的经营者缺乏规制。[2] 其实产生这一问题的原因在于，我国学界与实务界目前对"行政性"的理解过于偏狭，认为行政性垄断的行为主体仅指向行政主体。[3] 而借助行政便利的经营者在《反垄断法》中的定性不明，大多数情况下，此类经营者被认为是行政性垄断的

---

〔1〕　参见许身健：《行政性垄断的概念构造及立法完善——基于〈反垄断法（修正草案）〉的分析》，载《行政法学研究》2022年第3期。

〔2〕　参见王健：《我国行政性垄断法律责任的再造》，载《法学》2019年第6期。

〔3〕　参见王晓晔：《反垄断法》，法律出版社2011年版，第287页。

受益者，而不是行为者。因此，实践中对于借助行政便利的经营者的责任认定存在混乱，不少经营者借行政强制之名逃避了法律责任的承担。其实，经营者也可能参与到行政性垄断之中，其是否应该承担责任与其行为构成何种类型的垄断无关，重要的是其是否参与了垄断行为的形成。

行政性垄断主要存在两种模式：其一，行政主体的行为无需经营者的参与即可产生排除、限制竞争的影响，如行政主体限制外地商品流入本地，而本地经营者没有参与任何垄断行为。其二，行政主体的行为需要经营者的参与才可产生排除限制竞争的影响，如行政主体授权或强制经营者达成垄断协议。对于前者而言，即便经营者因行政性垄断而受益，但其因为没有从事垄断行为，故而不用承担法律责任。但对于后者而言，经营者与行政主体一起构成了行政性垄断中的相关主体，经营者不能回避相应的法律责任，尤其是在行政指导或政府采购等行政主体的行为没有约束力，或者需要行政主体与经营者达成双方合意的情况下，经营者对行政性垄断的形成具有不可推卸的责任。需要说明的是，在仅由行政主体承担法律责任的情形中，本地经营者自身不能做出任何垄断行为，否则也需要承担法律责任。也就是说，经营者本可以不参与行政性垄断的形成，但若其利用或寻求行政主体创造的客观条件，提高物价或者降低服务水平，进一步扩大行政性垄断的消极影响，则视为其参与了行政性垄断，此时经营者亦为行政性垄断的关联行为主体，需要与行政主体共同承担法律责任。

2. 行政性垄断的"垄断性"。"垄断性"要求行为产生或可能产生排除、限制竞争的效果。《反垄断法》第 2 条规定："中华人民共和国境内经济活动中的垄断行为，适用本法；中华人民共和国境外的垄断行为，对境内市场竞争产生排除、限制影响的，适用本法。"其中，"对竞争产生排除、限制影响"的表述可以推断出"垄断性"的构成要求行为满足效果要件。首先，对于国内垄断行为的效果要件，《反垄断法》虽然没有直接说明，但是部分规定已间接有所反映。比如其第 18 条第 2 款关于禁止经营者与交易相对人达成垄断协议的规定中新增了"经营者能够证明其不具有排除、限制竞争效果的，不予禁止"。因此，应认为我国立法是从行为效果的角度认定行为垄断性的。其次，不是所有排除、限制竞争的行为都可以产生"垄断性"的效果。排除、限制竞争的行为若要达到影响市场公平竞争机制正常运转的程度，需要经营者占据较大的市场份额或者具备明显的市场影响力。若经营者们达成的以固定商品价格、限制生产数量等为内容的协议，虽有排除、限制竞争之形，却无排除、限制竞争之实，便不宜被认定为具有"垄断性"。所以，"垄断性"的形成要以效果论。

（二）行政性垄断的分类

1. 抽象行政性垄断和具体行政性垄断。这种分类的依据是抽象行政行为与具体行政行为的分类。需要说明的是，抽象行政性垄断和具体行政性垄断实践中经常并存。换言之，一种行政性垄断可能表现为行政主体通过抽象行政行为和具体行政行为相结合的方式实施。抽象行政行为和具体行政行为的分类是我国立法和实务中广泛采用的分类方式，以此为标准划分行政性垄断有助于相关法律规范的协调。

抽象行政性垄断，指行政主体采用制定行政规章和一般规范性文件的方式实施的行政性垄断。这种垄断具有以下特点：其一，可反复适用。作为抽象行政性垄断载体的行政规章或者其他规范性文件能长时间地重复发生效力。其二，不可诉。即使抽象行政性垄断损害了行政相对人的具体权益，行政相对人也不能因此向法院提出诉讼。其三，行为危害性显著。有些行政主体在发布文件、命令时常常以"发展经济"为名义，这种行为的后果常常是使少部分市场主体得到利益而损害了多数人的利益，所以，其合法性应受质疑。

具体行政性垄断，指行政主体通过具体行政行为实施的垄断。这种垄断主要有两个特点：其一，针对具体的对象。具体行政性垄断一般针对某一或某些具体的经营者，对其应该享有的经营权利进行限制或者剥夺。其二，受害人可以申请行政复议或者行政诉讼，通过行政机关的审查或者法院介入来对这种具体行政行为进行纠正。正如具体行政行为与抽象行政行为的认定一直众说纷纭一样，具体行政性垄断和抽象行政性垄断的划分也是相对的。

2. 作为型行政性垄断和不作为型行政性垄断。作为型行政性垄断和不作为型行政性垄断是依据行政主体行为的表现来进行的一种划分。这种分类的理论意义在于从积极和消极两个方面对行政主体的行为进行规范。作为型行政性垄断指行政性垄断主体通过利用行政权力采取主动设置市场进入壁垒等多种方式来限制竞争的行为。比如当地政府通过发布政策命令对外地生产的汽车在税费缴纳、牌照管理上采用歧视性政策，这些都是以作为方式实施的垄断行为。

不作为型行政性垄断一般是指承担促进公平竞争的法定义务、拥有相应行政权力的主体，对于职权范围内存在的妨碍竞争的行为应该予以管理而没有管理的行为。这种不作为不是说没有任何行动，而是指没有履行法定的作为义务。很多情况下，行政性垄断主体的不作为能够产生限制竞争的效果，例如，地方政府部门对外地经营者在本地申请许可证不予办理，对本地经营者排斥外地经营者的行为予以纵容、包庇，限制或者排斥外地经营者、其他经济组织或个人参与本地市场竞争等。

（三）行政性垄断和经济性垄断的关系

经济性垄断主要是经营者利用其经济实力实施的限制竞争行为，是市场经济内生的、非体制性的垄断。[1] 行政性垄断是一个相对于经济性垄断而出现的概念。

1. 行政性垄断与经济性垄断的区别。

（1）垄断力的来源不同。行政性垄断的市场支配力量来源于行政权力，是行政主体运用行政权力对市场进行不当干预的行为，没有行政权力的介入就不能形成行政性垄断。但经济性垄断的市场力量多来源于经营者的自身积累。这是行政性垄断与经济性垄断的根本区别。

（2）行政性垄断相较于经济性垄断具有抽象性、隐蔽性的特点。行政性垄断常常披上程序合法的外衣，单纯从形式上看似乎不存在权力之滥用，因此，程序合法易成为行政机关和特定组织合法性抗辩的事由。但是从实质内容来看，其权力的行使产生了排除、限制竞争的效果，因此，也应该认定为行政性垄断。而经济性垄断行为的表现则比较具体，容易被市场所认知。

（3）产生的危害范围不同。经济性垄断阻碍了市场竞争机制的作用发挥，妨碍自由公平的市场经济秩序形成，侵犯了消费者的权益。然而行政性垄断除了具有经济性垄断所有的危害性外，还会导致公权力的寻租，导致政府公信力的丧失并带来很多社会不公问题。行政性垄断已经成为我国经济转轨过程中最严重的腐败形式之一。

（4）责任形成不同。由于行政性垄断主体的特殊性，有些责任设定效果不明显，如对公权机构罚款难以起到威慑效果，但法律责任的种类多样，很多责任形态完全可用在行政性垄断之上。法律责任一般包括声誉罚、行为罚和财产罚三种，这三种类型都可不同程度地适用于行政性垄断，但以声誉罚和行为罚为主。在声誉责任方面，可以对查处的行政性

---

[1] 参见时建中：《经济性垄断案件调查程序探讨》，载《工商行政管理》2006年第11期。

垄断统一公开，并辅以警告与通报批评的方式。在行为责任方面，可以对行政性垄断的实施者予以"责令改正"或"责令停止违法行为"。而经济性垄断的主要责任形式是财产罚。

2. 行政性垄断与经济性垄断的联系。

（1）有的垄断行为兼具行政性垄断和经济性垄断的特征。我国经济领域中存在法律、法规授权的具有管理公共事务职能的组织同时从事经营活动的现象，这些组织既享有行政权力，又可能具有市场支配地位，它们实施的垄断行为，有时比较难以区分是行政性垄断还是经济性垄断。

（2）行政性垄断和经济性垄断导致的损害竞争效果相同或相似。行政性垄断和经济性垄断的市场力量来源虽然不同，但两类垄断行为都会对市场产生相同或相似的破坏力。这种破坏力表现为对于市场竞争秩序的破坏，对于社会总福利的减损和对于消费者福利的损害。

二、行政性垄断产生的原因

（一）地区利益和部门利益是行政性垄断产生的主要原因

行政性垄断的实质，是行政主体受到利益的驱动，滥用行政权力排除、限制市场竞争。如为了促进本地经济增长、保护地方产业及获得更高的税收等目的，地方政府倾向于在本地设置有利于本地企业发展的政策条件，例如设置不合理的市场准入门槛，针对外来企业提出不合理的限制条件，甚至直接粗暴地禁止外地企业参与本地市场的竞争等。随着现代政府职能的不断扩展，行政性垄断造成的危害也越来越大，当下以GDP为基本衡量标准的政绩观，更是加剧了行政性垄断行为的发生。

行政性垄断行为不仅与宏观层面的产业政策密切相关，也与某些具体的产业政策相关，后者表现为各种优惠补贴政策，如地方政府对特定企业投资和产品的直接财政补贴、对招商引资的土地使用优惠、对宏观经济刺激的投资补贴，诸如此类要素市场扭曲的产业政策，会导致行政性垄断和不公平竞争的产生。

（二）寻租行为是行政性垄断产生的重要原因

企业由于受到行政权力的保护而获得稳定的超额利润，这种行政权力与超额利润的联系，给企业提供了极大的寻租空间[1]。一般来说，寻租主要来源于两个主体：一是行政性垄断受益经营者，它们为保护已获得的行政性垄断地位和垄断超额利润，会不断劝说和贿赂主管部门，以强化现有的行政性垄断政策；二是试图通过寻租进入该行业的潜在经营者，只要它们进入垄断行业所能获得的超额利润高于寻租成本，这种寻租行为就会不断进行下去。

实践中一些拥有国资背景的市场主体与主管部门为了追求不正当经济利益，形成了地区、部门或行业内的利益集团，为了实现集团利益而损害社会利益，减少社会总收入，扭曲破坏竞争。近年来，我国铁路、石油、银行等行业出现的重大腐败案件，和行政性垄断催生的寻租有着直接的关系。亚当·斯密曾在《国富论》中指出，垄断利润的诱惑将把资源引向对这些利润的攫取。具有垄断地位的企业的寻租是为了防止失去其现有的垄断行业的垄断福利，而潜在企业的寻租是为了获得这种垄断福利，可能受到损害的企业会极力通过寻租影响政府政策转向，以防止这种福利的转移。从全社会角度来看，寻租资源仅仅是

---

[1] 寻租是指利用资源通过政治过程获得特权从而构成对他人利益的损害，且该损害大于租金获得者收益的行为。参见过勇、胡鞍钢：《行政垄断、寻租与腐败——转型经济的腐败机理分析》，载《经济社会机制比较》2003年第2期。

用来阻止或促成福利的转移而不是增加财富，寻租行为导致了无用的资源消耗和无谓的福利损失，寻租成本既没有从寻租者的收益中得到补偿，也没有从被寻租者的收益中得到补偿。[1]

三、行政性垄断的危害

(一) 行政性垄断的竞争损害

1. 降低社会经济效率。行政性垄断对自由竞争的损害表现为降低了社会经济的效率，行政性垄断人为造成了市场进入壁垒，而以公权力为后盾的壁垒天生具备保护性特征，极难打破。地方政府为促进本地经营者的发展、提高本地经营者的运营效率而制定地方性保护政策，可能产生促进本地经济发展的效果，但是由于公平竞争的市场秩序被破坏，地方保护会对整个社会经济运行效率产生更大的损害。

同时，从行政性垄断行为主体的角度观之，行政机关和法律、法规授权的具有管理公共事务职能的组织并不以营利为目的，并且行政主体的工作人员基于自身利益的考虑，通常也不会把市场运行效率放在首位。此外，行政性垄断使得某些市场主体依靠行政权力的支持获取市场优势地位，资源的产出可能伴随着极大的资源浪费，损害了自由、公平的竞争秩序的同时，阻碍市场效率机能与优胜劣汰机制作用的正常发挥，与市场经济的本质要求不符。

2. 减损消费者福利。行政性垄断可能导致消费者选择商品或者服务的自由权利受到限制。由于能够进入某地市场的，或者占市场主要份额的商品是被保护企业的特定商品，消费者只能被迫从这些商品中做出选择，而这些商品相比其他企业的商品往往有着更高的价格，或者更差的质量。行政性垄断依靠行政强制力严重限制竞争、背离价值规律，在利益和权力结合的刚性影响下，资源配置效率大大降低，社会总产出减少，同时行政性垄断也会直接造成分配效率的下降，让消费者成为最大的受害者。

3. 破坏市场竞争秩序。行政性垄断会损害市场竞争秩序，相比于一些企业在自由竞争之后通过优胜劣汰所获得的垄断地位，行政性垄断并不是自由竞争的产物，而是行政主体滥用行政权力的结果。这种行为使得市场份额被不合理的分割，各地之间自由的商品流通被行政机关和社会组织通过行政手段不合理地阻断。地区间和行业间的行政性垄断，对横向市场和纵向市场进行分割，通过地域保护、行业垄断、强制交易、交叉补贴、市场封锁等方式滥用行政权力，导致了市场竞争秩序的破坏。

(二) 行政性垄断的其他危害

1. 滋生公权力腐败，损害政府公信力。从根本上来说，实施行政性垄断的目的是地区和部门的利益或者个人利益。行政性垄断的泛滥使得企业不再将全部时间和精力用于提高创新能力及管理水平上，而是会实施一些寻租行为，特别是要取得行政性垄断的保护。我国政治体制改革的目标在于建立政企的真正分离、让政府职能从直接管理向间接管理转化并建立廉洁、高效、自律的政府，而行政性垄断又恢复了政府对企业的不适当干预，并且这种不适当干预往往导致监管俘获[2]和企业寻租，从而使得政府的公信力下降。

---

[1] 参见许新华、罗清和：《行政垄断的经济学分析：根源、损失及破除》，载《深圳大学学报（人文社会科学版）》2015年第3期。

[2] 监督俘获是指政府建立管制起初，管制机构能独立运用权力公平管制，但在被管制者与管制者长期共存中，管制机构逐渐被管制对象通过各种手段和方法俘虏，管制机构最终会被产业所控制，为少数利益集团谋求超额利润，使真正的守法者损失利益，结果使被监管行业更加不公平，降低整体效率。

2. 破坏营商环境，损害社会公平。营商环境是一国治理能力、体制机制、社会环境、资源禀赋、基础设施和思想观念等因素的综合反映。只有良好的营商环境，才能吸引更多人才、资金、技术，才能释放市场活力、激发发展潜力、提升国际竞争力，推动经济社会高质量发展。行政性垄断往往通过"条块分割"和企业差别待遇等行政手段，直接阻碍企业之间的自由和公平的竞争。在这种情况下，自然难以期待出现有效竞争的良好秩序。[1]由于行政权力的介入，市场壁垒形成，市场仅对特定的企业开放，其他企业很难进入该地区或行业市场，因而市场竞争被扼杀，营商环境被破坏，市场配置资源的优势无法发挥，这不利于形成公平竞争的市场秩序，也损害了社会公平。

3. 导致"条块"分割，阻碍全国统一市场的形成。市场的开放和统一是社会主义市场经济体制的本质特征。由于行政性垄断的目的在于维护某一地区或部门的利益，该地区或该部门会被与其他地区或其他部门隔绝开来，形成地区经济封锁和部门经济封锁，从而直接阻碍和破坏全国性统一和开放市场的形成。要促进商品要素资源在更大范围内畅通流动，就要打破地方保护和市场分割，打通制约经济循环的关键堵点，而地方保护主义与市场分割等行政性垄断可能是阻碍我国经济健康发展、国内经济正向循环的关键堵点。

拓展阅读："行政垄断"和"行政性垄断"——从学术概念到政策概念

长期以来，"行政垄断"或"行政性垄断"仅仅作为学术概念被使用。早在改革开放之前，经济学界就使用着"行政垄断"一词，用来描述国家垄断资本主义[2]。改革开放初始，经济学界即在全新意义上使用"行政垄断"，视其为经济管理体制弊端之一[3]。上个世纪八十年代，法学界开始探讨对"行政垄断"的法律调整[4]。作为政策概念，"行政垄断"最早出现在《国务院关于实施西部大开发若干政策措施的通知》（国发〔2000〕33号）。该通知提出，"要进一步转变政府职能，实行政企分开，减少审批事项，简化办事程序，强化服务意识，消除行政垄断、地区封锁和保护，加强依法行政，保护投资者合法权益"。之后，"行政垄断"相继出现在党中央、国务院、全国人大发布的相关文件之中。例如，党的十八大报告、党的十八届三中全会通过的《中共中央关于全面深化改革若干重大问题的决定》《中共中央关于制定国民经济和社会发展第十三个五年规划的建议》、第十二届全国人民代表大会第四次会议批准的《中华人民共和国国民经济和社会发展第十三个五年规划纲要》等文件中，均使用了"行政垄断"这一表述。

作为一个学术概念，"行政性垄断"生成于上个世纪八十年代中期。法学界和经济学界是使用这一概念较多的两个学术领域。作为一个政策概念，"行政性垄断"最早出现在2005年10月11日党的十六届五中全会通过的《中共中央关于制定国民经济和社会发展第十一个五年规划的建议》之中。该建议提出，"推进现代市场体系建设。进一步打破行政性垄断和地区封锁，健全全国统一开放市场，推行现代流通方式"。之后，"行政性垄断"相继出现在党中央、国务院、全国人大发布的相关文件之中。例如，第十届全国人民代表大会第四次会议批准的《中华人民共和国国民经济和社会发展第十一个五年规划纲要》、党的

---

[1] 参见黄欣、周昀：《行政垄断与反垄断立法研究》，载《中国法学》2001年第3期。

[2] 在中国知网能够检索的最早文献为吴贻谷：《湖北经济学会政治经济学组讨论国家垄断资本主义问题》，载《江汉学报》1963年第11期。

[3] 在中国知网能够检索的最早文献为夏蔚莼：《企业应成为相对独立的商品生产者》，载《辽宁大学学报（哲学社会科学版）》1979年第4期。

[4] 在中国知网能够检索的最早文献为魏剑：《试论我国的反垄断立法》，载于《中外法学》1989年第3期。

十九大报告、党的十九届三中全会通过的《中共中央关于深化党和国家机构改革的决定》、党的二十大报告、《中共中央、国务院关于建立更加有效的区域协调发展新机制的意见》《中共中央、国务院关于构建更加完善的要素市场化配置体制机制的意见》《中共中央、国务院关于新时代加快完善社会主义市场经济体制的意见》等文件中，均使用了"行政性垄断"这一表述。

综上，"行政垄断"与"行政性垄断"，相继由学术概念转化为政策概念。无论作为学术概念还是政策概念，"行政垄断"与"行政性垄断"并无本质差异，经常换用。不过，为了推动表达的一致性，本书建议使用"行政性垄断"。

四、行政性垄断的认定

《反垄断法》第10条规定，行政机关和法律、法规授权的具有管理公共事务职能的组织不得滥用行政权力，排除、限制竞争。该条从主体、行为和效果三个方面，提供了认定行政性垄断的基本标准。

（一）主体

行政性垄断的实施者是行政主体，包括"行政机关"和"法律、法规授权的具有管理公共事务职能的组织"两类，但实践中，实施行政性垄断的主体更为复杂。

第一，行政性垄断的行为主体是行政主体，但经营者也可能参与到行政性垄断之中。由于目前《反垄断法》没有对经营者在行政性垄断中的身份属性进行明确规定，导致实践中对此类经营者的身份认定存在分歧，有将其认定为行政性垄断行为主体的，也有将其认定为经济性垄断行为主体的，还有认为该类经营者属于行政性垄断的受益者，不需要承担法律责任的。故应明确经营者在行政性垄断中的身份定位，解决其在行为认定与责任确立中的尴尬处境。

第二，行政主体的范围应与《行政诉讼法》对接。目前《反垄断法》与《行政诉讼法》在授权组织方面的规定不一致，《反垄断法》的表述为"法律、法规授权的组织"，《行政诉讼法》的表述为"法律、法规、规章授权的组织"。《反垄断法》中授权组织的范围应与《行政诉讼法》的规定相一致的理由为：首先，将授权组织的范围扩大至规章授权是2014年《行政诉讼法》修法时之规定。现代行政视角下我国的行政主体走向多元化，实践中普遍存在规章授权的现象，为使法律规定可以有效解决实践问题，立法扩大了授权组织的范围。相应地，《反垄断法》也应作相同规定。其次，我国没有统一的行政法总则或行政程序法，《行政诉讼法》对被告范围的规定实质体现了行政主体的范围。现阶段，我国《行政诉讼法》性质上虽为程序法，但实际上兼具实体法规定和程序法规定，对行政行为的规范产生着深远影响。《反垄断法》为规制行政性垄断，对行政主体的认定应当与《行政诉讼法》保持一致。

（二）行为

《反垄断法》以"滥用行政权力"作为行政性垄断的行为标准，《行政诉讼法》亦规定"滥用行政权力"侵犯公平竞争权属于行政诉讼受案范围。理论界对"滥用行政权力"有不同理解：有学者认为，滥用行政权力是一种不超出法定权限、不违反法定程序，只是动机与目的违法的行为；另一些学者认为，滥用行政权力是指行政机关的行为既不受实体法也不受程序法的约束，是行政主体在法定的权限范围内，随意行使拥有的行政职权造成危害后果的行政行为；还有学者认为超越职权行使权力也是滥用行政权力，这是指政府及其所属部门违反法律规定或者超越授予的权限和职责行使行政权力。[1] 对"滥用行政权力"的判断是认定行政性垄断的关键之一，而不同的理解极易造成行为认定或司法裁判的不统一。

1. 行为模式包含积极的作为与消极的不作为。"滥用"一词系《反垄断法》对行政性垄断行为模式的定义。从词性上来说，"滥用"是动词，且《反垄断法》还列举了行政性垄断的几种具体表现形式，均使用了"采取""实施"等词汇，容易使人片面地理解为行政性垄断都是以"积极作为"的方式实施，而忽视实践中存在的以"不积极作为"的方式排除、限制竞争的行政行为，包括行政主体对要求查处他人不正当行为的请求不予答复或拖延履行以及拒绝履行相应的法定职责。在《行政诉讼法》已明确将行政性垄断纳入受案范围且未对行为模式作出特别规定的情形下，应当认定不作为的行政性垄断具有可诉性。

2. 行为违法性主要在于缺乏法律、国家政策的依据或者程序违法。根据法律保留原则，作为行政主体，法无授权不可为，任何行政权力的行使都必须具有法律依据并且符合法定程序原则、比例原则。全国人大常委会法工委和国务院法制办在《中华人民共和国反垄断法注释本》中对"什么样的行为构成滥用行政权力"作出了解释。[2] 可见，具有法律和国家政策依据的排除、限制竞争行为并不在《反垄断法》的规制范围内。

在斯维尔诉广东省教育厅侵犯公平竞争权案中，对于广东省教育厅在涉案赛项中指定独家使用广联达公司相关软件的行为是否构成滥用行政权力的问题，判决开创性地引入了正当程序原则，将其作为判断行政机关是否依法行政的一项重要指标，同时还明确"在法律未有明确规定行政行为应遵循何种法定程序的情况下，行政机关仍应当经过公平、公开的竞争性选择程序，否则依然构成权力滥用"。可见，《行政诉讼法》与《中华人民共和国行政复议法》（以下简称《行政复议法》）中对行政程序的审查以"程序是否合法"作为审理依据，而程序违法就会导致行政行为的违法，故对于"滥用行政权力"的判断，不可忽视行政行为所应遵循的程序。由于大量的行政行为并无具体的程序性法律规定，在法定程序缺失的情形下，正当程序原则亦应作为司法审查标准予以相应规范。

综上，所谓"滥用行政权力"大概是指行政主体在履职的过程中违背立法目的、考虑了不应当考虑的因素、未考虑应当考虑的因素、反复无常、程序违法等，侵犯了当事人合法权益的行政行为。通常表现为两种情况：一是不认真行使职责范围内的权力；二是过度运用职责范围内的权力。

（三）效果

行政主体滥用行政权力的行为是否行构成行政性垄断，还要考察该行为是否产生了或者可能产生"排除、限制竞争"的效果。从理论上看，只要某种行为可能产生排除、限制竞争的效果，就进入了反垄断法的调整范围。在法律适用中，这是第一步需要解决的问题。至于行为人为什么会实施这种行为，该行为的产生是否存在合法的权力来源或其他正当性依据，则属于法律适用的第二步，即考察限制竞争效果的产生是否具有合理性，在反垄断法上体现为豁免制度。

---

[1] 参见问清泓:《行政性垄断之定义研究》，载《理论月刊》2004年第6期。
[2] 全国人大常委会法工委和国务院法制办在《中华人民共和国反垄断法注释本》一书中对"什么样的行为构成滥用行政权力"的解释是，"一般应当考虑该行为是否具有法律或国家政策的依据，如果行政机关和法律法规授权的具有管理公共事务职能的组织的行为是依照法律或者国家政策做出的，即使具有排除、限制竞争的效果，也不属于滥用行政权力的行为"。

在我国《反垄断法》中，其他垄断行为的认定基本也遵循"两步走"的分析方法，即先分析消极效果，再看积极效果（豁免制度或例外制度）。唯独在行政性垄断控制制度中，学界实务界似乎认为"滥用行政权力"不会产生促进竞争的效果。这就导致行政性垄断的分析框架与其他垄断行为明显不同——只有一步判断且过于绝对，既没有将所有可能产生排除、限制竞争效果的行政性垄断包含进来，也没有考虑到行政性垄断的合理性分析。从理论上看，在行政性垄断的认定中除应考虑是否存在权力滥用之外，还有其他诸多因素也应当考虑。

第二节 我国行政性垄断的类型

一、滥用行政权力限定交易

（一）滥用行政权力限定交易的含义

《反垄断法》第39条规定："行政机关和法律、法规授权的具有管理公共事务职能的组织不得滥用行政权力，限定或者变相限定单位或者个人经营、购买、使用其指定的经营者提供的商品。"根据此条规定，限定交易可以表现为直接的限定交易和间接的限定交易两种类型。

直接的限定交易是指行政主体以文件或者其他公开形式，通过其单方面意志确定由特定经营者提供商品或服务，并要求他人购买或使用其指定的经营者的商品或服务的行为。间接的限定交易是指行政主体滥用行政权力，对他人的选择决定权进行限制，从而达到限定他人购买或使用其指定经营者的商品或服务目的的行为。间接的限定交易通常是事先确定了一个符合特定经营者特点的标准或行政主体单方提出一个冠冕堂皇的理由，看似针对所有竞争者，实则使得特定经营者符合该确定条件，从而排除其他单位和个人的经营、购买或使用商品的选择权。[1]

违法的行政限定交易行为必须满足以下构成要件：其一，限定交易行为的主体必须是行政机关以及法律、法规授权的具有管理公共事务职能的组织，这有效区别于完全由具有市场支配地位的经营者实施限定交易的行为。其二，行政主体滥用行政权力，实施了限定交易行为。对于具备行政职能的主体而言，其自身不直接参与生产、经营活动，无法通过正常的经营活动获利，但却可以通过与市场经营者合作，强迫行政相对人与自己指定的合作者进行交易从而获取非法利益。实际上，此时行政主体和行政相对人属于传统的行政关系，而行政相对人和第三人之间虽然是交易关系，但却是通过被迫而达成的。[2] 通过这一方式，第三人在市场中能轻松获得更多的交易机会，赚取丰厚利润；行政主体也能得到第三人的"回馈"，从而在损害行政相对人合法利益的情况下获利。其三，该行为使市场主体丧失经营的自由选择，损害了竞争秩序，即具有排除、限制竞争的效果。这要求限定交易行为对市场竞争和社会总产出产生实质上的负面影响，即排除、限制竞争最终导致社会总产出减少，才能认定其构成限定交易行为而非合理的市场手段。[3]

---

[1] 参见刘继峰：《竞争法学》，北京大学出版社2018年版，第241页。
[2] 参见许光耀：《反垄断法上的行政垄断分析》，载《行政管理改革》2014年第11期。
[3] 参见王文君、许光耀：《行政垄断中限定交易行为的反垄断法分析——对〈反垄断法〉第32条的解读》，载《中国物价》2016年第1期。

（二）滥用行政权力限定交易的表现和危害

根据《制止滥用行政权力排除、限制竞争行为规定》第 4 条的规定，限定交易行为主要有以下实现手段：①以明确要求、暗示、拒绝或者拖延行政审批、备案、重复检查、不予接入平台或者网络等方式，限定或者变相限定经营、购买、使用特定经营者提供的商品；②通过限制投标人所在地、所有制形式、组织形式等方式，限定或者变相限定经营、购买、使用特定经营者提供的商品；③通过设置不合理的项目库、名录库、备选库、资格库等方式，限定或者变相限定经营、购买、使用特定经营者提供的商品；④限定或者变相限定单位或者个人经营、购买、使用其指定的经营者提供的商品的其他行为。

滥用行政权力限定交易主要有以下危害：

第一，滥用行政权力限定交易侵害了市场主体的交易自由和竞争自由等权利，与市场经济所秉持的自由、平等、竞争的价值完全相悖。我国《宪法》第 15 条明确规定，国家实行社会主义市场经济。在不违反法律、法规等强制性规定的前提下，作为市场主体的生产者、经营者和消费者，其在市场中的活动是完全自由和平等的，经营自由、竞争自由和消费自由是其作为市场主体的基本权利。但是，行政主体滥用行政权力限定交易剥夺了经营者的经营自由，剥夺了生产者的生产自由，也剥夺了消费者的消费自由，侵害了其他经营者的竞争自由，使其他经营者无法与行政机关或法律、法规授权的具有管理公共事务职能的组织指定的经营者展开公平竞争，构成对市场交易活动的不当干预，侵害了各市场主体的合法权益。

第二，滥用行政权力限定交易侵害了消费者的合法权益。消费者也是市场主体之一，之所以将消费者单列加以强调，是因为消费者是市场活动中的弱势群体，主要表现为消费者多是分散孤立的个人、消费者个人的经济实力弱、消费者能够保护自己的手段弱。行政限定交易限制消费者只能购买或使用指定的商品，剥夺了消费者的自主选择权和公平交易权，侵害了我国《消费者权益保护法》所赋予消费者的权利。

第三，滥用行政权力限定交易也侵害了市场交易的规则，甚至扰乱了社会经济秩序，因而也侵害了社会整体利益。市场交易是依照市场经济固有的自由、平等规则进行的，任何组织和个人若不当干预或扭曲市场规则，必将扰乱市场经济秩序。我国《宪法》第 15 条第 3 款明确规定，国家依法禁止任何组织或者个人扰乱社会经济秩序。

典型案件：甘肃省应急管理厅滥用行政权力排除、限制竞争行为[1]

2022 年 6 月 23 日，市场监管总局根据举报，依法对甘肃省应急管理厅涉嫌滥用行政权力排除、限制竞争行为立案调查。

经查，2021 年 12 月 29 日，当事人印发《关于进一步推进全省应急管理高危行业领域安全生产责任保险工作的通知》（甘应急规财〔2021〕155 号），指定 2 家保险经纪公司为甘肃省矿山、危险化学品、烟花爆竹、金属冶金四个行业领域安全生产责任保险经纪机构，明确 10 家保险机构为甘肃省应急管理有关高危行业领域安全生产责任保险承保机构，要求相关企业在上述保险机构进行投保，并将有关安全生产责任保险工作纳入甘肃省安全委员会办公室对市、州的年度考核内容，对推进不力、与其文件精神不一致等问题，做扣分处

---

[1] 参见《2022 年制止滥用行政权力排除、限制竞争执法专项行动案件（第三批）》，载 https：//www.samr.gov.cn/jzxts/tzgg/qlpc/art/2023/art_5d6eee4d35c84ffb803b0be6970e0632.html，最后访问日期：2023 年 4 月 18 日。

理并责令整改。

市场监管总局认为,当事人在推动有关高危行业领域安全生产责任保险过程中,没有法律法规依据,制定印发文件直接为相关行业企业指定保险经纪机构和保险承保机构,并制定相应的考核举措推动文件执行,剥夺了有关行业企业的自主选择权,限制了该地区安全生产责任保险经纪服务市场和保险服务市场的充分有效竞争,并且使得潜在进入者在一定时期内难以进入相关市场,降低了相关市场的竞争程度,不利于更好发挥市场竞争机制的优胜劣汰和创新激励功能,排除、限制了市场公平竞争,违反了《反垄断法》第39条"行政机关和法律、法规授权的具有管理公共事务职能的组织不得滥用行政权力,限定或者变相限定单位或者个人经营、购买、使用其指定的经营者提供的商品"和第45条"行政机关和法律、法规授权的具有管理公共事务职能的组织不得滥用行政权力,制定含有排除、限制竞争内容的规定"之规定,构成滥用行政权力排除、限制竞争行为。

调查期间,当事人主动改正有关违法行为,消除相关后果,印发2022第24号《公告》将原文件废止,解除与有关保险经纪公司的协议,并召开党委会专题学习《反垄断法》等法律法规,举一反三,要求今后制定涉及市场主体经济活动的政策措施过程中,严格落实公平竞争审查制度,防止排除、限制市场竞争。

二、协议型不平等待遇行为

(一)协议型不平等待遇行为的含义

《反垄断法》第40条规定:"行政机关和法律、法规授权的具有管理公共事务职能的组织不得滥用行政权力,通过与经营者签订合作协议、备忘录等方式,妨碍其他经营者进入相关市场或者对其他经营者实行不平等待遇,排除、限制竞争。"

《反垄断法》第39条是对行政限定交易的规定,用于规制滥用行政权力,限定或者变相限定单位或者个人经营、购买、使用其指定的经营者提供的商品的行为。但是在实践中,行政机关限定提供产品或服务的经营者的方式远比第39条中的限定或变相限定更加丰富,还包括通过达成合意、招投标等方式,选定特定经营者进入相关市场,排除其他经营者进入市场,或者对其他经营者在待遇上予以区别对待等行为。此类行为实现的效果也不局限于排除某一产品的竞争,而是排除了整个相关市场的进入和竞争。对此,2022年修改的《反垄断法》新增第40条,很大程度弥补了第39条的局限。这类行为具有以下特点:

1. 从行为上看,行政权力行使的手段更柔和。本条所称的"签订合作协议、备忘录等方式"针对的是直接发布文件进行指定以外的方式,这些方式往往在表面上体现为与经营者基于双方意思表示,通过签订协议、备忘录等方式达成合意,在手段上更为柔和,但本质上仍然是凭借行政权力实施限定的行为。

2. 从效果上看,行为排除了整个相关市场的进入和竞争。第40条规定的行为项下,尽管行政主体表面上采用与经营者协商的方式,但其与经营者达成的协议仍具有明显的行政管理属性,或者涉及对特定相关市场准入的内容。最终导致的结果往往体现为选定特定经营者进入相关市场提供产品或服务,其他竞争者因此丧失进入相关市场竞争的机会;或者给予特定的经营者优待,使其他经营者无法在相关市场有效参与竞争,从而实现对其他经营者的"自然淘汰"。因此,此类行为尽管在手段上较为柔和,但其造成影响范围绝不限于个别项目、个别产品竞争,而是导致整个相关市场的进入和竞争被长期破坏。

(二)协议型不平等待遇行为的主要表现

行政主体基于行政权力具备市场力量,当其与经营者达成合作协议而非直接下达行政指令时，便会妨碍其他经营者进入相关市场或者对其他经营者实行不平等待遇，进而排除、限制竞争。根据以往的实践，该行为主要表现为四种形式：

1. 签订合作协议、备忘录。在以往的政商合作实践中，行政主体可能会在合作中滥用行政权力，在合作协议或备忘录中制定有利于合作企业的条款，妨碍其他经营者参与竞争，损害其他市场主体的利益。这种行政权力滥用行为已经给地方经济发展带来了负面影响，应当及时进行规范。

2. 签订特许经营协议。基于自然垄断、公共服务行业等存在不宜实行自由竞争的特点，行政机关可以依法授权特定的经营者从事特许经营活动。实践中，有些行政主体在无法律、法规授权的情况下滥用行政权力，在不具备自然垄断和公共服务性质的行业上和经营者签订特许经营协议而产生排除、限制竞争的效果，应当进行规范。

3. 举办招投标、竞争性磋商活动。在招投标和竞争性磋商活动中，行政主体经常希望通过引入事前竞争来促进采购等活动的高效开展。但在行政性垄断的情况下，行政主体往往只是将上述活动作为幌子，最终将造成仅有特定经营者进入相关市场，而其他经营者则在一定时期内失去了参与市场竞争的机会。

4. 以合作、委托等方式通过特定第三方选定经营者。在实践中，还存在行政主体通过与某些企业合作或委托等形式，以企业的名义开展招投标等活动而选择特定经营者进入相关市场的情形。这类行为虽然表面上行政主体没有参与，行政主体看似也可以借此逃避责任，但行政主体的行政权力在经济活动中起到了非常重要甚至是决定性的作用。因此，行政主体借企业之手实现了确定特定经营者的目的，最终仍产生了排除、限制竞争的结果，也应当进行规范。

典型案件：牡丹江市城市管理综合执法局滥用行政权力排除、限制竞争行为[1]

2022年7月31日，黑龙江省市场监管局依法对牡丹江市城市管理综合执法局涉嫌滥用行政权力排除、限制竞争行为立案调查。

经查，2022年3月15日，当事人与某科技有限公司签订的《共享单车规范停放管理协议》，规定"乙方应当严格按照《牡丹江共享单车及助力车投放可行性报告》进行车辆投放，乙方通过规模发展、优质服务、公平竞争等市场手段扩大市场份额，直至饱和，保证牡丹江市场需求和车辆供给"。

黑龙江省市场监管局认为，当事人与某科技有限公司签订合同，约定只由该企业提供牡丹江市共享单车市场服务，排除、限制了其他具有相应资质和服务能力的企业参与牡丹江市共享单车市场的竞争，剥夺了消费者的自主选择权。当事人的上述行为违反了《反垄断法》第40条"行政机关和法律、法规授权的具有管理公共事务职能的组织不得滥用行政权力，通过与经营者签订合作协议、备忘录等方式，妨碍其他经营者进入相关市场或者对其他经营者实行不平等待遇，排除、限制竞争"的规定，构成滥用行政权力排除、限制竞争行为。

调查期间，当事人积极整改，消除不良影响，解除相关协议，发布"欢迎共享单车企业到我市考察入驻经营"的通知，并在牡丹江市人民政府官网公布。当事人向黑龙江省市

---

[1] 参见《2022年制止滥用行政权力排除、限制竞争执法专项行动案件（第五批）》，载https：//www.samr.gov.cn/jzxts/tzgg/qlpc/ant/2023/ant_632ec8e460764dc483c12fabcbbe5898.html，最后访问日期：2023年4月18日。

场监管局提交了整改报告,表示将严格执行公平竞争审查制度,凡涉及市场主体经济活动的政策措施必须经过公平竞争审查,防止出现排除、限制竞争情况。

三、妨碍商品在地区之间自由流通

(一)妨碍商品在地区之间自由流通的含义

妨碍商品在地区之间自由流通是指某一地区的政府及其所属部门为保护本地企业和地方经济利益,滥用行政权力而实施的排除、限制外地企业参与本地市场竞争或本地企业参与外地市场竞争,损害其他经营者和消费者权益,危害社会公共利益的违法行为。其多由地方政府以命令、文件和通知等方式作出。妨碍商品在地区之间自由流通的行为有以下特征:其一,主体具有公共性,即拥有行政管理职能的公共权力机构,主要是行政机关和法律、法规授权的具有管理公共事务职能的组织。其二,范围具有局限性。妨碍商品在地区之间自由流通的实施主体和行为的获利者通常局限在一定的地域范围内,主要为维护特定地区的局部利益。其三,目的具有多样性。行政主体实施这一行为不仅为谋求经济利益,还可能具备追求政绩、寻租等多方面目的。其四,对竞争具有实质限制性。妨碍商品在地区之间自由流通使竞争者无法自由加入或退出市场,破坏了公平竞争的市场环境。其五,行为效力具有强制性。由于行政主体的行政行为在依法撤销前对行政相对人具有强制执行的效力,因此,行政相对人必须服从。

随着地方政府干预本地经济能力的增强以及经济意识的提升,地方政府独享本地经济发展成果的意愿也显著增强。尤其在一些具备较强竞争优势及资源禀赋的行业,地方政府通常希望通过自身投资整体提升本地企业的竞争能力,继而对外部企业从经济上形成挤压,以保证其获得与自身投资相对应的经济发展成果。[1] 作为当地制度和政策的制定者,行政机关和法律、法规授权的具有管理公共事务职能的组织完全有能力实现上述目的。常见的手段是通过制定地区性行政垄断措施,从而对本地经营者给予保护,而对外地经营者进行限制,进而促进本地优势行业的发展。例如,行政主体通过设立关卡、以行政手段对外地商品进行扣押、对外地商品实行价格标准歧视、设置行政许可等行为限制商品在地区间的自由流通,从而使外地经营者的产品或服务难以进入本地市场,最终实现地方保护的目的。[2]

(二)妨碍商品在地区之间自由流通行为的表现

《反垄断法》第41条对妨碍商品在地区之间自由流通行为的表现进行了不完全列举。

1. 对外地商品设定歧视性收费项目、实行歧视性收费标准,或者规定歧视性价格。所谓"外地"是指对于行政机关和法律、法规授权的具有管理公共事务职能的组织所辖行政区域之外的地区。所谓"歧视性",是指有意识地采取不同于本地商品且比本地商品更严格的标准,或者采取比本地商品更高的价格和收费等,使外地商品无法与本地商品处于公平竞争地位。

2. 对外地商品采取与本地同类商品不同的技术要求、检验标准,或者对外地商品采取重复检验、重复认证等歧视性技术措施,限制外地商品进入本地市场。这种形式的特点是

---

[1] 张卫国、任燕燕、花小安:《地方政府投资行为、地区性行政垄断与经济增长——基于转型期中国省级面板数据的分析》,载《经济研究》2011年第8期。

[2] 姜琪:《行政垄断如何影响中国的经济增长?——基于细分视角的动态分析框架》,载《经济评论》2015年第1期。

通过对外地商品采取歧视性的技术措施实现目的。具体的手段包括：一是采取与本地的同类商品不同的技术要求和检验标准，二是通过对外地商品进行重复检验、重复认证等措施。从而有意限制外地商品进入本地市场，对外地商品在本地的市场准入设置人为障碍。

3. 采取专门针对外地商品的审批、许可等手段，限制外地商品进入本地市场。行政审批和许可本是市场准入的重要环节，应严格依照相关的程序和实体规定进行，不得滥用，否则审批权和许可权就可能异化为保护地方利益的工具。这里的审批和许可手段是专门针对外地商品的，目的在于限制外地商品进入本地市场，因此，较易判断和识别。

4. 采取设置关卡或者其他手段，阻碍外地商品进入或者本地商品运出。设置关卡本是监控商品流通的一项措施，可以防范商品流通中的风险。但如果有意识地利用设置关卡等手段阻碍正常的商品流通，就构成了本条所禁止的行政性垄断行为。

5. 妨碍商品在地区之间自由流通的其他行为。除了前述列举的行为方式外，只要妨碍了商品在地区之间的自由流通，都同样属于地区封锁行为，应加以禁止。尤其值得提及的是，《国务院关于禁止在市场经济活动中实行地区封锁的规定》第4条对妨碍商品在地区间流通的行为作了较为详尽的规定，既包含了《反垄断法》第41条所列举的行为，也规定了其他行为样态，具体包括：①以任何方式限定、变相限定单位或者个人只能经营、购买、使用本地生产的产品或者只能接受本地企业、指定企业、其他经济组织或者个人提供的服务；②在道路、车站、港口、航空港或者本行政区域边界设置关卡，阻碍外地产品进入或者本地产品运出；③对外地产品或者服务设定歧视性收费项目、规定歧视性价格，或者实行歧视性收费标准；④对外地产品或者服务采取与本地同类产品或者服务不同的技术要求、检验标准，或者对外地产品或者服务采取重复检验、重复认证等歧视性技术措施，限制外地产品或者服务进入本地市场；⑤采取专门针对外地产品或者服务的专营、专卖、审批、许可等手段，实行歧视性待遇，限制外地产品或者服务进入本地市场；⑥通过设定歧视性资质要求、评审标准或者不依法发布信息等方式限制或者排斥外地企业、其他经济组织或者个人参加本地的招投标活动；⑦以采取同本地企业、其他经济组织或者个人不平等的待遇等方式，限制或者排斥外地企业、其他经济组织或者个人在本地投资或者设立分支机构，或者对外地企业、其他经济组织或者个人在本地的投资或者设立的分支机构实行歧视性待遇，侵害其合法权益；⑧实行地区封锁的其他行为。

典型案件：河北省交通运输厅等滥用行政权力排除、限制竞争行为[1]

2013年10月，河北省交通运输厅、物价局和财政厅联合下发《关于统一全省收费公路客运班车通行费车型分类标准的通知》（冀交公〔2013〕548号），确定自2013年12月1日起，调整全省收费公路车辆通行费车型分类，并对本省客运班车实行通行费优惠政策。客运班车通过办理高速公路ETC卡或者月票，按照计费额的50%给予优惠。2013年10月30日，河北省交通运输厅下发《关于贯彻落实全省收费公路客运班车通行费车型分类标准有关事宜的通知》（冀交公〔2013〕574号）进一步明确规定，优惠政策"只适用于本省经道路运输管理机构批准，有固定运营线路的客运班线车辆。"

据调查，通行费支出对经营者收益率影响较大。根据某运输公司测算的数据，高速公路通行费占其总收入的比重约为10%~20%。河北省有关部门对本省客运班车实行通行费优

---

[1] 参见《河北几部门违反〈反垄断法〉发展改革委建议纠正》，载http://www.gov.cn/xinwen/2014-09/26/content_2756875.htm，最后访问日期：2023年4月18日。

惠政策，其实质是对本省客运班车经营者按照通行费额给予经济补偿，使河北省客运班车经营者的通行费成本大幅低于其他省份相关经营者，导致外省经营者处于不利的竞争地位。以天津至石家庄线路为例，天津公司单程需缴纳通行费 360 元，与之对开的河北省公司缴纳 180 元，单次差额 180 元。据天津一运输公司测算，仅这一线路天津公司比河北公司每年多支出 130 余万元。

河北省有关部门的上述做法，损害了河北省客运班车经营者与外省同一线路经营者之间的公平竞争，违反了《反垄断法》"行政机关和法律、法规授权的具有管理公共事务职能的组织不得滥用行政权力，排除、限制竞争"规定，属于《反垄断法》（2007 年）第 33 条第 1 项所列"对外地商品设定歧视性收费项目、实行歧视性收费标准，或者规定歧视性价格"行为。

国家发展和改革委员会就相关问题与交通运输部进行了沟通确认，并依据《反垄断法》相关规定，向河北省人民政府办公厅发出执法建议函，建议其责令交通运输厅等有关部门改正相关行为，对在本省内定点定线运行的所有客运企业，在通行费上给予公平待遇。通过改正相关行为，保证了所有客运企业之间的公平竞争。

四、阻碍经营者参加招标投标等活动

（一）阻碍经营者参加招标投标等活动的含义

《反垄断法》第 42 条规定："行政机关和法律、法规授权的具有管理公共事务职能的组织不得滥用行政权力，以设定歧视性资质要求、评审标准或者不依法发布信息等方式，排斥或者限制经营者参加招标投标以及其他经营活动。"

通过对来自不同地区的经营者设定歧视性资质要求和评审标准，使其无法公平参加招投标活动，无法展开公平竞争，或者利用信息不对称，故意不依法发布信息，使经营者无法及时获知该类商业机会，这些手段均为实现同一目的，即排斥或限制经营者参与招标投标以及其他经营活动，剥夺经营者参与市场竞争的权利。

本条明确禁止行政机关和公共组织实施排斥或者限制经营者参加招标投标以及其他经营活动的行为。该种行政性垄断的构成包括主体和行为两个要件。主体要件是行政机关和法律、法规授权的具有管理公共事务职能的组织。行为要件是滥用行政权力、排斥或限制经营者参加招标投标以及其他经营活动。所谓滥用行政权力，主要是指行政机关或公共组织本身具有该项行政权力，但行使权力违反了授权者授予其权力的目的和要求，如采取非法的手段、追求非法的利益等。滥用行政权力的目的是排斥或限制经营者参加招标投标以及其他经营活动，其危害是无法形成统一的市场，破坏正常的市场竞争秩序。

（二）阻碍经营者参加招标投标等活动的行为表现

1. 设定歧视性资质要求。资质体现了经营者的资金实力、业务能力、业务资格或业绩等方面的综合素质。设定歧视性资质要求，是指对不同的经营者设定不同的资质要求，例如对外地经营者设定不同于本地经营者、高于或严于本地经营者的资质要求。

我国《招标投标法》第 18 条第 2 款规定，招标人不得以不合理的条件限制或者排斥潜在投标人，不得对潜在投标人实行歧视待遇。第 20 条规定，招标文件不得要求或者标明特定的生产供应者以及含有倾向或者排斥潜在投标人的其他内容。歧视性资质要求一般发生在招标、投标、中标、完成等过程中，不涉及一般性标准的产品或服务质量的资质要求。通常而言，与完成标书无实质性关联的要求可能被认为是歧视性资质要求，如要求参与投标的外地经营者具有高于本地经营者的注册资本、经营期限条件等，而为保证产品稳定性等而要求的内容则不属于歧视性资质要求，如产品质量认证、成立时间等。

2. 设定歧视性评审标准。设定歧视性的评审标准，是指对不同的经营者采用不同的标准和尺度进行评审，如对外地经营者的评审标准远高于或严于本地商品。

在招投标活动中，应当根据招投标的最终目的来设置评审标准，从而保证该标准的科学性和客观性。例如，在进行产品评标时，通常会考虑产品质量、价格、交货期限、零配件的供应能力等；在进行服务评标时，通常会考虑提供服务人员的资格、经验、专业能力、价格等；而在进行工程评标时，通常会考虑工程质量、工期、施工人员能力等因素。因此，要根据不同的招标目的设定不同且符合法律规定的标准，而不能设定与招投标内容无关的标准，如本地企业优于外地企业、外国公司优于本国公司等。

3. 不依法发布信息。不依法发布信息，是指行政机关和公共组织利用信息不对称，不依照法律、法规等规范性法律文件所规定的程序，隐瞒招投标信息，不向社会公布，以此达到排除和限制经营者参加招投标活动和其他经营活动的目的。我国《招标投标法》第10条规定，招标分为公开招标和邀请招标两种方式。第16条、第17条分别规定了公开招标和邀请招标的行为规则，两种招标方式发布信息的方式有所不同，公开招标采用公告的形式发布，邀请招标采用投标邀请书的形式发布，但无论何种方式，都可能存在不依法发布信息、借此排斥经营者参加招标投标活动的情形。这种手段相比前两种手段而言更为明显，易于辨识。

招投标过程是进行公平竞争的重要环节，必须维护公平、公正、公开的基本原则。然而，某些行政主体为达到排除、限制其他潜在企业参与招投标活动的目的，采取隐蔽等方式故意设置障碍，使其他企业无法知晓招投标活动信息或不知晓评审标准和过程，最终使得行政主体预先确定的经营者中标。这些应当公开而未公开的行为都严重违反了法律、法规的规定，也违反了公平、公正、公开的原则。

此外，由于《反垄断法》第42条新增加了"其他经营活动"的表述，因此，对以上三种行为的规制将不仅限于招投标活动，而是扩展到普通的经营活动，这有力强化了规制力度，弥补了原有法条中只限制招投标活动的不足。例如，行政机关对外地产品竞争条件进行限制，在原材料供应、信贷、销售渠道、服务设施和市场信息等方面给本地企业和产品以支持，却不支持外地产品等情形也可受到第42条的规制。

典型案件：蚌埠市卫生计生委滥用行政权力排除、限制竞争案[1]

在安徽省蚌埠市滥用行政权力排除、限制竞争案中，国家发展和改革委员会经调查认为，蚌埠市计划生育委员会发布市区组竞争性磋商公告（皖C-2015-CG-C-112项目，以下简称112号公告）、三县组竞争性磋商公告（皖C-2015-CG-C-168项目，以下简称168号公告）时对外地经营者设置歧视性资质要求，限制外地经营者参加本地的招标投标活动。虽然112号和168号公告是以"竞争性磋商"名义发布，但属于以公告的方式邀请不特定的法人或者其他组织投标，实质上是招标行为。112号公告中，要求"市外投标企业2014年销售额不低于20亿元人民币，本市企业2014年销售额不低于4000万元人民币"，对本地和外地经营者的规模要求相差50倍；168号公告中，要求"市外投标企业年销售额（不含税）不低于5亿元人民币，本市企业年销售额（不含税）不低于2000万元人民币"，对本地和外地经营者的规模要求相差25倍。同时，在外地和本地相关经营者数量明显存在巨

---

[1] 国家发展改革委发改办价监〔2015〕2175号行政处罚决定书。

大差别的情况下，两次招标均明确规定外地和本地同样数量的经营者中标，保护本地相关经营者的意图明显。蚌埠市计划生育委员会的相关做法排除了外地潜在投标者，控制药品虚高价格，不利于促进相关市场充分竞争，涉嫌违反《反垄断法》（2007 年）第 34 条和第 37 条的规定。国家发展和改革委员会建议安徽省人民政府责令蚌埠市计划生育委员会改正相关行为，并对本省药品集中采购中还存在的其他违反《反垄断法》排除限制竞争行为，从总体上予以清理和规范。

五、对企业投资和设立分支机构实施差别待遇

（一）对企业投资和设立分支机构实施差别待遇的含义

《反垄断法》第 43 条规定："行政机关和法律、法规授权的具有管理公共事务职能的组织不得滥用行政权力，采取与本地经营者不平等待遇等方式，排斥、限制、强制或者变相强制外地经营者在本地投资或者设立分支机构。"本规定主要禁止了两种行为：

一是行政机关或法律、法规授权的组织利用其掌握的行政权力，对外地经营者的企业投资和设立分支机构给予歧视性的待遇，目的在于阻碍其进入本地从事经济活动；二是行政机关或法律、法规授权的组织利用其掌握的行政权力，为提高当地 GDP 和税收等而强行拉拢外地经营者，强制或变相强制外地经营者在本地设立分支机构。

市场经营者在选址问题上通常非常慎重，因为生产经营地址关系着生产成本和销售市场。对某些企业而言，其选择在某地进行投资或者设立分支机构，一般是为了获取原材料和相对低廉的劳动力而降低生产成本，或为了获得对当地市场的控制权，从而提升盈利空间。而对地方政府来说，如果能够获得外来投资，将能为当地带来更多的就业机会、增加税收、发展经济，因此，大部分地方政府都非常欢迎外来企业投资。但出于狭隘的地方保护主义，某些行政机关和法律、法规授权的具有管理公共事务职能的组织为了防止本地经营者在与外来经营者的竞争中被淘汰，可能会滥用行政权力，采取与本地经营者不平等待遇的方式，排斥或限制外地经营者在本地投资或者设立分支机构。

（二）对企业投资和设立分支机构实施差别待遇的主要表现

1. 排斥、限制投资。

（1）对外地投资者资质条件进行歧视性限制。一般而言，考虑到新进入投资者的经济活动可能对当地经济产生一定影响，当地行政机关出于谨慎，会对新进入本地市场的投资者进行严格的调查、审核，这也正是政府职能的体现。但是，当地行政机关和公共组织为保护本地经营者和维护现有市场结构，为避免新进入者与当地企业在市场、资源、劳动力方面的争夺，或出于狭隘的排外意识，可能会故意设置苛刻的条件，如打着保护本地经济和社会安全的旗号，要求外地经营者必须达到与其投资行为并不相关的资质要求，而对本地经营者则并无此种限制。

（2）要求外地企业对其投资行为进行额外的担保。这种行为无疑会加重外地投资者的负担。名义上虽为保护当地经济安全，实际上相当于为外地投资者设定投资障碍。

（3）明确限定投资项目，对资金的投入、流向和使用作出严格规定。行政机关和公共组织可能仅给外地投资者极其有限的选择空间，指定其只能向某些营利性差的行业投资；或要求外地投资者资金一经投入，不得撤回其投资；或要求外地投资者不得随意变更用途，严格控制其资金流动等，而对于本地投资者则并无此限制。

（4）设置更为严格的审批程序和条件。除要求外地经营者满足一定的实质性条件外，行政主体还可能通过设置更多严格的程序，给外地投资者增加人力、财力以及时间上的成本和负担。这种通过繁琐程序设置歧视性条件的方式是最为常见的。具体方式可能表现为，在审批时，不一次性告知外地投资者提交、补充相关文件，无故不按有关期限的规定审核文件材料，其目的在于设置重重障碍，阻止外地经营者进入。

2. 排斥、限制设立分支机构。分支机构的设立有助于实现对市场的渗透：从销售便利角度看，乳业、啤酒等对新鲜度要求极高的行业主要着眼于能够将生产的产品就地销售，从而保证商品的新鲜度；出于运输成本的考虑，例如水泥等行业的运输成本高昂，在当地生产并销售可以节省大量费用；银行、保险公司、证券公司的分支机构进入当地市场，可以分享客源，获取更多的客户。由此反观，外地经营者前来设立分支机构无疑会对当地企业产生冲击。因此，有的地方行政机关和公共组织为保护当地企业，可能会通过设置歧视性条件和程序，阻碍外地企业的进入投资或设立分支机构，阻碍统一市场中资源的有效合理配置。

3. 强制或变相强制外地经营者在本地招投标或设立分支机构。这是指没有法律法规依据，直接强制外地经营者在本地投资或者设立分支机构；或者没有法律法规依据，将在本地投资或者设立分支机构作为参与本地招标投标、享受补贴和优惠政策等的必要条件，变相强制外地经营者在本地投资或者设立分支机构的行为。对行政主体而言，外地经营者在本地投资或者设立分支机构有利于增加本地的投资额，促进本地经济发展，并且可以收取该分支机构的税费，从而提高本地的财政收入，因此，许多行政主体为了自身的利益强制要求外地经营者在本地投资或者设立分支机构。但这一行为将直接影响外地经营者的成本经营结构，使其运营成本增加，使外地经营者在与本地经营者竞争的过程中处于劣势。

典型案件：深圳市教育局涉嫌滥用行政权力排除、限制竞争案件[1]

在目前已经公布的行政性垄断执法及司法案件中，直接排除、限制、强制机构设立的案件暂未出现，但是通过招标投标文件要求外地企业在本地设立分支机构的案件存在，例如深圳市教育局在中小学学生装管理中涉嫌滥用行政权力排除、限制竞争行为的案件。

根据举报，国家发展和改革委员会同广东省发展和改革委员会对深圳市教育局在中小学学生装管理工作中滥用行政权力，统一价格，排除、限制竞争问题进行了调查。经查，深圳市教育局在2011年招标中要求"投标人必须为深圳注册的企业，或在深圳有经工商注册的分支经营机构的企业"，而按照相关规定，注册分支机构，必须具备消防、环保等相关证照，受投标有限时效所制，此条规定会将很多来不及办理相关证照的潜在外地投标企业排斥在投标范围之外。同时，深圳市教育局在2011年招标评分规则中将企业在深圳纳税额、本地学生装服务经验与分值挂钩，保护本地企业意图明显。例如，根据规定，"在深圳纳税年平均50万元以上，100分，每减少5万元，扣减10分"；"有深圳学生装服务经验的，100分，有广东省（深圳除外）市级或区级以上经验的，50分，有其他省份市级或区级以上经验的，20分"。2014年，深圳市教育局又规定将企业近3年在深圳纳税的总金额作为评分标准等。

---

[1] 参见《国家发改委集中公布四起行政垄断案件》，载 http://www.xinhuanet.com/politics/2016-12/29/c_1120212352.htm，最后访问日期：2023年4月17日。

六、强制经营者从事垄断行为

（一）强制经营者从事垄断行为的含义

《反垄断法》第 44 条规定："行政机关和法律、法规授权的具有管理公共事务职能的组织不得滥用行政权力，强制或者变相强制经营者从事本法规定的垄断行为。"

强制经营者从事垄断行为也称为"行政强制垄断"，是指行政机关和法律、法规授权的具有管理公共事务职能的组织滥用行政权力主动决策并实施行政性垄断，经营者被迫地或被强制地参与、配合行政性垄断，实施限制竞争行为，并因此获得或强化其优势竞争地位或垄断利润的行为。

经营自主权是企业的一项重要权利，任何个人或组织都不得非法加以干涉，否则应承担法律责任。行政机关和公共组织滥用其掌握的行政权力，强制或者变相强制经营者从事垄断行为，不仅限制了企业的经营自主权，而且对正常的市场秩序产生了不利影响。因此，本条旨在从源头上消除垄断行为的形成，同时保护企业的经营自主权和核心竞争力，使其免受来自行政权力的不当干预。[1]

行政强制垄断行为作为行政性垄断的一种，呈现以下特征：

1. 强制性。所谓强制性，是指行政性垄断实施主体作为公权力机关，其掌握的行政权力无论从权力属性还是从形式上都具有不可对抗性。迫于行政机关、公共组织背后的行政权力，经营者不敢公然对抗行政机关、公共组织对其施加的各种形式的强制行为，只能被迫接受。这种垄断行为的出现，主要是行政权力遭滥用而不当行使的结果。从行政权的性质角度来看，行政机关行使行政权的行为具有拘束力、确定力和执行力。这就决定了相对人对行政机关作出的行政行为只能先行接受。若有异议，只能依靠事后的救济机制加以解决。并且，这种行政权力的行使是有国家强制力作为保障的，相对人无力抗拒。从行政权的行使角度来看，行政机关掌握着税收、市场监管、物价、卫生等方面的行政权力，对竞争者的经济活动能产生实质性影响。经营者若不服从行政机关和公共组织的"统一安排"，则可能受到种种制裁。因此，经营者被迫选择服从。

2. 隐蔽性。随着法律、法规的健全和相关配套制度的不断完善，国家对行政权力行使的限制和监督逐渐加强，行政机关直接干预经济的行为有所收敛。但是，基于政绩工程或牟取小集团利益等因素的驱动，行政机关和公共组织可能采取以"合法形式掩盖非法目的"的、更为隐蔽的方式，如通过制定规章、发布决定、命令等迫使经营者从事垄断行为。另外，行政机关和公共组织还可能给经营者某种暗示或威胁，经营者迫于对行政权力的畏惧，只能实施其要求的垄断行为。由于其形式具有较强的隐蔽性，调查这类行为时证据往往很难取得，这也是对行政性垄断制裁较为困难的原因之一。

3. 违法主体二重性。行政强制垄断不同于经营者从事的经济性垄断，也不同于政府直接干预型的行政性垄断，由于行政力、经济力的双重叠加，这种反竞争行为的损害后果更加严重。这类垄断行为在实践中表现为违法主体二重性，即既有行政主体又有经营者，排除、限制竞争行为的主从关系难以判定。[2]

（二）强制经营者从事垄断行为的主要表现

1. 强制经营者达成垄断协议。

（1）强制具有竞争关系的两个或多个经营者达成下列垄断协议：固定或者变更商品价

---

[1] 参见时建中主编：《反垄断法——法典释评与学理探源》，中国人民大学出版社 2008 年版，第 340 页。
[2] 参见张晨颖：《行政强制垄断中经营者责任的认定》，载《政法与法律》2019 年第 3 期。

格；限制商品的生产数量或者销售数量；分割销售市场或者原材料采购市场；限制购买新技术、新设备或者限制开发新技术、新产品；联合抵制交易；国务院反垄断执法机构认定的其他垄断协议（《反垄断法》第17条）。

具有竞争关系的经营者在相关市场上展开竞争，通过降低价格、提高商品质量或改进技术，以超越竞争对手，从而争取更多的消费者，实现经济活动中的优胜劣汰。但是，行政机关和公共组织无视或限制市场机制作用的发挥，要求一定领域内的经营者固定或变更价格，使得商品质量难以反映在价格上，打消了生产者和销售者的积极性；通过控制商品产销数量，人为控制市场供应量，造成市场供应的紧张局面，借此提高商品价格，获取非法利润，损害消费者合法权益；[1] 通过对行政权力的滥用，人为分割原材料采购市场和销售市场；为维持现有市场结构，限制购买新技术、新设备或阻碍新技术、新产品的开发和利用，阻碍企业进行创新；要求经营者联合抵制交易，强行要价，损害交易相对方的利益等。

（2）强制经营者与交易相对人达成下列垄断协议：固定向第三人转售商品的价格；限定向第三人转售商品的最低价格；国务院反垄断执法机构认定的其他垄断协议（《反垄断法》第18条）。转售价格的维持，在经济性垄断行为中被严令禁止。就本条而言，上述行为的实施均应当是行政机关和公共组织强制下的，而非出于经营者意愿的结果，否则不构成本条的制裁对象。

2. 强制具有市场支配地位的经营者滥用市场支配地位。经营者通过合法竞争获得在某一行业或者地区的优势地位，这种地位的获得本身并不必然违法，反垄断法禁止的是经营者滥用这种市场支配地位的行为。此处需注意，并非所有的经营者都能成为被强制滥用市场支配地位的对象，只有具有支配地位的企业才能成为被强制的对象。具体行为包括《反垄断法》第22条规定的，以不公平的高价销售商品或者以不公平的低价购买商品；没有正当理由，以低于成本的价格销售商品；没有正当理由，拒绝与交易相对人进行交易；没有正当理由，限定交易相对人只能与其进行交易或者只能与其指定的经营者进行交易；没有正当理由搭售商品，或者在交易时附加其他不合理的交易条件；没有正当理由，对条件相同的交易相对人在交易价格等交易条件上实行差别待遇的；国务院反垄断执法机构认定的其他滥用市场支配地位的行为。

3. 强制经营者实施具有或者可能具有排除、限制竞争效果的经营者集中。经营者可依法实施集中，整合资源，有效实现产业的发展壮大。但是，旨在控制市场、谋取垄断地位的经营者集中受到反垄断法的禁止。行政机关和法律、法规授权的具有管理公共事务职能的组织强迫经营者合并、强迫经营者通过取得股权或者资产的方式取得对其他经营者的控制权、强迫经营者通过合同等方式取得对其他经营者的控制权或者能够对其他经营者施加决定性影响，且所强迫的经营者集中具有或者可能具有排除、限制竞争效果的，构成对《反垄断法》第44条的违反。与此有关的案例现实也时有发生。比如，有的地方政府强制经营者合并，以实现所谓的"航空母舰"计划，片面追求企业集团的规模而无视企业运行的一般规律和市场规律。另外，还有地方政府为了挽救濒临破产的企业，强迫其他企业将其并购。这导致优胜劣汰的法则在经济活动中难以发挥出效力，企业缺乏积极创造的动力，技术水平、产品质量无从保证，消费者利益因此而受损。

---

[1] 参见时建中主编：《反垄断法——法典释评与学理探源》，中国人民大学出版社2008年版，第340页。

典型案件：上海市交通委滥用行政权力，排除限制竞争案[1]

2009年至2015年，黄浦江游览行业有关游船企业达成并实施了固定或者变更服务价格的协议，上海市交通委作为黄浦江游览行业主管部门，在游船企业达成并实施上述价格垄断协议的过程中，发挥了重要的组织、指导、协调和保障作用，属于滥用行政权力排除、限制竞争。其具体行为包括：①引导游船企业参加以统一价格为重要内容的公共平台；②组织指导经营者达成具体的价格垄断协议；③监督保障价格垄断协议执行。国家发展和改革委员会认为，上海市交通委的行为违反了《反垄断法》（2007年）第8条、第36条和第37条的规定，属于滥用行政权力排除、限制竞争。

在国家发展和改革委员会调查后，上海市交通委承认在行政管理过程中，对相关法律政策理解不到位，具体行政行为欠妥，并积极提出以下整改措施：一是规范游船票价管理，明确各类型船票价格由游船企业自主决定，不再要求协会协调价格，不再接受行业协会票价调整申请，避免同一类型游船产品实行统一价格。二是规范公共平台管理，明确公共平台代理功能仅限于根据企业自主制定的船票价格进行售票。

拓展阅读：数字经济与行政性垄断

数字经济带来的行政性垄断风险不仅限于业已引发广泛关注的共享单车领域，部分涉嫌滥用行政权力排除、限制竞争的行为的出发点往往是优化管理、增加民众福利等，但对市场进行了不当的干预，影响了市场的竞争。例如，为提振消费信心，部分城市陆续发放消费券，消费券政策的制定与实施涉及政府机关、消费券发放及使用平台、消费券商品供应商、消费者等多元主体。消费券发放在微观层面会对消费券发放服务商、消费券商品供应商的市场活动产生直接影响，若不加以规制易引发行政性垄断、地方保护等问题。当前地方政府消费券政策实施中，政府过度干预市场、地方保护等问题较为突出，地方政府在发放消费券时仍是优先考量经济发展政策的实施效果，而未能在此过程中有效落实竞争政策基础地位，存在排除或限制公平竞争的风险。例如，有的地方指定单一互联网平台合作发放消费券，政府指定单一平台合作的行为破坏了市场竞争的公平性，涉嫌滥用行政权力，排除、限制竞争。地方政府通过特定平台发放消费券本质上是一种行政过程性行为，消费券的发放可为平台引流，指定消费券发放平台的行为将直接导致数据要素、平台流量等向被指定平台转移，实现竞争力量的聚集和传导，排除、限制相关市场上的竞争。刺激消费提振经济类消费券，不仅仅是向居民发放社会福利的行为，本质上是地方政府运用相关财政资金实施的提振市场信心、刺激市场消费的经济宏观调控行为，属于地方政府制定的涉及市场主体经济活动的政策措施，应当进行公平竞争审查，评估对市场竞争的影响。[2]

事实上，《平台反垄断指南》明确包含对数字经济以及平台经济领域行政性垄断的担忧和关注。该指南第22条规定：行政机关和法律、法规授权的具有管理公共事务职能的组织从事下列行为，排除、限制平台经济领域市场竞争，可能构成滥用行政权力排除、限制竞争行为：①限定或者变相限定单位或者个人经营、购买、使用其指定的平台经济领域经营者提供的商品，或者其他经营者提供的与平台服务相关的商品；②对外地平台经济领域经

---

[1] 参见《国家发改委集中公布四起行政性垄断案件》，载http://www.xinhuanet.com/politics/2016-12/29/c_1120212352.htm，最后访问日期：2023年4月17日。

[2] 参见陈兵、郭光坤：《全国统一大市场视域下公平竞争审查制度实施的法治推进——以规范消费券政策实施为引例》，载《东北师大学报（哲学社会科学版）》2023年第2期。

营者设定歧视性标准、实行歧视性政策，采取专门针对外地平台经济领域经营者的行政许可、备案，或者通过软件、互联网设置屏蔽等手段，阻碍、限制外地平台经济领域经营者进入本地市场，妨碍商品在地区之间的自由流通；③以设定歧视性资质要求、评标评审标准或者不依法发布信息等方式，排斥或者限制外地平台经济领域经营者参加本地的招标采购活动；④对外地平台经济领域经营者实行歧视性待遇，排斥、限制或者强制外地经营者在本地投资或者设立分支机构；⑤强制或者变相强制平台经济领域经营者从事《反垄断法》规定的垄断行为；⑥行政机关以规定、办法、决定、公告、通知、意见、会议纪要等形式，制定、发布含有排除、限制竞争内容的市场准入、产业发展、招商引资、招标投标、政府采购、经营行为规范、资质标准等涉及平台经济领域市场主体经济活动的规章、规范性文件和其他政策性文件以及"一事一议"形式的具体政策措施。

第三节 我国行政性垄断的法律控制

《反垄断法》的重点规制对象是由市场主体实施的经济性垄断，甚至并未将行政性垄断列入该法第 3 条 "本法规定的垄断行为" 中。[1] 对于经济性垄断，《反垄断法》规定了包括对经营者责令停止违法行为、没收违法所得、罚款、依法撤销登记（针对违反该法的行业协会）的法律责任形式，但由于行政性垄断的特殊性，上述责任形式难以有效适用于行政性垄断。规制行政性垄断须从其特点出发，设置更加科学的、特殊的规制路径，这就要求 "因公权力滥用而形成的行政垄断，必须通过制约公权力的方式进行"。[2]《反垄断法》对行政性垄断设置了反垄断执法机构、人民法院和行政机关三重主体并行、事前审查和事后追责并重的规制路径，以保障《反垄断法》"预防和制止垄断行为，保护市场公平竞争" 目的的实现。

一、行政性垄断的行政控制

（一）上级机关的内部处置

1. 内部控制机制的作用和不足。《反垄断法》第 61 条为行政性垄断量身定做了一套特别的内部控制制度，即 "行政机关和法律、法规授权的具有管理公共事务职能的组织滥用行政权力，实施排除、限制竞争行为的，由上级机关责令改正；对直接负责的主管人员和其他直接责任人员依法给予处分……"。该条明确了我国以 "上级机关" 为中心的行政性垄断法律控制体系。

上级机关的处置实际上是将对行政性垄断的控制寄托于行政机关内部的自我纠正，这种做法考虑了中国行政体制的特点，可以有效地降低行政性垄断的执法成本。不过，以上级机关为中心的控制制度也存在一些不足：一是有些行政行为是下级机关按照上级机关的指示或者下级机关得到上级机关的同意后作出的；二是有些行政性垄断是权力寻租、管制俘获的结果，在这种情形下，由直接上级查处下级的阻力会非常大。

2. 责令改正的法律涵义。责令改正不是行政处罚，也不是行政赔偿，而是行政确认权行使的结果。所谓 "行政确认权"，是由行政机关行使的对行政行为违法与否进行判断的判

---

[1]《反垄断法》第 3 条："本法规定的垄断行为包括：（一）经营者达成垄断协议；（二）经营者滥用市场支配地位；（三）具有或者可能具有排除、限制竞争效果的经营者集中。"

[2] 薛克鹏：《行政垄断的非垄断性及其规制》，载《天津师范大学学报（社会科学版）》2007 年第 3 期。

断权。由上级行政主体行使的对下级行政主体之行政行为的违法确认权，是上级对下级进行监督的具体体现，其法律依据非常明确。在此意义上，责令改正是一种依职权或依授权的具体行政行为，其目的在于维护行政管理秩序，具有法定性、强制性、主动性等特征。[1] 因各种具体违法行为不同，责令改正的方式也是有所不同，分别表现为停止违法行为、限期拆除、限期纠正违法行为、消除不良后果、限期治理等形式。各执法机构在法律法规规定的幅度内，可以根据违法行为的不同类型，给当事人限定一个"合理"的改正期限。责令改正本身具有独立的法律意义，可以单独适用，也可以成为行政处罚、行政强制等的前置措施。

(二) 反垄断执法机构的执法

1. 反垄断执法机构的查处权和监督权。根据《反垄断法》第61条[2]的规定，行政性垄断一般是由行政主体的上级机关进行查处和监督，反垄断执法机构可以向其上级机关提出关于依法处理之建议，同时要求其提交有关改正情况的书面报告，具有一定的查处权和监督权。

2. 反垄断执法机构的调查权和约谈权。反垄断执法机构长期处于权力有限的弱势地位，为使其在对行政性垄断的执法过程中得到更多的配合和主动权，《反垄断法》第54条规定了反垄断执法机构的调查权，在第55条规定了反垄断执法机构对行政性垄断负责人的约谈权和要求其提出改进措施的权力。

主管机构有权就受理的违法行为为对有关当事人和知情人进行调查。当事人或者有关人员应当如实回答问题并协助调查，不得阻挠。反垄断执法机构依法对滥用行政权力排除、限制竞争的行为进行调查，有关单位或者个人应当配合，如实提供相关文件、资料，说明有关情况。经营者或行政机关和法律、法规授权的具有管理公共事务职能的组织实施排除、限制竞争行为的，反垄断执法机构可以对其法定代表人或者负责人进行约谈，要求其采取措施进行整改。

(三) 行政性垄断中的经营者责任

1. 行政性垄断中经营者责任的判断。行政性垄断通常兼具行政性和经济性，行政主体通过行政权力制定相关规则，再由市场主体作为支点将相关规则加以实施，从而将行政权力作用于市场，达到排除、限制竞争，保护本地市场、经营者等目的。行政性垄断通常涉及两种主体：行政主体与市场主体，即行政主体制定规则，使市场主体通过遵守规则达到排除、限制竞争的目的。相应地，对行政性垄断进行规制时就应该合理注意到双主体的差别，给予不同的处罚。但是现有的反垄断法律制度在行政性垄断中更加关注对行政主体规制，忽视了在其中起重要作用的经营者的责任，毕竟在绝大多数的行政性垄断中，经营者都扮演着非常重要的角色，单纯依靠行政机关力量难以实现限制竞争的效果。

2. 行政性垄断中经营者的类型。行政性垄断中并非所有的经营者都需要受到法律规制，在一些行政性垄断中，如在地区壁垒中，如果本地经营者对行政机关的规定并不知情，并

---

[1] 参见魏琼：《追究行政性垄断法律责任的对策——从"责令改正"谈起》，载《政治与法律》2009年第11期。

[2] 《反垄断法》第61条规定："行政机关和法律、法规授权的具有管理公共事务职能的组织滥用行政权力，实施排除、限制竞争行为的，由上级机关责令改正；对直接负责的主管人员和其他直接责任人员依法给予处分。反垄断执法机构可以向有关上级机关提出依法处理的建议。行政机关和法律、法规授权的具有管理公共事务职能的组织应当将有关改正情况书面报告上级机关和反垄断执法机构。法律、行政法规对行政机关和法律、法规授权的具有管理公共事务职能的组织滥用行政权力实施排除、限制竞争行为的处理另有规定的，依照其规定。"

且也未利用该规定形成市场支配地位,或者达到排除、限制竞争的效果,那么此时即使行政主体的行为被认定为行政性垄断,经营者也不应该承担由此产生的责任。

不同学者对行政性垄断中的经营者类型有不同的划分,其中有学者根据主观动机不同将行政性垄断中的经营者划分为六类:积极共谋样态、片面配合样态、放任参与样态、反抗失格样态、反抗合格样态以及完全被动样态。[1] 总结学者们的不同分类方式,其实不外乎以下三种形态:

(1) 充当主导角色的经营者。充当主导角色的经营者与积极共谋样态、以行政性垄断为掩饰实施经济性垄断行为的经营者相类似,即经营者通过与行政主体的密切关系,主导或者与行政主体共谋,由行政主体通过规定限定交易、设置地区壁垒、限定协议等方式使得与其共谋的经营者取得市场支配地位,或者强化竞争优势,进而限制、排除竞争。

(2) 充当配合角色的经营者。充当配合角色的经营者,是指积极推动、支持行政主体实施行政性垄断的经营者、被行政主体强制采取与行政性垄断相符的限制竞争行为的经营者,包括片面配合和放任参与两种样态。该类经营者对于行政主体意在形成垄断的强制性行政法律行为明知,但是未拒绝该行为,甚至借助该行为谋取自身竞争优势,攫取经济利益。

(3) 纯粹收益经营者。纯粹收益经营者是指对于行政主体的行政性垄断行为并不知情,或者对行政性垄断的形成并未助力,而是客观上获取了行政性垄断带来的经营收益。

3. 不同类型下行政性垄断中经营者责任承担。对于充当主导角色的经营者,行政性垄断行为只是经营者的工具,相关行为实质上是经营者借助行政权力外观实施的经济性垄断行为。对于此种类型,执法者可以直接适用《反垄断法》中关于处罚实施经济性垄断行为的经营者之规定,同时对于行政主体也应当由上级机关责令改正并给予相关人员行政处分。

对于充当配合角色的经营者,不同经营者在利用行政性垄断行为上的主观动机与客观行为存在着差异。对于积极利用、宣传行政性垄断行为以谋取竞争优势、攫取利益的经营者应当按照具体情况,比照《反垄断法》有关经济性垄断经营者法律责任从轻处罚;对于放任行政性垄断行为、未完全执行行政性垄断行为,甚至对行政性垄断采取反抗措施的经营者应当比照相关规定从轻、减轻甚至是免于处罚。

对于纯粹收益经营者,因其主观上对于行政性垄断行为并不知情,并且无利用心理,客观上实施了正常的经营行为,因此,不具有可谴责性,不应当被列为处罚对象。

二、行政性垄断的司法控制

(一) 原告资格

《最高人民法院关于适用〈中华人民共和国行政诉讼法〉的解释》(以下简称《行诉解释》)第 12 条规定,"被诉的具体行政行为涉及其相邻权或者公平竞争权的",相对人可以提起行政诉讼,正式将"公平竞争权"纳入行政诉讼保护范围。从制定目的来看,之所以规定公平竞争权,系为判断相关主体与被诉行政行为是否具有法律上的利害关系,从而决定该相关主体是否具有行政诉讼原告主体资格的问题。

1. 与被诉行政行为的受益方是否具有竞争关系。原告与第三人是否存在竞争关系是判断原告有无诉讼资格的关键。《行政诉讼法》第 25 条规定,行政行为的相对人以及其他与行政行为有利害关系的公民、法人或者其他组织有权提起诉讼,这里的"利害关系"不是不受限制的,它要求提起诉讼的主体必须能够证明其与被诉行政行为具有他人所不具有的

---

[1] 参见张晨颖:《行政性垄断中经营者责任缺位的反思》,载《中外法学》2018 年第 6 期。

利害关系，而且这种利害关系是直接的和现实的，不能是潜在的和间接的。同时，在一定的诉讼法律关系中，各主体之间的权利义务必须明确，当事人之间的权利争议也必须在法律上具有可救济性，因此，原告以侵犯公平竞争权提起反行政性垄断诉讼的，需要证明自己与行政性垄断行为的受益方具有直接性或现实性的竞争关系。

2. 竞争利益是否受损。公平竞争保护的是经营者的竞争利益，所谓竞争利益，是指经营者为了发展自己的业务，通过提供商品或服务和有利的交易条件供交易相对人选择，争取交易机会。如果行政机关滥用行政权力破坏公平竞争，损害的是经营者的竞争利益，实质是剥夺了其他经营者公平参与竞争的机会。《行诉解释》规定被诉行政行为涉及公平竞争权的主体具有原告资格，这说明原告资格的产生并不是基于市场经济要求当然享有的公平竞争权受到侵犯，而是因行政主体滥用行政权力限制、排除了竞争的行为对诉讼提起人的合法权益可能造成不利影响才使得其具有原告资格。换言之，原告主体资格的判断，关键是看被诉的行政行为对诉讼提起人的合法权益是否会造成不利影响，特别要注意看行政行为是否打破了原有的平等竞争状态，是否将相对方置于"直接的、实质性的、决定性的"不公平状态。

（二）行政性垄断诉讼的受案范围

从理论上来说，司法机关理应承担起追究行政性垄断法律责任的重任，这也是对行政性垄断最有效的一种救济途径。[1] 但是行政行为存在具体和抽象之分，两者的适用对象和范围存在差异。具体行政行为针对特定对象一次适用，抽象行政行为针对不特定对象反复适用。抽象行政性垄断行为主要凭借的是抽象行政行为，即以政府或政府有关部门发布具有普遍效力的规范性文件来破坏市场竞争。与具体行政性垄断行为相比，抽象行政性垄断行为有以下特点：其一，针对的对象是不特定的人或者事；其二，效力具有普遍性；其三，该规定可以反复适用。因此，采用抽象行政行为的方式排除、限制竞争所导致的后果往往影响面更广、负作用更大。《反垄断法》第45条的规定是对抽象行政性垄断的禁止，规制的范围包括行政法规、规章以及其他具有普遍适用效力的规范性文件等。《行政诉讼法》规定，行政相对人可对具体行政行为提起行政诉讼，同时请求法院审查具体行政行为依据的规范性文件，但该"规范性文件"不包括行政法规、规章以及国务院颁布实施的规范性文件。由此可见，抽象行政性垄断行为的司法审查范围极为有限，且只是附带性的司法审查，无法直接对其提起行政诉讼。并且，附带审查并没有赋予法院裁判该规范性文件效力的权力，即使法院在审理中认定规范性文件不合法也不能对其作出处理，只是不能作为认定被诉行政行为合法的依据，这使得司法审查对规范性文件的规制效果大打折扣。

根据《行诉解释》第149条规定，规范性文件不合法的，不作为人民法院认定行政行为合法的依据，并在裁判理由中予以阐明。作出生效裁判的人民法院应当向规范性文件的制定机关提出处理建议，并可以抄送制定机关的同级人民政府或者上一级行政机关。可见，即使在附带审查中发现规范性文件不合法，也只是不作为认定行政行为合法的依据，法院无权撤销该规范性文件，只能通过司法建议的形式，建议制定机关修改。简言之，即使经过行政诉讼，没有制定机关的主动修改，抽象行政行为仍然会继续存在并有效。对于抽象行政行为的司法审查缺位导致以抽象行政行为为基础的行政性垄断的影响范围更广，后果更为严重。

相对于抽象行政性垄断行为，我国基本建立了针对具体行政性垄断的司法审查制度，

---

[1] 参见王健：《行政垄断法律责任追究的困境与解决思路》，载《法治论丛》2010年第1期。

即具体行政性垄断案件进入诉讼程序，法院可以撤销该具体行政行为或者宣告该具体行政行为无效。不过，具体行政性垄断行为的司法审查效果仍然较为有限，不仅大多市场主体不会起诉，即便法院认定行政性垄断行为违法，被破坏的市场竞争秩序也难以有效恢复。

典型案件：深圳斯维尔诉广东省教育厅案[1]

2015年2月2日，深圳市斯维尔科技有限公司（以下简称斯维尔）诉广东省教育厅涉嫌行政性垄断一案有了一审结果。广州市中级人民法院认定广东省教育厅在"工程造价基本技能赛项"省级比赛中指定广联达股份软件有限公司（以下简称广联达）软件为独家参赛软件的行为，违反《反垄断法》规定。这也是《反垄断法》自颁布实施近7年以来，我国首次产生行政性垄断的司法判决，无疑是我国反垄断法实施中具有里程碑意义的事件。

工程造价基本技能的学习或比赛操作都必须使用专业的软件程序及其操作平台来进行，而生产这类软件程序的企业中，斯维尔、广联达、上海鲁班软件有限公司三家，占据了市场的主要份额。2014年年初，教育部首次将"工程造价基本技能"列为"2013年~2015年全国职业院校技能大赛"赛项之一。业内习惯将由教育部组织的比赛称为"国赛"，由各省组织的选拔比赛称为"省赛"。同年4月1日，以广东省教育厅、高职院校、行业企业等组成的工程造价广东"省赛"组委会发通知称，大赛由广东省教育厅主办，广州城建职业学院承办，广联达软件股份有限公司"协办"。在随后组委会公布的《赛项技术规范》和《竞赛规程》中都明确，赛事软件指定使用广联达独家的认证系统、广联达土建算量软件GCL2013和广联达钢筋算量软件GGJ2013。

斯维尔公司认为广东省教育厅指定独家赛事软件的做法有滥用行政权力之嫌，多次与省教育厅进行口头和书面商洽，要求给予公平竞争的机会。在沟通无效的情况下，2014年4月26日，斯维尔向广州市中级人民法院提起行政诉讼，请求法院判决确认广东省教育厅滥用行政权力指定广联达产品为独家参赛软件的行为违法。

广州中院在一审判决中指出，《反垄断法》（2007年）第32条规定："行政机关和法律、法规授权的具有管理公共事务职能的组织不得滥用行政权力，限定或者变相限定单位或者个人经营、购买、使用其指定的经营者提供的商品。"广东省教育厅"指定独家参赛软件"行为符合构成行政性垄断的条件，即在主体上，省教育厅是"行政机关和法律、法规授权的具有管理公共事务职能的组织"；在行为上，其"指定独家参赛软件行为"符合"限定或者变相限定单位或者个人经营、购买、使用其指定的经营者提供的商品"；至于"滥用行政权力"，法院依据行政诉讼法规定"行政机关应对自己的具体行政行为负有举证责任"，认定省教育厅对自己"指定独家参赛软件"行为不能提供证据证明其合法性，因此，教育厅构成"滥用行政权力"。

三、行政性垄断的公平竞争审查制度

中共中央、国务院于2015年发布了《关于推进价格机制改革的若干意见》，文中明确要求建立"公平竞争审查制度"。2016年发布的《国务院关于在市场体系建设中建立公平竞争审查制度的意见》，对公平竞争审查制度作了宏观的顶层设计。2017年，国家发展改革委员会同有关部门研究制定了《公平竞争审查制度实施细则（暂行）》。2021年，《公平竞争审查制度实施细则》正式颁行，各地也都纷纷制定了公平竞争审查制度的实施细则。

---

[1] （2014）穗中法行初字第149号行政判决书。

至此，公平竞争审查制度作为一种规制行政性垄断行为的重要制度之一，在法律文本层面上得到了全面确立。

(一) 对行政性垄断开展公平竞争审查的意义

1. 开创了对行政性垄断的事前规范。如何发挥市场在资源配置中的决定性作用以及如何更好地惩处行政性垄断是摆在我们面前的一大难题。为了解决这个难题，公平竞争审查制度开创了对行政性垄断的事前规范模式。以往对于行政性垄断的调整，多采取行政执法和行政诉讼的方式，就时机角度看，都是事后的救济方式，也就是说，要在出现行政性垄断行为或者出现行政性垄断状态后才会发生作用。而公平竞争审查制度要求行政主体在制定政策过程中进行自我审查，以更好地在规范性文件的制订阶段，就通过刚性程序约束，来避免地方、部门借助规范性文件实施行政性垄断。

2. 弥补了行政处置事中监管与事后救济的局限。公平竞争审查制度作为一种事前预防机制，它有效补充了《反垄断法》事中监管、事后救济的局限。公平竞争审查制度作为竞争政策的重要组成部分，旨在规范政府行为，其行为规则主要围绕着政府采取什么样的干预举措以最大程度营造公平竞争环境，内容包括合理补贴、政府采购中立等，进而对政府投资、补贴、采购、招投标等政策措施实现合理管控和竞争优化以达到促进市场公平竞争的目的。公平竞争审查制度着力于提前防范政府不当干预对市场竞争的破坏，与行政内部处置和司法控制制度一起形成全链条闭环监管。调整行政性垄断的《反垄断法》和《行政诉讼法》这两部法律主要采用事后救济模式，难以从源头上厘清政府与市场的关系，规范行政主体权力的行使，也难以及早化解行政性垄断的危害。

3. 有助于抽象行政性垄断的规制。相比具体行政行为，抽象行政行为适用范围更广、影响力更大。抽象文件一旦出台，将影响效力范围内所有的市场竞争，造成极大的经济损失，事前规制更有利于减少或避免损失。无论是在反垄断执法还是司法诉讼中，执法机构及司法机关都仅具有建议权，对规范性文件的实际影响比较小。而公平竞争审查制度要求政策制定机关必须严格进行竞争审查，同时对已经制定的规范性文件进行清理，弥补了抽象行政性垄断司法审查的空缺和反垄断执法机构建议的被动性。赋予政策制定机关保障市场公平竞争的重任，有利于公平竞争的倡导，"是我国确立竞争政策基础性地位的关键一步，也是我国实现反垄断战略目标的重要路径"。[1] 公平竞争审查制度应当成为行政性垄断治理更为主要的方式，并遵循科层体制的基本逻辑进行制度的完善。虽然现有的公平竞争审查制度还专门和《反垄断法》的相关条文进行关联，但无疑和反垄断法的治理方式有着不同的逻辑。基于现实制度条件的限制，当前更为合适的方式是在行政性治理体系内完善公平竞争审查制度。[2]

(二) 公平竞争审查的有效性与局限性

我国公平竞争审查制度既包含对增量政策措施的事前审查，也包括对存量政策措施的事后审查，是政策措施制定中施行自我审查原则的一个环节。与制度实施刚性较强且独立于政策措施制定环节的控诉式干预方式相比，公平竞争审查制度既体现了较强的竞争影响性评估特点，又体现了一定的裁量性评估特点。

自我审查机制在我国公平竞争审查制度建立初期具有现实可行性。其一，由于我国存

---

[1] 王先林：《公平竞争审查制度与我国反垄断战略》，载《中国市场监管研究》2016年第12期。

[2] 参见李剑：《中国行政垄断的治理逻辑与现实——从法律治理到行政性治理》，载《华东政法大学学报》2020年第6期。

量和增量的经济政策措施数量巨大，如果全部交由特定机构审查，在编制有限的情况下可能难以承受工作之重负，也会影响政策措施的制定和出台效率。其二，自我审查机制与政策措施出台程序较为契合。现行法律文件草案起草程序包含了合法性审查，将竞争审查融入审查程序是简便可行的。其三，自我审查的过程也是政策制定机关学习了解"公平竞争"涵义与价值的过程，有利于转变政策制定机关对经济过细、过深、过多干预的工作习惯，从源头上减少因意识偏差导致的行政性垄断行为。[1]

当下，自我审查机制同时存在整体效率的局限性。首先，尽管政策制定机关熟悉政策制定有关信息和行业发展趋势，开展自我审查可以节约成本、提高效率，但也不可忽略的是在自我审查模式下，政策制定机关既是运动员又是裁判员，角色混乱，难免会出现"主观上不愿审"和"客观上不会审"的交织情形。其次，目前我国由国家市场监督管理总局等多部委共同统筹协调推进公平竞争审查相关工作，并对实施公平竞争审查进行宏观指导。[2]但由于内在目标偏差，各机构既可能为了权力争夺各自为政，也可能为了规避责任相互推诿，从而导致效率低下、执法成本高等缺陷，不利于执法资源的优化配置。最后，各地自我审查的标准可能不统一，尤其是目前《公平竞争审查制度实施细则》中未及细化规定的部分。例如，关于例外规定，《公平竞争审查制度实施细则》第17条指出，"政策制定机关应当说明相关政策措施对实现政策目的不可或缺，且不会严重限制市场竞争"，其中"严重"情形的判定，即对市场竞争的排除和限制程度的评估，由于《公平竞争审查制度实施细则》并未对如何认定"不合理"或何种程度达到"严重"作出细化规定，基于政策制定机关的自由裁量权，各地各级自我审查机构的相关解读和实操标准可能就存在一定的差异。若误将不合理排除、限制竞争的政策措施认定为合理政策而"放行"，或者误将严重限制市场竞争的政策措施认定为符合例外规定而"放行"，相关误判就可能导致"假阴性"错误，从而减损公平竞争审查制度在行政性垄断事前规制方面的功效。[3]

第四节　域外滥用公权力限制竞争控制制度概况

一、欧盟竞争法中的国家援助控制制度

（一）欧盟国家援助的概念及分类

国家援助（State Aid）是欧盟竞争法上的独特概念，属于广义的国家限制竞争行为[4]，是欧盟国家限制竞争行为的主要表现。国家援助行为源于欧盟各成员国以及各地区利益集团的诉求，这些诉求基于民族传统、地方主义、保护主义而产生，促使各成员国以及各地区利益集团采取偏袒性的援助措施。欧盟法对于国家援助的定义集中体现在《欧盟运行条约》第107条第1款："除条约另有规定外，由某一成员国提供或通过无论何种形式的国家资源提供的任何援助，使特定的经营者或商品生产受益从而扭曲竞争或产生扭曲竞

---

[1] 参见叶高芬：《全国统一大市场视域下行政性垄断规制模式的重构》，载《法学》2023年第3期。

[2] 参见孙晋：《规制变革理论视阈下公平竞争审查制度法治化进阶》，载《清华法学》2022年第4期。

[3] 参见叶高芬：《全国统一大市场视域下行政性垄断规制模式的重构》，载《法学》2023年第3期。

[4] "国家限制竞争行为"主要是指欧盟成员国对市场竞争机制进行扭曲与侵扰的各种国家行为。见翟巍：《欧盟国家限制竞争行为反垄断规制及对我国启示——基于公共经济利益服务研究视域》，法律出版社2016年版，第9页。

争的威胁，只要影响到成员国之间的贸易，均与内部市场相抵触。"[1] 通过该定义，可以从学理上明确地提炼出国家援助的构成要件，同时商业、创新与技能部（BIS：Department for Business, Innovation and Skills）于2011年6月发布的《国家援助指南》（The State Aid Guide）也对国家援助的四个构成要件予以了明确，该四个构成要件为：①这项援助是通过成员国政府途径提供给企业或以政府资源为保障的；②这项援助选择性地授予了某企业或某商品生产经济上的优惠；③这项援助损害了内部市场的竞争或对竞争产生了威胁；④这项援助影响了成员国之间的贸易。[2]

通过分析《欧盟运行条约》第107条第1款及其所体现的构成要件，可以基本实现在宏观层面上定义国家援助这一概念。而若要在微观层面上进一步理解这一概念的内涵，则需要依靠对国家援助的分类及其具体表现形式的分析。例如，以行为方式为分类标准，可以将国家援助在整体上分为积极补助和消极补助。其中积极补助指欧盟成员国公权力机关给予企业或行业在正常市场条件下无法获得的经济利益；消极补助指欧盟成员国公权力机关采取的减免企业或行业正常运营成本或负担的措施。又如，以是否有偿为分类标准，可以将其分为无偿的援助及有偿的援助，但即使是在有偿的援助中，受援助人所需支付的对价也远远比所接受的国家援助的市场价值要低。[3] 关于具体表现形式，欧盟委员会尝试了进行列举，其列举的国家援助的主要形式包括：①国家拨款（Grants）；②提供担保（Guarantees）；③持有国有企业的全部或部分股份（Government holdings of all or part of a company）；④减免利息和税收（Interest and tax reliefs）；⑤以优惠价格向企业提供商品或服务（Providing goods and services on preferential terms）。[4]

具体而言，"国家拨款"指欧盟成员国政府以现金支付或类似形式对企业的支持，是最常见的国家援助形式；[5]"提供担保"指成员国政府通过在"安慰函（Letter of Comfort）"[6]中暗示某企业背后有成员国政府支持，或者公布一项决定表示将提供保证；"持有国有企业的全部或部分股份"指成员国政府接受了一般市场投资者所不愿意接受的投资条件而向企业投资，或者通过投资弥补企业的损失；[7]"减免利息和税收"指成员国政府采取各种形式或者措施直接或者间接地降低应向企业征收的税收，如税收减免、延期缴纳或怠于催缴拖欠税款等；[8]"以优惠价格向企业提供商品或服务"则指成员国政府以低于

---

[1] 《欧盟运行条约》第107条第1款原文如下：Save as otherwise provided in the Treaties, any aid granted by a Member State or through State resources in any form whatsoever which distorts or threatens to distort competition by favouring certain undertakings or the production of certain goods shall, in so far as it affects trade between Member States, be incompatible with the internal market.

[2] 指南中界定4个构成要件的原文如下：State aid in the sense of Article 107 (1) has four characteristics: i) It is granted by the State or through State resources. ii) It favours certain undertakings or production of certain goods. iii) It distorts or threatens to distort competition. iv) It affects trade between Member States.

[3] 参见翟巍：《欧盟公平竞争审查制度研究》，中国政法大学出版社2019年版，第32页。

[4] European Commission, Competition Policy, State Aid Overview, https://competition-policy.ec.europa.eu/state-aid/state-aid-overview_en.

[5] 参见孔少飞：《欧盟的国家援助制度及其借鉴》，载《欧洲研究》2006年第3期。

[6] 安慰函（Letter of Comfort）又称承诺函（letter of acceptance），在法国也被称为意图信（Lettre d'intention）、赞助信（Lettre de patronage），德语中安慰函被称为Patronatserklärung。安慰函指出函人以支持债务人向债权人履行义务为目的，承担作为或不作为的担保义务的法律行为。参见刘斌、王洁宇：《安慰函的法律构造与规范进路》，载《财经法学》2023年第2期。

[7] 参见孔少飞：《欧盟的国家援助制度及其借鉴》，载《欧洲研究》2006年第3期。

[8] 参见李凤华、郭畅：《论欧盟法中的国家援助》，载《欧洲》2001年第2期。

市场价的价格向企业提供其经营所需的不动产等生产资料或服务。以上列举的行为模式都能使欧盟成员国政府达到有选择性地降低企业的经营成本、共同分担并减小企业的经营风险的效果，属于典型的国家援助行为。其中，第1种、第2种及第3种国家援助行为属于积极援助，第4种和第5种则属于消极援助。此外，在欧盟委员会列举的范围之外，学界所论及的国家援助的表现形式还包括社会保障费用优惠、通过补贴消费者等方式间接补贴企业等。[1] 国家援助行为的表现形式虽然不可能以列举的方式实现周延，但是能从微观角度出发更具体地呈现国家援助行为这一概念的内涵。在理解国家援助这一概念时，需将宏观层面的构成要件和微观层面的非周延列举二者结合起来，以准确把握其实际上为"国家政府当局选择性地授予企业的任何形式的优势"[2]这一本质。

（二）欧盟国家援助的实体规制

一方面，欧盟各成员国实施的国家援助可以被评价为国家调节公共经济利益服务领域经济运行的杠杆工具，[3] 属于国家利用公权力干预市场的行为表现，能一定程度上弥补市场的缺陷，产生一定的积极效果；但另一方面，国家援助会单方面增强特定受援助者的市场优势地位，使之与相关竞争者在不平等的竞争条件下竞争，造成竞争本身的扭曲，[4] 从而可能使受援助企业获得提高价格、减少产出的能力，导致社会总产出的减少。因此，为了维护国内市场的竞争和成员国之间的贸易，欧盟通过"一般禁止"附加"例外豁免"的方式对国家援助进行规制。

1. "一般禁止"规则。首先，作为国家援助的一般性条款，《欧盟运行条约》第107条第1款成为欧盟规制国家援助的主要法律依据，一项具有援助性质的行为如同时具备前文所述的四个构成要件，即能够被评价为国家援助行为，该行为通常应当被禁止。[5] 其次，2016年7月颁布的《欧盟委员会关于〈欧盟运行条约〉第107条第（1）款所述国家援助概念的通告》（2016/C 262/01）[6] 对国家援助进行了进一步的精细化解释，将四个构成要件扩充为六个，目的在于"在欧盟层面使国家援助的概念的应用更趋向简单化、透明化与一致化。[7] 结合欧洲法院长期的司法实践，可以对六个构成要件的内涵作以下解读，当带有援助性质的某行为同时满足以下六个构成要件时，欧盟委员会一般会对其予以禁止：

①该行为属于欧盟成员国做出的国家资助行为。该行为属于欧盟成员国利用财源施行的任何形式的利益给予行为，既包括直接的资金给予行为，又涵盖间接的经济利益转移行为。②特定企业获得国家资助。欧盟委员会倾向于从宽泛概念定义"企业"概念，即任何

---

[1] 参见李风华、郭畅：《论欧盟法中的国家援助》，载《欧洲》2001年第2期。

[2] E European Commission, Competition Policy, State Aid Overview, https://competition-policy.ec.europa.eu/state-aid/state-aid-overview_en.

[3] 参见翟巍：《欧盟国家限制竞争行为反垄断规制及对我国启示——基于公共经济利益服务研究视域》，法律出版社2016年版，第124页。

[4] 参见孔少飞：《欧盟的国家援助制度及其借鉴》，载《欧洲研究》2006年第3期。

[5] BMWi, "Handbuch über Staatliche Beihilfen", *Handreichung für die Praxis von BMWi-EA6*, Stand: Januar 2016, S. 10 f.

[6] 本通告英文全称为 Commission Notice on the notion of State aid as referred to in Article 107（1）of the Treaty on the Functioning of the European Union.

[7] 参见通告引入部分（Introduction）的第一段：In the context of the State aid modernisation, the Commission wishes to provide further clarification on the key concepts relating to the notion of State aid as referred to in Article 107（1）of the Treaty on the Functioning of the European Union, with a view to contributing to an easier, more transparent and more consistent application of this notion across the Union.

从事经济活动[1]的主体都应当被定义为"企业",而不受其法律组织形式的影响。③该企业因获得国家资助而获得利益。此处的"企业获利"泛指企业获得的任何没有给付相应对价的利益。④国家资助行为具有选择性特征。如果一项国家资助优先考虑"一家特定的企业""一个特定的经济部门或生产行业"或者"处于特定地区的企业",并且受资助企业与行业因资助行为而在市场竞争中获得比之前更优越的地位,则该国家资助行为具有选择性特征。⑤资助行为导致或可能导致竞争机制的扭曲。如该国家资助行为改善了受资助企业的市场地位,有助于受资助企业与现实或潜在竞争对手的竞争,该项资助行为可能被认定为具有现实或潜在妨碍竞争影响的国家援助行为。⑥资助行为可能损害或妨碍欧盟内部市场的贸易机制。该构成要件意味着如果一个欧盟成员国对本国企业实施的一项国家资助行为仅仅在该成员国特定地区产生损害竞争的影响,可能不受国家援助的法律规制。[2]

2. "例外豁免"规则。在一个带有援助性质的行为符合上述构成要件之后,其一般可以被评价为应受禁止的国家援助行为,但同时欧盟通过条约、条例和指南等法律文件对例外的豁免情形作出了规定,其中包括:①《欧盟运行条约》第 107 条的第 2 款和第 3 款;②以 2014 年 6 月 17 日出台的《在适用〈欧盟运行条约〉第 107 与 108 条情形下关于宣告某些类型援助与内部市场相符合的第 651/2014 号条例》[3]为代表的集体豁免条款;③以 2013 年 12 月 18 日出台的《委员会关于〈欧盟运行条约〉第 107 与 108 条适用于最低限度援助之第 1407/2013 号条例》[4]为代表的"最低限度条款";④欧盟关于普遍经济利益服务领域国家援助规制的法律体系("Almunia"系列法律文件)。在以上法律文件中,《欧盟运行条约》第 107 条第 2 款和第 3 款具有最高的法律效力,其他法律文件在一定程度上可以被视作这两款的实施细则。

《欧盟运行条约》第 107 条的第 2 款和第 3 款分别规定了 3 种"符合内部市场"的国家援助和 5 种"可能符合内部市场"的国家援助。第 2 款规定的属于符合内部市场要求的援助类型有:①提供给个人消费者的具有社会性质的援助,但这种援助不因相关产品的来源而受到歧视;②弥补自然灾害或特殊事件造成的损失的援助;③向受德国分裂影响的德意志联邦共和国某些地区的经济提供的援助,只要这种援助是为了补偿该分裂造成的经济损失。在《里斯本条约》生效 5 年后,理事会可根据委员会的建议,通过决定废除这一项。[5]根据本款,以上三种援助类型是应当得到豁免的。该条第 3 款规定的可能符合内部

---

[1] "经济活动"指在一个市场上提供商品或服务的所有活动,即使其没有盈利目标或者被公认为慈善组织,也不当然就被排除在企业范畴之外。参见 Senatsverwaltung für Wirtschaft, Energie und Betriebe, *Hilfestellung für die beihilferechtliche Beurteilung von Zuwendungen-Eine kurze Überblicksdarstellung-*, stand: 05, 2013, S. 3.

[2] 参见翟巍:《欧盟公平竞争审查制度研究》,中国政法大学出版社 2019 年版,第 42~47 页。

[3] Commission Regulation (EU) No 651/2014 of 17 June 2014 declaring certain categories of aid compatible with the internal market in application of Articles 107 and 108 of the Treaty.

[4] Commission Regulation (EU) No 1407/2013 of 18 December 2013 on the application of Articles 107 and 108 of the Treaty on the Functioning of the European Union to de minimis aid.

[5] 《欧盟运行条约》第 107 条第 2 款原文如下:The following shall be compatible with the internal market: (a) aid having a social character, granted to individual consumers, provided that such aid is granted without discrimination related to the origin of the products concerned; (b) aid to make good the damage caused by natural disasters or exceptional occurrences; (c) aid granted to the economy of certain areas of the Federal Republic of Germany affected by the division of Germany, in so far as such aid is required in order to compensate for the economic disadvantages caused by that division. Five years after the entry into force of the Treaty of Lisbon, the Council, acting on a proposal from the Commission, may adopt a decision repealing this point.

市场要求的援助类型有：①鉴于其结构、经济和社会状况，为促进生活水平异常低下或就业严重不足的地区以及第 349 条所述地区的经济发展提供的援助；②为促进具有欧洲共同利益的重要项目的实施而提供的援助，或为救济某成员国经济严重失序而提供的援助；③为促进某些经济活动或某些经济领域的发展而提供的援助，且这种援助对贸易条件的不利影响没有达到违背共同利益的程度；④为促进文化和遗产保护而提供的援助，且这种援助不会对贸易条件和联盟内的竞争产生违背共同利益的影响；⑤理事会根据委员会的建议作出的决定规定的其他类别的援助。[1] 根据本款，以上 5 种援助类型并不像第 2 款的 3 种类型一样被预设了应当得到豁免的效力，而要通过进一步的实质审查才能确定是否能得到豁免。

《在适用〈欧盟运行条约〉第 107 与 108 条情形下关于宣告某些类型援助与内部市场相符合的第 651/2014 号条例》中规定的可以得到类型化豁免的横向援助[2]类型主要包括：①区域援助；②促进研究、发展与创新的援助；③环境保护援助；④风险资本援助。除横向援助外，该条例还针对部分领域和活动的国家援助规定了集体例外豁免，如中小企业融资发展援助、地方性基础设施建设援助及为弱势的与残疾的工人提供的招聘和就业援助等。[3] 以《委员会关于〈欧盟运行条约〉第 107 与 108 条适用于最低限度援助之第 1407/2013 号条例》为代表规定的最低限度援助（De Minimis Aid）豁免则指若某欧盟成员国给予一家企业的国家援助数额非常小，以至于这一国家援助行为不可能明显扭曲欧盟内部市场竞争机制，该援助就可以依据最低限度规则得以豁免实施。[4] 而"为普遍经济利益"实行的援助行为可获豁免的规则是通过 Altmark Trans 案确立的，后来欧盟又根据其判决所确定的国家补助认定标准制定了被称为"Almunia"的系列法律文件，规定欧盟成员国对于提供公共经济利益服务的经营者给予的补偿不属于应被禁止的国家援助行为。[5]

（三）欧盟国家援助行为的程序规制

国家援助规制程序的基础内容主要被规定在《欧盟运行条约》第 108 条，欧盟理事会又于 2015 年 7 月 13 日通过了《适用〈欧盟运行条约〉第 108 条的详细规则的第 2015/1589

---

[1] 《欧盟运行条约》第 107 条第 3 款原文如下：The following may be considered to be compatible with the internal market: (a) aid to promote the economic development of areas where the standard of living is abnormally low or where there is serious underemployment, and of the regions referred to in Article 349, in view of their structural, economic and social situation; (b) aid to promote the execution of an important project of common European interest or to remedy a serious disturbance in the economy of a Member State; (c) aid to facilitate the development of certain economic activities or of certain economic areas, where such aid does not adversely affect trading conditions to an extent contrary to the common interest; (d) aid to promote culture and heritage conservation where such aid does not affect trading conditions and competition in the Union to an extent that is contrary to the common interest; (e) such other categories of aid as may be specified by decision of the Council on a proposal from the Commission.

[2] 横向援助指并非针对专门的行业领域或经济部门而实施的国家援助，其体现独立于特定地区与特定行业利益的具有普遍性的利益。参见 Ruthig/storr, *Öffentliches Wirtschaftsrecht*, Heidelberg, München, Landsberg, Berlin, 2008, S. 416.

[3] 参见翟巍：《欧盟公平竞争审查制度研究》，中国政法大学出版社 2019 年版，第 83~84 页。

[4] 参见翟巍：《欧盟公平竞争审查制度研究》，中国政法大学出版社 2019 年版，第 78 页。

[5] 参见《作为提供公共服务补偿的国家补贴共同框架》，载顾功耘主编：《当代主要国家国有企业法》，北京大学出版社 2014 年版。

号条例》[1],形成了国家援助规制程序的三个主轴。[2] 首先,成员国必须事前申报所有国家援助行为,[3] 在法律规定的特殊情形下,成员国也必须向欧盟委员会正式登记其国家援助规划,并且只有在得到欧盟委员会批准的情形下,成员国才可执行该国家援助;其次,欧盟委员会的审查包括第一阶段的非正式程序和第二阶段的正式调查程序,第一阶段主要是为了搜集相关信息和明晰案件特征,而在第二阶段则会作出该国家援助行为是否具备合法性的判断;最后,欧盟委员会必须对成员国所有的现有的援助体系进行经常性的审查评估,委员会如果在审查中发现该援助与共同市场相抵触,就应当命令成员国对该援助予以更改或废止。[4]

除欧盟委员会外,欧盟法院也属于欧盟国家援助法律制度的实施机关。[5] 欧盟法院可以受理的诉讼分为两大类,第一大类是欧盟成员国或成员国的公民或法人为了寻求司法救济,针对欧盟委员会在国家援助上的行为提起的诉讼。这种诉讼又可分为三类。一是针对欧盟委员会的不作为而提起的诉讼。提起此类诉讼的条件是欧盟委员会不按照有关国家援助行为的法律规定及时采取行动。二是向法院提起的无效之诉。这类诉讼针对的是委员会关于成员国的国家援助措施是否与共同市场相抵触的决定。欧洲法院主要审查欧盟委员会对事实的认定是否正确以及决定是否严格按照程序作出。在欧盟委员会滥用权力、有重大错误、没有就其决定的结论适当解释原因时,法院可依据《欧盟运行条约》第264条宣告欧盟委员会的决定无效。三是对欧盟委员会的不当作为所造成的损失提起的诉讼。欧盟法院可受理的第二大类诉讼是当欧盟有关成员国在规定的期限内不遵守欧盟委员会的决定时,欧盟委员会或者其他欧盟成员国所提起的诉讼。上述两大类诉讼中,由成员国或欧盟内部机构作为原告提起的诉讼由欧洲法院进行审理;而由欧盟成员国的公民或法人提起的诉讼则应先由欧盟普通法院作为一审法院进行审理,欧洲法院则作为上诉法院。[6]

除了欧盟机构外,欧盟各成员国政府和各成员国法院也应在欧盟国家援助法律制度框架内,补充规范本国内部不影响欧盟成员国之间贸易的国家援助行为。各成员国政府必须在本国内确保欧盟国家援助法律制度得到有效实施,并就此义务向欧盟委员会负责。各成员国法院则具有三项职能:①执行欧盟委员会关于国家援助的相关决定;②暂停实施未获得欧盟批准的国家援助;③裁定涉及国家援助索赔的损害赔偿金额。[7]

综上所述,由于大部分的国家援助会使特定的经营者或商品生产者受益,从而扭曲竞争或产生扭曲竞争的威胁,影响成员国之间的贸易,因此,一般应被禁止,但出于对部分国家援助行为可增进公共利益的考量,欧盟也对部分国家援助行为予以豁免。在对国家援助行为的规制中,欧盟委员会及欧盟法院是主要的实施主体,欧盟各成员国政府及法院受欧盟机构的引领,各自对规制国家援助行为发挥次要作用。

---

[1] Council Regulation (EU) 2015/1589 of 13 July 2015 laying down detailed rules for the application of Article 108 of the Treaty on the Functioning of the European Union (codification).

[2] 参见周海涛:《欧盟国家援助制度的现代化及其借鉴》,载《河北法学》2016年第8期。

[3] 参见尼尔斯·J·菲利普森、马静远:《补贴作为应对市场失灵的手段:欧盟国家援助政策对中国的启示》,载《财经法学》2018年第4期。

[4] 参见孔少飞:《欧盟的国家援助制度及其借鉴》,载《欧洲研究》2006年第3期。

[5] 参见翟巍:《欧盟公平竞争审查制度研究》,中国政法大学出版社2019年版,第87页。

[6] 参见孔少飞:《欧盟的国家援助制度及其借鉴》,载《欧洲研究》2006年第3期。

[7] 参见翟巍:《欧盟公平竞争审查制度研究》,中国政法大学出版社2019年版,第89页。

二、美国州行为规则

(一) 美国州反竞争行为规制的历史沿革

行政性垄断通常被认为是经济转型国家的特有现象,但实际上,西方市场经济发达国家同样存在该问题,[1] 在美国主要表现为州反竞争行为。

虽然美国反托拉斯法并未将州反竞争行为视为独立的一类垄断类型,但美国早在独立之初就通过宪法"贸易"条款对州权力进行限制。1781年《邦联和永久联合条例》(以下简称《邦联条例》) 生效,在确定"美利坚合众国"国名的同时也引起了猖獗的地方保护主义。当时,中央政府对各州主权约束力较弱,各州为维护自身利益建立起各自的货币和关税,一方面州际货币流通困难,另一方面一州对他州商品课以重税后遭其报复,贸易战不断蔓延和升级,这使得本就混乱萧条的经济雪上加霜。[2] 战后的混乱状况表明《邦联条例》所建立的政治经济秩序是有重大缺陷的,因此,许多人倡议修正《邦联条例》,这最终导致了美国1787年《宪法》的出台。[3] 美国《宪法》第1条规定了国会有权"管理对外贸易、州际贸易以及与印第安部落的贸易",在扩大国会权力的同时也迈出了限制地方保护主义的重要一步。

此后,美国最高法院在司法实践中不断探索着美国《宪法》第1条的适用方式。在1824年的吉本斯诉奥格登案 (Gibbons v. Ogden) 中,首席大法官马歇尔创立了"州治安权"理论[4],承认各州享有州内贸易管理权,且保留有治安权;1851年,最高法院在审理"库利诉费城港务局董事会"案 (Cooley v. Board of Wardens) 时建立起了"库利规则",主张依据贸易事项的性质确定州贸易权存在与否。但由于"州治安权"理论和"库利规则"在适用时主观随意性较强,另一种新的司法审查方法应运而生。20世纪30年代,宪法学家都灵教授以斯托恩大法官的意见为基础撰文提出,在审理州贸易权案件时,最高法院应"有目的地衡量比较联邦利益与各州利益,然后在二者之间做出选择,究竟该突出哪一种利益"。[5] 此后,这种衡量比较方法逐渐在最高法院占据上风。

1943年,帕克诉布朗案 (Parker v. Brown) (以下简称"Parker案")[6] 提出了州行为是否受到反托拉斯法规制这一问题,该案中法院最终豁免《谢尔曼法》对州政府调控经济、限制竞争行为的适用,这就是联邦反托拉斯法中"州行为规则"(the State Action Doc-

---

[1] 参见王晓晔:《依法规范行政性限制竞争行为》,载《法学研究》1998年第3期;参见王先林:《略论我国反垄断立法中的禁止行政性垄断制度》,载《安徽大学学报(哲学社会科学版)》2005年第6期。

[2] 参见王希:《原则与妥协:美国宪法的精神与实践》,北京大学出版社2000年版,第81页。

[3] 参见 [美] 保罗·布莱斯特等编著:《宪法决策的过程:案例与材料》(上册),张千帆、范亚峰、孙雯译,中国政法大学出版社2002年版,第2~4页。

[4] "州治安权"是指,为本州经济、安全利益及本州公民的生命、健康、财产及安全利益计,各州政府可以自由行使的一部分权力。参见孟庆超、牛爱菊:《论美国宪法"贸易"条款对州权的限制》,载《国际关系学院学报》2005年第2期。

[5] "Nowak and Rotunda's Constitutional Law", *West Publishing House*, 1991, p. 284.

[6] Parker v. Brown, 317 U. S. 341-351 (1943).

trine)[1] 的由来。1980 年，在加利福尼亚酒类产品零售商协会诉米德科铝公司案（California Retail Liquor Dealers Association v. Midcal Aluminum, Inc.）[2]（以下简称"Midcal案"）中，联邦最高法院进一步明确提出了"州行为规则"的适用标准。由此，美国颇具特色的"州行为规则"的适用性和可操作性不断增强。

（二）美国州反竞争行为规制的主要制度

1. 依据宪法贸易条款规制。美国《宪法》第 1 条第 8 款第 3 项规定："国会有权：……管理对外贸易、州际贸易以及与印第安部落的贸易……"。这项规定被宪法学界和外国法律史学界称作"贸易"条款。该条款虽然属于授权性规范，但最高法院在解释中发展了该条款的潜伏效应，即禁止各州管制与其他州的贸易，禁止歧视外地企业或给外地企业强加本地企业无需承受的负担。[3]《宪法》贸易条款是美国打击地方保护主义的重要法律武器，[4] 地方保护主义是州反竞争行为的表现之一，这意味着美国《宪法》可以对州反竞争行为进行规制。

在胡德公司及其子公司诉杜蒙德案（H. p. Hood & Sons v. Du Mond）[5] 中，法院指出州不能通过减损州际贸易或增加州际贸易负担来获取本州及本州企业的经济优势。这意味着一个州在处理州际事务时，不能设置贸易壁垒和竞争障碍，否则就会违反《宪法》贸易条款。

此外，州法律也可能因为违反《宪法》贸易条款而被推翻。当州的成文法对贸易进行管制时，最高法院会从限制的公正性、影响程度、合目的性、可替代性等方面进行衡量：①该成文法是否公正地对贸易实施管制，并且该管制对州际贸易的影响只是附带的，还是在表面及实际效果上都对州际贸易造成歧视。②该成文法是否服务于一个地方的合法目的；如果是这样的话。③是否存在其他既不会对州际贸易造成歧视，又能促进该地方利益的其他可替代性方式。[6] 例如，在克拉斯通镇案（C & A Carbone, Inc. v. Town of Clarkstown, New York）[7] 中，克拉斯通镇通过法令，建立一个具有垄断地位的私人固体废弃物中转站，要求镇里所有的无害固体废弃物都必须储存于该中转站。最高法院认为，被告克拉斯通镇的法令构成对州际贸易的歧视。该法令主要是为了确保中转站的盈利，虽然取得收入可以成为一种地方利益，但这种地方利益并不能使对州际贸易造成的歧视变得合法化，该镇不能借助于歧视性规定使该工程比来自州外的经营对手更具优势地位。

除了《宪法》贸易条款可以对州反竞争行为加以规制，《宪法》的其他条款也具有一

---

[1] 关于 the State Action Doctrine 的译法并不统一，如孙南申译为"国家行为学说"，参见［美］马歇尔·C·霍华德：《美国反托拉斯法与贸易法规——典型问题与案例分析》，孙南申译，中国社会科学出版社 1991 年版，第 115 页；郑鹏程译为"州行为学说"，参见郑鹏程：《美国反垄断法适用除外制度发展趋势探析》，载《现代法学》2004 年第 1 期；陈彤译为"州政府行为豁免原则"，参见陈彤：《管制抑或竞争：选择权应该交给谁？——探析"州政府行为豁免原则"背后的问题意识》，载《北大法律评论》2006 年第 00 期；饶粤红译为"州行为豁免原则"，参见饶粤红：《美国州行为豁免原则的适用及其对我国规制行政性垄断的启示》，载《经济与社会发展》2006 年第 7 期。本文译为"州行为法则"。

[2] California Retail Liquor Dealers Association v. Midcal Aluminum, Inc., 445 U. S. 97 (1980).

[3] 参见李海涛：《美国行政垄断管制及其启示——兼评我国〈反垄断法〉关于行政垄断的规定》，载《东方法学》2008 年第 3 期。

[4] 参见郑鹏程：《美国规制地方保护主义法律制度研究》，载《中国法学》2010 年第 2 期。

[5] H. p. Hood & Sons v. Du Mond, 336 U. S. 525, 532 (1949).

[6] Hughes v. Oklahoma, 441 U. S. 322, 336 (1979).

[7] C & A Carbone, Inc. v. Town of Clarkstown, New York, 511 U. S. 383 (1994).

定规制效果。例如在贝茨诉亚利桑那州律师协会案（Bates v. State Bar of Arizona）[1] 中，最高法院认为，亚利桑那州最高法院禁止律师做广告的惩戒规则，依据"州行为规则"豁免适用反托拉斯法，但因其违反《宪法》第 1 修正案中的言论自由条款[2]而无效。在 Gibson v. Berryhill 案[3]中，最高法院认为州法的规定因违反《宪法》第 14 修正案[4]的正当程序和平等保护条款而无效。

2. 依据反托拉斯法规制。美国反托拉斯法一直以对企业反竞争行为的成功规制著称，但其在规制州反竞争行为方面也绝非毫无作为。[5] 美国有较为悠久的竞争文化，这使得州反竞争问题一度并不明显，反托拉斯法也并未在此方面发挥突出作用。[6] 但随着州反竞争问题日益凸显，美国越来越强调加强和完善反托拉斯法对州竞争行为的规制。[7]

1943 年的 Parker 案判决中所提出的"州行为规则"就是将反托拉斯法适用于州反竞争行为的一个重要学说。该案涉及联邦反托拉斯法如何评价加利福尼亚州农业管制立法的效力。根据《加利福尼亚农业分配法》规定，在该州特定范围的农产品生产区域中如果有 10 名以上的生产者联名就可以向计划咨询委员会提出实施限制性的市场交易方案的申请，由委员会决定是否将该申请提交给所有生产者表决，如果在表决中获得 65% 以上的生产者支持，该方案就可以获准强制推行，对该区域内的所有生产者产生约束力。原告认为该法令严重限制竞争，违反了美国《谢尔曼法》。但联邦最高法院则认为，《谢尔曼法》的目的是"禁止私人或企业限制竞争的联合或图谋垄断的行为"，而不是"限制一个州或其官员及代理机构依据该州立法作出的活动"。这表明反托拉斯法不适用于州全部经济领域，州仍可通过其主权行为实施限制竞争的目的。[8] 然而，Parker 案判决并未明确州反竞争行为不受反托拉斯法干预的标准或条件，从而造成了"州行为规则"的滥用现象。

1975 年，联邦最高法院在古德法布诉弗吉尼亚州律师协会案（Goldfarb v. Virginia State Bar）[9] 判决中指出，"被称为国家行为的限制竞争必须是主权国家强制实施的行为"，由此推翻了美国第四巡回法院引用 Parker 案"沉默便是同意"判决词后的豁免判决，认定律协的行为并非国家行为，故不能从《谢尔曼法》得到豁免。1980 年，在 Midcal 案[10]中，联邦最高法院明确提出了"州行为法则"的适用标准：其一，被挑战的限制行为必须是"被清晰地表达和肯定地表示为州政府政策"；其二，该政策必须是被州政府自身"积极地监督"。该案中，即使葡萄酒生产商和批发商商定零售价的行为符合加利福尼亚州的法律规定，但州政府未定价，也未审查此固定价格方案的合理性和公平交易的合同条件。此外，

---

[1] Bates v. State Bar of Arizona, 433 U. S. 350 (1977).

[2] 美国宪法第 1 修正案规定："国会不得制定关于下列事项的法律：……剥夺言论自由或出版自由；剥夺人民向政府诉冤请愿的权利。"

[3] Gibson v. Berryhill, 411 U. S. 564 (1973).

[4] 美国宪法第 14 修正案："无论何州未经正当法律程序不得剥夺任何人的生命、自由或财产；亦不得拒绝给予在其管辖下的任何人以同等的法律保护。"

[5] 参见张占江：《政府行为竞争中立制度的构造——以反垄断法框架为基础》，载《法学》2018 年第 6 期。

[6] 参见［美］赫伯特·霍温坎普：《联邦反托拉斯政策——竞争法律及其实践》，许光耀、江山、王晨译，法律出版社 2009 年版，第 816~827 页。

[7] See James C. Cooper, William E. Kovacic, "U. S. Convergence with International Competition Norms: Antitrust Law and Public Restraints on Competition", 90 Boston University Law Review, 2010, pp. 1556-1557.

[8] J. B. Bobrow, "Antitrust Immunity for State Agencies: Aproposed standard", 85 Columbia Law Rew., 1984.

[9] Goldfarb v. Virginia State Bar, 421U. S. 773, 791 (1975).

[10] California Retail Liquor Dealers Association v. Midcal Aluminum, Inc. , 445 U. S. 97 (1980).

州政府也没有监督市场的交易条件，没有对限制竞争行为进行实质性审查。美国最高法院拒绝豁免这个限制竞争行为的目的很明确，即要制止那些打着州政府的幌子，实际为个人谋取不正当利益的行为。[1]

此外，州法律同样受到反托拉斯法的规制。在1951年的施韦格曼兄弟诉卡尔弗特酿酒公司案（Schwegmann Brothers v. Calvert Distillers Corp.）[2]（以下简称"Schwegmann案"）中，最高法院认定路易斯安那州的公平贸易法中的非签名条款因违背《谢尔曼法》而无效。理由是，根据《谢尔曼法》规定，州际市场安排在缺乏国会同意时，即便有州政府授权，固定价格行为仍不足以豁免适用反托拉斯法。本案中，非签名条款本质上是将固定价格安排适用到未签字的或未同意加入固定价格方案的第三方，这是一种强迫或胁迫，而非"合同或协议"。因此，法院认为当一个州强迫零售商遵守平行的价格政策，它就是在要求私人实施《谢尔曼法》所禁止的行为。因为当零售商被迫放弃价格竞争，这种要求与允许私人横向固定价格的做法在经济效果上没有任何不同，都一样违反了法律对排除、限制竞争行为作限制性规定的基本精神。[3]

对比Parker案与Schwegmann案，法官在判决时的价值取向并不相同。前者立足于联邦主义和州主权原则，拒绝将《谢尔曼法》适用到州政府依据自己的立法所导致的反竞争行为中去。[4] 后者则倾向于对联邦反托拉斯法实现市场竞争与提升经济效益等价值的维护。

综上，美国反托拉斯法适用于州反竞争行为，但可以根据"州行为规则"得到豁免。"州行为规则"可以概括为以下三个层次：其一，州作为主权者，以《谢尔曼法》并不禁止的政府行为施加的竞争限制，豁免于联邦反托拉斯法，但如果采取共谋等非法行为的除外；其二，如果满足清晰表达和主动监督两个条件，那么州作用下的私人反竞争行为不适用联邦反托拉斯法；其三，地方政府的行为一般不能得到豁免，但如果地方政府行为与州政策相关，并且满足清晰表达要求的，亦可豁免于联邦反托拉斯法。[5]

三、行政性垄断控制的俄罗斯方案

俄罗斯反垄断法的完善主要经历了两个阶段，每个阶段行政性垄断都是完善内容的焦点和重点。1991年《俄罗斯反垄断法》将"垄断活动"定义为"经营主体或联邦执行权力机构、各联邦主体执行权力机关和地方自治机关旨在不准许、限制或排除竞争的、与反垄断立法相抵触的行为（不作为）"。[6] 2002年该法修订后，突出了对行政性垄断的规制，将其单独列为一章。2006年俄罗斯整合了《自然垄断法》和《金融市场竞争保护法》并颁布了《俄罗斯竞争保护法》，在第三章规定了权力滥用行为是以滥用权力为中心而产生的垄断行为，类似于中国《反垄断法》第五章规定的行政性垄断（但范围比中国法要大）。[7] 具体规定为"禁止联邦权力执行机构、俄罗斯联邦主体国家权力机构、地方自治机构、其他履行上述机构职能的机构或组织，以国家预算外基金和俄罗斯联邦中央银行以法规或行

---

[1] 参见王晓晔：《行政垄断问题的再思考》，载《中国社会科学院研究生院学报》2009年第4期。
[2] Schwegmann Brothers v. Calvert Distillers Corp., 341 U.S. 384 (1951).
[3] 参见叶卫平：《宪政分权与行政性垄断规制——美国"州行为法则"评析》，载《经济法研究》2007年第00期。
[4] Town of Hallie v. City of Eau Claire, 471 U,S. 34, 38 (1985).
[5] 参见李海涛：《美国行政垄断管制及其启示——兼评我国〈反垄断法〉关于行政垄断的规定》，载《东方法学》2008年第3期。
[6] 李小明、罗成忠：《俄罗斯行政垄断规制问题比较研究》，载《财经理论与实践》2016年第3期。
[7] 参见刘继峰：《俄罗斯反垄断法研究》，北京大学出版社2022年版，第58页。

为（不作为）、协议、协同行为限制竞争"。[1] 该定义将行政性垄断从垄断活动的定义中分离出来，并且扩大了行政性垄断的主体和行为表现方式。由此可见，俄罗斯关于行政性垄断的定义是非常清晰完善的。

（一）调整范围和认定标准

在行政性垄断的调整范围上，1991年《俄罗斯反垄断法》规定的行政性垄断的违法主体有三类：联邦执行权力机构、各联邦主体执行权力机关、地方自治机关。2002年该法修改后，在原有主体的基础上又增加了两类主体：法律授权或受委托的权力机关或组织，以及除俄联邦立法机关之外的各地方立法机关。2006年颁布的《俄罗斯竞争保护法》第三章进一步将政府预算外基金以及俄罗斯联邦中央银行纳入行政性垄断的违法主体范围。[2] 这样，反垄断法规定的行政性垄断违法者的范围就扩大到除依俄罗斯《宪法》第10条规定的享有国家立法权的联邦立法机关、享有司法权的各司法机关、最高联邦行政机关之外的所有权力主体及享有行政权力的主体。[3]

在行政性垄断的认定标准上，1991年《俄罗斯反垄断法》按照下列结构展开对权力限制竞争行为的规制。首先是一般性的禁止规定，其后列举了被禁止的行为的类型，其次阐述了结果要件，即行为的后果是，"阻碍、限制、消除竞争和损害经营者的利益"。后两个条件是并列关系，必须同时满足这两个条件才能构成违反反垄断法。[4]

2006年的《俄罗斯竞争保护法》对行政性垄断的认定标准，既包括实质性限制竞争及侵害经营者利益，也包括存在"可能"消除竞争的危险的情况，且行政性垄断包括作为和不作为。这样，俄罗斯法中对行政性垄断的评定建立的就是以"作为或不作为"加上"造成或可能造成"为联合条件的"二元双层"标准。"二元双层"标准构成中的"可能"的本质意义在于，它形塑了一种区别于传统事后救济的预防性调整形式。[5]

（二）行为类型

学理上，俄罗斯学者根据行政主体的数量将行政性垄断划分为两类：单个行政机关限制竞争的文件和行为和多个行政机关联合限制竞争的文件和行为。[6]

单个行政机关限制竞争的文件和行为，指行政主体限制经营者的自主性、为某些经营者设置歧视性条件的文件和行为。这些文件和行为根据作用对象的不同，可以分为三类：①涉及经营者组织活动的文件和行为，表现在成立新经营者时设置障碍。②涉及经营者日常生产活动的文件和行为，表现在对已成立的经营者的生产经营活动设置障碍。根据其表现可以再细分为两种：直接或间接禁止经营者从事某些活动或生产某种产品；迫使经营者为一定行为。③无根据地向某些经营者提供经济优惠的文件和行为。

多个行政机关联合限制竞争的文件和行为可以发生于行政机关之间，或者行政机关和经营主体之间。这类文件和行为主要有三种：①价格协议或协同一致的行为，例如提高、降低或者维持价格或税费；②划分市场协议或协同一致的行为。划分原则包括：按地域划分，按销售、购买数量划分，按商品种类划分，按出售人、购买人、订货人划分；③妨碍

---

[1] 李小明、罗成忠：《俄罗斯行政垄断规制问题比较研究》，载《财经理论与实践》2016年第3期。
[2] 参见刘继峰：《俄罗斯反垄断法研究》，北京大学出版社2022年版，第309页。
[3] 参见刘继峰：《俄罗斯反垄断法规制行政垄断之借鉴》，载《环球法律评论》2010年第2期。
[4] 参见刘继峰：《俄罗斯反垄断法研究》，北京大学出版社2022年版，第187页。
[5] 参见刘继峰：《俄罗斯反垄断法规制行政垄断之借鉴》，载《环球法律评论》2010年第2期。
[6] Тотьев К. Ю. Конкурентное право: Учебник для вузов. —2 - ое изд., перерао. и доп. Издвтельство РДЛ, 2003. p. 289.

新经营主体协议或协同一致的行为。

实体法上，2006年《俄罗斯竞争保护法》第15条、第16条对于行政性垄断进行了分类。

1.《俄罗斯竞争保护法》第15条规定了国家机构的限制竞争的法规和行为。该限制的对象包含了抽象和具体行政行为，结果防范上都采用"导致或可能导致"的结构，以列举禁止事项的方式对两种行政行为进行了规制。[1] 同时，第15条还禁止联邦主体国家权力机构、地方自治机构拥有导致或可能导致禁止、限制和排除竞争的权力。这种禁止国家机关拥有某种权力的立法是非常罕见的，治理的是产生行政性垄断的根源。为了保障该目的的实施，第15条继续规定了禁止国家权力机构的职能与经营主体的职能重合，以及禁止把国家权力机构的职能和权力授予经营主体。例如，2005年大约有15 000家国有企业不同程度上行使或变相行使和利用行政权力从事经营。[2]

2.《俄罗斯竞争保护法》第16条规定了禁止联邦执行权力机构、联邦主体国家权力机构、地方自治机构、其他履行上述机构职能的机构和组织、国家预算外基金和联邦中央银行的限制竞争的协议或协同行为。[3] 该条规定的协议或协同行为可从两个方面解读：①发生在国家机构之间，如地区封锁的行政性垄断，不同国家权力机构为保护本地区利益，联合制定协议或者协同行动禁止、限制和排除竞争。我国《反垄断法》未作这种规定，但实践中类似情形却时有发生。②发生在国家机构与经营主体之间，如一个国家机构或多个国家机构与一个或多个经营主体之间的协议或协同行为。其后果是导致或可能导致抬高、降低或维持商品价格；不合理地对同一商品制定不同价格；划分商品市场；对商品进入、退出设置限制或排除市场的经营主体。

（三）规制方法

《俄罗斯竞争保护法》第37条规定："俄联邦执行权力机构、联邦主体国家权力机构、地方自治机构的领导人，以及其他履行上述机构职能的机构和组织的领导人、商业和非商业组织及其领导人、自然人包括个体经营者，都要按照联邦法律规定承担责任，并且还必须执行反垄断机构的决议和指令。"这是准用性规则，需要援引或参照其他相应的法律规定适用，主要指俄罗斯联邦《行政违法法典》和《刑法典》等。[4] 从规制手段的性质来看，反垄断法的实施可以分为行政方法和司法方法。多年的实践经验表明，俄罗斯建立的是以反垄断执法机构为主导的规制程序和方法（公共执行），在规制权力限制竞争问题上尤其明显。

1. 行政方法。对于行政权力限制竞争问题，除金融市场的特殊规定情形外，反垄断执法机构可以直接向被规制的主体发出具有结论性的认定或决定，具体而言包括以下措施：

（1）警告令。警告令即对权力机关的行为作出警告。一般而言，警告适用于行为的指向已经明确但损害尚未发生之情形，为了防止行为进一步延续可能带来的反竞争性危害，反垄断机构可以发布警告令。

这种措施是2015年10月5日发布的俄罗斯联邦《第四次反垄断一揽子修改建议》中

---

[1] 参见刘继峰：《俄罗斯反垄断法研究》，北京大学出版社2022年版，第309页。
[2] 参见刘继峰：《俄罗斯反垄断法规制行政垄断之借鉴》，载《环球法律评论》2010年第2期。
[3] 参见刘继峰：《俄罗斯反垄断法研究》，北京大学出版社2022年版，第310页。
[4] 参见李小明、罗成忠：《俄罗斯行政垄断规制问题比较研究》，载《财经理论与实践》2016年第3期。

增加的。[1] 警告令是一种提示整顿措施，即提示权力机关自行消除反垄断机构指出的行为所具有或可能具有的危险性。它是一种相对轻微的约束措施，或者说是一种替代责任。在实施中，如果政策制定主体对提示执行的决定不服，意欲继续实施自己的行为，可以采取救济性措施——提请法院进行司法审查。[2]

(2) 发布撤销、终止、修改令。对于权力机关发布的违反反垄断法的法规，反垄断执法机构有权撤销或修改。对于以协议或协同行为联合实施的垄断行为，反垄断机构有权终止或修改违反反垄断法的协议或协同行为。对于单独实施的权力限制竞争，反垄断机构有权终止相关行为，包括采取措施退返作为国家或地方自治体特惠提供的资产及其他民事权利客体。

(3) 追究相应的法律责任。依据俄罗斯联邦法律规定，反垄断机构有权追究商业组织和非商业组织及其领导人、联邦权力执行机构、联邦主体权力执行机构、地方自治机构、参与提供国家或地方服务职能的其他机构和组织的领导人，以及国家预算基金领导人，自然人及个体经营主体违反反垄断法的行政责任。这个法律责任是按照俄罗斯联邦《行政法典》应承担的行政责任。[3]

(4) 提出建议。涉及金融市场垄断行为时，由于涉及金融行业的专业性和体系性，法律规定，反垄断机构不能直接作出相关认定或撤销，只能向负责证券市场管理的联邦权力执行机构和联邦中央银行提出建议，指出其制定的法规不符合反垄断法，和（或）在其法规和（或）行为违反反垄断法时，建议停止法规的效力及纠正相关行为。广义上，还涉及其他责任的建议，如提出按照俄罗斯联邦《刑法典》应承担的刑事责任的建议，按照俄罗斯联邦《公务员法》承担责任的建议等。

2. 司法程序。俄罗斯反垄断机构可以就权力限制竞争的案件向仲裁法院提出有关违反反垄断法的诉讼和申请。提起的诉讼是确认无效之诉。由反垄断机构提起的确认无效之诉涉及的主要是有关权力机关发布的已经生效的法律规范，且反垄断机构认为权力机关发布的法规与反垄断法相矛盾。

[本章参考文献]

（一）著作

1. 时建中主编：《三十一国竞争法典》，中国政法大学出版社2009年版。
2. 时建中、焦海涛、戴龙编：《反垄断行政执法典型案件分析与解读（2008—2018）》，中国政法大学出版社2018年版。
3. 戴龙：《日本反垄断法研究》，中国政法大学出版社2014年版。
4. 叶高芬：《行政性垄断的法律规制：以国家竞争政策为视角》，法律出版社2022年版。
5. 刘继峰：《俄罗斯反垄断法研究》，北京大学出版社2022年版。
6. 王晓晔：《反垄断法》，法律出版社2011年版。
7. 顾全：《行政性垄断司法审查与救济问题研究》，法律出版社2017年版。
8. 邓志松：《论行政垄断成因、特点及法律规制》，法律出版社2017年版。

---

[1] 参见刘继峰：《俄罗斯反垄断法研究》，北京大学出版社2022年版，第189页。
[2] 参见刘继峰：《俄罗斯反垄断法研究》，北京大学出版社2022年版，第189页。
[3] 参见刘继峰：《俄罗斯反垄断法研究》，北京大学出版社2022年版，第190页。

9. 袁祝杰:《竞争秩序的建构——行政性限制竞争研究》,北京大学出版社 2003 年版。

10. 徐士英:《竞争政策研究——国际比较与中国选择》,法律出版社 2013 年版。

11. 翟巍:《欧盟公平竞争审查制度研究》,中国政法大学出版社 2019 年版。

12. ［德］罗尔夫·斯特博:《德国经济行政法》,苏颖霞、陈少康译,中国政法大学出版社 1999 年版。

13. ［德］乌茨·施利斯基:《经济公法》,喻文光译,法律出版社 2006 年版。

（二）论文

14. 时建中:《打破行政性垄断 使市场在资源配置中起决定性作用——纪念〈中华人民共和国反垄断法〉实施十周年》,载《价格理论与实践》2018 年第 8 期。

15. 时建中:《强化反垄断深入推进公平竞争政策实施着力推动高质量发展——学习党的二十大报告关于高质量发展与公平竞争的体会》,载《中国价格监管与反垄断》2022 年第 11 期。

16. 叶高芬:《全国统一大市场视域下行政性垄断规制模式的重构》,载《法学》2023 年第 3 期。

17. 王健:《我国行政性垄断法律责任的再造》,载《法学》2019 年第 6 期。

18. 张晨颖:《行政性垄断中经营者责任缺位的反思》,载《中外法学》2018 年第 6 期。

19. 李剑:《中国行政垄断的治理逻辑与现实——从法律治理到行政性治理》,载《华东政法大学学报》2020 年第 6 期。

20. 李国海、彭诗程:《制裁行政垄断受益经营者:动因、范式与规则》,载《法学杂志》2019 年第 8 期。

21. 李国海:《行政性垄断受益经营者可制裁性分析》,载《法学评论》2019 年第 5 期。

22. 张占江:《论政府反竞争行为的反垄断法规制体系建构》,载《法律科学（西北政法大学学报）》2015 年第 4 期。

23. 徐士英:《竞争政策视野下行政性垄断行为规制路径新探》,载《华东政法大学学报》2015 年第 4 期。

24. 孙晋、王贵:《论政府反竞争行为综合规制的路径建构》,载《中南大学学报（社会科学版）》2017 年第 1 期。

25. 许身健:《行政性垄断的概念构造及立法完善——基于〈反垄断法（修正草案）〉的分析》,载《行政法学研究》2022 年第 3 期。

26. 刘继峰:《俄罗斯反垄断法规制行政垄断之借鉴》,载《环球法律评论》2010 年第 2 期。

27. 蒋蔚:《对行政指导型垄断适用行政复议初探》,载《法律适用》2020 年第 1 期。

28. 翟巍:《论德国与欧盟行政垄断规制模式的差异性与耦合性》,载《竞争政策研究》2017 年第 6 期。

29. 孙晋、蒋蔚:《行政指导型垄断的若干基本问题》,载《法学杂志》2017 年第 4 期。

30. 侯利阳:《公平竞争审查的认知偏差与制度完善》,载《法学家》2021 年第 6 期。

31. 倪斐:《政策与法律关系模式下的公平竞争审查制度入法路径思考》,载《法学杂志》2021 年第 8 期。

32. 孙晋:《公平竞争原则与政府规制变革》,载《中国法学》2021 年第 3 期。

33. 王炳:《公平竞争审查的合宪性审查进路》,载《法学评论》2021 年第 2 期。

34. 孙晋:《规制变革理论视阈下公平竞争审查制度法治化进阶》,载《清华法学》

2022 年第 4 期。

35. 周海涛:《欧盟国家援助制度的现代化及其借鉴》,载《河北法学》2016 年第 8 期。

36. 张占江:《政府行为竞争中立制度的构造——以反垄断法框架为基础》,载《法学》2018 年第 6 期。

37. 时建中:《强化公平竞争审查制度的若干问题》,载《行政管理改革》2017 年第 1 期。

38. 丁茂中:《论我国行政性垄断行为规范的立法完善》,载《政治与法律》2018 年第 7 期。

39. 丁茂中:《公平竞争审查的激励机制研究》,载《法学杂志》2018 年第 6 期。

40. 张守文:《公平竞争审查制度的经济法解析》,载《政治与法律》2017 年第 11 期。

41. 金善明:《公平竞争审查机制的制度检讨及路径优化》,载《法学》2019 年第 12 期。

42. van Buiren, K., Veld, D. i. '. & van der Voort, J. State Aid and Competition: Application of a Social Welfare Criterion to State Aid. *J Ind Compet Trade* 19, 389-411, 2019.

第十一章 公平竞争审查制度

第一节 公平竞争审查制度的基本原理

一、公平竞争审查制度的内涵和意义

公平竞争审查制度是我国确立竞争政策基础地位的一项重要举措,是从源头上厘清政府与市场边界,规范政府行为,防止行政主体滥用行政权力排除、限制竞争的顶层设计。

(一)公平竞争审查制度的内涵和出台背景

公平竞争审查制度,是指行政机关和法律、法规授权的具有管理公共事务职能的组织(统称政策制定机关),在制定市场准入、产业发展、招商引资、招标投标、政府采购、经营行为规范、资质标准等涉及市场主体经济活动的规章、规范性文件和其他政策措施(统称政策措施)时,应当考虑其对市场竞争的影响,通过审查拟订的或者现行的政策措施可能或者已经产生的竞争影响,识别出排除、限制竞争的情形,并对其合理性作出分析、判断,针对不合理的政策措施,予以删除、废止或者经修改提出对竞争损害最小的替代方案。

竞争是市场经济的固有属性和本质特征,公平竞争是中国特色社会主义市场经济的内在要求、基本原则和核心秩序。公平竞争的市场环境具有多方面的积极作用,如促进资源有效配置、形成兼容的激励机制、推动技术进步和经济增长、增进消费者利益、保障市场主体的经济自由、夯实社会平等和政治民主的经济基础等。随着经济体制改革不断深化,我国市场体系逐步完善,市场机制作用日趋增强。但与此同时,一些政府部门从保护本地区经济利益、促进本行业或者相关企业发展等角度出发,制定排除、限制竞争政策措施的情况仍较为普遍。有的设定歧视性标准、限制商品要素流通,实施地方保护、区域封锁;有的限定交易、不当干预经营者生产经营、区别对待不同所有制市场主体,导致行业壁垒、企业垄断;有的违法给予财税、土地、价格等优惠或者补贴,扶持特定行业或者企业发展,不当增加或减损市场主体利益,导致市场主体之间无法公平竞争。这些政策措施扭曲了市场机制,破坏了统一市场,抑制了市场主体活力,降低了经济整体运行效率,须大力加以规制。

应当看到,我国《反垄断法》以及相关制度安排为规制行政性垄断问题奠定了基础,但仍难以满足全面有效规制的需求。反垄断执法主要是以个案查处的方式纠正滥用行政权力排除、限制竞争行为,但依靠目前有限的执法力量,还难以有效制止违法行为发生。同时,反垄断执法属于事后救济,开展执法调查时有关部门的相关政策措施已经出台,对市场竞争的损害已经产生,起不到有效预防的作用。此外,对相关政策措施的合法性审查,从理论上讲应当具有防止行政性垄断问题的功能,但由于其不以维护市场公平竞争为主要目标,在审核工作中难以深入且全面地对相关政策措施是否符合公平竞争要求进行审查。从实际情况来看,一些涉及滥用行政权力排除、限制竞争的政策措施也经过了合法性审查,却未能避免违反公平竞争要求或反垄断法的规定,因此,有必要加强顶层制度设计,建立

以维护公平竞争为主要目的、具备事前预防和全面规范功能的制度，切实防止相关政策措施排除、限制市场竞争。

为此，2016年6月，国务院印发的《国务院关于在市场体系建设中建立公平竞争审查制度的意见》（本章以下简称国务院《意见》），正式构建了中国的公平竞争审查制度。国务院《意见》对建立公平竞争审查制度作了顶层设计，明确了总体要求、基本原则、审查对象、审查方式、审查标准、实施步骤、保障措施等内容，可以概括为"总体要求、三个结合、四类标准、七项措施"。

拓展阅读：国务院《意见》的总体要求、三个结合、四类标准、七项措施

所谓总体要求，是指建立公平竞争审查制度，要按照加快建设统一开放、竞争有序市场体系的要求，确保政府相关行为符合公平竞争要求和相关法律法规，维护公平竞争秩序，保障各类市场主体平等使用生产要素、公平参与市场竞争、同等受到法律保护，激发市场活力，提高资源配置效率，推动大众创业、万众创新，促进实现创新驱动发展和经济持续健康发展。为此，应当坚持尊重市场、竞争优先，立足全局、统筹兼顾，科学谋划、分步实施等原则。

所谓三个结合，分别指：①自我审查与外部监督相结合，即政策制定机关制定涉及市场主体经济活动的政策措施，应当严格对照公平竞争审查标准进行自我审查。经审查认为不具有排除、限制竞争效果的，可以实施；具有排除、限制竞争效果的，应当不予出台，或调整至符合相关要求后出台。同时，考虑到自我审查的局限，需强化社会监督、反垄断执法监督等外部监督，保障公平竞争审查的效果。②原则禁止与例外规定相结合，即违反公平竞争审查标准的政策措施，原则上不得出台。但考虑到我国经济发展的阶段特征和实际需要，在原则禁止出台排除、限制竞争政策措施的同时，对基于特定社会公共利益的政策措施作了例外规定。③规范增量与清理存量相结合，即在规范新出台政策措施的同时，要求逐步清理和废除现有的妨碍统一市场和公平竞争的规定做法。

所谓四类标准，分别指：①市场准入和退出标准；②商品和要素自由流动标准；③影响经营生产成本标准；④影响生产经营行为标准。这些标准全面系统地为公平审查提供了遵循，也为政府行为列出了负面清单。

所谓七项措施，分别指：①分步实施，即国务院各部门、各省级政府及所属部门先行实施，县市政府及各个部门在省级政府指导下全面推开；②加强指导，市场监管部门要会同有关部门建立健全工作机制，加强对制度实施的协调和指导；③对建立公平竞争审查制度后出台的政策措施，定期评估其对公平竞争的影响；④研究制定实施细则，进一步细化公平竞争审查制度的内容、程序、方法；⑤加强反垄断执法监督，形成事前、事后规制合力；⑥强化责任追究，对未进行公平竞争审查或者违反公平竞争审查标准出台政策措施，以及不及时纠正相关政策措施的地方政府和部门，有关部门依法查实后要作出严肃处理；⑦注重宣传引导，为公平竞争审查制度实施营造良好的舆论氛围和工作环境。

（二）公平竞争审查制度的意义

建立公平竞争审查制度，是我国确立竞争政策基础地位迈出的关键一步，是建设全国统一大市场暨统一开放、竞争有序市场体系的重要举措，对深入推进经济体制改革，进一步厘清政府与市场边界，深化供给侧结构性改革和"放管服"改革，推动经济高质量发展等具有十分重要的现实意义。

1. 强化竞争政策基础地位和维护公平竞争环境的有效抓手。党的十九届四中全会要求，"强化竞争政策基础地位，落实公平竞争审查制度"。改革开放初期，我国是一个典型的追赶型经济体。通过借鉴发达国家的成功经验，政府对经济的发展目标和方向有较为清晰的认识，采取了各种倾斜性经济政策尤其是产业政策，对资源在不同产业间进行配置，优先发展重点产业，实现了规模扩张和高速增长。经过40年的快速发展，我国进入工业化后期，面对经济发展中出现的新问题、新挑战，世界上已没有现成模板可供参考。政府的信息优势、判断优势一旦不再存在，就迫切需要推动经济政策转型，更多依靠竞争政策，着力营造公平竞争的市场环境，促使市场主体在竞争中探索发展方向、培育增长动力、提升经济运行效率。通过实施公平竞争审查制度，建立竞争政策与其他经济政策之间的事前沟通渠道和协调机制，不仅为产业政策、货币政策、财政政策、信贷政策、税收政策、投资政策、贸易政策、创新政策等其他经济政策的竞争性转型注入了动力，而且为竞争政策统领和协调其他经济政策铺垫了路径，最终使公平竞争的理念、原则和要求贯穿其他经济政策的制定和实施全过程。

拓展阅读：我国改革开放以来经济政策体系的演变以及产业政策与竞争政策的协调[1]

在改革开放初期，我国政府最为常用的经济政策是财政政策、税收政策和信贷政策。1986年，《国民经济和社会发展第七个五年计划》第一次使用了"产业政策"的概念。自此，产业政策在经济政策体系中处于中心地位。一方面，资源配置效果评价往往以能否促进产业发展为标准；另一方面其他经济政策服务于产业政策，为产业发展提供支持。为了落实相关产业政策确定的目标，我国陆续出台了一系列具体政策措施，涉及产业结构、产业组织、产业布局和产业技术等各个方面。产业政策目标的实现，需要综合运用包括信贷政策、税收政策、价格政策、投资政策、财政政策等其他政策措施。这就意味着，其他经济政策需要与产业政策协调和配合。例如，为了落实淘汰落后产能的产业政策，就需要从税收政策、信贷政策等方面予以限制；为了实现鼓励科技创新的产业政策，则需要实施税收政策、信贷政策等经济政策给予优惠待遇。可见，产业政策更像是资源配置政策，其他经济政策的实施，往往也要围绕产业政策，实现产业政策的目标。

产业政策的作用在一国经济发展初期往往十分巨大。经济发展较为迅速的国家，在发展初期几乎都利用产业政策对产业进行扶持。我国在过去很长一段时期，以产业政策为核心的经济政策体系有效促进了我国的产业发展，推动了经济增长。然而，随着经济增长阶段性目标的实现，以产业政策为核心的经济政策体系的弊端也逐渐显现。产业政策在解决产业发展问题的同时，也暴露出较为严重的不足。例如，难以促进持续的技术创新，甚至成为产业升级和结构优化的障碍；为行政权力不当干预市场运行提供便利，对合理的市场竞争造成损害。

分析1993~2014年共计32年的政府工作报告，从"八五"计划到"十二五"规划5个纲要，十四届三中全会、十六届三中全会及十八届三中全会3个重要决定，至少可以提炼出以下经济政策：货币政策、财政政策、产业政策、信贷政策、税收政策、投资政策、外资政策、贸易政策、消费政策、分配政策、就业政策等。然而没有任何一份文件提及了"竞争政策"。

---

[1] 参见时建中：《论竞争政策在经济政策体系中的地位——兼论反垄断法在管制型产业的适用》，载《价格理论与实践》2014年第7期。

虽然 2007 年颁布的《反垄断法》在关于国务院反垄断委员会职责的规定中引入了"竞争政策"并使之成为法律概念，但是，竞争政策事实上还没有进入经济政策体系。政府运用各种经济政策的目的就是为了提升企业的竞争力、产业的竞争力、国有资本的竞争力、区域经济的竞争力、科技竞争力、国际竞争力，或者为了应对经济不景气。提升竞争力反映了相关政策在某个行业或者领域的效率，并不能代表整个经济政策体系的效率性和公平性，更不能反映整个市场的竞争秩序状况。假如竞争政策阙如，运用乃至组合运用不同的经济政策，其结果就是在不同的市场主体、行业、区域之间不公平地配置资源，引发并加剧不公平竞争。可见，若无竞争政策的指引或者约束，政府运用其他经济政策可能会引发消极的市场竞争效果。例如，在我国现实经济生活中，一方面不时出现中小民营企业融资难、地下金融有禁难止、中小企业主"跑路"现象；另一方面，有些国有企业的过剩资金违规进入房地产市场。这在很大程度上就是财税政策、信贷政策对中小企业和大型国有企业差别化适用的恶果。再如，有些行业效率低下，竞争力疲软，盈利时福利侵蚀利润，亏损时享受财政补贴，而且，这些行业准入门槛高，几乎没有源于竞争的压力和动力。这都是产业政策、财政政策、分配政策在实施过程中暴露的问题。

不容否认，我国经济发展仍不平衡，有的幼稚或初创产业、战略性新兴产业仍处于发展初始阶段，产业政策及其配套的财政政策、信贷政策、税收政策、投资政策、创新政策等仍将发挥重要作用。然而，作为经济政策体系中的两个基础性抓手，竞争政策与产业政策理应是相互协调、相辅相成的关系。公平竞争审查制度正是促成二者良性互动、和谐共生的重要机制。一方面，通过严格甄别产业政策是否触犯公平竞争审查的禁止性标准，保证产业政策的制定和实施始终贯穿公平竞争的理念和要求，推动产业政策从选择性、倾斜性向普惠性、功能性、竞争性转变；另一方面，通过公平竞争审查的例外规定为一些特殊的产业政策留出空间，最终使各类经济政策形成合力，协同推动经济高质量发展。

2. 助力全国统一大市场建设和推动经济高质量发展的重要保障。建设全国统一大市场是构建新发展格局、推动高质量发展的基础支撑和内在要求，高质量发展则是全面建设社会主义现代化国家的核心目标和首要任务。而所谓高质量发展，其实就是体现新发展理念的发展，即创新成为第一动力、协调成为内生特点、绿色成为普遍形态、开放成为必由之路、共享成为根本目的的发展。

当前，我国统一开放、竞争有序的现代市场体系尚未形成，面临不少问题，其中地区封锁和地方保护可谓久治不愈的顽疾。改革开放至今，由于计划经济体制惯性和政府职能转变不到位，加之地方政府及其主事官员的逐利冲动，各种地方保护、地区封锁等阻碍生产要素、商品和服务自由流动以及歧视性市场准入和行政管理的问题一直存在。建立和实施公平竞争审查制度，其重要意义之一就是预防和制止妨碍全国统一市场和公平竞争的各种规定和做法，着力清除市场壁垒，提高资源配置效率和公平性；加快形成企业自主经营、公平竞争，消费者自由选择、自主消费，商品和要素自由流动、平等交换的现代市场体系。

应当看到，当前我国经济已由高速增长阶段转向高质量发展阶段，正在形成以国内大循环为主体、国内国际双循环相互促进的新发展格局。构建新发展格局，需要加强国内大循环在双循环中的主导作用，强化国内"基本盘"支撑。也就是说，构建新发展格局、推动高质量发展的关键在于国内经济体系循环的畅通无阻。这就更加需要大力巩固竞争政策基础地位，扎实推进公平竞争审查制度，着力破除地方保护、区域封锁、行业壁垒、阻碍生产要素自由流动、违法给予优惠政策或减损市场主体利益等与建设全国统一大市场、构

2017年12月，国家发展改革委、财政部、商务部三部门联合印发《2017—2018年清理现行排除限制竞争政策措施的工作方案》，进一步贯彻落实意见提出的"有序清理存量"要求，部署各地区各部门在2017年~2018年重点清理涉及指定交易、地方保护、市场壁垒等内容的政策措施。

2018年12月，国务院批准同意对公平竞争审查工作部际联席会议制度组成作出调整，根据机构改革情况，将牵头单位调整为国家市场监督管理总局（后文简称"市场监管总局"），联席会议办公室设在市场监管总局，成员单位由28个调整为26个。

2019年2月，市场监督管理总局发布《公平竞争审查第三方评估实施指南》，明确第三方评估的适用范围、评估内容、评估程序、评估方法等，为在公平竞争审查中引入第三方评估提供明确指引。

2019年12月，经国务院同意，市场监管总局、国家发展改革委、财政部、商务部印发《关于开展妨碍统一市场和公平竞争的政策措施清理工作的通知》，组织各地区、各部门对2019年12月31日前出台的政策措施进行全面清理，坚决废除妨碍统一市场和公平竞争的各种规定和做法。

2020年5月，经国务院同意，市场监管总局、国家发展改革委、财政部、商务部四部门联合印发《关于进一步推进公平竞争审查工作的通知》，以健全审查规则、完善工作机制，更高质量、更大力度推进公平竞争审查工作，加快构建全面覆盖、规则完备、权责明确、运行高效、监督有力的审查制度体系。

2021年2月，国务院反垄断委员会发布《平台反垄断指南》，对平台经济领域滥用行政权力排除、限制竞争行为予以关注，并强调了公平竞争审查制度在行政性垄断规制中的重要性。即在第23条规定：行政机关和法律、法规授权的具有管理公共事务职能的组织制定涉及平台经济领域市场主体经济活动的规章、规范性文件、其他政策性文件以及"一事一议"形式的具体政策措施，应当按照国家有关规定进行公平竞争审查。

2021年6月，经国务院同意，市场监管总局、国家发展改革委、财政部、商务部、司法部会同有关部门修订公布《公平竞争审查制度实施细则》，此次修订着力强化制度刚性约束，其统筹力度更大、审查标准更高、监督考核更严。

2022年6月24日，第十三届全国人民代表大会常务委员会第三十五次会议通过关于修改《反垄断法》的决定，增加一条作为第5条，即规定："国家建立健全公平竞争审查制度。行政机关和法律、法规授权的具有管理公共事务职能的组织在制定涉及市场主体经济活动的规定时，应当进行公平竞争审查。"自此，公平竞争审查制度被写入《反垄断法》，成为一项正式法律制度，竞争政策的基础地位有了更加坚实的法律保障。[1]

此外，近年来，党中央、国务院发布系列重大改革和纲领性文件，进一步对落实公平竞争审查制度提出了新部署、新要求，参见表11-1。

---

[1] 参见时建中：《新〈反垄断法〉的现实意义与内容解读》，载《中国法律评论》2022年第4期。

表 11-1 党中央、国务院等对落实公平竞争审查制度的新部署新要求

文件名称及公布时间	与公平竞争审查制度相关的部署和要求
中共中央、国务院关于建立更加有效的区域协调发展新机制的意见（2018.11.18）	促进城乡区域间要素自由流动。实施全国统一的市场准入负面清单制度，消除歧视性、隐蔽性的区域市场准入限制。深入实施公平竞争审查制度，消除区域市场壁垒，打破行政性垄断，清理和废除妨碍统一市场和公平竞争的各种规定和做法，进一步优化营商环境，激发市场活力。
国务院关于加强和规范事中事后监管的指导意见（2019.09.06）	强化竞争政策的基础性地位，落实并完善公平竞争审查制度，加快清理妨碍全国统一市场和公平竞争的各种规定和做法。
中共中央关于坚持和完善中国特色社会主义制度 推进国家治理体系和治理能力现代化若干重大问题的决定（2019.10.31）	建设高标准市场体系，完善公平竞争制度，全面实施市场准入负面清单制度，改革生产许可制度，健全破产制度。强化竞争政策基础地位，落实公平竞争审查制度，加强和改进反垄断和反不正当竞争执法。
中共中央、国务院关于营造更好发展环境支持民营企业改革发展的意见（2019.12.04）	强化公平竞争审查制度刚性约束。坚持存量清理和增量审查并重，持续清理和废除妨碍统一市场和公平竞争的各种规定和做法，加快清理与企业性质挂钩的行业准入、资质标准、产业补贴等规定和做法。推进产业政策由差异化、选择性向普惠化、功能性转变。严格审查新出台的政策措施，建立规范流程，引入第三方开展评估审查。建立面向各类市场主体的有违公平竞争问题的投诉举报和处理回应机制并及时向社会公布处理情况。
中共中央 国务院关于新时代加快完善社会主义市场经济体制的意见（2020.05.11）	完善竞争政策框架，建立健全竞争政策实施机制，强化竞争政策基础地位。强化公平竞争审查的刚性约束，修订完善公平竞争审查实施细则，建立公平竞争审查抽查、考核、公示制度，建立健全第三方审查和评估机制。统筹做好增量审查和存量清理，逐步清理废除妨碍全国统一市场和公平竞争的存量政策。建立违反公平竞争问题反映和举报绿色通道。
中共中央、国务院关于新时代推进西部大开发形成新格局的指导意见（2020.05.17）	强化竞争政策的基础性地位，进一步落实公平竞争审查制度，加快清理废除妨碍统一市场和公平竞争的各种规定和做法，持续深入开展不正当竞争行为治理，形成优化营商环境长效机制。
建设高标准市场体系行动方案（2021.01.31）	增强公平竞争审查制度刚性约束。探索建立公平竞争审查举报处理和回应机制，及时核查举报涉及的问题。健全公平竞争审查机制，进一步明确和细化纳入审查范围的政策措施类别。出台公平竞争审查例外规定适用指南，建立例外规定动态调整和重大事项实时调整机制。研究制定行业性审查规则，进一步细化认定标准。

建新发展格局、推动高质量发展背道而驰的顽疾和乱象。

拓展阅读：转向创新驱动发展亟需实行公平竞争审查制度

当前，我国正处于新旧动能转换的关键时期，实现经济保持中高速增长、迈向中高端水平，亟需加快转变经济发展方式，由要素驱动、资源驱动向创新驱动转变。创新的土壤是市场，动力是竞争。只有巨大的竞争压力，才能激发企业创新的欲望和潜力。但在现实经济活动中，仍然存在一些不利于创新的制度安排和政策措施。比如，一些政府部门在竞争性领域违规为特定企业提供各种优惠政策或财政补贴，实施过度保护，使企业丧失变革创新的动力。倾斜性的保护政策，使部分企业不经过创新就可以获得竞争优势，使真正努力创新的企业得不到应有的经济回报和市场地位。

建立和实施公平竞争审查制度，防止政府对特定企业实行不当补贴和过度保护，消除限制竞争、妨碍创新的各种制度束缚，可以使企业真正投入市场竞争中，激发企业家精神，促进大众创业、万众创新，加快实现创新驱动的高质量发展。从这个意义上说，建立和实施公平竞争审查制度，不仅对政府行为规范提出了更高要求，也对企业谋求长远发展提出了更具挑战性的课题。企业只有克服"政策依赖症"，克服"等、靠、要"思维，在没有特殊政策照顾的情况下，深挖潜力、苦练内功、勇敢地闯市场，才能在激烈的市场竞争中谋求生存的机会。

3. **深入推进经济体制改革和加快政府职能转变的关键举措**。党的十八届三中全会指出，"紧紧围绕使市场在资源配置中起决定性作用深化经济体制改革""经济体制改革是全面深化改革的重点，核心问题是处理好政府和市场的关系，使市场在资源配置中起决定性作用和更好发挥政府作用"。改革开放以前，我国长期实行高度集中的计划经济体制，政府习惯于用行政或者计划的手段对资源进行配置。随着经济体制改革不断推进，市场机制作用日趋增强，但是一些政府部门出台政策措施排除、限制竞争的现象仍时有发生，如准入限制、专项补贴、税收减免、融资担保、贴息贷款、资源要素的低价使用、限定交易、不当干预经营者生产经营、政府采购中采取歧视性待遇等扭曲公平竞争的规定和做法。这些政策措施从本质上看，都是没有处理好政府与市场的关系，属于政府对资源的直接配置、对市场的不当干预。建立和实施公平竞争审查制度，有助于深入推进经济体制改革，从源头上理顺政府与市场的关系，防止政府过度和不当干预市场，保障市场在资源配置中起决定性作用，推动资源配置依据市场规则、市场价格、市场竞争实现效益最大化和效率最优化。

与此同时，建立和实施公平竞争审查制度还是进一步推进"放管服"改革的重要举措，[1] 有利于减少政府对微观经济活动的不当干预，把应该由企业决策的交还给企业，把该由市场决定的交还给市场，督促政府全面正确履行职责，更好地承担宏观调控、市场监管、优化公共服务、保障公平竞争、弥补市场失灵等职能，切实行简政之道，施公平之策，

---

[1] 2016年5月9日，国务院召开全国推进简政放权、放管结合、优化服务改革电视电话会议，对深化"放管服"改革进行了部署。"放管服"体现了政府职能转变的核心理念，是行政管理体制改革工作的深化。"放"的核心是政府角色定位问题，是要重新界定政府、市场、社会边界和相互关系，目的是激发市场活力和社会创造力；"管"的核心是政府管理转型问题，管理变革要适应经济社会新常态、科学技术新进展和全面深化改革的新形势，目的是建设现代政府；"服"的核心是在"放"与"管"的全面深刻变化基础上，形成治理理念、治理机制、治理体系，提升治理能力，目的是建设人民满意的服务型政府。参见张定安：《关于深化"放管服"改革工作的几点思考》，载《行政管理改革》2016年第7期。

开便利之门，不断提高行政效能，增强政府公信力和执行力，推进建设法治政府和服务型政府。

拓展阅读：公平竞争审查制度对供给侧结构性改革的促进作用

供给侧结构性改革，是我国经济从高速增长转向中高速增长的"新常态"背景下，党中央作出的重大战略部署。推进供给侧结构性改革，需要完善市场机制，矫正以前过多依靠行政配置资源带来的要素配置扭曲，提高全要素生产率。也就是说，解决低端产能严重过剩、创新能力不足、核心技术缺乏等供给侧问题，需要更加重视市场的作用，通过强化市场竞争加以解决。

建立和实施公平竞争审查制度，对深入推进供给侧结构性改革，特别是去产能、降成本具有突出作用。一方面，产能过剩的重要原因之一是资源错配导致重复投资和产能扩张，同时地方保护、给予企业优惠扶持等政策措施使落后产能无法顺利被淘汰，实现市场出清。另一方面，成本居高不下是影响民间投资的重要原因之一，其中最难降和最应该降的是制度性交易成本，如设置歧视性准入条件、收费标准和技术要求，增设审批备案程序，等等。

建立和实施公平竞争审查制度，逐步清理并防止出台妨碍公平竞争和商品要素自由流动的政策措施，有利于充分发挥竞争优胜劣汰的作用，以市场化方式淘汰落后产能、培育优质产能，提高资源配置效率，同时从源头上降低制度性交易成本，进一步释放市场主体活力，增强经济增长的内生动力。

二、公平竞争审查制度的形成和完善历程

公平竞争审查制度是我国竞争政策的核心工具之一，也是我国竞争法律制度的关键组成部分，它是随着经济体制改革推进，竞争政策和相应法律制度不断发展，逐步探索、建立和完善起来的。

（一）公平竞争审查制度的萌芽

1980年10月，国务院公布《国务院关于开展和保护社会主义竞争的暂行规定》（俗称"竞争十条"），第一次就竞争问题作出专门规定。规定指出，"开展竞争必须扩大企业的自主权，尊重企业相对独立的商品生产者的地位"；"在社会主义公有制经济占优势的情况下，允许和提倡各种经济成分之间、各个企业之间，发挥所长，开展竞争。在经济活动中，除国家指定由有关部门和单位专门经营的产品以外，其余的不得进行垄断、搞独家经营"；"开展竞争必须打破地区封锁和部门分割。任何地区和部门都不准封锁市场，不得禁止外地商品在本地区、本部门销售……工业、交通、财贸等有关部门对现行规章制度中妨碍竞争的部分，必须进行修改，以利于开展竞争。采取行政手段保护落后，抑制先进，妨碍商品正常流通的作法，是不合法的，应当予以废止"。

1993年9月，第八届全国人大三次会议通过《反不正当竞争法》。《反不正当竞争法》是一部关涉公平竞争的综合性法律，不仅包括禁止不正当竞争行为的规定，还包括禁止垄断行为的规定。[1] 值得注意的是，1993年《反不正当竞争法》第7条规定："政府及其所属部门不得滥用行政权力，限定他人购买其指定的经营者的商品，限制其他经营者正当的

---

[1]《反不正当竞争法》在经过24年的实施后，于2017年进行了大幅修订。那次修订删除了公用企业限制竞争条款（原法第6条）、行政性垄断条款（原法第7条）、低价倾销条款（原法第11条）、搭售条款（原法第12条）、串通投标条款（原法第15条）等涉及垄断行为或与垄断行为交叉的条款。

经营活动。政府及其所属部门不得滥用行政权力，限制外地商品进入本地市场，或者本地商品流向外地市场。"其重要意义在于，限定交易、地区封锁等行政性垄断行为，首次被写进全国人大制定的法律，并明确受到禁止。

1993年11月，党的十四届三中全会通过《中共中央关于建立社会主义市场经济体制若干问题的决定》，提出，"发挥市场机制在资源配置中的基础性作用，必须培育和发展市场体系。当前要着重发展生产要素市场，规范市场行为，打破地区、部门的分割和封锁，反对不正当竞争，创造平等竞争的环境，形成统一、开放、竞争、有序的大市场"。

1999年8月颁布的《招标投标法》，对招投标领域的行政性垄断行为作出禁止。该法第6条规定："依法必须进行招标的项目，其招标投标活动不受地区或者部门的限制。任何单位和个人不得违法限制或者排斥本地区、本系统以外的法人或者其他组织参加投标，不得以任何方式非法干涉招标投标活动。"

2001年4月，《国务院关于禁止在市场经济活动中实行地区封锁的规定》公布，这是一部具有重要意义的行政法规。该法全面、系统地对不同类型的地区封锁（行政性垄断）行为作了禁止规定，包括限定交易，设置关卡，歧视性收费项目、歧视性价格、歧视性收费标准、歧视性技术要求、歧视性技术措施，对外地产品或服务采取专营、专卖、审批、许可、数量限制等歧视性手段，歧视性招投标行为，投资、设立分支机构的歧视性待遇，不合理的补贴、减免、优惠，滥用职权进行监督检查，限制商品或服务流向外地，等等。整体来看，该法具有三个方面的鲜明特色：①首次将禁止地区封锁的适用范围，从商品贸易领域扩大到服务贸易领域。②对实行地区封锁为目的或含有地区封锁内容的政府规定以及处理办法作了规定。该法第5条规定："任何地方不得制定实行地区封锁或者含有地区封锁内容的规定，妨碍建立和完善全国统一、公平竞争、规范有序的市场体系，损害公平竞争环境。"③明确了各类具体封锁行为的监督检查机关。

2001年12月，中国正式加入世界贸易组织（WTO），这对我国融入、对接高标准的国际经贸规则，既是机遇也是挑战。加快完善社会主义市场经济体制，推进竞争政策持续发展，成为迫切的任务。在这样的背景下，2003年10月，党的十六届三中全会通过《中共中央关于完善社会主义市场经济体制若干问题的决定》，进一步强调，"更大程度地发挥市场在资源配置中的基础性作用""建设统一开放竞争有序的现代市场体系""废止妨碍公平竞争、设置行政壁垒、排斥外地产品和服务的各种分割市场的规定，打破行业垄断和地区封锁"。同时，制定反垄断法继续被列入第十届全国人民代表大会常务委员会立法规划，其立法进程明显加快。

2007年8月，第十届全国人民代表大会常务委员会第二十九次会议通过《反垄断法》。《反垄断法》的颁布，是我国社会主义市场经济体制建设、竞争政策发展历程中，具有里程碑意义的事件。它不仅意味着我国市场日趋成熟，而且昭示着我国竞争政策有了基石性的政策工具。[1]反垄断法素有"经济宪法"之称。我国《反垄断法》不仅对垄断协议、滥用市场支配地位、（具有或者可能具有排除限制竞争效果的）经营者集中这三大经济性垄断行为作了规定，而且富于特色地规定了行政性垄断禁止制度。针对行政性垄断，《反垄断

---

[1] 中国反垄断法的立法进程，印证了这样一个基本原理，即社会经济生活对反垄断法的需求与市场的成熟程度成正比。参见时建中主编：《反垄断法——法典释评与学理探源》，中国人民大学出版社2008年版，第1页。

法》第 8 条作了原则规定，即"行政机关和法律、法规授权的具有管理公共事务职能的组织不得滥用行政权力，排除、限制竞争"；第五章对预防和制止行政性垄断以专章的地位和篇幅作了具体规定，明确了行政性垄断的种类和表现形式；在法律责任这一章也有专门的条文予以惩治。特别是该法第五章第 37 条的规定，即"行政机关不得滥用行政权力，制定含有排除、限制竞争内容的规定"，蕴含了行政性垄断的事前防控机制，为此后公平竞争审查制度的建立，提供了反垄断法上的依据。同时，《反垄断法》第 9 条引入了"竞争政策"并使之成为法律概念，为此后竞争政策进一步发展完善，实质性地推动我国经济政策转型，铺垫了坚实的基础。

（二）公平竞争审查制度的形成和完善

2013 年 11 月，党的十八届三中全会拉开了全面深化改革的序幕。如何发挥经济体制改革在全面深化改革中的引领作用，如何处理好政府与市场的关系，使市场在资源配置中起决定性作用和更好发挥政府作用，成为了核心问题。破解这一核心问题的重要思路，是大力发展、完善、巩固竞争政策，提升其地位和作用。为此，不仅需要为市场主体竞争自由"立宪"，更需要为政府经济权力运行"立宪"；不仅需要有效实施反垄断法，更需要从源头上厘清政府与市场边界，规范政府经济权力，预防和制止排除、限制竞争的政策措施。

基于此，2015 年 3 月，中共中央、国务院印发《关于深化体制机制改革加快实施创新驱动发展战略的若干意见》，首次提出"探索实施公平竞争审查制度"。2015 年 5 月，《国务院批转发展改革委关于 2015 年深化经济体制改革重点工作的意见的通知》，要求"促进产业政策和竞争政策有效协调，建立和规范产业政策的公平性、竞争性审查机制"。2015 年 6 月公布《国务院关于大力推进大众创业万众创新若干政策措施的意见》，要求"加快出台公平竞争审查制度，建立统一透明、有序规范的市场环境"。2015 年 10 月，中共中央、国务院印发《关于推进价格机制改革的若干意见》，首次提出"逐步确立竞争政策的基础性地位"，并再次强调"加快建立竞争政策与产业、投资等政策的协调机制，实施公平竞争审查制度"。2016 年 3 月，《中华人民共和国国民经济和社会发展第十三个五年规划纲要》明确要求，"健全竞争政策，完善市场竞争规则，实施公平竞争审查制度"。2016 年 6 月，国务院《意见》出台。至此，《反垄断法》实施 8 年后，中国的竞争政策有了又一个强有力的政策工具——公平竞争审查制度，标志着中国的竞争政策实现了质的飞跃，其体系基本形成，步入全新阶段。

公平竞争审查制度虽已建立，但制度实施中可能存在工作推进不平衡、刚性约束有待增强、整体质量有待提高等问题，仍需要完善制度体系、健全审查机制，在审查方式、审查标准、监督手段等方面寻求更多创新。为此，国家发展改革委率先印发了《关于贯彻落实〈关于在市场体系建设中建立公平竞争审查制度的意见〉委内工作程序的通知》，在网上办公系统中嵌入了公平竞争审查选项，各司局按照"谁起草、谁审查"的原则有序开展审查。

2016 年 12 月，《国务院办公厅关于同意建立公平竞争审查工作部际联席会议制度的函》批准同意建立由 28 个部门参与的公平竞争审查工作部际联席会议制度，负责统筹协调和监督指导全国公平竞争审查工作。

2017 年 10 月，国家发展改革委、财政部、商务部、原工商总局、原国务院法制办五部门联合印发《公平竞争审查制度实施细则（暂行）》，进一步明确审查机制和程序，细化审查标准，完善例外规定，强化监督问责，为政策制定机关开展公平竞争审查工作提供指引。

续表

文件名称及公布时间	与公平竞争审查制度相关的部署和要求
中华人民共和国国民经济和社会发展第十四个五年规划和2035年远景目标纲要（2021.03.11）	坚持鼓励竞争、反对垄断，完善竞争政策框架，构建覆盖事前、事中、事后全环节的竞争政策实施机制。统筹做好增量审查与存量清理，强化公平竞争审查制度的刚性约束，完善公平竞争审查细则，持续清理废除妨碍全国统一市场和公平竞争的规定及做法。
法治政府建设实施纲要（2021-2025年）（2021.08.11）	加强和改进反垄断与反不正当竞争执法。强化公平竞争审查制度刚性约束，及时清理废除妨碍统一市场和公平竞争的各种规定和做法，推动形成统一开放、竞争有序、制度完备、治理完善的高标准市场体系。
关于强化反垄断深入推进公平竞争政策实施的意见（2021.08.30）	此件未公开发布。在通过该意见的中央全面深化改革委员会第二十一次会议上，习近平总书记强调，要从构建新发展格局、推动高质量发展、促进共同富裕的战略高度出发，促进形成公平竞争的市场环境，为各类市场主体特别是中小企业创造广阔的发展空间，更好保护消费者权益；同时要求，加快健全市场准入制度、公平竞争审查机制、数字经济公平竞争监管制度、预防和制止滥用行政权力排除限制竞争制度等。
"十四五"数字经济发展规划（2021.12.12）	完善多元共治新格局。建立完善政府、平台、企业、行业组织和社会公众多元参与、有效协同的数字经济治理新格局，形成治理合力，鼓励良性竞争，维护公平有效市场。加快健全市场准入制度、公平竞争审查机制，完善数字经济公平竞争监管制度，预防和制止滥用行政权力排除限制竞争。
"十四五"市场监管现代化规划（2021.12.14）	更好发挥公平竞争审查作用。完善公平竞争审查范围，细化纳入审查的政策措施类别。逐步研究制定市场准入、产业发展、招商引资、招标投标、政企合作、土地供应、资质标准等重点领域和行业性专项公平竞争审查规则，细化审查标准。建立公平竞争审查例外规定动态调整机制。建立公平竞争审查信息化管理系统和数据库。强化公平竞争审查制度刚性约束，实行政策制定机关内部统一审查，推行重大政策措施会审制度，开展独立审查试点。建立健全公平竞争审查抽查、考核、公示和第三方评估制度。健全面向各类市场主体的有违公平竞争问题投诉举报和处理回应机制，定期开展公平竞争审查实施情况督查和效果评价分析。将公平竞争审查工作纳入政府部门年度考核、优化营商环境、法治政府建设等考核评价体系，建立公平竞争审查责任制，强化监督考核。

续表

文件名称及公布时间	与公平竞争审查制度相关的部署和要求
中共中央 国务院关于加快建设全国统一大市场的意见（2022.03.25）	健全反垄断法律规则体系，加快推动修改反垄断法、反不正当竞争法，完善公平竞争审查制度，研究重点领域和行业性审查规则，健全审查机制，统一审查标准，规范审查程序，提高审查效能；建立涉企优惠政策目录清单并及时向社会公开，及时清理废除各地区含有地方保护、市场分割、指定交易等妨碍统一市场和公平竞争的政策，全面清理歧视外资企业和外地企业、实行地方保护的各类优惠政策，对新出台政策严格开展公平竞争审查。
国务院关于加强数字政府建设的指导意见（2022.06.06）	建立健全数据要素市场规则，完善数据要素治理体系，加快建立数据资源产权等制度，强化数据资源全生命周期安全保护，推动数据跨境安全有序流动。完善数据产权交易机制，规范培育数据交易市场主体。规范数字经济发展，健全市场准入制度、公平竞争审查制度、公平竞争监管制度，营造规范有序的政策环境。
高举中国特色社会主义伟大旗帜 为全面建设社会主义现代化国家而团结奋斗——在中国共产党第二十次全国代表大会上的报告（2022.10.16）	构建全国统一大市场，深化要素市场化改革，建设高标准市场体系。完善产权保护、市场准入、公平竞争、社会信用等市场经济基础制度，优化营商环境。加强反垄断和反不正当竞争，破除地方保护和行政性垄断，依法规范和引导资本健康发展。

与此同时，公平竞争审查的一般规则、特殊领域的审查规则均不断完善。例如，为加强和规范招标投标领域公平竞争审查，维护公平竞争市场秩序，国家发展和改革委员会、工业和信息化部、住房和城乡建设部、交通运输部、水利部、农业农村部、商务部、国家市场监督管理总局8部委2024年1月31日审议通过《招标投标领域公平竞争审查规则》，自2024年5月1日起施行。《招标投标领域公平竞争审查规则》是公平竞争审查规则体系的重要组成部分，对于进一步健全和完善公平竞争审查制度具有重要意义。

实际上，公平竞争审查作为一项正式制度，几乎贯穿于我国立法体系，越来越广泛地融入到各层级立法的规范内容中。据统计，截至2024年4月11日，涉及"公平竞争审查"表述和规定的法律有2件，即《反垄断法》和《海南自由贸易港法》；行政法规有2件，即《优化营商环境条例》和《重大行政决策程序暂行条例》；部门规章有21件，包括《制止滥用行政权力排除、限制竞争行为规定》《招标投标领域公平竞争审查规则》等；省级地方性法规有54件，包括《江苏省制定和批准地方性法规条例》《黑龙江省民营经济发展促进条例》等；市级地方性法规有32件，包括《杭州市优化营商环境条例》《佛山市市场主体服务条例》等；经济特区法规有4件，包括《深圳经济特区数字经济产业促进条例》《珠海经济特区民营企业权益保护规定》等；省级地方政府规章有52件，包括《湖北省民营经济发展促进办法》《安徽省行政规范性文件管理办法》等；市级地方政府规章有85件，包括《金华市乡镇（街道）行政合法性审查工作规定》《甘南州行政规范性文件管理办法》等。各层级立法出现"公平竞争审查"表述和规定的情况统计，参见表11-2。

表11-2 各层级立法出现"公平竞争审查"表述和规定的情况统计

法律	行政法规	部门规章	省级地方性法规	市级地方性法规	经济特区法规	省级地方政府规章	市级地方政府规章
2件	2件	21件	54件	32件	4件	52件	85件

从现实成效来看，自2016年公平竞争审查制度建立和实施以来，在公平竞争审查工作部际联席会议统筹协调和监督指导下，在各地区、各部门共同努力下，公平竞争审查工作取得积极成效，实现国家、省、市、县四级政府全覆盖。例如，就2021年各省（直辖市）落实公平竞争审查制度的情况看：海南省审查增量政策措施5094件，经审查修改出台的政策措施1597件，不予出台的政策措施23件，梳理存量政策措施5352件，发现妨碍统一市场和公平竞争的政策措施130件，其中修改27件，废止53件；广东省市场监督管理局联合省发展改革委等5部门部署开展招投标领域政策措施抽查工作，梳理抽查招投标领域政策类、招标类文件2636件，发现涉嫌违反公平竞争审查标准政策措施127件；山东省各级各有关部门共梳理涉及市场主体经济活动的现行有效政策措施9616件，修改、废止含有歧视性和不公平市场待遇内容的政策文件50件。同时，在创新公平竞争审查机制方面：广东省市场监督管理局批准深圳、广州开展第三方独立审查制度试点工作，并在深圳市等3个市开展公平竞争审查报送制度试点工作；上海市在全市范围内率先建立公平竞争集中审查工作机制，明确审查路径和规则，实行"起草部门初审—市场局专审—办公室（审计室）复核"的三级把关制；海南省40个省级相关单位已有70%实行了内部集中统一审查或者复核的审查方式，全省28个市、县、区（含洋浦经济开发区）已有87%的单位建立内部审查机制。[1] 总体而言，截至2022年10月，全国审查政策措施文件493万件，纠正废止排除限制竞争的文件5万余件，有力规范政府行为、维护市场公平竞争和全国统一大市场，极大激发了市场主体创业创新活力，促进提升了国内大循环的效率和水平。[2]

三、公平竞争审查制度与相关制度辨析

公平竞争审查制度与反垄断法、禁止行政性垄断制度、竞争倡导制度、竞争中立制度、合法性审查制度等关系紧密，既有联系又有区别，有必要对它们加以辨析。

（一）公平竞争审查制度与反垄断法

公平竞争审查制度和反垄断法都属于竞争政策和竞争法律制度的范畴，都旨在共同保护、维持和发展竞争性市场体制。从我国竞争政策的发展脉络看，《反垄断法》的出台在先，公平竞争审查制度的建立在后，二者都是我国竞争政策发展历程中里程碑式的事件，以至于存在一种流行的认识，即反垄断法和公平竞争审查制度是中国竞争政策的"两大抓手"。这种认识实际上是把反垄断法和公平竞争审查制度作为竞争政策体系之下，两种相对独立和互为补充的制度。其认识逻辑在于，公平竞争审查制度着重于构建预防行政性垄断的事前机制，《反垄断法》第五章的规定着重于从事后制止行政性垄断。

但是，如果过分强调"两大抓手"，不加限定地突出公平竞争审查制度相对于反垄断法

---

[1] 参见国家反垄断局编：《中国反垄断执法年度报告（2021）》，https://www.samr.gov.cn/cms_files/filemanager/1647978232/attach/20233/P020220608430645470953.pdf，最后访问日期：2024年1月24日。

[2] 参见罗文：《我国市场监管事业取得历史性成就发生历史性变革》，载《学习时报》2022年10月10日，第A1版。

的独立性，则必定会遮蔽公平竞争审查制度与反垄断法的内在统一性，割裂反垄断法的逻辑完整性，削弱反垄断法之"经济宪法"的地位。由于我国计划经济体制的惯性，在体制转型的过程中，对市场公平竞争的威胁不仅来源于经营者的垄断行为，更加来源于政府的排除、限制竞争行为，因而禁止滥用行政权力排除、限制竞争，既是我国《反垄断法》的鲜明特色，也是其不可或缺的重要内容。《反垄断法》第五章的规定，虽然着重于从事后制止行政性垄断行为，对防控排除、限制竞争的政策措施存在制度供给方面的不足，但这不应被当作《反垄断法》内在机理的缺陷，毕竟《反垄断法》第45条明确禁止行政机关和法律、法规授权的具有管理公共事务职能的组织滥用行政权力，制定含有排除、限制竞争内容的规定。为了更加全面有效地规范行政性垄断，理应采取的举措是完善《反垄断法》，将公平竞争审查制度写入《反垄断法》，使其作为反垄断法的一项内生制度，嵌入反垄断法预防和制止行政性垄断的体系性规范框架。可喜的是，2022年修改的《反垄断法》以法律的形式和位阶，在第5条第1款明确规定"国家建立健全公平竞争审查制度"，其影响重大、深远。

（二）公平竞争审查制度与禁止行政性垄断制度

行政性垄断，也称行政垄断或行政性限制竞争，特指行政主体利用行政权力实施损害市场竞争和经济秩序的违法行为。行政性垄断不仅可以通过行政主体的具体行政行为来实施，也可以通过行政主体的抽象行政行为来呈现，前者可称之为具体行政性垄断行为，后者可称之为抽象行政性垄断行为。《反垄断法》第五章主要是关于具体行政性垄断行为的禁止规定，包括禁止限定交易、禁止违规签订合作协议或备忘录、禁止妨碍商品在地区之间自由流通、禁止限制招投标等活动、禁止歧视或排斥外地经营者、禁止强制经营者从事垄断行为等。

相较而言，对于抽象行政性垄断行为的防控，《反垄断法》仅在第45条提供了规范上的依据，但没有构建起充分有效的规则体系。而且，反垄断执法主要是以个案查处的方式纠正滥用行政权力排除、限制竞争行为，属于事后救济，开展执法调查时有关部门的相关政策措施已经出台，对市场竞争的损害已经产生，起不到有效预防的作用。所以，建立健全公平竞争审查制度有助于弥补《反垄断法》在防控抽象行政性垄断行为方面制度供给的不足。有鉴于此，在公平竞争审查制度被写入《反垄断法》后，市场监管总局还应进一步推动制定"公平竞争审查条例"，将此作为一项重要工作任务。[1]

概而言之，公平竞争审查制度和禁止行政性垄断制度在内容上关联、在功能上互补，公平竞争审查制度着重于构建预防抽象性行政垄断行为的事前机制，而禁止行政性垄断制度着重于从事后制止具体行政性垄断行为。

（三）公平竞争审查制度与竞争倡导制度

所谓竞争倡导（competition advocacy），亦称竞争推进，是指竞争主管机构实施的除执法以外所有改善竞争环境的行为。这些行为主要包括两大类：一类针对法律、政策的制定机构和管制机构，目的在于促进立法及管制以有利于竞争的方式设计、执行；另一类针对所有社会成员，以提升其对竞争益处以及竞争政策在促进和保护竞争中的作用的认知。竞争倡导的具体措施，包括立法优先咨询、改善准入管制、管制的竞争评估、企业合规指引、案件处理结果的公告、发布指南、市场研究、公共演讲等。2023年新修正的《制止滥用行

---

[1] 2023年5月12日，市场监管总局在其网站发布《公平竞争审查条例（征求意见稿）》，向社会公开征求意见。截至2024年3月底，上述条例尚未正式颁布。

政权力排除、限制竞争行为规定》第 30 条对竞争倡导作了规定，即各级市场监管部门可以通过宣传公平竞争法律法规和政策、在政策措施制定过程中提供公平竞争咨询、组织开展有关政策措施实施的竞争影响评估、发布评估报告、组织开展培训交流、提供工作指导建议等有利于改进政策措施的竞争宣传倡导活动，来积极支持、促进行政机关和法律、法规授权的具有管理公共事务职能的组织强化公平竞争理念，改进有关政策措施，维护公平竞争市场环境。

我国公平竞争审查制度虽然可被视为一种宽泛意义上的竞争倡导制度，但相较于严格意义上的竞争倡导制度特别是竞争评估（competition assessment）制度，却存在迥异的特点。实际上，经济合作与发展组织（以下简称"OECD"）以及域外大多数国家和地区所推行的竞争评估制度，其作用机理在本质上是对立法、政策等如何设置和执行所进行的主体间的沟通、商谈和论证，倚重竞争主管机构在竞争议题上对立法机构、管制机构的知识引领和话语输出，不全然是一种规范性或强制性要求，其规范性调整的功能也是有限的。相较而言，我国公平竞争审查制度的规范性、职责性、强制性、责任性的特点非常明显，政策制定机关制定涉及市场主体经济活动的政策措施，应当进行公平审查，否则会被追究相应责任。此外，竞争倡导的作用对象不仅包括法律法规、政策措施的制定机构和管制机构，还包括社会公众，而公平竞争审查是围绕政策制定机关制定的政策措施来展开工作的。

（四）公平竞争审查制度与竞争中立制度

所谓竞争中立（competitive neutrality），一般是指国有企业和非国有企业在市场竞争中不因所有制差异而得到不同的待遇，其旨在消除国有企业和非国有企业之间的不公平竞争因素。澳大利亚是最早提出竞争中立这一概念并将其贯彻实施的国家，其 1996 年发布的《联邦竞争中立声明》将竞争中立定义为，政府的商业活动不得因其公共部门所有权地位而享受私营部门竞争者所不能享有的竞争优势。为了促进国际间的公平合作，OECD 自 2009 年启动了对竞争中立的研究，并在 2012 年发布《竞争中立：维持公共和私营企业之间的公平竞争》，提出了竞争中立的八个方面要求。[1] 美国 2011 年提出其关于竞争中立的概念，目的是防范国际贸易中的贸易保护，其主要表现在跨太平洋伙伴关系协定（TPP）中，涉及的内容包括税收中立、债务中立和规则中立。在我国，2017 年国务院印发《"十三五"市场监管规划》，首次在国务院文件中提出"实行竞争中立制度"，2019 年政府工作报告进一步强调"竞争中性原则"，其目的主要在于平衡各类所有制企业因其所有制属性获得的竞争优势和竞争劣势。[2]

竞争中立制度和公平竞争审查制度虽然都是广义竞争政策的组成部分，皆是为了保护和促进竞争性市场体制，但二者的区别也很明显。其一，从制度定位来看，竞争中立制度旨在改革和规范国有企业运作，为不同所有制企业搭建公平竞争的平台，而公平竞争审查制度所关注的是整个市场经济领域，涵盖国有企业、民营企业、外资企业、内资企业、大企业、中小微企业、个体工商户等市场主体，旨在从源头上厘清政府与市场边界，规范政府行为，防止排除、限制竞争政策措施的出台。其二，竞争中立制度是一项"局域性制

---

[1] 这八个方面的要求分别涉及：①政府商业活动经营模式的合理化；②识别直接成本；③获得商业回报率；④合理考量公共服务义务；⑤税收中立；⑥监管中立；⑦债务中立和直接补贴；⑧政府采购。See OECD, Competitive Neutrality: Maintaining a Level Playing Field Between Public and Private Business, https://www.oecd.org/corporate/50302961.pdf.

[2] 参见卢均晓、高少丽：《实质竞争中立研究》，载《价格理论与实践》2019 年第 6 期。

度"，主要针对国有企业或政府的商业活动，而公平竞争审查制度是一项"普遍性制度"，针对任何政策制定机关制定的涉及市场主体经济活动的政策措施。其三，违反竞争中立要求的政府行为，既可以是具体行政行为，也可以是抽象行政行为，而违反公平竞争审查标准的政府行为是抽象行政行为，即排除、限制竞争的规章、规范性文件和其他政策措施。其四，竞争中立的概念和制度可置于不同语境，例如"澳版"竞争中立针对国内市场，"OECD版"和"美版"竞争中立针对国际市场，而公平竞争审查制度因应于我国统一大市场的建设需要，只针对国内市场。

(五) 公平竞争审查制度与合法性审查制度

合法性审查是一个笼统的概念。从审查的对象看，合法性审查包括规范性文件的合法性审查，以及重大行政决策的合法性审查。这里所谓的规范性文件，不仅包括法律、法规、规章等正式法，也包括决定、命令、规定、通知、意见等"红头文件"。从审查的主体或方式看，合法性审查包括权力机关的合法性审查、司法机关的合法性审查、行政机关的合法性审查。

多年来，我国从中央到地方都非常重视对行政规范性文件以及重大行政决策的事前合法性审查。2001年国务院公布的《规章制定程序条例》，正式确立了规章送审制度，也就是在规章公布前应送法制机构统一审查。2004年《国务院关于印发全面推进依法行政实施纲要的通知》，要求规章和规范性文件应当依法报送备案，对报送备案的规章和规范性文件，政府法制机构应当依法严格审查，做到有件必备、有备必审、有错必纠。2010年《国务院关于加强法治政府建设的意见》，要求制定对公民、法人或者其他组织的权利义务产生直接影响的规范性文件，要公开征求意见，由法制机构进行合法性审查，并经政府常务会议或者部门领导班子会议集体讨论决定；未经公开征求意见、合法性审查、集体讨论的，不得发布施行。2021年中共中央、国务院印发《法治政府建设实施纲要（2021-2025年）》，进一步强调，行政机关主要负责人作出重大决策前，应当听取合法性审查机构的意见，确保所有重大行政决策都严格履行合法性审查和集体讨论决定程序。

我国公平竞争审查制度采取了政策制定机关自我审查的方式，在一定意义上近似于行政机关的内部合法性审查制度，即二者都属于行政系统内部的自我预防、自我检查、自我纠错机制。不过，二者也存在差异。其一，从制度宗旨上看，公平竞争审查制度旨在从源头上厘清政府与市场的关系，规范政府行为，防止出台滥用行政权力排除、限制竞争的政策措施。而行政机关合法性审查制度，主要是为了事前预防政府的违法、滥权行为，提高行政规范性文件以及重大行政决策的可接受性，提高政府的公信力，实现科学行政、民主行政与依法行政的有机统一。其二，从审查对象上看，公平竞争审查的对象，限定于政策制定机关制定市场准入、产业发展、招商引资、招标投标、政府采购、经营行为规范、资质标准等涉及市场主体经济活动的政策措施，而行政机关合法性审查的对象则不受此限，范围更宽。其三，从审查方式上看，公平竞争审查采取政策制定机关自我审查的方式，而行政机关合法性审查的方式不尽统一，有的采取政府法制机构统一审查的方式，有的采取政府法制机构及其工作部门法制机构分散审查的方式。其四，从审查标准上看，公平竞争审查采取了市场准入和退出、商品和要素自由流动、影响生产经营成本、影响生产经营行为等四大类标准，侧重于对政策措施的合理性进行实质审查，而行政机关的合法性审查主要对行政规范性文件以及重大行政决策的制作主体、制作内容、制作程序等的合法性进行形式审查。[1]

第二节 公平竞争审查制度的主要内容

一、公平竞争审查的主体

公平竞争审查制度的有效开展,需要各方主体的参与和协作,包括审查的义务主体、监督主体、协调主体、协助主体。

(一)公平竞争审查的义务主体

我国公平竞争审查制度采取了政策制定机关自我审查的方式,遵循"谁制定、谁审查;谁清理、谁审查"的原则。在这样的模式下,政策制定机关是公平竞争审查的义务主体。

国务院《意见》一方面规定,"行政机关和法律、法规授权的具有管理公共事务职能的组织(以下统称政策制定机关)制定市场准入、产业发展、招商引资、招标投标、政府采购、经营行为规范、资质标准等涉及市场主体经济活动的规章、规范性文件和其他政策措施,应当进行公平竞争审查""行政法规和国务院制定的其他政策措施、地方性法规,起草部门应当在起草过程中进行公平竞争审查。未进行自我审查的,不得提交审议"。另一方面规定,"政策制定机关在政策制定过程中,要严格对照审查标准进行自我审查。经审查认为不具有排除、限制竞争效果的,可以实施;具有排除、限制竞争效果的,应当不予出台,或调整至符合相关要求后出台。没有进行公平竞争审查的,不得出台"。由此可见,公平竞争审查的义务主体是"政策制定机关",具体包括行政机关和法律、法规授权的具有管理公共事务职能的组织。

所谓行政机关,是指依宪法或行政组织法的规定而设置的行使国家行政职能的国家机关。首先,行政机关是国家机关,这一点使它与政党、社会组织、团体相区别。其次,行政机关行使国家行政职能,这一点使它与立法机关、司法机关相区别。最后,行政机关是依宪法或行政组织法的规定而设置的国家机关,这一点使它与法律、法规授权的组织区别开来。我国行政机关的体系,包括中央行政机关和地方行政机关。中央行政机关又包括国务院、国务院组成部门、国务院直属机关等。地方行政机关又包括地方各级人民政府、地方人民政府的职能部门、地方人民政府的派出机关等。不同层级、不同种类、不同管理领域的各行政机关承担不同的具体职责,这些职责一般可以概括为:保障国家安全、维护社会秩序、保障和促进经济发展、保障和促进文化进步、健全和发展社会保障与社会福利、保护和改善人类生活环境与生态环境。

所谓法律、法规授权的具有管理公共事务职能的组织(以下简称"法律、法规授权的组织"),是指依具体法律、法规而行使特定行政职能的非国家行政机关组织。首先,法律、法规授权的组织不同于国家行政机关,不具有国家机关的地位,它们只有在行使法律、法规所授行政职能时,才享有国家行政权力和承担行政责任,在非行使法律、法规授权时,它们只是一般的社会公权力组织或一般的民事主体。其次,法律、法规授权的组织行使的是特定的行政职能而非一般行政职能。所谓"特定职能",即限于相应法律、法规明确规定的某项具体职能或某种具体事项。最后,法律、法规授权的组织行使的职能为具体法律、

---

[1] 行政规范性文件的合法性审查,虽然主要采取形式审查,但在某些情况下也会涉及合目的性审查、比例原则审查、成本收益分析审查、协调性审查等。参见刘权:《论行政规范性文件的事前合法性审查》,载《江苏社会科学》2014年第2期。

法规所授权,而非行政组织法所授权。法律、法规的授权通常是有期限的、限定性的,而行政组织法的授权则具有相对稳定性。根据我国当前情况,法律、法规授权的组织,可大致归纳为下述几类:①基层群众性自治组织,包括居民委员会和村民委员会等;②行业组织,包括注册会计师协会、律协协会等;③社会团体,包括工会、妇联等;④事业组织,包括公立学校及其他公立教育机构、救助站等。

(二) 公平竞争审查的监督主体

公平竞争审查采取自我审查的方式,存在"同体监督"的弊端。因此,国务院《意见》要求,"把自我审查和外部监督结合起来,加强社会监督和执法监督,及时纠正滥用行政权力排除、限制竞争行为"。公平竞争审查的监督主体,可以概括为两大类,一类是机构监督主体,一类是社会监督主体。其中,机构监督主体包括上级机关、反垄断执法机构,社会监督主体主要是利害关系人及任何单位和个人。

1. 上级机关。所谓上级机关,即政策制定机关的上级领导机关,具体包括行政机关的上级领导机关和法律、法规授权的组织的上级领导机关。例如,当政策措施的制定主体是省政府,它的上级机关就是国务院;当政策措施的制定主体是市交通运输局,由于实行双重领导,它的上级机关就是所属市政府和省交通运输厅;当政策措施的制定主体是律师协会,它的上级机关就是相应的司法行政部门。上级机关与政策制定机关属于领导与被领导的关系,因而一旦政策制定机关未进行公平竞争审查或者违反审查标准出台政策措施,上级机关就有权对其作出监督,即责令其改正或者撤销已出台的政策措施。从启动方式来看,上级机关的监督有三种途径:一是根据单位或个人的举报作出监督;二是根据反垄断执法机构的建议予以监督;三是依职权主动进行监督。

2. 反垄断执法机构。反垄断执法机构是反垄断法和竞争政策的实施主体,其在竞争议题和行政性垄断的判断上,具有知识和专业优势。在我国,市场监督管理部门作为反垄断执法机构,[1] 在公平竞争审查制度的实施中,起着至关重要的指导和监督作用,体现在以下几个方面:

(1) 反垄断执法机构的咨询意见。政策制定机关可以就公平竞争审查中遇到的具体问题,向履行相应职责的反垄断执法机构提出咨询。反垄断执法机构基于政策制定机关提供的材料,给出咨询意见。

(2) 反垄断执法机构的合作审查。政策制定机关在自我审查中认为有必要时,可以寻求反垄断执法机构的帮助,一同进行合作审查。例如,韩国采取初步评估与深度评估相结合的竞争评估机制:先由政策制定机关进行初步评估,检查政策措施是否包含限制竞争内容,如果认为有,则交由竞争主管机构韩国公平交易委员会(KFTC)进行深度评估;如果认为没有,则由 KFTC 对初步评估结果进行审核,以决定是否需要进入深度评估;如果 KFTC 认为"不需要",评估程序即可终止;如果认为"仍需要",KFTC 将会同管制机构进行深度评估。

(3) 反垄断执法机构的执法监督。就公平竞争审查制度与反垄断执法的关系而言,前

---

[1] 2018 年 3 月,第十三届全国人民代表大会第一次会议批准发布实施《国务院机构改革方案》,将国家发展和改革委员会的价格监督检查与反垄断执法职责、商务部的经营者集中反垄断审查以及国务院反垄断委员会办公室等职责整合,组建国家市场监督管理总局,作为国务院直属机构。2018 年 9 月,国家市场监督管理总局正式设立集中行使反垄断职能的反垄断局。2021 年 10 月,根据《中央编办关于调整市场监督管理总局机关职责机构编制的通知》(中编办发〔2021〕188 号),国家市场监督管理总局加挂"国家反垄断局"牌子,新设竞争政策协调司、反垄断执法一司、反垄断执法二司,不再保留内设的反垄断局。

者在事前防范有违公平竞争的政策措施出台，后者在事后确保有违公平竞争的政策措施得以及时制止。对公平竞争审查制度的实施来说，反垄断执法的意义主要表现在两个方面：一是我国政策措施种类繁多、数量庞大，即便实施公平竞争审查制度，仍难免某些有违公平竞争的政策措施出台，这时，就需要通过反垄断执法来纠正，所以，反垄断执法既是公平竞争审查制度的重要补充，又可以作为公平竞争审查制度的保障措施；二是反垄断执法也是对我国当前实施的自我审查模式的有效监督，因为在自我审查模式下，有些政策措施的制定机关可能因不愿审查或审查不力，致使限制竞争的政策措施出台，通过对这些政策措施及其相关行政性垄断行为的有力查处，实际上就起到了对自我审查的监督作用。

3. 利害关系人及任何单位和个人。利害关系人及任何单位和个人是公平竞争审查的社会监督主体。一方面，政策制定机关开展公平竞争审查，应当以适当方式征求利害关系人意见，例如通过政府部门网站、政务新媒体等便于社会公众知晓的方式公开征求意见，并在书面审查结论中说明征求意见情况。这里的利害关系人，是指参与相关市场竞争的经营者、上下游经营者、行业协会商会、消费者以及政策措施可能影响其公平参与市场竞争的其他市场主体。另一方面，政策制定机关涉嫌未进行公平竞争审查或者违反审查标准出台政策措施的，任何单位和个人都可以向政策制定机关反映，也可以向政策制定机关的上级机关或者本级及以上市场监管部门举报。反映或者举报采用书面形式并提供相关事实依据的，有关部门要及时予以处理。涉嫌违反《反垄断法》的，由反垄断执法机构依法调查。

拓展阅读：海南印发公平竞争审查举报处理暂行办法

为规范公平竞争审查举报处理工作，依据《海南自由贸易港公平竞争条例》和《公平竞争审查制度实施细则》，按照市场监管总局和海南省公平竞争审查工作部署，中国（海南）自由贸易试验区反垄断委员会办公室公布了《中国（海南）自由贸易试验区反垄断委员会办公室关于印发公平竞争审查举报处理暂行办法的通知》（以下简称《办法》），自2022年1月1日起施行。

《办法》所称公平竞争审查举报，是指单位和个人认为海南自由贸易港内行政机关和法律法规授权的具有管理公共事务职能的组织涉嫌未进行公平竞争审查或者违反公平竞争审查标准出台涉及市场主体经济活动的政策措施，向政策制定机关的上级机关或者市场监督管理部门举报的行为。

公平竞争审查举报工作按照"谁受理、谁回应""谁制定、谁处理"的原则开展。举报人可以采取当面递交、邮寄书面材料、电话以及受理机关公布的其他接收举报的途径向其举报，受理机关接到举报后，应当予以登记，并区分情况，在5个工作日内处理。政策制定机关应当自收到上级机关的处理决定或者市场监督管理部门的处理建议书之日起30日内，根据相关要求或者建议进行整改，并将整改情况书面反馈至受理机关。因情况复杂或者其他原因，不能在规定时间内整改完毕的，应向受理机关书面说明情况，并于整改完毕后将整改情况书面反馈至受理机关。对受理机关的核查，政策制定机关拒绝提供有关材料、信息，或者提供虚假材料、信息，或者隐匿、销毁、转移证据，或者有其他拒绝、阻碍核查行为，或者拒绝整改和书面反馈整改情况的，受理机关为上级机关的，应依纪依规依法严肃追究有关人员责任；受理机关为市场监督管理部门的，可以向其上级机关、监察机关等反映情况。政策制定机关涉嫌滥用行政权力排除、限制竞争的，依照《反垄断法》相关规定处理。

(三) 公平竞争审查的协调主体

公平竞争审查工作涉及的领域广、部门多，情况复杂，需要常态化的统筹协调主体和机制加以推进。目前，我国公平竞争审查的协调主体，主要是反垄断委员会和公平竞争审查联席会议。

1. 反垄断委员会。在我国，反垄断委员会包括国务院反垄断委员会和地方反垄断委员会，后者如海南自由贸易试验区反垄断委员会、浙江省公平竞争审查与反垄断委员会等。

根据《反垄断法》第12条的规定，国务院反垄断委员会的职责包括：①研究拟订有关竞争政策；②组织调查、评估市场总体竞争状况，发布评估报告；③制定、发布反垄断指南；④协调反垄断行政执法工作；⑤国务院规定的其他职责。切实履行这些职责，可以夯实公平竞争审查制度的实施环境，推动公平竞争审查制度改进优化。其实，国务院反垄断委员会作为统筹协调机构，由其制定、发布公平竞争审查相关指南，不仅可以对公平竞争审查工作提供宏观指导，而且对于政策制定机关的自我审查也是一种制约和监督。

在地方层面，海南建立了全国第一个地方反垄断委员会。根据《海南省人民政府办公厅关于同意建立中国（海南）自由贸易试验区反垄断委员会工作制度的函》的规定，海南自由贸易试验区反垄断委员会承担下列职责：①代表省政府统筹、协调、指导、推进海南省强化竞争政策实施工作，统筹、协调、监督、指导海南省公平竞争审查相关工作。制定、发布海南省强化竞争政策实施、公平竞争审查制度的政策措施、指引、规范性文件等。组织调查、评估海南省竞争状况，制定、发布有关反垄断指引。制定反垄断委员会议事规程、年度工作计划等。②组建反垄断委员会专家咨询组，组织、协调、指导专家咨询组开展工作；对强化竞争政策实施和公平竞争审查制度实施进行宏观指导，研究、协调解决实施过程中的重大、疑难问题。③加强各市县政府、各部门在强化竞争政策实施和公平竞争审查制度实施方面的信息沟通和相互协作，及时总结各市县政府、各部门实施成效，推广先进做法和经验；探索竞争政策有效实施的有力举措。④与有关国家或地区开展竞争政策交流合作，进一步推动海南省竞争政策国际化水平的提升。⑤完成省委、省政府交办的其他事项。

拓展阅读：浙江探索建立推进公平竞争政策实施的统筹协调和智力支撑机制

为深入贯彻落实《中共中央、国务院关于支持浙江高质量发展建设共同富裕示范区的意见》《中共中央办公厅国务院办公厅印发〈关于强化反垄断深入推进公平竞争政策实施的意见〉的通知》，着力强化公平竞争政策基础地位，打造公平竞争政策全域实施领跑省，浙江省市场监督管理局于2022年6月24日印发《浙江省省域公平竞争政策先行先试改革实施方案》，将探索建立推进公平竞争政策实施的统筹协调和智力支撑机制作为其中一项工作重点内容。

一方面，方案提出组建浙江省公平竞争审查与反垄断委员会。此举旨在对标国务院反垄断委员会机构设置，成立由省政府领导为主任、省级相关部门为成员单位的浙江省公平竞争审查与反垄断委员会，负责统筹协调全省公平竞争政策实施工作，组织调查评估区域和重点行业、重点领域市场竞争状况，协调反垄断反不正当竞争执法重要事项等。浙江省公平竞争审查与反垄断委员会下设办公室，设在浙江省市场监管局，具体承担日常工作。另一方面，方案提出组建浙江省公平竞争审查与反垄断专家指导委员会。此举旨在遴选成立由高等院校和科研机构著名学者、资深律师、法官、检察官等精通竞争法和经济学的专家组成的浙江省公平竞争审查与反垄断专家指导委员会，充分发挥专家在公平竞争政策制定、平台经济竞争治理、市场竞争状况评估、重点课题研究、公平竞争审查和反垄断反不正当竞争案件论证等工作中的作用，提升反垄断监管理论和执法实务的能力和水平。

2. 公平竞争审查联席会议。为了切实加强对公平竞争审查工作的协调指导，推进公平竞争审查制度有效落实，2016年12月，国务院同意建立公平竞争审查工作部际联席会议制度。2018年12月，国务院批准同意对公平竞争审查工作部际联席会议制度组成作出调整，根据机构改革情况，将牵头单位调整为国家市场监督管理总局，联席会议办公室设在市场监管总局，成员单位由28个调整为26个。其主要职责包括：①在国务院领导下，统筹协调推进公平竞争审查相关工作。对公平竞争审查制度实施进行宏观指导，协调解决制度实施过程中的重大问题；②加强各地区、各部门在公平竞争审查制度实施方面的信息沟通和相互协作，及时总结各地区、各部门实施成效，推广先进做法和经验；③研究拟定公平竞争审查制度实施细则，进一步细化审查标准，明确审查程序，推动工作不断完善；④完成国务院交办的其他事项。

公平竞争审查工作涉及中央和地方两个层面，相较于前者，后者的情况更复杂，更加需要建立常态化的统筹协调机构来推进。为此，《公平竞争审查制度实施细则》第4条第2款、第3款规定，县级以上地方各级人民政府负责建立健全本地区公平竞争审查工作联席会议制度，统筹协调和监督指导本地区公平竞争审查工作，原则上由本级人民政府分管负责同志担任联席会议召集人。联席会议办公室设在市场监管部门，承担联席会议日常工作。地方各级联席会议应当每年向本级人民政府和上一级联席会议报告本地区公平竞争审查制度实施情况，接受其指导和监督。

从2017年开始，各级政府通过建立联席会议开展公平竞争审查专项督查，建立了对政策文件的定期抽查机制。例如，2017年9月和10月，部际联席会议在陕西、重庆等省市开展了"国家公平竞争审查部际联席会议专项督查"，以座谈会的形式听取了被督查地区公平竞争审查工作整体情况汇报，抽查省、市、县级政府及其工作部门的文件，针对实体和程序两个方面提出存在的问题与整改意见，并对下一步公平竞争审查工作的展开提出要求。

（四）公平竞争审查的协助主体

公平竞争审查工作的有效开展，除了依赖审查义务主体、监督主体、协调主体的作用，还需要建立第三方评估机制，发挥第三方评估机构的审查协助作用。其原因主要在于：公平竞争审查是一项复杂工作，在自我审查模式下，政策制定机关的审查意愿、资源、经验、能力等可能存在局限性，如果不引入第三方评估机构予以协助，难以保障审查的质量和效率。

为建立健全公平竞争审查第三方评估机制，鼓励支持各级公平竞争审查工作联席会议（或者相应职能机构）办公室和各政策制定机关在公平竞争审查工作中引入第三方评估，提高审查质量和效果，推动公平竞争审查制度深入实施，国家市场监管总局于2019年研究制定了《公平竞争审查第三方评估实施指南》，并于2023年4月26日公布了修订后的《公平竞争审查第三方评估实施指南》。所谓第三方评估，是指各级公平竞争审查工作联席会议（或者相应职能机构）办公室或者各政策制定机关（简称委托单位）根据职责，委托第三方机构，依据指南规定的标准和程序，运用科学、系统、规范的评估方法，对本地区或者本部门公平竞争审查制度实施情况、有关政策措施以及公平竞争审查其他有关工作进行评估，形成评估报告供委托单位或者其他有关政府部门决策参考的活动。所谓第三方评估机构，是指与政策制定机关及评估事项无利害关系，且具备相应评估能力的咨询研究机构，包括政府决策咨询及评估机构、高等院校、科研院所、专业咨询公司、律师事务所及其他社会组织等。

二、公平竞争审查的对象

关于公平竞争审查的对象，国务院《意见》规定，"行政机关和法律、法规授权的具有管理公共事务职能的组织（以下统称政策制定机关）制定市场准入、产业发展、招商引资、招标投标、政府采购、经营行为规范、资质标准等涉及市场主体经济活动的规章、规范性文件和其他政策措施，应当进行公平竞争审查""行政法规和国务院制定的其他政策措施、地方性法规，起草部门应当在起草过程中进行公平竞争审查。未进行自我审查的，不得提交审议"。

从内容上看，如果一项政策措施规定的是经济性事项，且能够直接或者间接影响市场主体的权利义务进而影响市场竞争状况——给某些市场主体带来竞争优势、给另一些市场主体带来竞争劣势——那么就应当纳入审查范围。对于市场准入、产业发展、招商引资、招标投标、政府采购、经营行为规范、资质标准等涉及市场主体经济活动的政策措施，需要重点进行审查。

从形式上看，涉及市场主体经济活动的规章、规范性文件需要进行审查；涉及市场主体经济活动的其他政策措施也要进行审查，主要包括：一是规章、规范性文件以外的其他政策性文件；二是"一事一议"形式的具体政策措施（防止以"一事一议"方式给予特定经营者特殊政策待遇）。对于涉及市场主体经济活动的行政法规、国务院文件、地方性法规，由负责起草的政府部门在起草过程中进行公平竞争审查，未经审查不得提交审议。

从样态上看，公平竞争审查的对象不仅包括增量政策，也包括存量政策。国务院《意见》确立了规范增量与清理存量相结合的原则，即在规范新出台政策措施的同时，按照"谁制定、谁清理"的原则，各级人民政府及所属部门要对照公平竞争审查标准，对现行政策措施区分不同情况，稳妥把握节奏，有序清理和废除妨碍全国统一市场和公平竞争的各种规定和做法。其实，从对政策措施全过程治理和动态管理的角度看，公平竞争审查的对象可进一步分为：①对拟出台的政策措施进行公平竞争审查；②对经公平竞争审查出台的政策措施进行定期评估；③对适用例外规定出台的政策措施进行逐年评估；④对公平竞争审查制度实施前已出台的政策措施进行清理。

结合公平竞争审查工作实践，以下四类文件一般情况下不需要审查：一是内部管理性文件，如涉及人事、机构、编制、财务、外事、保密、保卫、内部工作制度、程序性规则等的文件；二是一般事务性文件，如工作报告、工作总结、职责分工、会议通知、领导讲话、情况通报等；三是过程性文件，如不涉及出台具体政策措施的请示、征求意见函、回复意见函等；四是常规性的具体行政行为，如依法作出的行政处罚、行政许可，常规性的项目核准、批复、备案等。[1]

三、公平竞争审查的方式

关于公平竞争审查的方式，国务院《意见》规定，政策制定机关在政策制定过程中，要严格对照审查标准进行自我审查。经审查认为不具有排除、限制竞争效果的，可以实施；具有排除、限制竞争效果的，应当不予出台，或调整至符合相关要求后出台。没有进行公平竞争审查的，不得出台。制定政策措施及开展公平竞争审查应当听取利害关系人的意见，

---

[1] 参见国家市场监督管理总局反垄断局：《中国反垄断立法与执法实践》，中国工商出版社2020年版，第245页。

或者向社会公开征求意见。有关政策措施出台后，要按照《中华人民共和国政府信息公开条例》（以下简称《政府信息公开条例》）要求向社会公开。《公平竞争审查制度实施细则》第3条第3款补充规定，以多个部门名义联合制定出台的政策措施，由牵头部门负责公平竞争审查，其他部门在各自职责范围内参与公平竞争审查。政策措施涉及其他部门职权的，政策制定机关在公平竞争审查中应当充分征求其意见。由此可见，现阶段，我国公平竞争审查制度采取了政策制定机关自我审查的方式。

（一）自我审查的成因与实践模式

对于国务院《意见》确立的政策制定机关自我审查方式，质疑的观点认为，自我审查存在"同体监督"的弊端，难以保证审查的质量和效果，进而认为，我国应当借鉴欧盟、韩国等的经验和做法，建立以反垄断执法机构为主导的外部审查机制。但实际上，我国公平竞争审查制度采取自我审查的方式，并非草率之举，很大程度上是务实、稳健的选择。其主要原因在于：其一，我国反垄断执法资源有限，反垄断执法机构暂时还无法做到对所有的政策措施进行直接审查。加上如果一开始就设置外部审查模式，公平竞争审查制度可能因阻力太大而难以出台。其二，公平竞争审查范围广泛，我国政府部门每年制定出台的政策措施体量较大，统一由特定部门审查不现实，不仅会影响审查效率，也会影响其他部门的行政效率。其三，各地区、各部门出台的政策措施，专业性较强，政策制定机关更了解背景情况，有利于将政策目标与保护竞争统筹考虑。其四，"谁制定、谁审查、谁承担责任"的逻辑关系是较为清晰的，政策制定机关承担自我审查责任，有利于增强政策制定机关自身的公平竞争意识和责任意识。

进一步看，自我审查需要建立相应的内部审查机制，这可以由政策制定机关的具体业务机构负责，或者由政策制定机关指定特定机构统一负责，也可以采取其他方式。在实践中，主要有以下四种模式：①起草机构分别各自审查，即政策制定机关的具体业务机构，在起草政策措施的过程中履行审查程序、形成审查结论。②特定机构统一审查，即起草机构将政策措施提交给法制机构或其他综合性机构，由其统一审查，审查机构将审查意见反馈给起草机构，未违反公平竞争审查标准的，继续履行其他程序，违反审查标准的，进行修改调整。③起草机构初审与特定机构实质复核相结合，即起草机构对政策措施进行初步审查，形成初步审查结论，提交特定机构复核，特定机构进行实质复核，并反馈复核意见。④起草机构审查与特定机构程序把关相结合，即起草机构先行审查，办公机构或法制机构等特定机构在后续程序中进行程序把关，发现未履行审查程序的，退回起草机构。[1]

拓展阅读：黑龙江全面推行公平竞争审查"内部特定机构统一审查"模式

2022年3月，黑龙江省公平竞争审查工作联席会议办公室印发《关于全面推行公平竞争审查"内部特定机构统一审查"模式的意见》，决定于2022年3月底前，在全省范围内全面推行内部特定机构统一审查模式。

上述意见指出，政策制定机关各起草机构起草的政策措施在履行起草、公示、征求利害关系人或者社会公众意见等程序后，由起草机构对照《公平竞争审查制度实施细则》规定的审查标准进行初审，在"公平竞争审查表"中填写征求意见情况及初审意见，并将政策措施（草拟稿）交由本机关确定的特定机构统一进行复审，由该特定机构在"公平竞争

---

[1] 参见国家市场监督管理总局反垄断局：《中国反垄断立法与执法实践》，中国工商出版社2020年版，第246页。

审查表"中填写复审意见。

推行公平竞争审查"内部特定机构统一审查"模式是对现有"自我审查"原则的创新和完善，是强化反垄断深入推进公平竞争政策实施的具体举措，可以一定程度上解决自我审查标准不统一、审查质量不高等实际问题，增强公平竞争审查制度刚性约束，切实提高公平竞争审查工作质量和效果，发挥公平竞争审查制度对优化"市场化、法治化、国际化"营商环境的促进作用。

拓展阅读：浙江探索建立以提升审查质量为核心的公平竞争审查刚性约束机制

为深入贯彻落实《中共中央、国务院关于支持浙江高质量发展建设共同富裕示范区的意见》《中共中央办公厅国务院办公厅印发〈关于强化反垄断深入推进公平竞争政策实施的意见〉的通知》，着力强化公平竞争政策基础地位，打造公平竞争政策全域实施领跑省，浙江省市场监督管理局于2022年6月24日印发《浙江省省域公平竞争政策先行先试改革实施方案》，将探索建立以提升审查质量为核心的公平竞争审查刚性约束机制作为其中一项工作重点内容。

一方面，方案提出开展公平竞争集中审查、独立审查试点。一是组织实施公平竞争审查重大政策措施会审试点，进一步提升公平竞争审查质量和效能。二是探索实施公平竞争集中审查、独立审查改革试点，推动公平竞争审查从自我审查向相对集中审查转变，提升公平竞争审查的专业化、精细化水平。另一方面，方案提出开展涉企优惠政策目录清单制试点。一是选择部分地方、行业开展涉企优惠政策专项清理行动，认真排查本地区、本系统制定出台的税收优惠、财政奖补、目录清单、资质认定、推荐指定、政企合作、标准、备案等政策措施，对排除、限制竞争的违规优惠政策予以修改或者废止。二是在专项清理基础上，对符合规定的涉企优惠政策建立目录清单。三是建立政策制定机关约谈制度，对各地出台有关政策措施严重排除、限制竞争且不及时纠正的，约谈其行政负责人并责令整改，依法规范行政行为。

（二）自我审查的程序约束

国务院《意见》一方面要求政策措施没有进行公平竞争审查的不得出台，另一方面又将审查方式规定为自我审查。为避免"自我审查"沦为"不审查""审查不严"，并使之具有实质意义，需要规范审查流程，并严格审查程序。

1. 严格遵循基本流程开展审查。《公平竞争审查制度实施细则》以图表形式明确了"三步走"的审查基本流程，即"识别是否需要审查→核对是否违反审查标准→判断是否适用例外规定"。公平竞争审查基本流程可如图11-1所示。

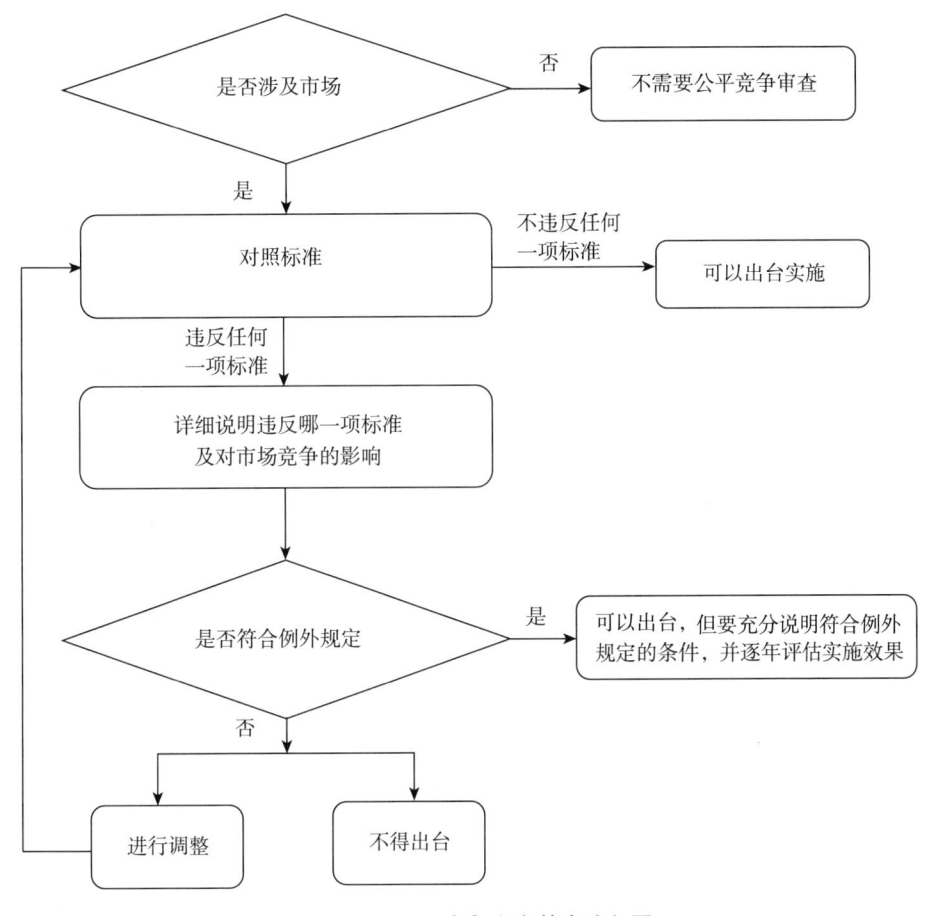

图 11-1　公平竞争审查基本流程图

2. 严格履行征求意见程序。政策制定机关开展公平竞争审查，应当征求利害关系人意见或者向社会公开征求意见，并在书面审查结论中说明征求意见情况。利害关系人是指参与相关市场竞争的经营者、上下游经营者、消费者以及政策措施可能影响其公平参与市场竞争的其他市场主体。政策制定机关开展公平竞争审查，还可以征求专家学者、法律顾问、专业机构的意见，并在书面审查结论中说明有关情况。

3. 对具体问题提出咨询。政策制定机关可以就公平竞争审查中遇到的具体问题，向履行相应职责的反垄断执法机构提出咨询。反垄断执法机构基于政策制定机关提供的材料，给出咨询意见。

4. 对争议问题提请协调。政策制定机关开展公平竞争审查时，对存在较大争议或者部门意见难以协调一致的问题，可以提请同级公平竞争审查联席会议协调。联席会议认为确有必要的，可以根据相关工作规则召开会议进行协调。仍无法协调一致的，由政策制定机关提交上级机关决定。

5. 鼓励引入第三方评估。第三方评估是指各级公平竞争审查工作联席会议（或者相应职能机构）办公室或者各政策制定机关（简称委托单位）根据职责，委托第三方机构，依据一定的标准和程序，运用科学、系统、规范的评估方法，对本地区或者本部门公平竞争审查制度实施情况、有关政策措施以及公平竞争审查其他有关工作进行评估，形成评估报告供委托单位或者其他有关政府部门决策参考的活动。

6. 形成书面的审查结论。未形成书面审查结论的，视为未进行公平竞争审查。政策措施出台后，审查结论要存档备查。

7. 报送年度总结。政策制定机关应当每年对开展公平竞争审查情况进行总结，于次年1月31日前将书面总结报告报送同级公平竞争审查联席会议办公室。

8. 严格进行定期评估。对经公平竞争审查后出台的政策措施，政策制定机关应当对其影响全国统一市场和公平竞争的情况进行定期评估。经评估认为妨碍全国统一市场和公平竞争的，应当及时废止或者修改完善。定期评估可以每3年进行一次，也可以由政策制定机关根据实际情况自行决定。自行决定评估时限的，政策制定机关应当在出台政策措施时予以明确。政策制定机关可以建立专门的定期评估机制，也可以在定期清理本地区、本部门规章和规范性文件时一并评估。

拓展阅读：江苏南京探索公平竞争审查工作新机制

2021年，南京市积极探索利用人工智能和大数据等信息化技术在公平竞争审查工作中的运用，开发并上线运行了南京市公平竞争审查监测评估系统，对有关政策措施实时监测、评估，实现了政策措施检查、清理和第三方评估的常态化。2022年，南京市把探索公平竞争审查工作新机制列为"一区一特色""一部门一主题"改革项目，围绕持续推进公平竞争审查工作的信息化，积极探索公平竞争审查工作新机制，着力构建和完善覆盖事前、事中、事后全环节公平竞争审查制度体系。

第一，优化升级公平竞争审查监测评估系统。进一步完善数据模型，提高数据监测评估的准确性；进一步扩展监测评估系统的功能，由事后监测评估功能向事前预防、事中协助审查、事后监测评估、提供决策支持等功能延伸；进一步扩大使用范围，由联席会议办公室使用扩大至全市各级政策制定机关使用。

第二，强化超前预警机制。通过定期发送公平竞争审查规定和案例至各区各部门供学习、参考，组织对市、区两级公平竞争审查联席会议成员单位的轮训，针对各地发现的相关案例，举一反三，及时进行排查等，切实增强各级政策制定机关公平竞争审查风险防范意识和能力。

第三，加强事前预防机制。全市各级政策制定机关进一步健全公平竞争审查工作机制，市区两级联席会议成员单位全部实施机关内部公平竞争审查集中审查制度；组织市联席会议骨干、专家、第三方评估机构等形成指导组，赴相关地区和部门进行专项辅导，确保制度落实无死角。

第四，实施事中协助机制。改进协助审查的方式，通过电话、邮件、即时通讯等提供形式多样的咨询服务，切实提高协助审查的灵活性和效率；开通监测评估系统协助审查功能，切实提高政策制定机关公平竞争审查的质量和效率。

第五，升级事后监督机制。强化自我监督，建立公平竞争审查定期报告制度，及时掌握各级政策制定机关审查和清理情况；监测评估系统实时监测评估，实现监督全覆盖，提高监督的时效性和效率；加大宣传力度，提升全社会公平竞争意识，以有力的社会监督倒逼政策制定机关落实公平竞争审查制度。

第六，完善监督整改机制。对通过投诉举报、上级机关交办、舆情反映、监督检查、监测评估等途径发现的涉嫌违反公平竞争审查标准的政策措施，形成有建议、有整改、有反馈的闭环，提高监督整改的成效。探索建立公平竞争审查行政负责人约谈制度和过错责任追究办法，切实增强制度刚性约束。

(三) 公平竞争审查方式的域外经验

对于公平竞争审查的方式，不同国家和地区存在不同的经验和做法，这里以欧盟、韩国、新加坡为例加以考察和说明。[1]

1. 以欧盟为代表的直接审查制。为维护内部统一大市场，欧盟严格控制成员国对特定企业或者产品实施的国家援助行为，包括财政补贴、税收优惠、低息贷款、提供国家担保、免除社会保障费用、向国有企业投资等。欧盟认为，国家援助可能改变经营者之间的竞争条件，使个别经营者获得不合理的竞争优势，破坏统一大市场和公平竞争。

根据《欧盟运行条约》第108条的规定，成员国实施的所有国家援助必须事前向欧盟委员会竞争总司申报。欧盟委员会竞争总司对国家援助进行直接审查，未经其批准同意，任何国家援助不得实施，这种模式由此被称为"直接审查制"。欧盟委员会竞争总司可以依法作出同意实施、禁止实施、附条件实施等决定。对未经申报即行实施的国家援助，欧盟委员会竞争总司有权开展调查，要求成员国终止援助行为并责令受援方返还援助金额及利息。

在具体审查中，欧盟委员会竞争总司对国家援助采取原则禁止的态度。不过，并非所有的国家援助都被禁止。对于一些符合特定条件的国家援助，经审查后可以豁免实施，包括两种情形：一是"应当批准"，包括给予消费者的普惠援助和救灾援助等；二是"可以批准"，包括针对落后地区的区域性援助、为推动重大战略项目或为救助经济危机、针对特定经济活动或区域、为推动文化发展和遗产保护四种情形。对于此类援助，需要考虑是否具有必要性、是否以市场化方式实施、是否符合欧盟共同利益等因素。

为减轻审查压力、集中资源和力量处理重大援助案件，欧盟从2001年开始实行国家援助集体豁免制度。对于符合集体豁免条件的国家援助，由成员国自行评估，不需要提交欧盟委员会竞争总司进行审查。2014年欧盟发布的《一般集体豁免条例》(General Block Exemption Regulation)，[2] 进一步明确可以适用集体豁免规则的国家援助类型和具体条件。同时，为防止集体豁免制度的滥用，欧盟委员会建立了一系列监督机制：一是信息披露，成员国应当将超过50万欧元的援助向社会公开；二是强制备案，成员国适用集体豁免实施国家援助后，必须将有关援助信息在欧盟委员会网站上进行及时备案；三是定期抽检，欧盟委员会每年从网站备案的援助中进行抽查，检查成员国是否存在滥用集体豁免的情形。对于不符合集体豁免规则的援助，欧盟委员会有权开展调查。

拓展阅读：欧盟一体化指数[3]

推动经济一体化、建立统一市场是欧盟的核心目标。然而，由于欧盟各成员国经济的非匀质性以及参与欧盟统一市场能力的差异，因而很难在成员国层面对于欧盟统一市场体系的发展程度予以量化测算。为了克服这一难题，欧盟推出了统一市场评价指标体系，即

---

[1] 参见朱凯：《对我国建立公平竞争审查制度的框架性思考》，载《中国物价》2015年第8期。

[2] See Regulation (EU) No 651/2014 declaring certain categories of aid compatible with the internal market in application of Articles 107 and 108 of the Treaty.

[3] See EU-Index, Measuring European Economic Integration, http://www.eu-index.uni-goettingen.de/? lang=en.

欧盟一体化指数体系（简称"EU-Index"）。

欧盟一体化指数（EU-Integration-Index）基于不同视角维度对成员国进行量化评价，主要有四大量化评价类型：欧盟单一市场指数（EU-Single-Market）、欧盟同质性指数（EU-Homogeneity）、欧盟对称性指数（EU-Symmetry）、欧盟一致性指数（EU-Conformity）。这四大类评价标准项下共涵盖 25 个分项指标，且都有详细的计算方式与明晰的数据来源界定。欧盟一体化指数体系主要是为了在欧盟统一市场框架下解答四个层面问题：其一，一个成员国经济与欧盟统一市场之间的融合程度如何？其二，欧盟统一市场的整合程度如何？各成员国在经济领域具有哪些同质性？其三，在经济增长、通货膨胀、失业、负债等领域，一个成员国与其他成员国的关联性是什么？其四，一个成员国如何应对欧盟统一市场整合措施与遵循欧盟法律相关规定？在欧盟统一市场评价指标体系框架下，基于欧盟一体化指数，欧盟各成员国的一体化程度可以被量化与排序。欧盟每年都会发布关于欧盟一体化指数的报告。在欧盟委员会看来，欧盟一体化指数体系具有以下重要的功能与效应：一是优化欧盟资源配置效应，二是促进欧盟经济增长效应，三是为欧盟制定统一市场相关法律与政策提供重要参考。

欧盟一体化指数作为最典型的经济一体化评价指标体系之一，对全国统一大市场建设背景下我国公平竞争审查科学指标测量体系构建，无疑具有重要的启示意义和借鉴价值。

2. 以韩国为代表的外部评估制。2009 年，韩国政府政策协调办公室修订《拟实施管制措施影响评估指南》，明确要求各级政府部门拟定的管制政策，必须接受竞争执法机构韩国公平交易委员会（KFTC）的竞争评估。KFTC 有权对管制政策是否限制竞争发表意见，并提出整改建议或竞争损害更小的替代方案，这种模式由此被称为"外部评估制"。此后，韩国又在经合组织（OECD）竞争评估工具书的基础上，制定了符合本国实际的竞争评估手册，进一步明确了竞争评估的方法和程序。

在评估机制上，韩国采取"初步评估+深度评估"两步走的方式。首先由管制机构对照"竞争核对清单"进行初步评估，检查管制政策是否包含以下情形：限制企业数量和营业范围、限制企业竞争能力、限制企业竞争积极性、限制消费者选择。如果认为含有任何一种情形，则直接交由 KFTC 进行深度评估；如果认为不含有，则由 KFTC 对初步评估结果进行审核，以决定是否需要进入深度评估。如果 KFTC 认为"不需要"，评估程序即可终止；如果认为"仍需要"，KFTC 将会同管制机构进行深度评估。在深度评估阶段，KFTC 将进一步分析限制竞争内容是否具有合理原因、是否具有其他显著的公共利益考量、是否存在竞争损害更小的替代方案等问题。

韩国竞争评估制度更多地体现竞争执法机构与管制机构的良好分工和合作。KFTC 在竞争评估中处于主导地位，负责对初步评估结果的审核和对重大复杂管制政策的深度评估。同时，由管制机构进行初步评估，可以排除一些明显不具有限制竞争效果的管制政策，大大减轻了 KFTC 的评估压力，使 KFTC 可以将主要资源和精力用于更为重要的深度评估上。

3. 以新加坡为代表的内部评估制。新加坡对管制政策的竞争评估，主要是通过管制机构自身的内部评估来完成，这种模式由此被称为"内部评估制"。按照规定，管制机构在拟定相关管制政策时，必须进行管制影响分析，并向决策机构提交管制影响分析报告。而竞争评估是管制影响分析的重要组成部分，管制影响分析报告中也必须包括竞争评估报告。

新加坡竞争执法机构消费者和竞争委员会（CCCS）一般不会主动对管制政策开展竞争评估。在整个竞争评估体系中，CCCS 更多地发挥指导和建议的作用：一是制定竞争评估指南，为管制机构开展竞争评估提供分析框架和评估工具。CCCS 编写的竞争评估指南也借鉴了 OECD 竞争评估工具的经验，指导管制机构从政策是否限制企业数量和营业范围、是否限制企业竞争能力、是否限制企业竞争积极性三个方面进行评估。二是应管制机构的请求对特定竞争问题提供指导意见。CCCS 仅依据管制机构提供的信息发表意见，并不征求其他第三方意见。但是，CCCS 可以向管制机构声明，其意见不排除以后对有关管制政策开展反垄断调查的权力。可见，新加坡的"内部评估制"与我国政策制定机关的自我审查模式较为接近。

拓展阅读：OECD 倡导的竞争评估制度

OECD 倡导的竞争评估制度，是指竞争主管机构或者其他专门机构通过审查和评价正在制定中的或者现行的法律法规和政策可能对竞争产生的影响，在不影响达到预期政策目标的前提下寻求减少或者消除对竞争的潜在危害的替代方案或者确认其无效的制度。为了增强竞争评估的可操作性，OECD 专门颁布了《关于竞争评估的建议案》《竞争评估工具书·原则》《竞争评估工具书·指南》《竞争评估工具书·操作手册》等文件，阐明了竞争评估范围、方法、流程等制度要素。

OECD 认为，竞争评估的对象涵盖所有拟定中的和现行的所有法律及法律位阶以下的各种法规和公共政策。为了确保政策制定者考虑政策的竞争效应，应该要求政策制定部门实行竞争评估。但是，除非有第三方对其工作进行审核，"一线"政策制定者可能并不会很严肃地看待竞争评估。审核工作可以由监管监督者、竞争评估专家（如竞争主管机构派出的有关人员）承担，或者由以上二者协作承担。

OECD 所倡导的竞争评估包括初步评估和深入评估两个阶段。在初步评估阶段，评估标准包括四大类 15 项：

第一，限制供应商的数量或经营范围：①授予某供应商提供商品或服务的特许经营；②颁发营业执照或确立经营许可证制度；③对某些类型的供应商提供商品或服务的能力进行限制；④大幅提高市场的进入或退出成本；⑤对供应商提供产品或服务、资本投资和劳务供应能力设置地域壁垒。

第二，限制供应商的竞争能力：①控制或影响商品和服务的价格；②限制供应商进行广告宣传或市场营销的自由；③设置有利于某些供应商的产品质量标准或者设置过度超前的产品质量标准；④大幅提高某些供应商的生产成本，尤其是对市场新进入者和现有企业进行区别对待。

第三，打击供应商参与竞争的积极性：①创建自我管理或联合管理的体制；②要求或鼓励供应商披露产量、价格、销售额或成本的信息；③对特定行业或特定供应商给予竞争法的一般豁免。

第四，对消费者可获信息及其选择的限制：①限制消费者的选择能力；②通过直接或间接增加更换供应商的成本来限制消费者选择供应商的自由；③从根本上妨碍消费者获取高效购买所依赖的信息。

在深入评估阶段，主要判断各种法律法规和公共政策所选择的制度方案是否以最小的竞争损害实现了既定的目标。判断的基础是依据"市场结构—市场行为—市场绩效"范式（SCP 范式）分析法律法规和公共政策自身及其与市场结构、市场行为、市场绩效等因素的交互作用，是否严重损害了市场竞争。然后再审查是否实现了既定目标、是否还有对竞争损害更小的替代方案。这是一种"目标"与"手段"之间的权衡，而不是对法律法规和公共政策目标本身的质疑。

最后还应定期对经过竞争评估的法律法规和公共政策进行事后评估,以评估在审查过程后选择的方案是否达到了预期的效果,是否是最适合达到预期效果的方案。这使评估主体能够确定可能出现的错误及原因,从而改进竞争评估过程。

四、公平竞争审查的标准

公平竞争审查标准是判断政策措施是否排除、限制竞争的主要依据。国务院《意见》从维护全国统一市场和公平竞争的维度,确立了市场准入和退出、商品要素自由流动、影响生产经营成本、影响生产经营行为等四个方面的 18 条审查标准,基本涵盖了当前政府部门妨碍市场竞争的主要行为类型,为竞争影响评估创设了一套完备的标准体系。但是,公平竞争审查毕竟是一项专业性审查,政策性、专业性很强,大多政策制定机关尚不具备竞争方面的专业知识和相关经验,审查能力不足,影响制度的实施效果。解决这一问题的重要途径是进一步细化审查标准,使其更加具体化,便于理解和把握。为此,《公平竞争审查制度实施细则》将 18 条审查标准细化成为 50 余条二级标准,进一步明确了概念内涵、列举了表现形式,对政策制定机关在实际审查中准确理解把握相关标准、不断提高自身审查能力具有重要作用。

（一）市场准入和退出标准

市场准入和退出,尤其是市场准入,直接关系到相关市场的可竞争性以及经营者数量,直接影响相关市场的竞争状况和竞争程度。保护市场公平竞争,首先要保障市场准入的公平和自由。市场准入和退出标准,包含以下具体要求:

1. 不得设置不合理和歧视性的准入和退出条件。违反该审查标准的情形包括但不限于:①设置明显不必要或者超出实际需要的准入和退出条件,排斥或者限制经营者参与市场竞争;②没有法律、行政法规依据或者国务院规定依据,对不同所有制、地区、组织形式的经营者实施不合理的差别化待遇,设置不平等的市场准入和退出条件;③没有法律、行政法规依据或者国务院规定依据,以备案、登记、注册、目录、年检、年报、监制、认定、认证、认可、检验、监测、审定、指定、配号、复检、复审、换证、要求设立分支机构以及其他任何形式,设定或者变相设定市场准入障碍;④没有法律、行政法规依据或者国务院规定依据,对企业注销、破产、挂牌转让、搬迁转移等设定或者变相设定市场退出障碍;⑤以行政许可、行政检查、行政处罚、行政强制等方式,强制或者变相强制企业转让技术,设定或者变相设定市场准入和退出障碍。

2. 未经公平竞争不得授予经营者特许经营权。违反该审查标准的情形包括但不限于:①在一般竞争性领域实施特许经营或者以特许经营为名增设行政许可;②未明确特许经营权期限或者未经法定程序延长特许经营权期限;③未依法采取招标、竞争性谈判等竞争方式,直接将特许经营权授予特定经营者;④设置歧视性条件,使经营者无法公平参与特许经营权竞争。

3. 不得限定经营、购买、使用特定经营者提供的商品和服务。违反该审查标准的情形包括但不限于:①以明确要求、暗示、拒绝或者拖延行政审批、重复检查、不予接入平台或者网络、违法违规给予奖励补贴等方式,限定或者变相限定经营、购买、使用特定经营者提供的商品和服务;②在招标投标、政府采购中限定投标人所在地、所有制形式、组织形式,或者设定其他不合理的条件排斥或者限制经营者参与招标投标、政府采购活动;③没有法律、行政法规或者国务院规定依据,通过设置不合理的项目库、名录库、备选库、资格库等条件，排斥或限制潜在经营者提供商品和服务。

4. 不得设置没有法律、行政法规或者国务院规定依据的审批或者具有行政审批性质的事前备案程序。违反该审查标准的情形包括但不限于：①没有法律、行政法规或者国务院规定依据，增设行政审批事项，增加行政审批环节、条件和程序；②没有法律、行政法规或者国务院规定依据，设置具有行政审批性质的前置性备案程序。

5. 不得对市场准入负面清单以外的行业、领域、业务等设置审批程序。违反该审查标准的情形主要指没有法律、行政法规或者国务院规定依据，采取禁止进入、限制市场主体资质、限制股权比例、限制经营范围和商业模式等方式，限制或者变相限制市场准入。

典型案件：内蒙古自治区公安厅文件指定金丰公司统一建设全区印章系统

2013年4月，内蒙古自治区公安厅印发《全区印章治安管理信息系统整合联网及推广使用新型防伪印章实施方案》（内公办〔2013〕60号），决定按照"统一领导，统一规划，统一标准，统一建设"原则，对全区印章系统进行升级改造和整合联网。具体做法是：一是指定金丰公司统一建设全区印章系统；二是强制各盟市公安局和刻章企业更换已有印章系统；三是要求刻章企业统一向金丰公司购买章材和刻章设备。前述规定导致内蒙古自治区印章价格上涨，刻章企业统一向金丰公司采购章材，章材价格从10元/枚~35元/枚上涨为55元/枚~85元/枚。刻章企业必须向金丰公司购买中晶高清扫描仪、速拍正卡读写一体机、全铜印章雕刻设备等配套硬件设备，前述设备价格高出一般市场价1倍以上。印章成品价格从200元/枚上涨为280元/枚。

市场监管总局经调查认定内蒙古自治区公安厅的上述做法，排除和限制了印章治安管理信息系统软件市场以及刻章设备、章材市场的竞争，侵犯了各盟市公安机关和刻章企业的自主选择权，人为地增加了企业刻章生产成本，不合理地推高了印章价格，违反了公平竞争审查制度的"市场准入和退出标准"中关于"不得限定经营、购买、使用特定经营者提供的商品和服务"的规定，也违反了《反垄断法》第39条所禁止的"限定或者变相限定单位或者个人经营、购买、使用其指定的经营者提供的商品"等有关规定。

2018年6月，市场监管总局向内蒙古自治区政府发出执法建议函，提出整改建议，要求内蒙古自治区公安厅停止滥用行政权力行为，废止相关规定，撤销与金丰公司签署的合同，按照公安部部署要求，通过公开招标方式，确定自治区层面的印章系统承建商或运维商，恢复印章系统软件市场、章材市场、刻章设备市场的公平竞争秩序。内蒙古自治区政府收到总局下发的执法建议函后，对此高度重视，立即责成自治区公安厅认真制定整改方案，切实抓好整改落实。此后自治区公安厅召开专题会议，决定按照市场监管总局提出的要求，深入整改废止相关文件，停止履行相关合同，通过招投标方式确定系统运维商，由刻章企业自行选择章材和刻章设备供应商。

(二) 商品和要素自由流动标准

建设统一开放、竞争有序的市场体系，促进商品和要素自由流动，必须打破各类地方保护和区域封锁。商品和要素自由流动标准，包含以下具体要求：

1. 不得对外地和进口商品、服务实行歧视性价格和歧视性补贴政策。违反该审查标准的情形包括但不限于：①制定政府定价或者政府指导价时，对外地和进口同类商品、服务制定歧视性价格；②对相关商品、服务进行补贴时，对外地同类商品、服务，国际经贸协定允许外的进口同类商品以及我国作出国际承诺进口同类服务不予补贴或者给予较低补贴。

2. 不得限制外地和进口商品、服务进入本地市场或者阻碍本地商品运出、服务输出。违反该审查标准的情形包括但不限于：①对外地商品、服务规定与本地同类商品、服务不同的技术要求、检验标准，或者采取重复检验、重复认证等歧视性技术措施；②对进口商品规定与本地同类商品不同的技术要求、检验标准，或者采取重复检验、重复认证等歧视性技术措施；③没有法律、行政法规或者国务院规定依据，对进口服务规定与本地同类服务不同的技术要求、检验标准，或者采取重复检验、重复认证等歧视性技术措施；④设置专门针对外地和进口商品、服务的专营、专卖、审批、许可、备案，或者规定不同的条件、程序和期限等；⑤在道路、车站、港口、航空港或者本行政区域边界设置关卡，阻碍外地和进口商品、服务进入本地市场或者本地商品运出和服务输出；⑥通过软件或者互联网设置屏蔽以及采取其他手段，阻碍外地和进口商品、服务进入本地市场或者本地商品运出和服务输出。

3. 不得排斥或者限制外地经营者参加本地招标投标活动。违反该审查标准的情形包括但不限于：①不依法及时、有效、完整地发布招标信息；②直接规定外地经营者不能参与本地特定的招标投标活动；③对外地经营者设定歧视性的资质资格要求或者评标评审标准；④将经营者在本地区的业绩、所获得的奖项荣誉作为投标条件、加分条件、中标条件或者用于评价企业信用等级，限制或变相限制外地经营者参加本地招标投标活动；⑤没有法律、行政法规或者国务院规定依据，要求经营者在本地注册设立分支机构，在本地拥有一定办公面积，在本地缴纳社会保险等，限制或者变相限制外地经营者参加本地招标投标活动；⑥通过设定与招标项目的具体特点和实际需要不相适应或者与合同履行无关的资格、技术和商务条件，限制或变相限制外地经营者参加本地招标投标活动。

4. 不得排斥、限制或者强制外地经营者在本地投资或者设立分支机构。违反该审查标准的情形包括但不限于：①直接拒绝外地经营者在本地投资或者设立分支机构；②没有法律、行政法规或者国务院规定依据，对外地经营者在本地投资的规模、方式以及设立分支机构的地址、模式等进行限制；③没有法律、行政法规或者国务院规定依据，直接强制外地经营者在本地投资或者设立分支机构；④没有法律、行政法规或者国务院规定依据，将在本地投资或者设立分支机构作为参与本地招标投标、享受补贴和优惠政策等的必要条件，变相强制外地经营者在本地投资或者设立分支机构。

5. 不得对外地经营者在本地的投资或者设立的分支机构实行歧视性待遇，侵害其合法权益。违反该审查标准的情形包括但不限于：①对外地经营者在本地的投资不给予与本地经营者同等的政策待遇；②对外地经营者在本地设立的分支机构在经营规模、经营方式、税费缴纳等方面规定与本地经营者不同的要求；③在节能环保、安全生产、健康卫生、工程质量、市场监管等方面，对外地经营者在本地设立的分支机构规定歧视性监管标准和要求。

典型案件：广西壮族自治区人民政府文件仅对购买本区企业生产的首台（套）设备进行补助

2018年5月，广西壮族自治区人民政府印发《关于促进全社会加大研发经费投入的实施意见》（桂政发〔2018〕25号），规定仅对购买使用区内企业生产的首台（套）重大技术装备的企业，按照单套购买价格的60%给予补助。该规定违反了公平竞争审查制度的"商品和要素自由流动标准"中关于"不得对外地和进口商品、服务实行歧视性价格和歧视性补贴政策"的规定，也违反《反垄断法》第45条"行政机关和法律、法规授权的具有管理公共事务职能的组织不得滥用行政权力,制定含有排除、限制竞争内容的规定"的要求。

2018年6月至10月,市场监管总局会同有关部门,以公平竞争审查工作部际联席会议的名义,对广西壮族自治区的公平竞争审查工作开展重点督查,发现文件存在问题,现场反馈了督查意见。2018年12月,市场监管总局向广西壮族自治区人民政府发函,要求对有关问题进行整改,并反馈整改情况。经督查,相关单位已停止首台(套)项目的评审工作,拟删除该规定,按程序报批后重新发文。

(三)影响生产经营成本标准

生产经营成本制约着经营者的竞争能力。政策制定机关的政策措施可以直接或者间接影响经营者的生产经营成本,给予特定经营者不正当的竞争优势,进而妨碍市场公平竞争。影响生产经营成本标准,包含以下具体要求:

1. 不得违法给予特定经营者优惠政策。违反该审查标准的情形包括但不限于:①没有法律、行政法规或者国务院规定依据,给予特定经营者财政奖励和补贴;②没有专门的税收法律、法规和国务院规定依据,给予特定经营者税收优惠政策;③没有法律、行政法规或者国务院规定依据,在土地、劳动力、资本、技术、数据等要素获取方面,给予特定经营者优惠政策;④没有法律、行政法规或者国务院规定依据,在环保标准、排污权限等方面给予特定经营者特殊待遇;⑤没有法律、行政法规或者国务院规定依据,对特定经营者减免、缓征或停征行政事业性收费、政府性基金、住房公积金等。给予特定经营者的优惠政策应当依法公开。

2. 安排财政支出一般不得与特定经营者缴纳的税收或非税收入挂钩。违反该审查标准的情形主要指根据特定经营者缴纳的税收或者非税收入情况,采取列收列支或者违法违规采取先征后返、即征即退等形式,对特定经营者进行返还,或者给予特定经营者财政奖励或补贴、减免土地等自然资源有偿使用收入等优惠政策。

3. 不得违法违规减免或者缓征特定经营者应当缴纳的社会保险费用。违反该审查标准的情形主要指没有法律、行政法规或者国务院规定依据,根据经营者规模、所有制形式、组织形式、地区等因素,减免或者缓征特定经营者需要缴纳的基本养老保险费、基本医疗保险费、失业保险费、工伤保险费、生育保险费等。

4. 不得在法律规定之外要求经营者提供或扣留经营者各类保证金。违反该审查标准的情形包括但不限于:①没有法律、行政法规依据或者国务院批准,要求经营者交纳各类保证金;②限定只能以现金形式交纳投标保证金或履约保证金;③在经营者履行相关程序或者完成相关事项后,不依法退还经营者交纳的保证金及银行同期存款利息。

典型案件:广东省人民政府文件给予省内国有大型企业、核心龙头企业等特定企业优惠政策

2018年3月,广东省人民政府办公厅印发《广东省推广支持创新相关改革举措工作方案》(粤府办〔2018〕7号),规定"推动省内国有大型企业、核心龙头企业等加入人民银行征信中心应收账款融资服务平台,实施核心龙头企业奖补"。该规定违反了公平竞争审查制度"影响生产经营成本标准"中关于"不得违法给予特定经营者优惠政策"的规定。

2018年6月至10月,市场监管总局会同有关部门以公平竞争审查工作部际联席会议名义,对广东省公平竞争审查工作开展重点督查,发现文件存在问题,现场反馈了督查意见。

2018 年 12 月,市场监管总局向广东省人民政府发函,要求对有关问题进行整改并反馈整改情况。相关单位拟删除重点给予省内国有大型企业、核心龙头企业奖补的相关规定,按程序报批后重新发文。

(四) 影响生产经营行为标准

影响生产经营行为标准,旨在保障经营者的自主经营权,防止政策制定机关不当干预经营者的正常生产经营活动,具体包含下列要求:

1. 不得强制经营者从事《反垄断法》禁止的垄断行为。违反该审查标准的情形主要指,以行政命令、行政授权、行政指导或者通过行业协会商会,强制、组织或者引导经营者达成垄断协议、滥用市场支配地位,以及实施具有或者可能具有排除、限制竞争效果的经营者集中等行为。

2. 不得违法披露或者违法要求经营者披露生产经营敏感信息,为经营者实施垄断行为提供便利条件。生产经营敏感信息是指除依据法律、行政法规或者国务院规定需要公开之外,生产经营者未主动公开,通过公开渠道无法采集的生产经营数据。主要包括:拟定价格、成本、营业收入、利润、生产数量、销售数量、生产销售计划、进出口数量、经销商信息、终端客户信息等。

3. 不得超越定价权限进行政府定价。违反该审查标准的情形包括但不限于以下情形:①对实行政府指导价的商品、服务进行政府定价;②对不属于本级政府定价目录范围内的商品、服务制定政府定价或者政府指导价;③违反《价格法》等法律法规采取价格干预措施。

4. 不得违法干预实行市场调节价的商品和服务的价格水平。违反该审查标准的情形包括但不限于以下情形:①制定公布商品和服务的统一执行价、参考价;②规定商品和服务的最高或者最低限价;③干预影响商品和服务价格水平的手续费、折扣或者其他费用。

典型案件:北京市住建委文件强制预拌混凝土企业执行质量控制价

2016 年 12 月,国家发展和改革委员会根据举报,会同北京市发改委对北京市城乡和住房建设委员会(以下简称北京市住建委),在混凝土行业管理中,涉嫌滥用行政权力排除、限制竞争行为进行了调查,查明北京市住建委在混凝土行业管理中存在以下行为:

1. 引导经营者达成以执行质量控制价为主要内容的自律准则。2014 年 12 月 24 日,北京市住建委发布《关于发布预拌混凝土质量控制价的通知》(京建法〔2014〕24 号),决定自 2015 年 2 月 1 日起,向社会公布各主要标号混凝土质量控制价标准。质量控制价先由北京市混凝土协会(以下简称"协会")测定(实际根据协会全体会员自行报送的混凝土成本价简单算术平均后测定),后报北京市住建委评估后确定。2016 年 6 月,协会两次召开会议,在会长、秘书长、监事长、副会长范围内,商定限定混凝土销售价格、稳定混凝土市场的具体措施,讨论形成了《关于执行质量控制价的决定》和《北京市混凝土行业诚实守信自律准则》(以下简称《自律准则》),要求"自 2016 年 7 月 1 日起,新签订的预拌混凝土合同价格,不得低于北京市住建委和协会网站 2016 年 5 月 5 日发布的质量控制价,已签订的合同不符合以上要求的,在 2016 年 7 月 15 日以前完成变更","严格执行京建法〔2014〕24 号文件规定,不得低于'质量控制价'的价格供应预拌混凝土"。同时,对未执行质量控制价的混凝土企业制定了开除会籍、提请建设主管部门重点检查、剔除保障房推荐名单等处罚措施。2016 年 6 月 29 日,协会召开全体会员大会,要求全体会员现场签订

《自律准则》,并发布《致全体建筑施工企业的一封公开信》,强调供应预拌混凝土的价格不得低于质量控制价。北京市住建委参加上述会议,并强调将加强监管,要求各单位自觉遵守自律准则。

2. 监督协调和保障《自律准则》落实。2016年7月1日起,协会组织部分会员单位成立《自律准则》工作领导小组,要求会员单位报告价格调整进展,鼓励企业相互举报监督,由领导小组集体检查落实情况,并对部分未执行质量控制价的企业进行约谈和施压。7月26日,北京市住建委组织召开由混凝土企业代表、施工方代表和建设方代表参加的工作座谈会,通报统一执行质量控制价的情况,引导企业达成共识,界定全行业平均成本。

以上行为违反了公平竞争审查"影响生产经营行为标准"关于"不得强制经营者从事《反垄断法》规定的垄断行为""不得违法披露或者要求经营者披露生产经营敏感信息,为经营者从事垄断行为提供便利条件"和"不得违法干预实行市场调节价的商品和服务的价格水平"的规定,同时也违反了《反垄断法》第10条、第44条、第45条等相关规定。北京市发改委经调查认定,北京市住建委作为主管工程建设的行政机关,通过出台质量控制价政策,组织行业内经营者达成以执行质量控制价为主要内容的《自律准则》,并监督协调保障准则实施,超出了预警需要和合理限度,干预了经营者自主定价权,限制了混凝土市场竞争。北京市住建委认识到,出台质量控制价政策,引导企业达成并实施价格垄断协议,与《反垄断法》相关规定不符,表示将积极进行整改,对已经发布的管理制度、政策措施等进行清查,对涉嫌垄断的政策措施坚决进行纠正。

五、公平竞争审查的例外

所谓公平竞争审查的例外,是指某些政策措施虽然具有一定的限制竞争效果,但属于维护国家经济安全、文化安全或者涉及国防建设,或者为实现扶贫开发、救灾救助、实现节约能源资源、保护生态环境等社会保障目的和社会公共利益以及法律、行政法规规定的例外情形,因而在符合相关条件的情况下可以实施。

《公平竞争审查制度实施细则》明确了"三步走"的审查基本流程,即"识别是否需要审查→核对是否违反审查标准→判断是否适用例外规定"。一项政策措施经审查,即便核对违反了审查标准,即含有妨碍市场准入和退出、妨碍商品要素自由流动、影响生产经营成本、影响生产经营行为等方面的内容,也只能说明该项政策措施属于"初步违法"或"表面违法",而非"当然违法"或"最终违法"。实际上,公平竞争审查制度对违反审查标准的政策措施采取原则禁止的态度,同时基于经济活动的复杂性,为实现其他方面的更大利益,也对某些特殊政策措施作出了例外规定。适用例外规定,应当符合两个方面的要求:

第一,政策措施属于四种情形之一:①维护国家经济安全、文化安全、科技安全或者涉及国防建设的;②为实现扶贫开发、救灾救助等社会保障目的;③为实现节约能源资源、保护生态环境、维护公共卫生健康安全等社会公共利益的;④法律、行政法规规定的其他情形。

第二,政策措施同时符合三项条件:①限制竞争对实现政策目标不可或缺,即要实现相关政策目标,就必须在一定程度上限制竞争;②不会严重排除和限制市场竞争,即在能够实现政策目标的诸多方案中,选择对市场竞争损害最小的方案;③明确实施期限,即对在一定程度上限制竞争的政策措施,应当有明确的实施期限,给予市场主体明确的预期。

对于违反审查标准的政策措施,政策制定机关应当在书面审查结论中说明政策措施是否适用例外规定。认为适用例外规定的，应当对符合适用例外规定的情形和条件进行详细说明。对于适用例外规定出台的政策措施，政策制定机关还应当逐年评估适用例外规定的政策措施的实施效果，形成书面评估报告。实施期限到期或者未达到预期效果的政策措施，应当及时停止执行或者进行调整。

第三节 公平竞争审查的保障机制

一、工作协调机制

公平竞争审查工作涉及领域广、部门多、情况非常复杂，需要建立一种统筹协调推进的机制。联席会议就是统筹推进公平竞争审查制度的重要机制和抓手。2016年12月，《国务院办公厅关于同意建立公平竞争审查工作部际联席会议制度的函》批准同意建立由28个部门参与的公平竞争审查工作部际联席会议制度，负责统筹协调和监督指导全国公平竞争审查工作。2018年12月，国务院批准同意对公平竞争审查工作部际联席会议制度组成作出调整，根据机构改革情况，将牵头单位调整为国家市场监督管理总局，联席会议办公室设在市场监管总局，成员单位由28个调整为26个。公平竞争审查工作部际联席会议的职责包括：①在国务院领导下，统筹协调推进公平竞争审查相关工作，对公平竞争审查制度实施进行宏观指导，协调解决制度实施过程中的重大问题；②加强各地区、各部门在公平竞争审查制度实施方面的信息沟通和相互协作，及时总结各地区、各部门实施成效，推广先进做法和经验；③研究拟定公平竞争审查制度实施细则，进一步细化审查标准，明确审查程序，推动工作不断完善；④完成国务院交办的其他事项。

2021年6月，市场监管总局、国家发展改革委、财政部、商务部、司法部会同有关部门发布《公平竞争审查制度实施细则》，对公平竞争审查联席会议的作用予以强化，并将联席会议机制推广到地方。《公平竞争审查制度实施细则》第4条第2款规定，县级以上地方各级人民政府负责建立健全本地区公平竞争审查工作联席会议制度，统筹协调和监督指导本地区公平竞争审查工作，原则上由本级人民政府分管负责同志担任联席会议召集人。联席会议办公室设在市场监管部门，承担联席会议日常工作。具体来看，联席会议机制对公平竞争审查工作的协调和保障作用，主要体现在以下几个方面：①汇总信息。联席会议要对政策制定机关每年报送的情况总结进行汇总，全面掌握制度实施情况。②逐级汇报。各级公平竞争审查联席会议应当每年向上级公平竞争审查联席会议报告本地区公平竞争审查制度实施情况，保持信息畅通，形成上下联动。③争议协调。政策制定机关开展公平竞争审查时，对存在较大争议或者部门意见难以协调一致的问题，可以提请同级公平竞争审查联席会议协调。联席会议认为确有必要的，可以根据相关工作规则召开会议进行协调。④专项督查。各级政府通过建立联席会议开展公平竞争审查专项督查，建立对政策文件的定期抽查机制。⑤筹建专家支持体系。各级公平竞争审查联席会议可以根据实际工作需要，建立公平竞争审查工作专家支持体系，为政策制定机关开展审查工作提供必要的专业技术支撑。

拓展阅读：江苏省公平竞争审查联席会议办公室制定《江苏省公平竞争审查抽查工作办法》

为了加强和规范公平竞争审查抽查工作，增强公平竞争审查制度刚性约束，提高公平竞争审查质量，江苏省公平竞争审查联席会议办公室于2022年1月13日发布了《江苏省

公平竞争审查抽查工作办法》(以下简称《办法》)。《办法》规定的内容主要包括:

1. 省联席会议办公室负责组织全省抽查。各地联席会议办公室负责组织本地抽查,根据上级联席会议办公室安排,参与上级有关抽查。

2. 抽查主要围绕政策制定机关有关政策措施是否履行审查程序、审查流程是否规范、审查结论是否准确等方面进行检查。

3. 抽查采取线上与线下相结合、以线上抽查为主的方式。联席会议办公室可以通过政策制定机关政务网站或者其他途径,对政策措施开展线上抽查,重点检查政策措施是否排除、限制市场竞争。

4. 省联席会议办公室原则上每年组织一次全省政策措施抽查,根据工作需要可以不定期组织专项抽查。各地联席会议办公室根据工作实际,可以定期、不定期组织开展抽查。对市场主体反应比较强烈、问题比较集中、滥用行政权力排除、限制竞争行为多发的行业和地区,进行重点抽查。

5. 联席会议办公室可以抽调专门力量开展检查,也可以组织各地、各部门交叉检查,鼓励各地委托第三方机构协助开展抽查。抽查发现问题需要核实的,联席会议办公室应当组织核查,涉嫌违反《反垄断法》的,由反垄断执法机构依法开展调查。

6. 对抽查发现的排除、限制竞争问题,政策制定机关应当及时认真整改。政策制定机关整改不及时或者不到位的,联席会议办公室可以向政策制定机关或者其上级机关提出整改建议。

7. 抽查发现重大、疑难问题,或者政策制定机关有异议的,联席会议办公室可以提交同级公平竞争审查联席会议讨论,经协商仍无法形成一致意见的,报上级联席会议办公室研究决定。

8. 抽查结果作为落实公平竞争审查制度的重要内容,纳入相关工作考核。

二、第三方评估机制

公平竞争审查的第三方评估,是指各级公平竞争审查工作联席会议(或者相应职能机构)办公室或者各政策制定机关(简称委托单位)根据职责,委托第三方机构,依据一定的标准和程序,运用科学、系统、规范的评估方法,对本地区或者本部门公平竞争审查制度实施情况、有关政策措施以及公平竞争审查其他有关工作进行评估,形成评估报告供委托单位或者其他有关政府部门决策参考的活动。

(一) 建立第三方评估机制的必要性

第三方评估是政策制定机关自我审查的重要补充,也是提高审查工作质量的重要手段。建立第三方评估机制之所以必要,主要理据在于:其一,自我审查模式下,政策制定机关受到部门利益或地方利益影响,不仅可能存在不愿审查的问题,也可能存在无力审查的问题。其二,公平竞争审查具有很强的专业性,不仅需要考虑竞争价值与其他政策目标的平衡,还要结合竞争法律制度,对行业发展、创新激励、竞争状况等市场客观情况作出综合考察,政策制定机关往往缺乏系统思维,也不具备竞争政策方面的专业知识。其三,公平竞争审查类型多样,除了常见的增量审查和存量清理,还包括对经审查出台的政策措施进行定期评估、对适用例外规定出台的政策措施进行逐年评估以及对公平竞争审查制度实施情况进行综合评估等,单靠政策制定机关的自我审查,难以保障审查的质量和效果。鉴于此,2019年2月,市场监管总局《公平竞争审查第三方评估实施指南》,后于2023年4月对其作了修订。

拓展阅读：《公平竞争审查第三方评估实施指南》的修订亮点

2023年4月26日，市场监管总局发布了修订后的《公平竞争审查第三方评估实施指南》。本次修订主要围绕依据、第三方评估情形、机构要求等内容，对相关条款予以新增、明确和完善。

1. 新增《公平竞争审查第三方评估实施指南》依据。新增《反垄断法》和《公平竞争审查制度实施细则》作为《公平竞争审查第三方评估实施指南》依据。

2. 拓宽委托单位范围。将第三方评估的委托单位范围由原来的政策制定机关拓展为包括各级公平竞争审查工作联席会议办公室和政策制定机关。

3. 明确委托单位进行第三方评估情形。新增各级公平竞争审查工作联席会议办公室可以定期或不定期开展第三方评估的事项。

4. 新增第三方评估重点评估的内容。针对拟出台、已出台、适用例外规定出台的政策措施第三方评估，公平竞争审查制度实施情况第三方评估等情形，拓宽重点评估内容。

5. 明确评估报告相关要求。明确提出评估机构应当提交评估报告，并规范了各种评估情形下评估报告中至少应当包含的内容。

6. 细化对第三方评估机构的要求。限定评估机构应当具备条件，将其从参考条件上升为必要条件，并明确提出第三方评估机构应当接受委托单位监督。

（二）第三方评估的范围

第三方评估的主体，即第三方评估机构，是指与政策制定机关及评估事项无利害关系，且具备相应评估能力的咨询研究机构，包括政府决策咨询及评估机构、高等院校、科研院所、专业咨询公司、律师事务所及其他社会组织等。第三方评估机构应当具备以下条件：①遵守国家法律法规和行业相关规定，组织机构健全、内部管理规范；②在法学、经济学、公共政策等领域具有一定的影响力和研究经验，完成项目所必备的人才等保障，具备评估所需的理论研究、数据收集分析和决策咨询能力；③在组织机构、人员构成、经费来源上独立于评估涉及的政策制定机关；④与评估事项无利害关系；⑤能够承担民事责任，具有良好的商业信誉和健全的财务会计制度。

关于第三方评估的范围，《公平竞争审查第三方评估实施指南》区分了不同的委托单位，并作出相应的规定：

地方各级公平竞争审查工作联席会议办公室可以针对以下事项定期或者不定期开展第三方评估：①本地区公平竞争审查制度实施总体情况；②本地区重点领域、行业公平竞争审查制度实施情况；③对本地区已出台政策措施进行定期清理、抽查检查等情况；④其他需要评估的内容。

政策制定机关在开展公平竞争审查工作的以下阶段和环节，均可以引入第三方评估：①对拟出台的政策措施进行公平竞争审查；②对经公平竞争审查出台的政策措施进行定期或者不定期评估；③对适用例外规定出台的政策措施进行逐年评估；④对本机关公平竞争审查制度实施情况进行综合评估；⑤与公平竞争审查工作相关的其他阶段和环节。

对拟出台的政策措施进行公平竞争审查时存在以下情形之一的，政策制定机关应当引入第三方评估：①政策制定机关拟适用例外规定的；②被多个单位或者个人反映或者举报涉嫌违反公平竞争审查标准的。

(三) 第三方评估的内容

《公平竞争审查第三方评估实施指南》区分了不同的对象和情形，明确了评估的重点内容：

对拟出台的政策措施进行公平竞争审查时引入第三方评估，重点评估以下内容：①是否涉及市场主体经济活动；②是否违反公平竞争审查标准。违反标准的，分析对市场竞争的具体影响，并提出调整建议；③是否符合适用例外规定的情形和条件。符合的，是否有对竞争损害更小的替代方案；不符合的，提出调整建议。

对已出台的政策措施进行第三方评估，重点评估以下内容：①政策措施是否已按要求进行公平竞争审查；②此前作出的审查结论是否符合公平竞争审查制度要求；③政策措施出台后是否产生新的排除、限制竞争问题；④政策措施出台后的客观情况变化，如法律法规政策或者市场状况变化等，对政策措施实施的影响；⑤对评估发现排除、限制竞争的政策措施提出调整建议。

对适用例外规定出台的政策措施进行逐年评估时引入第三方评估，重点评估以下内容：①此前作出的适用例外规定结论是否符合公平竞争审查制度要求；②政策措施是否达到预期效果，政策措施出台后是否产生新的排除、限制竞争问题；③目前是否存在对竞争损害更小的替代方案；④政策措施出台后的客观情况变化，如法律法规政策或者市场状况变化等，对政策措施实施的影响；⑤对评估发现不符合例外规定的政策措施提出调整建议。

对公平竞争审查制度实施情况进行第三方评估，重点评估以下内容：①工作部署落实情况，包括印发方案、建立机制、督查指导、宣传培训等；②增量政策措施审查情况，包括审查范围是否全面、审查流程是否规范、审查结论是否准确等；③存量政策措施清理情况，包括清理任务是否完成、清理范围是否全面、清理结果是否准确等；④制度实施成效，包括经审查调整政策措施的情况、经清理废止调整政策措施的情况，以及公平竞争审查在预防和纠正行政性垄断、维护市场公平竞争、促进经济高质量发展等方面的作用等；⑤总结分析制度实施中存在的问题和原因，本地区、本部门、本行业推行公平竞争审查制度过程中面临的难点，可采取的应对措施；⑥政策制定机关、利害关系人、社会公众以及新闻媒体对制度实施情况的相关评价和意见建议等；⑦其他与公平竞争审查工作相关的内容。

(四) 第三方评估的程序

根据《公平竞争审查第三方评估实施指南》的规定，开展第三方评估，一般应遵循以下程序：

第一，确定评估事项。委托单位可以根据实际需要，决定将有关政策措施或者公平竞争审查其他工作委托第三方评估机构进行评估。

第二，选择评估机构。委托单位通过政府购买服务开展第三方评估工作，确定第三方评估机构，签订委托协议，明确评估事项、质量要求、评估费用、评估时限、权责关系及违约责任等。对政策措施进行事前评估后，再对同一项政策措施进行事后评估，原则上不得委托同一个或者具有隶属关系的第三方评估机构。

第三，制定评估方案。第三方评估机构根据委托单位的要求，组建评估小组，制定评估方案，明确具体的评估目标、内容、标准、方法、步骤、时间安排及成果形式等，经委托单位审核同意后组织实施。

第四，开展评估工作。第三方评估机构通过全面调查、抽样调查、网络调查、实地调研、舆情跟踪、专家论证等方式方法，汇总收集相关信息，广泛听取意见建议，全面了解真实情况，深入开展研究分析，形成评估报告。评估报告一般应当包括基本情况、评估内容、评估方法、评估结论、意见建议、评估机构主要负责人及参与评估工作人员的签名、评估机构盖章以及需要说明的其他问题等。

第五,验收评估成果。委托单位对评估报告及其他评估工作情况进行验收。对符合评估方案要求的,履行成果交接、费用支付等手续;对不符合评估方案要求的,可以根据协议约定要求第三方评估机构限期补充评估或者重新评估。

（五）第三方评估的方法

根据《公平竞争审查第三方评估实施指南》的规定,第三方评估应当遵循国务院《意见》和《公平竞争审查制度实施细则》明确的基本分析框架和审查标准,并综合运用以下方法进行全面、客观、系统、深入的评估:一是定性评估。通过汇总、梳理、提炼、归纳相关资料和信息,运用相关基础理论,对政策措施影响市场竞争情况、制度实施情况等形成客观的定性评估结果。二是定量评估。使用规范统计数据,运用科学计算方法,对政策措施对市场竞争的影响程度、制度实施成效等形成量化评估结论。定量评估应当更多应用现代信息技术。三是比较分析。对政策措施实施前后的市场竞争状况进行对比分析。四是成本效益分析。将可以量化的竞争损害成本与政策措施取得的其他效益进行对比分析。五是第三方评估机构认为有助于评估的其他方法。

（六）第三方评估报告

根据《公平竞争审查第三方评估实施指南》的规定,第三方评估结束后评估机构应当提交评估报告,报告应当包括但不限于以下内容:①对拟出台的政策措施进行公平竞争审查时引入第三方评估的,评估报告应当至少包含是否违反审查标准、是否适用例外规定、是否有对竞争损害更小的替代方案、审查结论等;②对已出台的政策措施进行第三方评估的,评估报告应当至少包含审查程序执行情况、审查结论是否恰当、对公平竞争的影响、调整建议等;③对适用例外规定出台的政策措施进行第三方评估的,评估报告应当至少包含例外规定适用结论是否恰当、政策措施是否达到预期效果、对公平竞争的影响、是否存在对竞争损害更小的替代方案、调整建议等;④对重点领域、行业公平竞争审查制度实施情况进行第三方评估的,评估报告应当至少包含重点领域或者行业发展背景和现状、市场竞争态势、公平竞争审查工作落实情况和实施成效、市场主体对本领域竞争环境的满意度、存在的主要问题、下一步工作建议等;⑤对公平竞争审查制度实施情况进行综合评估时引入第三方评估的,评估报告应当至少包含公平竞争审查工作落实情况和实施成效、存量和增量政策措施审查清理情况、存在的主要问题、利害关系人等各方意见建议、下一步工作建议等。

（七）评估成果及运用

《公平竞争审查第三方评估实施指南》对评估成果及运用作了规定,主要包括以下内容:①评估成果所有权归委托单位所有。未经委托单位许可,第三方评估机构和有关个人不得对外披露、转让或者许可他人使用相关成果。②评估成果作为委托单位开展公平竞争审查、评价制度实施成效、制定工作推进方案的重要参考依据。鼓励各委托单位以适当方式共享评估成果。③对拟出台的政策措施进行第三方评估的,政策制定机关应当在书面审查结论中说明评估相关情况,评估成果不能代替政策制定机关的公平竞争审查结论。最终作出的审查结论与第三方评估结果不一致或者未采纳第三方评估相关意见建议的,应当在书面审查结论中说明理由。

拓展阅读：川渝启动公平竞争审查第三方评估交叉互评

2021年11月下旬，川渝公平竞争审查第三方评估交叉互评工作在四川绵阳和重庆北碚全面启动。2021年11月24日，重庆市市场监管局选派的公平竞争审查第三方评估专家团队入驻四川省绵阳市政府及相关部门开展交叉互评。11月30日，四川省市场监管局选派的公平竞争审查第三方评估专家团队进驻重庆市北碚区政府及相关部门开展交叉互评。

目前，川渝两地公平竞争审查工作部门联席会议办公室已经建立健全第三方评估交叉互评长效机制，每年确定1至2个区县（市州）开展公平竞争审查落实情况交叉互评，按照"评估内容、评估方法、评估标准、评估结果"等"四统一"方式，对两地公平竞争审查制度实施情况进行综合交叉评估。

川渝开展公平竞争审查第三方评估交叉互评，是推动成渝地区双城经济圈发展的重要内容，有利于优化激发市场活力，清除市场壁垒，提升整体竞争力，推动两地产业布局和区域融合发展、创新发展。

三、定期评估清理机制

公平竞争审查实质上是对政策措施影响竞争效果的预判。对经公平竞争审查出台的政策措施，要定期进行"回头看"，评估实际效果，发现排除、限制竞争问题的，应及时废止或者修改。对适用公平竞争审查例外规定出台的政策措施要逐年评估实施，对未达到预期效果的，要及时停止执行或者进行调整。

关于定期评估清理机制，国务院《意见》作了原则性指引。一方面，对建立公平竞争审查制度后出台的政策措施，各级人民政府及所属部门要在定期清理规章和规范性文件时，一并对政策措施影响全国统一市场和公平竞争的情况进行评估。鼓励委托第三方开展评估。评估报告应当向社会公开征求意见，评估结果应当向社会公开。经评估认为妨碍全国统一市场和公平竞争的政策措施，要及时废止或者修改完善。另一方面，对适用公平竞争审查例外规定出台的政策措施，政策制定机关要逐年评估相关政策措施的实施效果。实施期限到期或未达到预期效果的政策措施，应当及时停止执行或者进行调整。

《公平竞争审查制度实施细则》对此作了进一步强调和细化。对经公平竞争审查后出台的政策措施，政策制定机关应当对其影响统一市场和公平竞争的情况进行定期评估。评估报告应当向社会公开征求意见，评估结果应当向社会公开。经评估认为妨碍统一市场和公平竞争的，应当及时废止或者修改完善。定期评估可以每3年进行一次，或者在定期清理规章、规范性文件时一并评估。政策制定机关应当逐年评估适用例外规定的政策措施的实施效果，形成书面评估报告。实施期限到期或者未达到预期效果的政策措施，应当及时停止执行或者进行调整。

四、监督问责机制

国务院《意见》对公平竞争审查监督问责机制作出了原则性规定，《公平竞争审查制度实施细则》对其作了进一步细化。监督问责机制主要包含以下几个方面的举措：

1. 明确反映和举报渠道。政策制定机关涉嫌未进行公平竞争审查或者违反审查标准出台政策措施的，任何单位和个人可以向政策制定机关反映，也可以向政策制定机关的上级机关或者本级及以上市场监管部门举报。

2. 明确举报处理和责任追究方式。反映或者举报采用书面形式并提供相关事实依据的，有关部门要及时予以处理。一方面，政策制定机关未进行公平竞争审查出台政策措施的，应当及时补做审查。发现存在违反公平竞争审查标准问题的，应当按照相关程序停止执行或者调整相关政策措施。停止执行或者调整相关政策措施的，应当依照《政府信息公开条例》要求向社会公开。另一方面，政策制定机关的上级机关经核实认定政策制定机关未进行公平竞争审查或者违反审查标准出台政策措施的，应当责令其改正；拒不改正或者不及时改正的，对直接负责的主管人员和其他直接责任人员依据《中华人民共和国公务员法》（以下简称《公务员法》）、《中华人民共和国公职人员政务处分法》《行政机关公务员处分条例》等法律法规给予处分。本级及以上市场监管部门可以向政策制定机关或者其上级机关提出整改建议；整改情况要及时向有关方面反馈。违反《反垄断法》的，反垄断执法机构可以向有关上级机关提出依法处理的建议。相关处理决定和建议依法向社会公开。

3. 加大对政策措施的抽查检查力度。市场监管总局负责牵头组织政策措施抽查，检查有关政策措施是否履行审查程序、审查流程是否规范、审查结论是否准确等。对市场主体反应比较强烈、问题比较集中及滥用行政权力排除、限制竞争行为多发的行业和地区，进行重点抽查。抽查结果及时反馈被抽查单位，并以适当方式向社会公开。对抽查发现的排除、限制竞争问题，被抽查单位应当及时整改。各地应当结合实际，建立本地区政策措施抽查机制。

4. 健全考核激励制度。县级以上地方各级人民政府建立健全公平竞争审查考核制度，对落实公平竞争审查制度成效显著的单位予以表扬激励，对工作推进不力的进行督促整改，对工作中出现问题并造成不良后果的依法依规严肃处理。对失职渎职等需要追究有关人员党纪政纪责任的，要及时将有关情况移送纪检监察机关。

拓展阅读：南京上线运行全国首个公平竞争审查监测评估系统

2021年7月，南京市公平竞争审查监测评估系统正式上线运行，系统通过人工智能和大数据分析等技术手段，对南京市各级政策制定机关政府信息网站公开的政策措施文件实行建库管理和监测评估。

南京市将运用公平竞争审查监测评估系统，发挥以下作用：一是建立政策措施数据库。对南京市各级机关制定并在政府信息公开网站公布的涉及市场主体经济活动的政策措施进行网上搜索、收集、整理、监测，形成政策措施数据库。二是开展在线筛查评估。自动对监测到的政策措施进行识别评估，将涉嫌违反审查标准的及时反馈有关部门进行处理。三是实施专项监督监测。对特定种类、地区、行业、部门或特定政策进行重点和专项监测，根据特定要求形成数据分析报告。四是协助增量措施审查。对拟出台的应当进行公平竞争审查的政策措施进行分析评估，出具初审报告，为增量措施审查提供参考。五是提升监督指导工作水平。通过大数据评估分析全市各级政策制定机关公平竞争审查制度落实情况，为制定监督指导工作方案提供重要依据。

南京市监测评估系统是全国首个公平竞争审查监测评估系统，系统支持批量审查，可解决政策措施体量大、人工审查效率低、监督不到位等问题。江苏省将以此为契机，加大力度推动全省运用信息化手段开展公平竞争审查工作，切实提高审查质量和效果。

[本章参考文献]
（一）著作
1. 张维迎、林毅夫：《政府的边界：张维迎、林毅夫聚焦中国经济改革核心问题》，民主与建设出版社2017年版。
2. 林毅夫等主编：《产业政策：总结、反思与展望》，北京大学出版社2018年版。

3. 黄群慧、贺俊等：《真实的产业政策——发达国家促进工业发展的历史经验与最新实践》，经济管理出版社 2015 年版。

4. 江飞涛等：《理解中国产业政策》，中信出版集团 2021 年版。

5. 贺俊、李伟、江飞涛等：《直面问题：产业政策与竞争政策的冲突与协调》，中国社会科学出版社 2022 年版。

6. 于良春等：《转轨经济中的反行政性垄断与促进竞争政策研究》，经济科学出版社 2011 年版。

7. 于良春主编：《反行政性垄断与促进竞争政策前沿问题研究》，经济科学出版社 2008 年版。

8. 肖竹：《竞争政策与政府规制——关系、协调及竞争法的制度构建》，中国法制出版社 2009 年版。

9. 吴小丁：《反垄断与经济发展——日本竞争政策研究》，商务印书馆 2006 年版。

10. 石淑华：《行政垄断的经济学分析》，社会科学文献出版社 2006 年版。

11. 金碚主编：《竞争秩序与竞争政策》，社会科学文献出版社 2005 年版。

12. 李青主编：《中国反垄断十二年：回顾与展望》，中信出版集团 2020 年版。

13. 梅黎明等：《中国规制政策的影响评价制度研究》，中国发展出版社 2014 年版。

14. 彭海斌：《公平竞争制度选择》，商务印书馆 2006 年版。

15. 徐士英：《竞争政策研究——国际比较与中国选择》，法律出版社 2013 年版。

16. 应品广：《法治视角下的竞争政策》，法律出版社 2013 年版。

17. 国家市场监督管理总局反垄断局：《中国反垄断立法与执法实践》，中国工商出版社 2020 年版。

18. 翟巍：《欧盟公平竞争审查制度研究》，中国政法大学出版社 2019 年版。

19. 《OECD 监管影响分析：经济合作与发展组织（OECD）监管影响分析指引》，席涛、吴秀尧、陈建伟译，中国政法大学出版社 2015 年版。

20. ［美］威廉·科瓦西奇、［英］林至人、德里克·莫里斯编著：《以竞争促增长：国际视角》，中信出版集团 2017 年版。

21. ［德］曼弗里德·诺依曼：《竞争政策——历史、理论及实践》，谷爱俊译，北京大学出版社 2003 年版。

22. ［意］马西莫·莫塔：《竞争政策——理论与实践》，沈国华译，上海财经大学出版社 2006 年版。

（二）论文

23. 时建中：《强化公平竞争审查制度的若干问题》，载《行政管理改革》2017 年第 1 期。

24. 时建中：《论竞争政策在经济政策体系中的地位——兼论反垄断法在管制型产业的适用》，载《价格理论与实践》2014 年第 7 期。

25. 时建中：《新〈反垄断法〉的现实意义与内容解读》，载《中国法律评论》2022 年第 4 期。

26. 王晓晔：《经济体制改革与我国反垄断法》，载《东方法学》2009 年第 3 期。

27. 张占江：《中国法律竞争评估制度的建构》，载《法学》2015 年第 4 期。

28. 黄勇、吴白丁、张占江：《竞争政策视野下公平竞争审查制度的实施》，载《价格理论与实践》2016 年第 4 期。

29. 朱凯:《对我国建立公平竞争审查制度的框架性思考》,载《中国物价》2015 年第 8 期。

30. 王先林:《公平竞争审查制度与我国反垄断战略》,载《中国市场监管研究》2016 年第 12 期。

31. 张汉东:《促进统一开放竞争有序的市场体系建设》,载《行政管理改革》2017 年第 1 期。

32. 刘继峰:《论公平竞争审查制度中的问题与解决》,载《价格理论与实践》2016 年第 11 期。

33. 李俊峰:《公平竞争自我审查的困局及其破解》,载《华东政法大学学报》2017 年第 1 期。

34. 丁茂中:《论我国公平竞争审查制度的建立与健全》,载《竞争政策研究》2017 年第 2 期。

35. 张守文:《公平竞争审查制度的经济法解析》,载《政治与法律》2017 年第 11 期。

36. 王磊:《比例原则下公平竞争的深入审查》,载《西安交通大学学报(社会科学版)》2017 年第 6 期。

37. 李青:《中国竞争政策的回顾与展望》,载《竞争政策研究》2018 年第 2 期。

38. 孟雁北:《产业政策公平竞争审查论》,载《法学家》2018 年第 2 期。

39. 卢均晓、高少丽:《实质竞争中立研究》,载《价格理论与实践》2019 年第 6 期。

40. 焦海涛:《公平竞争审查制度的实施激励》,载《河北法学》2019 年第 10 期。

41. 金善明:《公平竞争审查机制的制度检讨及路径优化》,载《法学》2019 年第 12 期。

42. 张晨颖:《竞争中性的内涵认知与价值实现》,载《比较法研究》2020 年第 2 期。

43. 殷继国:《我国公平竞争审查模式的反思及其重构》,载《政治与法律》2020 年第 7 期。

44. 李剑:《中国行政垄断的治理逻辑与现实——从法律治理到行政性治理》,载《华东政法大学学报》2020 年第 6 期。

45. 侯利阳:《公平竞争审查的认知偏差与制度完善》,载《法学家》2021 年第 6 期。

46. 孙晋:《规制变革理论视阈下公平竞争审查制度法治化进阶》,载《清华法学》2022 年第 4 期。

47. OECD (2019), Competition Assessment Toolkit: Volume 1. Principles, https://www.oecd.org/daf/competition/46193173.pdf.

48. OECD (2019), Competition Assessment Toolkit: Volume 2. Guidance, https://www.oecd.org/daf/competition/45544507.pdf.

49. OECD (2019), Competition Assessment Toolkit: Volume 3. Operational Manual, https://www.oecd.org/daf/competition/COMP_Toolkit_Vol.3_ENG_2019.pdf.

50. KFTC, Competition Assessment Manual (2010), http://eng.ftc.go.kr/files/static/International_Relations/Seoul-Forura/Competition Assessment Manual_KFTC.pdf.

51. Sanghoon Ahn, Competition, Innovation and Productivity Growth: A Review of Theory and Evidence, OECD Economics Department Working Papers No. 317, https://www.oecd-ilibrary.org/docserver/182144868160.pdf.

第十二章 滥用知识产权排除、限制竞争

第一节 禁止滥用知识产权排除、限制竞争的基本原理

一、滥用知识产权的一般分析

滥用知识产权是违背法律设定知识产权的宗旨或者超越权利正当界限的行为。对滥用知识产权行为的法律规制，既可以通过知识产权法的内部限权机制，也可以诉诸反不正当竞争法、反垄断法等外部限权机制。

（一）知识产权及其制度功能

将一切来自知识活动领域的权利概括为"知识产权"，最早见于17世纪中叶的法国学者卡普佐夫的著作。自1967年《成立世界知识产权组织公约》签订后，"知识产权"这一概念得到世界上大多数国家和地区以及国际组织的承认。1986年《中华人民共和国民法通则》（已失效）颁布后，我国开始正式采用"知识产权"的称谓。[1]

关于知识产权的概念，国外有关知识产权的法律和国际公约，一般都没有对其作出明确定义，而是给出知识产权的范围。知识产权有狭义和广义之分。狭义的知识产权包括工业产权和版权（著作权）。其中，工业产权又包括专利权、商标权等；版权则包括作者权与传播者权（邻接权）等。广义的知识产权，其权利客体颇为宽泛，涉及诸多人类智慧成果以及工商业标记、信誉等。《民法典》第123条第2款对知识产权的客体作了列举，即知识产权是权利人依法就下列客体享有的专有的权利：①作品；②发明、实用新型、外观设计；③商标；④地理标志；⑤商业秘密；⑥集成电路布图设计；⑦植物新品种；⑧法律规定的其他客体。

在法律发展史上，知识产权是罗马法以来财产非物质化革命的制度创新成果，也是西方国家三百多年来不断发展成长的制度文明典范。对包括我国在内的发展中国家而言，知识产权是一种制度"舶来品"。知识产权与物权虽然都属于财产权，但相对于物权来讲，知识产权具有下列特征：①知识产权的客体具有非物质性或无形性；②知识产权具有财产权和人身权的双重属性；③知识产权具有专有性或排他性；④知识产权具有地域性；⑤知识产权具有时间性。

知识产权是基于社会公共政策和法律强制规定产生的。作为一项正式制度安排，知识产权具有以下基本功能。

1. 激励功能。智力成果和知识产品在推动科技进步、经济繁荣和社会发展中起着重要作用。然而它们的创造需要巨大的智力和财产投入，并伴随着巨大风险，尤其是现代高端技术的研发，需要付出更大的代价。如果可以任意地、无偿地使用他人的智力成果和知识产品，其继续智力创造的积极性就会受到抑制，最终会阻碍科技进步、经济繁荣和社会发

---

[1] 参见吴汉东：《知识产权法》，法律出版社2021年版，第3页。

展。正是为了激励知识产品的生产和智慧成果的创造，法律设立了知识产权制度，赋予知识创造者以某种专有权，让其对该智力成果享有在一定期限内的独占权，即"给发明和创造新物品的天才火焰添加了利益的柴薪"。

2. 平衡功能。知识产权的激励功能是以赋予社会个体对特定知识产品的专有权来实现的。但是，知识产品本身具有一定的继承性，任何新的知识成果的创造，都离不开对前人创造出的知识成果的继承，并且知识产品在本质上还带有公共物品的属性，其消费或使用不具有排他性。因此，知识产权作为社会个体对特定的知识产品拥有的专有权，就不是绝对的、无限制的，而应具有一定的限度，以调节社会个体和社会整体之间的利益平衡。这种平衡主要表现在：知识产权在时间上有限制，即无论是专利权、商标权还是著作权都有一定的期限，其法定期限届满即不再受保护，成为社会共有的知识；知识产权在效力上有例外，即为了国家利益或者社会公共利益，知识产权在一定条件下受到限制，如著作权要受到合理使用制度和法定许可制度的限制，专利权要受到强制许可制度的限制，等等。

3. 规范功能。规范功能是任何法律制度都具有的，以起到规范行为、保障利益的作用。知识产权的规范功能主要表现在两方面：一方面，保护依法取得的知识产权，防止他人对知识产权的侵害行为；另一方面，规范知识产权的行使行为，防止依法取得的知识产权被不正当利用。就后者来看，有的是知识产权制度本身就能解决的，即通过知识产权法自身的权利限制规范来解决（如著作权法中的合理使用制度、专利法中的强制许可制度以及著作权法、专利法和商标法中共有的经济权利穷竭原则），有的往往需要与其他法律制度（尤其是反垄断法）相结合来加以解决。[1]

（二）滥用知识产权的概念解析

知识产权作为私权的一部分，适用民法有关私权行使的基本规范，包括禁止权利滥用原则。权利滥用的实质在于权利人以不公平、不适当的方式行使其权利，不适当地扩张了其所享有的权利。滥用知识产权，是相对于知识产权的正当行使而言的。知识产权的正当行使，是权利人在设权目的所允许的范围内，按照自己的意志利用和支配知识产权的行为。滥用知识产权，即知识产权的不正当行使，是权利人以违背社会和经济目的的方式利用和行使被法律确认的权利。也就是说，知识产权的权利人以追求不同于法律预设的目的及其所保护的价值行使权利时，就构成知识产权的滥用。需注意的是，知识产权的获得与知识产权的行使是两个不同的范畴，不能因为知识产权是合法获得的权利，就忽视甚至否认其也存在滥用的问题。

从主体上看，滥用知识产权的主体须有权行使知识产权，或者至少表象上有权行使知识产权。该等主体可以是知识产权的所有权人，也可以是被许可实施知识产权的主体。著作权集体管理组织、专利主张实体（Patent Assertion Entities, PAEs）、非专利实施实体

---

[1] 参见王先林：《知识产权与反垄断法——知识产权滥用的反垄断问题研究》，法律出版社2020年版，第43~46页。

（Non-Practicing Entities, NPEs）[1]等，都可能成为滥用知识产权的主体。如果某个主体无权行使知识产权，或者表象上无权行使知识产权，也就谈不上滥用知识产权。[2]

从权利的类别上看，知识产权具体包括专利权、商标权、著作权、商业秘密等，因而滥用知识产权可进一步分为滥用专利权、滥用商标权、滥用著作权、滥用商业秘密，等等。

从表现形式上看，滥用知识产权的行为繁复多样，美国律师协会（ABA）《滥用知识产权：许可与诉讼》把在美国曾受到过质疑的滥用知识产权行为列举如下：拒绝许可、搭售安排、一揽子许可、不经营竞争性商品的协议、过高的许可费、有效期届满后仍然收取许可费、按照总销量收取许可费、歧视性收取许可费、在许可中限制使用领域、在许可中限制经营地域、限制销售价格和维持最低转售价格、非价格转售限制（首次销售后的限制）、回售条款、导致反托拉斯违法行为的专利利用、知识产权的欺诈性诉讼、滥用与不公平行为（如向专利商标局作虚假陈述或者故意隐瞒重要事实）。[3]

从实质内容上看，滥用知识产权是违背法律设定知识产权的宗旨或者超越权利正当界限的行为。这些行为可能同时违反知识产权法、反不正当竞争法、反垄断法等法律的规定。不过，言及"滥用知识产权"，其首先就违反了知识产权法本身的宗旨、原则和规范。因为，知识产权法并非单纯地保护知识产权的权利人利益，其根本目的是激励创新，促进知识的广泛传播和应用，实现个体权利与社会整体利益的平衡。如果权利人在行使其知识产权的过程中，超出知识产权法规定的界限或者设定权利的目的，如自己不实施也不允许别人实施其专利、超出知识产权的范围行使权利、在知识产权到期后仍然行使权利、以明显不正当的手段取得知识产权并加以行使等，就构成滥用知识产权。

（三）滥用知识产权的法律规制体系

一般认为，对权利的限制有内部限制和外部限制两种，前者认为权利本身包含义务，权利应为社会目的而行使；后者则是在承认并保障权利的不可侵犯性、权利行使的自由性的前提下，以公法的措施适当限制权利的不可侵犯性、限制权利行使的自由性。这两种限权机制对于滥用知识产权的法律规制同样适用。

从内部规制的角度看，滥用知识产权首先受到知识产权法自身的规制。除了知识产权固有的地域和时间的限制以外，出于国家利益或者社会公共利益的考虑，知识产权法还通过一些具体制度，使知识产权在一定条件下受到限制。例如，著作权要受到合理使用制度

---

[1] 美国联邦贸易委员会（FTC）在其2003年发布的报告《促进创新：竞争与专利法律政策的适度平衡》中提出非专利实施主体（Non-Practicing Entities，简称NPEs）的概念。此后，FTC逐渐将其目光集中到其中一类通常被称为专利流氓（Patent Troll）的主体身上，并在2011年的报告《演变中的知识产权市场：专利声明与救济和竞争的协调》中提出了专利主张实体（Patent Assertion Entities，简称PAEs）的概念。PAEs的主要商业模式是收购各类专利后，通过向那些使用了相关专利技术的主体主张权利来获取收益。NPEs所涵盖的范围较PAEs更为广泛，包括了高校和研发机构等以技术研发和转移转化为主要活动的专利持有人。参见胡向宏、韩伟：《专利主张实体（PAE）的反垄断应对》，载《电子知识产权》2015年第12期。

[2] 需说明的是，对于采取不正当手段获得专利权、商标权等知识产权（表面上的"知识产权"）的行为，或者行使根本不应获得的"知识产权"的行为，人们有时也将其归为滥用知识产权。例如，在美国，实施或者企图实施以欺诈方法从专利商标局或者版权局获得专利权等知识产权的行为，可能违反《谢尔曼法》第2条或者《联邦贸易委员会法》第5条的规定，这些情形也往往被视为滥用知识产权。

[3] See ABA Section of Antitrust Law, Intellectual Property Misuse: Licensing and Litigation, American Bar Association, 2000, pp. 37-70.

和法定许可制度的限制，[1] 专利权要受到强制许可制度的限制，[2] 乃至直接规定了有关权利不得滥用的条款。又如《中华人民共和国著作权法》（以下简称《著作权法》）第4条规定："著作权人和与著作权有关的权利人行使权利，不得违反宪法和法律，不得损害公共利益。国家对作品的出版、传播依法进行监督管理。"《中华人民共和国专利法》（以下简称《专利法》）第20条规定："申请专利和行使专利权应当遵循诚实信用原则。不得滥用专利权损害公共利益或者他人合法权益。滥用专利权，排除或者限制竞争，构成垄断行为的，依照《中华人民共和国反垄断法》处理。"

其实，无论是知识产权法自身规范对滥用知识产权的限制，还是禁止权利滥用原则对滥用知识产权的限制，都属于民事法律范围的规制。这种规制受到私法自身性质和手段的局限，不足以解决滥用知识产权的更深层次问题，比如对创新激励的扭曲、对公平竞争秩序的破坏、对有效竞争机制的妨碍、对社会整体利益的减损，等等。因此，知识产权法的内部限权机制一旦失灵，就需要依据其失灵所导致的损害情形，依据反不正当竞争法、反垄断法等具有公法性质的法律，对滥用知识产权造成的负面效应予以矫正和纠偏。

就滥用知识产权的外部规制而言，我国与此相关的现行有效法律，包括但不限于《对外贸易法》《反不正当竞争法》《反垄断法》。《对外贸易法》第29条规定："知识产权权利人有阻止被许可人对许可合同中的知识产权的有效性提出质疑、进行强制性一揽子许可、在许可合同中规定排他性返授条件等行为之一，并危害对外贸易公平竞争秩序的，国务院对外贸易主管部门可以采取必要的措施消除危害。"

《反不正当竞争法》虽然没有就滥用知识产权制定专门条款，但其"一般条款"对于滥用知识产权的行为仍具有适用性。该法第2条第1款规定，经营者在生产经营活动中，应当遵循自愿、平等、公平、诚信的原则，遵守法律和商业道德。第2款规定，本法所称的不正当竞争行为，是指经营者在生产经营活动中，违反本法规定，扰乱市场竞争秩序，损害其他经营者或者消费者的合法权益的行为。据此，权利人行使知识产权的行为，如果违背公认的商业道德和诚实信用原则，扰乱市场公平竞争秩序，损害其他经营者或者消费者的合法权益，就可能被认定为不正当竞争行为从而受到制止。

《反垄断法》第68条规定："经营者依照有关知识产权的法律、行政法规规定行使知识产权的行为，不适用本法；但是，经营者滥用知识产权，排除、限制竞争的行为，适用本法。"这就确立了对知识产权行使行为进行反垄断法规制的基本原则和制度。简言之，如果知识产权的权利人在行使知识产权的过程中，凭借知识产权优势排除、限制竞争，妨碍市场公平竞争，损害其他经营者、消费者合法权益和社会公共利益，这种行为不仅是对知识产权的滥用，而且会受到反垄断法的制止。

二、反垄断法与知识产权制度的关系

反垄断法和知识产权制度在基本功能和目标上具有一致性，即保护竞争、鼓励创新。不过，在制度具体实施过程中，二者实现上述功能和目标的方法存在差异，甚至形成某种冲突。这主要表现为知识产权权利人在行使其权利的过程中，超出了法律允许的范围或者正当的界限，不正当地排除、限制市场竞争，从而违反了反垄断法的基本原则和制度。

（一）反垄断法与知识产权制度的一致性

反垄断法与知识产权制度都具有激励竞争和鼓励创新的基本功能，促进竞争和创新、

---

[1] 参见《著作权法》第24条、第25条、第35条第2款、第42条第2款、第46条第2款。
[2] 参见《专利法》第53条至第63条。

提高经济运行效率、维护消费者利益和社会公共利益是反垄断法和知识产权制度的共同目标。

从反垄断法来看，反垄断法通过对排除、限制竞争行为的预防和制止，营造不受扭曲的市场竞争环境，把经营者置于市场竞争的压力之下，迫使它们努力降低成本、提高质量、优化服务、改善管理、拓展模式、持续创新，以实现资源优化配置、经济效率增长、消费者福利提升和经济社会进步。毋庸置疑，企业如果没有竞争的压力，就不会有创新的动力。一旦市场中所有现实的和潜在的竞争都被扼杀，市场的创新机制就会随之失效，创新的社会利益也会随之枯竭。实际上，反垄断法对市场公平竞争机制的维护，会带来诸多开放性的利益，其中至关重要的一种利益，便是动态效率或创新效率的实现，也即社会的创新利益。换言之，强化反垄断、深入推进公平竞争政策实施，就是要为创新营造公平的竞争环境，进而通过创新不断提高竞争层次，实现竞争和创新的良性互动，推动经济高质量发展。[1] 在此意义上，保护竞争和鼓励创新是反垄断法基本的功能和目标。故此，2022年修改的《反垄断法》将"鼓励创新"写入第1条，丰富了反垄断法的目标体系，即规定："为了预防和制止垄断行为，保护市场公平竞争，鼓励创新，提高经济运行效率，维护消费者利益和社会公共利益，促进社会主义市场经济健康发展，制定本法。"

从知识产权制度来看，知识产权通过授予和保护经营者重要但有期限的专有权，奖励创新的投资和努力，同时禁止其他经营者未经许可的利用，以此为市场主体的创新以及市场主体之间的竞争提供动力，从而提升经济运行效率和推动社会进步。在一定意义上，知识产权可以被看成是对竞争的限制，但这种因授予专有权而导致的竞争限制，能够为现代化产业体系建设注入更高层次、更高质量的竞争。可见，知识产权不仅仅是一种民事权利，而且是市场主体获取竞争优势的重要手段。在经济全球化、数字化时代，知识产权作为竞争工具的重要性程度只会增加、不会减少。

概而言之，竞争和创新之间具有辩证统一的关系。创新既是竞争的原因又是竞争的结果，经营者的技术创新可直接转化为市场竞争优势，而竞争压力又迫使经营者不断创新。如果说反垄断法是通过保护竞争来鼓励创新，那么知识产权制度则是通过激励创新来促进竞争，二者在基本功能和目标上具有一致性。

(二) 反垄断法与知识产权制度的潜在冲突

所谓反垄断法与知识产权制度的潜在冲突，有"表面冲突"和"实质冲突"两种理解。就表面冲突而言，知识产权作为一种合法的"垄断权"或"专有权"，其权利人能阻却他人对特定知识成果的竞争性利用，会对一定范围的竞争造成限制，这与反垄断法反对限制竞争和鼓励市场开放的价值追求，在表面上存在冲突。不过，这种表面冲突不应被过分夸大。因为一方面，知识产权作为"垄断权"，尽管有其激励创新的政策考虑，但这种权利的垄断性或专有性，适宜被描述成一种基于权利的"边界型排他"，而非基于垄断力量的"市场型排他"。换言之，知识产权与其他同样具有专有性或排他性的财产权一样，其权利的存在和行使，不必然导致排斥市场竞争的效果。另一方面，如前所述，反垄断法和知识产权制度具有殊途同归的基本功能和目的：反垄断法通过反对限制竞争行为，保护市场公平竞争，为经营者创新以及经营者之间的创新竞争奠定基础；知识产权制度则通过赋予和保护权利人有限专有权的方式刺激创新，带动更高层次与更高质量的竞争。

---

[1] 参见时建中：《强化反垄断深入推进公平竞争政策实施着力推动高质量发展——学习党的二十大报告关于高质量发展与公平竞争的体会》，载《中国价格监管与反垄断》2022年第11期。

就实质冲突而言，如果知识产权的权利人在行使权利的过程中，试图将"边界型排他"不正当地转变为"市场型排他"，即凭借知识产权带来的竞争优势，妨碍公平竞争，导致市场垄断，这就与反垄断法形成了实质性冲突。也就是说，拥有知识产权本身并不会导致市场垄断，知识产权的正当行使行为也不违反反垄断法。但是，如果知识产权权利人在行使权利的过程中，超出了法律允许的范围或者权利的界限，不正当地排除、限制市场竞争，就会引起反垄断法的关注并受到制止。可见，与反垄断法形成实质性冲突的，并非知识产权本身，而是滥用知识产权所导致的排除、限制竞争的情形。正是在此意义上，我国《反垄断法》第68条规定："经营者依照有关知识产权的法律、行政法规规定行使知识产权的行为，不适用本法；但是，经营者滥用知识产权，排除、限制竞争的行为，适用本法。"

（三）滥用知识产权与排除、限制竞争的关系

在知识产权领域开展反垄断执法，涉及如何理解我国《反垄断法》第68条规定的"滥用知识产权"与"排除、限制竞争"之间的关系。问题在于，对滥用知识产权排除、限制竞争的认定，"滥用知识产权"是"排除、限制竞争"的前提还是结果？

滥用知识产权是相对于知识产权的正当行使而言的。滥用知识产权即知识产权的不正当行使，有很多表现形式。根据造成损害或侵害法益的不同，可以通过知识产权法的内部限权机制和其他法律的外部限权机制予以矫正和调整。在外部限权机制中，反垄断法关注的是那些凭借知识产权排除、限制竞争的行为。换言之，凭借知识产权排除、限制竞争的行为，是不正当行使知识产权的情形之一，亦即滥用知识产权的情形之一。所以，对于我国《反垄断法》第68条规定的理解和适用，"滥用知识产权"不是"排除、限制竞争"的前提条件；相反，知识产权行使行为如果不当地排除、限制了竞争，则构成滥用知识产权。质言之，滥用知识产权不一定构成垄断行为，但构成垄断行为的行使知识产权行为一定是滥用知识产权。

三、滥用知识产权排除、限制竞争的分析原则和思路

经营者滥用知识产权排除、限制竞争的行为，不是一种独立的垄断行为。我国《反垄断法》第3条规定："本法规定的垄断行为包括：（一）经营者达成垄断协议；（二）经营者滥用市场支配地位；（三）具有或者可能具有排除、限制竞争效果的经营者集中。"据此，经营者在行使知识产权或者从事相关行为时，达成或者实施垄断协议，滥用市场支配地位，或者实施具有或者可能具有排除、限制竞争效果的经营者集中，均可能构成滥用知识产权排除、限制竞争的行为。在此意义上，《禁止滥用知识产权排除、限制竞争行为规定》第3条规定："本规定所称滥用知识产权排除、限制竞争行为，是指经营者违反反垄断法的规定行使知识产权，达成垄断协议，滥用市场支配地位，实施具有或者可能具有排除、限制竞争效果的经营者集中等垄断行为。"

（一）滥用知识产权排除、限制竞争的分析原则

滥用知识产权排除、限制竞争的分析原则，是对涉及知识产权的行为进行反垄断法分析时，应当遵循的概括性准则。《关于知识产权领域的反垄断指南》第2条规定："分析经营者是否滥用知识产权排除、限制竞争，遵循以下基本原则：（一）采用与其他财产性权利相同的规制标准，遵循《反垄断法》相关规定；（二）考虑知识产权的特点；（三）不因经营者拥有知识产权而推定其在相关市场具有市场支配地位；（四）根据个案情况考虑相关行为对效率和创新的积极影响"。上述原则可分别被概括为同等对待原则、考虑特性原则、不得推定原则、个案分析原则。

1. 同等对待原则。所谓同等对待原则，是指在考虑某一行为是否违反反垄断法时，应

同等对待知识产权与其他财产性权利，适用统一的标准，既不因为知识产权属于法定的专有性权利而脱离反垄断法的约束，也不因这种法定的专有性权利能给经营者带来竞争优势和经济利益而受到反垄断法的特别质疑。这是因为，知识产权在性质上仍是一种私权，就对竞争的影响而言，与其他财产性权利可能具有程度上的差别，但并无本质上的差异。换言之，专有性并非知识产权所独有，其他财产性权利（如物权）同样具有专有性。所不同的是，它们在专有性的获取方式上有别，物权等财产权可以依靠对有形物的占有来获取专有性，而知识产权必须借助法律的授权来获取专有性。

拓展阅读：同等对待原则在美国反托拉斯法上的形成和发展

在美国，对反托拉斯法适用于知识产权领域时，应如何对待知识产权的问题，先后经历了三个不同的阶段和立场转变：①20世纪50年代以前，知识产权的行使在很大程度上可以不适用反托拉斯法，知识产权在反托拉斯法的适用上具有优越于其他财产权的特点。②20世纪60年代~70年代，推定知识产权具有当然的市场支配地位，对基于知识产权行使所产生的各种限制竞争行为，给予反托拉斯法的严厉控制。与其他财产权相比，知识产权的行使更易遭受反托拉斯法的约束和限制。③20世纪80年代以来，确立了同等对待原则，认为知识产权制度与反垄断法是具有互补性的政策工具，知识产权人拥有的排他权，类似于其他形式的私人财产权所有者所享有的权利，因而在反托拉斯法的适用中，知识产权与其他财产权具有同等地位，被给予同等对待。[1]

美国司法部和联邦贸易委员会于1995年颁布、2017年修订的《知识产权许可的反托拉斯指南》（以下简称美国《知识产权许可的反托拉斯指南》），确立了"同等对待原则"，其指出：执法机构对涉及知识产权的行为，与其他形式财产权的行为适用相同的一般反托拉斯原则；知识产权所有者的排他权与其他形式的私有财产权所有者享有的权利相似；与其他形式的私有财产权一样，涉及知识产权的特定行为类型可能产生反竞争的效果，对此反托拉斯法可能是禁止和不保护的。因此，知识产权行使行为并不特别免于反托拉斯法审查，也不受到特别怀疑。[2]

2. 考虑特性原则。所谓考虑特性原则，是指对涉及知识产权的行为的反垄断法分析，应当考虑到知识产权的特殊性。该原则是对同等对待原则的补充。强调涉及知识产权的行为与涉及其他财产性权利的行为受到反垄断法的同等对待，并不是说知识产权在所有方面与任何其他财产性权利都相同，也并非完全不考虑知识产权的特殊性。应当看到，相较于其他财产性权利，知识产权的客体具有非物质性或无形性的特点，容易被复制、盗窃、侵犯，知识产权的界限有时不是很清楚，知识产权兼具财产属性和人身属性，大多数知识产权是有期限的，知识产权须与其他生产要素结合才能实现其自身价值，等等。知识产权的这些特殊性，需要在反垄断实践中结合具体案情和特定市场情况予以考虑。

3. 不得推定原则。所谓不得推定原则，是指不因经营者拥有知识产权而推定其在相关市场具有市场支配地位，即一般不会单单基于某个经营者拥有知识产权的事实，就认定其在相关市场具有市场支配地位。在证据法理论中，推定是指根据某一事实（前提事实或基

---

[1] 参见吕明瑜：《竞争法教程》，中国人民大学出版社2015年版，第184页。

[2] See U. S. Department of Justice and the Federal Trade Commission, Antitrust Guidelines for the Licensing of Intellectual Property (January 12, 2017).

础事实）的存在而作出与之相关的另一事实（推定事实）存在与否的判断，它可以免除主张推定事实的一方当事人的举证责任，并把证明不存在推定事实的证明责任转移于对方当事人。推定分为法律推定和事实推定。因经营者拥有知识产权而推定其在相关市场具有市场支配地位，属于事实推定的范畴。这一事实推定（推定规则）要成立，需要经过理论和经验的长期总结、印证和支持，在经营者拥有知识产权的事实与该经营者具有市场支配地位的事实之间建立起稳定一致的关联关系。然而，知识产权虽然是一种法定的专有性权利，但这种专有权适宜被理解为基于权利的"边界型排他"而非基于垄断力量的"市场型排他"，即拥有知识产权并不一定给经营者带来市场支配地位并导致市场垄断。事实上，知识产权是否一定会给经营者带来市场支配地位，不仅在理论上存在很多质疑，而且主流的反垄断执法实践也未予以肯定，而更多基于个案事实进行具体推理。

拓展阅读：法律推定与事实推定[1]

以有无法律依据为标准，推定可分为法律推定与事实推定。法律推定是指法律明确规定的推定，具体包括推论推定和直接推定。

推论推定是真正的法律上的推定，是依据法律从已知事实推出未知事实、从前提事实推论推定事实的结果，如民法规定，失踪一定期限的人被推定为死亡，夫妻关系存续期间出生的子女推定为婚生子女等。适用这种推定可以减轻主张推定事实的一方当事人的举证责任，并且可以将举证责任从一方转移给另一方。

直接推定是当法律不依赖于任何事实就假定存在某一事实，比如"无罪推定"，直接推定的本质是以推定形式表现出来的确定举证责任由谁负担的实体法规范。

事实推定，是法律推定的对称，指法律没有明文规定，只是法官依据经验法则，从已知事实推定事实存在的假定。事实推定来源于司法人员的逻辑推理过程，但与一般的执法人员日常推理有别，是经过理论和实践的长期总结，成为了一种已经形式化、先定的作出某种结论的规则，即推定规则。所以要特别注意将事实推定与事实推理或推断区别开来，不能将一般推理误认为推定。

4. 个案分析原则。所谓个案分析原则，是指对涉及知识产权的行为进行反垄断法分析时，不能当然认定行为违法（本身违法），也不能当然认定行为合法（本身合法），而应当对涉案行为影响市场竞争的各种因素进行具体分析和综合考量，客观合理地确定行为的合法或违法。涉及知识产权的行为尤其是知识产权转让和许可行为，大多属于纵向经济关系中一方经营者对另一方经营者的约束或限制，具有对竞争积极促进和消极阻碍的双重作用，个案分析时需要对正反两方面因素和效果进行评估比较，以得出最终结论。

（二）滥用知识产权排除、限制竞争的分析思路

滥用知识产权排除、限制竞争的分析思路，是对涉及知识产权的行为进行反垄断法分析时，应当遵循的方法步骤和评估框架。分析经营者是否滥用知识产权排除、限制竞争，通常遵循以下思路：①分析行为的性质、特征和表现形式；②界定相关市场；③分析行为

---

[1] 参见卞建林、谭世贵主编：《证据法学》，中国政法大学出版社2010年版，第505~508页。

对市场竞争产生的排除、限制影响;④分析行为对创新和效率的积极影响。[1]

1. 分析行为的性质、特征和表现形式。经营者滥用知识产权排除、限制竞争的行为,可能是行使知识产权的行为,也可能是与行使知识产权相关的行为。通常根据经营者行为的特征和表现形式,分析可能构成的垄断行为。

第一,经营者滥用知识产权排除、限制竞争的行为,并不是一种独立形态的垄断行为,而根据行为的性质、特征和表现形式,可分别或者同时构成垄断协议、滥用市场支配地位以及具有或者可能具有排除、限制竞争效果的经营者集中。

第二,有必要辨别各方主体之间的关系属于横向性质还是纵向性质,或者二者兼而有之。当一项许可安排影响处于互补关系的行为时,它具有纵向的特点,这是许可安排的典型情况。例如,许可人的主要业务链可能在研发,而被许可人作为生产商,可能购买许可人开发技术的使用权。许可安排除了属于纵向性质外,还可能是横向性质的。具体来说,在没有相关许可的情况下,若许可人与被许可人之间,或者许可人之间在相关市场内本应存在实际或潜在竞争时,则通常将它们视为横向关系,即使它们之间同时存在纵向关系。一般来说,横向关系(竞争关系)的经营者之间达成的知识产权协议,比纵向关系(不具有竞争关系)的经营者之间达成的协议更有可能排除或限制竞争,因而更可能引起反垄断法关注。

第三,有必要考虑各方主体之间的协议,属于对技术间竞争(使用竞争性技术的经营者之间的竞争)的限制,还是属于对技术内竞争(使用相同技术的经营者之间的竞争)的限制。例如,两个不同地域的经营者交叉许可竞争性专利技术,并约定不在对方地域市场中销售产品,则该协议签订之前本来存在的竞争便受到了限制,这就属于对技术间竞争的限制。再如,多个被许可方同时使用某一许可方提供的专利技术,该许可方限制被许可方在价格、地域、客户等方面相互竞争,则在该限制条款之前,被许可方之间本应存在的竞争便受到了限制,这就属于对技术内竞争的限制。一般来说,相较于限制技术内竞争,限制技术间竞争对竞争的威胁更大,因而更可能引起反垄断法关注。不过,技术内竞争是对技术间竞争的重要补充,限制技术内竞争也可能引起反垄断法关注。

第四,技术许可和转让协议可以采取多种形式,根据各方主体之间的竞争关系及协议包含的限制来分析协议的性质非常重要,不能将分析仅限于协议的条款文本本身,各方对协议的执行方式和所面临的激励可能会造成隐含的限制。其中,考虑各方主体之间的协议是否属于本质上限制竞争是非常必要的。比如,《欧盟运行条约》第101条区分了"以限制竞争为目的的协议"和"具有限制竞争效果的协议"。前者是指协议的本质属性为限制竞争。由于这类限制具有对竞争造成负面影响的高度可能性,因而不需要证明这类限制对市场产生的任何实际效果,就可以推定其违法,并且这类限制不太可能满足豁免条件。具体到知识产权领域,欧盟委员会在《关于技术转让协议适用〈欧盟运行条约〉第101条的指南》(简称《技术转让协议指南》)中指出,属于《关于各类技术转让协议适用〈欧盟运行条约〉第101条第3款的第316/2014号条例》(简称《技术转让协议集体豁免条例》)

---

[1]《禁止滥用知识产权排除、限制竞争行为规定》第22条第1款确立了与此相近的分析思路,即规定:"分析认定经营者涉嫌滥用知识产权排除、限制竞争行为,可以采取以下步骤:(一)确定经营者行使知识产权行为的性质和表现形式;(二)确定行使知识产权的经营者之间相互关系的性质;(三)界定行使知识产权所涉及的相关市场;(五)认定行使知识产权的经营者的市场地位;(五)分析经营者行使知识产权的行为对相关市场竞争的影响。"

第 4 条规定的"核心限制"（hardcore restrictions）中所罗列的行为，便属于"以限制竞争为目的的协议"，该等协议整体都不能适用集体豁免，尽管经营者可以寻求个案豁免，但实际也不太可能满足《欧盟运行条约》第 101 条第 3 款规定的四个条件。[1] 落入上述"核心限制"的主要情形包括两大类：一类是竞争者之间的价格限制、产量限制、市场与客户划分，对当事方开展研发的能力的限制，对被许可方使用自有技术的限制；另一类是非竞争者之间的价格限定，对被许可方进行被动销售的限制。[2]

2. 界定相关市场。界定相关市场就是明确经营者竞争的市场范围。在经营者集中、垄断协议和滥用市场支配地位查处中，均可能涉及相关市场的界定问题。相关市场的界定通常是对竞争行为进行分析的起点，是反垄断执法和司法工作的重要步骤。在知识产权领域的反垄断执法和司法工作中也是如此。

涉及知识产权的相关商品（包含服务）往往表现为不同的情况，有的表现为使用知识产权制造的产品或者提供的服务，有的表现为知识产权（相关技术等）的单独许可或者转让，还有的表现为有关新技术或者新产品的研发等创新活动。基于此，在知识产权领域界定相关市场，不仅需要按照相关市场界定的一般原则进行，同时也需要考虑知识产权领域的特殊问题。例如，就广义的相关商品市场而言，这里除了要界定出狭义上的相关商品市场（有形商品）外，往往还要结合知识产权本身的特点界定出相关技术市场（无形商品），甚至在某些情况下还可能需要界定出相关创新市场（研发市场），或者要单独考虑创新因素的影响。这样做不仅是为了对某些特别的相关商品市场进行细致描述，也是为了更准确地进行竞争分析和反垄断法适用。

《禁止滥用知识产权排除、限制竞争行为规定》第 5 条规定："本规定所称相关市场，包括相关商品市场和相关地域市场，根据《反垄断法》和《关于相关市场界定的指南》进行界定，并考虑知识产权、创新等因素的影响。在涉及知识产权许可等反垄断执法工作中，相关商品市场可以是技术市场，也可以是含有特定知识产权的产品市场。相关技术市场是指由行使知识产权所涉及的技术和可以相互替代的同类技术之间相互竞争所构成的市场。"

《关于知识产权领域的反垄断指南》第 4 条指出，知识产权既可以直接作为交易的标的，也可以被用于提供商品或者服务。通常情况下，需依据《关于相关市场界定的指南》界定相关市场。如果仅界定相关商品市场难以全面评估行为的竞争影响，可能需要界定相关技术市场。根据个案情况，还可以考虑行为对创新、研发等因素的影响。相关技术市场是指由需求者认为具有较为紧密替代关系的一组或者一类技术所构成的市场。界定相关技术市场可以考虑以下因素：技术的属性、用途、许可费、兼容程度、所涉知识产权的期限、需求者转向其他具有替代关系技术的可能性及成本等。通常情况下，如果利用不同技术能够提供具有替代关系的商品，这些技术可能具有替代关系。在考虑一项技术与知识产权所涉技术是否具有替代关系时，不仅要考虑该技术目前的应用领域，还需考虑其潜在的应用领域。界定相关市场，需界定相关地域市场并考虑知识产权的地域性。当相关交易涉及多个国家和地区时，还需考虑交易条件对相关地域市场界定的影响。

3. 分析行为对市场竞争产生的排除、限制影响。分析认定经营者行使知识产权的行为

---

[1] See Communication from the Commission — Guidelines on the application of Article 101 of the Treaty on the Functioning of the European Union to technology transfer agreements（2014/C 89/03）.

[2] See Commission Regulation（EU）No 316/2014 of 21 March 2014 on the application of Article 101（3）of the Treaty on the Functioning of the European Union to categories of technology transfer agreements.

对竞争的影响，主要考虑下列因素：[1]

（1）涉案经营者与竞争对手的市场地位。涉案经营者（包括涉案经营者事实上或法律上控制的任何经营者）与竞争对手的市场地位，可以表明许可方、被许可方或双方的市场势力的大小。一般来说，市场份额越高，其市场势力可能越大。当市场份额反映成本优势或者相对于竞争对手的其他优势时，尤其如此。例如，市场份额所反映的这些竞争优势可能来自市场中的先动者身份、拥有纳入标准的必要专利，或者拥有更先进的技术。不过，市场份额只是评估市场地位的一个初步因素。对技术市场而言，市场份额可能并不总是能够可靠地表征特定知识产权（技术）的相对实力，而且采用不同的计算方法，可能会得出显著不同的市场份额。[2] 市场份额和可能的竞争优势及劣势，也可用于评估竞争对手的市场地位。实际竞争对手越强、数量越多，涉案经营者能够独自行使市场势力的风险就越小。但是，如果竞争对手的数量很少，其市场地位（规模、成本、研发潜力等）非常相似，该市场结构可能增加共谋的风险。

（2）交易相对人的市场地位及对相关知识产权的依赖程度。交易相对人可以是买方，也可以是卖方。从评估卖方市场势力及其竞争影响的角度，需要分析的是买方的市场地位（买方抗衡力量）；从评估买方市场势力及其竞争影响的角度，需要分析的是卖方的市场地位（卖方抗衡力量）。简言之，交易相对人的市场地位是表征一个或多个交易相对人是否拥有抗衡力量，以及对相关知识产权依赖程度的指标。例如，就买方抗衡力量（以下简称"买方力量"）而言，衡量买方力量的第一个指标是买方在相关采购市场的市场份额。该份额反映了其需求对供应商的重要性。其他指标侧重于购买商在其转售市场中的地位，包括其门店的广泛地理分布及其在最终消费者中的品牌形象等特征。某些情况下，买方力量可能会阻止许可方在市场中行使市场势力，解决原本可能存在的竞争问题。如果在相对价格发生小而持续上涨的情况下，强大的购买方有能力与动机在市场中引入新的供应源，即不依赖许可方的相关知识产权，则买方力量可能会阻止许可方在市场中行使市场势力。但是，如果强大的购买商仅从许可方处获得优惠条件，或者仅将价格的提高转嫁给其客户或消费者，则其买方力量并不足以阻止许可方在市场中行使市场势力，不足以解决该市场中的竞争问题。

（3）市场集中度。市场集中度是评估行使知识产权的经营者之间的合作或集中行为可能产生的竞争效果的一个有效指标。市场集中度影响相关协议形成或增强市场势力或便利市场势力行使的可能性。特别地，市场集中度越高，经营者之间共谋的风险就越强，因为市场集中度的提升，降低了相关市场中经营者实现和执行共谋的难度和成本。

（4）市场进入的难易程度。衡量市场进入难易程度的依据，是市场中的现有经营者可以在何种程度上将价格提高到竞争性水平以上或将质量降低到竞争性水平以下，同时不会吸引任何新的竞争者进入市场。如果不存在进入障碍，低成本和迅速的市场进入会使价格上涨或质量降低变得无利可图。如果导致行使市场势力的能力消减的有效市场进入能够在1

---

[1] 根据《禁止滥用知识产权排除、限制竞争行为规定》23条的规定，分析认定经营者行使知识产权的行为对相关市场竞争的影响，应当考虑下列因素：①经营者与交易相对人的市场地位；②相关市场的市场集中度；③进入相关市场的难易程度；④产业惯例与产业的发展阶段；⑤在产量、区域、消费者等方面进行限制的时间和效力范围；⑥对促进创新和技术推广的影响；⑦经营者的创新能力和技术变化的速度；⑧与认定行使知识产权的行为对相关市场竞争影响有关的其他因素。

[2] 计算经营者在相关技术市场的市场份额，可根据个案情况选取适当的指标，如考虑利用该技术生产的商品在相关市场的份额、该技术的许可费收入占相关技术市场总许可费收入的比重、具有替代关系技术的数量等。

年或 2 年内发生，通常说明进入障碍较低。进入障碍可能由各种因素造成，如规模经济和范围经济、政府监管、国家援助、进口关税、知识产权、由于自然限制等因素而供应受限的情况下的资源所有权、必需设施、先发者优势或一段时间内强大广告攻势造就的客户品牌忠诚度，等等。经营者订立的限制性协议，也可能导致市场进入更加困难，或者排斥竞争者，从而起到进入障碍的作用。进入障碍可能存在于研发生产和销售过程的各个阶段。特定因素是否应被描述为进入障碍，主要取决于其是否会产生沉没成本。沉没成本是指为进入市场或在市场中保持活跃必须付出，但在退出市场时却无法收回的成本。沉没成本越高，潜在进入者就越发需要衡量进入市场的风险，市场中的现有经营者就越可能威胁将积极应对新的竞争对手，因为沉没成本使现有经营者退出市场的代价很高昂。

（5）产业的发展阶段和市场的成熟度。任何产业都有生命周期，即存在初创、过渡、成熟等不同发展阶段。一般来说，在产业的初创和过渡阶段，在风险投资的推动下，经营者频繁进入和退出市场，为产业发展不断试错。[1] 由于市场的动态性比较强，市场易于纠正反竞争行为的负面效果。但是，在产业发展的成熟阶段，其中使用的技术众所周知、传播广泛且不再发生重大改变，并且需求相对稳定或者在下降。因而相对于更为动态的市场，在成熟市场中对竞争的限制更可能产生负面效果。

此外，对特定限制性行为进行评估时，可能还需要考虑其他因素。这些因素包括累积效果（即类似协议所覆盖的市场），协议期限，行为对产量、区域、消费者等方面产生限制的时间、范围和程度，行为对技术创新、传播和发展的阻碍，以及能够表明或促进共谋的行为，比如价格指导、事先宣布的价格变化和有关"适当"价格的讨论，在产能过剩时表现出的价格刚性、价格歧视或过往的共谋行为，等等。

4. 分析行为对效率和竞争的积极影响。 经营者行使知识产权的行为对创新和效率可能产生积极影响，包括确保创新者获得回报、回收研发成本、促进其进一步投资和创新，促进技术传播利用、提高资源利用效率，通过消除被许可方自身技术的研发和利用障碍实现促进竞争的目的，等等。如果上述经济效率或促进竞争的效果超过反竞争的效果，那么经营者行使知识产权的相关行为，就可以得到反垄断法豁免，即不被认定为滥用知识产权排除、限制竞争。一般而言，这需要同时满足以下四个条件：[2]

（1）行为产生了客观的经济效率。首先，这意味着，不能以经营者的主观看法来评价效率，纯粹由于经营者利用市场势力而产生的成本节约，不予考虑。其次，经营者所主张的效率必须是具体的和可被识别的。为此，需要证明所主张效率的性质以及行为和效率之间的充分因果关系、所主张的各项效率的可能性和重要性、所主张的各项效率将如何以及何时获得。最后，经营者在主张以成本为基础的效率的情况下，必须尽可能精确计算或估计效率的价值，并详细描述其数值是如何计算的。所提交的数据必须是可证实的，从而能充分确定这些效率已经实现或可能实现。如果经营者主张的效率表现为新产品或改进产品等不以成本为基础的效率（质量效率），则必须详细描述和说明这些效率的性质，它们如何以及为什么构成了客观的经济利益。

---

[1] 参见吴韬：《互联网产业发展的阶段性及其对相关产品市场界定的影响》，载《中国物价》2013 年第 8 期。

[2] See Communication from the Commission — Guidelines on the application of Article 101 of the Treaty on the Functioning of the European Union to technology transfer agreements（2014/C 89/03）; Communication from the Commission — Notice — Guidelines on the application of Article 81（3）of the Treaty（2004/C 101/08）.

（2）行为对竞争的限制对获得所主张的效率来说是不可或缺的。这里需要审查各种限制是否使得特定活动的开展比不存在该等限制时效率更高。进行此种评估时，必须考虑经营者面对的市场条件和现实状况，无须考虑假设的或理论上的替代安排，但必须解释并证明：为何那些看上去很实际且限制性明显更小的替代性安排，其适用所带来的经济效率会低很多。如果适用看起来具有商业可行性且限制性更小的替代安排将导致重大的经济效率损失，则该等限制将被视为不可或缺。换言之，所主张的效率必须是该等限制所特有的，即没有其他经济上可行、限制更小的方法能获得这一效率。

（3）消费者能够公平分享该效率增益。这意味着，基于涉案知识产权（技术）所生产的产品的消费者，必须至少就相关限制所造成的消极效果获得相应的补偿。换言之，经济效率增益必须能够充分抵消限制性行为对价格、产量、质量等其他相关因素的消极效果。抵消的方式包括改变涉案经营者的成本结构，赋予涉案经营者降低价格的动力，或者使消费者能够获得新的或改进的产品。这里所谓"消费者"，涵盖相关产品的直接或间接使用者，即中间客户和终端消费者。此外，"公平分享"并非意味着对于经营者所主张的每一项效率消费者都要分享，也并非意味着消费者群体中的每个成员都要分享，只要消费者作为整体，从总体的效率中获益就足够了。

（4）行为不会排除或严重限制市场竞争。这一条件要求对相关市场中剩余的竞争约束，以及行为对该类竞争来源的影响进行分析。竞争是经济效率的源泉，如果行为排除或严重限制了市场竞争，那么所谓的效率主张就根本不足采信。可见，该条件是为了保护竞争过程。当然，竞争有多重维度，如价格、数量、服务、质量、创新等。如果行为排除或严重限制了竞争的重要维度，比如价格竞争和为新产品、新技术的研发而展开的创新竞争，那么这样的行为限制就不能满足该条件。

第二节 与滥用知识产权相关的垄断行为

经营者滥用知识产权排除、限制竞争的行为，不是一种独立形态的垄断行为，根据行为的性质、特征和表现形式，可能分别或者同时构成垄断协议、滥用市场支配地位以及具有或者可能具有排除、限制竞争效果的经营者集中。

一、可能排除、限制竞争的知识产权协议

知识产权许可是知识产权权利人行使权利的重要方式之一。知识产权许可往往是通过许可人和被许可人之间签订许可协议的方式进行，因此，要受到反垄断法中禁止垄断协议制度的调整。运用禁止垄断协议制度来分析知识产权许可协议时，首先要明确，由于这些许可协议能够推动技术传播，帮助经营者组合生产中的互补性要素，促进许可方和被许可方创新，因而通常是有利于竞争的。但是，知识产权许可协议中的某些限制性条款可能促成或便利经营者共谋，甚至可能成为排挤竞争对手、限制市场竞争的幌子，因此，也需要运用禁止垄断协议制度及时予以规制。认定涉及知识产权的协议是否构成垄断协议，需要遵循垄断协议的一般判断原则，对于横向垄断协议中的固定价格、限制产量、分割市场行为，以及纵向垄断协议中的固定转售价格和限定最低转售价格行为，一般予以原则性禁止，而对于其他限制竞争的协议，则采取个案分析的思路。

（一）联合研发

联合研发，也称合作研发或联合创新，是指经营者共同研发技术、产品，以及对共同研发的技术、产品开展后续利用的行为。联合研发的形式很多，大体上包括：①经营者之间的松散型合作，即通过订立联合研发合同进行合作。其内容包括特定研发活动的外包、现有技术的联合改进或新产品的研发和营销等。之所以称之为松散型合作，是因为这种联合研发以双方合同为基础，合同履行后自然解散，没有成立一个经济实体，双方在合同中体现各自的利益。②由经营者设立合营企业的紧密型合作。合营企业的建立使联合研发各方具有一个共同的利益追求，且合作相对持久、稳固，除非合营企业终止，这种联合创新将持续存在。③经营者与客户、消费者、供应商等利益相关者之间形成各种合作研发关系，主要是松散型的合作关系。例如，由消费者或者客户提出研发动议和方案，然后与经营者一起联合研发。

经济学研究表明，联合研发有利于研发效率的提高。主要体现在：①联合研发可减少重复研发，避免资源浪费；②联合研发具有规模效益，合作者共同投入研发经费，使原来一家企业无法单独进行研发的项目得以进行；③联合研发使合作各方分享研发成果，可以减少技术创新的溢出效应，有利于提高研发创新的积极性；④在联合研发中，参与合作各方各显所长，优势互补，从而具有专业化的效益。有鉴于此，大多数国家和地区对联合研发采取宽容甚至鼓励的态度。但在有些情况下，联合研发可以通过多种方式限制竞争。比如，联合研发者可能在协议中约定限制产量、固定价格、分割市场，或者不合理地干涉协议一方在协议范围之外的研发行为，或者凭借联合研发行为形成、维持或加强市场支配地位，排斥竞争，等等。

我国《反垄断法》第 20 条第 1 款第 1 项规定，经营者能够证明它们之间的限制竞争协议是"为改进技术、研究开发新产品的"，协议可以不适用《反垄断法》第 17 条、第 18 条第 1 款、第 19 条的禁止性规定。这表明，经营者之间的联合研发协议，一般不会落入《反垄断法》的禁止范围。不过，联合研发协议不是在任何情况下都能得到豁免。如果竞争者之间的合作发生在研发成果即将推向市场或已经推向市场的阶段，由于这个阶段的合作存在共谋价格、限制产量或分割市场的可能性，这种合作可能得不到豁免。进一步而言，这个阶段的合作协议能否得到豁免，一般要考虑两个方面的因素：一是合作的内容，如果合作协议中含有固定价格、限制产量、划分市场等"核心限制"，协议不仅不能得到豁免，而且总体上被视作违法；二是合作当事人的市场地位和市场份额，如果其具有较高的市场份额和显著的市场势力（不一定达到市场支配地位的程度），那么协议也不太可能得到豁免。

当然，联合研发，特别是采取合营企业形式的联合研发，可能导致控制权发生转移，构成经营者集中，进而受到反垄断法的审查。具体来说，意欲从事联合研发的两个或两个以上经营者，通过新设合营企业的方式取得对合营企业的控制权（共同控制权），构成经营者集中。[1] 在适用事前强制申报的经营者集中审查的制度框架下，如果反垄断执法机构评估后发现，该新设合营企业的联合研发行为将产生或者可能产生排除、限制竞争的单边效应或协同效应，且联合研发各方当事人不能证明存在抵消性效率或其他正当理由，那么，这种合营式研发很大程度上就是"虚假的"，即披着合营企业的外衣，从事着威胁市场竞争的行为，因而将会受到制止。

根据《关于知识产权领域的反垄断指南》第 7 条的规定，分析联合研发对排除、限制竞争的影响，可以着重考虑以下因素：①是否限制经营者在与联合研发无关的领域独立或者与第三方合作进行研发；②是否限制经营者在联合研发完成后进行后续研发；③是否限

---

[1] 两个以上经营者共同投资设立一家企业，但交易完成后该企业由其中一家经营者单独控制的，不构成经营者集中。参见《经营者集中反垄断合规指引》（国市监反执二发〔2023〕74 号）第 4 条第 2 款。

定经营者在与联合研发无关的领域研发的新技术或者新产品所涉知识产权的归属和行使。

拓展阅读：欧盟竞争法上联合研发协议涉及的"核心限制"

《关于各类研究与开发协议适用〈欧盟运行条约〉第 101 条第 3 款的第 1217/2010 号条例》（简称《研究与开发协议集体豁免条例》），将联合研发协议中的下列限制视为"核心限制"，不能得到集体豁免：

①在协议期间不准参与企业在与该研发项目不相关的领域内，或在该研发活动结束后不准参与企业在该协议所涉领域内或与之有关联的领域内，独立地或与第三人合作进行研发活动；②禁止参与企业在研发活动结束后，对其他当事人在共同体市场内持有的与研发协议相关的知识产权的有效性提出异议，或在该研发协议期满后，对其他当事人在共同体市场内持有的保护研发成果的知识产权的有效性提出异议；③限制产量或销售；④固定向第三人销售合同产品的价格；⑤在合同产品首次投放市场之日起 7 年之后，仍限制参与企业对合同产品的销售；⑥禁止在为其他当事人保留的地域内进行被动销售；⑦在合同产品首次投放市场之日起 7 年之后，仍禁止在为其他当事人保留的地域内销售合同产品或采取主动的销售政策；⑧在研发成果并未规定由任何当事人进行利用，或这种利用并未发生的情况下，仍不准当事人对第三人授予生产合同产品的许可；⑨要求当事人，如果其地域范围内的用户或转售商在得到其供应后，将该产品向市场内的其他地域范围销售，则必须停止向他们供货；⑩要求当事人采取措施，使用户或转售商不易从市场内的其他转售商处获得合同产品，特别是要求当事人运用知识产权或其他措施，来阻止用户或转售商获得产品或将其在市场销售，而该产品已由另一当事人，或经其同意，合法地投入市场。[1]

（二）交叉许可

交叉许可，也称为双向交叉许可，是一种基于谈判的、在产品生产过程中将各自拥有的知识产权相互许可使用的行为，其实质是双方在互惠互利的基础上，相互交换技术的使用权以及产品的销售权。在知识产权交叉许可的实施过程中，由于双方主体的知识产权（主要是专利）组合价值不同，通常会产生知识产权价值平衡问题，处于劣势的经营者需要向处于优势的经营者支付一定的补偿，该补偿有时表现为金钱，有时表现为将自己某项核心技术无偿授让给对方。

与交叉许可紧密相关的一个概念是专利联营（也称专利池安排）。它们都涉及两个或多个不同知识产权的所有人相互许可或者许可给第三方的协议，但二者的不同之处在于，交叉许可一般只涉及两个经营者，而专利联营的参与者则可能涉及一个行业中拥有核心技术的多个经营者，甚至是所有的经营者。与交叉许可相比，参与专利联营的经营者之间的关系更为紧密，所处的市场结构更加紧凑，因而更有可能联合起来形成、维持或加强市场势力（乃至市场支配地位）。换言之，相较于交叉许可，专利联营蕴含着更大的竞争担忧，不仅包括经营者之间反竞争的协调，也包括经营者之间联合滥用市场势力（市场支配地位）。鉴于专利联营行为的复杂性，本章第三节将其作为滥用知识产权的其他情形予以专门探讨，这里仅就交叉许可进行阐述。

交叉许可可以通过整合互补技术、降低交易成本、清除技术封锁和避免昂贵的侵权诉

---

[1] See Commission Regulation (EU) No 1217/2010 of 14 December 2010 on the application of Article 101 (3) of the Treaty on the Functioning of the European Union to certain categories of research and development agreements.

讼来促进竞争，提高经济运行效率。主要表现在以下几个方面：①交叉许可通过将互补性技术组合起来，能够减少交易成本，增加专利的使用价值，同时促进技术的传播。②在专利研发和商品化过程中，如果一种专利的研发和商品化是建立在其他专利技术的基础上，交叉许可则有助于清除阻碍性专利，帮助企业获得研发和商品化的自由。③在技术高度发达，不同技术之间融合日益紧密的时代，企业推出一种新产品或新技术往往涉及其他企业掌控的大量专利技术。相关的专利纠纷频繁发生，这促使企业重新考虑其技术和产品开发策略，交叉许可应运而生。此举最大程度地避免了侵权诉讼和赔偿的成本，降低了企业研发的风险。

但在特定情况下，交叉许可也可能产生反竞争效果。例如，当交叉许可协议中存在固定价格、限制产量、分割市场、联合抵制交易等赤裸裸的限制竞争条款，这样的交叉许可协议将被直接视为垄断协议，即不需要评估其损害竞争效果就可以被推定违法。再如，如果参与交叉许可的各方经营者具有竞争关系，而订立的交叉许可协议又具有排他性，即排斥其他竞争者加入，这就可能产生横向联合抵制等排除、限制竞争问题。又如，交叉许可可能是经营者之间的强强联合，即协议各方构筑牢固的"专利篱笆"并以此作为手段，通过附加不合理的交易条件以及发动侵权诉讼等手段，打压中小企业或初创企业的发展，防止其扩张市场，阻碍技术传播，抑制研发活力。

根据《关于知识产权领域的反垄断指南》第8条的规定，分析交叉许对市场的排除、限制竞争影响，可以考虑以下因素：①是否为排他性许可；②是否构成第三方进入市场的壁垒；③是否排除、限制下游市场的竞争；④是否提高了相关商品的成本。

（三）排他性回授和独占性回授

回授条款是知识产权许可协议中常见的限制性条款，是指被许可人将其利用被许可的知识产权所作的改进，或者通过使用被许可的知识产权所获得的新成果授权给许可人。如果仅有许可人或者其指定的第三方和被许可人有权实施回授的改进或者新成果，这种回授是排他性的，即构成排他性回授。如果仅有许可人或者其指定的第三方有权实施回授的改进或者新成果，这种回授是独占性的，即构成独占性回授。

回授可能具有促进竞争的效果，特别是非排他性回授和非独占性回授。回授为被许可人和许可人提供了一种分担风险的方式，并鼓励许可人根据许可技术进行可能的再创新，且两者都有利于促进创新和促成创新成果的连续许可。不过，回授特别是排他性回授和独占性回授，如果降低了被许可人进行研发的动力并因此限制了竞争对手，则可能造成限制竞争的效果。其中，独占性回授比排他性回授排除、限制竞争的可能性更大。

美国《知识产权许可的反托拉斯指南》指出："执法机构对回授分析的一个重要因素，将是许可人在相关技术或研发市场中是否具备市场势力。如果执法机构确定特定回授可能有效降低被许可人投资改进许可技术的动力，则将考虑该回授规定在多大程度上抵消了其促进竞争的效果。例如：①促进被许可人对已改进的许可技术的传播；②提高许可人传播许可技术的动力，或以其他方式提高相关技术或研发市场中的竞争和产出。另外，执法机构将考虑相关市场中的回授规定，提高许可人初始创新动力的程度。"[1] 韩国公平交易委员会于2014年发布的《关于不正当行使知识产权的审查指南》指出："在判断回授限制竞争的效果是否超出专利权的正当权利范围时，可以考虑如下因素：①回授是排他性还是非

---

[1] U. S. Department of Justice and the Federal Trade Commission, Antitrust Guidelines for the Licensing of Intellectual Property (January 12, 2017).

排他性；②如果属于排他性回授，考虑被许可人是否对改良技术拥有使用权；③回授范围是否包括与被实施许可的专利技术无关的部分；④回授的存续时间；⑤对回授的实施是否免费；⑥双方当事人是否具有市场支配力，以及双方当事人是否为竞争经营者；⑦回授对研发领域产生的效果。"[1]

根据《关于知识产权领域的反垄断指南》第9条的规定，分析排他性回授和独占性回授对市场竞争产生的排除、限制影响时可以考虑以下因素：①许可人是否就回授提供实质性的对价；②许可人与被许可人在交叉许可中是否相互要求独占性回授或者排他性回授；③回授是否导致改进或者新成果向单一经营者集中，使其获得或者增强市场控制力；④回授是否影响被许可人进行改进的积极性。如果许可人要求被许可人将上述改进或者新成果转让给许可人，或者其指定的第三方，分析该行为是否排除、限制竞争，同样考虑上述因素。

（四）不质疑条款

不质疑条款，又称不争执条款，是指在与知识产权许可相关的协议中，许可人要求被许可人不得对其知识产权有效性提出异议的一类条款。不质疑条款产生的原因有多种，概括起来主要有两大类：①知识产权人想让自己的利益趋于安定，降低许可协议的成本。例如，在专利审查中，不论是采用形式审查还是实质审查，都不可能完全准确地对专利的有效性作出认定。被许可人通常有充足的经济动机去挑战权利人之发现的可专利性，因此，专利权人的权利处于不稳定状态，即使后来法院否认了使用人的异议，从提出异议时起停止支付的使用费也有不能追回的风险，专利权人的经济利益也受到了损失。再者，专利诉讼往往持续时间较长，成本高昂，仅仅因为拥有专利就要专利权人冒如此大的风险，显然不合理。②专利权人出于维持独占实施地位的需要。实力弱小的许可方往往担心其独占实施的利益受到侵犯，于是不质疑条款成为其一个行之有效的"护身符"。而如果专利权人拥有强大的技术和经济实力，在相关领域处于绝对优势，专利使用人短期内很难提出质疑或者提出质疑的成本很高，此时在许可协议中规定不质疑条款的主要目的则是防止发生远期质疑，给自己的独占实施利益再加上一重保险。[2]

不质疑条款对竞争既有积极影响，也有消极影响。积极影响在于，知识产权有效性诉讼对许可人和被许可人来说都是旷日持久的艰难战役，不质疑条款将双方从冗长且成本耗费巨大的诉讼程序中解脱出来，节省交易成本。消极影响在于，不质疑条款实际上是对被许可人合法权利的剥夺，许可人对知识产权成果的掌控力大大增强，这将进一步强化许可人的市场势力。

根据《关于知识产权领域的反垄断指南》第10条的规定，分析不质疑条款对市场竞争产生的排除、限制影响，可以考虑以下因素：①许可人是否要求所有的被许可人不质疑其知识产权的有效性；②不质疑条款涉及的知识产权许可是否有偿；③不质疑条款涉及的知识产权是否可能构成下游市场的进入壁垒；④不质疑条款涉及的知识产权是否阻碍其他竞争性知识产权的实施；⑤不质疑条款涉及的知识产权许可是否具有排他性；⑥被许可人质疑许可人知识产权的有效性是否可能因此遭受重大损失。

---

[1] 国家市场监督管理总局反垄断局编著：《知识产权领域反垄断经典案例选编》，中国工商出版社2021年版，第223页。

[2] 参见宁立志、李文谦：《不争执条款的反垄断法分析》，载《法学研究》2007年第6期。

典型案件：欧盟施维雅（Servier）案[1]

施维雅是法国第二大制药企业，用于治疗高血压与充血性心力衰竭的药物培哚普利是施维雅的原研药制品。2000年之后，施维雅享有的培哚普利复合专利在欧盟许多国家陆续到期。2004年欧洲专利局授予了与培哚普利活性成分及其制造工艺有关的新专利，该专利的有效性受到了普遍质疑。为了防止其他制药公司进入相关市场或进行专利诉讼，施维雅于2005年至2007年间先后与6家制药企业签订了专利和解协议。在一系列专利和解协议中，除了克尔夫制药公司（Krka）获得在捷克、匈牙利、立陶宛、拉脱维亚、波兰、斯洛伐克和斯洛文尼亚7个国家的授权许可，可以销售培哚普利的仿制药外，其余几家制药企业均不得在欧盟成员国范围内销售培哚普利的仿制药，也不得提起专利诉讼以挑战施维雅相关专利的有效性。

2008年11月，欧盟委员会对上述药企展开突击检查，并于2009年7月启动了对施维雅的调查。2014年7月，欧盟委员会宣布，根据《欧盟运行条约》第101条、第102条，施维雅的行为构成目的限制竞争的协议与滥用市场支配地位。施维雅及其他6家仿制药生产企业因阻碍更便宜的仿制药进入市场，而被处以4.277亿欧元罚款，其中施维雅被罚3.31亿欧元，另外近1亿欧元罚款由仿制药企业根据他们涉案的程度进行分担。时任欧盟竞争事务专员的贾昆·阿尔穆尼亚在声明中指出：施维雅实行了一个系统性的买断其他竞争性药物以确保这些药物不会进入市场的策略。

随后，施维雅就欧盟委员会的处罚决定向欧盟普通法院提起诉讼。2018年12月12日，欧盟普通法院作出判决，一方面维持了欧盟委员会根据《欧盟运行条约》第101条认定施维雅与有关制药企业的和解协议具有限制竞争的目的。另一方面，欧盟普通法院没有支持欧盟委员会关于施维雅滥用市场支配地位的认定，并撤销了与此相关的罚款。具体来看，欧盟普通法院认可了欧盟委员会认定涉及反向支付的专利和解协议是否构成横向垄断协议时的考量因素，即：①仿制药企是否构成现实或潜在的竞争者；②涉案的和解协议中是否包含不竞争条款和不质疑条款；③仿制药企接受和解协议的目的是换取不竞争所带来的经济回报，而不是基于专利有效性的考量。

此外，欧盟普通法院确认了关于反向支付是否构成（非专利药品制造商接受非挑战/非商业化条款）专利和解的部分诱因的法律测试，即需要着重审查：①支付的性质；②支付的理由；③这种反向支付是否涵盖了专利解决方案固有的成本。欧盟普通法院进一步认为，专利和解的合理成本应仅包括仿制药企提出专利诉讼的诉讼成本等，而不能包括仿制药企制造相关仿制药的成本或研发成本。

（五）标准制定

标准，是为在一定范围内获得最佳秩序，经协商一致制定并经公认标准机构批准，共同使用和重复使用的一种规范性文件。广义的标准可分为质量标准、安全标准和技术标准等，而狭义的标准一般就是技术标准。标准制定有助于实现不同产品之间的通用性，降低成本，提高效率，保证产品质量。但由于标准本身蕴含着巨大的商业利益，标准的制定过程充满激烈的利益之争，参与标准制定的组织和企业，基于自身利益最大化的需要，可能会背离标准制定公益性目标，实施各种操纵行为，影响标准的正常出台。

---

[1] See Case T-691/14, Servier SAS and Others v Commission.

在涉及知识产权的技术标准的制定过程中，标准化组织成员间的协议行为或协调行为不可避免。当知识产权权利人之间存在直接的竞争关系时，这些竞争者之间为设定统一的技术标准而开展的协调联合行动，实际上就已经存在结成卡特尔的可能性。进一步看，纳入技术标准的知识产权的权利人为了维护自身利益，可能会竭力防止由于新的技术标准或其他竞争性技术标准的形成对自己既有的优势地位带来挑战，因此，同一技术标准框架下的知识产权人有很强的动机从事抵制其他竞争性技术（知识产权）形成新的行业标准的协调行动。此外，在涉及知识产权的技术标准的制定和实施过程中，知识产权的权利人可能与具有竞争关系的经营者联合排斥特定经营者参与标准制定，或者联合排除其他特定经营者实施相关标准，以及约定不实施其他竞争性标准。

根据《禁止滥用知识产权排除、限制竞争行为规定》第18条的规定，经营者没有正当理由，不得在行使知识产权的过程中，利用标准的制定和实施达成下列垄断协议：①与具有竞争关系的经营者联合排斥特定经营者参与标准制定，或者排斥特定经营者的相关标准技术方案；②与具有竞争关系的经营者联合排斥其他特定经营者实施相关标准；③与具有竞争关系的经营者约定不实施其他竞争性标准；④市场监管总局认定的其他垄断协议。《关于知识产权领域的反垄断指南》第11条进一步指出，具有竞争关系的经营者共同参与标准制定可能排除、限制竞争，具体分析时可以考虑以下因素：①是否没有正当理由，排除其他特定经营者；②是否没有正当理由，排斥特定经营者的相关方案；③是否约定不实施其他竞争性标准；④对行使标准中所包含的知识产权是否有必要、合理的约束机制。

（六）其他限制

在知识产权许可协议中，还可能出现诸如限制知识产权的使用领域，限制利用知识产权提供的商品的销售或传播渠道、范围或者对象，限制经营者利用知识产权提供的商品数量，限制经营者使用具有竞争关系的技术或者提供具有竞争关系的商品等行为。

1. 限制知识产权的使用领域。在使用领域限制下，许可或者被限于在一个或多个技术领域，或者被限于一个或多个产品领域。在很多情况下，相同技术可用于生产不同产品或可被属于不同产品市场的产品所采用。例如，一项新的发动机技术，可用于四缸发动机和六缸发动机，如果将被许可技术的使用限于生产四缸发动机，便构成知识产权技术的使用领域限制。使用领域限制可能因鼓励许可方在其主业领域（优势领域）之外许可他人应用其技术而具有促进竞争的效果。但是，如果为使用被许可技术而添置装备的被许可方的生产设施还被用于许可使用领域之外，就很可能产生竞争问题。

2. 限制利用知识产权提供的商品的销售或传播渠道、范围或者对象。知识产权许可中的"自用限制"就属于这种情形，即要求被许可方将被许可产品的产量限于满足生产维护和修理其自有产品所需的数量的义务。换句话说，这类使用限制要求被许可方仅将集成被许可技术的产品作为一种投入品去生产自己的产品，而不允许向其他生产商销售被许可产品。自用限制可能具有促进竞争的效果，即如果没有该限制，许可方可能不会进行许可，或者仅在收取较高许可费的情况下才会许可。但是，自用限制也可能限制投入品供应市场中的技术内竞争，以及排除被许可方之间的套利，从而增加许可方对被许可方施加歧视性许可费的可能性。

3. 限制被许可方利用知识产权提供的商品数量。作为技术供应商，许可方可能会对被许可方根据被许可技术进行生产的产品数量进行限制。一般来说，数量限制有助于保护许可方的利润，如果许可方不能自由决定被许可方的产量，很多许可协议可能根本无法达成，这对于新技术的传播具有负面效果。但是，产量限制也可能减弱被许可方之间的技术内竞争。如果产量限制与要求被许可方不得向为许可方保留的地域或客户群销售的限制相结合，则产量限制的限制竞争效果更明显。

4. 限制被许可方使用具有竞争关系的技术或者提供具有竞争关系的商品。限制被许可方使用具有竞争关系的技术或者提供具有竞争关系的商品，即所谓的不竞争义务。不竞争义务可能产生促进竞争的效果：①此种义务可减少被许可技术被盗用的风险，从而促进技术的传播；②不竞争义务与排他地域相结合，对于确保被许可方具有投入和利用被许可技术的动力可能是必要的；③如果许可方承诺针对特定客户进行重大投资，则不竞争义务或可选择的最小产量以及最低许可费义务，对于引导许可方进行投资并避免劫持可能是必要的。但是，不竞争义务也可能造成排斥第三方技术的反竞争风险。当多个许可方在不同的协议中平行使用不竞争义务时，可能促进许可方之间的共谋。对竞争性技术的排斥，降低了许可方在收取许可费方面的竞争压力，也通过限制被许可方采用竞争技术作为替代品的可能性，从而降低了市场中现有技术之间的竞争。

总体来看，上述限制通常具有一定的商业合理性，可能有助于提升经济效率，促进知识产权实施，但也可能对市场竞争产生排除、限制影响。根据《关于知识产权领域的反垄断指南》第12条第2款的规定，对这些限制进行具体分析时，可以考虑以下因素：①限制的内容、程度及实施方式；②利用知识产权提供的商品的特点；③限制与知识产权许可条件的关系；④是否包含多项限制；⑤如果其他经营者拥有的知识产权涉及具有替代关系的技术，其他经营者是否实施相同或者类似的限制。

（七）安全港规则

所谓安全港规则，是指在对有关知识产权的反垄断规制中，当经营者符合一定条件时，可以推定该经营者的行为产生排除、限制竞争效果的可能性比较小，执法机构可以不对该行为进行调查处理的制度安排。2022年修改的《反垄断法》在第18条第3款确立了适用于纵向垄断协议的安全港规则，即规定："经营者能够证明其在相关市场的市场份额低于国务院反垄断执法机构规定的标准，并符合国务院反垄断执法机构规定的其他条件的，不予禁止。"《禁止垄断协议规定》未对涉及安全港规则的市场份额标准予以明确。《禁止滥用知识产权排除、限制竞争行为规定》第7条第2款规定："经营者利用行使知识产权的方式，与交易相对人达成协议，经营者能够证明参与协议的经营者在相关市场的市场份额低于市场监管总局规定的标准，并符合市场监管总局规定的其他条件的，不予禁止。具体标准可以参照《国务院反垄断委员会关于知识产权领域的反垄断指南》相关规定。"印发于2019年的《关于知识产权领域的反垄断指南》对垄断协议的安全港规则有所规定，[1] 当"经营者与交易相对人在受到涉及知识产权的协议影响的任一相关市场上的市场份额均不超过30%"，或者"如果经营者在相关市场的份额难以获得，或者市场份额不能准确反映经营者的市场地位，但在相关市场上除协议各方控制的技术外，存在四个或者四个以上能够以合理成本得到的由其他经营者独立控制的具有替代关系的技术"，那么，经营者与交易相对人

---

[1]《关于知识产权领域的反垄断指南》第13条规定：为了提高执法效率，给市场主体提供明确的预期，设立安全港规则。安全港规则是指，如果经营者符合下列条件之一，通常不将其达成的涉及知识产权的协议认定为《反垄断法》第13条第1款第6项和第14条第3项规定的垄断协议，但是有相反的证据证明该协议对市场竞争产生排除、限制影响的除外。①具有竞争关系的经营者在相关市场的市场份额合计不超过20%；②经营者与交易相对人在受到涉及知识产权的协议影响的任一相关市场上的市场份额均不超过30%；③如果经营者在相关市场的份额难以获得，或者市场份额不能准确反映经营者的市场地位，但在相关市场上除协议各方控制的技术外，存在四个或者四个以上能够以合理成本得到的由其他经营者独立控制的具有替代关系的技术。

达成的涉及知识产权的协议，通常不会被认定为违反《反垄断法》的纵向垄断协议。

一般认为，安全港规则不仅有助于降低行政执法成本、提高执法效率，还能给经营者提供明确的预期、降低经营者的合规负担，起到鼓励有益合作活动和促进经济效率的作用。因此，美国、欧盟等法域的规章、指南都确立了与知识产权协议相关的基于市场份额的安全港规则。例如，美国《知识产权许可的反托拉斯指南》指出，在无特殊情况时，执法机构将不会质疑知识产权许可安排中的限制，只要该限制并非明显地反竞争（不属于本身违法的协议），且许可人及其被许可人在显著受该限制影响的相关市场上，共同的市场份额不超过20%。[1] 再如，欧盟《关于技术转让协议适用〈欧盟运行条约〉第101条的指南》指出，对于"核心限制"之外的协议，如果协议的双方当事人是相互竞争的经营者，安全港规则在当事人在相关市场中的市场份额之和不超过20%的前提下适用；如果协议的双方当事人不是相互竞争的经营者，安全港规则在每个当事人在相关市场中的市场份额均不超过30%的前提下适用。[2]

拓展阅读：美国《知识产权许可的反托拉斯指南》确立的两种安全港标准

美国《知识产权许可的反托拉斯指南》确立了两种安全港标准。一种是基于市场份额的安全港标准，即只要知识产权许可安排中的限制并非明显反竞争（不属于本身违法的协议），且许可人及其被许可人在显著受该限制影响的相关市场上共同的市场份额不超过20%，那么在无特殊情况时，执法机构将不会质疑该许可安排中的限制。

另一种是基于替代性技术或研发数量的安全港标准，即如果需要对技术或研发竞争的影响进行审查，且市场份额证据无法取得或未准确反映竞争影响，将适用以下安全港标准：①只要知识产权许可安排中的限制并非明显反竞争（不属于本身违法的协议），且除许可方与被许可方外，存在4项或4项以上可以使用户以同等成本替代许可技术的独立控制技术，那么在无特殊情况时，执法机构将不会质疑该许可安排中的限制。②至于对研发市场的潜在影响，只要知识产权许可安排中的限制并非明显反竞争（不属于本身违法的协议），且除许可方与被许可方外，有4个或4个以上独立控制实体，拥有研发（许可安排各方研发活动的相近替代研发）需要的特定资产或设备以及研发动力，那么在无特殊情况时，执法机构将不会质疑该许可安排中的限制。[3]

二、涉及知识产权的滥用市场支配地位行为

认定涉及知识产权的滥用市场支配地位行为，通常首先界定相关市场，认定经营者在相关市场是否具有市场支配地位，再根据个案情况，具体分析行为是否构成滥用知识产权排除、限制竞争的行为。

（一）知识产权与市场支配地位的认定

知识产权在本质上是财产权，与其他财产权一样，既不受到反垄断法的特别优待，也不受到反垄断法的特别质疑。拥有知识产权不等同于拥有市场支配地位。但是，在认定经

---

[1] See U. S. Department of Justice and the Federal Trade Commission, Antitrust Guidelines for the Licensing of Intellectual Property (January 12, 2017).

[2] See Communication from the Commission — Guidelines on the application of Article 101 of the Treaty on the Functioning of the European Union to technology transfer agreements (2014/C 89/03).

[3] See U. S. Department of Justice and the Federal Trade Commission, Antitrust Guidelines for the Licensing of Intellectual Property (January 12, 2017).

营者市场支配地位的时候，知识产权是一项关键因素。知识产权不仅在形成特定市场份额和市场竞争状况方面具有重要作用，而且可能是经营者控制市场的能力以及强大的财力和技术条件的支撑因素，同时还可能是其他经营者高度依赖的"瓶颈"要素或设施，构成其他经营者进入相关市场的障碍。

在认定涉及拥有和行使某项知识产权的经营者是否具有市场支配地位时，需要遵循认定市场支配地位的一般标准，同时，还要考虑知识产权的特殊性。一般来说，可以考虑知识产权的替代性、下游市场对利用知识产权所提供商品的依赖程度、交易相对人对经营者的制衡能力等因素。根据《禁止滥用知识产权排除、限制竞争行为规定》第8条的规定，经营者拥有知识产权可以构成认定其具有市场支配地位的因素之一，但不能仅根据经营者拥有知识产权就推定其在相关市场具有市场支配地位。认定拥有知识产权的经营者在相关市场是否具有支配地位，还可以考虑在相关市场交易相对人转向具有替代关系的技术或者产品的可能性及转换成本、下游市场对利用知识产权所提供商品的依赖程度、交易相对人对经营者的制衡能力等因素。《关于知识产权领域的反垄断指南》第14条进一步指出，认定拥有知识产权的经营者在相关市场上是否具有支配地位，应依据现行《反垄断法》第23条、第24条规定的认定或者推定经营者具有市场支配地位的因素和情形进行分析，结合知识产权的特点，还可具体考虑以下因素：①交易相对人转向具有替代关系的技术或者商品等的可能性及转换成本；②下游市场对利用知识产权所提供的商品的依赖程度；③交易相对人对经营者的制衡能力。

（二）以不公平的高价许可知识产权

超高定价或不公平高价是否属于反垄断法的规制对象，一直存在很大的争议，以至于形成了两派对立的局面，即以美国法、澳大利亚法等为代表的"放任派"和以中国法、欧盟法等为代表的"规制派"。我国《反垄断法》第22条第1款第1项规定，禁止具有市场支配地位的经营者以不公平的高价销售商品。禁止不公平高价行为的核心理由在于：高于竞争性水平的价格上涨，会带来两种负面经济效果，一是财富转移或福利转移，即消费者剩余转变成生产者剩余，经营者获得了更多的垄断利润；二是无谓损失，即一些支付意愿或保留价格较低的消费者放弃购买商品或服务，或不得不寻找非效率的替代品，从而导致福利净损失或资源配置无效率。此外，如果过高的价格是不公平、不合理的交易条件所导致，即建立在不当行为或原因之上，如捆绑搭售、行为歧视等，也能表明过高价格的不公平性，进而使反垄断法的介入具备正当性。

相较于其他财产权，知识产权通常需要大量的前期投入，且承担研发失败的不确定性风险。因此，经营者有权就其知识产权获得合理的激励性回报，以收回研发投入，继续从事创新。经营者依照有关知识产权的法律法规收取许可费的行为，通常不会受到《反垄断法》的规制。但是，如果经营者滥用市场支配地位，以不公平的高价许可知识产权，排除、限制竞争，损害消费者利益，就会受到反垄断法的制裁。

分析和认定经营者是否以不公平的高价许可知识产权，需要考虑的因素包括但不限于：经营者主张的许可费是否与其知识产权价值明显不符；相关知识产权所负担的许可承诺；相关知识产权许可历史或者可比照的许可费标准；经营者是否超出知识产权的地域范围或者覆盖的产品范围收取许可费；经营者进行一揽子许可时是否就过期或者无效的知识产权收取许可费；知识产权许可协议中是否包含其他导致不公平高价的许可条件，包括强制搭售其他产品或服务，要求免费提供交叉许可或回授，附加不质疑条款或者其他不合理交易条件；经营者是否采取不正当手段使被许可人接受其提出的许可费，如是否存在滥用禁令、断货威胁或者其他非正常商业协商的情形；对被许可人参与下游相关市场竞争的影响；符合相关标准的产品所承担的整体许可费情况及其对相关产业正常发展的影响；经营者是否为专利主张实体（PAEs）或非专利实施主体（NPEs）。

2015年，我国反垄断执法机构查处的"高通公司垄断案"，就涉及高通公司滥用在无线标准必要专利许可市场的支配地位，收取不公平的高价专利许可费。这一认定主要基于三方面的考虑：一是高通公司对过期无线标准必要专利收取许可费；二是高通公司要求被许可人将专利进行免费反向许可；三是对于被迫接受当事人一揽子专利许可的被许可人，高通公司在坚持较高许可费率的同时，以超出当事人持有的无线标准必要专利覆盖范围的整机批发净售价作为计费基础，显失公平，导致专利许可费过高。

根据《禁止滥用知识产权排除、限制竞争行为规定》第9条的规定，具有市场支配地位的经营者不得在行使知识产权的过程中，以不公平的高价许可知识产权或者销售包含知识产权的产品，排除、限制竞争。认定上述行为可以考虑以下因素：①该项知识产权的研发成本和回收周期；②该项知识产权的许可费计算方法和许可条件；③该项知识产权可以比照的历史许可费或者许可费标准；④经营者就该项知识产权许可所作的承诺；⑤需要考虑的其他相关因素。《关于知识产权领域的反垄断指南》第15条进一步指出，具有市场支配地位的经营者，可能滥用其市场支配地位，以不公平的高价许可知识产权，排除、限制竞争。分析其是否构成滥用市场支配地位行为，可以考虑以下因素：①许可费的计算方法，及知识产权对相关商品价值的贡献；②经营者对知识产权许可作出的承诺；③知识产权的许可历史或者可比照的许可费标准；④导致不公平高价的许可条件，包括超出知识产权的地域范围或者覆盖的商品范围收取许可费等；⑤在一揽子许可时是否就过期或者无效的知识产权收取许可费；⑥分析经营者是否以不公平的高价许可标准必要专利，还可考虑符合相关标准的商品所承担的整体许可费情况及其对相关产业正常发展的影响。

典型案件：高通公司垄断案（不公平高价）[1]

2015年，我国反垄断执法机构经过调查，基于以下三个方面的证据和理由，认定高通公司滥用在无线标准必要专利许可市场的支配地位，直接或者间接地收取了不公平的高价专利许可费。

1. 对过期无线标准必要专利收取许可费。执法机构查明，截至2014年1月1日，在高通公司持有的无线标准必要专利中，有部分相关专利已经过期，且包含一定数量的重要无线标准必要专利。CDMA技术于1995年开始商业应用，高通公司此前申请的很多核心CDMA无线标准必要专利已经过期，而高通公司与被许可人签订的CDMA和WCDMA专利许可协议，均包括相关过期的核心CDMA无线标准必要专利。尽管高通公司不断有新的专利加入到专利组合中，但未能提供证据证明新增专利价值与过期无线标准必要专利价值相当。同时，高通公司不向被许可人提供专利清单，且与被许可人签订的长期甚至无固定期限的许可协议中约定了一直不变的专利许可费标准。高通公司的过期无线标准必要专利包含在对外许可的专利组合中，被许可人未能获得公平协商的机会以避免对高通公司的过期专利支付许可费。

2. 要求被许可人将专利进行免费反向许可。执法机构查明，高通公司在无线标准必要专利许可中，强迫某些被许可人将持有的相关非无线标准必要专利向高通公司进行许可；

---

[1] 参见发改办价监处罚〔2015〕1号行政处罚决定书。

强迫某些被许可人免费进行反向许可;要求某些被许可人不能就持有的相关专利向高通公司及高通公司的客户主张权利或者提起诉讼。高通公司在某些无线标准必要专利许可谈判中并未实质性地考虑和评估被许可人专利的价值,拒绝向被许可人就反向许可的专利支付合理的对价。

3. 计费基础显失公平。执法机构还查明,在高通公司对外许可的专利组合中,无线标准必要专利具有核心价值,非无线标准必要专利不必然对所有的无线通信终端具有价值,无线通信终端制造商不必然需要获得高通公司的非无线标准必要专利许可。高通公司的无线标准必要专利主要涉及无线通信技术,而不涉及无线通信终端的外壳、显示屏、摄像头、麦克风、扬声器、电池、内存和操作系统等。高通公司在将无线标准必要专利和非无线标准必要专利进行一揽子许可的同时,以无线通信终端的整机批发净售价作为计算专利许可费的基础。对此,执法机构认为,高通公司对外许可的专利组合中包含了具有核心价值的无线标准必要专利和对被许可人价值并不确定的非无线标准必要专利。对于被迫接受高通公司一揽子专利许可的被许可人,高通公司在坚持较高许可费率的同时,以超出高通公司持有的无线标准必要专利覆盖范围的整机批发净售价作为计费基础,显失公平,导致专利许可费过高。

(三) 拒绝许可知识产权

一般来说,经营者具有自由选择交易相对人、确定交易条件的权利,这是民法上合同自由原则的体现。但是,合同自由并非在任何情况下都成立,其可能由于某些社会公共利益的考量而受到限制。如果经营者具有市场支配地位,意味着交易相对人对其具有交易上的依赖性,此时,如果该经营者没有正当理由拒绝与交易相对人进行交易,就会限制交易相对人进入市场和参与竞争的机会,造成排除、限制竞争以及减损经济效率、消费者利益乃至社会公共利益的负面效果。在这种情况下,突破合同自由原则对具有市场支配地位的经营者施加反垄断法上的交易义务,就具有正当性和必要性。在此意义上,我国《反垄断法》第22条第1款第3项规定,禁止具有市场支配地位的经营者没有正当理由拒绝与交易相对人进行交易。

实践中,拒绝交易主要有以下几种表现形式:①拒绝现有交易,即经营者实质性削减与交易相对人的现有交易数量,或者拖延、中断与交易相对人的现有交易;②拒绝新的交易,即经营者与交易相对人此前有过交易,但拒绝开展新的交易;③变相拒绝交易,即经营者虽然不直接拒绝与交易相对人进行交易,但设置限制性条件,导致交易相对人难以与其进行交易;④拒绝交易相对人在生产经营活动中,以合理条件使用其必需设施(essential facility)。对于拒绝提供必需设施的行为,在认定时应当考虑以下三方面因素:一是另行投资建设或者另行开发建造该必需设施的可行性;二是交易相对人开展生产经营对该设施的依赖程度;三是该经营者提供该设施的可能性以及对自身生产经营活动造成的影响。

根据《禁止滥用知识产权排除、限制竞争行为规定》第10条的规定,具有市场支配地位的经营者没有正当理由,不得在行使知识产权的过程中,拒绝许可其他经营者以合理条件使用该知识产权,排除、限制竞争。认定上述行为应当同时考虑以下因素:①该项知识产权在相关市场不能被合理替代,为其他经营者参与相关市场的竞争所必需;②拒绝许可该知识产权将会导致相关市场的竞争或者创新受到不利影响,损害消费者利益或者社会公共利益;③许可该知识产权对该经营者不会造成不合理的损害。《关于知识产权领域的反垄断指南》第16条进一步指出,拒绝许可是经营者行使知识产权的一种表现形式,一般情况下，经营者不承担与竞争对手或者交易相对人进行交易的义务。但是，具有市场支配地位的经营者，没有正当理由拒绝许可知识产权，可能构成滥用市场支配地位行为，排除、限制竞争。具体分析时，可以考虑以下因素：①经营者对该知识产权许可做出的承诺；②其他经营者进入相关市场是否必须获得该知识产权的许可；③拒绝许可相关知识产权对市场竞争和经营者进行创新的影响及程度；④被拒绝方是否缺乏支付合理许可费的意愿和能力等；⑤经营者是否曾对被拒绝方提出过合理要约；⑥拒绝许可相关知识产权是否会损害消费者利益或者社会公共利益。

典型案件：华为技术有限公司与 IDC 公司专利许可纠纷案[1]

美国交互数字技术公司（Inter Digital Technology Corporation），交互数字通信有限公司（Inter Digital Communication. LLC）和交互数字公司（Inter Digital. INC）（以下将此三公司统称为 IDC 公司），参与了全球各类无线通信国际标准制定，在 2G、3G、4G 领域标准中拥有大量标准必要专利，华为公司未获得相关标准必要专利授权许可，与 IDC 公司进行了持续多年的谈判。在谈判期间，IDC 公司以华为公司侵犯其标准必要专利为由，于 2011 年 7 月 26 日分别向美国特拉华州和美国国际贸易委员会提起诉讼和"337 调查"，要求禁止华为公司在美国制造销售被控侵权产品，并要求颁发禁令，禁止相关产品进口美国。

2011 年 12 月 6 日华为公司以 IDC 公司滥用市场支配地位为由，向广东省深圳市中级人民法院提起反垄断民事诉讼，主张 IDC 公司违反了其负有的以符合 FRAND（公平、合理、无歧视）条件对华为公司进行标准必要专利授权的义务，[2] 滥用其 3G 无线通信技术标准下的必要专利许可市场中的支配地位，在专利许可谈判过程中，对华为公司实施了不公平高价、搭售等行为。华为公司请求法院判定 IDC 公司停止民事垄断侵权行为，并赔偿损失人民币 2000 万元。

经深圳市中院一审，广东省高院二审认定，IDC 公司滥用其 3G 无线通信技术标准下的相关必要专利许可市场中的支配地位，针对华为公司设定了不公平的过高专利许可费，将具有可替代性的专利与标准必要专利捆绑搭售；而 IDC 公司在美国对华为公司提起必要专利禁令之诉的行为，属于逼迫华为公司接受过高专利许可费之手段，对华为公司出口产品的行为产生排除、限制性影响，属于滥用市场支配地位的行为；但对于华为公司上诉的搭售必要专利等其他行为，由于必要专利本身就具有唯一性和不可替代性，将其一起捆绑销售符合效率，因此，两审法院均予以驳回。法院最终判定 IDC 公司停止相关反垄断侵权行为，并赔偿华为公司经济损失 2000 万元人民币。

（四）涉及知识产权的搭售

我国《反垄断法》第 22 条第 1 款第 5 项规定，禁止具有市场支配地位的经营者没有正当理由搭售商品。所谓搭售，也称附条件交易，是指供货商要求买方购买其产品（服务）

---

[1] 参见（2011）深中法知民初字第 857、858 号民事判决书；（2013）粤高法民三终字第 305、306 号民事判决书。

[2] 为避免专利权人滥用专利标准化给自己带来的强势地位，拒绝向竞争对手许可实施专利技术，导致竞争对手因无法执行技术标准而被排除在市场之外，或者借助标准实施的强制性向被许可人索取高额专利使用费，形成专利"讹诈"，由此形成了公平、合理、无歧视（Fair, Reasonable and Non-discriminatory, FRAND）专利许可的基本原则。各个无线通信领域的标准组织在其成员加入时，均要求该会员针对其标准必要专利作出根据公平、合理、无歧视条件来授予不可撤销许可的承诺，简称 FRAND 承诺。

的同时也购买其另一种产品,并把买方购买其第二种产品作为允许其购买第一种产品的条件。此时,第一种产品就是搭售品,第二种产品就是被搭售品。搭售具有两大基本属性:一是产品的独立性,即必须有两个或两个以上的产品;二是购买的强制性,即搭售在本质上具有对交易相对人强制的属性,亦即强迫交易相对人一并接受产品组合,使得交易相对人无法从其他渠道单独获得自己购买意愿直接指向的产品。

一些经济学家认为,搭售仅仅是识别购买者的需求弹性和支付意愿的手段,其目的是实施价格歧视从而实现利润最大化,因而并非总是反竞争的策略行为。但是,搭售的反竞争效应可以用"杠杆理论"(leverage theory)来解释,即具有市场支配地位的经营者通过搭售将搭售品市场的市场势力传导至被搭售品市场,从而排除、限制被搭售品市场的竞争;也可以通过"提高竞争对手成本"(raising rivals' cost)理论来解释,即具有市场支配地位的经营者通过搭售阻碍竞争对手在搭售品市场或被搭售品市场的进入或扩张,从而造成类似于排他性交易的市场封锁效应。

涉及知识产权的搭售,是指知识产权的许可、转让以经营者接受其他知识产权的许可、转让或者接受其他商品(服务)的购买为条件。知识产权的一揽子许可是搭售的一种典型情形。具有市场支配地位的经营者在没有正当理由的情况下,可能通过搭售行为排除、限制竞争,损害其他经营者以及交易相对人和消费者的利益。根据《禁止滥用知识产权排除、限制竞争行为规定》第12条的规定,具有市场支配地位的经营者没有正当理由,不得在行使知识产权的过程中,违背所在行业或者领域交易惯例、消费习惯或者无视商品的功能,从事下列搭售行为,排除、限制竞争:①在许可知识产权时强制或者变相强制被许可人购买其他不必要的产品;②在许可知识产权时强制或者变相强制被许可人接受一揽子许可。《关于知识产权领域的反垄断指南》第17条进一步指出,分析涉及知识产权的搭售是否构成滥用市场支配地位行为,可以考虑以下因素:①是否违背交易相对人意愿;②是否符合交易惯例或者消费习惯;③是否无视相关知识产权或者商品的性质差异及相互关系;④是否具有合理性和必要性,如为实现技术兼容、产品安全、产品性能等所必不可少的措施等;⑤是否排除、限制其他经营者的交易机会;⑥是否限制消费者的选择权。

典型案件:高通公司垄断案(搭售)[1]

2015年,我国反垄断执法机构认定高通公司滥用在无线标准必要专利许可市场的支配地位,在无线标准必要专利许可中,没有正当理由搭售非无线标准必要专利许可。

执法机构查明,无线通信终端制造商必须向无线标准必要专利持有人寻求专利许可,没有其他选择;非无线标准必要专利不是强制实施的专利,无线通信终端制造商可以进行规避设计,或者根据专利技术的优劣及其他因素,在不同的竞争性替代技术中进行自由选择。因此,非无线标准必要专利与无线标准必要专利性质不同、相互独立,分别对外进行许可并不影响上述两种不同专利的应用和价值。高通公司在进行专利许可时,不对无线标准必要专利与非无线标准必要专利进行区分,不向被许可人提供专利清单,而是采取设定单一许可费并进行一揽子许可的方式,将持有的非无线标准必要专利进行搭售许可。这使得与高通公司持有的非无线标准必要专利具有竞争关系的其他替代性技术失去了参与竞争的机会和可能,严重排除、限制了相关非无线标准必要专利许可市场的竞争,阻碍、抑制了技术创新,最终损害了消费者的利益。

---

[1] 参见发改办价监处罚〔2015〕1号行政处罚决定书。

(五) 涉及知识产权的附加不合理交易条件

我国《反垄断法》第 22 条第 1 款第 5 项规定，禁止具有市场支配地位的经营者，没有正当理由搭售商品，或者在交易时附加其他不合理的交易条件。可见，搭售是附加不合理交易条件的一种典型情形。实践中，附加不合理交易条件还有以下表现形式：①对合同期限、支付方式、商品的运输及交付方式或者服务的提供方式等附加不合理的限制；②对商品的销售地域、销售对象、售后服务等附加不合理的限制；③交易时在价格之外附加不合理费用；④附加与交易标的无关的交易条件。判断附加不合理交易条件的标准主要是两个方面：一是从交易习惯来看，是否符合一般的交易习惯和交易惯例，是否具有商业合理性；二是从交易相对人的意愿分析，附加的交易条件是否符合交易相对人的意愿，损害交易相对人的利益。

根据《禁止滥用知识产权排除、限制竞争行为规定》第 13 条的规定，具有市场支配地位的经营者没有正当理由，不得在行使知识产权的过程中，附加下列不合理的交易条件，排除、限制竞争：①要求交易相对人将其改进的技术进行排他性或者独占性回授，或者在不提供合理对价时要求交易相对人进行相同技术领域的交叉许可；②禁止交易相对人对其知识产权的有效性提出质疑；③限制交易相对人在许可协议期限届满后，在不侵犯知识产权的情况下利用竞争性的技术或者产品；④对交易相对人附加其他不合理的交易条件。《关于知识产权领域的反垄断指南》第 18 条进一步指出，具有市场支配地位的经营者，没有正当理由，在涉及知识产权的交易中附加下列交易条件，可能产生排除、限制竞争效果：①要求进行独占性回授或者排他性回授；②禁止交易相对人对其知识产权的有效性提出质疑，或者禁止交易相对人对其提起知识产权侵权诉讼；③限制交易相对人实施自有知识产权，限制交易相对人利用或者研发具有竞争关系的技术或者商品；④对期限届满或者被宣告无效的知识产权主张权利；⑤在不提供合理对价的情况下要求交易相对人与其进行交叉许可；⑥迫使或者禁止交易相对人与第三方进行交易，或者限制交易相对人与第三方进行交易的条件。

典型案件：高通公司垄断案（附加不合理交易条件）[1]

2015 年，我国反垄断执法机构认定高通公司滥用在基带芯片市场的支配地位，在基带芯片销售中附加不合理条件。

执法机构查明，高通公司将签订和不挑战专利许可协议作为被许可人获得其基带芯片的条件。如果潜在被许可人未与高通公司签订包含不合理许可条件的专利许可协议，高通公司则拒绝与该潜在被许可人签订基带芯片销售协议并拒绝向其供应基带芯片；如果已经与高通公司签订专利许可协议的被许可人与高通公司就专利许可协议产生争议并提起诉讼，则高通公司将停止向该被许可人供应基带芯片。执法机构认为，被许可人与高通公司就专利许可协议产生争议并提起诉讼是被许可人的权利，而当事人基于在基带芯片市场的支配地位，在基带芯片销售中附加不挑战专利许可协议的不合理条件，实质上限制甚至剥夺了被许可人的上述权利，将不挑战专利许可协议作为当事人向被许可人供应基带芯片的前提条件，没有正当理由。由于高通公司在基带芯片市场具有支配地位，潜在的和实际的被许可人对高通公司的基带芯片高度依赖，如果高通公司拒绝提供基带芯片，则潜在的或者实

---

[1] 参见发改办价监处罚〔2015〕1 号行政处罚决定书。

际的被许可人可能无法进入或者必须退出相关市场,无法有效参与市场竞争。高通公司利用在基带芯片市场的支配地位,要求潜在被许可人签订包含不合理条件的许可协议,限制被许可人就专利许可协议提出争议和提起诉讼的权利,将不接受高通公司不合理专利许可条件的、潜在的或者实际的被许可人排挤出市场,排除、限制了市场竞争。

（六）涉及知识产权的差别待遇

我国《反垄断法》第22条第1款第6项规定,禁止具有市场支配地位的经营者,没有正当理由,对条件相同的交易相对人在交易价格等交易条件上实行差别待遇。差别待遇的表现形式包括但不限于:①实行不同的交易价格、数量、品种、品质等级;②实行不同的数量折扣等优惠条件;③实行不同的付款条件、交付方式;④实行不同的保修内容和期限、维修内容和时间、零配件供应、技术指导等售后服务条件。构成非法差别待遇行为的一个重要前提是交易相对人"条件相同"。在实践中,并不存在严格意义上条件完全相同的交易相对人。一般来说,条件相同是指交易相对人在交易安全、交易成本、规模和能力、信用状况、所处交易环节、交易持续时间等方面不存在实质性影响交易的差别。以经济学的价格歧视理论为指引,判断"条件相同"的核心在于,具有市场支配地位的经营者与不同交易相对人进行交易所承担的成本相同或近似。

尽管差别待遇（价格歧视）可能具有增进社会整体福利、提升产出和回收成本、加剧市场竞争、瓦解共谋等正面经济效应,但其也可能导致排除、限制竞争等负面经济效应。主要包括以下三种:①具有市场支配地位的经营者通过差别待遇打压同级竞争对手,妨碍有效竞争。由于损害发生在同级竞争对手之间,因而也称作一线损害（primary-line injury）、横向竞争损害或反竞争的排他效应,此即排他性差别待遇。②具有市场支配地位的经营者本身不出现在其他层级市场,即未进行一体化整合,但对与其非关联的客户（经营者）实行差别待遇,扭曲该市场的有效竞争。由于损害发生在跨级市场,因而也称为二线损害（secondary-line injury）、纵向竞争损害或反竞争的扭曲效果,此即扭曲性差别待遇。③差别待遇还可能是具有市场支配地位的经营者盘剥交易相对人的策略。实际上,任何形式的、持久的差别待遇,都致力于使福利从买方向卖方转移。如果经营者故意利用交易相对人的认知或行为偏差,通过行为定向手段欺骗交易相对人乖乖掏钱,那么相较于福利转移造成的利益减损,纯粹服务于利润攫取的行为歧视手段,具有更加显著的剥削效应。这些行为即属于剥削性差别待遇。

在涉及知识产权的交易中,具有市场支配地位的经营者,没有正当理由,可能对条件实质相同的交易相对人实施实质不同的许可条件,造成上述负面效应。根据《关于知识产权领域的反垄断指南》第19条的规定,分析经营者实行的差别待遇是否构成滥用市场支配地位行为,可以考虑以下因素:①交易相对人的条件是否实质相同,包括相关知识产权的使用范围、不同交易相对人利用相关知识产权提供的商品是否存在替代关系等;②许可条件是否实质不同,包括许可数量、地域和期限等。除分析许可协议条款外,还需综合考虑许可人和被许可人之间达成的其他商业安排对许可条件的影响;③该差别待遇是否对被许可人参与市场竞争产生显著不利影响。

三、涉及知识产权的经营者集中

经营者通过涉及知识产权的交易取得对其他经营者的控制权或者能够对其他经营者施加决定性影响,构成经营者集中的,应当按照《反垄断法》《国务院关于经营者集中申报标准的规定》进行申报,未申报的不得实施集中。

(一) 涉及知识产权的交易可能构成经营者集中的情形

我国《反垄断法》虽然没有对经营者集中的内涵作出明确界定，但列举了经营者集中的3类主要情形。《反垄断法》第25条规定："经营者集中是指下列情形：（一）经营者合并；（二）经营者通过取得股权或者资产的方式取得对其他经营者的控制权；（三）经营者通过合同等方式取得对其他经营者的控制权或者能够对其他经营者施加决定性影响。"经营者合并，是指两个或两个以上经营者整合为一个经营者，从而导致经营者集中的行为。通过取得股权或资产的方式取得控制权，这类经营者集中的形式复杂多样，常见的有股权收购、业务收购、新设合营企业等。通过合同等方式取得控制权，这类经营者集中的形式在外延上更加宽泛，如经营者可以通过签订投票权、人事、管理、知识产权转让或许可等各种合同取得对其他经营者的控制权。

实际上，判断涉及知识产权的交易构成经营者集中的实质性标准仍然是控制权的转移或形成，而这取决于大量法律和事实因素。根据《经营者集中审查规定》第5条的规定，判断经营者是否取得对其他经营者的控制权或者能够对其他经营者施加决定性影响，应当考虑下列因素：①交易的目的和未来的计划；②交易前后其他经营者的股权结构及其变化；③其他经营者股东（大）会等权力机构的表决事项及其表决机制，以及其历史出席率和表决情况；④其他经营者董事会等决策或者管理机构的组成及其表决机制，以及其历史出席率和表决情况；⑤其他经营者高级管理人员的任免等；⑥其他经营者股东、董事之间的关系，是否存在委托行使投票权、一致行动人等；⑦该经营者与其他经营者是否存在重大商业关系、合作协议等。

根据《禁止滥用知识产权排除、限制竞争行为规定》第16条第1款的规定，涉及知识产权的经营者集中审查应当考虑《反垄断法》第33条规定的因素和知识产权的特点。《关于知识产权领域的反垄断指南》第20条的规定进一步指出，经营者通过涉及知识产权的交易取得对其他经营者的控制权或者能够对其他经营者施加决定性影响，可能构成经营者集中。其中，分析知识产权转让或许可构成经营者集中情形时，还可以考虑以下因素：一是知识产权是否构成独立业务；二是知识产权在上一会计年度是否产生了独立且可计算的营业额；三是知识产权许可的方式和期限。

(二) 涉及知识产权的经营者集中审查

涉及知识产权的经营者集中审查，如果涉及知识产权的安排是集中交易的实质性组成部分或者对交易目的的实现具有重要意义，在经营者集中审查过程中，除了考虑《反垄断法》第33规定的因素，[1] 还要考虑知识产权的特点。具体的评估分析可能涉及以下几个层次：

1. 交易的动机和目的。如果知识产权本身是集中交易的标的，或者构成集中交易的实质性组成部分，那么在竞争评估和集中审查时，要将知识产权所涉竞争问题的预判摆在突出位置，重点分析其对相关市场竞争状况以及交易相对人利益的影响。如果知识产权与集中交易的动机并不实质相关，或者只是辅助性安排，那么在评估集中对相关市场的竞争影响时，只需要将知识产权作为一个普通因素予以考虑即可。

---

[1]《反垄断法》第33条规定，审查经营者集中，应当考虑下列因素：①参与集中的经营者在相关市场的市场份额及其对市场的控制力；②相关市场的市场集中度；③经营者集中对市场进入、技术进步的影响；④经营者集中对消费者和其他有关经营者的影响；⑤经营者集中对国民经济发展的影响；⑥国务院反垄断执法机构认为应当考虑的影响市场竞争的其他因素。

2. 交易的方式。合并、股权或资产收购、设立合营企业、签订知识产权转让或许可合同等不同交易方式，可能对知识产权所涉竞争问题造成不同影响。例如，实务中对待紧密型合营、半紧密型合营、松散型合营等不同类型的企业合营以及其中知识产权所涉竞争问题的态度就存在差异，这通常需要结合个案进行分析判断。

3. 知识产权可能引发的竞争问题。竞争评估内容包括知识产权的性质（如是否为标准必要专利）、知识产权技术对上下游产品的影响、企业一贯的知识产权策略、知识产权对市场进入造成的影响、被许可人对许可人的抗衡能力，等等。实践中，反垄断执法机构往往非常重视涉及标准必要专利的集中交易。因为，标准必要专利在很大程度上已消除了其被纳入标准前存在的技术间竞争，如果不加限制地进一步聚集在强势经营者手中，可能滋生大量竞争问题。例如，在诺基亚收购阿尔卡特朗讯、微软收购诺基亚等案件中，我国反垄断执法机构对标准必要专利可能引发的竞争问题进行了全面评估，并据此对集中附加了限制性条件。相较于标准必要专利，非标准必要专利一般不会构成市场技术障碍，但当其构成某产品或服务在商业或技术上不可或缺的组成部分，或者产生某种依赖关系时，也可能被用来封锁其他经营者。也就是说，涉及非标准必要专利的集中交易同样可能带来竞争问题。

（三）涉及知识产权的限制性条件类型

限制性条件又称救济措施，是反垄断执法机构为避免集中可能对相关市场产生排除、限制竞争影响，在批准某项经营者集中的同时附加的限制性条件。《禁止滥用知识产权排除、限制竞争行为规定》第16条第2款规定，根据涉及知识产权的经营者集中交易具体情况，附加的限制性条件可以包括以下情形：①剥离知识产权或者知识产权所涉业务；②保持知识产权相关业务的独立运营；③以合理条件许可知识产权；④其他限制性条件。以干预的对象和持续时间为标准，涉及知识产权的限制性条件可分为结构性限制条件、行为性限制条件和综合性限制条件。

1. 涉及知识产权的结构性限制条件。结构性限制条件，即结构性救济措施，涉及对经营者产权的重新分配和经营者行动激励的改变，遵循"一刀两断原则"（clean break principle），不需要在经营者之间建立持续的联系，也不需要反垄断执法机构进行旷日持久的监督，是旨在维护或恢复市场竞争结构的一次性补救措施。《关于知识产权领域的反垄断指南》第23条指出：①经营者可以提出剥离知识产权或者知识产权所涉业务的限制性条件建议；②经营者通常需确保知识产权受让方拥有必要的资源、能力并有意愿通过使用被剥离的知识产权或者从事所涉业务参与市场竞争；③剥离应有效、可行、及时，以避免市场的竞争状况受到影响。

在传统经营者集中案件中，附加结构性限制条件，即剥离申报方占据市场优势地位的资产，往往是最普遍和最有效的救济措施。但是，从剥离知识产权或者知识产权所涉业务的角度看，广泛运用结构性限制条件的效果可能不尽如人意。一方面，知识产权不同于有形资产，资产价值和预期收益等存在较大的不确定性，买卖双方均需要承担更多风险；另一方面，技术发展迭代速度加快，知识产权能够带来的竞争优势可能转瞬即逝。因此，各司法辖区都对剥离知识产权或者知识产权所涉业务采取相对审慎的态度。

我国反垄断执法机构在经营者集中案件中针对知识产权及其业务附加结构性限制条件的情形并不多见。在陶氏化学公司与杜邦公司合并案中，反垄断执法机构认为交易对中国水稻选择性除草剂、水稻杀虫剂、酸共聚物和离聚物市场具有排除、限制影响，并对上述业务进行了剥离。剥离内容包括相关知识产权。[1] 在拜尔股份公司收购孟山都公司股权案中，反垄断执法机构认为交易对中国非选择性除草剂市场，中国长日照洋葱种子等蔬菜种子市场，全球玉米、大豆、棉花、油菜性状市场及数字农业市场具有排除、限制竞争影响。对拜耳股份公司相关业务采取了一揽子剥离方案，具体剥离内容包括相关设施、人员、知识产权（包括专利、专有技术及商标）及其他有形与无形资产。[2]

2. 涉及知识产权的行为性限制条件。行为性限制条件，即行为性救济措施，涉及对经营者合同自由和产权行使方式的限制，旨在持续性地规范经营者行为以及经营者之间的交易关系，亦即针对集中后经营者行为可能滋生的竞争风险，要求相关经营者不从事特定反竞争行为或者以特定方式采取行动的措施，且该等措施的遵守情况须被监督和保障。《关于知识产权领域的反垄断指南》第24条规定，涉及知识产权的行为性限制条件根据个案情况确定，可能涉及以下内容：①知识产权许可；②保持知识产权相关业务的独立运营，相关业务应具备在一定期间内进行有效竞争的条件；③对知识产权许可条件进行约束，包括要求经营者在实施专利许可时遵守公平、合理、无歧视义务，不进行搭售等，经营者通常需通过具体安排确保其遵守该义务；④收取合理的许可使用费，经营者通常应详细说明许可费率的计算方法、许可费的支付方式、公平的谈判条件和机会等。

行为性限制条件主要对集中后经营者的行为作出特定要求或限定，不涉及权利人及所有权的变化，具有灵活变通、适用范围广的优势，但也存在较高的监督难度和成本。我国反垄断执法机构在多起案件的审查中，都采用了针对知识产权的行为性限制条件。这些行为性限制条件的目的是确保不能因为集中使得知识产权许可条件发生不利于被许可方的不合理变化。例如，在谷歌收购摩托罗拉案中，附加的行为性限制条件包括：谷歌将在免费开放的基础上许可安卓平台，与目前的商业做法一致；继续遵守摩托罗拉移动在摩托罗拉移动专利方面现有的公平、合理、无歧视义务等。[3] 再如，在微软收购诺基亚案中，附加的行为性限制条件包括：对标准必要专利在公平、合理、无歧视条件下许可，不寻求针对中国企业所制造智能手机的禁令或排除令，不要求被许可人也将其专利许可给微软等；对非标准必要专利，继续在其现有项目许可下，向中国手机制造企业提供专利，维持现有专利费率等。[4]

3. 涉及知识产权的综合性限制条件。综合性限制条件，即综合性救济措施，亦即结构性限制条件与行为性限制条件的一并运用。《关于知识产权领域的反垄断指南》第25条规定，经营者可将结构性限制条件和行为性限制条件相结合，提出涉及知识产权的综合性限制性条件建议。综合性限制条件兼具结构性限制条件和行为性限制条件的优势，能够更全面和有效地解决经营者集中的潜在竞争损害风险及相关担忧。例如，在联合技术公司收购罗克韦尔柯林斯案中，结构性限制条件包括：剥离罗克韦尔柯林斯全部可调水平安定面作动器业务、飞行员控制系统业务、SMR技术业务（包括所有相关的有形和无形资产），剥

---

[1] 参见《关于附加限制性条件批准陶氏化学公司与杜邦公司合并案经营者集中反垄断审查决定的公告》（商务部公告2017年第25号）。

[2] 参见《关于附加限制性条件批准拜耳股份公司收购孟山都公司股权案经营者集中反垄断审查决定的公告》（商务部公告2018年第31号）。

[3] 参见《关于附加限制性条件批准谷歌收购摩托罗拉移动经营者集中反垄断审查决定的公告》（商务部公告2012年第25号）。

[4] 参见《关于附加限制性条件批准微软收购诺基亚设备和服务业务案经营者集中反垄断审查决定的公告》（商务部公告2014年第24号）。

离联合技术的供氧系统全部研发项目,特别是所有相关无形资产(包括知识产权);行为性限制条件包括:按照目前的销售做法与程序,联合技术公司根据公平、合理、无歧视原则向客户提供 A664 终端系统芯片及使用授权,供其在中国飞机平台上使用。[1]

第三节 滥用知识产权排除、限制竞争的特殊情形

滥用知识产权可能构成不同类型的垄断行为,也可能涉及特殊主体,可根据个案情况进行分析,适用《反垄断法》的相关规定。这里主要关注专利联营、标准必要专利、著作权集体管理组织涉及的特殊问题。

一、专利联营涉及的特殊问题

专利联营最早出现在美国,至今已有近一百多年的历史。所谓专利联营,也称专利联盟或专利池,是指两个或者两个以上经营者将各自的专利共同许可给联营成员或者第三方,由其对联营进行管理。参与专利联营的各种专利技术在大多数情况下具有互补的特性。专利联营的具体方式包括达成协议,设立公司或者其他实体,既具有促进竞争的效果,又可能会妨碍竞争的正常进行,根据个案情况,可适用垄断协议规则、滥用市场支配地位规则、经营者集中控制规则对其进行调整。无论触及何种规范领域、适用何种规范路径,都需要对专利联营促进竞争的效果和限制竞争的效果作出评估。

(一)专利联营的促进竞争效果

专利联营促进竞争的效果主要包括以下几个方面:

1. 清除障碍专利,促进技术发展。障碍专利的存在会阻碍技术的应用和进步,而组成专利联营是清除障碍专利的有效方式。因为,障碍专利中各专利权人都享有排除对方制造、使用、销售专利产品的权利,只有将它们联合起来,相互授权,才能避免相互阻碍情形的发生,从而促进技术发展。

2. 解决法律冲突,减少诉讼费用。当不同经营者从事相同的研究或处在相同的生产领域时,它们经常会产生专利冲突,包括相互侵权的情形和对专利所有权的争议,并由此引发诉讼,而专利诉讼的成本极高。相较于耗时长、成本高且具有不确定性的专利诉讼,许多经营者更愿意选择通过建立专利联营或签订交叉许可协议的方式来解决纠纷。

3. 提高许可效率,减少交易费用。作为一种知识产权的集体管理制度,专利联营的突出特点是通过一站式的对外许可实现交易的一体化和便捷化,因而专利联营是一种高效率、低成本的专利权集中管理模式,大大简化了被许可人获取所有专利的程序,减少了交易者即缔约主体的数量,提高了许可人和被许可人双方进行许可交易的效率。

4. 分散市场风险,获取投资回报。专利联营创建的机制是参与者对其技术商业行为共享收益、共担风险,这种机制提供了创新的动力,因为专利联营增强了专利权人收回研发资金的可能性。另外,联营体的所有成员都能平等地获得联营体中的技术,这也提高了每个成员的专利的交换价值。

5. 促进信息共享,缓和溢出效应。经营者在市场竞争中能否胜出,在很大程度上取决于信息的及时获取以及高效利用有限的资源。专利联营通过提供一个在联营成员间以及成员与被许可人间的技术信息共享机制,为成员提供了更多获得信息的机会。同时专利联营

---

[1] 参见《市场监管总局关于附加限制性条件批准联合技术公司收购罗克韦尔柯林斯公司股权案反垄断审查决定的公告》。

可以通过确保每一个成员既是信息生产者，也是他人信息的接受者，达到共享信息的效果，从而缓解技术溢出的外部效应。

(二) 专利联营的限制竞争效果

虽然专利联营促进竞争的效果十分明显，但它也会产生限制竞争的消极效果。专利联营协议在形式上具备垄断协议的特征，可能赋予联营企业市场支配地位乃至滥用该地位，还可能引发控制权的变化，导致具有或者可能具有排除、限制竞争效果的经营者集中。

从实际效果看，由竞争性专利组成的专利联营，易于形成市场共谋，可能抑制技术创新，形成或增强专利联营体的市场支配力。首先，从性质上看，专利权人达成的联营协议通常具有明示共谋特征，但由于这种联合是专利联营的固有属性，因此，反垄断法不会概括性地对其加以制止。真正对竞争造成重大威胁的是竞争性专利组成的专利联营。因为，具有竞争关系的专利之间的竞争被消除了。换句话说，联营体内竞争性专利的数量越多，联营体威胁竞争的可能性就越大。从这个角度看，不断吸收新专利的开放式联营，比封闭式联营更易产生共谋的风险。其次，竞争性专利是具有相互替代性的专利，在进入联营体前它们本是相互竞争的，如果没有组成专利联营，交易相对人就可以在它们之间进行选择，并利用它们的竞争以最优的条件获得所需专利。但是，当这些竞争性专利进入联营体后，竞争被消除了，同时也削弱了创新的压力和激励（拥有更多的发明专利并不能使联营体在市场上获得更大的竞争优势），进而阻碍了技术创新。最后，通过联合竞争性专利限制专利权人在提供技术许可时的竞争，专利联营将两个或更多竞争者的经济力量结合起来，产生了原本不存在的市场支配力或增强了现存的市场支配力，而这种市场支配力的产生或增强使专利权人更易于从许可中获得垄断利润。

此外，障碍性专利组成的专利联营可能产生整体授权的反竞争性、建立私有标准壁垒、滋生默示共谋等风险。首先，一般来说，对障碍性专利组成的联营体进行整体授权是必要且有效率的。但这一论断依赖于严格的假设：一是联营中所有专利相互间具有障碍关系；二是这个整体许可中所含的所有专利对每个被许可人都是必需的；三是所有的专利都有效且可实施。如果这些条件不能全部满足，而被许可人又必须整体购买联营体中的所有专利使用权，就会损害其利益。可见，如果联营体内含有非障碍性的部分专利，则整体授权就可能构成专利权滥用，造成反竞争的风险。其次，专利联营在依赖技术标准的领域会带来一些麻烦。如果一项技术被专利权保护，标准制定组织通常拒绝在标准制定过程中对其加以采纳，即使这项技术十分先进。只有专利权人放弃权利保护或作出必要承诺，其专利才可能被纳入标准制定程序。然而，专利联营却使专利权人以他们所拥有的受专利权保护的技术建立私有标准或事实标准成为可能，因为联营体内协调一致的行动使专利权人建立统一的标准变得较为容易。如果这些专利权人本身是竞争性技术的持有者，势必带来较高的市场进入壁垒而损害后续竞争。最后，由众多障碍性专利构成的专利联营，常常有着"一荣俱荣，一损俱损"的经济关联。一旦联营体共赢的规则被破坏，导致专营联营体解散，各专利权人都将损失巨大。因此，所有成员可能心照不宣地维持价格、限制销售或划分市场。[1]

(三) 专利联营违法性分析及其考虑因素

专利联营的成员可能通过交换价格、产量、市场划分等有关竞争的敏感信息，达成《反垄断法》第17条、第18条第1款所禁止的垄断协议。但是，经营者能够证明所达成的

---

[1] 参见宁立志：《专利的竞争法规制研究》，中国人民大学出版社2021年版，第389~392页。

协议符合《反垄断法》第 18 条第 2 款、第 3 款和第 20 条规定的除外。

此外，具有市场支配地位的专利联营实体或者专利联营的成员可能利用专利联营从事下列滥用市场支配地位的行为：①以不公平的高价许可联营专利；②没有正当理由，限制联营成员或者被许可人的专利使用范围；③没有正当理由，限制联营成员在联营之外作为独立许可人许可专利；④没有正当理由，限制联营成员或者被许可人独立或者与第三方联合研发与联营专利相竞争的技术；⑤没有正当理由，强制要求被许可人将其改进或者研发的技术排他性或者独占性地回授给专利联营实体或者专利联营的成员；⑥没有正当理由，禁止被许可人质疑联营专利的有效性；⑦没有正当理由，将竞争性专利强制组合许可，或者将非必要专利、已终止的专利与其他专利强制组合许可；⑧没有正当理由，对条件相同的联营成员或者同一相关市场的被许可人在交易条件上实行差别待遇；⑨市场监管总局认定的其他滥用市场支配地位的行为。

专利联营是一把"双刃剑"，具有明显的促进竞争效果和潜在的反竞争效果，对其进行个案分析时，需要综合考量正反两方面的效果。根据《关于知识产权领域的反垄断指南》第 26 条的规定，具体分析时可以考虑以下因素：①经营者在相关市场的市场份额及其对市场的控制力；②联营中的专利是否涉及具有替代关系的技术；③是否限制联营成员单独对外许可专利或研发技术；④经营者是否通过联营交换商品价格、产量等信息；⑤经营者是否通过联营进行交叉许可、独占性回授或者排他性回授、订立不质疑条款及实施其他限制等；⑥经营者是否通过联营以不公平高价许可专利、搭售、附加不合理交易条件或者实行差别待遇等。

二、标准必要专利涉及的特殊问题

与标准相关的竞争担忧，不仅涉及前文述及的标准制定过程中具有竞争关系的经营者达成、实施垄断协议，而且涉及专利被纳入技术标准后，权利人滥用该标准必要专利所引发的竞争问题。

（一）标准必要专利可能引发的竞争问题

标准是为在一定范围内获得最佳秩序，经协商一致制定并经公认标准机构批准，共同使用和重复使用的一种规范性文件。广义的标准可分为质量标准、安全标准和技术标准等，而狭义的标准一般就是技术标准。技术标准是指一种或一系列具有一定强制性要求或指导性功能，内容含有细节性技术要求和有关技术方案的文件，其目的是让相关产品或服务达到一定的安全要求或市场进入的要求。技术标准具有公开性、公共性、规范性、系统性、垄断性、相对稳定性等特征。在信息经济、数字经济方兴未艾的时代背景下，技术通常沿着"技术专利化→专利标准化→标准垄断化"的路径发展，技术标准中纳入越来越多的专利权。

所谓标准必要专利（Standard Essential Patent，SEP），是指技术标准中包含的必不可少和不可替代的专利，即是为实施技术标准而不得不使用的专利。如果一个技术标准得到了广泛应用而成为行业标准或者国家强制性标准，达不到标准的产品或者服务就不能进入市场，这个技术标准对相关经营者就是强制性的要求。在这种情况下，由于标准的开放性，与标准必要专利相关的技术许可就具有公共性，涉及社会公共利益。然而，标准必要专利与一般专利一样，在本质上是私人财产权。权利人出于追求经济利益的目的，可能会凭借其必要专利所产生的"锁定效应"而不合理地抬高其专利许可费，或者排挤行业中的竞争对手。

可见，技术标准与专利权的结合会影响市场竞争态势，专利权人可能凭借技术标准的公共产品属性，放大其垄断效应，即专利权人搭乘技术标准的"便车"，滥用技术标准中的专利权实施垄断行为。根据《禁止滥用知识产权排除、限制竞争行为规定》第 19 条的规定，具有市场支配地位的经营者不得在标准的制定和实施过程中从事下列行为，排除、限制竞争：①在参与标准制定过程中，未按照标准制定组织规定及时充分披露其权利信息，或者明确放弃其权利，但是在标准涉及该专利后却向标准实施者主张该专利权；②在其专利成为标准必要专利后，违反公平、合理、无歧视原则，以不公平的高价许可，没有正当理由拒绝许可、搭售商品或者附加其他不合理的交易条件、实行差别待遇等；③在标准必要专利许可过程中，违反公平、合理、无歧视原则，未经善意谈判，请求法院或者其他相关部门作出禁止使用相关知识产权的判决、裁定或者决定等，迫使被许可方接受不公平的高价或者其他不合理的交易条件；④市场监管总局认定的其他滥用市场支配地位的行为。

这里有两个特殊问题需作进一步探讨：一是如何认定拥有标准必要专利的经营者的市场地位；二是标准必要专利禁令救济行为是否属于滥用市场支配地位进而排除、限制竞争。

(二) 标准必要专利与市场支配地位

纵观域内外反垄断实践和学术研究情况，存在一种较为流行的做法或观点，即倾向于径直推定甚或认定拥有标准必要专利的经营者具有市场支配地位。其认识根据在于，标准必要专利是实施技术标准所不可或缺的专利，这一特征决定其不存在替代性技术，每个标准必要专利均构成独立的相关市场，可以推定或者直接认定标准必要专利权人具有市场支配地位。然而，所谓市场支配地位，实质上是经营者在相当大程度上超脱于竞争对手、客户以及最终消费者的竞争约束或市场约束而展开行动的能力。就此来看，拥有标准必要专利的经营者实际上面临着以下不容忽视的重要竞争约束：

1. 标准体系内的竞争约束。即同一标准内的必要专利之间相互存在的约束关系。实践中，权利人往往将其与特定标准有关的所有必要专利整体打包许可，而一般不会将某项必要专利单独许可。因此，对于希望生产标准产品的经营者来说，实施标准就必须获得所有相关权利人的必要专利许可，但是其能够承受的整体价格水平是有限的。这种情况下，当各个权利人设定其专利许可费费率时，就必须考虑其他必要专利权人的定价情况，否则一旦实施该技术标准的总专利许可费太高而影响标准的推广和普及，专利权人自身的利益将遭受严重损失。因此，每个标准必要专利权人都面临同一标准体系内其他必要专利权人的竞争约束，这直接影响着每个标准必要专利权人的市场地位。

2. 标准体系间的竞争约束。即某些市场中存在数个相互竞争的标准体系，这种标准体系间的竞争，直接影响着各个标准体系中的标准必要专利权人的市场地位。其实，标准体系之间存在竞争，这种竞争可以体现在上游技术许可层面的竞争，也可以体现在与不同标准兼容的替代性终端产品在下游销售层面的竞争。不论是源自上游或下游的竞争约束，都将影响标准必要专利权人在技术许可市场上的地位。如果标准必要专利的被许可人能够转向其他替代性技术，且成本可行，则不论这种替代性技术是否被授予知识产权，标准必要专利权人都无法有效行使市场势力。类似地，如果消费者能够轻易地转向那些不使用被许可技术的替代产品，这类终端产品的竞争对于标准必要专利权利人来说，将是一种非常明显的竞争约束。

3. 标准演化的动态竞争约束。标准化组织成员之间的竞争不仅发生在标准实施前，也发展在标准实施后，即大家为了将各自的技术纳入新的标准而竞争。标准的动态演化性质，使得标准化组织有机会去惩罚那些实施滥用专利权的成员。比如，如果某个标准化组织的成员存在滥用标准必要专利权的行为，那么标准化组织可能会选择在标准的演化过程中，剔除该不受欢迎的成员。此外，标准化组织也可能会选择不接受"有问题"的经营者的技术贡献，或者迫使不当行为的经营者接受公开、透明的行为准则约束。

上述分析可见，径直推定拥有标准必要专利的经营者具有市场支配地位，是有失妥当的。实际上，标准必要专利与普通专利一样，都适用"不得推定原则"。《关于知识产权领域的反垄断指南》第27条重申了这一原则，该条规定，认定拥有标准必要专利的经营者是否具有市场支配地位，应依据本指南第14条进行分析，同时还可以考虑以下因素：①标准的市场价值、应用范围和程度；②是否存在具有替代关系的标准或者技术，包括使用具有替代关系标准或者技术的可能性和转换成本；③行业对相关标准的依赖程度；④相关标准的演进情况与兼容性；⑤纳入标准的相关技术被替换的可能性。

（三）标准必要专利禁令救济与滥用市场支配地位

随着近年来信息和通信技术的快速发展，与标准必要专利有关的禁令救济（injunctive relief）[1]纠纷席卷全球，标准必要专利权人滥用禁令救济引起学界和实务界的广泛关注和热议。

2011年7月，华为技术有限公司将交互数字集团（Inter Digital Group）下属的三个子公司起诉至深圳市中院，下称"华为诉IDC"案。此案一出，便在我国引发轩然大波，被称为我国"标准必要专利禁令救济滥用反垄断规制第一案"。深圳中院对该案进行审理后认为，每一个必要专利均具有完全的市场份额，被告具有市场支配地位；原告善意地与被告谈判磋商，被告在美国提起诉讼，申请禁令救济，逼迫原告接受不合理许可条件，构成滥用市场支配地位，被告应共同承担赔偿责任。"华为诉IDC案"在标准必要专利禁令救济滥用司法规制发展历程中具有里程碑意义，给世界各司法辖区法院处理类似案件提供了借鉴经验。但是，此案的审理法院未能就标准必要专利禁令救济行为为何构成滥用市场支配地位，以及如何判断构成滥用市场支配地位的考量因素进行详细说理。

其实，标准必要专利权人在其专利纳入标准时通常作出过基于公平、合理、无歧视条件的许可承诺（简称FRAND承诺）。这种情况下，标准必要专利权人的侵权之诉或者禁令之诉可能出于"专利劫持"的动机，违背FRAND承诺，背离技术标准化的初衷。有些反垄断执法机构和法院已经认识到有必要限制必要专利权人的禁令之诉。例如，美国司法部和专利商标局2013年1月共同发布的《基于FRAND承诺救济标准必要专利的政策声明》指出，作出了FRAND承诺的标准必要专利权人的禁令救济可能引发专利劫持，产生竞争损害，这样的救济与法定的公共利益标准不协调。不过，这不是说标准必要专利权人只要作出过FRAND承诺，就当然丧失了寻求禁令的权利和机会。实际上，作为知识产权的一种权能，标准必要专利权人有权寻求禁令，即禁令请求并不必然构成滥用市场支配地位，但在例外且缺乏客观公正性的情况下，寻求禁令的行为会构成滥用市场支配地位。

对于标准必要专利权人寻求禁令救济可能构成滥用市场支配地位的情形，《关于知识产权领域的反垄断指南》第27条第2款指出，拥有市场支配地位的标准必要专利权人通过请求法院或者相关部门作出或者颁发禁止使用相关知识产权的判决、裁定或者决定，迫使被

---

[1] 所谓禁令救济，是指法院或者有关部门应专利权人的请求责令行为人停止侵害。严格说来，禁令救济是英美法系衡平法上的一项救济措施，大陆法系与之对应的概念是停止侵害救济。依据颁发阶段和效力期间的不同，禁令分为临时禁令（temporary injunction）、初步禁令（preliminary injunction）和永久禁令（permanent injunction）。一般情况下所称"禁令"是指永久禁令，也即大陆法系上的停止侵害，而不包含临时禁令和初步禁令，后两种禁令在大陆法系国家被称为假处分或者行为保全。参见袁波：《标准必要专利禁令救济立法之反思与完善》，载《上海财经大学学报》2018年第3期。

许可人接受其提出的不公平高价许可费或者其他不合理的许可条件，可能排除、限制竞争。具体分析时，可以考虑以下因素：①谈判双方在谈判过程中的行为表现及其体现出的真实意愿；②相关标准必要专利所负担的有关承诺；③谈判双方在谈判过程中所提出的许可条件；④请求法院或者相关部门作出或者颁发禁止使用相关知识产权的判决、裁定或者决定对许可谈判的影响；⑤请求法院或者相关部门作出或者颁发禁止使用相关知识产权的判决、裁定或者决定对下游市场竞争和消费者利益的影响。

典型案件：华为诉中兴案[1]

华为公司拥有实施"long term evolution"标准所必需的一项欧洲专利，并在该标准的实施过程中将该专利作为标准必要专利向欧洲电信标准化协会（简称ETSI）作出披露，并根据ETSI议事规程中的规定，向该协会做出了FRAND承诺，表示其将以公平、合理、无歧视的条件对第三人授予专利许可。中兴公司在德国销售的通信设备中遵循了"long term evolution"标准，使用了华为公司的上述专利。在2010年11月至2011年3月期间，华为公司与中兴公司进行了谈判，主要针对两项问题：其一，中兴公司对上述专利进行侵权使用的问题；其二，双方围绕该专利是否能够缔结符合FRAND之要求的专利授权条款的问题。谈判过程中，华为公司给出了其认为合理的许可费率，但中兴公司却意图要求交叉许可，因此，双方并未在此期间达成任何许可协议。2011年4月，根据《欧洲专利公约》第64条以及德国《专利法》第139条的规定，华为公司向德国杜塞尔多夫地方法院提起侵权之诉，要求中兴公司停止侵权行为、提供侵权账目、召回相关产品、并进行损害赔偿。

本案为分析已在相关市场上具有支配地位的标准必要专利权利人对被诉侵权人提起专利侵权诉讼的行为是否构成滥用市场支配地位的判断，提出了较为明确的分析框架。欧盟法院对FRAND许可谈判之前及其过程中双方当事人应负担的义务及履行顺序要求予以明确：①提起诉讼前标准必要专利权利人应首先向对方发送侵权警告函，明确侵权所涉专利，说明侵权方式；②收到警告函后，由被诉侵权人表达其具有获得FRAND许可的意愿；③标准必要专利权利人以书面形式提出具体且符合FRAND条款的许可要约，尤其列明许可费率及其计算方式；④收到要约后，被诉侵权人应根据本行业商业惯例作出及时善意的回应；⑤收到要约后若被诉侵权人不接受要约，应及时以书面形式提出具体且符合FRAND条款的反要约；⑥若该反要约未被接受，且被诉侵权人已实施涉案标准必要专利，则自反要约被拒之时起，侵权人应根据其使用情况及本行业商业惯例提供适当担保；⑦在反要约被拒后，双方当事人可通过共同协议要求独立的第三方主体确定许可费率，不得拖延；⑧在许可磋商进行的同时，被诉侵权人可对所涉专利的有效性或其标准必要性提出质疑，或为自己保留在未来对此提出质疑的权利。

三、著作权集体管理涉及的特殊问题

《关于知识产权领域的反垄断指南》第28条指出：著作权集体管理通常有利于单个著作权人权利的行使，降低个人维权以及用户获得授权的成本，促进作品的传播和著作权保护。但是，著作权集体管理组织在开展活动过程中，有可能滥用知识产权，排除、限制竞争。具体分析时，可以根据行为的特征和表现形式，认定可能构成的垄断行为并分析相关因素。

---

[1] See Case C-170/13, Huawei Technologies Co. Ltd v ZTE Corp., ZTE Deutschland GmbH.

著作权集体管理是随着作品形式和作品使用形式日益复杂化、时空日益扩大化而产生和发展起来的。一方面，在现实生活中，著作权人往往难以知道自己的作品在何时、何地被何人以何种方式使用，甚至就算知道自己的权益遭到了侵害，由于力量弱小，而无能为力。另一方面，使用者在使用他人作品特别是音乐作品时，有时并不清楚权利人是谁，即便知道，若在使用作品（特别当涉及的作品数量众多时）时要取得每一个作者的许可，也将面临许多实际困难。于是，起着桥梁作用的著作权集体管理组织应运而生。根据我国《著作权集体管理条例》第 2 条的规定，著作权集体管理是指著作权集体管理组织经权利人授权，集中行使权利人的有关权利并以自己的名义进行的下列活动：①与使用者订立著作权或者与著作权有关的权利许可使用合同；②向使用者收取使用费；③向权利人转付使用费；④进行涉及著作权或者与著作权有关的权利的诉讼、仲裁等。

著作权集体管理组织在集中大量的著作权后具备规模效应，可以有效降低个人维权以及用户谋求授权的成本，在一定程度上符合著作权人和使用者的共同利益，即单个著作权人通过集体管理组织得以行使那些原本不能有效行使的权利，被许可者也因此可以比较方便地获取所需作品的授权许可。但是，著作权集体管理组织也可能发生异变，给著作权人（会员）和使用者带来各种伤害，比如限制权利人退出、歧视权利人、强迫使用人接受一揽子许可、索要高额许可费，等等。可见，著作权集体管理组织在开展活动过程中，有可能滥用知识产权排除、限制竞争，违反《反垄断法》有关禁止垄断协议和滥用市场支配地位的规定。

一方面，著作权集体管理组织在与权利人、使用者或者其他著作权集体管理组织之间达成的相关协议中，有可能交换有关竞争的敏感信息，不合理地实施会员资格、地域范围等限制，或者联合抵制特定权利人或者使用者等，从而构成反垄断法禁止的垄断协议。另一方面，具有市场支配地位的著作权集体管理组织，可能实施滥用市场支配地位行为，排除、限制竞争，损害权利人以及使用者的合法权益。这些行为包括但不限于以下情形：①以不公平的高价向特定权利人收取管理费或者向特定使用者收取使用费；②没有正当理由，拒绝特定使用者使用著作权或者与著作权有关的权利；③没有正当理由，限制特定权利人加入或者退出该组织；④没有正当理由，强迫使用者接受一揽子许可；⑤没有正当理由，对条件相同的权利人或者使用者实行差别待遇。

[本章参考文献]

（一）著作

1. 郑成思：《知识产权论》，法律出版社 2007 年版。
2. 吴汉东：《知识产权法》，法律出版社 2021 年版。
3. 冯晓青：《知识产权法利益平衡理论》，中国政法大学出版社 2006 年版。
4. 王先林：《知识产权与反垄断法——知识产权滥用的反垄断问题研究》，法律出版社 2020 年版。
5. 王先林等：《知识产权滥用及其法律规制》，中国法制出版社 2008 年版。
6. 张平主编：《冲突与共赢：技术标准中的私权保护——信息产业技术标准的知识产权政策分析》，北京大学出版社 2011 年版。
7. 吴太轩：《技术标准化的反垄断法规制》，法律出版社 2011 年版。
8. 吴广海：《专利权行使的反垄断法规制》，知识产权出版社 2012 年版。
9. 宁立志：《专利的竞争法规制研究》，中国人民大学出版社 2021 年版。

10. 毛丰付：《标准竞争与竞争政策：以ICT产业为例》，上海三联书店2007年版。
11. 韩伟主编：《世界知识产权组织竞争政策调研报告介评》，法律出版社2016年版。
12. 国家市场监督管理总局反垄断局：《中国反垄断立法与执法实践》，中国工商出版社2020年版。
13. 国家市场监督管理总局反垄断局编著：《知识产权领域反垄断经典案例选编》，中国工商出版社2021年版。
14. ［美］威廉·M.兰德斯、理查德·A.波斯纳：《知识产权法的经济结构》（中译本第2版），金海军译，北京大学出版社2016年版。
15. ［美］亚当·杰夫、乔希·勒纳：《创新及其不满：专利体系对创新与进步的危害及对策》，罗建平、兰花译，中国人民大学出版社2007年版。
16. ［英］乔纳森·特纳：《知识产权与欧盟竞争法》，李硕、李京泽译，中国法制出版社2022年版。
17. ［美］克里斯蒂娜·博翰楠、赫伯特·霍温坎普主编：《创造无羁限：促进创新中的自由与竞争》，兰磊译，法律出版社2016年版。
18. ［美］苏珊娜·斯科奇姆：《创新与激励》，刘勇译，格致出版社2010年版。

（二）论文

19. 时建中：《著作权内在利益平衡机制与反垄断法的介入——美国录音制品数字表演权制度的启示》，载《法学杂志》2018年第2期。
20. 时建中：《高通公司垄断案评论》，载时建中、焦海涛、戴龙编：《反垄断行政执法：典型案件分析与解读（2008-2018）》，中国政法大学出版社2018年版。
21. 时建中、陈鸣：《技术标准化过程中的利益平衡——兼论新经济下知识产权法与反垄断法的互动》，载《科技与法律》2008年第5期。
22. 王先林：《论我国反垄断法在知识产权领域的实施》，载《上海交通大学学报（哲学社会科学版）》2009年第6期。
23. 王先林：《知识产权领域反垄断中相关市场界定的特殊问题》，载《价格理论与实践》2016年第2期。
24. 王先林：《从个体权利、竞争工具到国家战略——关于知识产权的三维视角》，载《上海交通大学学报（哲学社会科学版）》2008年第4期。
25. 宁立志、李文谦：《不争执条款的反垄断法分析》，载《法学研究》2007年第6期。
26. 吕明瑜：《论知识产权许可中的垄断控制》，载《法学评论》2009年第6期。
27. 李剑：《论反垄断法对标准必要专利垄断的规制》，载《法商研究》2018年第1期。
28. 王晓晔：《标准必要专利反垄断诉讼问题研究》，载《中国法学》2015年第6期。
29. 张平：《专利联营之反垄断规制分析》，载《现代法学》2007年第3期。
30. 罗娇：《论标准必要专利诉讼的"公平、合理、无歧视"许可——内涵、费率与适用》，载《法学家》2015年第3期。
31. 魏立舟：《标准必要专利情形下禁令救济的反垄断法规制——从"橘皮书标准"到"华为诉中兴"》，载《环球法律评论》2015年第6期。
32. 李剑：《标准必要专利许可费确认与事后之明偏见 反思华为诉IDC案》，载《中外法学》2017年第1期。
33. 李剑：《市场支配地位认定、标准必要专利与抗衡力量》，载《法学评论》2018年第2期。

34. 鲁篱：《标准化与反垄断问题研究》，载《中国法学》2003年第1期。

35. 林秀芹：《联合创新的经济分析及反垄断法规制》，载《现代法学》2009年第2期。

36. 袁波：《标准必要专利权人市场支配地位的认定——兼议"推定说"和"认定说"之争》，载《法学》2017年第3期。

37. 袁波：《标准必要专利禁令救济立法之反思与完善》，载《上海财经大学学报》2018年第3期。

38. 郭壬癸：《标准必要专利禁令救济滥用司法规制困境与完善》，载《中国科技论坛》2019年第1期。

39. 韩伟、尹锋林：《标准必要专利持有人的市场地位认定》，载《电子知识产权》2014年第3期。

40. 崔国斌：《著作权集体管理组织的反垄断控制》，载《清华法学》2005年第1期。

41. ABA Section of Antitrust Law, Intellectual Property Misuse: Licensing and Litigation, American Bar Association, 2000.

42. OECD (1997), Policy Roundtables: Competition Policy and Intellectual Property Rights, https://www.oecd.org/daf/competition/1920398.pdf.

43. OECD (2004), Policy Roundtables: Intellectual Property Rights, https://www.oecd.org/daf/competition/34306055.pdf.

44. OECD (2006), Policy Roundtables: Competition, Patents and Innovation, https://www.oecd.org/daf/competition/39888509.pdf.

45. OECD (2009), Policy Roundtables: Competition, Patents and Innovation II, https://www.oecd.org/daf/competition/45019987.pdf.

46. OECD (2010), Policy Roundtables: Standard Setting, https://www.oecd.org/daf/competition/47381304.pdf.

47. OECD (2014), Policy Roundtables: Competition, Intellectual Property and Standard Setting, https://one.oecd.org/document/DAF/COMP (2014) 27/en/pdf.

48. OECD (2019), Policy Roundtables: Licensing of IP rights and competition law, https://one.oecd.org/document/DAF/COMP (2019) 3/en/pdf.

第三编　反垄断法实施制度

第十三章 反垄断法实施的基本问题

第一节 反垄断法实施概述

一、反垄断法实施的含义与功能

反垄断法的实施是为实现反垄断法立法目的而适用反垄断法规范的过程，具体包括反垄断执法、司法以及守法等过程。有学者将"反垄断法的实施"定义为，实现反垄断法的基本价值和政策目标，发挥其作用的关键和必由之路，包括反垄断法的遵守（守法）、反垄断法的执行（行政执法）和反垄断法的司法适用（司法）。[1] 有学者以动用公共资源还是私人资源为标准，对公共执行和私人执行进行定义，由公共官员对反竞争行为采取的任何行动可称之为公共执行；由私人发动的反垄断法执行为私人执行。[2] 有学者认为，法律的实施是通过法律的执行和法律的遵守两种途径实现的，反垄断法的实施体制包括法律的执行体制和法律的责任体制。[3]

我国反垄断法实施的内容是预防与制止经济性垄断行为与行政性垄断行为，具体来说包括对可能发生的垄断行为进行事前预防，对已经发生的垄断行为进行事后制止并施以处罚。对可能发生的垄断行为进行事前预防，主要通过两种途径实现：一是通过事前的监管、审查，预防可能发生的垄断行为，例如反垄断执法机构对经营者集中进行事前审查，以及政策制定机关对即将出台的政策措施进行公平竞争审查；二是由市场主体和行政主体主动遵守反垄断法，避免从事垄断行为。对已经发生的垄断行为进行事后制止，包括通过执法和司法的途径制止市场主体从事垄断协议与滥用市场支配地位行为，纠正行政主体的行政性垄断行为。

徒法不足以自行，如果缺乏一套完整的实施体系，反垄断法就难以发挥效用。反垄断法实施的首要意义在于实现反垄断法的立法目的。我国反垄断法的立法目的包括预防和制止垄断行为、保护市场公平竞争、鼓励创新、提高经济运行效率、维护消费者利益和社会公共利益、促进社会主义市场经济健康发展。反垄断法的实施是通过执法、司法以及守法的途径，用反垄断法来规范市场主体和行政主体的行为，最终实现反垄断法的立法目的。

具体来说，反垄断法的实施具有惩罚、威慑、恢复竞争秩序与损害赔偿等功能。

1. 惩罚与威慑违法行为。反垄断法实施的首要功能在于惩罚已经发生的违法行为，以及威慑未来可能发生的违法行为。在公共实施中，惩罚的手段主要表现为以下几种类型：一是对参与垄断协议和滥用市场支配地位的经营者或者行业协会施以行政罚款与没收违法所得，对负有个人责任的经营者的法定代表人、主要负责人和直接责任人员施以罚款；二

---

[1] 王先林主编：《中国反垄断法实施热点问题研究》，法律出版社2011年版，第18页。
[2] 王健：《反垄断法的私人执行——基本原理与外国法制》，法律出版社2008年版，第5~7页。
[3] 文学国、孟雁北、高重迎：《反垄断法执行制度研究》，中国社会科学出版社2011年版，第36~38页。

是对违法实施集中的经营者施以罚款；三是就行政性垄断行为，对直接负责的主管人员和其他直接责任人员依法给予处分；四是对未进行公平竞争审查或者违反审查标准出台政策措施的，而政策制定机关拒不改正或者不及时改正的，对直接负责的主管人员和其他直接责任人员给予处分。在私人实施中，惩罚主要表现为要求经营者、行业协会或者负有责任的单位或者个人承担民事责任。在反垄断法的实施中，惩罚与预防紧密关联，惩罚的最终目的是实现预防的效果，预防市场主体和行政主体继续从事垄断行为。公共实施中的罚款、没收违法所得以及行政处分，和私人实施中的损害赔偿都同时具有惩罚与预防的效果。

2. 修复垄断行为对竞争的损害。反垄断法实施的另一个重要功能是修复垄断行为对竞争的损害，使市场恢复原状或者恢复竞争状态。从字面上来看，恢复原状与恢复竞争状态存在一定的区别，恢复原状是指通过实施反垄断法使市场恢复到垄断行为发生前的状态。恢复原状是经营者集中的重要救济手段，我国《反垄断法》第58条规定："经营者违反本法规定实施集中，且具有或者可能具有排除、限制竞争效果的，由国务院反垄断执法机构责令停止实施集中、限期处分股份或者资产、限期转让营业以及采取其他必要措施恢复到集中前的状态，处上一年度销售额百分之十以下的罚款；不具有排除、限制竞争效果的，处五百万元以下的罚款。"恢复竞争状态是指通过实施反垄断法使市场恢复到一种有效竞争的状态。恢复原状或者恢复竞争状态可以通过以下几种方式实现：一是针对垄断协议和滥用市场支配地位，可以通过责令经营者停止违法行为，消除对市场竞争的影响来恢复市场的竞争状态。此类方式也包括由经营者承诺在确定的期限内采取具体措施消除该行为后果，恢复市场的竞争状态。二是针对违法实施的经营者集中案件，通过责令经营者停止实施集中、限期处分股份或者资产、限期转让营业以及采取其他必要措施恢复到集中前的状态。国家市场监督管理总局在"腾讯控股有限公司收购中国音乐集团股权违法实施经营者集中案"[1]中责令参与集中的经营者采取措施恢复相关市场的竞争状态，包括不得与上游版权方签订独家版权协议或其他排他性协议、无正当理由不得要求或变相要求上游版权方给予当事人优于其他竞争对手的条件、不得通过高额预付金等方式变相提高竞争对手成本。三是针对行政性垄断行为，由行政机关和法律、法规授权的具有管理公共事务职能的组织改正其行为，停止对市场竞争的不当干预，恢复市场的竞争状态。

3. 对受害人进行损害赔偿。反垄断法私人实施能够实现对受害人的损害赔偿，这也是私人实施的主要功能之一。我国《反垄断法》第60条规定了经营者实施垄断行为，给他人造成损失的，依法承担民事责任。根据《民法典》第179条，承担民事责任的方式主要有：①停止侵害；②排除妨碍；③消除危险；④返还财产；⑤恢复原状；⑥修理、重做、更换；⑦继续履行；⑧赔偿损失；⑨支付违约金；⑩消除影响、恢复名誉；⑪赔礼道歉。损害赔偿是反垄断民事责任的主要表现形式之一。在反垄断损害赔偿的类型上，存在补偿性赔偿与惩罚性赔偿两种类型，我国与欧盟的反垄断法都采取了补偿性赔偿，美国的反垄断诉讼中存在三倍惩罚性赔偿。补偿性赔偿的主要功能在于赔偿受害人因垄断行为所承受的损失，而惩罚性赔偿除了赔偿功能以外，还具有惩罚违法的经营者以及威慑未来可能发生的垄断行为的功能。

二、反垄断法实施的方式

(一) 反垄断法实施方式的学理分类

1. 反垄断法公共实施与私人实施的含义。按照实施主体的不同，学理上一般将反垄断

---

[1] 国市监处 [2021] 28号行政处罚决定书。

法的实施划分为公共实施和私人实施。本书认为，广义的反垄断法的实施包括反垄断法的执法、司法以及守法，狭义的反垄断法的实施特指反垄断法的执法和司法。广义的反垄断法公共实施是通过行使国家公权力来实现反垄断法的立法目的与适用反垄断法规范的过程。在狭义层面，反垄断法的公共实施仅指反垄断执法机构的执法等活动。例如，反垄断执法机构依据法律的授权，对经营者以及行业协会从事垄断协议和滥用市场支配地位进行调查、作出认定以及实施处罚；对经营者集中进行事前审查；对行政机关或者法律、法规授权具有管理公共事务职能的组织滥用行政权力排除、限制竞争的行为依照法定程序进行调查并提出处理的建议。此外，政策制定机关通过公平竞争审查，避免出台排除、限制竞争的政策措施，也可以看作是一种公共实施。

广义的反垄断法私人实施是指由私人主体实施反垄断法，具体表现为私人主体通过司法、其他争议解决机制以及通过守法，使反垄断法的立法目的得以实现的过程。狭义的反垄断法私人实施特指私人主体通过司法等争议解决机制适用反垄断法。反垄断法私人实施的主体主要为受到垄断行为影响的单位和个人。大多数国家均未对反垄断法私人实施的主体范围进行限制，目的是确保所有的私人主体均能够通过自主地实施反垄断法而获得救济。我国《反垄断法》第60条第1款是私人实施的法律依据，规定经营者实施垄断行为，给他人造成损失，依法承担民事责任。不过，该条并未对私人实施的主体资格、实施方式进行限制。

2. 反垄断法公共实施与私人实施的联系与区别。

（1）反垄断法公共实施与私人实施的联系。

第一，反垄断法公共实施与私人实施在实施目的上具有很多相同之处，两者都是通过对反垄断法的实施，制止经营者从事垄断行为，预防及威慑未来可能出现的垄断行为，以及对从事垄断行为的经营者进行惩罚。

第二，反垄断公共实施与私人实施在功能上是相互补充的关系。公共实施是公共实施机构凭借公共财政以及专业执法人员，对涉嫌垄断行为进行调查认定并作出处罚的过程。反垄断执法机构具备处理垄断案件所需要的专业性，能够高效地处理重大案件。但是公共实施也存在局限性，公共实施所能运用的人力物力是有限的，这致使公共实施能够查处的垄断案件也是有限的。然而，私人实施在这一点上可以作为公共实施的补充，私人主体由于自身利益受到垄断行为的影响，理论上更加具有动机提起诉讼。私人实施能够实现对垄断行为受害人的直接赔偿，最终实现修复性正义，这是公共实施所无法实现的目标。

第三，反垄断公共实施与私人实施在程序衔接上存在一定的联系，主要表现为公共实施对私人实施的影响以及私人实施对公共实施的影响。公共实施对私人实施的影响表现为以下几个程序衔接问题：一是公共实施构成私人实施的前置程序的必要性与合理性问题；二是公共实施机构所做出的最终决定在后继诉讼中的效力问题；三是公共实施机构所掌握的证据在后继诉讼中的证据开示问题；四是公共实施中的罚款与私人实施中的损害赔偿的优先性与协调问题；五是为了与公共实施相衔接，在后继诉讼中适用特殊时效规定的问题。私人实施对公共实施的影响包括：一是私人实施对公共实施具有激励效果，私人实施的存在，使公共实施机构能够以较低成本确定执法的优先顺序，协助公共实施机构发现违法行为的存在，私人实施程序完毕后公共实施机构仍然有权启动公共实施程序；二是后继诉讼中的证据开示会对公共实施中的宽大程序产生抑制效果。

（2）反垄断法公共实施与私人实施的区别。

第一，反垄断法的公共实施与私人实施在实施目的导向上存在一定区别。公共实施更加关注对竞争损害的修复，使市场竞争恢复到有效竞争的状态，以及对公共利益和消费者利益的保护。而私人实施虽在一定程度上也考量上述因素，但更侧重对个体权利的保护，表现为通过司法审判程序回应个体受害者的诉求，认定协议无效或者行为违法、采取必要的措施赔偿个体权益损害。

第二，反垄断法的公共实施与私人实施在实施主体上存在不同。公共实施通常是由反垄断法所授权的国家机关在其权限范围内通过适用反垄断法规范来实现反垄断法的立法目的。公共实施机构实施反垄断法的权力通常来源于法律的授权，如我国《反垄断法》第13条赋予国务院反垄断执法机构负责反垄断统一执法工作，同时规定省、自治区、直辖市人民政府相应的机构在国务院反垄断执法机构的授权下负责有关反垄断执法工作；同时，第60条第2款赋予设区的市级以上人民检察院提起民事公益诉讼的权力。国务院反垄断执法机构以及省级执法机构均属于行政机关，通过行使行政权力来实现反垄断法的立法目的。而我国反垄断法私人实施的主体主要是私人主体，包括因垄断行为受到损失以及因合同内容或者经营者团体章程、决议等违反反垄断法而发生争议的自然人、法人或者非法人组织。

第三，公共实施和私人实施的主要实施途径有所不同。在我国，公共实施的实施途径包括行政执法程序与司法程序。行政执法程序是由行政机关通过运用行政权力实现对垄断行为的事前监管与事后制止，具体包括运用行政权力针对垄断协议与滥用市场支配地位进行事后的调查与处罚，对经营者集中进行事前的审查，以及对行政性垄断行为进行事后的调查与建议，在公平竞争审查程序中发挥监督的功能。公共实施的实施途径也包括司法程序，具体表现为有职权的人民检察院依法提起民事公益诉讼。私人实施的实施途径主要表现为司法程序，具体包括私人主体所提起的民事诉讼以及行政诉讼。通常来说，针对垄断协议与滥用市场支配地位行为，私人主体有权提起民事诉讼。针对行政性垄断行为，私人主体有权提起行政诉讼。

（二）反垄断法实施的具体方式

1. 执法。执法，又可称公共执行，是反垄断法的主要实施方式，指由反垄断执法机构依照法定职权和程序执行反垄断法。依据执法机构的权力来源，反垄断法的执法模式大致可以被划分为两大类。第一类是由行政机关担任反垄断执法机构，该行政机关具有一定的独立性，通过行政权力保障反垄断法的实施，这一模式以我国和德国为典型代表。我国反垄断执法属于行政执法，执法主体为国家反垄断执法机构以及获得授权的省、自治区、直辖市人民政府相应的机构。《反垄断法》第13条规定："国务院反垄断执法机构负责反垄断统一执法工作。国务院反垄断执法机构根据工作需要，可以授权省、自治区、直辖市人民政府相应的机构，依照本法规定负责有关反垄断执法工作。"类似的模式也存在于德国，德国的反垄断执法机构分为联邦层面的执法机构与州层面的执法机构。联邦层面的主要执法机构为德国联邦卡特尔局（Bundeskartellamt），德国联邦卡特尔局隶属于德国联邦经济事务与气候保护部（原联邦经济事务与能源部），联邦经济事务与气候保护部下设6个管理局，联邦卡特尔局是其中之一。联邦卡特尔局拥有独立的机构设置和预算，其主席由联邦经济事务与气候保护部任命，向联邦经济事务与气候保护部报告工作。德国各州均设有州竞争执法机构，州竞争执法机构由各州通过立法予以设立，一般由州的某一个或多个行政机关担任，各州的机构设置不同。例如，汉堡州的竞争执法机构为"经济与创新局"，巴伐利亚州的竞争执法机构为"巴伐利亚州经济事务、区域发展和能源部"，巴登-符腾堡州的竞争执法机构为"经济、就业和房屋建设部"以及"环境、气候与经济能源部"两个部门。

第二类是由一个独立的监管机构行使执法权，这一监管机构不隶属于任何行政机关，其执法权限大多来自于法律的授权,这一模式以美国联邦贸易委员会为代表。美国联邦贸易委员会是一个独立的监管机构,不隶属于任何行政机关,本身也不是行政机关,其权力来源于《联邦贸易委员会法》。联邦贸易委员会在设立之初是为了避免反托拉斯法执法受到立法和行政力量的不当干预。为了保障其独立性,联邦贸易委员会的5名委员由美国两党共同来任命,同一党派任命的成员不得超过3人,每位委员的任期为7年,任期交错。委员任职期间不得从事其他工作,仅在效率低下、玩忽职守以及渎职的情况下由美国总统进行免职。[1]

与通过诉讼的途径来实施反垄断法相比,执法具有以下优势:首先,相比诉讼程序,执法程序往往具有时限短和效率高的特点。以行政权力或者法定权力来主导案件的调查和处罚,相比私人主体实施反垄断法,在证据收集、行为认定、处罚实施方面都具有较高的效率,能够在较短的期限内达到反垄断法的实施目标,包括制止已经发生的垄断行为、预防和威慑未来可能出现的垄断行为、以较低的成本实现对社会总福利的修复。其次,由独立的执法机构主导对垄断行为的调查、认定与处罚,具有专业、稳定和可预期的特点。大多数国家及地区的反垄断执法机构往往具有独立的预算与执法人员配置,专业化的人员配置使反垄断执法机构有能力对复杂的垄断行为进行法学和经济学上的交叉分析,最终保障执法结果的正确性与准确性。独立的预算与机构设置还保障了反垄断执法的稳定性与可预期性,反垄断执法机构能够不受到任何个人与组织的干预独立实施反垄断法。相比之下,私人主体通过诉讼的途径来实施反垄断法,其主要动机为私权利救济,其诉讼行为也受限于私权利救济这一动机。

2. 司法。通过司法途径实施反垄断法是指司法机关依据法定职权和程序,对垄断行为以及当事人的法律责任进行审理与认定,具体的司法途径包括民事诉讼、行政诉讼以及刑事诉讼。从全球实践看,垄断案件诉讼的原告可能是竞争主管机构或者私人主体。我国《反垄断法》自2008年施行之时就构建了民事诉讼与行政诉讼这两种主要诉讼方式。《反垄断法》第60条第1款规定:"经营者实施垄断行为,给他人造成损失的,依法承担民事责任。"这一条是我国反垄断民事诉讼的法律依据。最高人民法院于2012年发布的《垄断行为民事纠纷解释》,对垄断民事纠纷的起诉、案件受理、类型、管辖、举证责任分配、证据、民事责任及诉讼时效等问题进行了进一步细化。此外,《反垄断法》2022年修改时还新增民事公益诉讼机制,这也构成了我国《反垄断法》重要的司法实施方式。

我国反垄断法中的行政诉讼主要包括两种:一是私人主体对行政性垄断行为提起的行政诉讼;二是行政相对人不服反垄断执法机构的处理决定而提起的行政诉讼。关于第二类行政诉讼,我国《反垄断法》第65条规定:"对反垄断执法机构依据本法第三十四条、第三十五条作出的决定不服的,可以先依法申请行政复议;对行政复议决定不服的,可以依法提起行政诉讼。对反垄断执法机构作出的前款规定以外的决定不服的,可以依法申请行政复议或者提起行政诉讼。"也就是说,对大多行政处理决定来说,相对人不服的,可以直接提起行政诉讼,但对于经营者集中审查中的禁止决定和附条件批准决定,相对人不服的,一般应先提起行政复议。

反垄断民事诉讼又分为两类模式。一类是由私人主体因垄断行为受到损失而提起的民事诉讼程序,即狭义的反垄断法私人实施。我国《反垄断法》第60条第1款赋予了私人主

---

[1] OECD, Independence of competition authorities-from designs to practices (summaries of contributions session III), 1-2 Dec. 2016, p.42.

体提起反垄断民事诉讼的权利。由私人主体提起的民事诉讼具有实施反垄断法与救济个人权益的双重功能。另一类是由竞争主管机构或其他机构通过民事诉讼程序实施反垄断法,以美国司法部和联邦贸易委员会的民事诉讼为典型代表。我国《反垄断法》也授权人民检察院提起反垄断民事公益诉讼。

在我国反垄断法中,通过行政诉讼来实施反垄断法主要表现为私人主体因滥用行政权力排除、限制竞争行为受到损害,而针对行政机关或者法律、法规授权的具有公共事务管理职能的组织提起的行政诉讼。行政诉讼有助于制止和预防行政性垄断行为,也是对行政性垄断进行司法监督与外部监督的重要途径。此外,对于反垄断执法决定不服的经营者也可以通过提起行政诉讼寻求救济,具体包括经营者对反垄断执法机构针对其垄断协议、滥用市场支配地位、经营者集中审查决定所作出的决定不服而提起的行政诉讼。

在部分国家的反垄断法中,刑事诉讼也是重要的实施方式。目前在反垄断法中规定刑事责任的国家有美国、加拿大、巴西、丹麦、爱尔兰等。如美国《谢尔曼法》就规定违反《谢尔曼法》的企业和个人都构成刑事犯罪,承担包括刑事罚金与有期徒刑在内的刑事责任。美国司法部反托拉斯局有权对涉嫌违反《谢尔曼法》的行为进行调查并提起刑事诉讼。

3. 守法。守法是指国家机关、社会组织和公民个人依照法律规定,正确行使权利,切实履行义务的活动。[1]守法包括两部分内容。一是正确行使合法权利,二是切实履行法律规定的义务。对于反垄断法来说,常见的守法主体包括市场主体和行政主体,市场主体包括经营者和行业协会,行政主体包括行政机关和法律、法规授权的具有管理公共事务职能的组织。守法主体不得从事经济性垄断行为与行政性垄断行为。守法是法的实施的重要组成部分,是法的实施的一种基本形式。国家机关、社会组织和公民的守法使一部法律所追求的目的得以实现。同时,国家机关、社会组织和公民积极地遵守法律,能够极大地降低违法行为给社会带来的损害以及因执法和诉讼造成的社会成本。

反垄断法的有效实施离不开市场主体和行政主体对反垄断法的遵守。近年来,各国反垄断执法机构普遍认识到,通过积极推进竞争倡导,能够有效地促进反垄断法的实施。竞争倡导(Competition advocacy)是指反垄断执法机构实施的执法之外改善竞争环境的所有措施。[2]竞争倡导,可能表现为促进改善竞争环境的各种非执法措施,包括反垄断执法机构为市场主体提供合规指引,参与政策制定机关的公平竞争审查,以及通过加强反垄断法的普法宣传,在全社会营造竞争文化等。

竞争倡导、反垄断执法与反垄断诉讼三者之间既存在联系,也存在区别。竞争倡导、反垄断执法与反垄断诉讼都是反垄断法实施的重要内容,三者的目的都是为了保障反垄断法所追求的立法目的能够得以实现。竞争倡导的有效实施,有助于减少垄断行为的发生,从而节省执法与诉讼的社会成本。但是,三者也存在较大的区别。首先,竞争倡导是对潜在的垄断行为进行事前的预防,反垄断执法与诉讼是对已经发生的垄断行为进行事后的纠正与处罚。其次,竞争倡导多表现为一种柔性的指引与建议,缺乏法律强制力,反垄断执法与诉讼都是具有法律强制力的法的实施手段。

美国司法部反托拉斯局将竞争倡导列为其最优先的工作之一,通过广泛地与联邦政府机构、国会、州政府、州立法机构、法院和其他国家反垄断执法机构进行合作,推动竞争倡导工作。竞争倡导工具包括:①参与行政部门的政策制定工作;②参与联邦立法程序并

---

[1] 舒国滢主编:《法理学导论》,北京大学出版社2006年版,第203页。

[2] 张占江:《竞争倡导研究》,载《法学研究》2010年第5期。

说明该法案对竞争的影响；③发布行业竞争报告；④对管制型行业主管机构的监管行为进行干预并提交公众意见等。当法院、政府机构或其他组织考虑影响消费者或者竞争的案件或政策决定时，美国联邦贸易委员会可以通过担任法庭之友，或者通过辩护信的方式提供意见，包括促进竞争的意见。

竞争倡导也是欧盟委员会的重要职能之一，主要表现为"竞争筛查"和经营者合规指引。竞争筛查是指反垄断执法机构通过提交管制影响评估（Regulatory Impact Assessment, RIA）参与立法程序以及部分非立法程序。欧盟委员会于2005年在立法程序中引入了竞争筛查，规定所有由欧盟委员会起草的，可能严重影响到经济、社会和环境的立法草案和非立法文件（例如财政方案、双边条约等），都需要经过管制影响评估。立法者必须考量起草的法案是否会对消费者和市场竞争造成不利影响。针对特定领域的立法尤其要加强竞争筛查，包括：①有关自由化、产业政策和内部市场措施的立法；②有关引入特殊商业权利（例如知识产权）或对特定行为进行竞争法豁免的立法；③追求环保、产业或区域政策目标同时可能影响经济活动的立法；④具有商业影响的一般性法规（例如公司法），特别是包含限制某一部门的企业数量的立法。欧盟委员会在影响评估报告中提出该立法草案可能对竞争产生的影响后，会向利害关系人和社会大众公开征求意见。欧洲议会和理事会在后续的立法程序中均应考量影响评估报告中所提出的问题。此外，引导经营者合规也是欧盟委员会的重要工作之一，为此，欧盟委员会发布了《合规事项》手册，总结了企业应当遵守的竞争规则，并提出合规策略的建议。

我国反垄断执法机构的竞争倡导职能也体现在两个方面：首先，对行政性垄断进行事前预防，主要体现在参与公平竞争审查制度。公平竞争审查是对政策制定机关即将出台的政策措施进行的事前竞争性审查，能够有效预防可能排除、限制竞争的政策措施。公平竞争审查是反垄断执法机构实施竞争倡导的重要内容之一。具体方式包括反垄断执法机构对公平竞争审查的制度细化，直接参与政策制定机关的公平竞争审查程序，通过监督、考核等方式参与公平竞争审查。其次，对经济性垄断行为进行事前预防，主要体现在为经营者提供反垄断合规指引、开展市场竞争状况评估与理论研究、加强竞争文化宣传。针对经营者反垄断合规，我国国务院反垄断委员会公布《经营者反垄断合规指南》，国家市场监督管理总局公布《市场监管总局关于印发〈企业境外反垄断合规指引〉的通知》（以下简称《企业境外反垄断合规指引》）。在合规指引方面，反垄断执法机构可以通过对企业的反垄断合规培训、提供反垄断法律实施相关问题的咨询等手段，提升市场主体的合规意识。反垄断执法机构通过市场竞争状况评估和理论研究，有助于了解市场的竞争状况，为政策制定提供理论和实证支持。通过对案件处罚结果以及公平竞争审查工作情况的公开，在全社会加强对竞争文化的宣传，有助于营造公平竞争的市场环境。

拓展阅读：经营者反垄断合规

各国反垄断执法机构普遍认识到有效的经营者合规对于反垄断法的实施具有重要意义。我国国务院反垄断委员会于2020年9月所发布的《经营者反垄断合规指南》，以及市场监管总局于2021年11月所发布的《企业境外反垄断合规指引》以及于2023年9月所发布的《经营者集中反垄断合规指引》是我国反垄断领域经营者合规的重要文件。经营者反垄断合规是指经营者及其员工的经营管理行为符合《反垄断法》等法律、法规、规章及其他规范性文件的要求。经营者应当在企业内部进行合规管理并且进行合规文化倡导。合规管理是以预防和降低反垄断合规风险为目的，以经营者及其员工经营管理行为为对象，开展包括制度制定、风险识别、风险应对、考核评价、合规培训等管理活动。合规文化倡导是指经营者坚持诚实守信、公平竞争的原则，倡导和培育良好的合规文化，在生产经营活动中严格守法，避免从事反垄断法禁止的垄断行为。

在合规管理的制度建设方面，经营者可以根据企业的具体情况建立自身的反垄断合规管理制度，包括合规承诺、合规报告和合规管理机构。合规承诺包括高级管理人员和其他员工的合规承诺，经营者的高级管理人员作出并履行明确、公开的反垄断合规承诺，其他员工作出并履行相应的反垄断合规承诺。经营者可以在合规管理制度中明确有关人员违反承诺的后果。合规报告是指鼓励经营者向反垄断执法机构书面报告反垄断合规管理制度及实施效果。合规管理机构是经营者在企业内部设立的反垄断管理部门，经营者须明确合规工作职责和负责人。合规管理机构及其负责人需具有足够的独立性和权威性，以有效实施反垄断合规工作。其中合规管理负责人领导合规管理部门，执行决策管理层对反垄断合规管理的各项要求，协调反垄断合规管理与各项业务的关系，监督合规管理执行情况。鼓励经营者高级管理人员领导或者分管反垄断合规管理部门，承担合规管理的组织实施和统筹协调工作。

反垄断合规管理部门和合规管理人员一般履行以下职责：①加强对国内外反垄断法相关规定的研究，推动完善合规管理制度，明确经营者合规管理战略目标和规划等，保障经营者依法开展生产经营活动；②制定经营者内部合规管理办法，明确合规管理要求和流程，督促各部门贯彻落实，确保合规要求融入各项业务领域；③组织开展合规检查，监督、审核、评估经营者及员工经营活动和业务行为的合规性，及时制止并纠正不合规的经营行为，对违规人员进行责任追究或者提出处理建议；④组织或者协助业务部门、人事部门开展反垄断合规教育培训，为业务部门和员工提供反垄断合规咨询；⑤建立反垄断合规报告和记录台账，组织或者协助业务部门、人事部门将合规责任纳入岗位职责和员工绩效考评体系，建立合规绩效指标；⑥妥善应对反垄断合规风险事件，组织协调资源配合反垄断执法机构进行调查并及时制定和推动实施整改措施；⑦其他与经营者反垄断合规有关的工作。鼓励经营者为反垄断合规管理部门和合规管理人员履行职责提供必要的资源和保障。

《经营者反垄断合规指南》列举了8项合规风险重点，分别是禁止达成垄断协议、禁止滥用市场支配地位、依法实施经营者集中、经营者的法律责任、承诺制度、宽大制度、配合调查义务以及境外风险提示。对于合规风险进行管理，应当包括识别、评估、提醒和处置4个步骤。风险识别指经营者根据自身规模、所处行业特性、市场情况、反垄断法相关规定及执法环境识别面临的主要反垄断风险。经营者可以依据反垄断法相关规定，分析和评估合规风险的来源、发生的可能性以及后果的严重性等，并对合规风险进行分级。经营者可以根据不同职位、级别和工作范围的员工面临的不同合规风险，对员工开展风险测评和风险提醒工作，提高风险防控的针对性和有效性，降低员工的违法风险。鼓励经营者建立健全风险处置机制，对识别、提示和评估的各类合规风险采取恰当的控制和应对措施。经营者可以在发现合规风险已经发生或者反垄断执法机构已经立案并启动调查程序时，立即停止实施相关行为，主动向反垄断执法机构报告并与反垄断执法机构合作。

第二节 反垄断法实施的模式

一、我国反垄断法的实施模式

(一) 我国反垄断法的实施模式概述

我国反垄断法的实施采用执法与司法并行的双轨制。执法是指反垄断执法机构在《反垄断法》的授权下维护市场竞争秩序、纠正垄断行为的过程。司法是指私人主体通过民事诉讼程序、行政诉讼程序，以及人民检察院通过民事公益诉讼程序维护市场竞争秩序、纠正垄断行为的过程。

反垄断法的主要实施机构是反垄断执法机构与人民法院。反垄断执法机构包括国务院反垄断执法机构以及经授权的省、自治区、直辖市人民政府相应的机构。国务院反垄断执法机构负责反垄断统一执法工作。此外，人民法院也是反垄断法的重要实施机构。

我国《反垄断法》第11条为反垄断法实施的原则性条款，规定："国家健全完善反垄断规则制度，强化反垄断监管力量，提高监管能力和监管体系现代化水平，加强反垄断执法司法，依法公正高效审理垄断案件，健全行政执法和司法衔接机制，维护公平竞争秩序。"该条可以从三个方面进行理解：一是国家应当通过立法健全完善反垄断规则制度，包括对实体规则与程序规则的完善。健全完善反垄断程序规则表现为国家制定与完善《反垄断法》中的程序性规则，也表现为国务院反垄断委员会通过研究拟定竞争政策，制定、发布反垄断指南的方式健全完善反垄断程序规则制度，以及国务院反垄断执法机构通过制定实施细则、指南等文件对反垄断法的程序规则进行细化和完善。二是国家应当强化反垄断监管，提高监管能力和监管体系现代化水平。负有行使反垄断监管职权的机构为国务院反垄断执法机构以及被授权的省级反垄断执法机构。上述反垄断执法机构应当依照《反垄断法》的规定，运用各种调查手段对市场竞争状况、市场主体的行为进行监督，并在必要时启动执法程序。强化反垄断监管是通过提高监管能力和监管体系现代化水平来实现的，包括完善监管制度和体制机制、创新丰富监管工具、加强监管人才队伍建设、健全信用监管长效机制等。三是国家应当加强反垄断执法与司法，依法公正高效审理垄断案件，健全行政执法和司法衔接机制，维护公平竞争秩序。执法和司法是反垄断法实施的主要方式，二者既相对独立，又互相补充、互相衔接与互相协调。一方面，我国反垄断执法与司法并重，二者是相对独立的，不存在明显的优先关系，反垄断司法不受行政执法的干预，不以行政执法为必要前置程序，反之亦然。另一方面，反垄断执法与司法之间并非是完全割裂的，二者在功能上、目的上是互相补充的，在程序上又应当是互相衔接、互相协调的。同时加强反垄断执法与司法，健全反垄断行政执法和司法衔接机制，是实现反垄断法目的的必要途径。

(二) 国务院反垄断委员会

1. 国务院反垄断委员会的性质与组成。我国《反垄断法》第12条规定了国务院反垄断委员会（以下简称"反垄断委员会"）的职权和组成。反垄断委员会并不是反垄断执法机构，不具有针对垄断行为的执法权。从职权范围来看，反垄断委员会是一个政策制定机关和议事协调机构，其主要职责可以被总结为"组织、协调、指导反垄断工作"。其中"组织"是指"组织调查、评估市场总体竞争状况，发布评估报告"；"协调"是指"协调反垄断行政执法工作"；"指导"包括"研究拟定有关竞争政策"以及"制定、发布反垄断指南"等。

首先，反垄断委员会可以对反垄断法在实施中所遇到的问题通过制定指南予以明确和细化。从应然和实然的角度来说,《反垄断法》不应也不可能将所有实施细则纳入,需要反垄断委员会和反垄断执法机构在《反垄断法》的实施过程中予以细化。其次,反垄断委员会是一个议事协调机构。《反垄断法》颁布之后,国务院授权三机构共同执法,反垄断委员会的一个重要职权是协调三个反垄断执法机构的执法活动。反垄断法实施过程中出现的反垄断执法机构与行业监管机构之间的职能冲突,应由反垄断委员会进行协调。反垄断委员会的人员组成和工作职责由国务院规定。反垄断委员会由主任、副主任、委员和秘书长组成,其中委员为国务院相关部委负责人。反垄断委员会设有专家咨询组,为反垄断执法提供咨询意见。2018年机构改革之后,反垄断委员会办公室设在国家市场监督管理总局。

2. 国务院反垄断委员会的主要职责。我国《反垄断法》第12条规定了反垄断委员会的五项职责,分别是研究拟订竞争政策、调研市场竞争状况、制定反垄断指南、协调反垄断执法工作以及国务院规定的其他职责。

(1) 反垄断委员会的首要职责是研究拟订竞争政策。竞争政策是国家经济政策的重要组成部分,由反垄断委员会对竞争政策进行研究拟订,特别是考量到反垄断委员会的组成,有助于竞争政策基础地位的确立与进一步深化,同时反垄断委员会专家咨询组的设置能够保障竞争政策研究拟订的专业性。

(2) 反垄断委员会具有组织调查、评估市场总体竞争状况,并发布评估报告的职责。反垄断法的实施需要以市场总体竞争状况的调查与评估为基础,反垄断委员会对市场或行业竞争状况相关数据进行调查统计、实证化研究,运用经济学等专业知识进行评估,有助于帮助政策制定者与法律实施者了解市场的总体竞争状况,为制定政策与执行法律的准确性提供实证基础。同时,市场调研也是发现垄断案件线索的重要工具,通过对特定市场的特定行为进行调研,要求相关经营者提供必要信息,并制定相应的报告,可以为未来针对该行为的执法工作提供指导。

(3) 反垄断委员会具有制定、发布反垄断指南的职责。制定、发布反垄断指南,可以为反垄断法的执行提供指引,同时也便利相关经营者与其他市场主体预测某类行为的法律后果。反垄断委员会自成立以来,制定、发布了多部反垄断指南,包括《关于相关市场界定的指南》《国务院反垄断委员会横向垄断协议案件宽大制度适用指南》《垄断案件经营者承诺指南》《关于知识产权领域的反垄断指南》等。

(4) 反垄断委员会具有协调反垄断执法工作的职责。反垄断委员会协调反垄断执法工作包括协调执法机构之间的行政执法工作,也包括协调反垄断执法机构与行业监管机构就反垄断行政执法可能出现的职能冲突。自2008年《反垄断法》施行至2018年机构改革之前,国家发展与改革委员会、国家工商行政管理总局与商务部三机构共同执法,反垄断执法机构之间可能出现职能的重叠或者缺位。反垄断委员会的"协调职能"一定程度上能够应对多个机构执法模式可能出现职能之争问题,包括职能的重叠与缺位等。但2018年机构改革之后,三机构的执法职能统一合并于国家市场监管总局,反垄断委员会对执法机构行政执法职能进行协调的急迫性有所减弱。在机构改革之后,反垄断委员会仍有必要对反垄断执法机构与行业监管机构之间可能就反垄断行政执法出现的职能冲突问题进行协调。

(5) 除了以上四项职责,《反垄断法》还为反垄断委员会的职责设置留出了一定空间,即国务院有权规定反垄断委员会的其他职责。

(三) 我国反垄断法的实施机构

1. 反垄断执法机构。

(1) 我国反垄断执法机构的设置与机构改革。反垄断执法机构的设置与职权是大多数国家反垄断法中的重要内容。我国《反垄断法》第 13 条第 1 款明确授权国务院反垄断执法机构负责反垄断统一执法工作。同时，第 2 款规定了国务院反垄断执法机构根据工作需要，可以授权省、自治区、直辖市人民政府相应的机构，负责反垄断执法工作。在反垄断法中明确执法机构及其职权，有助于维持反垄断执法工作的稳定性。

2022 年我国《反垄断法》修改时，对第 13 条执法机构条款进行了较大调整，一个主要变化就是直接规定国务院反垄断执法机构负责反垄断统一执法工作。相比之下，修改前《反垄断法》第 10 条并未明确指定承担反垄断执法工作的机构，而是将执法机构的确定权授权于国务院。在《反垄断法》实施之前，涉及反垄断的规则分散在《反不正当竞争法》《价格法》《中外合资经营企业法》《中外合作经营企业法》以及《外资企业法》等法律中，中央层面的实施机关包括国家工商行政管理总局、国家发展和改革委员会以及商务部。为了维持相关执法工作的稳定性与专业性，2008 年《反垄断法》生效实施后，国务院于 2008 年 3 月第十一届全国人民代表大会第一次会议决议发布《国务院关于机构设置的通知》，将反垄断执法权授予国家发展和改革委员会、国家行政管理工商总局以及商务部，三机构统称为"国务院反垄断执法机构"。国务院反垄断执法机构根据工作需要，可以授权省一级人民政府相应的机构负责有关执法工作。

我国反垄断执法机构的设置经历了从多个执法机构模式向单一执法机构模式转变的过程，分为三个阶段。

第一阶段，由国家发展和改革委员会、国家工商行政管理总局以及商务部共同承担反垄断执法工作。三机构的具体分工为，国家发改委负责涉及价格的垄断协议与滥用市场支配地位案件的执法工作，国家工商总局的执法范围涉及非价格的垄断协议与滥用市场支配地位案件，商务部负责经营者集中审查。

第二阶段，2018 年 3 月，第十三届全国人民代表大会第一次会议审议的国务院机构改革方案对反垄断执法机构的设置进行了较大调整。改革后，国务院组建国家市场监督管理总局，作为国务院直属机构。原属于国家发改委、国家工商总局以及商务部的反垄断职责，统一归属于国家市场监督管理总局。

第三阶段，2021 年 11 月，国家反垄断局成立，专门负责反垄断执法工作。国家反垄断局下设三个司局：竞争政策协调司负责统筹推进竞争政策实施，负责反垄断综合协调工作；反垄断执法一司负责垄断协议、滥用市场支配地位以及滥用知识产权排除、限制竞争等反垄断执法工作；反垄断执法二司负责依法对经营者集中行为进行反垄断审查。至此，我国反垄断执法完成了从多个执法机构模式向一个相对较为独立的单一执法机构模式的转变。

在我国反垄断法制定与颁布实施的过程中，一直存在采用单一执法机构模式还是多个执法机构模式的争论。在《反垄断法》起草过程中，关于反垄断执法机构的设置，存在四种观点：第一种观点认为，应当设立一个独立的反垄断执法机构，以保障反垄断执法的权威性。将商务部、原国家计委和工商行政管理总局中涉及反垄断执法的职权统一合并于新设立的机构。第二种观点认为，不设立新反垄断执法机构，由现有商务部、工商和价格部门分担反垄断执法工作，同时设立反垄断委员会，协调有关部门执法工作。第三种观点认为，应当将工商行政管理机关设置为反垄断执法机构，其依据是国务院"三定方案"中将查处市场交易中的垄断和不正当竞争行为的职权赋予工商行政管理总局。第四种观点认为，由商务部负责反垄断执法工作。[1]

---

[1] 吴振国：《〈中华人民共和国反垄断法〉解读》，人民法院出版社 2007 年版，第 124~126 页。

在理论上，单一执法机构模式和多个执法机构模式各有优缺点。通常认为，单一执法机构模式有利于确保反垄断执法机构的权威性及独立性，有助于防止反垄断执法机构受到其他政府部门的干扰和影响。而设立多个执法机构，可能导致不同机构执法权之间的重合，甚至出现执法机构之间在执法权上的争执和摩擦。另外，与设立新的执法机构相比，将反垄断执法权赋予现有的国务院部委，可能出现反垄断职能与该部委其他职能相冲突的问题。在多个执法机构模式下，如果能够有效协调各自的执法范围，也有助于避免单一执法机构执法力量不足的风险。

反垄断法是否应当明确规定反垄断执法机构，存在不同的实践。部分国家将其主要的反垄断执法机构明确规定在反垄断法中，诸如美国《谢尔曼法》明确授权各州检察官在司法部长的指导下，提起诉讼程序制止违法行为；德国《反限制竞争法》规定竞争执法机构为联邦卡特尔局、联邦经济与气候保护部以及依据州法有职权的州最高执法机构；英国《竞争法》中明确规定英国竞争与市场管理局为竞争法执法机构。从域外的反垄断执法机构设置来看，单一执法机构模式以欧洲大部分国家以及日本、韩国、澳大利亚为代表，例如英国的竞争与市场管理局、法国的竞争管理局、俄罗斯的联邦反垄断局、日本的公平交易委员会、澳大利亚竞争与消费者委员会等。多个执法机构模式以美国为代表。美国在联邦层面有两个反托拉斯执法机构——司法部的反托拉斯局和联邦贸易委员会。二者均负责执行联邦反托拉斯法，在部分领域，两者职权存在一定的重合，依靠在特定行业或市场的执法经验积累与协调机制，避免执法上的冲突与推诿。

（2）反垄断执法机构的主要职责。我国《反垄断法》第13条第1款规定："国务院反垄断执法机构负责反垄断统一执法工作。"第2款规定："国务院反垄断执法机构根据工作需要，可以授权省、自治区、直辖市人民政府相应的机构，依照本法规定负责有关反垄断执法工作。"国务院反垄断执法机构以及省级反垄断执法机构的主要职责就是实施反垄断法。具体来说，国务院反垄断执法机构的职责又可以被划分为：

第一，拟定反垄断制度措施和指南。反垄断执法机构需要通过制定部门规章，对反垄断法进行细化，以保障反垄断法的有效实施。反垄断执法机构所发布的部门规章属于反垄断法的行政解释，如《禁止垄断协议规定》《禁止滥用市场支配地位行为规定》《经营者集中审查规定》《制止滥用行政权力排除、限制竞争行为规定》等。此外，反垄断执法机构还通过制定柔性的反垄断指南，提高反垄断执法的透明度，便于经营者、行政主体理解并实施反垄断法。例如，为了建立健全公平竞争审查第三方评估机制，鼓励政策制定机关在公平竞争审查工作中引入第三方评估，国家市场监督管理总局制定了《公平竞争审查第三方评估实施指南》。

第二，组织实施反垄断执法工作。首先，反垄断执法机构应当对垄断协议和滥用市场支配地位行为进行行政调查与处罚，反垄断执法机构的行政调查权与处罚权来自于《反垄断法》第46条至第55条"对涉嫌垄断行为的调查"以及第56条、第57条以及第59条"法律责任"。反垄断执法机构的行政调查和执法活动本质上是行政机关通过调查程序，查明案件事实，并依照调查所得的事实，对经营者或者行业协会的行为予以认定并实施行政处罚的过程。其次，反垄断执法机构应当对经营者集中申报进行审查，并对违反反垄断法实施集中的，进行调查与处罚。反垄断执法机构对经营者集中申报进行审查的依据是《反垄断法》第25条至第38条，对违反反垄断法实施集中进行处罚的依据是《反垄断法》第58条。再次，针对行政性垄断行为，反垄断执法机构可以进行事后的调查，并向政策制定机关或者上级机关提出依法处理的建议。2022年《反垄断法》修改新增第54条，赋予反垄断执法机构对涉嫌行政性垄断行为进行调查的权力，有关单位或者个人应当配合调查。最后，除了对垄断行为进行执法以外，反垄断执法机构还具有协助《反垄断法》的主体遵守反垄断法的职能，主要体现为竞争倡导与促进经营者合规等工作。

第三，承担指导企业在境外的反垄断应诉工作。反垄断执法机构还负责指导企业在国外的反垄断应诉工作。2021年，国家市场监督管理总局制定并发布了《企业境外反垄断合规指引》，对在境外从事经营业务的中国企业以及在境内从事经营业务但可能对境外市场产生影响的中国企业的经营活动提供反垄断指引。具体适用于企业从事进出口贸易、境外投资、并购、知识产权转让或者许可、招投标等涉及境外的经营活动。对企业在境外的经营活动进行合规指引，主要是为了引导企业建立和加强境外反垄断合规管理制度，增强企业境外经营反垄断合规管理意识，提升境外经营反垄断合规管理水平，防范境外反垄断法律风险，保障企业持续健康发展。《企业境外反垄断合规指引》强调的是对企业的指导与服务，是为企业在境外防范反垄断风险提供一个原则性、概括性的说明与建议，是一种柔性的指南，而非为企业创设权利和义务。

《企业境外反垄断合规指引》主要分为"境外反垄断合规管理制度""境外反垄断合规风险重点""境外反垄断合规风险管理"等内容。《企业境外反垄断合规指引》鼓励企业在境外建立反垄断合规管理制度以及专门的合规管理部门或者岗位，对境外反垄断合规制度进行定期评估。

第四，组织指导公平竞争审查工作。反垄断执法机构对公平竞争审查工作的组织指导体现在公平竞争审查的全过程中，包括参与公平竞争审查、组建公平竞争审查工作联席会议以及监督公平竞争审查。

①反垄断执法机构可以参与政策制定机关所组织的公平竞争审查。《公平竞争审查制度实施细则》第3条第2款规定，以县级以上地方各级人民政府名义出台的政策措施，由起草部门或者本级人民政府指定的相关部门进行公平竞争审查。起草部门在审查过程中，可以会同本级市场监管部门进行公平竞争审查。

②在公平竞争审查工作部际联席会议的组成上，市场监管总局是重要的成员之一。市场监管总局、发展改革委、财政部、商务部会同有关部门，建立健全公平竞争审查工作部际联席会议制度，统筹协调和监督指导全国公平竞争审查工作。

③反垄断执法机构作为一个专业的外部力量，有权监督公平竞争审查的实施，具体表现为对政策措施等进行抽查以及对违反《反垄断法》的情形进行调查两个方面。市场监管总局负责牵头组织相关政策措施的抽查，检查有关政策措施是否履行审查程序、审查流程是否规范、审查结论是否准确等。市场监管总局还对市场主体反应比较强烈、问题比较集中、滥用行政权力排除限制竞争行为多发的行业和地区，进行重点抽查。抽查结果应及时反馈被抽查单位，并以适当方式向社会公开；对抽查发现的排除、限制竞争问题，被抽查单位应当及时整改。

④承担反垄断执法国际合作与交流工作。国务院反垄断执法机构承担反垄断执法的国际合作与交流工作。从国际合作的形式上来看，包括双边合作、区域合作以及多边合作。在双边合作机制构建上，我国国务院反垄断执法机构已经与美国、欧盟、俄罗斯、英国、日本、韩国、巴西、加拿大、南非等国家和地区反垄断执法机构签署合作备忘录、合作指引等文件。在区域合作方面，国务院反垄断执法机构与"一带一路"沿线国家和地区、RCEP国家以及金砖国家等开展竞争合作。在多边合作方面，国务院反垄断执法机构参与联合国贸发会、经合组织、亚太经合组织等多边国际会议。

第五，承办国务院反垄断委员会日常工作。2018年国务院机构改革后，将国务院反垄断委员会办公室设在国家市场监督管理总局，由国家市场监督管理总局承担反垄断委员会的日常工作。

（3）反垄断执法的授权与委托。

第一，授权执法。在我国，反垄断行政执法属于中央政府事权，省一级人民政府相应的机构仅在国务院反垄断执法机构的授权下，才可以负责反垄断执法工作。我国《反垄断法》第13条第2款是授权执法条款，国务院反垄断执法机构根据工作需要，可以授权省、自治区、直辖市人民政府相应的机构，依照本法规定负责有关反垄断执法工作。

首先，授权执法可以分为普遍授权和个案授权。普遍授权是指国家市场监督管理总局通过行政规章将一类案件的执法直接授权给省级市场监管部门。个案授权是指由市场监管总局将相关案件指定由特定省级市场监管部门进行查处。对于普遍授权来说，市场监管总局主要负责查处三类垄断协议和滥用市场支配地位案件。一是跨省、自治区、直辖市的案件；二是案情较为复杂或者在全国有重大影响的案件；三是市场监管总局认为有必要直接查处的案件。省级市场监管部门负责本行政区域内垄断协议、滥用市场支配地位、滥用行政权力排除、限制竞争案件的反垄断执法工作，以省级市场监管部门的名义依法作出处理。对于个案授权来说，国家市场监督管理总局可以将本属于自己查处的特定案件指定省级市场监管部门进行查处。其次，在两种情况下，省级市场监管部门应当将受理的案件移交总局查处：一是由省级市场监管部门根据授权查处的案件，发现不属于部门查处范围；二是省级市场监管部门对属于本机关管辖范围内的案件，有必要由国家市场监管总局查处的，可以报请总局决定。最后，对于授权执法的内容是否有必要扩展到下一级的市场监管部门，如市县级市场监管部门，存在不同考量。考量到我国部分省份人口众多，市场庞大，省级市场监管部门的执法人员有限，执法力量不足，若比照《反不正当竞争法》，将执法机构扩展到县级以上市场监管部门，有助于扩充执法力量，更好地保障反垄断法的有效实施。但是，反垄断执法工作的专业性较强，需要进行较为复杂的市场调查，甚至经济学分析。执法队伍如果缺乏专业性，难以保障准确、客观、公正的执法结果。考量到反垄断执法会对市场竞争产生较大影响，有必要坚持反垄断执法的中央事权体系，通过授权执法的方式赋予省级市场监管部门执法权限，不适宜将执法权扩展到下一级市场监管部门。

授权执法对于促进反垄断法有效实施、扩充我国反垄断执法力量以及提升竞争倡导的效果具有重大意义。首先，授权省级市场监管部门进行执法有助于促进反垄断法的有效实施。对于区域性的垄断案件，相比国家市场监督管理总局，省级市场监管部门更加容易掌握相关事实与证据，由省级市场监管部门负责案件的受理、调查与处罚，执法效率更高，执法成本更低。其次，授权执法扩充了我国反垄断执法力量，反垄断执法任务繁重，专业性强，需要建立一支高素质、专业化、相对稳定的执法队伍。我国国家反垄断局的执法人员数量相对不足，建立省级反垄断执法人才库能够作为执法力量的重要补充。最后，授权执法有利于提升全社会的竞争倡导水平。省级市场监管部门负责执法工作，更能够有效地结合本地实际，在本行政区域内开展竞争宣传倡导工作，营造有利于公平竞争的社会氛围。

第二，委托执法。委托执法是指在案件的审查和调查过程中，由反垄断执法机构委托同级或者下级机关开展调查。委托执法的方式存在于针对垄断协议、滥用市场支配地位以及行政性垄断行为的调查过程中以及针对经营者集中简易程序审查过程中。2018年所发布的《市场监管总局关于反垄断执法授权的通知》中明确提出："总局在案件审查和调查过程中，可以委托省级市场监管部门开展相应的调查。省级市场监管部门应当积极配合总局做好反垄断执法工作。省级市场监管部门在反垄断执法过程中，可以委托其他省级市场监管部门或者下级市场监管部门开展调查。受委托的机关在委托范围内，以委托机关的名义实施调查，不得再委托其他行政机关、组织或者个人实施调查。"

针对垄断协议、滥用市场支配地位以及行政性垄断行为，市场监管总局在查处相关案件时，可以委托省级市场监管部门进行调查。省级市场监管部门在查处时，可以委托下级市场监管部门进行调查，或者商请相关省级市场监管部门协助调查。受委托的市场监管部门不得再委托其他行政机关、组织或者个人进行调查。针对经营者集中，市场监管总局根据工作需要可以委托省级市场监管部门实施经营者集中审查。2022年7月，《市场监管总局关于试点委托开展部分经营者集中案件反垄断审查的公告》公布，于2022年8月1日起至2025年7月31日试点委托北京、上海、广东、重庆和陕西市场监管局开展部分经营者集中简易程序的审查工作。首先，试点的范围仅限于适用经营者集中简易程序的案件，普通程序案件仍然由国务院反垄断执法机构负责审查。具体来说，试点期间，市场监管总局根据工作需要，将部分符合下列标准之一的适用经营者集中简易程序的案件委托试点省级市场监管部门负责审查：①至少一个申报人住所地在该部门受委托联系的相关区域的；②经营者通过收购股权、资产或者合同等其他方式取得其他经营者的控制权，其他经营者的住所地在相关区域的；③经营者新设合营企业，合营企业住所地在相关区域的；④经营者集中相关地域市场为区域性市场，且该相关地域市场全部或主要位于相关区域的；⑤市场监管总局委托的其他案件。其次，申报与委托审查流程基本上遵循简易程序的申报与审查流程。在申报阶段，符合委托条件的案件，申报人向市场监管总局申报。需申报前商谈的，申报人可以向市场监管总局申请商谈，也可以向试点省级市场监管部门申请商谈。对于委托试点省级市场监管部门审查的案件，市场监管总局将申报材料转试点省级市场监管部门并告知申报人。省级市场监管部门负责案件材料的审查、公示案件信息，并向市场监管总局报送审查报告、提出审查意见。市场监管总局在省级市场监管部门审查报告和审查意见的基础上作出审查决定，并定期公示。符合下列情形之一的委托案件，试点省级市场监管部门应当及时报市场监管总局，并将相关材料移送市场监管总局，市场监管总局应及时终止委托：①被委托的案件不符合简易案件申报标准的；②交易在申报前或在审查决定作出前已经实施，属于违法实施经营者集中的；③被委托的案件未达申报标准，且当事方申请撤回申报的；④交易已经取消或交易发生重大变化，当事方申请撤回申报的；⑤市场监管总局认为其他应当终止委托的情形。

委托执法与授权执法存在明显区别。授权执法依据《反垄断法》第13条第2款，由国务院反垄断执法机构授权省级人民政府相应的机构负责有关反垄断执法工作。在授权执法中，授权机构是国务院反垄断执法机构，即国家市场监管部门，被授权机构是省级人民政府相应的机构，即省级市场监管部门。授权执法是自上而下的，由省级市场监管部门负责案件的受理、调查、作出最终决定。经营者针对最终决定进行行政复议以及行政诉讼的对象也是省级市场监管部门。而委托执法是指案件的执法机构在审查和调查过程中，委托其他执法机构协助开展相应的工作。委托机构可以是国家市场监督管理总局，也可以是省级市场监管部门。受委托的执法部门可以是下级市场监管部门，也可以是同级市场监管部门。委托执法并不改变案件的管辖，案件的受理、调查以及作出最终决定仍由委托执法部门负责，经营者针对最终决定进行行政复议以及行政诉讼的对象是委托执法部门。

2. 人民法院。人民法院也是反垄断法的重要实施机构，其在反垄断法的实施过程中发挥裁判与监督的功能。具体来说，人民法院负责审理由私人主体提起的反垄断民事诉讼、行政诉讼,以及由人民检察院所提起的反垄断民事公益诉讼。同时,人民法院作为司法机关,通过行政诉讼行使对反垄断执法机构行政执法的监督职责,为经营者等行政相对人提供救济。

二、美国模式:司法主导型的反垄断法实施模式

(一)司法主导型实施模式概述

美国反托拉斯法的实施模式是典型的司法主导型,主要通过刑事诉讼和民事诉讼实施反托拉斯法。美国反托拉斯法的实施包括联邦和州两个层面,联邦层面主要由司法部反托拉斯局(Department of Justice Antitrust Division)以及联邦贸易委员会(Federal Trade Commission)负责实施美国联邦反托拉斯法,州层面主要由州总检察长负责实施美国各州的反托拉斯法。另外,私人主体也有权提起反托拉斯民事诉讼,以寻求权利救济。美国联邦反托拉斯法由一系列法案组成。最早颁布的《谢尔曼法》是一部刑事法律,所有违反《谢尔曼法》的行为均构成刑事违法,竞争主管机关可以针对违反《谢尔曼法》的行为提起刑事诉讼。《克莱顿法》与《联邦贸易委员会法》均未规定刑事责任,竞争主管机关可以依据这两部法律提起民事诉讼。联邦贸易委员会和司法部反托拉斯局均可以通过民事诉讼来制止违反反托拉斯法的行为,甚至要求法院判决损害赔偿以及返还违法所得。司法部反托拉斯局可以代表美国消费者提起3倍损害赔偿之诉。民事诉讼与刑事诉讼之间并不冲突,相反,美国司法部在调查过程中发现核心违法的证据,可以将民事诉讼转换为刑事诉讼。在州层面,大多数州反托拉斯法都规定了刑事诉讼程序和刑事责任。

(二)美国反托拉斯法的实施机构

1. 联邦竞争主管机构。在联邦层面,司法部反托拉斯局和联邦贸易委员会是负责执行美国联邦反托拉斯法的两个机构,司法部和联邦贸易委员会均有权提起反托拉斯民事诉讼,刑事诉讼由司法部独立向法院提起。除此之外,部分行业主管部门也拥有监管特定行业权力,诸如联邦通信委员会、交通部、地面运输委员会、联邦能源管理委员会等。

(1)美国司法部反托拉斯局。

第一,美国司法部反托拉斯局的组成。1890年《谢尔曼法》生效后,该法的实施是由美国总检察长与检察官负责执行。在罗斯福总统时期,美国国会拨款司法部设立一个新的助理检察长的职位,专门负责反托拉斯法的实施。直到1919年司法部成立了反托拉斯局。目前,美国司法部反托拉斯局由负责反托拉斯的助理检察长领导,其直接向总检察长报告,而总检察长向美国总统报告。反托拉斯局由助理检察长办公室、执行办公室、民事部门、刑事部门政策与倡导部门等部门组成。反托拉斯局下设专家分析小组,主要由经济学家组成,并辅以研究人员和金融分析人员,负责分析经营者集中以及反竞争行为的竞争效果,并提供相应的报告。

第二,美国司法部反托拉斯局的职能。反托拉斯局主要负责提起刑事诉讼、民事诉讼以及进行经营者集中审查。反托拉斯局通常会对实施固定价格、分割市场以及串通投标等行为的公司或者个人提起刑事诉讼。针对其他违反反托拉斯法的行为,反托拉斯局会开展民事调查并提起民事诉讼。民事调查与刑事调查之间可以相互转换。违法行为的线索可能来源于举报、宽大程序、其他案件的调查活动、国会报告以及其他美国政府机构的行政活动。反托拉斯局拥有一系列调查工具,包括法庭颁布的搜查令和窃听令、大陪审团传票、重要证人传票、证人访谈和民事调查令(CIDs)。在调查结束后,如果涉及《谢尔曼法》所禁止的核心违法行为,反托拉斯局会向法院提起刑事诉讼。

反托拉斯局还可以通过民事诉讼程序来打击违反反托拉斯法的行为,民事诉讼通常针对违法性轻微的垄断行为。在民事诉讼程序中,反托拉斯局有权向被调查企业发出民事调查要求(civil investigative demands),要求被调查企业提供证词、文件等。通过民事调查要求获得信息后,反托拉斯局可以在联邦法院对被调查企业提起民事诉讼。反托拉斯局可以向法院申请禁令或者剥离等结构性救济,以制止违法行为并恢复市场竞争状态,还可以代表美国联邦政府寻求损害赔偿。与私人提起的民事诉讼不同,反托拉斯局不能要求3倍损害赔偿。反托拉斯局的民事诉讼往往通过达成和解而终结,和解最终表现为法院作出的同意判决(consent decree),[1] 和解协议需主审法官的批准,以确定和解符合公共利益。

在集中审查方面,司法部与联邦贸易委员会共同承担集中的审查职责,二者根据具体的行业领域分工负责,并共同发布合并指南。此外,反托拉斯局的职能还包括制定相关的反托拉斯指南,向企业提供反托拉斯合规的协助以及开展竞争倡导。

(2)美国联邦贸易委员会。

第一,联邦贸易委员会的组成。美国联邦贸易委员会是美国国会于1914年建立的一个独立机构,其两大任务分别是促进竞争和消费者保护。联邦贸易委员会由5位委员领导,由美国总统任命,美国参议院确认,每人任期为7年,其中一名委员担任主席。联邦贸易委员会下设竞争局、消费者保护局以及经济局3个部门。竞争局主要负责执行联邦反托拉斯法,通过促进竞争来保护消费者。消费者保护局主要关注的是针对消费者的不公平、欺骗性或欺诈性行为,负责执行国会所颁布的各种消费者保护法以及由联邦贸易委员会所发布的贸易监管规则。经济局的职能主要是协助上述两个部门,评估其执法活动的经济影响,为两部门提供经济分析。此外,经济局还负责分析政府监管对竞争和消费者的影响,并向国会、行政部门以及公众提供相关的经济分析。

第二,联邦贸易委员会的职能。具体来说,在竞争领域,联邦贸易委员会主要负责执行《联邦贸易委员会法》第5(a)条以及《克莱顿法》。《联邦贸易委员会法》第5(a)条禁止"不公平的竞争方式"(unfair methods of competition),包括任何违反《谢尔曼法》和《克莱顿法》的行为。《克莱顿法》禁止可能会削弱竞争的经营者集中以及特定形式的价格歧视行为。联邦贸易委员会可以通过行政裁决程序和司法程序来实施反托拉斯法。

联邦贸易委员会有权对违反《联邦贸易委员会法》的行为通过行政裁决程序发出禁止令。联邦贸易委员会在无法与被调查企业达成和解的情况下,可以由行政法法官(administrative law judge)对案件进行裁决。行政法法官是联邦贸易委员会的独立官员,其不会参与案件的调查工作。行政裁决程序是联邦贸易委员会内部的准司法程序,由联邦贸易委员会申诉律师(complaint counsel)负责举证,由行政法法官对案件进行审理。如果认定行为构成违法,行政法法官可以作出初步决定(initial decision),如颁布禁止令。针对行政法法官的初步决定,联邦贸易委员会和被调查的企业均可以向美国法院提起上诉。联邦贸易委员会可以在诉讼程序中向法院提出,由被告承担民事责任。联邦贸易委员会的命令在送达后60天成为最终裁决,除非该命令被联邦贸易委员会或司法审查的法院所中止。如果企业违反了联邦贸易委员会的最终裁决,其需要承担民事责任。进一步看,针对联邦贸易委员会命令的司法审查结束后,联邦贸易委员会可以针对有争议的行为造成的消费者损害在联邦地区法院向违法者寻求消费者赔偿。在司法程序方面,《联邦贸易委员会法》第13(b)条

---

[1] Douglas Broder, *U. S. Antitrust Law and Enforcement: A Practical Introduction*, Oxford University Press, 2010, p. 188.

授权联邦贸易委员会向地区法院针对潜在违法行为提起诉讼的权力，以寻求临时或永久的禁令。

（3）司法部反托拉斯局与联邦贸易委员会的职权划分与协调。

第一，司法部反托拉斯局与联邦贸易委员会在机构性质上有所不同。司法部反托拉斯局是美国联邦政府的部门之一，而联邦贸易委员会是一个独立的竞争主管机关。

第二，两机构根据其执法经验在特定行业拥有一种"事实上的管辖权"。联邦贸易委员会更关注直接涉及消费者的行业部门，诸如医疗保健、药品、专业服务、食品、能源、计算机技术以及互联网服务等。司法部反托拉斯局在诸如电信、银行、铁路和航空等行业拥有独立管辖权。

第三，联邦贸易委员会与司法部在特定领域存在职权重叠的情况。司法部反托拉斯局与联邦贸易委员会均拥有执行《克莱顿法》第2条、第3条、第7条和第8条的权限。同时，联邦贸易委员会可对违反《谢尔曼法》的行为进行质询和处理，在这个领域，双方的职权可能出现重叠。在执法前，两个机构会互相协商，避免重复执法。司法部反托拉斯局应将违反《罗宾逊-帕特曼法》的民事案件移交联邦贸易委员会，而联邦贸易委员会应当将刑事违法案件移交司法部反托拉斯局。[1]

2. 州竞争主管机构。在美国各州层面，州检察长通过提起诉讼实施本州的反托拉斯法，联邦反托拉斯法不能取代各州的反托拉斯法。州检察长还有权依据联邦反托拉斯法代表本州公民提起亲权诉讼（"Parens Patriae" suits），要求法院颁布禁令，寻求损害赔偿。在合并调查中，州检察长可以和联邦竞争主管机构合作。各州检察长办公室的组织结构有所不同，一些州检察长办公室有一至多名检察官负责反托拉斯调查与诉讼。在反托拉斯执法方面，州检察官也可能与联邦检察官或者其他州检察官开展合作，包括政策交流以及案件调查方面的合作等。为了协调各州检察官的执法工作，1907年美国成立了全国总检察长协会（the National Association of Attorneys General, NAAG）。最初，全国总检察长协会的设立是为了讨论与标准石油公司有关的反托拉斯问题。后续该协会成为一个集合美国各州和地区总检察长的国家论坛，为各州检察长及工作人员提供一个合作解决工作问题的平台，提供培训和资源，支持总检察长的工作。

就联邦与州针对特定案件的管辖而言，州检察长在选择案件启动调查方面通常拥有广泛的自由裁量权，启动调查的原因可能是基于对本州企业或消费者因反竞争行为而承受损害，或者对某特定交易的竞争关切等。在很多情况下，对同一案件可能同时存在联邦层面的调查与州层面的调查，即所谓的"平行调查"，双方可能通过合作实现对调查活动的协调。此外，针对部分合并案件，联邦竞争主管机关和州检察长均有调查权，双方在合法、可行和可取的范围内合作调查合并案件，双方应在调查策略、文件制作、证据取得、聘请专家、决定和解等方面进行协调。

3. 美国法院。在美国的反托拉斯诉讼中，法院的作用主要表现在以下几个方面：首先，法院在反托拉斯法的实施体系中发挥立法者的功能，法院的立法功能是源于美国"普通法"的传统。美国的反托拉斯法实施并不依靠美国国会制定详细的法律规定，而是依靠法院通过判例所确立的广泛而大量的法律原则。美国反托拉斯法的标准是由裁决每个案件的法院

---

[1] 美国司法部反托拉斯局编：《美国反托拉斯手册》，文学国、黄晋等译，知识产权出版社2012年版，第319页。

"以理性的眼光，在法律原则以及适用和执行法律中所体现的公共政策的职责指引下予以制定。"[1] 其次，美国法院通过行使司法权在反托拉斯法的实施中发挥主导作用。美国联邦和州的竞争主管机关主要通过司法程序来实施反托拉斯法，而私人主体也通过司法程序来适用反托拉斯法。美国联邦法院有权管辖所有涉及联邦法以及跨州的案件，州法院负责审理依据州法提起的诉讼。

私人主体可以依据联邦或者州的反托拉斯法提起民事诉讼。私人主体可以向法院请求禁令救济以及损害赔偿。美国《克莱顿法》第 4 条为私人主体损害赔偿诉讼的法律依据，该条允许个人在地区法院提起反托拉斯 3 倍损害赔偿诉讼。3 倍损害赔偿诉讼同时兼具赔偿、惩罚与威慑的效果，主要目标是为了鼓励受害者积极行使自己的诉权。

在美国反托拉斯诉讼中，法官的主要职责包括：①决定哪些证据可以被呈给陪审团；②在质证结束后，向陪审团说明有关法律，以及陪审团发现的事实如何适用法律；③在审判过程中，对某些法律问题作出裁决，例如批准被告提出的动议；④在没有陪审团的案件中，承担陪审团在调查事实方面的职责；⑤如果被告被判有罪，法官对其进行量刑。最后，美国法院具有司法审查功能。美国最高法院可以通过司法审查程序解释宪法，并适时推翻国会和州立法机构所颁布的法律，或者认定联邦或州政府所采取的行动违反了宪法。

三、欧盟模式：行政主导型的反垄断法实施模式

（一）行政主导型实施模式概述

欧盟竞争法的实施方式包括公共实施与私人实施，其中公共实施为典型的行政主导型的实施模式。欧盟竞争法的公共实施是由公共执法机构通过行政程序实施欧盟竞争法，具体包括针对违反《欧盟运行条约》的限制性协议（第 101 条）和滥用市场支配地位（第 102 条）开展调查、认定并施以处罚，针对经营者集中以及国家援助项目开展事前的审查。欧盟竞争法的公共实施机构为欧盟委员会和成员国竞争执法机构。欧盟委员会为欧盟条约的执行机构，有义务保障欧盟条约在欧盟境内得以实施。欧盟委员会的执法权本质上是一种行政执法权，是通过行政调查、审查以及处罚程序对行为进行认定与惩罚。此外，成员国法院是欧盟竞争法私人实施的主要实施机构。

（二）欧盟竞争法的实施机构

1. 欧盟委员会竞争总司。

（1）欧盟委员会竞争总司的组成。欧盟委员会是欧盟条约的执行机构，总部设在布鲁塞尔。欧盟委员会由委员、主席和副主席组成，委员会成员任期为 5 年。欧盟是一个"超国家"的区域性组织，欧盟委员会作为欧盟的行政执法机构具有较高的独立性，其行政执法活动不受任何成员国的干预与限制。目前欧盟委员会共有 56 个执行机构，负责欧盟竞争法实施的是竞争总司（Directorate-General COMP）。竞争总司由欧盟委员会竞争事务专员领导，竞争总司设总司长 1 名，副总司长 3 名，分别主管集中审查、限制竞争协议与滥用支配地位以及国家援助案件。竞争总司下设 9 个部门，分别是 A 司（政策与战略司）、B 司（能源与环境司）、C 司（信息通信与传媒司）、D 司（金融服务司）、E 司（基础工业、制造业和农业司）、F 司（交通运输、邮政与其他服务司）、G 司（卡特尔司）、H 司（国家援助总审查和执行司）以及 I 司（一般事务司）。竞争总司还设有由首席经济学家所领导的经济分析部门，为竞争总司提供针对市场行为和案件的经济分析。

---

[1] Standard Oil Co. v. United States, 221 U.S. 1 (1911).

(2) 欧盟委员会竞争总司的职能。欧盟委员会竞争总司有义务保障欧盟竞争法的正确实施,具体包括对限制性协议和滥用市场支配地位的事后执法、对共同体层面的经营者集中和国家援助进行事前审查。在针对限制性协议与滥用市场支配地位的调查和认定上,《欧盟运行条约》第 105 条第 1 款规定了欧盟委员会有义务保障第 101 条和第 102 条规定的原则得以实施,欧盟委员会应根据成员国的申请或者依职权,与成员国竞争执法机构合作,对涉嫌违反这些原则的案件进行调查,并采取适当措施制止违法行为。成员国竞争执法机构应对欧盟委员会的调查提供必要协助。欧盟成员国竞争执法机构也有权直接适用《欧盟运行条约》第 101 条和第 102 条对限制性协议和滥用市场支配地位进行独立调查、认定以及处罚。27 个欧盟成员国均设有竞争执法机构,大部分成员国竞争执法机构通过行政执法程序来实施欧盟竞争法和本国竞争法。在经营者集中方面,欧盟委员会享有针对"共同体层面的经营者集中"的事前审查权,仅在特殊情况下成员国竞争执法机构才能适用欧盟竞争法对"共同体层面的经营者集中"进行审查。在国家援助方面,只有欧盟委员会拥有针对成员国国家援助措施的事前审查权力,成员国在颁布实施国家援助措施之前,应当向欧盟委员会进行申报,在申报获得批准后才可实施援助措施。

2. 成员国竞争执法机构。欧盟《第 1/2003 号条例》明确规定,成员国竞争执法机构可以直接适用《欧盟运行条约》第 101 条和第 102 条,对成员国之间的限制性协议和滥用市场支配地位进行执法。具体的执法程序性规则由成员国立法决定。对于不具有跨成员国特征的限制性协议和滥用市场支配地位,成员国竞争执法机构可以依据本国竞争法进行调查和认定。对于共同体层面的经营者集中,一般情况下是由欧盟委员会进行审查。成员国竞争执法机构仅适用本国法审查非共同体层面的经营者集中。对国家援助项目完全由欧盟委员会进行审查,成员国竞争执法机构无权审查国家援助项目。目前,27 个欧盟成员国都成立了相对独立的本国竞争执法机构,如德国联邦卡特尔局、法国竞争管理局、意大利竞争和消费者保护委员会、荷兰消费者和市场管理局等。

欧盟委员会和成员国竞争执法机构均可以独立执法,自主启动调查程序并独立作出决定。欧盟委员会与成员国竞争执法机构共同成立欧洲竞争网络(European Competition Network)以加强执法间的合作。欧洲竞争网络是欧盟委员会与成员国竞争执法机构针对适用《欧盟运行条约》第 101 条和第 102 条而成立的议事合作论坛,欧盟委员会与成员国竞争执法机构通过欧洲竞争网络交换执法信息、提供执法协助以及讨论竞争问题。另外,针对经营者集中审查,欧盟委员会也与成员国竞争执法机构通过建立欧盟并购工作组(the EU Merger Working Group)以加强合作。

3. 成员国法院。成员国法院是欧盟竞争法私人实施的机构,《第 1/2003 号条例》明确规定,成员国法院有权直接适用欧盟竞争法(《欧盟运行条约》第 101 条和第 102 条),任何私人主体均可依据欧盟竞争法向成员国法院提起诉讼。相关的程序性规则由各成员国通过国内法予以规定。2014 年欧盟颁布《欧洲议会和欧盟理事会关于根据国内法律对违反成员国和欧盟竞争法规定的行为进行损害赔偿规则的第 2014/104/EU 号指令》(以下简称《欧盟竞争法损害赔偿诉讼指令》),旨在便利私人主体依据欧盟竞争法在成员国法院提起损害赔偿诉讼,保障欧盟竞争法私人执行的有效实施。

(三) 欧盟法院在欧盟竞争法实施中的作用

欧盟法院(Court of Justice of the European Union, CJEU)创设于 1952 年,位于卢森堡。欧盟法院由欧洲法院(European Court of Justice)和普通法院(General Court)组成。欧洲法院由 27 名法官以及 11 名法律顾问(advocates general)组成,每个成员国任命 1 名法官。

法官与法律顾问的任期为 6 年，可以连任。27 名法官中选举产生 1 名院长和 1 名副院长，任期 3 年，可以连任。院长指导法院的工作，主持法院全体法官或大法庭的听证会和审议工作。副院长协助院长行使职权，并在必要时候履行其职务。法律顾问的主要职责是协助审理，以公正和独立的方式对案件提出意见。书记官（Registrar）是法院的秘书长，在法院院长的领导下管理其部门。针对《法院规约》所指定的案件以及法院认为特别重要的案件，可通过合议庭的方式审理。法院合议庭的形式包括 15 名法官组成的大法庭或者 3 至 5 名法官组成的法庭。法官和法律顾问具有较高的独立性，同时具备各成员国最高司法职位所需的资格和能力。

普通法院由 54 名法官组成，每个成员国任命两名法官。法官任期 6 年，可以连任，其中包括 1 名主席和 1 名书记官。普通法院未设立法律顾问，法律顾问的职责由法官承担。普通法院的案件由 5 名或 3 名法官组成合议庭进行审理，在特殊情况下也可以由 1 名法官单独进行审理。

在欧盟竞争法的实施模式中，欧盟法院主要发挥三项职能。首先，欧盟法院是欧盟条约唯一的解释机关，法院通过初步裁决程序（preliminary ruling procedure）解释欧盟条约，保障欧盟条约在不同成员国得到一致适用。初步裁决程序是欧盟法院最重要的职能。初步裁决程序由成员国法院提起，当成员国法院对于适用欧盟条约存在疑问时，可以向欧盟法院提起初步裁决程序，要求欧盟法院对欧盟条约进行解释。在欧盟法院作出初步裁决后，成员国法院有义务执行该初步裁决。欧盟法院可以就成员国法是否与欧盟法一致作出裁决，也可以就某项欧盟法的有效性进行审查。欧盟竞争法中的一些重要原则均是通过初步裁决程序得以确立的。其次，普通法院和欧洲法院有权审查欧盟机构所作出的决定。针对欧盟委员会依据欧盟竞争法所作出的包括处罚决定在内的各种决定，该决定所指向的个体和成员国可以向普通法院提起诉讼以寻求救济，该诉讼程序的二审由欧洲法院管辖。普通法院的诉讼程序一般包括一个书面阶段和一个口头阶段。诉讼程序启动后，被告有 2 个月的时间准备提交辩护意见。任何能够证明与普通法院审理案件相关的当事方都有权参与诉讼，成员国和欧盟机构可以参与诉讼并提出相关的意见。在口头阶段，普通法院会进行公开审理，并依据法律和事实作出判决。最后，欧盟法院拥有确保成员国遵守欧盟法的权力，当欧盟成员国未能履行欧盟法，欧盟委员会和其他欧盟成员国可以向欧盟法院提起诉讼，要求成员国遵守欧盟法，即违法认定程序（infringement procedure）。《欧盟运行条约》第 258 条规定，当欧盟委员会认定某个成员国未能遵守条约所赋予的义务，在保障该成员国有机会提出意见的基础上，欧盟委员会应当向其递交合理的意见。当该成员国未能遵守欧盟委员会所作出的意见，欧盟委员会有权将该事项提交欧盟法院进行审理，以追究该成员国的国家责任。在国家援助制度中，欧盟委员会可以适用违法认定程序来追究成员国的国家责任。

拓展阅读：德国《反限制竞争法》的实施模式

德国《反限制竞争法》的实施方式包括公共实施与私人实施，公共实施是以德国联邦卡特尔局为主的公共实施机构行使职权，实施《反限制竞争法》。私人实施是由私人主体依据《反限制竞争法》向德国法院提起民事诉讼。

一、德国《反限制竞争法》的公共实施

（一）德国《反限制竞争法》的公共实施概述

《反限制竞争法》中公共实施的内容包括针对限制竞争协议和滥用市场力量的行为的事

后执法、针对经营者集中的事前审查、针对特定经济部门的监管以及公共采购的审查等。德国公共实施机构有权针对限制竞争协议和滥用行为进行调查，并作出包括禁令、罚款在内的决定。在调查手段方面，公共实施机构有权采取询问证人和其他相关人员、搜查、扣押、要求企业或相关人员提供信息等调查措施。公共实施机构可以发布初步禁令，临时性地管理相关事项，直到作出最终决定。

在竞争政策制定方面，德国设有垄断委员会（Monopolkommission）。垄断委员会是竞争政策和监管领域的一个独立咨询机构，其法定任务是对德国整体竞争状况以及个别经济部门的竞争状况进行调查研究，编写专家意见，并提交给联邦政府。垄断委员会由5名委员组成，他们在经济、工商管理、社会政策、技术或商法等领域拥有专业的知识和经验，其中1名委员担任主席。垄断委员会的委员由德国联邦总统根据联邦政府的建议进行任命，任期4年，允许重复任职。联邦政府在提名新委员之前应当听取现任委员的意见。垄断委员会的委员应保持相当高程度的独立性，不得是政府或立法机构的成员，也不得是联邦、州或者其他公法法人的公务人员，但是大学教师或者科研机构的工作人员除外。这些委员不得代表任何行业协会或者雇主、雇员单位，也不能受雇佣或者服务关系的约束。他们在任职委员之前的1年不得担任此类职务。垄断委员会采取多数决，其决定应当至少取得3名委员的同意。

垄断委员会设有议事规则和一个秘书处，秘书处的职能是在科学上、行政上以及技术上支持垄断委员会。为保障顺利行使职权，垄断委员会有较为广泛的查阅权力，其被允许查阅德国反垄断执法机构所保存的档案，包括商业秘密和个人数据。同时，德国联邦统计局有义务向垄断委员会提供相关的统计数据，包括对各行业、各部门的商业统计数据以及针对企业的统计数据，以支持垄断委员会进行关于市场集中的调查研究和专家意见撰写。垄断委员会的经费来自德国联邦政府，其委员的报酬由联邦经济事务与气候保护部决定。

（二）德国《反限制竞争法》公共实施机构的设置与职权

德国《反限制竞争法》的公共实施机构包括联邦和州两个层面。在联邦层面，主要的实施机构是联邦卡特尔局（Bundeskartellamt）。针对管网型行业包括电力、天然气、电信、邮政和铁路，联邦卡特尔局与联邦网络管理局（Bundesnetzagentur）共同实施监管职能。此外，德国联邦经济事务与气候保护部（前身是联邦经济事务与能源部）在特定情况下也构成公共实施机构。依据《反限制竞争法》第42条的规定，联邦经济事务与气候保护部可在"部长授权"（Minstererlaubnis）下，特批被联邦卡特尔局禁止的经营者集中案件，使涉案主体得以实施集中，条件是如果该集中对经济的积极效果超过竞争的消极效果，或者存在高于一切的公共利益使集中合理化。"部长授权"程序是基于参与集中的经营者的书面申请而启动，联邦经济事务与气候保护部应在4个月内作出决定。如果超过此期限，联邦经济事务与气候保护部应立即向联邦议会以书面形式说明延迟原因。这种例外情况的适用非常有限，自1973年引入集中控制制度以来，只有9项集中案件通过"部长授权"的方式被批准通过，其中6个属于附条件通过。最近的例子是食品零售领域的 Kaiser's Tangelmann、OUTLETS 与 EDEKA 集中案件，联邦卡特尔局在2015年禁止该项集中，但是部长授权批准了集中，理由在于涉案企业在保障 Kaiser's Tangelmann 员工就业方面满足例外条件。

德国联邦卡特尔局成立于1958年1月1日，1999年10月1日该机构由柏林搬至波恩。联邦卡特尔局与联邦网络管理局都隶属于德国经济事务与气候保护部。联邦卡特尔局共有13个决策部门负责执法工作以及部门调查，其中9个部门负责具体行业的调查与执法，3个部门负责跨行业的横向协议执法，1个部门负责消费者保护与其他事项。政策部门（Grundsatzabteilung）负责就特定经济和反垄断问题向其他决策部门提供意见，并对外代表联邦卡特尔局，参与竞争法的改革，协调联邦卡特尔局与外国执法机构之间的关系。联邦卡特尔局内部设置两个联邦公共采购庭（Vergabekammer），负责审查联邦公共采购事项。竞争登记部门（Wettbewerbsregister）为联邦公共采购提供信息。燃料市场透明化部门（Markttransparenzstelle für Kraftstoffe）负责向消费者提供德国所有加油站的燃油价格信息。针对联邦卡特尔局的决定，经营者可以向波恩地方高等法院提起诉讼，对诉讼结果不服的，可以向德国联邦最高法院提起上诉。

在州的层面，各州执法机构有权在本州范围内进行执法。联邦卡特尔局与州执法机构之间的权力划分被明确规定在《反限制竞争法》中，当协议或者滥用行为超越一个联邦州的地域范围或者属于欧盟竞争法的适用范围，联邦卡特尔局就有权进行执法；反之，州执法机构应当具有管辖权。针对经营者集中审查，联邦卡特尔局具有独家管辖权。州执法机构通常隶属于各州政府，因德国是联邦制国家，不同州的执法机构的设置差异较大。部分州由单独一家执法机构承担反垄断执法工作，例如汉堡州的执法机构为"经济与创新局"，巴伐利亚州的执法机构为"巴伐利亚经济事务、区域发展与能源部"；部分州由两至三家执法机构共同承担反垄断执法工作，例如巴登-符腾堡州负责反垄断执法工作的部门分别是"经济、劳工与住房建设部"以及"环境、气候与能源经济部"。州执法机构可以进行独立的调查和实施处罚措施，不需要联邦卡特尔局的授权。在公共采购方面，各州也设有州一级的公共采购庭，这些采购庭负责审查归属于各州的、达到或者超过一定合同价值的公共合同和特许权。

为保障联邦与州的分权与合作，依据《反限制竞争法》第49条的规定，联邦卡特尔局与州执法机构应针对执法情况进行信息交流，若有必要，案件可以在执法机构之间移交。一旦联邦卡特尔局启动执法程序，它应通知相关企业所在地区的州执法机构。一旦州执法机构启动执法程序，也应通知联邦卡特尔局。若联邦卡特尔局有管辖权，则州执法机构应将案件移交联邦卡特尔局；反之亦然。两者之间也可基于案件的具体情况，要求对方将案件移交给自己。在移交之前，联邦卡特尔局应通知其他有关州执法机构。如有关州执法机构在规定的期限内提出异议，则不得进行移交。

德国联邦卡特尔局的主要职责是执行《反限制竞争法》，具体工作任务包括：①禁止限制竞争协议；②禁止滥用市场支配地位与滥用相对或者优势市场力量，对具有显著跨市场竞争意义的经营者的滥用行为进行监管；③对经营者集中进行审查；④对联邦公共采购进行审查与登记；⑤开展部门调查；⑥履行部分消费者保护职责。近年来，联邦卡特尔局特别关注数字经济的议题，早在2015年联邦卡特尔局内部就成立了互联网智库（the Think Tank Internet），为其他决策部门提供支持。

二、德国《反限制竞争法》的私人实施

私人主体可以向德国法院提起反垄断诉讼，寻求禁令救济、损害赔偿。德国《反限制竞争法》第六章第2部分为"损害赔偿与没收利益"，包括第33条至第34a条，共11条。2017年德国《反限制竞争法》第九次修订时，按照欧盟《欧盟竞争法损害赔偿办法指令》对私人诉讼条款进行了修订。

依据德国《反限制竞争法》，私人主体可以提起禁令救济之诉或者损害赔偿之诉。在损害赔偿责任方面，故意或者过失违反欧盟竞争法或者德国《反限制竞争法》的企业均应承担损害赔偿责任。欧盟委员会、德国竞争主管机构以及其他成员国竞争主管机构的最终决定对德国法院都具有约束力，德国法院在审理后继诉讼时，应当考量上述机构已经作出的决定。德国法允许间接购买人提起反垄断诉讼,同时允许被告援引溢价转嫁抗辩。为便利当事人获得证据,德国《反限制竞争法》允许包括原被告在内的当事人要求对方开示其所持有的证据,同时为保障宽大程序的有效实施,对获得罚款免除的企业的民事责任予以限制。除了私人诉讼,德国《反限制竞争法》还允许通过没收经济利益之诉(Vorteilsabschöpfung durch Verbände)没收违法者所获得的经济利益,并将其上交德国联邦国库。

第三节 反垄断法实施中的国际合作

一、国际合作的兴起与意义

(一)国际合作的兴起与发展过程

反垄断法国际合作应当包含立法、执法、司法与守法方面的合作,不同国家或地区反垄断执法机构之间合作是反垄断法国际合作的重要组成部分和主要表现形式。反垄断法国际合作最早源于二战之后的《哈瓦那宪章》(Havana Charter)。19世纪30年代至40年代,德国、日本与意大利均将卡特尔组织作为战争动员的战略。二战之后,美国国会与反垄断执法机构发现上述问题。在此背景下,美国支持建立一个维护国际贸易竞争秩序的国际贸易组织(International Trade Organization, ITO)。1948年,国际贸易组织通过《哈瓦那宪章》,旨在促进世界贸易自由化。《哈瓦那宪章》中包含对限制性商业行为的监管规则,特别是针对卡特尔和市场准入等方面。但最终《哈瓦那宪章》并未生效,国际贸易组织的功能也被后来的关贸总协定所取代。[1]

在经济全球化和数字化发展的背景下,加强反垄断法实施上的国际合作仍是客观必要的,合作形式主要包括双边、区域以及多边三个维度。在双边层面,大多数司法辖区都积极签订双边合作协定。双边合作具有较强的针对性和可操作性,有助于解决两个国家在反垄断法实施上所关注的重点问题。区域间国家通过成立区域合作组织并签订区域合作协定加强区域间的经济合作,诸如北美自由贸易区、欧洲联盟、区域全面经济关系伙伴协定(RCEP)等,反垄断法实施上的合作也是这些区域合作的重要内容。在多边维度,联合国贸发会议(United Nations Conference on Trade and Development, UNCTAD)、世界贸易组织(World Trade Organization, WTO)、国际经济合作组织(Organization for Economic Co-operation and Development, OECD)是主要的多边合作组织。

(二)国际合作的意义

各国及地区在反垄断法实施层面开展国际合作具有重要意义,主要表现在两个方面:首先,加强各国反垄断法实施的国际合作是经济全球化、贸易自由化的客观要求。经济全球化、贸易自由化要求各国政府加强在反垄断法实施上的合作,通过合作营造公平竞争的市场环境,消除各类不合理的市场进入障碍,防止企业与政府的各类限制竞争行为。反垄断法在营造公平竞争的市场环境中发挥了重要作用。其次,反垄断执法机构的国际合作是垄断行为全球化的必然结果。在全球化背景下,同一垄断行为有可能不止影响到一个国家,参与垄断行为的经营者也可能分属两个或者多个国家,而垄断行为的全球化特征使反垄断法的域外适用普遍化,而域外适用要求各国执法机构加强国际合作。我国《反垄断法》第

---

[1] 时建中:《试论反垄断法的国际合作》,载《安徽大学法律评论》2002年第1期。

2条规定中华人民共和国境外发生的垄断行为，对境内市场竞争产生排除、限制影响的，适用本法。该条确立了我国《反垄断法》针对域外垄断行为的效果原则，只要行为的效果对我国境内市场竞争产生排除、限制影响，即应当适用我国《反垄断法》。

二、国际合作的形式

（一）双边合作

双边合作是反垄断法实施中国际合作的重要形式之一。双边合作的常见形式包括：①双边协定；②双边司法互助条约；③友好条约、商务条约和航行条约；④双边技术合作协定；⑤自由贸易、关税同盟、经济伙伴关系和共同市场协定。

根据《中国反垄断年度执法报告（2020）》的统计，截至2020年底，我国已与美国、欧盟、俄罗斯、英国、日本、韩国、巴西、加拿大、南非等33个国家和地区反垄断执法机构签署合作备忘录、合作指引、联合声明等55份合作文件。另外，我国与哥斯达黎加、瑞士、冰岛、澳大利亚、韩国等国家签署了包含竞争政策的双边自贸协定。与美国、欧盟、德国、日本等司法辖区反垄断执法机构通过国际研讨会、竞争政策周、人员培训等方式开展关于竞争政策制定与执法技术的交流。

（二）区域合作

反垄断法实施的区域合作的主要形式是自由贸易、关税同盟和共同市场协定。长期以来，我国积极参加国际经贸的区域合作，包括2020年签署2022年生效的中国与东盟《区域全面经济伙伴关系协定》（RCEP）、"一带一路"沿线国家、金砖国家、中日韩自由贸易区等。

《区域全面经济伙伴关系协定》是由中国、日本、韩国、澳大利亚、新西兰和东盟十国共15个成员签署的区域自由贸易协定，是亚太地区规模最大、最重要的自由贸易协定，覆盖世界近一半人口和1/3的贸易量，成为世界上涵盖人口最多、成员构成最多元、发展最具活力的自由贸易区。2012年由东盟发起的《区域全面经济伙伴关系协定》，于2020年11月15日由15个成员共同签署，并于2022年1月1日正式生效。《区域全面经济伙伴关系协定》中第十三章为"竞争实体政策与法律合作框架"，目的是通过建立和维持禁止反竞争行为的法律法规，通过缔约方在制定和实施竞争法律法规方面的区域合作，促进市场竞争，提高经济效率和消费者福利，使缔约方从协定中获益，便利缔约方之间的贸易和投资。

第十三章共包括9条，分别是"目标""基本原则""针对反竞争行为的适当措施""合作""信息保密""技术合作和能力建设""消费者保护""磋商""不适用争端解决"。在针对反竞争行为的适当措施方面，协定要求缔约方：①针对反竞争行为制定相应的法律法规；②建立维持一个或多个执法机构；③保障执法机构的独立性；④避免歧视性地适用法律；⑤保障法律和法律适用结果的公开性；⑥保障当事人的救济权利。在国际合作方面，包括执法上的合作与技术上的合作，协定规定，缔约方之间通过通报、讨论、交换信息、协调执法行动四种机制解决竞争执法中涉及重大利益、产生实质影响的问题。

"一带一路"和金砖国家也是我国积极开展反垄断执法国际合作的重要表现。2018年，我国首次举办"一带一路"沿线国家竞争执法官员研修班，为来自15个国家的官员介绍我国反垄断立法执法工作，加强了我国与"一带一路"国家之间的交流与合作。此外，我国与其他金砖国家签署《金砖国家竞争法律与政策领域合作备忘录》等多边合作文件，并定期共同举办国际竞争大会。

全球范围内，欧洲联盟和北美自由贸易区也是重要的反垄断法实施国际合作范例。欧盟是一个超国家组织，成员国之间通过签署条约建立一个欧洲统一大市场。欧盟成员国所签署的条约由《欧盟条约》（Treaty on European Union, TEU）与《欧盟运行条约》（Treaty on the Functioning of the European Union, TFEU）组成，《欧盟运行条约》第 101 条至第 109 条为欧盟竞争法规则。欧盟条约的效力高于成员国国内法。欧盟委员会对外代表欧盟开展反垄断国际合作。为有效协调欧盟内部成员国之间的执法活动，欧盟委员会与成员国竞争执法机构共同成立了欧洲竞争网络。1992 年，美国、加拿大与墨西哥通过签署《北美自由贸易协定》（North American Free Trade Agreement, NAFTA），建立北美自由贸易区。《北美自由贸易协定》包含竞争条款，第十五章为"竞争政策、垄断与国有企业"。第 1501 条为竞争政策条款，规定了各缔约方保持各自独立的竞争法，并通过加强竞争执法的合作与协调促进自由贸易区的市场竞争等内容。具体合作方式包括司法互助、通报、磋商与信息交流。

（三）多边合作

多边合作的主要渠道包括联合国贸发会议、国际经合组织以及世界贸易组织。

联合国贸发会议所主持的《控制限制性商业行为的一套多边原则和规则》（以下简称《多边原则和规则》）是一个典型的多边合作框架。[1]《多边原则和规则》源于 1979 年 5 月 30 日联合国贸发会第 103（V）号决议。同年 11 月 19 日至 12 月 8 日，限制性商业行为会议在联合国日内瓦办事处举行，并于 1980 年 4 月 8 日至 22 日再次举行。《多边原则和规则》是这两次会议的重要成果，主要目的是通过构建一套针对控制限制性商业行为的多边协商的原则和规则，保障发展中国家不会因跨国企业的限制性商业行为而受到损害，保障关税和非关税壁垒自由化所带来的利益不会被限制性商业行为所抵消，并通过保护竞争、控制资本和经济力量的集中以及鼓励创新提高经济贸易和发展的效率，保护和促进消费者福利等。

国际经合组织及其竞争委员会主要通过"建议""最佳实践"以及"圆桌会议"等方式推动全球反垄断执法机构的合作。经合组织在反垄断法实施国际合作方面的成果主要有：①2012 年与国际竞争网络（International Competition Network, ICN）共同发布了《OECD/ICN 关于国际执法合作调查的秘书处报告》；②2014 年发布《竞争法执行国际合作的挑战》报告；③2015 年制定了《竞争国际合作协议的清单》；④2016 年发布《国际合作谅解备忘录清单》；⑤2021 年与国际竞争网络共同发布《国际合作报告》。

世界贸易组织也是重要的反垄断国际合作平台。1996 年《世界贸易组织新加坡部长会议宣言》第 20 条提出，建立一个工作组，研究成员所提出的有关贸易和竞争政策相互作用的问题，包括反竞争行为。2001 年多哈第四届部长会议决定于 2002 年 1 月 31 日至 2005 年 1 月 1 日进行世贸组织成立以来的第一次多边贸易谈判，其中贸易与竞争政策关系是新一轮多边谈判的议题。然而，直到 2003 年坎昆部长理事会仍未能就这一领域的谈判模式达成共识。在 2004 年 8 月 1 日通过的"2004 年 7 月一揽子计划"中，世界贸易组织理事会决定，在多哈回合期间，世界贸易组织内不会就竞争政策进行进一步的谈判工作。[2]

---

[1] UNTCAD, The Set of Multilaterally Agreed Equitable Principles and Rules for the Control of Restrictive Business Practices, General Assembly Resolution 35/63, 1980.

[2] Working Group on the Interaction between Trade and Competition Policy (WGTCP) — History, Mandates and Decisions, https://www.wto.org/english/tratop_e/comp_e/history_e.htm#julydec.

三、国际合作的主要机制

（一）通报

反垄断执法机构国际合作最常见的机制是执法机构之间就特定案件互相通报，如在美国竞争主管机构（联邦贸易委员会、司法部）与欧盟委员会签订的《美国政府与欧洲共同体委员会关于其竞争法适用的协定》《欧洲共同体与美国政府关于在执行其竞争法时适用积极礼让原则的协定》《在集中调查中合作的最佳实践》中，双方约定了明确的信息通报机制。当出现执法活动涉及对方、反竞争行为发生在对方领域范围内以及经营者集中案件需要双方进行审查这三种情况时，双方会进行信息通报。

（二）信息交流

反垄断执法机构对执法中获得的信息进行交换与沟通，有助于不同执法机构对同一案件或者同一类案件的执法工作进行协调。例如美国竞争主管机构与欧盟委员会签署的《美国政府与欧洲共同体委员会关于竞争法适用的协定》约定了信息共享机制。信息共享的目的是便利各自的竞争法实施，推动在执法活动上更大程度的互信。信息共享的主要方式是反垄断官员定期举行会议，所共享的信息包括：①当前执法活动和执法优先事项；②涉及共同利益的经济部门的信息；③正在考量的政策变化；④与适用竞争法有关的其他事项。信息交换需要兼顾遵守本国法律与保护执法中的重要利益。信息交换不能侵害机密信息，对此，反垄断执法机构在国际合作中通常采取两种做法，一种是对机密信息进行完全的保护，禁止对机密信息进行交换，一方不得强制另一方披露机密信息；另一种做法是允许机密信息的交换，但要求对方进行保密。

（三）国际礼让原则

国际礼让原则是国际法中的一项重要原则，是国家之间进行交往所遵循的惯例或者礼节，要求一个司法辖区在进行执法活动时应考虑其他司法辖区的重要利益。国际礼让原则可以分为"积极礼让原则"和"消极礼让原则"。积极礼让原则是指一国反垄断执法机构在特定情况下，可以请求另一国反垄断执法机构针对某一反竞争行为开展调查，则后者对此请求加以认真考虑；消极礼让原则是指每一方在反垄断执法的任何阶段都应当保障另一方的重要利益。

[本章参考文献]

（一）著作

1. 王晓晔主编：《反垄断法实施中的重大问题》，社会科学文献出版社 2010 年版。
2. 王先林主编：《中国反垄断法实施热点问题研究》，法律出版社 2011 年版。
3. 文学国、孟雁北、高重迎：《反垄断法执行制度研究》，中国社会科学出版社 2011 年版。
4. 王健、朱宏文：《反垄断法实施问题研究》，法律出版社 2013 年版。
5. 李国海：《反垄断法实施机制研究》，中国方正出版社 2006 年版。
6. 李胜利：《美国联邦反托拉斯法百年：历史经验与世界性影响》，载漆多俊主编：《经济法论丛》，法律出版社 2015 年版。
7. Douglas Broder, *U. S. Antitrust Law and Enforcement: A Practice Introduction*, Oxford University Press, 2010.

（二）论文

8. 王晓晔：《我国反垄断法实施的成就与问题》，载《中国工商管理研究》2014 年第

9期。

9. 时建中:《新〈反垄断法〉的现实意义与内容解读》,载《中国法律评论》2022年第4期。

10. 时建中:《论竞争政策在经济政策体系中的地位——兼论反垄断法在管制型产业的适用》,载《价格理论与实践》2014年第7期。

11. 时建中:《试论反垄断法的国际合作》,载《安徽大学法学评论》2002年第1期。

12. 周汉华:《论平台经济反垄断与监管的二元分治》,载《中国法学》2023年第1期。

13. 王先林:《论反垄断民事诉讼与行政执法的衔接与协调》,载《江西财经大学学报》2010年第3期。

14. 王先林:《垄断行业监管与反垄断执法之协调》,载《法学》2014年第2期。

15. 孙晋:《我国〈反垄断法〉法律责任制度的缺失及其完善》,载《法律适用》2009年第11期。

16. 王健:《权力共享制抑或权力独享制——我国反垄断执法机关权力配置模式及解决方案》,载《政法论坛》2013年第3期。

17. 李剑:《中国反垄断执法机构间的竞争——行为模式、执法效果与刚性权威的克服》,载《法学家》2018年第1期。

18. 李剑:《中国反垄断法实施中的体系冲突与化解》,载《中国法学》2014年第6期。

19. 李剑:《试论我国反垄断法执行机构建立的可行性》,载《现代法学》2004年第1期。

20. 侯利阳:《平台反垄断的中国抉择:强化反垄断法抑或引入行业规制?》,载《比较法研究》2023年第1期。

21. 刘水林:《反垄断法实施的协商制研究》,载《法商研究》2015年第3期。

22. 丁茂中:《反垄断法实施中的"积极失误"与"消极失误"比较研究》,载《法学评论》2017年第3期。

23. 金善明:《反垄断法实施的逻辑前提:解释及其反思》,载《法学评论》2013年第5期。

24. 陈兵:《我国地方反垄断执法的机理——从上海自贸区先行先试的视角》,载《法学》2017年第10期。

25. 刘宁元:《关于中国地方反垄断行政执法体制的思考》,载《政治与法律》2015年第8期。

26. 钟刚:《反垄断法实施中的产业政策定位与协调——以〈汽车品牌销售管理实施办法〉为分析起点》,载《江西社会科学》2015年第7期。

27. 张炳生:《论我国反垄断执法机构的设置——对现行设计方案的质疑》,载《法律科学(西北政法学院学报)》2005年第2期。

第十四章 反垄断行政执法

第一节 反垄断行政执法的一般程序

一、调查程序启动

(一) 适用范围

《反垄断法》第46条是行政执法程序的启动条款，具体规定了行政调查程序的启动方式、举报人的资格与权利，其中第1款为反垄断执法机构依职权启动调查程序，第2款为反垄断执法机构依举报启动调查程序，第3款为举报的方式与结果。本条所提到的"反垄断执法机构"主要包括：①国务院反垄断执法机构；②经国务院反垄断执法机构授权的省一级人民政府相应的机构。"涉嫌垄断的行为"广义上包括我国《反垄断法》所规定的所有经济性垄断行为与行政性垄断行为。在2022年《反垄断法》修改之前，我国《反垄断法》第六章"对涉嫌垄断行为的调查"中缺乏针对行政性垄断行为的调查条款。但是，2022年《反垄断法》修改之后，于第54、55条新增针对行政性垄断的调查与约谈条款，特别是在第54条中使用了"调查"一词。因此，考虑到法律条文的结构安排以及执法机构针对行政性垄断启动调查的现实状况，可以认为对涉嫌垄断行为的调查包括行政性垄断行为。需要注意的是，行政性垄断行为的实施主体为行政机关或者法律、法规授权的具有管理公共事务职能的组织，难以直接适用《中华人民共和国行政强制法》（以下简称《行政强制法》）所规定的强制措施对其涉嫌行政性垄断行为进行调查。因为行政强制措施的实施对象是行政相对人，即公民、法人或者其他组织。

(二) 调查程序的启动方式

我国《反垄断法》明确列举的行政调查程序的主要启动方式分为反垄断执法机构"依职权启动调查程序"与"依举报启动调查程序"两种。

1. 依职权启动调查程序。反垄断执法机构可以依职权对涉嫌垄断行为启动调查程序，这里既包括反垄断执法机构依据其自身掌握的线索，启动调查程序；也包括依据其他行政机关所移交的线索或者证据，而启动调查程序。其他行政机关的移交包括三种形式，一是上级机关交办，二是其他机关移送，三是下级机关报告。

2. 依举报启动调查程序。任何单位和个人均有权向执法机构提出举报，并提供涉嫌垄断行为的证据材料。至于举报人的资格，《反垄断法》第46条第2款规定"任何单位和个人"都有权向反垄断执法机构进行举报。不限制举报人的资格有利于在最大程度上鼓励举报，以帮助执法机构发现更多的垄断行为。举报人可以是对涉嫌垄断行为知情的任何人，包括竞争者、上下游经营者、消费者以及其他市场参与者、经营者内部人员等。

除了上述两种调查启动方式，《禁止垄断协议规定》《禁止滥用市场支配地位行为规定》还允许通过经营者主动报告的方式启动行政调查程序，主要表现为经营者主动申请适用宽大程序和承诺程序。

在举报的形式上，举报可以采取书面形式或口头形式；可以是实名举报或匿名举报。书面形式与口头形式在举报后果与举报人权利保障方面有所不同，其一，反垄断执法机构在收到书面形式的举报以及相关事实和证据后，应当进行必要的调查，而口头形式的举报不必然引起此后果。其二，针对书面形式的实名举报，反垄断执法机构在案件调查处理完毕后，可以根据举报人的书面请求依法向其反馈举报处理结果，即书面实名举报人对案件处理结果有较大程度的知情权，而口头举报人对案件处理结果的知情权程度较低。无论采取何种举报形式，为保护举报人的合法权益以及案件调查程序的顺利进行，避免遭到被举报的经营者或者单位的打击报复，反垄断执法机构有义务为举报人保密。

在举报程序方面，举报人进行书面举报，一般应当提供如下信息：举报人与被举报人的基本情况、涉嫌垄断行为的相关事实和证据、是否就同一事实向其他行政机关举报或者向人民法院提起诉讼。针对行政性垄断行为，除上述信息外，书面举报人还应当提供是否就同一事实申请行政复议的情况。反垄断执法机构根据工作需要，可以要求举报人补充举报材料。反垄断执法机构在收到书面举报之后，应当进行必要的调查。对于符合立案条件的，应当立案。立案条件包括：①有证据初步证明经营者达成垄断协议；②属于本部门查处范围；③在给予行政处罚的法定期限内。针对行政性垄断行为，被调查单位在调查期间已经采取措施停止相关行为、消除相关竞争限制的，反垄断执法机构可以不予立案。

在授权执法方面，若该案件由省级市场监管部门予以立案，则省级市场监管部门应当自立案之日起7个工作日内向市场监管总局备案。针对行政性垄断行为，若省级以下市场监管部门收到举报材料或者发现案件线索的，应当在7个工作日内将相关材料报送省级市场监管部门。

二、调查措施

我国《反垄断法》第47条明确列举了5种调查措施，分别是：①进入被调查的经营者的营业场所或者其他有关场所进行检查；②询问被调查的经营者、利害关系人或者其他有关单位或者个人，要求其说明有关情况；③查阅、复制被调查的经营者、利害关系人或者其他有关单位或者个人的有关单证、协议、会计账簿、业务函电、电子数据等文件、资料；④查封、扣押相关证据；⑤查询经营者的银行账户。反垄断执法机构调查涉嫌垄断行为，执法人员不得少于二人，并应当出示执法证件。另外，2022年修改的《反垄断法》增加第54条和第55条，第54条规定了反垄断执法机构对涉嫌滥用行政权力排除、限制竞争的行为进行调查的权力，第55条规定反垄断执法机构可以对涉嫌违反《反垄断法》的经营者、行政机关和法律、法规授权的具有管理公共事务职能的组织的法定代表人或者负责人进行约谈，要求其提出改进措施。

第一，反垄断执法机构进入被调查经营者的营业场所或者其他有关场所进行检查，是大多数国家反垄断行政调查的主要手段。反垄断执法机构检查的对象包括被调查经营者的营业场所或者其他有关场所。关于"其他有关场所"的范围，一般认为，"其他有关场所"是指被调查人的非营业性场所。反垄断法在设定执法机构检查的范围时，应当平衡保障调查程序与当事人合法权益，避免过度扩张执法机构的场所进入权，以及不当干预当事人正常的生产经营和生活。因此，场所进入权应当仅限于被调查经营者的营业场所或者其他有关场所。另外在界定"营业场所"和"其他有关场所"时，应当重视被调查经营者的商用交通运输工具，将其作为场所的延伸，以保障执法机构可以进入经营者的商用交通运输工具以获取必要证据。

需要注意的是，《反垄断法》第47条第1款第1项规定的进入场所进行检查的权力与

"搜查权"不同。在我国,搜查权是刑事侦查中由司法机关决定实施的,是针对犯罪嫌疑人或者可能隐藏证据的人身、财产、住所等进行搜索、检查的一种侦查行为。[1]《反垄断法》第 47 条所规定的"场所进入权",由反垄断执法机构决定实施,其范围仅限于检查经营者的营业场所或者其他有关场所。

第二,反垄断执法机构有权询问相关知情人员,包括被调查经营者的管理人员及雇员、利害关系人或者其他有关单位或者个人,要求其针对所知悉的案情进行说明。此处的"询问"是非强制性的,这与刑事侦查中的"讯问犯罪嫌疑人"不同。刑事侦查中的讯问犯罪嫌疑人一般是指司法机构的刑事侦查人员依照法定程序,就案件事实和有关问题对犯罪嫌疑人进行审讯的侦查行为。[2]而《反垄断法》中的询问权是由行政执法机构决定实施,询问的对象既包括被调查经营者的相关人员,也包括利害关系人以及任何知情人员,而且要求询问对象说明有关情况的义务,是一种软性义务。执法人员进行询问和调查,应当制作笔录,并由被询问人或者被调查人签字。

第三,反垄断执法机构有权查阅、复制相关资料,此处的相关资料包括被调查的经营者、利害关系人或者其他有关单位或者个人的有关单证、协议、会计账簿、业务函电、电子数据等文件、资料。查阅是指执法机构有权查看翻阅相关的文件资料;复制是指执法机构可以制作相关文件资料的复本。

第四,查封、扣押相关证据。查封是反垄断执法机构限制被调查者对其财产的使用和处分而采取的行政强制措施。扣押是指反垄断执法机构为了预防制止违法行为,保障行政决定的执行,对被调查经营者涉嫌违法的财物予以暂时扣留的行为。[3]具体来说,查封和扣押具有如下区别:被查封的证据一般不被转移到其他地点,而是原地封存;被扣押的证据由执法机构转移到特定地点予以保存。查封、扣押的期限不得超过 30 日,情况复杂的,经市场监督管理部门负责人批准,可以延长,但是延长期限不得超过 30 日。延长查封、扣押的决定应当及时书面告知当事人,并说明理由。对于查封、扣押的相关证据,反垄断执法机构有义务妥善保管,不得使用或者损害。反垄断执法机构可以委托第三人保管,第三人不得损害或者擅自转移、处置。查封、扣押的相关证据,应当加贴封条,任何人不得随意动用。

反垄断执法机构在决定查封、扣押之前,应当考量查封、扣押的必要性以及可能对经营者生产经营活动的影响。查封、扣押应当是基于进一步检查相关证据或者避免经营者销毁、隐匿、篡改证据的目的而实施。同时,应当尽量降低查封、扣押可能对经营者的生产经营活动带来的影响。在调查目的实现后、查封扣押期限届满或者相关证据被证实与违法行为无关后,应当及时解除查封、扣押状态。解除查封、扣押应当立即退还财物,并由办案人员和当事人在财物清单上签名或者盖章。

第五,反垄断执法机构可以查询经营者的银行账户,此处的查询不同于"冻结"银行账户、存款或者汇款。我国《行政强制法》中将"冻结存款、汇款"明确列为行政强制措施之一,是指对行政相对人的存款、汇款暂停支付,未经许可不得提取或者转让。[4]而查

---

[1] 参见樊崇义主编:《刑事诉讼法学》,中国政法大学出版社 2002 年版,第 221 页;时建中主编:《反垄断法——法典释评与学理探源》,中国人民大学出版社 2008 年版,第 389 页。
[2] 参见樊崇义主编:《刑事诉讼法学》,中国政法大学出版社 2002 年版,第 216 页。
[3] 参见关保英:《行政法学》,法律出版社 2018 年版,第 507 页。
[4] 参见关保英:《行政法学》,法律出版社 2018 年版,第 508 页。

询银行账户仅是对经营者的经营情况、资金往来进行检查和了解。

采取上述调查措施，应当向反垄断执法机构主要负责人书面报告，并经批准后方可实施。反垄断执法机构在实施上述调查措施时，执法人员不得少于两人，并应当出示执法证件。执法人员进行询问和调查，应当制作笔录，并由被询问人或者被调查人签字。

三、处理决定

针对经济性垄断行为，调查程序的最终结果可能是四种情况：一是反垄断执法机构经过调查，认定该行为构成《反垄断法》所禁止的垄断行为，最终作出行政处罚决定书并向社会公布；二是经过调查，发现该行为不构成《反垄断法》所禁止的垄断行为，即终止调查；三是经过调查，发现一项垄断协议符合豁免条件，给予该垄断协议豁免；四是在调查过程中，被调查经营者申请适用承诺制度，反垄断执法机构即中止调查程序，若经营者履行承诺，反垄断执法机构可以决定终止调查程序。反垄断执法机构对垄断协议或者滥用市场支配地位作出行政处罚决定后，应当依法制作行政处罚决定书，并依法向社会公布，其中行政处罚信息应当依法通过国家企业信用信息公示系统向社会公布。

针对行政性垄断行为，反垄断调查程序可能产生三种结果。一是反垄断执法机构认为构成滥用行政权力排除、限制竞争行为的，可以作出行政建议书，向有关上级机关提出依法处理的建议，同时抄送被调查单位。处理建议应当具体、明确，能够消除相关影响，可以包括停止实施有关行为、解除有关协议、停止执行有关备忘录、废止或者修改有关文件并向社会公开文件的废止、修改情况等。被调查单位应当按照行政建议书载明的处理建议，积极落实改正措施，并按照反垄断执法机构的要求，限期将有关改正情况书面报告上级机关和反垄断执法机构。二是在调查期间，当事人主动采取措施停止相关行为，消除相关后果的，反垄断执法机构可以结束调查。三是经调查，反垄断执法机构认为不构成滥用行政权力排除、限制竞争行为的，应当结束调查。

若涉及授权执法，则省级市场监管部门在作出最终的决定书或者建议书之前，应当向市场监管总局报告，送达决定书或者提出建议书后7个工作日内，向市场监管总局备案。

第二节　反垄断行政执法的特别程序

一、行政约谈

反垄断执法机构可以约谈经营者、行政机关以及法律、法规授权的具有管理公共事务职能的组织的法定代表人或者负责人。约谈制度是2022年《反垄断法》修改新增内容，该法第55条规定，经营者、行政机关和法律、法规授权的具有管理公共事务职能的组织，涉嫌违反本法规定的，反垄断执法机构可以对其法定代表人或者负责人进行约谈，要求其提出改进措施。反垄断约谈是一种行政指导行为，是指当反垄断执法机构对涉嫌垄断行为产生关切时，通过与行政相对人进行沟通协商，给予引导、警示或者告诫的一种非强制性行政行为。

首先，约谈的对象是经营者、行政机关或者法律、法规授权的具有管理公共事务职能的组织的法定代表人或者负责人。法律明确行政机关以及法律、法规授权的具有管理公共事务职能的组织的负责人可以被约谈，是制度上的一项重大进步，对于预防行政性垄断、发挥反垄断执法机构在公平竞争审查中的监督作用具有重大意义。其次，约谈发生的前提是出现了涉嫌违反反垄断法的情形。约谈并非强制性的，反垄断执法机构有权决定是否进行约谈。最后，约谈的目的是引导、警示或者告诫被约谈对象，若其行为涉嫌违反反垄断法，要求其提出改进措施，并最终纠正该行为。约谈可以指出涉嫌垄断行为的问题，听取情况说明，要求法定代表人或者负责人提出改进措施、消除相关竞争限制。对于经济性垄断行为，经营者应当按照反垄断执法机构要求进行改进，提出消除行为危害后果的具体措施、履行期限等，并提交书面报告。对于行政性垄断行为，约谈结束后，反垄断执法机构可以将约谈情况通报被约谈单位的有关上级机关。省级市场监管部门应当在7个工作日内将约谈情况向市场监管总局备案。

反垄断行政约谈不等同于反垄断调查措施，两者的区别在于：一是行政约谈是一种行政指导，不具有强制性，而反垄断调查措施具有强制性。二是反垄断执法机构进行行政约谈的前提是存在针对涉嫌垄断行为的竞争关切，目的是规劝垄断行为主体及时停止涉嫌违法行为，而反垄断调查措施适用的前提在于反垄断执法机构依职权、依举报或者因经营者主动申请开启调查程序。三是行政约谈的方式主要为协商沟通，而调查措施的方式包括5种，分别是：①进入场所检查，②询问相关人，③查阅、复制文件、资料，④查封、扣押相关证据，⑤查询银行账户。四是行政约谈的法律后果是引导、警示或者告诫经营者或者行政性垄断行为主体停止涉嫌违法行为，而调查措施的法律后果是查明案件真相，并作出最终的认定与处理。

行政约谈对于反垄断法实施具有重要意义：首先，行政约谈能够及时制止涉嫌垄断行为，在较早阶段制止经营者或者行政性垄断行为主体继续实施涉嫌垄断行为，以避免竞争损害的扩大化。相比漫长的反垄断调查过程，行政约谈具有及时、高效的特点。其次，行政约谈具有一定的灵活性，其本质上是一种柔性的行政引导，适用于部分违法情节较为轻微或者尚处于早期阶段的违法行为，此时及时警示经营者或者行政性垄断行为主体即可达到反垄断法的实施效果，无需启动正式的调查程序。最后，行政约谈有助于反垄断执法机构以较低的成本制止涉嫌垄断行为。经过行政约谈，上述主体有效纠正或终止了涉嫌违法行为，反垄断执法机构通常就无需启动调查程序。

行政约谈制度并非《反垄断法》所独有，行政约谈被广泛运用于税收治理、食品药品安全、环境保护、安全生产、质量监督、价格监管等领域。2015年4月国家互联网信息办公室公布《互联网新闻信息服务单位约谈工作规定》，明确了互联网新闻信息服务领域的约谈制度。2015年10月《中华人民共和国食品安全法》也纳入约谈制度，第114条规定："食品生产经营过程中存在食品安全隐患，未及时采取措施消除的，县级以上人民政府食品药品监督管理部门可以对食品生产经营者的法定代表人或者主要负责人进行责任约谈。食品生产经营者应当立即采取措施，进行整改，消除隐患。责任约谈情况和整改情况应当纳入食品生产经营者食品安全信用档案。"

将行政约谈纳入《反垄断法》，使该制度有法可依，一方面，这有助于通过有效的约谈制度及时预防与制止涉嫌违法的垄断行为，鼓励反垄断执法机构积极运用约谈这一柔性工具，最大程度地保障消费者与其他市场主体的合法权益。另一方面，将约谈制度入法也有助于保障经营者的合法权益，避免反垄断执法机构滥用约谈制度。《反垄断法》第55条明确规定了约谈制度启动的前提条件，即出现涉嫌违反反垄断法的情形，只有在符合这一前提条件时，反垄断执法机构才有权决定是否进行约谈。反垄断执法机构在开展约谈时，应当严格依据事实与反垄断法的规定，坚持中立地位，对不同市场主体一视同仁，并在可行的情况下征求利害关系人的意见。[1]

---

[1] 刘继峰等：《中华人民共和国反垄断法理解与适用》，中国法制出版社2022年版，第268页。

二、经营者承诺制度

（一）经营者承诺制度的概念适用范围与意义

经营者承诺制度是指在反垄断调查程序终结之前，经营者主动承诺消除行为后果，反垄断执法机构可以决定中止调查并对经营者履行承诺的情况进行监督，当经营者履行其承诺，反垄断执法机构可以决定终止调查程序。

在我国，承诺制度适用于非核心的横向垄断协议、所有的纵向垄断协议以及滥用市场支配地位案件的调查。《垄断案件经营者承诺指南》第2条明确列举了不适用承诺制度的三种横向协议类型，包括固定或者变更商品价格、限制商品生产或者销售数量、分割销售市场或者原材料采购市场。上述三种横向垄断协议都属于核心卡特尔，除明确列举的不适用承诺制度的横向垄断协议案件，其他垄断案件均可以适用承诺制度。

在垄断案件的调查过程中设置承诺制度，主要是为了鼓励涉案经营者尽早停止可能产生排除、限制竞争影响的行为，消除其行为对市场产生的不利影响。在经营者履行其承诺之后，反垄断执法机构没有必要再继续进行调查及处罚。承诺制度对于反垄断执法具有较大意义，有助于提高反垄断执法效率、节约执法资源、有效实现保护市场公平竞争、维护消费者利益和社会公共利益的目标。

（二）经营者承诺的程序

承诺制度的实施程序可以分为提出承诺措施中止调查及承诺的履行与监督、终止调查或恢复调查三个阶段。

1. 经营者提出承诺。承诺措施由经营者向反垄断执法机构提出。经营者提出承诺措施的时间点应在反垄断执法机构认定行为构成垄断行为，依法作出处理决定之前。一旦反垄断执法机构认定行为构成垄断行为，应当依法作出处理决定，不再接受经营者提出承诺。《垄断案件经营者承诺指南》第4条第2款规定："鼓励经营者在执法机构采取《反垄断法》第三十九条所规定的任何措施后、作出行政处罚事先告知前提出承诺；经营者在行政处罚事先告知后提出承诺的，执法机构一般不再接受。"

经营者应以书面形式提出承诺。承诺应载明下列事项：①被调查的涉嫌垄断行为及可能造成的影响；②承诺采取消除行为后果的具体措施；③承诺采取的具体措施能够消除行为后果的说明；④履行承诺的时间安排及方式；⑤需要承诺的其他内容。

承诺措施分为三类：结构性措施、行为性措施和综合性措施。结构性措施是指通过改变市场结构以消除垄断行为对市场的不良影响，包括剥离有形资产、知识产权等无形资产或者相关权益。行为性措施是指通过对经营者的行为进行限制，以消除垄断行为对市场的不良影响，包括调整定价策略、取消或者更改各类交易限制措施、开放网络或者平台等基础设施，许可专利、技术秘密或者其他知识产权等。综合性措施是由结构性措施和行为措施组成的措施。承诺的措施需要明确、可行且可以自主实施。如果承诺措施需经第三方同意方可实施，经营者需要提交第三方同意的书面意见。

为及早停止违法行为并且消除行为的不良影响，反垄断执法机构鼓励经营者在尽可能早的阶段提出承诺申请。在提出承诺前，经营者可以与反垄断执法机构进行必要的沟通。反垄断执法机构可以告知经营者涉嫌垄断行为的基本事实以及可能造成的影响。承诺措施是在沟通基础上由经营者自愿提出的。

在承诺措施提出后，经营者可以就承诺内容与执法机构进行沟通。沟通的范围包括案件事实的具体表述、承诺的措施能否有效消除涉嫌垄断行为的后果以及是否限于解决执法机构所关注的竞争问题等。在沟通过程中，经执法机构和经营者一致同意，可以共同邀请第三方经营者、行业主管部门、行业协会、专家学者等共同参加讨论。

经沟通达成一致的承诺措施，可以向公众公开征求意见。公开征求意见的期限不少于30日。承诺措施的公开征求意见并非强制性的，在执法机构认为经营者的涉嫌垄断行为已经影响到其他不特定多数的经营者、消费者的合法权益或者社会公共利益时，可以就承诺措施向社会公开征求意见。执法机构可以依据各方提出的意见，建议经营者进行修改或者重新提出承诺措施。经营者不愿意对承诺的措施进行修改并且无法给出合理解释或者提出可行替代方案的，执法机构可以终止经营者承诺的审查与沟通程序，继续对涉嫌垄断行为进行调查。如果修改后承诺的措施在性质或者范围上发生了重大改变，执法机构可以再次向社会公开征求意见。

在执法机构作出中止调查决定前，经营者可以随时撤回承诺。经营者撤回承诺会被视为未提出承诺，执法机构将终止对经营者承诺的审查，继续对该涉嫌垄断行为进行调查。经营者提出承诺是一次性的，在撤回承诺后经营者再次提出承诺的，执法机构不再受理。

2. 中止调查及承诺的履行与监督。

（1）中止调查。承诺措施如果能够有效地消除行为对市场竞争的不良效果，反垄断执法机构应当同意经营者采取该承诺措施。执法机构在对经营者的承诺进行审查时，综合考虑以下因素：①经营者实施涉嫌垄断行为的主观态度；②经营者实施涉嫌垄断行为的性质、持续时间、后果及社会影响；③经营者承诺的措施及其预期效果。

承诺的达成以反垄断执法机构作出中止调查的决定为标志。为此，反垄断执法机构应当制作中止调查决定书，中止调查决定书应当在作出后及时向社会公布。在经营者履行承诺措施的期限确定上，原则上由执法机构根据具体案情决定。两种例外情况下，经营者可以申请提前终止调查，无须再设定履行期限：一是经营者在履行期限前已经完全履行承诺，二是由于市场竞争状况发生重大变化已经没有必要继续履行承诺的。

（2）中止调查后承诺措施的履行与监督。承诺一旦达成，经营者就应按照承诺措施所约定的内容履行义务，消除行为对市场的不良影响。反垄断执法机构应当对经营者履行承诺措施予以监督。为保障承诺措施履行到位，经营者应当按照中止调查决定书的要求，向反垄断执法机构书面报告承诺的履行情况。

在特定情况下，承诺措施可以在履行期间予以变更。变更的前提条件是经营者在履行承诺的过程中，因自身经营状况或者市场竞争状况等发生重大变化，无法继续履行承诺。变更程序需要以经营者向反垄断执法机构提出申请为前提，反垄断执法机构将对经营者的变更申请进行审查，作出同意变更或者不同意变更的决定，并将结果书面告知经营者。如果承诺措施的变更可能影响到他人利益，包括不特定多数的经营者、消费者和社会公共利益，反垄断执法机构可以决定是否就变更的承诺措施向社会公开征求意见。

3. 终止调查或恢复调查。

（1）终止调查。经营者履行承诺的，反垄断执法机构可以决定终止调查。对于作出终止调查的案件，反垄断执法机构应当制作终止调查决定书并及时向社会公布，其中载明：①执法机构调查的经营者涉嫌垄断行为；②经营者承诺的消除行为后果的措施；③经营者履行承诺的情况；④对经营者履行承诺的监督情况；⑤终止涉嫌垄断行为的调查决定。

从效力上来看，反垄断执法机构所作出的中止调查决定以及终止调查决定，不是对行为是否构成垄断行为的认定，所以不应作为认定该行为构成垄断行为的证据。执法机构仍然可以依法对其他类似行为实施调查并作出行政处罚。

（2）恢复调查。如果出现以下三种情形，反垄断执法机构应当恢复对涉嫌垄断行为的调查：①经营者未履行承诺；②作出中止调查决定所依据的事实发生重大变化的；③中止调查的决定是基于经营者提供的不完整或不真实的信息作出的。恢复调查的决定可以由反垄断执法机构依职权作出，也可以由行业主管部门、消费者或者其他经营者向反垄断执法机构提出建议，经反垄断执法机构审查后决定。恢复调查后，反垄断执法机构一般不再接受经营者提出承诺。唯一的例外情况是恢复调查的决定是基于"作出中止调查决定所依据的事实发生重大变化的"。在此种情况下，反垄断执法机构可以基于新的事实接受经营者提出承诺。

如果中止调查决定、终止调查决定是由省级市场监管部门作出，其应当在告知经营者之前，向国家反垄断局进行报告。省级市场监管部门向被调查经营者送达中止调查决定书、终止调查决定书后，应当在7个工作日内向国家反垄断局备案。

拓展阅读：欧盟竞争法中的承诺制度与和解制度
一、欧盟竞争法中的承诺制度
（一）欧盟竞争法承诺制度的产生与内容

承诺制度是欧盟竞争法现代化改革的重要成果。2003年欧盟通过了《第1/2003号条例》，其中规定了承诺制度，用以补充《欧盟运行条约》第101条和第102条涉及的执法程序。《第1/2003号条例》第9条为"承诺制度"条款，因此，在欧盟竞争法中，承诺决定又被称为"第9条决定"（"Article 9 decision"）。该条第1款为承诺的适用前提与程序，规定"如果欧盟委员会打算通过一项决定，要求结束一项违法行为，而有关的企业承诺满足欧盟委员会在初步评估中向它们表达的关切，欧盟委员会可通过发布决定使这些承诺对企业具有约束力。这种决定可以在一个特定的时期内通过，并应断定不再有理由由欧盟委员会采取行动。"第2款为恢复调查的条件规定"欧盟委员会可以，依请求或者依职权，恢复调查程序：（a）在决定所依据的任何事实发生重大变化的情况下；（b）在有关经营者的行为违背其承诺的情况下；或（c）决定是依据当事人提供的不完整的、不正确的或误导性的信息。"

（二）欧盟竞争法承诺制度的适用前提与效力

首先，在决定是否适用承诺制度之前，欧盟委员会需要针对个案情况考量适用承诺的优缺点。承诺制度是一种执法手段，其目标是为了恢复有效竞争。经营者所提出的承诺条件需要对欧盟委员会在调查中所确定的竞争问题予以回应。其次，承诺决定的作出无须经过全面的调查，也无须对案件事实或法律适用作出明确的结论。最后，承诺不是由欧盟委员会单方面强制经营者接受的，而是由经营者主动提交的，并由利害关系人讨论以及市场测试后才可以实施。

承诺决定对经营者具有法律约束力，在承诺通过之后，经营者必须遵循其所作出的承诺，否则欧盟委员会应恢复调查。但是，"承诺决定"与"认定与终止违法行为决定"（finding and termination of infringement）[1] 不同：其一，"认定与终止违法行为决定"具有正式认定违法行为存在的效果，而"承诺决定"则不然。承诺决定并未明确认定违法行为存在，而仅表明存在欧盟委员会所关切的竞争问题；其二，欧盟委员会在作出"认定与终止违法行为决定"之后，可以采取适当的救济措施终止违法行为，恢复竞争原状，或者可以对经营者处以罚款。而承诺决定是基于经营者自愿作出的承诺，只有在经营者违背承诺

---

[1] 欧盟《第1/2003号条例》第7条为"认定与终止违法行为决定"条款。

时，欧盟委员会才可以通过恢复调查并最终认定违法来实施救济性措施或者罚款；其三，对于经营者和欧盟委员会来说，在部分案件中适用承诺程序结案，可以提升执法效率，降低对经营者企业声誉的影响。

(三) 欧盟竞争法承诺程序

欧盟竞争法承诺程序可以分为程序启动、承诺商谈以及通过与实施承诺三个阶段。在"程序启动"阶段，经营者可以在欧盟委员会作出最终决定前，提出适用承诺的申请。一旦欧盟委员会认为该承诺申请可以解决所关切的垄断问题，就可以着手起草初步评估文件。若初步评估文件被欧盟委员会竞争专员批准，欧盟委员会与经营者就进入到正式的承诺商谈阶段。

在"承诺商谈"阶段，经营者应当在收到初步评估文件的一个月内，向欧盟委员会提交一份正式的承诺建议文本，用于市场测试。在初步评估文件中，经营者可以列明行为性或者结构性的救济措施，例如，保障供货义务的履行、剥离企业的部分业务等。其所提出的救济措施应当是符合比例的、明确的且可执行的。承诺内容须经过市场测试，方可被正式采纳。在市场测试过程中，案件情况与承诺内容会被公布，以向利害关系人征求意见。

市场测试结束后，欧盟委员会需要决定是否接受经营者所提出的承诺。承诺一经采纳，就进入"承诺实施"阶段。在"承诺实施"阶段，欧盟委员会通常会根据承诺内容的性质来设定监督要求，如涉及剥离救济措施，可委托独立第三方作为受托人对剥离实施情况进行监督。

二、欧盟竞争法中的卡特尔案件和解制度

(一) 欧盟卡特尔案件和解制度的适用范围与前提条件

欧盟于 2008 年引入"卡特尔案件和解程序"(settlement procedure in cartel cases，以下简称"和解程序")，专门规定并鼓励执法机构与卡特尔的实施者进行"和解"。卡特尔案件和解程序是指，在欧盟委员会已就卡特尔案件进行调查，但还未正式发出异议声明时，企业可在自愿的情况下与委员会进行和解讨论，双方形成"共同意见"(a common understanding)后，企业提交和解书，承认违法行为及法律责任，欧盟委员会据此发出异议声明并作出最终决定，给予企业减少 10% 罚款的奖励。首先，适用和解制度的前提条件之一是被调查的经营者承认其参与了违法的横向垄断协议，并与欧盟委员会就各方行为的事实与法律定性达成"共同意见"。其次，被调查的经营者还应当接受欧盟委员会在最终决定中可能对其施加的最高罚款金额。最后，在是否启动和解程序以及是否达成和解上，欧盟委员会具有较大的裁量权，被调查的经营者没有权利要求欧盟委员会必须启动和解程序，或者必须达成和解。如果欧盟委员会决定终止已经启动的和解程序，其应按照普通程序对案件进行调查和认定。混合和解(hybrid settlement)是指在同一案件中同时包含适用和解程序与不适用和解程序的被调查经营者。欧盟委员会应当按照经营者是否适用和解程序，分别作出最终决定。

(二) 欧盟卡特尔案件和解制度的实施程序

欧盟和解制度的实施程序可以划分为五个阶段，第一阶段是程序的启动阶段，由和解程序的当事人提出正式的和解请求并提交和解相关的文件。欧盟委员会在决定是否给予和解时，会考量包括案件事实的争议、涉案当事人的数量、责任分配的冲突、拟提出的异议声明与经营者达成"共同意见"的可能性等因素。[1] 和解以欧盟委员会与经营者达成"共同意见"为前提条件，对于事实争议较大、当事人数量众多以及责任难以确定的案件，适用和解的可能性较小。一旦欧盟委员会认为和解可行，同一程序中的当事人应当在欧盟委员会所限定的期限内提交书面意见，以确定是否参与下一阶段的和解讨论，这一期限不应少于两周。上述书面意见不具有认定当事人从事违法行为的效力。

第二阶段为和解讨论阶段，由欧盟委员会和各个当事人针对和解事项进行逐一双边讨论。欧盟委员会拥有决定讨论速度以及判断讨论是否具有适当性的权力，可以根据和解程序的总体情况，决定和解讨论的次序，以及披露信息的时间。在和解讨论阶段，欧盟委员会可向当事人进行必要的信息披露，使当事人及时掌握与达成和解相关的事实，诸如涉嫌违法的横向垄断协议的严重性和持续时间、责任的归属、可能的罚款额度等。信息的及时披露能够有效地保障和解申请人的程序性权利，使各方能够适时提出对异议声明的意见。信息的披露包括允许当事人查阅案件档案的非保密版本。依据当事人的申请，听证官也可以及时对和解程序中辩护权是否得到保障进行监督。

第三阶段为提交和解书阶段，申请和解的当事人必须以和解书提交正式的申请。和解书应当包含：①以清晰明确的措辞承认各方对违法行为的责任；②预计由欧盟委员会施加的并且各方在和解程序框架内能够接受的最高罚款金额；③各方确认已被充分告知欧盟委员会拟对他们提出的异议声明，并且他们有足够的机会向欧盟委员会表达意见；④双方确认不打算查阅档案或者要求在口头听证的基础上再次进行听证；⑤双方同意以商定的欧洲共同体官方语言接收异议声明和最终决定。在这一阶段，当事人无权单方面撤销和解申请，除非欧盟委员会未能满足和解的条件。

第四阶段为异议声明和答复阶段，由欧盟委员会向被调查的经营者、举报人以及利害关系人发出异议声明。在和解程序中，欧盟委员会也必须向经营者发出异议声明，该异议声明应当包含与和解相关的必要信息，使各方能够确认欧盟委员会拟在最终决定中采纳其和解意见。如果异议声明包含了各方的和解意见，各方当事人应在欧盟委员会所规定的期限内提交答复，以确认异议声明中的和解意见与其和解意见是否一致，该期限至少为两周。

第五阶段为作出和解决定阶段，欧盟委员会在收到各方当事人针对异议声明的答复后，在与咨询委员会进行协商后，应作出最终决定。在最终决定的作出上，欧盟委员会拥有较大的裁量权，其可以选择接受咨询委员会的意见，也可以基于自身的裁量权对案件最终决定进行合理的考量。如果欧盟委员会拟在最终决定中背离各方当事人提出的和解意见，其应当向各方发出新的异议声明。但是，如果欧盟委员会拟在最终决定中采纳各方当事人的和解意见，其就无须也不应再采取其他任何的程序性步骤，即一旦各方当事人接受异议声明中的和解意见，其就无权再次要求查阅档案或者举行口头听证。最终决定中应当包含经营者参与和解程序的事实以及因和解程序而导致的罚款减轻情况。

三、欧盟竞争法中承诺制度与和解制度的联系与区别

承诺制度、和解制度是欧盟竞争法公共实施中的两项有效工具。这两项制度均便利执法机构的执法活动，有助于缩短调查时间并且节约执法资源。承诺制度与和解制度具有以下区别：

---

[1] 异议声明（statement of objection）是指由欧盟委员会作出最终决定前，就拟采取的最终决定通知被调查的经营者、举报人以及其他利害关系人，以供上述主体提出意见。异议声明的主要目的是保障调查程序中的各方当事人充分了解案件的调查情况以及欧盟委员会对案件的认定，从而保障各方辩护权和意见陈述权的行使。

第一，两项制度的适用范围是不同的。在欧盟竞争法中，承诺决定主要适用于行为性质与违法性较轻的案件，不能适用于核心卡特尔案件（hardcore cartel cases），在核心卡特尔案件中，如果执法双方想寻求简便方式，只能适用第622/2008号条例所规定的和解制度。

第二，在行为性质认定上，卡特尔的参与者要想适用和解程序，必须承认参与了违法的卡特尔，欧盟委员会据此作出的和解决定不会回避对其行为违法性的认定；而在承诺决定中，委员会对涉案行为的性质保持沉默。

第三，在适用效果上，卡特尔案件的和解程序不会对和解方免除处罚，只会给予其减免10%罚款额的和解奖励，而且承诺决定不会带来任何处罚效果。

第三节　执法机构的义务与被调查者的权利义务

《反垄断法》第49条至第51条分别规定了反垄断执法机构保密的义务与被调查经营者配合调查的义务。第54条规定在对滥用行政权力排除、限制竞争行为进行调查时，有关单位或者个人有配合调查的义务。

一、执法机构的义务

反垄断执法机构的保密义务是指对执法过程中知悉的商业秘密、个人隐私以及个人信息进行保密。商业秘密是指不为公众所知悉，具有商业价值，并经权利人采取相应保密措施的技术信息、经营信息等商业信息。《民法典》将商业秘密列为知识产权的客体进行保护。隐私是指自然人的私人生活安宁和不愿为他人知晓的私密空间、私密活动、私密信息。个人信息是指以电子或者其他方式记录的与已识别或者可识别的自然人有关的各种信息，个人信息不包括匿名化处理后的信息。我国《民法典》第1032条第1款和第1034条第1款要求保护自然人的隐私权和个人信息。在反垄断执法过程中，反垄断执法机构对于其可能会获知的经营者的商业秘密、自然人的个人隐私和个人信息应当予以保密，不应擅自披露、使用或者允许他人使用。

保密的主体应当包括反垄断执法机构及其工作人员，以及其他参与调查并获知该商业秘密、个人隐私以及个人信息的主体。在案件调查中，反垄断执法机构及其工作人员以外的其他第三方主体，包括反垄断执法机构聘请的相关专家及技术人员，以及参与调查的单位及其工作人员、律师等，均应当负有同等的保密义务。受到保护的商业秘密应既包括被调查经营者的商业秘密，也包括其他参与调查单位或者个人的商业秘密。

执法机构及相关主体在调查过程中获知的商业秘密、个人隐私和个人信息仅应被使用于调查程序中，反垄断执法机构及相关主体不得将上述信息用于其他与调查无关的用途。《反垄断法》第66条规定，反垄断执法机构工作人员泄露执法过程中知悉的商业秘密、个人隐私和个人信息的，依法给予处分；第67条规定，构成犯罪的，依法追究刑事责任。我国《刑法》第219条规定了侵犯商业秘密罪，此处有关的行为包括：违反约定或者违反权利人有关保守商业秘密的要求，披露、使用或者允许他人使用其所掌握的商业秘密，以及明知侵犯商业秘密行为，获取、披露、使用或者允许他人使用该商业秘密的行为。

大部分国家的反垄断法均要求对调查中获知的重要信息进行保密，而且保护的范围不仅仅限于商业秘密，还包括其他经调查获取的信息。欧盟《第1/2003号条例》第28条为职业秘密条款，规定在调查中获得的信息仅能用于获取信息的目的，在不妨碍欧盟委员会与成员国执法机构、成员国法院之间的信息交换与合作前提下,欧盟委员会、成员国执法机构、成员国其他机关及其人员不得披露其依据本条例获得或者交换的信息以及属于专业保密义务范围的信息。该义务也同样适用于出席咨询委员会会议的成员国的所有代表和专家。德国《反限制竞争法》第46条规定,垄断委员会的成员以及秘书处的工作人员对商议内容以及被垄断委员会视为保密的商议材料,负有保密义务。该保密义务也涉及提供给垄断委员会并被垄断委员会视为保密的信息,以及垄断委员会所查阅的竞争法执法机构拥有的经营商业秘密以及个人信息。

二、被调查者的权利与义务

被调查者包括两大类:一是因涉嫌经济性垄断行为而被调查的经营者、利害关系人或者其他有关单位或者个人;二是因涉嫌滥用行政权力排除、限制竞争而被调查的有关单位或者个人。

(一)被调查者的权利

1. 被调查经营者、利害关系人或者其他有关单位或者个人在调查过程中拥有陈述意见的权利,也有配合调查的义务。反垄断执法机构对垄断协议、滥用市场支配地位以及违法实施经营者集中进行行政处罚的,应当在作出行政处罚决定之前,书面告知当事人拟作出的行政处罚内容及事实、理由、依据,并告知当事人依法享有的陈述权、申辩权和要求听证的权利。对于违法实施经营者集中,被调查的经营者自收到书面告知之日起5个工作日内,未行使陈述、申辩权,未要求听证的,视为放弃此权利。反垄断执法机构应当对被调查经营者、利害关系人提出的事实、理由和证据进行核实。

陈述意见权是行政相对人在调查过程中的重要程序性权利,是保障反垄断法有效实施与公正执法的必然要求。陈述意见是被调查者的权利,而非义务。我国《行政强制法》第8条第1款规定:"公民、法人或者其他组织对行政机关实施行政强制,享有陈述权、申辩权;有权依法申请行政复议或者提起行政诉讼;因行政机关违法实施行政强制受到损害的,有权依法要求赔偿。"《行政处罚法》第7条第1款规定:"公民、法人或者其他组织对行政机关所给予的行政处罚,享有陈述权、申辩权;对行政处罚不服的,有权依法申请行政复议或者提起行政诉讼。"第45条规定:"当事人有权进行陈述和申辩。行政机关必须充分听取当事人的意见,对当事人提出的事实、理由和证据,应当进行复核;当事人提出的事实、理由或者证据成立的,行政机关应当采纳。行政机关不得因当事人陈述、申辩而给予更重的处罚。"如果被调查者在调查过程中未能获得陈述意见的机会,或者反垄断执法机构未对被调查者提出的事实、理由和证据进行核实,则属于程序违法。关于陈述意见权的行使时间和形式,一般认为在反垄断执法机构作出最终处罚意见之前,被调查者均可以进行陈述意见,陈述的形式包括口头形式和书面形式。

除了陈述意见权,被调查的经营者还应当具有听证的权利。我国《行政处罚法》第63条规定,行政机关拟作出:①较大数额罚款;②没收较大数额违法所得、没收较大价值非法财物;③降低资质等级、吊销许可证件;④责令停产停业、责令关闭、限制从业等行政处罚决定之前,应当告知当事人有要求举行听证的权利;当事人要求听证的,行政机关应当组织听证。在其他国家和地区的反垄断法中,也存在类似的规定,如欧盟《第1/2003号条例》第27条规定了当事人、举报人和其他人的听证权,欧盟委员会在实施异议声明之前,应给予受影响企业或者企业协会听证的机会,听证权利的保障是实施异议声明的前提。在听证中,各方的辩护权应得到充分的尊重,在保护商业秘密的前提下有权查阅委员会档案。利害关系人可以在委员会公布案件的简要摘要、承诺决定的主要内容以及拟采取的行动步骤中所规定的期限内提交意见,陈述自己的意见。德国《反限制竞争法》规定,卡特尔当局调查案件时应给予当事人发表意见的机会。此外,在适当的情况下,可以给予程序有关的经济各界的代表发表意见的机会,卡特尔当局可以依职权或者申请举行公开的听证,除非公开听证有危害公共秩序,特别是国家安全,或者重大经营秘密或者商业秘密之虞的。

(二) 被调查者的义务

被调查者有配合调查的义务。配合调查的义务是指配合反垄断执法机构依法履行职责,不得拒绝、阻碍反垄断执法机构的调查。在调查过程中,被调查者应当配合反垄断执法机构进行现场调查,接受询问,积极说明有关情况,并在其行使查询、复制、查封、扣押等调查措施时或者查询银行账户时予以配合。违背配合调查的义务表现为两种情形:一是拒绝调查;二是阻碍调查。具体行为表现为对反垄断执法机构依法实施的审查和调查,拒绝提供有关材料、信息,或者提供虚假材料、信息,或者隐匿、销毁、转移证据,或者有其他拒绝、阻碍调查的行为。《反垄断法》第62条规定,拒绝、阻碍调查的,由反垄断执法机构责令改正,对单位处上一年度销售额1%以下的罚款,上一年度没有销售额或者销售额难以计算的,处500万元以下的罚款;对个人处50万元以下的罚款;第63条规定,违反本法规定,情节特别严重、影响特别恶劣、造成特别严重后果的,国务院反垄断执法机构可以在第62条规定的罚款数额的2倍以上5倍以下确定具体罚款数额;构成犯罪的,依法追究刑事责任。

涉嫌滥用行政权力排除、限制竞争的有关单位或者个人应当配合反垄断执法机构的调查活动,如实提供相关文件资料,说明有关情况。被调查的单位和个人有权陈述意见。反垄断执法机构应当对被调查单位和个人提出的事实、理由和证据进行核实。在调查期间,被调查的单位或者个人妨碍调查,包括拒绝提供有关材料、信息,或者提供虚假材料、信息,或者隐匿、销毁、转移证据,或者有其他拒绝、阻碍调查行为的,反垄断执法机构可以向其上级机关、监察机关等反映情况。

第四节 针对行政执法的救济

一、行政复议

《反垄断法》第65条规定了当事人就反垄断执法机构作出的决定不服而提起行政复议或者行政诉讼的权利。该条分为两款,第1款为对反垄断执法机构所作出的经营者集中审查决定不服的,可以先依法申请行政复议;对行政复议决定不服的,可以依法提起行政诉讼。第2款为对反垄断执法机构所作出的垄断协议和滥用市场支配地位的决定不服的,可以依法申请行政复议或者提起行政诉讼。

行政复议是公民、法人或其他组织认为行政机关的具体行政行为侵犯了其合法权益,向行政机关提出审查申请的制度,是行政机关内部解决行政纠纷的重要机制,也是对具体行政行为所影响的行政相对人的重要权利救济途径。我国《行政复议法》规定了公民、法人或者其他组织对行政机关作出的罚款、没收违法所得等处罚决定不服的,有权提起行政复议。当事人提起行政复议的期限为自知道该处罚决定之日起60日内,行政复议机关在收到行政复议申请后,应当在5日内进行审查,并可以向有关组织和人员调查情况,听取申请人、被申请人和第三人的意见。

二、行政诉讼

（一）行政诉讼的受案范围

当事人就反垄断执法机构作出的决定不服时，依法提起行政诉讼。我国《行政诉讼法》第12条第1款规定："人民法院受理公民、法人或者其他组织提起的下列诉讼：（一）对行政拘留、暂扣或者吊销许可证和执照、责令停产停业、没收违法所得、没收非法财物、罚款、警告等行政处罚不服的；（二）对限制人身自由或者对财产的查封、扣押、冻结等行政强制措施和行政强制执行不服的……（八）认为行政机关滥用行政权力排除或者限制竞争的……"

（二）行政诉讼的管辖

1. 级别管辖。原则上由基层人民法院管辖第一审行政诉讼案件。中级人民法院管辖的第一审行政案件包括：①对国务院部门或者县级以上地方人民政府所作的行政行为提起诉讼的案件；②海关处理的案件；③本辖区内重大、复杂的案件；④其他法律规定由中级人民法院管辖的案件。高级人民法院管辖本辖区内重大、复杂的第一审行政案件。最高人民法院管辖全国范围内重大、复杂的第一审行政案件。

最高人民法院于2023年修订了《最高人民法院关于知识产权法庭若干问题的规定》，进一步明确了反垄断行政诉讼的级别管辖规则。依据该规定，知识产权法庭作为最高人民法院派出的常设审判机构，依法审理垄断民事和行政案件。就反垄断行政诉讼案件而言，知识产权法庭可依法审理：①全国范围内重大、复杂的第一审垄断行政案件；②对前述第一审行政案件已经发生法律效力的判决、裁定、调解书依法申请再审、抗诉、再审等适用审判监督程序的案件；③前述第一审行政案件管辖权争议，行为保全裁定申请复议，罚款、拘留决定申请复议，报请延长审限等案件；④垄断行政上诉案件；⑤最高人民法院认为应当由知识产权法院审理的其他案件。

2021年，最高人民法院公布《最高人民法院关于垄断行政案件管辖问题的通知》，其中规定，对国务院反垄断执法机构涉及反垄断的行政行为依法提起诉讼的第一审行政案件，由北京知识产权法院管辖。对省、自治区、直辖市人民政府反垄断执法机构涉及反垄断的行政行为或者省、自治区、直辖市人民政府所作反垄断行政复议决定依法提起诉讼的第一审行政案件，由省、自治区、直辖市人民政府所在地具有垄断民事案件管辖权的中级人民法院管辖、知识产权审判部门审理；设立知识产权法院的，由其管辖。高级人民法院依照行政诉讼法有关规定管辖上述第一审行政案件的，由知识产权审判部门审理。不服本通知所称第一审行政案件判决、裁定而提起上诉的案件，由最高人民法院知识产权法庭审理。

2. 地域管辖。行政诉讼的地域管辖分为一般地域管辖和特殊地域管辖。一般地域管辖是指由最初作出行政行为的行政机关所在地人民法院管辖，经复议的案件，也可以由复议机关所在地人民法院管辖。特殊地域管辖是对特定行政行为所提起行政诉讼的管辖。《行政诉讼法》第19条和第20条为特殊地域管辖规则，第19条规定："对限制其人身自由的行政强制措施不服提起诉讼的，由被告所在地或者原告所在地人民法院管辖。"第20条规定："因不动产提起的行政诉讼，由不动产所在地人民法院管辖。"涉及共同管辖的情况，即两个以上人民法院都有管辖权的案件，原告可以选择其中一个人民法院提起诉讼。原告向两个以上有管辖权的人民法院提起诉讼的，由最先立案的人民法院管辖。

[本章参考文献]

(一) 著作

1. 孟雁北:《管制行业反垄断执法问题研究》,法律出版社 2020 年版。
2. 焦海涛:《反垄断法实施中的承诺制度》,法律出版社 2017 年版。
3. 郝倩、[比] Caroline Cauffman 主编:《反垄断行政执法中的程序权利:中欧比较研究》,中国政法大学出版社 2016 年版。
4. 美国司法部反托拉斯局编:《美国反托拉斯手册》,文学国、黄晋等译,知识产权出版社 2012 年版。
5. Ioannis Lianos, Damien Geradin eds., *Handbook on European Competition Law: Enforcement and Procedure*, Edward Elgar, 2013.

(二) 论文

6. 王晓晔:《中国数字经济领域反垄断监管的理论与实践》,载《中国社会科学院大学学报》2022 年第 5 期。
7. 王晓晔:《数字经济反垄断监管的几点思考》,载《法律科学(西北政法大学学报)》2021 年第 4 期。
8. 王晓晔:《我国反垄断执法 10 年:成就与挑战》,载《政法论丛》2018 年第 5 期。
9. 盛杰民、焦海涛:《反垄断法承诺制度的执行难题与激励》,载《清华法学》2009 年第 2 期。
10. 时建中、郭江兰:《论平台经济领域前置式反垄断监管》,载《探索与争鸣》2021 年第 9 期。
11. 吴振国:《反垄断监管的中国路径:历史回顾与展望》,载《清华法学》2022 年第 4 期。
12. 孔祥俊:《论反垄断法的谦抑性适用——基于总体执法观和具体方法论的分析》,载《法学评论》2022 年第 1 期。
13. 黄勇、赵栋:《经营者承诺制度研究》,载《价格理论与实践》2012 年第 2 期。
14. 孟雁北:《论我国反垄断法在管制行业实施的特征》,载《天津法学》2019 年第 3 期。
15. 侯利阳:《我国反垄断行政诉讼的困境及因应——基于 165 份判决书的实证分析》,载《法学》2022 年第 1 期。
16. 杨军:《反垄断行政执行的司法规制途径》,载《法律适用》2018 年第 15 期。
17. 刘桂清:《反垄断执法中的和解制度研究》,载《当代法学》2009 年第 2 期。
18. 游钰:《论反垄断执法的司法审查》,载《中国法学》2013 年第 6 期。
19. 游钰:《论反垄断执法协商的程序约束》,载《法学评论》2013 年第 4 期。

第十五章 反垄断民事诉讼

第一节 反垄断民事诉讼概述

一、反垄断民事诉讼的概念与特征

民事诉讼程序是反垄断法实施的重要途径之一,是由私人主体或者人民检察院通过民事诉讼程序来实现反垄断法的立法目的,制止违法的垄断行为,并寻求损害赔偿的过程。我国《反垄断法》第60条第1款规定:"经营者实施垄断行为,给他人造成损失的,依法承担民事责任。"而民事诉讼程序是追究经营者民事责任以及保障包括消费者在内的私人主体合法权益的主要途径。为了便利垄断民事纠纷的审理,2012年5月最高人民法院公布了《垄断行为民事纠纷解释》,对反垄断民事诉讼的起诉、受理、管辖、举证责任分配、证据、民事责任以及诉讼时效等问题进行了规定。2022年《反垄断法》修改完成后,最高人民法院启动了对2012年司法解释的修订工作,并于2022年底对外公布了新司法解释的征求意见稿。相比2012年司法解释,征求意见稿对很多新问题进行了规定,如相关市场的界定、垄断协议与滥用市场支配地位的认定等。

我国反垄断民事诉讼具有三项特征:

1. 我国反垄断民事诉讼的模式与类型较为全面。在诉讼模式上,我国反垄断民事诉讼既包括直接诉讼,也包括后继诉讼。原告可以在未经行政执法的情况下独立提起反垄断民事诉讼,即直接诉讼;也可以在行政执法程序结束后再向人民法院提起反垄断民事诉讼,即后继诉讼。在诉讼类型上,我国反垄断民事诉讼既包括私益诉讼,也包括公益诉讼;既包括单独诉讼,也包括共同诉讼。诉讼模式与类型的全面性有助于提升反垄断法实施的效果,加强对垄断行为受害人与社会公共利益的保障。

2. 我国反垄断民事诉讼的原告主体范围具有广泛性[1]。能够提起反垄断民事诉讼的主体既包括受到损失与发生争议的私人主体,也包括人民检察院。我国《反垄断法》第60条第1款并未明确规定反垄断民事诉讼的原告资格,仅在第2款规定了人民检察院提起民事公益诉讼的权力。关于私益诉讼的原告资格范围,《垄断行为民事纠纷解释》第1条将原告资格界定为:因垄断行为受到损失以及因合同内容或者行业协会的章程、决议、决定等违反反垄断法而发生争议的自然人、法人或者非法人组织。

3. 我国反垄断民事诉讼与行政执法既相对独立,又相互衔接。我国反垄断法的实施采取行政执法与民事诉讼的双轨制,民事诉讼并不依附于行政执法,不以行政执法为必要前置条件。垄断行为的受害人无需等待行政执法,可独立提起民事诉讼,实现受害人的自力救济。民事诉讼与行政执法又是互相衔接的,反垄断执法机构对违法行为的认定与处理决定在后继诉讼中发挥证据效力,这能够有效地减轻当事人的举证负担,使行政执法与民事

---

[1] 参见朱理:《反垄断民事诉讼十年:回顾与展望》,载《中国知识产权报》2018年8月24日,第08版。

诉讼产生互相补充、互相促进的效益。

二、反垄断民事诉讼的模式

根据是否以行政执法程序为前置，反垄断民事诉讼可以区分为直接诉讼和后继诉讼。直接诉讼是指原告直接向人民法院提起民事诉讼。后继诉讼是指原告在反垄断执法机构认定构成垄断行为的处理决定生效后向人民法院提起民事诉讼。后继诉讼不仅是反垄断民事诉讼的重要类型，也是行政执法与司法衔接机制的重要体现。后继诉讼对于反垄断法的实施具有如下意义：一是后继诉讼的存在能够有效加强反垄断法的私人实施。垄断行为具有一定的隐蔽性，垄断行为的受害人往往意识不到违法行为的存在，更无从提起反垄断民事诉讼。即使受害人意识到违法行为存在，由于垄断纠纷的复杂性与专业性，受害人在举证方面也面临着较大的困难，因此，前置的行政执法决定能够有效地激励受害人提起诉讼，并减轻受害人的举证困难。二是后继诉讼能够有效弥补行政执法在功能上的不足。行政执法具有制止、惩罚与预防违法行为的功能，但却无法实现对受害人的直接赔偿。相反，后继诉讼不仅具有制止、惩罚与预防违法行为的功能，还具有直接赔偿的效果。

关于反垄断民事诉讼是否应当以行政执法程序为必要的前置要件，存在不同的观点。支持的理由包括：行政程序前置有助于缓解原告举证困难；行政程序前置是在反垄断执法机构已经作出认定的基础上再赋予受害人诉讼的资格，这有助于防止原告滥诉；垄断纠纷本身的复杂性和专业性需要行政程序前置；行政程序前置有利于协调行政执法与民事诉讼。[1] 反对观点认为反垄断民事诉讼应独立于行政执法程序，这能够避免对受害人诉权的不当限制，鼓励受害人积极寻求民事救济，充分发挥反垄断民事诉讼的效用。[2] 依据我国《垄断行为民事纠纷解释》第2条，原告依据反垄断法直接向人民法院提起诉讼，或者在反垄断执法机构认定构成垄断行为的处理决定发生法律效力后向人民法院提起民事诉讼，并符合法律规定的其他受理条件的，人民法院应予以受理。这一规定直接表明了我国反垄断民事诉讼不以行政执法程序为必要的前置要件。

第二节 反垄断多数人诉讼

一、反垄断民事公益诉讼

（一）反垄断民事公益诉讼的概念与意义

民事公益诉讼是指针对损害公共利益的行为，法律规定的机关和有关组织向人民法院提起的民事诉讼。我国《民事诉讼法》第58条明确将破坏生态环境与资源保护、食品药品安全领域侵害众多消费者合法权益等损害公共利益的行为，纳入民事公益诉讼的受诉范围。《反垄断法》第60条第2款为反垄断民事公益诉讼条款，规定经营者实施垄断行为，损害社会公共利益的，设区的市级以上人民检察院可以依法向人民法院提起民事公益诉讼。

在《反垄断法》的实施中引入公益诉讼制度对于维护公共利益、保障反垄断法有效实施具有重大意义。

1. 将公益诉讼制度引入反垄断法有助于保障公共利益的实现。公益诉讼的本质目的是保护公共利益，这一目的与我国《反垄断法》"维护社会公共利益"的立法目的是一致的。垄断行为所侵害的不仅是受害者个体的私人合法权益，还包括市场的公平竞争秩序和社会

---

[1] 张瑞萍编著：《反垄断诉权保障机制研究》，立信会计出版社2013年版，第121页。
[2] 时建中：《私人诉讼与我国反垄断法目标的实现》，载《中国发展观察》2006年第6期。

公共利益，因此，有必要将公益诉讼引入反垄断法。

公益诉讼对公共利益的维护体现在诉讼程序的全过程中。一是公益诉讼程序的启动是基于制止损害公共利益的行为。反垄断民事公益诉讼的原告为人民检察院，原告本身就具有维护公共利益的特征，提起公益诉讼也是人民检察院的重要职责之一。公益诉讼的原告不得凭借公益诉讼牟取经济利益。在起诉时，原告应提供被告行为损害公共利益的初步证据。二是在诉讼过程中，原告的诉讼请求以及处分权均受限于保护公共利益的目的。原告的诉讼请求应当与保护公共利益的目的保持一致，人民法院认为原告的诉讼请求不足以保护公共利益的，可以向其释明变更或者增加停止侵害等诉讼请求。原告在诉讼中的处分权受限于保护公共利益的目的，原告在诉讼中承认对己方不利的事实，人民法院认为损害社会公共利益的，不予确认。三是公益诉讼的结果应当符合维护公共利益这一目的。如果公益诉讼是以判决结案的，被告所承担的责任应当与保护公共利益相一致，例如在环境公益诉讼中被告的法律责任主要表现为修复生态环境、消除对生态环境的不利影响，在消费者保护公益诉讼中主要表现为消除对消费者合法权益的不利影响。如果是以调解或者和解结案，人民法院应当针对调解或和解协议的内容是否损害社会公共利益进行审查，只有在不损害社会公共利益的情况下，才能出具调解书或者准予撤诉申请。

2. 将公益诉讼引入反垄断法，能够弥补现行反垄断民事诉讼的不足。部分垄断纠纷呈现出大规模侵权与小额分散型损害的特征。一方面，最终承受损害的是大量的消费者，如何通过诉讼程序保障众多受害者的损害赔偿权是一个难题；另一方面，受害者个体所承受的损害金额普遍较小，但诉讼成本较高，因此，受害者普遍缺乏提起诉讼的动力。公益诉讼是针对侵害不特定多数人利益的行为而提起的，符合垄断行为侵害对象的特征。

3. 将公益诉讼引入反垄断法能够对潜在违法者产生较大的威慑效果，有助于预防垄断行为的发生，保障反垄断法的有效实施。公益诉讼是公民参与公共事务的重要途径，是公民在公共空间参与协商、进行问责的司法过程。[1] 公益诉讼往往具有较大的社会影响力，能够引发社会公众对反垄断法实施的广泛关注，有助于提升社会整体的竞争文化，促使经营者主动守法经营。

（二）提起反垄断民事公益诉讼的主体

我国反垄断公益诉讼的提起主体为设区的市级以上人民检察院，诉讼类型为民事诉讼。根据2020年修正的《最高人民法院、最高人民检察院关于检察公益诉讼案件适用法律若干问题的解释》，人民检察院以公益诉讼起诉人的身份提起公益诉讼，依照民事诉讼法、行政诉讼法享有相应的诉讼权利，履行相应的诉讼义务。人民检察院提起的公益诉讼可以分为民事公益诉讼和行政公益诉讼。民事公益诉讼的起诉事由基于破坏生态环境和资源保护、食品药品安全领域侵害众多消费者合法权益等损害公共利益的行为。行政公益诉讼的起诉事由是人民检察院在履行职责中发现生态环境和资源保护、食品药品安全、国有财产保护、国有土地使用权出让等领域负有监督管理职责的行政机关违法行使职权或者不作为，致使国家利益或者社会公共利益受到侵害，且在人民检察院提出检察建议后，行政机关仍不依法履行职责。

通常来说，我国公益诉讼的原告是法律规定的机关和有关组织，其中"机关"包括人民检察院和行政机关，"有关组织"是指法律、司法解释所认定具有提起公益诉讼资格的组织。例如《中华人民共和国环境保护法》（以下简称《环境保护法》）第58条规定，对污

---

[1] 王福华：《公益诉讼的法理基础》，载《法制与社会发展》2022年第2期。

染环境、破坏生态，损害社会公共利益的行为，符合下列条件的社会组织可以向人民法院提起诉讼：①依法在设区的市级以上人民政府民政部门登记；②专门从事环境保护公益活动连续5年以上且无违法记录。符合前款规定的社会组织向人民法院提起诉讼，人民法院应当依法受理，提起诉讼的社会组织不得通过诉讼牟取经济利益。

《反垄断法》第60条第2款未明确将消费者权益保护组织纳入反垄断公益诉讼的原告范围。我国《消费者权益保护法》第47条规定："对侵害众多消费者合法权益的行为，中国消费者协会以及在省、自治区、直辖市设立的消费者协会，可以向人民法院提起诉讼。"事实上，赋予消费者权益保护组织提起反垄断民事公益诉讼的资格，有助于更好地保障消费者权益，对人民检察院公益诉讼也能起到补充作用。一方面，消费者协会作为消费者权益保护组织，是代表消费者提起反垄断民事公益诉讼的最适格主体，允许消费者协会提起反垄断民事公益诉讼与我国《反垄断法》第1条所确立的"维护消费者利益和社会公共利益"这一立法目的是一致的。另一方面，消费者协会提起的公益诉讼是人民检察院公益诉讼的重要补充。相比人民检察院，消费者协会在收集公益诉讼的线索与证据方面具有自身的优势，能够作为人民检察院提起公益诉讼的重要补充力量。

(三) 反垄断民事公益诉讼的起诉条件与管辖

《民诉解释》规定了提起民事公益诉讼的四项前提条件，分别是：①有明确的被告；②有具体的诉讼请求；③有社会公共利益受到损害的初步证据；④属于人民法院受理民事诉讼的范围和受诉人民法院管辖。由人民检察院提起民事公益诉讼的，应当依法公告，公告期间为30日。公告期满，法律规定的机关和有关组织不提起诉讼的，人民检察院可以向人民法院提起诉讼。人民检察院提起公益诉讼，需要满足公益诉讼的上述四项起诉条件，同时应当提交公益诉讼起诉书、被告行为损害社会公共利益的初步证明材料以及检察机关已经履行公告程序的证明材料。

在管辖上，民事公益诉讼案件一般由侵权行为地或者被告住所地中级人民法院管辖。对同一侵权行为分别向两个以上人民法院提起公益诉讼的，由最先立案的人民法院管辖，必要时由它们的共同上级人民法院指定管辖。

(四) 反垄断民事公益诉讼与私益诉讼的衔接

公益诉讼与私益诉讼的衔接主要涉及两方面问题：个人的起诉资格以及公益诉讼判决在私益诉讼中的既判力。首先，关于公益诉讼是否剥夺了受害者个人的起诉资格，可以明确的是，公益诉讼程序的启动不影响受害者因同一侵权行为再提起私益诉讼。《民诉解释》第286条规定，人民法院受理公益诉讼案件，不影响同一侵权行为的受害人根据民事诉讼法第122条规定提起诉讼。其次，在公益诉讼判决对私益诉讼是否具有效力这一问题上，一般认为，公益诉讼判决已确认的事实构成后继私益诉讼中的免证事实。例如，《最高人民法院关于审理环境民事公益诉讼案件适用法律若干问题的解释》第30条第1款明确规定，已为环境民事公益诉讼生效裁判认定的事实，因同一污染环境、破坏生态行为依据《民事诉讼法》第119条规定提起诉讼的原告、被告均无需举证证明，但原告对该事实有异议并有相反证据足以推翻的除外。

拓展阅读：山东省菏泽市人民检察院监督共享单车领域行政性垄断问题[1]

虽然我国《反垄断法》仅规定了设区的市级以上人民检察院可以依法向人民法院提起

---

[1] 秦飞海：《"共享割韭菜"如何治理》，载《检察日报》2023年10月12日，第7版。

民事公益诉讼，但实践中人民检察院也可能依据《行政诉讼法》第25条第4款向违法行使职权或者不作为的行政机关提出检察建议，督促其依法履行职责，并对不依法履行职责的行政机关向人民法院提起行政公益诉讼。

2022年10月，山东省菏泽市人民检察院经调查发现，菏泽市城市管理局与A公司签有独家经营协议，导致市区共享电动单车业务由该公司独家运营，且菏泽市城市管理局对该公司违约收取用户押金、维护不及时等违规经营行为未予制止，侵害了社会公共利益。2023年3月20日，菏泽市人民检察院就此层报、请示最高人民检察院后，对该案立案调查。菏泽市人民检察院与菏泽市城市管理局进行了行政公益诉讼诉前磋商，菏泽市城市管理局表示已通知A公司，废止与该公司签订的独家经营协议，并着手引进另外3家共享电动单车运营商进入菏泽市主城区。同时，菏泽市城市管理局针对A公司违规收取押金、维护不及时等违约行为，多次口头督促其予以整改，该公司也答应整改，但整改效果不理想。

此外，菏泽市人民检察院调查发现，3家共享电动单车运营商的收费标准几乎一致，起步价均为2.5元/15分钟，超出15分钟后1元/10分钟，高于之前的承诺价格，可能损害社会公共利益。菏泽市人民检察院经进一步论证调查，认定3家共享电动单车运营商以实质性价格联盟的形式确定共同收费标准，构成垄断行为，损害社会公共利益；菏泽市城市管理局作为主管机关，应当对3家运营商的垄断行为予以制止。在检察机关的督促下，3家运营商同意降低骑行费用：菏泽市主城区起步价由原来的2.5元/15分钟改为2元/15分钟，其他运营收费规则保持不变。

二、反垄断共同诉讼与群体性诉讼

（一）反垄断共同诉讼

共同诉讼是指当事人一方或者双方为二人以上，其诉讼标的是共同的，或者诉讼标的是同一种类，人民法院认为可以合并审理并经当事人同意的诉讼类型。其中诉讼标的为同一的，为必要共同诉讼；诉讼标的为同一种类的，为普通共同诉讼。

《垄断行为民事纠纷解释》第6条规定："两个或者两个以上原告因同一垄断行为向有管辖权的同一法院分别提起诉讼的，人民法院可以合并审理。两个或者两个以上原告因同一垄断行为向有管辖权的不同法院分别提起诉讼的，后立案的法院在得知有关法院先立案的情况后，应当在七日内裁定将案件移送先立案的法院；受移送的法院可以合并审理。被告应当在答辩阶段主动向受诉人民法院提供其因同一行为在其他法院涉诉的相关信息。"在《民事诉讼法》中，当两个或两个以上人民法院对同一个案件均享有管辖权，应当由先立案的人民法院针对该案件行使管辖权，后立案的人民法院应当将案件移送先立案的人民法院。此外，同一原告应当就同一被诉垄断行为在一个案件中提起诉讼。无正当理由而根据影响地域、持续时间、实施场合、损害范围等因素对同一被诉垄断行为予以拆分，分别提起数个诉讼的，人民法院仅审理其中最先受理的诉讼，对其余起诉不予受理；已经受理的，裁定驳回起诉。

（二）反垄断群体性诉讼

1. 反垄断群体性诉讼的概念、模式与意义。群体性诉讼是基于群体性纠纷的诉讼解决方式，为解决群体纠纷而设置，由特定主体代表多数当事人实施全部或部分诉讼行为，诉讼结构能够直接影响多数当事人的程序制度。[1]我国《民事诉讼法》所规定的代表人诉讼

---

〔1〕汤维建等：《群体性纠纷诉讼解决机制论》，北京大学出版社2008年版，第65页。

是我国主要的群体性纠纷诉讼模式。代表人诉讼是指当事人一方人数众多，由当事人推选代表人进行的共同诉讼。代表人诉讼的上位概念为共同诉讼，代表人诉讼是共同诉讼的一种。我国代表人诉讼可以分为人数确定的代表人诉讼和人数不确定的代表人诉讼。人数确定的代表人诉讼是指起诉时人数已经确定的共同诉讼人推选出诉讼代表人，代替全体共同诉讼人参加诉讼的代表人诉讼。人数确定的代表人诉讼具有以下特点：当事人一方人数众多，一般10人以上；起诉时当事人人数已经确定；多数当事人之间具有同一的诉讼标的或具有同一种类的诉讼标的；当事人推选出代表人。人数不确定的代表人诉讼是指在起诉时共同诉讼人的人数不能确定，由向法院登记的权利人所推选出的代表人，代表全体共同诉讼人参加诉讼的代表人诉讼。人数不确定的代表人诉讼具有以下特点：当事人一方人数众多，并于起诉时仍未确定；多数当事人之间的诉讼标的为同一种类；当事人推选出代表人。

在我国，群体性诉讼对于反垄断法的实施和垄断纠纷的解决具有如下意义：

第一，部分垄断民事纠纷受害人众多，损害赔偿小额化、分散化，诉讼成本较高，受害人单独提起诉讼的动力不足。代表人诉讼模式能够有效缓解起诉动力不足的问题，切实保障受害人的合法权益。

第二，群体性诉讼对于违法的经营者具有较强的威慑效果，能够有效预防和制止经营者从事垄断行为。通常来说，群体性诉讼的威慑效果主要体现在两个方面，一是与单个受害人所提起的诉讼相比，群体性诉讼程序能够将大量小额损害赔偿请求合并，大幅提高诉讼中损害赔偿的金额。二是单个受害人往往面临收集证据的困难，包括取证难与取证成本高，群体性诉讼程序能够有效缓解原告在收集证据方面的困难并分摊取证成本。符合小额损害赔偿的垄断纠纷的被告大多是具有一定市场力量的经营者及其所属的行业协会，而小额损害赔偿的原告往往是上下游中小企业和最终消费者，原被告双方在市场交易中和诉讼中均处于力量不对等的地位。群体性诉讼程序通过将诉讼请求合并，能够有效缓解原被告之间的力量不对等。

第三，垄断纠纷领域的群体性诉讼程序能够有效地节约反垄断法的实施成本，提高司法效率。反垄断诉讼本身具有高度复杂性和专业性，耗时较长，群体性诉讼程序有助于避免针对同一垄断行为一对一诉讼所导致的司法资源浪费以及法院重复工作。

2. 域外反垄断群体性诉讼的常见模式。美欧等主要反垄断法域大多在反垄断诉讼中引入群体诉讼模式，具有代表性的群体性诉讼模式是美国的集团诉讼（class action）和英国的集体诉讼（collective proceeding）等。

美国反垄断集团诉讼是一种代表人诉讼，其法律依据主要是《联邦民事诉讼规则》第23条和第28条，其中第23条为"集团诉讼"条款，规定了集团诉讼的构成要件、种类以及程序性事项。集团诉讼的构成要件包括：①集团人数众多，所有成员均参与诉讼不可能；②存在集体共同的法律或者事实问题；③代表人的诉求或者抗辩与集团的诉求和抗辩是一致的；④代表人可以公平且合理地保护集团的利益。美国集团诉讼的主要程序包括认可程序、通知集团成员、判决以及判决后对损害赔偿的分配。当集团代表提起诉讼后，法院必须在实际可行的时间段内，决定是否将该诉讼认可为集团诉讼，认可程序必须确定集团和集团的诉求、法律事项、抗辩，必须指定集团律师。在确定集团诉讼之后，法院可指示向该集团发出适当的通知，通知诉讼有关事项以及成员相关的程序性权利。美国的集团诉讼采取选择退出机制（opt-out），诉讼结果对全体集团成员产生法律效力；集团成员如果选择退出集团诉讼，可以向法院申请将其排除在集团成员之外，选择退出的成员有权以自己的名义另行起诉。在法院批准的情况下，当事人可以对经认可的集团诉讼的索赔或者抗辩事项进行和解或者撤诉。

英国《1998竞争法》允许在反垄断诉讼中适用集体诉讼程序，由集体中的代表人负责提起诉讼。英国的集体诉讼包括损害赔偿之诉、其他金钱给付之诉以及禁令之诉。与美国的集团诉讼仅有"选择退出"模式不同，英国的集体诉讼包括"选择加入"与"选择退出"两种模式，二者适用于不同的情形。"选择加入"模式要求参加集体诉讼的当事人在指定的时间内以指定的方式事前通知代表人，"选择退出"模式要求不参加集体诉讼的当事人在指定时间内以指定方式通知代表人。法院的判决或者命令对所有参与集体诉讼的当事人都具有法律效力。

第三节 反垄断民事诉讼的程序规定

一、反垄断民事诉讼的管辖

（一）级别管辖

反垄断民事诉讼的管辖问题又分为级别管辖和地域管辖两种。

从级别管辖来看，《垄断行为民事纠纷解释》第3条规定："第一审垄断民事纠纷案件，由知识产权法院，省、自治区、直辖市人民政府所在地的市、计划单列市中级人民法院以及最高人民法院指定的中级人民法院管辖。"经最高人民法院批准，基层人民法院可以管辖第一审垄断民事纠纷案件。第二审垄断民事纠纷由最高人民法院知识产权法庭管辖。我国垄断民事纠纷的管辖经历了一个逐步发展的过程，考量到垄断民事纠纷审理所具有的专业性和复杂性特点，2008年施行的《最高人民法院关于印发〈民事案件案由规定〉的通知》（已失效）将垄断纠纷及不正当竞争纠纷纳入知识产权纠纷的范畴，一审垄断民事纠纷一般由各地中级人民法院知识产权庭进行管辖。2014年8月，十二届全国人大常委会第十次会议通过了《全国人民代表大会常务委员会关于在北京、上海、广州设立知识产权法院的决定》，同年10月，最高人民法院公布了《最高人民法院关于北京、上海、广州知识产权法院案件管辖的规定》，北京、上海和广州据此设立了知识产权法院，进一步加强知识产权与竞争纠纷相关利益的司法保护。2014年12月，最高人民法院公布了《最高人民法院关于知识产权法院案件管辖等有关问题的通知》。根据以上规定，知识产权法院管辖所在市辖区内的第一审垄断民事纠纷案件，广州知识产权法院对广东省内的第一审垄断民事纠纷实行跨区域管辖。2017年初至2019年1月，最高人民法院同意在南京、郑州、天津等城市的中级人民法院设立知识产权法庭，对本省、直辖市范围内的第一审垄断民事纠纷进行管辖。

2018年最高人民法院公布的《关于知识产权法庭若干问题的规定》，对知识产权纠纷、不正当竞争纠纷、垄断纠纷的级别管辖作出重大改革。依据该规定，最高人民法院设立知识产权法庭，作为最高人民法院派出的常设审判机构。最高人民法院知识产权法庭主要审理专业技术性较强的知识产权上诉案件。在垄断民事纠纷方面，知识产权法庭审理不服高级人民法院、知识产权法院、中级人民法院作出的垄断第一审民事案件判决、裁定而提起上诉的案件。这种跨越法院层级的上诉被称为"飞跃上诉"，目的在于统一疑难、复杂的技术性案件的裁判标准，优化审判资源配置，缩短审判周期，提高审判效率。此外，对知识产权法院、中级人民法院已经发生法律效力的垄断民事纠纷第一审判决、裁定、调解书，省级人民检察院向高级人民法院提出抗诉的，高级人民法院应当告知其由最高人民检察院依法向最高人民法院提出，并由知识产权法庭审理。

（二）地域管辖

从地域管辖来看，垄断民事纠纷案件的地域管辖原则上根据案件具体情况，依照民事诉讼法及相关司法解释有关侵权纠纷、合同纠纷等的管辖规定确定。我国《民事诉讼法》所规定的一般地域管辖规则为，对公民、法人或者其他组织提起的民事诉讼，由被告住所地人民法院管辖；被告住所地与经常居住地不一致的，由经常居住地人民法院管辖。同一诉讼的几个被告住所地、经常居住地在两个以上人民法院辖区的，各该人民法院都有管辖权。因合同纠纷提起的诉讼，由被告住所地或者合同履行地人民法院管辖。因侵权行为提起的诉讼，由侵权行为地或者被告住所地人民法院管辖。

（三）移送管辖

移送管辖是指人民法院受理案件后，发现对该案无管辖权，而依法通过裁定方式将案件移送给有管辖权的人民法院审理的制度。[1] 移送管辖是为了纠正错误管辖行为，并非变更案件的管辖权。《垄断行为民事纠纷解释》第5条规定了垄断纠纷的移送管辖制度，即"民事纠纷案件立案时的案由并非垄断纠纷，被告以原告实施了垄断行为为由提出抗辩或者反诉且有证据支持，或者案件需要依据反垄断法作出裁判，但受诉人民法院没有垄断民事纠纷案件管辖权的，应当将案件移送有管辖权的人民法院。"对于垄断纠纷进行移送管辖，需要满足三个前提条件：①纠纷立案时的案由并非垄断纠纷，即人民法院已经受理了案件。如果案件尚未受理，人民法院可以告知当事人向有管辖权的人民法院进行起诉或者裁定不予受理。②被告以原告实施了垄断行为为由提出抗辩或者反诉且有证据支持，或者案件需要反垄断法作出裁判。这里包括两种情形：一是案件在起诉时并非垄断纠纷，但其后被告提出了包含垄断行为的抗辩或者反诉且有证据支持；二是法院依职权认定纠纷需依据反垄断法作出裁判。③受诉人民法院没有垄断民事纠纷案件管辖权，而受移送的人民法院拥有垄断纠纷的管辖权。

典型案件：涉境外垄断行为的垄断民事纠纷案件管辖

上诉人瑞典爱立信有限公司、爱立信（中国）有限公司（以下合称爱立信）与被上诉人TCL集团股份有限公司、TCL通讯科技控股有限公司、TCL通讯（深圳）有限公司、惠州TCL移动通信有限公司（以下合称TCL）滥用市场支配地位纠纷管辖权异议上诉案[2]中，TCL主张爱立信滥用市场支配地位构成垄断侵权，可能会产生排除、限制竞争的影响，依据我国《民事诉讼法》所规定的侵权行为纠纷管辖的规则，一审法院广东省深圳市中级人民法院作为侵权结果发生地法院对本案享有管辖权。爱立信主张深圳市中级人民法院没有管辖权，请求驳回TCL的起诉，或将本案移送北京知识产权法院进行审理。爱立信认为被诉侵权行为的侵权结果发生地与深圳市无涉，不应单从原告受损这一主张推定原告住所地为侵权结果发生地。TCL为应对和制止被诉垄断行为所支付的费用也发生于境外。

最高人民法院于2020年12月30日裁定驳回上诉，维持原裁定。最高人民法院认为，《反垄断法》第2条明确规定了反垄断法的域外适用原则，表明垄断纠纷案件的管辖可以将被诉垄断行为产生排除、限制竞争影响的结果地作为管辖连结点。本案中，TCL起诉主张爱立信存在实施不公平过高定价、歧视性定价、滥用禁令请求权等垄断民事侵权行为，对TCL在中国市场产生排除、限制竞争效果并造成经济损失，中国法院对此具有管辖权。《民

---

[1] 江伟、肖建国主编：《民事诉讼法》，中国人民大学出版社2018年版，第108页。
[2] （2019）最高法知民辖终32号民事裁定书。

事诉讼法》第 29 条规定:"因侵权行为提起的诉讼,由侵权行为地或者被告住所地人民法院管辖。"侵权行为地包括侵权行为实施地、侵权结果发生地。据此,对于垄断民事纠纷案件,被诉侵权行为实施地、侵权结果发生地、被告住所地人民法院均有权管辖。

最高人民法院在本案中明确指出,在管辖权异议案件中,人民法院只需审理与建立案件管辖连结点相关的事实。如果与建立案件管辖连结点相关的事实同时涉及案件实体争议内容的,只需审查案件初步证据是否能够证明一个可争辩的管辖连结点事实即可,一般不对案件实体争议内容作出明确认定。对于当事人是否适格,应当结合案件的具体情况判断其是否属于应予审查的情形,如果当事人是否适格不影响受诉人民法院对案件行使管辖权,有关其适格问题可以在实体审理阶段予以审查。如果当事人成为确定管辖的连结点,其是否适格直接影响到受诉人民法院对案件的管辖权时,则应在管辖权异议阶段对当事人是否适格问题进行审查。审查时,一般情况下只需有初步证据证明当事人与涉案事实存在形式上的关联性,即达到可争辩的程度即可,无需对实体内容进行审查。本案中,TCL 提交的初步证据能够证明 TCL 通讯(深圳)有限公司与本案有关垄断民事侵权行为及损害结果的关联关系具有形式上的可争辩性,爱立信可能存在基于标准必要专利相关的市场支配地位,并实施不公平过高定价、歧视性定价、滥用禁令请求权等滥用市场支配地位行为。最高人民法院认为,标准必要专利许可市场的特殊性,相关专利许可谈判及域外司法辖区诉讼纠纷情况,可能对 TCL 参与国内相关市场的竞争能力造成直接、实质、显著地排除与限制竞争效果,因此,TCL 通讯(深圳)有限公司住所地广东省深圳市可以作为本案侵权结果发生地,一审法院对本案行使管辖权并无不当。

二、反垄断民事诉讼的原告资格

(一) 原告资格认定的一般规则

我国《反垄断法》第 60 条第 1 款是垄断行为的民事责任条款,依据该条,经营者实施垄断行为,给他人造成损失的,依法承担民事责任。在原告资格方面,《民事诉讼法》将原告资格限定为"与本案有直接利害关系的公民、法人和其他组织"。《垄断行为民事纠纷解释》对原告资格进行了列举,包括两类原告,一是因垄断行为受到损失的自然人、法人或者其他组织,二是因合同内容、行业协会的章程等违反反垄断法而发生争议的自然人、法人或者其他组织。这可以看出,垄断纠纷的原告范围较广。

(二) 原告资格认定的特殊规则

1. 横向垄断协议成员的原告资格认定。我国《反垄断法》以及《垄断行为民事纠纷解释》并未明确规定横向垄断协议的成员是否有权提起损害赔偿诉讼。横向垄断协议成员作为诉讼原告具有一定争议:一方面,横向垄断协议成员本身是违法者,其参与并实施了垄断协议,造成了交易相对人和消费者的损害;另一方面,横向垄断协议的部分成员可能因实施垄断协议而承受了一定的损失。

最高人民法院在"宜宾市砖瓦协会案"[1]中否认了横向协议成员提起反垄断民事诉讼的资格。2009 年四川省宜宾市砖瓦协会组织其成员实施停产协议,之后四川省工商行政管理局认定该停产协议构成限制商品生产数量的横向垄断协议。2014 年,协议成员张某某提起反垄断民事诉讼,要求法院认定横向垄断协议排除了其市场竞争,损害其合法权益。最高人民法院在二审中从《反垄断法》第 60 条第 1 款的立法目的、被诉垄断行为的特点以

---

[1] (2020) 最高法知民终 1382 号民事判决书。

及损害赔偿的法律效果三个角度，解释了不应认定横向垄断协议成员具有民事诉讼资格。其一，在立法目的上，垄断协议的实施者并非第 60 条第 1 款的救济对象，其请求损害赔偿的实质是为了瓜分垄断利益。其二，考量被诉垄断协议的特点，垄断协议的实施者是自愿参与该垄断协议的，其行为本身具有违法性，损害不应得到救济。其三，给予实施者以损害赔偿会产生鼓励和支持横向协议的法律效果。

2. 纵向垄断协议成员的原告资格认定。在"北京瑞邦涌和有限公司与强生（上海）医疗器材有限公司、强生（中国）医疗器材有限公司纵向垄断协议纠纷案"[1]中，被告强生公司提出，本案被控的垄断协议是由原告北京瑞邦涌和有限公司与被告强生公司达成的，原告作为垄断协议的直接参与者和实施者，无资格提起民事诉讼。上海高级人民法院在二审判决中认定垄断协议的参与者和实施者有权提起民事诉讼，具体理由包括：①原告瑞邦涌和公司因执行纵向协议而承受了损失，提起民事诉讼是实现其民事权利救济的重要途径；②从预防和制止垄断行为、保护公平竞争、维护消费者和社会公共利益的立法目的出发，应准许垄断协议的合同当事人提起反垄断民事诉讼，同时相比协议外部的利益主体，协议成员在举证上拥有很大优势；③原告属于《垄断行为民事纠纷解释》第 1 条中所规定的"因违反反垄断法而产生争议的自然人、法人或者其他组织"，因此，具有起诉资格。

拓展阅读：间接购买人的原告资格

间接购买人的诉讼资格问题也是理论研究的重点问题之一，间接购买人并非直接与垄断协议成员进行交易，而是通过与垄断协议成员的直接购买人或者后续购买人进行交易而获得商品或者服务。间接购买人获得的商品或者服务可能是垄断协议所涉及的商品或者服务，也可能是上述商品或者服务所衍生的商品或者服务。由于损害在供应链中可被传导，间接购买人很可能承受了由垄断协议所导致的损害。

关于间接购买人是否具有提起反垄断民事诉讼的资格，存在正反两种观点与实践。1977 年，美国联邦最高法院在 Illinois Brick Co. v. Illinois 案[2]中否认了间接购买人的诉讼资格，指出间接购买人的损害难以计算，并且赋予间接购买人原告资格会给违法者带来多重赔偿的风险。与此相反，欧盟在《欧盟竞争法损害赔偿诉讼指令》中明确授予间接购买人提起反垄断损害赔偿诉讼的资格，并且采取多种政策工具减轻损害计算的困难。

三、反垄断民事诉讼中的证据与证明

（一）反垄断民事诉讼中证据与证明的一般规则

从诉因来看，反垄断民事诉讼本质上仍然是合同之诉或者侵权之诉，其证据与证明规则适用《民事诉讼法》第 66 条至第 84 条关于证据的相关规定，在证据种类分类、证据能力、证据的收集、保全、质证以及证明对象、证明责任和证明标准上，与其他诉因的民事诉讼基本相同。反垄断民事诉讼中的证据类型包括当事人陈述、书证、物证、视听资料、电子数据、证人证言、鉴定意见、勘验笔录等。举证责任的基本规则为"谁主张，谁举证"，当事人对自己提出的主张，有责任提供证据。

---

[1] （2010）沪一中民五（知）初字第 169 号民事判决书；（2012）沪高民三（知）终字第 63 号民事判决书。

[2] 431 U. S. 720 (1977).

（二）反垄断民事诉讼中证据与证明的特殊规则

反垄断民事诉讼具有一定的特殊性，一是反垄断民事纠纷往往专业性较强，审理中可能会涉及较为复杂的经济学或者技术相关的专业问题，需要专家证人的参与；二是针对行政程序在先的后继诉讼，有必要考量行政执法与司法的衔接问题，尤其是行政执法决定在后继诉讼中的证据效力问题；三是由于垄断行为的隐蔽性以及反垄断诉讼的复杂性，反垄断民事诉讼的原告在举证和证明上具有较大困难，有必要在制度上缓解原告的举证负担。

1. 反垄断行政决定在后继诉讼中的证据效力。关于反垄断执法机构的行政决定在后继诉讼中是否具有证据效力，《反垄断法》与《垄断行为民事纠纷解释》中均未明确规定。最高人民法院曾尝试对行政决定的证据效力进行规定。依据 2011 年《最高人民法院关于审理垄断民事纠纷案件适用法律若干问题的规定（征求意见稿）》第 11 条第 2 款，若一项事实被反垄断执法机构的生效决定所确认，当事人无需在后继诉讼中举证证明该事实成立，对方当事人有相反证据足以推翻的除外；第 3 款规定的是承诺决定的证据效力，即反垄断执法机构基于被调查的经营者的承诺决定中止调查的，不得以该经营者的承诺来直接推定垄断行为的存在。2022 年《最高人民法院关于审理垄断民事纠纷案件适用法律若干问题的规定（公开征求意见稿）》第 11 条规定："反垄断执法机构认定构成垄断行为的处理决定在法定期限内未被提起行政诉讼或者已为人民法院生效裁判所确认，原告在相关垄断民事纠纷案件中据此主张该垄断行为成立的，无需再行举证证明，但有相反证据足以推翻的除外。必要时，人民法院可以要求作出处理决定的反垄断执法机构对该处理决定的有关情况予以说明。"

《民诉解释》第 93 条对免证事实进行了列举，包括：①自然规律以及定理、定律；②众所周知的事实；③根据法律规定推定的事实；④根据已知的事实和日常生活经验法则推定出的另一事实；⑤已为人民法院发生法律效力的裁判所确认的事实；⑥已为仲裁机构生效裁决所确认的事实；⑦已为有效公证文书所证明的事实。行政执法机构所作出的行政决定不属于免证事实。《民诉解释》第 114 条规定，国家机关或者其他依法具有社会管理职能的组织，在其职权范围内制作的文书所记载的事项推定为真实，但有相反证据足以推翻的除外。必要时，人民法院可以要求制作文书的机关或者组织对文书的真实性予以说明。事实上，最高人民法院在"缪某、上汽通用汽车销售有限公司等纵向垄断协议纠纷"案中曾援引《民诉解释》第 114 条，指出反垄断执法机构认定构成垄断行为的处理决定在法定期限内未被提起行政诉讼或者已为人民法院生效裁判所确认，原告在相关垄断民事纠纷案件中据此主张该垄断行为成立的，无需再行举证证明，但有相反证据足以推翻的除外。[1]

可能会对后继诉讼产生影响的行政决定包括以下三类。一是行政处罚决定，即反垄断执法机构认定行为违法，责令经营者停止违法行为，并处以罚款、没收违法所得的决定。通常来说，行政处罚决定针对垄断协议、滥用市场支配地位以及违法实施经营者集中而作出，行政处罚决定书载明明确的违法事实、证据以及处罚依据。明确行政处罚决定在后继诉讼中具有证据效力，有助于减轻当事人的举证困难。二是终止调查决定，即反垄断执法机构认定垄断协议符合豁免条件或者确定经营者已经履行承诺而作出的结束调查程序的决定。终止调查决定书中，通常仅存在对涉嫌违法行为事实的描述，以及当事人所提交的整改措施内容，缺乏对行为是否违法的明确认定而作为的证据在后继诉讼中也缺乏相应的说服力。三是行政建议，即反垄断执法机构针对行政性垄断行为向有关上级机关提出依法处

---

[1]（2020）最高法知民终 1463 号民事判决书。

理建议而作出的行政建议书。行政建议书中通常包含对行政性垄断行为的违法事实与认定。若行政建议书具有证据效力，将会极大便利受害人针对行政机关、法律法规授权的具有管理公共事务职能的组织所提起的行政诉讼，以及针对受益经营者所提起的民事诉讼。

美国反托拉斯法与欧盟竞争法均赋予反垄断执法机构的生效决定在后继诉讼以证据效力。在美国的司法实践中，一旦司法部反托拉斯局所指控的卡特尔被定罪，该定罪裁决在后继民事诉讼中具有"初步证据"（prima facie evidence）的效力。[1] 民事诉讼中的原告可以通过证据开示程序获得相关证据。《欧盟竞争法损害赔偿诉讼指令》也赋予反垄断执法机构的生效决定以证据效力，第9条规定本国竞争执法机构的生效决定在本国法院的后继民事诉讼中应作为"不可反驳"（irrefutably）的证据使用，而其他成员国竞争执法机构的生效决定应当至少具有"初步证据"的效果。

典型案件：缪某、上汽通用汽车销售有限公司等纵向垄断协议纠纷

2016年12月，上海市物价局对通用汽车有限公司（以下简称"通用公司"）与上海地区经销商达成并实施限定最低转售价格协议进行了认定与处罚，责令通用公司停止违法行为并处以罚款人民币2亿元。本案原告缪某从通用公司位于上海的经销商逸隆公司处购得涉案车辆。在诉讼中，缪某向法院提交了上海市物价局的处罚决定书，用以证明通用公司与逸隆公司达成并实施了违法的维持最低转售价格协议。依据2015年的《民诉解释》（法释〔2015〕5号）第114条规定："国家机关或者其他依法具有社会管理职能的组织，在其职权范围内制作的文书所记载的事项推定为真实，但有相反证据足以推翻的除外。必要时，人民法院可以要求制作文书的机关或者组织对文书的真实性予以说明。"最高人民法院认定反垄断执法机构认定构成垄断行为的处理决定在法定期限内未被提起行政诉讼或者已为人民法院生效裁判所确认，原告在相关垄断民事纠纷案件中据此主张该垄断行为成立的，无需再行举证证明，但有相反证据足以推翻的除外。通用公司与逸隆公司认为，反垄断民事诉讼与行政执法对纵向垄断协议的认定标准不同，因此，处罚决定书不应在民事诉讼中具有证明力。最高人民法院对此提出，反垄断法是行政执法机构和人民法院认定垄断协议的共同法律依据，也是行政执法与民事司法的共同法律标准，因此，不支持通用公司与逸隆公司的该项主张。缪某在提交已经发生法律效力的涉案处罚决定书之后，仅需要证明通用公司与逸隆公司系涉案处罚决定书认定的垄断行为实施者，且缪某因通用公司与逸隆公司达成并实施了涉案处罚决定书认定的垄断行为而受到损害。

2. 反垄断专家证人制度。我国《民事诉讼法》第82条规定，当事人可以申请人民法院通知由专门知识的人出庭，就鉴定人做出的鉴定意见或者专业问题提出意见。"具有专业知识的人员"被称为专家证人或者专家辅助人，是指由当事人聘请，帮助当事人向审判人员说明案件事实中的专门性问题，并协助当事人对案件中的专门性问题进行质证的人。[2]

《垄断行为民事纠纷解释》第12条规定，当事人可以向人民法院申请一至二名具有相应专门知识的人员出庭，就案件的专门性问题进行说明。第13条针对鉴定意见作出规定，当事人可以向人民法院申请委托专业机构或者专业人员就案件的专门性问题作出市场调查

---

[1] See OECD Working Party No. 3 on Co-operation and Enforcement, Relationship Between Public and Private Antitrust Enforcement—United States, 15 June 2015.

[2] 江伟、肖建国主编：《民事诉讼法》，中国人民大学出版社2018年版，第127页。

或者经济分析报告。经人民法院同意，双方当事人可以协商确定专业机构或者专业人员；协商不成的，由人民法院指定。人民法院可以参照民事诉讼法及相关司法解释有关鉴定意见的规定，对前款规定的市场调查或者经济分析报告进行审查判断。

关于专家证人在庭审中的性质如何认定以及其陈述的效力，仍存在争议。我国《民事诉讼法》将"专家证人"列在第六章"证据"中的"鉴定意见"一类，事实上关于专家证人意见的性质，《民诉解释》第122条第2款规定，具有专门知识的人在法庭上就专业问题提出的意见，视为当事人的陈述。在我国《民事诉讼法》中，专家证人与证人存在明显区别。证人知悉案件真实情况，就其所了解的案情向法院作出陈述；专家证人并非知悉案情的人员，而是就其专业知识对特定问题或者相关概念作出说明。专家证人与鉴定人在作用以及产生方式等方面也有所区别。鉴定人一般由双方当事人协商，协商不成，由法院指定，其旨在对特定问题进行鉴别和判断，且需要在相当程度上保证中立性；而专家证人由一方当事人申请并经法院批准，任何一方都可以聘请自己的专家证人。

专家证人具有以下特征：首先，专家证人包括专业机构和专业人员，在反垄断诉讼中就专门性问题进行回答，或者出具市场调查或经济分析意见。专家证人应当具备专业的知识和技术能力，通常具备相应的学历、经验或者职称。专家证人应保持客观性，基于专业知识与技术能力作出中立、客观的说明，提供市场调查和经济分析意见。其次，专家证人程序由当事人向人民法院申请而启动。专家证人的确定有两种方式：一是由双方当事人协商确定；二是由人民法院指定，其中人民法院指定是在协商不成的情况下。最后，在专家证人意见的可采性判定上，若该意见缺乏可靠的事实、数据或者其他必要基础资料佐证，或者缺乏可靠的分析方法，或者另一方当事人提出证据或者理由足以反驳的，人民法院不予采信。

专家证人在反垄断民事诉讼中具有重要意义。反垄断民事诉讼案件通常涉及较为专业的经济及技术知识，可能需要复杂的分析，例如在如何界定市场、如何分析行为的排除、限制竞争效果等问题上，需要专家证人就特定问题或相关概念给予解释。专家证人的主要作用在于，就其知识范围内的问题提供客观公正的意见，以协助法院的审理。

专家证人制度在美欧的反垄断诉讼中较为常见。美国《联邦证据规则》（Federal Rules of Evidence）第702条规定了专家证人的基本条件，一个证人因知识、技能、经验、训练或者教育而符合作为专家的资格，可以发表意见或者以其他形式作证：①专家的科学、技术或其他专业知识将有助于事实审理者理解证据或确定所涉事实；②证言是基于充分的事实或数据；③证言是可靠的原则和方法的产物；④专家可靠地将这些原则和方法应用于案件事实。专家证人的任命包括法院任命和当事人任命两种。法院任命是由当事人提名专家证人人选，由美国法院任命双方当事人均同意的专家证人。此外，任何一方当事人都可任命自己的专家证人。

3. 举证责任的特殊规定。我国《民事诉讼法》的一般证明责任分配原则为"谁主张，谁举证"，即"当事人对自己提出的主张，有责任提供证据"。但是，在垄断纠纷中，原被告之间存在严重的信息不对称，原告往往面临着取证难、证明难的问题，有必要对双方的举证负担进行调整。最高人民法院的《垄断行为民事纠纷解释》规定了垄断民事纠纷证明责任分配的四项特殊规则，分别是第7条针对横向垄断协议的排除、限制竞争效果的举证责任倒置，第8条对滥用市场支配案件中原被告的举证责任分配，第9条对公用企业或者其他依法具有独占地位的经营者的市场支配地位推定，以及第10条规定法院可以依据被告对外发布的信息推定其市场支配地位。

在横向垄断协议排除、限制竞争效果的证明上,《垄断行为民事纠纷解释》第7条规定,被诉垄断行为属于现行《反垄断法》第17条第1项至第5项规定的垄断协议的,被告应对该协议不具有排除、限制竞争的效果承担举证责任。在涉及横向垄断协议的案件中,原告往往是因垄断协议承受损害的交易相对人,而非协议成员。考虑到横向垄断协议的隐蔽性,以及在证明排除、限制竞争效果上往往需要进行复杂且专业的经济学与法学分析,因此,在横向垄断协议的排除、限制竞争效果上设置一个举证责任倒置规则,能够极大地缓解原告所面临的举证困难。

《垄断行为民事纠纷解释》第8条规定:被诉垄断行为属于2007年反垄断法第17条第1款规定的滥用市场支配地位的,原告应当对被告在相关市场内具有支配地位和其滥用市场支配地位承担举证责任。被告以其行为具有正当性为由进行抗辩的,应当承担举证责任。本条对滥用市场支配地位案件的举证责任进行了明确分配,即原告只需证明被告具有市场支配地位及实施了滥用行为,而无需证明被告的滥用行为"没有正当理由"。有观点认为,本条对垄断行为的外在构成要件以及行为的合理性进行了举证责任的拆分,有助于减轻滥用市场支配地位纠纷中原告的举证负担。[1]

在公用企业或者其他依法具有独占地位的经营者的市场支配地位证明上,《垄断行为民事纠纷解释》第9条规定:"被诉垄断行为属于公用企业或者其他依法具有独占地位的经营者滥用市场支配地位的,人民法院可以根据市场结构和竞争状况的具体情况,认定被告在相关市场内具有支配地位,但有相反证据足以推翻的除外。"公用企业是指提供公共服务并受限于特定政府管制的企业,国家工商行政管理总局曾在《关于禁止公用企业限制竞争行为的若干规定》(已废止)中,将公用企业列举为供水、供电、供热、供气、邮政、电讯、交通运输等行业的经营者。公用企业具有鲜明的自然垄断特点,一家企业进行生产经营的效率要远远高于多家企业共同生产经营。公用企业所提供的产品或服务具有公共性和普惠性,关乎国计民生与社会公共利益,定价普遍受到政府调控,多采用政府定价或者政府指导价。公用企业所在行业天然具有垄断的市场结构,市场准入困难。推定公用企业具有市场支配地位,能够有效节省司法成本,缓解原告的举证困难。同时,公用企业并非一定具有市场支配地位,若存在相反证据足以推翻,应当认定其市场支配地位不存在。在"宁波科元塑胶有限公司与宁波联能热力有限公司滥用市场支配地位纠纷"[2]中,宁波市中级人民法院提出司法解释第9条只是适当减轻原告的举证责任,并不意味着公用企业一定在相关市场中具有市场支配地位,公用企业的市场支配地位认定,仍然应当综合分析市场结构与竞争状况的具体因素。2022年,最高人民法院在"威海宏福置业有限公司、威海市水务集团有限公司滥用市场支配地位纠纷"[3]中,根据"威海水务集团系威海市市区唯一的城市公共供水企业,且威海水务集团未提供其他相反证据"这一事实,认定威海水务集团具有市场支配地位。

"其他依法具有独占地位的经营者"在1993年通过的《反不正当竞争法》第6条有所规定,即"公用企业或者其他依法具有独占地位的经营者,不得限定他人购买其指定的经

---

[1] 参见叶卫平:《反垄断法的举证责任分配》,载《法学》2016年第11期;参见李国海:《我国反垄断民事诉讼举证责任分配制度之检讨——以典型案例为样本》,载《吉首大学学报(社会科学版)》2019年第1期。

[2] (2013)浙甬知初字第86号民事判决书。

[3] (2022)最高法知民终395号民事判决书。

营者的商品,以排挤其他经营者的公平竞争"。[1] 国家工商行政管理总局曾将"其他依法具有独占地位的经营者"解释为,"公用企业以外的依法从事垄断性经营或者具有其他优势地位,能够决定或者限制交易对方或者消费者的交易选择的经营者"。[2]

在其他经营者市场支配地位的认定上,《垄断行为民事纠纷解释》第10条规定,原告可以以被告对外发布的信息作为证明其具有市场支配地位的证据。被告对外发布的信息能够证明其在相关市场内具有支配地位的,人民法院可以据此作出认定,但有相反证据足以推翻的除外。以被告对外发布的信息作为认定市场支配地位的依据,有助于缓解原告的举证负担。

拓展阅读:垄断纠纷的可仲裁性
一、我国垄断纠纷可仲裁性的制度基础与可行性

从现行法律规定来看,我国《反垄断法》和《中华人民共和国仲裁法》(以下简称《仲裁法》)中均未明文规定垄断纠纷是否可仲裁,《反垄断法》第60条仅对实施垄断行为的经营者所应承担的民事责任以及反垄断公益诉讼进行了规定,并未明确垄断纠纷是否可以适用仲裁程序。《仲裁法》对可仲裁的纠纷范围划定为"平等主体的公民、法人和其他组织之间发生的合同纠纷和其他财产权益纠纷",而不可仲裁的纠纷类型包括:①婚姻、收养、监护、扶养、继承纠纷;②依法应当由行政机关处理的行政争议。2022年发布的《最高人民法院关于审理垄断民事纠纷案件适用法律若干问题的规定(公开征求意见稿)》中第3条规定"原告依据反垄断法向人民法院提起民事诉讼,被告以双方之间存在合同关系且已有仲裁协议为由提出异议的,不影响人民法院受理垄断民事纠纷案件。但是,人民法院受理后经审查发现不属于垄断民事纠纷案件的,可以依法裁定驳回起诉。"

在"南京嵩旭科技有限公司诉三星(中国)投资有限公司垄断纠纷案"[3]中,南京中级人民法院肯定了垄断纠纷的可仲裁性,认为垄断纠纷属于平等主体之间的财产权益纠纷,属于仲裁法规定的可仲裁范围。而该案二审法院江苏省高级人民法院驳回了这一裁决,否认垄断纠纷可被仲裁,认为对垄断纠纷进行仲裁缺乏明确的法律依据,由于反垄断法的公法性质和公共政策性,不适宜对垄断纠纷进行仲裁。在"山西昌林实业有限公司与壳牌(中国)有限公司滥用市场支配地位纠纷案"[4]中,北京高级人民法院二审肯定了垄断纠纷的可仲裁性,指出该案仲裁条款所约定的仲裁事项为"因本协议引起的任何争议",这一表述采取的是概括性约定仲裁事项。本案当事人以垄断侵权为由提起诉讼,实属在侵权责任和违约责任竞合状态下对诉由行使的选择权。案件管辖应受到合同有效仲裁条款的约束,不应允许当事人通过选择诉因而排除有效的仲裁条款的适用。最高人民法院在本案的再审裁决书中肯定了北京高级人民法院的裁决,认为双方当事人纠纷实质仍属于因履行《经销商协议》而产生的争议,因此,仲裁条款仍然有效。

在"VISCAS株式会社、国网上海市电力公司垄断协议纠纷"[5]案中,一审法院上海

---

[1] 本条在2017年《反不正当竞争法》修改时被删除。
[2] 国家工商局公平交易局反垄断处:《关于查处公用企业和其他依法具有独占地位的经营者限制竞争案件若干问题的探讨》,载《工商行政管理》1999年第17期。
[3] (2014)宁知民辖初字第44号民事裁定书;(2015)苏知民辖终字第00072号民事裁定书。
[4] (2018)京73民初124号民事裁定书;(2019)京民辖终44号民事裁定书;(2019)最高法民申6242号民事裁定书。
[5] (2018)沪73民初813号民事裁定书;(2019)最高法知民辖终356号民事裁定书。

知识产权法院以合同纠纷应受仲裁条款约束为由，肯定了该案可被仲裁。最高人民法院二审提出了三点理由，一是仲裁条款不能排除人民法院对垄断纠纷的管辖，在垄断纠纷中，合同仅作为行为人实施垄断行为的载体或者工具，垄断协议本身才是损害发生的根源。对垄断协议的认定与处理已经超出了受害人与行为人之间的权利义务关系，也远远超越了仲裁条款所涵盖的双方争议范围。二是反垄断法的公法性质使仲裁条款不构成排除人民法院管辖垄断纠纷的依据。三是仲裁条款能否排除人民法院的管辖应当依据纠纷的具体情况予以确定。在"呼和浩特汇力物资有限责任公司与壳牌（中国）有限公司垄断协议纠纷案"[1]中，最高人民法院再次强调反垄断法具有明显的公法性质，是否构成垄断的认定超出了合同相对人之间的权利义务关系，并使本案争议不再限于"平等主体的公民、法人和其他组织之间发生的合同纠纷和其他财产权益纠纷"，不再属于仲裁法规定的可仲裁范围。

在理论研究中，关于垄断纠纷是否可仲裁的问题，也存在正反两面的观点。反对的观点认为，垄断纠纷大多涉及公共政策，而公共政策不属于可仲裁事项。仲裁程序具有强烈的意思自治特征，仲裁协议（包括仲裁条款）本身就是当事人基于自愿的基础上达成的一项契约。仲裁协议是适用仲裁制度的基础，是纠纷走向仲裁而非诉讼的前提条件。而垄断纠纷与社会公共利益相关，并非纯粹可以通过私人意思自治解决，因此，不应适用仲裁程序。1986年我国加入《承认及执行外国仲裁裁决公约》（以下简称《纽约公约》），《纽约公约》将"公共政策"作为承认与执行他国仲裁裁决的例外情形，第5条第2款规定："倘声请承认及执行地所在国之主管机关认定有下列情形之一，亦得拒不承认及执行仲裁裁决：……（乙）承认或执行裁决有违该国公共政策者。"

支持的观点主要是基于仲裁程序所具有的高效、便捷、快速、灵活解决争议的特点。允许当事人通过仲裁程序解决垄断纠纷，有助于加强反垄断法的私人实施，增加反垄断法实施的途径，节约执法司法成本。[2] 至于垄断纠纷是否因涉及公共政策而不可仲裁，存在观点认为，我国《仲裁法》在规定仲裁范围时，并未明确将垄断纠纷纳入不可仲裁的范围，这就给适用仲裁程序解决垄断纠纷留下了空间。从一项争议可仲裁的三项客观标准来看，即争议的可诉讼性、可补偿性与可和解性，垄断纠纷当属于可仲裁的事项。[3]

二、垄断纠纷仲裁的域外经验

从域外实践来看，美国反托拉斯法也未明确规定垄断纠纷是否可以被仲裁。20世纪60年代和70年代，美国法院普遍拒绝仲裁程序适用于垄断纠纷。在American Safety Equipment Corp. v. J. P. Maguire & Co.案[4]中，美国联邦第二巡回法院反对适用仲裁解决垄断纠纷，认为垄断纠纷并非单纯私人纠纷，而是涉及公共政策，可能会影响到数十万甚至数百万人的利益，不能由普通商业仲裁员来决定。直到1985年的Mitsubishi Motors Corp v. Soler Chrysler-Plymouth案[5]（以下简称"三菱汽车公司案"）中，美国最高法院裁定，只要存在有效的仲裁条款，反垄断纠纷是可以被仲裁的。反垄断纠纷本身的复杂性不足以排除仲裁的适用，仲裁也不会危及反托拉斯法的适用，私人损害赔偿在反垄断法制度上的重要性，并不意味着不能在法院之外寻求赔偿。三菱汽车公司案之后反垄断纠纷可仲裁的原则逐渐在

---

[1]（2018）内01民初450号民事裁定书；（2019）最高法知民辖终47号民事裁定书。
[2] 丁国峰：《美国反垄断法可仲裁性及其对我国的启示》，载《中国工商管理研究》2010年第11期。
[3] 杜新丽：《从比较法的角度论我国反垄断争议的可仲裁性》，载《比较法研究》2008年第5期。
[4] 391 F. 2d 821 (2d Cir. 1968).
[5] 473 U. S. 614 (1985).

美国确立,主要的制度依据是美国《联邦仲裁法》(Federal Arbitration Act)。1990年的《行政争议解决法》(Administrative Dispute Resolution Act of 1990)授予了美国司法部反托拉斯局与联邦贸易委员会通过仲裁解决反垄断案件的权力。1996年司法部反托拉斯局发布了《适用替代争议解决技术的指南》。[1] 2019年,美国司法部反托拉斯局在一项涉及经营者集中的案件(US v. Noveils Inc[2])中首次向法院提出适用仲裁的申请。2020年司法部反托拉斯局对该指南进行了修订,发布了《关于适用仲裁及案件选择标准的更新指南》,规定反托拉斯局在选择案件适用仲裁程序时,将考量以下因素:①节省执法资源的必要性;②适用仲裁的可行性;③案件事实或者技术上的复杂性;④缩短案件解决时间的特殊需求;⑤控制救济范围的特殊需求;⑥司法判决的必要性;⑦司法解决机制的必要性。根据《行政争议解决法》,只要联邦机构与相关当事人同意,就可以适用仲裁。

在欧盟竞争法中,垄断纠纷是否可以被仲裁,缺乏统一的规定,由各成员国自行通过国内法决定。在Eco-Swiss案[3]中,欧盟法院针对垄断纠纷是否可仲裁的问题进行解释,该案涉及Benetton公司与Eco-Swiss公司、Bulova公司所签订的销售许可协议,协议中约定双方之间产生的所有争议或者纠纷均应由荷兰仲裁机构仲裁解决,所指定的仲裁院应适用荷兰法律。1991年Benetton公司违背协议的约定,率先终止许可协议,因此,三家公司启动了仲裁程序。但之后Benetton公司向荷兰法院提起诉讼,要求认定仲裁裁决无效,因为该协议构成垄断协议,涉及公共政策。为此,荷兰法院向欧盟法院提出初步裁决申请,要求欧盟法院解释违反竞争法的纠纷是否可以通过仲裁裁决。欧盟法院肯定,若该仲裁裁决因违反欧盟竞争法而无效,则成员国法院有权撤销该仲裁裁决。在这一案件中,欧盟法院与荷兰法院所关注的重点并非垄断协议是否可仲裁,而是当事人的协议是否违反了欧盟竞争法,以及仲裁庭是否有义务适用欧盟的公共政策。[4] 2014年,欧洲议会和理事会发布《欧盟竞争法损害赔偿诉讼指令》,鼓励成员国通过包括仲裁在内的合意型争议解决机制(consensual dispute resolution)来解决垄断纠纷。这事实上肯定了垄断纠纷的可仲裁性。

[本章参考文献]

(一)著作

1. 王健:《反垄断法的私人执行——基本原理与外国法制》,法律出版社2008年版。
2. 蒋岩波、喻玲:《反垄断司法制度》,商务印书馆2012年版。
3. 戴宾、兰磊:《反垄断法民事救济制度比较研究》,法律出版社2010年版。
4. 王小梅:《反垄断司法审查的管辖》,社会科学文献出版社2013年版。
5. 张瑞萍编著:《反垄断诉权保障机制研究》,立信会计出版社2013年版。

(二)论文

6. 时建中、袁晓磊:《我国反垄断民事诉讼证据开示制度的构建:理据与路径》,载《法学杂志》2021年第1期。
7. 时建中:《私人诉讼与我国反垄断法目标的实现》,载《中国发展观察》2006年第

---

[1] DOJ, Guidance on the Use of Alternative Dispute Resolution Techniques, https://www.govinfo.gov/content/pkg/FR-1996-07-15/pdf/96-17744.pdf.

[2] US v. Noveils Inc and Aleris Corporation, 1:19-cv-02033-CAB.

[3] Case C-126/97, Eco Swiss China Time Ltd v. Benetton International NV, ECR I-03055 1999.

[4] 张艾清:《反垄断争议的可仲裁性研究——兼论欧美国家的立法与司法实践及其对我国的启示》,载《法商研究》2006年第4期。

6 期。

8. 黄勇:《论我国反垄断司法实践的新挑战及其应对》,载《法律适用》2022 年第 9 期。

9. 黄勇:《中国反垄断民事诉讼若干问题的思考》,载《人民司法》2008 年第 19 期。

10. 张晨颖:《论反垄断行政决定在民事诉讼中的效力》,载《法律适用》2017 年第 7 期。

11. 孔祥俊:《反垄断司法的逻辑与经验》,载《中国法律评论》2022 年第 3 期。

12. 孙晋:《〈反垄断法〉修订背景下设立竞争法庭的理据和进路》,载《法律科学(西北政法大学学报)》2022 年第 3 期。

13. 王健:《反垄断法私人执行制度初探》,载《法商研究》2007 年第 2 期。

14. 王健:《反垄断法私人执行的优越性及其实现——兼论中国反垄断法引入私人执行制度的必要性和立法建议》,载《法律科学(西北政法学院学报)》2007 年第 4 期。

15. 李剑:《反垄断私人诉讼困境与反垄断执法的管制化发展》,载《法学研究》2011 年第 5 期。

16. 冯博:《反垄断民事诉讼原告资格问题研究》,载《法学评论》2018 年第 5 期。

17. 叶卫平:《反垄断法的举证责任分配》,载《法学》2016 年第 11 期。

18. 金善明:《反垄断司法解释的范式与路径》,载《环球法律评论》2013 年第 4 期。

19. 毛晓飞:《析我国反垄断民事救济中的消费者利益保护机制》,载《法律适用》2013 年第 2 期。

20. 刘水林:《反垄断诉讼的价值定位与制度建构》,载《法学研究》2010 年第 4 期。

21. 蒋岩波:《我国反垄断法的司法制度构想》,载《法学家》2008 年第 1 期。

22. David Ashton, *Competition Damages Actions in the EU: Law and Practice (Second Edition)*, Edward Elgar, 2018.

第十六章 反垄断法的法律责任

第一节 反垄断法的法律责任概述

一、反垄断法的法律责任界定

法律责任的定义在法理学上存在不同认识。主流观点包括"后果说"和"义务说"。"后果说"认为,"法律责任是因违法行为或因其他法律规定的事实的出现,一定主体应当承担的不利后果"[1]。"义务说"认为,"法律责任是由特定法律事实引起的对损害予以补偿、强制履行或接受惩罚的特殊义务,亦即行为人由于违反第一性义务而应当承担的第二性义务"[2]。法律责任的本质是"国家对违反法定义务、超越法定权利界限或滥用权利的违法行为所作的法律上的否定性评价和谴责"[3],是补救被侵害的法益,恢复被破坏的法律关系和法律秩序的重要手段。

法律责任制度是反垄断法的重要组成部分,也是反垄断法实施的重要保障。反垄断法的法律责任旨在通过法律手段约束市场主体实施限制竞争行为,填补受损的合法权益,惩罚违法行为人,并恢复公平自由的市场竞争秩序。广义上讲,反垄断法的法律责任不仅包括《反垄断法》中专门的责任制度,还包括分散于其他相关法律、行政法规以及规章中针对限制竞争行为和反垄断执法过程中不当行为的法律责任。我国《反垄断法》第七章为法律责任章。其中第 56 条、第 57 条和第 58 条分别规定了垄断协议、滥用市场支配地位和经营者集中三种经济性垄断行为的法律责任。第 61 条规定了行政机关和法律、法规授权的具有管理公共事务职能的组织滥用行政权力排除限制竞争的法律责任。第 62 条和第 66 条还分别规定了单位或个人因不配合反垄断执法而应当承担的法律责任以及反垄断执法机构工作人员在执法过程中由于滥用职权、玩忽职守等不当行为所应承担的法律责任。可见,我国《反垄断法》规定的法律责任包括经济性垄断的法律责任、行政性垄断的法律责任和反垄断执法中执法者和被调查者不当行为的法律责任。

二、反垄断法的法律责任特征

(一)责任目的多重性

1. 补偿经济损失是垄断行为法律责任的基本功能。垄断行为通常损害他人利益。垄断行为的受害者有权获得损失赔偿。在这个意义上,垄断行为的法律责任制度首先发挥着损失填平的补偿性功能。《反垄断法》第 60 条第 1 款规定:"经营者实施垄断行为,给他人造成损失的,依法承担民事责任"。我国反垄断法民事责任中的损害赔偿,以受害人因垄断行为所遭受的实际损失为主要赔偿范围。与我国类似,全球范围内大部分国家和地区在反垄

---

[1] 公丕祥主编:《法理学》,复旦大学出版社 2008 年版,第 343 页。
[2] 张文显主编:《法理学》,高等教育出版社 2018 年版,第 166 页。
[3] 张文显:《法律责任论纲》,载《吉林大学社会科学学报》1991 年第 1 期。

断立法中规定了补偿性赔偿。例如，德国《反限制竞争法》第33a条第（1）款规定："任何故意或过失违反本法第33条第1款的行为人，都应当对其侵权所造成的损害承担赔偿责任。"《欧盟及其成员国竞争法的损害赔偿诉讼规则》[1] 第3条确定了完全赔偿的原则。《日本反垄断法》第25条规定，违反第3条、第6条、第19条规定的企业，以及违反第8条第1款的行业协会对受害人承担损害赔偿责任，损害赔偿的额度以实际损害为限[2]。

2. 对垄断行为追究法律责任不止于填平功能，更在于惩罚与威慑违法。补偿性损害赔偿作为垄断行为的法律责任，其赔偿范围仅限于原告的诉讼请求，不能全面地消除垄断行为所带来的社会整体福利损失。威慑违法在反垄断法的责任制度中居于核心地位。传统威慑理论源自刑罚理论。随着经济学的思想引入威慑理论，威慑的目标不再是完全消灭犯罪，而是让犯罪成本大于犯罪收益。"最佳威慑理论"（optimal deterrence）认为，当违法成本高于其违法收益时，该责任制度自然地引导潜在违法行为者放弃做出不利于社会整体利益的事情。[3] 因此，只有提高处罚力度或增强赔偿责任才能增加违法成本，惩罚违法垄断行为并威慑潜在的或再次违法的行为。在反垄断法的法律责任制度中，惩罚性赔偿、行政处罚和刑事责任都体现了反垄断法的威慑目标。我国《反垄断法》并未规定惩罚性赔偿和垄断行为的刑事责任，实践中主要通过行政罚款来威慑垄断行为。

3. 对于垄断行为的威慑以恢复竞争秩序为直接目标。反垄断法对于垄断行为的惩罚并非旨在最大化惩罚甚至导致经营者退出市场，而是以恢复竞争秩序为原则。例如，反垄断法中一些非财产的责任形式，如结构性救济，不论是剥离资产、转让营业还是其他恢复竞争的措施，目的不仅仅是为了惩罚经营者，更多地表现为对市场结构和竞争环境的关切，试图重塑或恢复一个可竞争的市场状态。又如，当对违法经营者的处罚将导致经营者的经济条件极度恶化甚至退出市场时，这种惩罚并不利于竞争环境的维护，这时反垄断执法机构应当酌情减轻对经营者的处罚。《日本反垄断法》及欧盟竞争法中均有类似规定。

（二）责任形式多样性

根据违法行为的性质所对应的责任形式，反垄断法的法律责任可以分为民事责任、行政责任和刑事责任。民事责任是指经营者因实施垄断行为侵犯其他竞争者、交易相对人或消费者的合法权益而应当承担的不利后果。我国《反垄断法》第60条概括地规定了垄断行为的民事责任，即"经营者实施垄断行为，给他人造成损失的，依法承担民事责任"。行政责任是指责任主体因违反反垄断法而应承担的行政法律后果。我国《反垄断法》主要规定了行政处罚和行政处分两类行政责任。其中，实施垄断行为的经营者应该承担的行政责任包括责令停止违法行为、没收违法所得和行政罚款；行业协会组织本行业的经营者达成垄断协议的，应当承担的行政责任包括责令改正、罚款和撤销登记；在反垄断执法机构审查和调查活动中拒绝和阻碍执法的经营者和个人应当承担责任改正和罚款的行政责任；反垄断执法机构工作人员在执法中存在违法行为的，应当承担行政处分的法律责任；对行政性垄断行为"直接负责的主管人员和其他直接责任人员"应当承担行政处分的法律责任。刑事责任是针对具有更大社会危害性的垄断行为或其他违反刑法规定的违法行为，责任主体

---

[1] 全称为"On Certain Rules Governing Actions for Damages under National Law for Infringements of the Competition Law Provisions of the Member States and of the European Union"。

[2] 王玉辉：《日本反垄断法的历史沿革与制度变迁（1947-2019年）》，上海三联书店2021年版，第362页。

[3] Gary S. Becker, *Crime and Punishment: An Economic Approach*, 76 Journal of Political Economy 169, 1968, pp. 169-217.

需要承担的最为严厉的惩罚和不利后果。全球范围内，美国、日本、英国等许多国家的反垄断立法中都规定了卡特尔行为的刑事责任。垄断行为的刑事责任主要包括罚金和自由刑。我国《反垄断法》第 67 条规定："违反本法规定，构成犯罪的，依法追究刑事责任"。该条尚未明确指出从事何种垄断行为应当承担刑事责任。但是，反垄断行政执法过程中出现的严重违法行为，构成犯罪的，应当承担刑事责任。

从责任的表现形态来看，反垄断法的法律责任可以分为财产责任、行为责任、资格责任。财产责任即责任主体承担的具有经济给付内容的不利后果。财产责任在各国反垄断法的实施中都是最主要的法律责任形态。民事责任中的赔偿损失，行政责任中的没收违法所得、罚款，以及刑事责任中的罚金都属于财产责任。行为责任要求责任主体按照法律规定以作为或不作为的形式来承担违法行为所带来的不利后果。民事责任中的停止侵害、行政责任中的责令停止违法行为、限期转让营业都属于行为责任。资格责任指通过降低或剥夺行为人的行为能力和资格来承担责任。《反垄断法》第 56 条第 4 款中关于行业协会组织经营者达成垄断协议，情节严重的，"社会团体登记管理机关可以依法撤销登记"的规定就属于资格责任。

（三）责任主体多元化

反垄断法上的责任主体指违反反垄断法的规定而承担不利法律后果的主体。根据我国《反垄断法》，承担法律责任的主体既包括实施垄断行为或滥用行政权力排除、限制竞争的主体，也包括在反垄断执法过程中违反法定义务的反垄断执法机构的工作人员，以及拒绝和阻碍执法的经营者及个人。

具体而言，实施垄断行为的责任主体既包括经营者及其内部责任人、行业协会，亦包括行政性垄断中的行政机关和法律、法规授权的具有管理公共事务职能的组织以及其中直接负责的主管人员和其他直接责任人员。由于反竞争行为在全球范围内屡禁不止，各国反垄断立法逐渐呈现出同时处罚违法经营者及其内部责任人的立法趋势，即"双罚制"。我国 2008 年施行的《反垄断法》对于经济性垄断采取了"单罚制"，即只处罚涉案的经营者，而对于经营者内部责任人的个人责任不予追究。2022 年修改的《反垄断法》在第 56 条第 1 款对垄断协议的责任主体增加了"经营者的法定代表人、主要负责人和直接责任人员"，引入了"双罚制"。对于行政性垄断，《禁止垄断协议规定》和《禁止滥用市场支配地位行为规定》明确了经营者因行政性垄断而达成垄断协议或滥用市场支配地位，按照经济性垄断的法律责任处罚。因此，对于行政性垄断，反垄断法不仅需要追究行政机关和法律、法规授权的具有管理公共事务职能的组织的法律责任，对于参与其中实施垄断行为的经营者同样需要追究法律责任。

除此之外，单位和个人在反垄断执法机构依法调查和审查过程中拒绝配合和实施阻碍行为的，反垄断执法机构工作人员在行政执法中有滥用职权、玩忽职守、徇私舞弊或者泄露执法过程中知悉的商业秘密的，都需要依法承担法律责任。可见，无论自然人、法人还是非法人组织，一旦触犯了反垄断法上的禁止性条款，就应当依法承担相应的法律责任。

三、反垄断法的法律责任类型

（一）经济性垄断的法律责任

我国《反垄断法》第 3 条规定了三种经济性垄断，即垄断协议、滥用市场支配地位和经营者集中。对于垄断协议，《反垄断法》第 56 条规定，经营者达成并实施垄断协议的，应当承担责令停止违法行为、没收违法所得以及行政罚款的法律责任。经营者的法定代表人、主要负责人和直接责任人员对达成垄断协议负有个人责任的，也应当承担行政罚款责任。[1]对于垄断协议达成的组织者和实质性帮助者也需要承担同违法经营者相同的法律责任。[2] 行业协会组织本行业的经营者达成垄断协议的，由反垄断执法机构责令改正，可以处 300 万元以下的罚款；情节严重的，社会团体登记管理机关可以依法撤销登记[3]。经营者因行政性垄断而达成垄断协议的，同样应当承担法律责任。[4]

对于经营者滥用市场支配地位行为，由反垄断执法机构责令停止违法行为，没收违法所得，并处上一年度销售额 1%以上 10%以下的罚款。经营者因行政性垄断行为而实施滥用市场支配地位的，同样承担法律责任。[5]

经营者违法实施集中，且具有或者可能具有排除、限制竞争效果的，由国务院反垄断执法机构责令停止实施集中、限期处分股份或者资产、限期转让营业以及采取其他必要措施恢复到集中前的状态，处上一年度销售额 10%以下的罚款；不具有排除、限制竞争效果的，处 500 万元以下的罚款[6]。

（二）行政性垄断的法律责任

关于滥用行政权力排除、限制竞争的行为，《反垄断法》第 61 条规定由上级机关责令改正；对直接负责的主管人员和其他直接责任人员依法给予处分。第 61 条第 2 款规定："法律、行政法规对行政机关和法律、法规授权的具有管理公共事务职能的组织滥用行政权力实施排除、限制竞争行为的处理另有规定的，依照其规定。"根据该条规定，如果其他法律和行政法规另有规定，则优先适用其他法律和行政法规。可见，我国《反垄断法》只是规制行政性垄断的手段之一，需要结合行业立法和其他法律、法规予以共同治理。

（三）反垄断执法行为的法律责任

反垄断执法机构工作人员在反垄断执法过程中如果存在"滥用职权、玩忽职守、徇私舞弊或者泄露执法过程中知悉的商业秘密、个人隐私和个人信息"的情况应当依法承担行政处分的法律责任。根据《公务员法》等相关法律、法规，该行政处分的责任形式包括警告、记过、记大过、降级、撤职、开除。反垄断执法机构工作人员上述违法行为，情节严重，构成犯罪的，应当依法追究刑事责任。根据我国《刑法》的相关规定，反垄断执法机构的执法人员滥用职权、玩忽职守或徇私舞弊，有可能触犯第九章的渎职罪和第 254 条的报复陷害罪。对于执法人员"泄露执法过程中知悉的商业秘密、个人隐私和个人信息"的行为，有可能触犯第 219 条侵犯商业秘密罪以及第 253 条之一侵犯公民个人信息罪。

（四）拒绝、阻碍调查行为的法律责任

根据《反垄断法》第六章的规定，反垄断执法机构有权对涉嫌垄断行为实施调查。被调查的经营者、利害关系人或者其他有关单位或者个人应当配合，不得阻碍或拒绝。另外，依据《反垄断法》第 26 条，对于依法进行申报的经营者集中案件，反垄断执法机构有权进行审查；对于未依法申报的经营者集中案件，反垄断执法机构也有权依法进行调查。反垄断执法机构在审查经营者集中案件时，被审查的经营者亦不得阻碍或拒绝。

反垄断执法过程中拒绝配合或阻碍执法的单位和个人应当承担法律责任。对反垄断执

---

[1]《反垄断法》第 56 条第 1 款。
[2]《反垄断法》第 56 条第 2 款。
[3]《反垄断法》第 56 条第 4 款。
[4]《禁止垄断协议规定》第 46 条。
[5]《禁止滥用市场支配地位行为规定》第 41 条。
[6]《反垄断法》第 58 条。

法机构依法实施的审查和调查，拒绝提供有关材料、信息，或者提供虚假材料、信息，或者隐匿、销毁、转移证据，或者有其他拒绝、阻碍调查行为的，由反垄断执法机构责令改正，对单位处上一年度销售额1%以下的罚款，上一年度没有销售额或者销售额难以计算的，处500万元以下的罚款；对个人处50万元以下的罚款。结合《反垄断法》第67条刑事责任的规定，单位或个人的拒绝配合或阻碍调查行为，情节严重的，可能触犯《刑法》第162条之一隐匿、故意销毁会计凭证、会计账簿、财务会计报告罪和第277条妨碍公务罪。

典型案件：注射用葡萄糖酸钙原料药滥用市场支配地位案

根据举报，国家市场监督管理总局依法于2019年5月23日对山东康惠医药有限公司和潍坊普云惠医药有限公司涉嫌实施原料药垄断行为开展反垄断调查。

调查期间，潍坊普云惠医药有限公司法定代表人强硬拒绝提供采购、销售葡萄糖酸钙等原料药的票证、单据、记录、会计账簿等资料，阻挠执法人员查阅公司电子数据、文件资料，拒绝在《调查通知书》送达回证上签字，并多次表示"不同意执法人员开展调查""不同意提取证据材料"。调查过程中，该公司业务部人员通过微信告知相关人员拔除U盘并隐匿。公司法定代表人将打印出的记录涉嫌实施垄断行为的微信聊天记录等证据材料当众撕毁。执法人员警告其行为构成违法的情况下，法定代表人依然继续销毁证据材料。调查询问时，法定代表人谎称公司2017年底的采购合同以及与原料药生产企业签订的合作协议等材料，均因发生交通事故丢失，后经核实，上述资料被转移而未丢失。[1]

山东康惠医药有限公司法定代表人谎称有关资料被水淹而拒绝提供。同时，切断公司办公系统网络、删除电脑文件资料，导致无法登录办公电脑，执法人员无法查阅相关资料。公司法定代表人组织、指挥30余名公司员工及社会闲散人员暴力抢夺证据材料，不顾执法人员阻拦，将有关证据材料强行隐匿、转移。在执法人员责令停止违法行为时，公司相关人员对执法人员进行暴力阻挠，造成部分执法人员受伤，严重阻碍了调查工作。为逃避法律制裁，当事人将存储现场录像资料的硬盘拆除。同时，当事人组织身份不明人员20人左右，围堵执法人员所在会议室，并在楼下示威，威胁执法人员。[2]

2019年6月28日，国家市场监督管理总局对山东康惠医药有限公司、潍坊普云惠医药有限公司及相关人员因注射用葡萄糖酸钙原料药滥用市场支配地位案拒绝、阻碍反垄断调查违法行为作出行政处罚决定。对潍坊普云惠医药有限公司从重处罚，罚款100万元；[3]对山东康惠医药有限公司从重处罚，罚款100万元。[4]对于山东康惠医药有限公司法定代表人处以10万元罚款。[5]对潍坊普云惠医药有限公司法定代表人处以10万元罚款。[6]对

---

[1] 国市监处〔2019〕20号行政处罚决定书。
[2] 国市监处〔2019〕21号行政处罚决定书。
[3] 国市监处〔2019〕20号行政处罚决定书。
[4] 国市监处〔2019〕21号行政处罚决定书。
[5] 国市监处〔2019〕22号行政处罚决定书。
[6] 国市监处〔2019〕23号行政处罚决定书。

山东康惠医药有限公司相关员工根据情节恶劣程度分别处以 5 万元罚款[1]或 2 万元罚款[2]。

第二节 垄断行为的行政责任

一、垄断行为行政责任的界定

行政责任是违反行政法律规范而承担的否定性评价与不利后果。垄断行为的行政责任是责任主体因违反反垄断法而承担的行政法律后果。在责任主体方面，经济性垄断的行政责任主体包括经营者、行业协会以及经营者的内部责任人。行政性垄断的行政责任主体包括行政机关和法律、法规授权的具有管理公共事务职能的组织及其内部责任人。在责任形式方面，经济性垄断的责任形式主要包括责令停止违法行为、责令改正等行政命令以及行政罚款、撤销登记等行政处罚；行政性垄断行为的责任形式主要包括责令改正和行政处分。由于我国反垄断法的实施主要依靠行政执法，因此，行政责任是违反反垄断法的责任主体主要承担的责任形式。

二、垄断行为行政责任的主体

垄断行为行政责任的主体不仅包括经济性垄断的实施者还包括行政性垄断的实施者。对于经济性垄断，除了达成并实施垄断协议、滥用市场支配地位、违法实施经营者集中的经营者以及组织经营者达成垄断协议的行业协会之外，垄断协议的行政责任主体还包括经营者的组织者和帮助者，以及经营者的法定代表人、主要负责人和直接责任人员。对于行政性垄断，行政责任的责任主体既包括滥用行政权力的行政主体，也包括对行政性垄断直接负责的主管人员和其他直接责任人员。

（一）经营者及其内部责任人

1. 经营者。实施垄断行为的经营者是反垄断法最主要的规制对象。根据《反垄断法》第 15 条，经营者是指从事商品生产、经营或者提供服务的自然人、法人和非法人组织。从经营者的表现形态上看，承担垄断行为行政责任的经营者不限于公司，还包括非公司法人、自然人和非法人组织。从经营者参与的垄断行为来看，《反垄断法》第 56 条、第 57 条和第 58 条分别规定了经营者达成并实施垄断协议、滥用市场支配地位以及违法实施经营者集中的行政责任。对于经营者参与的行政性垄断，《禁止垄断协议规定》第 46 条和《禁止滥用市场支配地位行为规定》第 41 条第 4 款，分别规定了经营者因行政主体滥用行政权力而实施的垄断协议和滥用市场支配地位行为，按照其所实施的垄断协议和滥用市场支配地位行为追究法律责任。如果经营者能够证明其实施垄断行为是因为受到了行政权力的强制或变相强制，可以依法从轻或减轻处罚。

2. 经营者的组织者和帮助者。2022 年修改的《反垄断法》第 56 条第 2 款新增了"经营者组织其他经营者达成垄断协议或者为其他经营者达成垄断协议提供实质性帮助的"，适用第 56 条第 1 款的法律责任，即与经营者达成并实施垄断协议的法律责任一致。立法上增

---

[1] 国市监处〔2019〕25 号行政处罚决定书；国市监处〔2019〕26 号行政处罚决定书。

[2] 国市监处〔2019〕27 号行政处罚决定书；国市监处〔2019〕28 号行政处罚决定书；国市监处〔2019〕29 号行政处罚决定书；国市监处〔2019〕30 号行政处罚决定书；国市监处〔2019〕31 号行政处罚决定书；国市监处〔2019〕32 号行政处罚决定书；国市监处〔2019〕33 号行政处罚决定书；国市监处〔2019〕34 号行政处罚决定书；国市监处〔2019〕35 号行政处罚决定书。

加该条规定，主要在于回应实践中并未参与垄断协议的缔结却实施了组织帮助行为的主体责任，以及在轴辐协议等混合型垄断协议中如何高效处理参与者的责任问题。[1]该条款的规定弥补了对于促成垄断协议达成，却不是垄断协议当事人的经营者无法被追究法律责任的漏洞。

在法条适用上，首先，"组织者"和"帮助者"指经营者达成垄断协议的组织者和帮助者，他们不是垄断协议的当事人。其次，"组织者"和"帮助者"仅指经营者，不包括非经营性组织、行政主体或不构成经营者的个人。行业协会组织本行业的经营者达成垄断协议，法律责任适用《反垄断法》第56条第4款。再次，帮助行为需要构成"实质性帮助"。"实质性帮助"指组织和帮助者的行为对垄断协议的达成起到促进和支撑作用。这类行为可能包括信息传递、策略协调、实时监测、防止作弊、施加惩戒等[2]。最后，组织者和帮助者的法律责任仅适用于垄断协议，包括横向垄断协议和纵向垄断协议，并不适用其他垄断行为。

3. 经营者的内部责任人。2022年修改的《反垄断法》第56条第1款增加了对经营者的法定代表人、主要负责人和直接责任人的处罚规定，引入了垄断协议法律责任的"双罚制"。修法之前，我国实施的是单罚制，即对于垄断协议只追究经营者的法律责任，而对于经营者内部起到关键性作用的个人，比如，经营者的董事、经理等高级管理人员并不需要对经营者的违法行为承担法律责任。双罚制的立法目的在于有效威慑。公司实施违法行为很大程度上受其管理层或内部负责人的个人意志所主导。如果只对公司施加处罚，实际操纵公司实施垄断行为的责任人没有得到有效威慑，也就无法使管理层阻止垄断行为的实施。[3]因此，责任只有追究到个人，才能实现更直接的威慑。[4]在立法例上，美国自1890年《谢尔曼法》就一直秉持对公司和个人的双罚制。2004年之后，无论对于联合、共谋还是滥用市场支配地位，"违法行为一经定罪，如果参与人是公司，将处以不超过1亿美元的罚款；如果参与人是个人，将处以不超过100万美元的罚款或10年以下监禁，或者由法院酌情并用两种处罚。"[5]

在我国"双罚制"之下，只有经营者内部的特定个人才需要承担法律责任，即"法定代表人、主要负责人和直接责任人员"。在具体案件确定个人责任时，"应当根据其职位、职责、所掌握的信息和行为动机等因素，具体分析个人是否应当承担责任以及应当承担何种及多大责任"[6]。而且，经营者内部责任人的个人责任仅适用于垄断协议。对于滥用市场支配地位和违法实施经营者集中两种情形并不适用。

（二）行业协会

《反垄断法》第56条第4款规定了行业协会组织本行业的经营者达成垄断协议应当承担的法律责任。行业协会作为行业内经营者的联合组织，在组织活动和信息交流方面具有天然的便利性。行业协会如果在垄断协议的达成方面起到召集、组织、推动作用，其所产生的社会危害性与一般经营者无异甚至更大，应当予以处罚。值得注意的是，虽然大部分

---

[1] 王玉辉：《垄断协议组织帮助行为条款缺陷及其补救》，载《法学》2023年第2期。
[2] 时建中：《新〈反垄断法〉的现实意义与内容解读》，载《中国法律评论》2022年第4期。
[3] Douglas H. Ginsburg and Joshua D. Wright, "Antitrust Sanctions", 6 *Competition Policy International* 3, 3-39 (Autumn 2010).
[4] 时建中：《个人反垄断义务和责任的制度完善及其实施》，载《中国应用法学》2022年第5期。
[5] 《谢尔曼法》第1条、第2条。
[6] 时建中：《个人反垄断义务和责任的制度完善及其实施》，载《中国应用法学》2022年第5期。

行业协会属于非营利组织，仅具有行业的管理者职能，但是一些行业协会由于参与经营而具有较强的经济实力，比如，我国足协深度参与足球比赛的组织与经营工作，具有较高的营业收入。[1] 为了提升对行业协会违法的威慑力度，2022 年修改的《反垄断法》加重了行业协会的法律责任，增加了"由反垄断执法机构责令改正"的表述，并将罚款上限提高到 300 万元。行业协会违反反垄断法情节严重的，社会团体登记管理机关还可以依法对其撤销登记。

（三）行政主体及其内部责任人

1. 行政机关和法律、法规授权的具有管理公共事务职能的组织。行政性垄断是指行政机关和法律、法规授权的具有管理公共事务职能的组织滥用行政权力，排除、限制竞争的行为。由于这种排除、限制竞争行为的实施依赖于行政权力，所以拥有行政权力的行政主体是这类行为的第一责任主体。根据《反垄断法》第 61 条，行政主体限于"行政机关和法律、法规授权的具有管理公共事务职能的组织"。

行政主体包括行政机关，法律、法规授权的组织和其他社会公权力组织。其中行政机关是最主要的行政权力行使主体，后两者所占比重较小[2]。行政机关指依宪法或行政组织法的规定而设置的行使国家行政职能的国家机关[3]。"法律、法规授权的组织是指依具体法律、法规授权而行使特定行政职能的非国家行政机关组织"[4]。"其他社会公权力组织是指法律、法规未授权情况下而依社会自治原则和组织章程行使社会公权力的社会公共组织"[5]。法律、法规授权的组织和其他社会公权力组织的主要区别在于，前者是基于法律、法规授权的组织，比如，《注册会计师法》授权注册会计师协会制定和组织实施注册会计师考试办法，受理和办理注册会计师的注册[6]；《烟草专卖法》授权全国烟草总公司和省级烟草公司行使下达卷烟产量指标的行政职能[7]。后者则是没有法律、法规授权，但是在特定情况下其对内公权力的行使具有外部公共职能属性，比如，"律师协会处理代理律师与被代理人的争议、纠纷，以及消费者权益保护协会受理消费者的投诉"。[8] 我国行政性垄断的责任主体限于行政机关和具有明确授权的行使公共管理职能的行政主体。其中，从事行政性垄断的行政机关通常指各级地方政府及其所属部门、国务院各部委，但不包括作为中央人民政府的国务院。对于具有明确授权的管理公共事务职能的组织，该条规定的授权主体仅限于"法律和法规"授权的组织，与《行政诉讼法》的规定并不一致。《行政诉讼法》规定，行政行为的主体包括"法律、法规、规章授权的组织"。对此，有必要将《反垄断法》中行政主体的范围与《行政诉讼法》的规定相衔接。

2. 行政机关和法律、法规授权的具有管理公共事务职能组织的内部责任人。《反垄断法》第 61 条在行政性垄断法律责任方面还规定了行政主体内部的个人责任，即"对直接负责的主管人员和其他直接责任人员依法给予处分"。行政机关内部的责任人主要指公务员，即在各级国家机关中工作的，依法行使国家行政权、执行国家公务的人员。公务员的行政

---

[1] 侯利阳：《论〈反垄断法（修正草案）〉中的四大争议问题》，载《江西社会科学》2022 年第 4 期。
[2] 姜明安主编：《行政法与行政诉讼法》，北京大学出版社 2019 年版，第 87 页。
[3] 姜明安主编：《行政法与行政诉讼法》，北京大学出版社 2019 年版，第 94 页。
[4] 姜明安主编：《行政法与行政诉讼法》，北京大学出版社 2019 年版，第 108 页。
[5] 姜明安主编：《行政法与行政诉讼法》，北京大学出版社 2019 年版，第 113 页。
[6] 姜明安主编：《行政法与行政诉讼法》，北京大学出版社 2019 年版，第 110 页。
[7] 姜明安主编：《行政法与行政诉讼法》，北京大学出版社 2019 年版，第 111 页。
[8] 姜明安主编：《行政法与行政诉讼法》，北京大学出版社 2019 年版，第 114 页。

处分适用《公务员法》及相关法规。法律、法规授权的具有公共事务管理职能的组织可能是基层群众性自治组织、行业组织、社会团体、事业单位、企业或行政机关的内设机构和派出机构[1]。对法律、法规授权的具有公共事务管理职能的组织内的责任人员应该根据自身的性质适用相关法律予以处分。比如，对法律、法规授权的具有公共事务管理职能的事业单位中经批准参照《公务员法》管理的工作人员给予处分，参照《行政机关公务员处分条例》的有关规定办理。对行政机关任命的事业单位工作人员，法律、法规授权的具有公共事务管理职能的事业单位中不参照《公务员法》管理的工作人员，国家行政机关依法委托从事公共事务管理活动的事业单位工作人员给予处分，适用《事业单位工作人员处分暂行规定》[2]。根据《事业单位工作人员处分暂行规定》，事业单位工作人员处分的种类，包括：警告、记过、降低岗位等级或者撤职、开除。其中，撤职处分适用于行政机关任命的事业单位工作人员。[3]

拓展阅读：行政性垄断中的经营者责任

我国《反垄断法》规定的行政性垄断的法律责任主体仅限于行政主体及其内部责任人。对于参与行政性垄断的经营者如果满足垄断协议和滥用市场支配地位的情形可以依据《禁止垄断协议规定》《禁止滥用市场支配地位行为规定》追究法律责任。而对于其他参与行政性垄断的经营者是否应当追究法律责任尚未明确规定。对此，一些学者表达了应当根据经营者参与行政性垄断的不同角色和不同程度引入经营者责任的观点。

有学者认为，行政性垄断兼具行政性和经济性。现行《反垄断法》的规制方式强调了行政性垄断的行政性而忽视了经济性。经营者作为行政权力作用于市场的支点，应当根据其在行政性垄断中所扮演的角色来确定可责性。结合经营者的主观状态及其与行政机关的关系，有学者提出了"三总六分样态谱系"，即总体上分为"积极参与类样态"、"受强制类样态"和"完全被动样态"。"积极参与类样态"包括了"积极共谋样态"和"片面配合样态"；"受强制类样态"则包括"放任参与样态"、"反抗失格样态"和"反抗合格样态"。对于"积极参与样态"，应当在《反垄断法》上采用禁止性规定，在法律责任设置上可以包括停止违法行为、没收违法所得和罚款。针对"受强制类样态"下的经营者，反垄断法无需新设禁止性规定，仅需要从法律责任予以确定和执行的实践角度，关注法律责任的等级、证明责任的分配及违法所得处理三个问题。[4]

还有学者认为，反垄断法制裁行政性垄断中的受益经营者是基于反垄断法的社会性，同时应当兼顾对受益经营者的公平性。其主张根据受益经营者与行政性垄断的关联情形，针对不同类型的经营者采用不同力度的制裁方式。具体而言，在"掩饰型受益经营者"的情况下，行政性垄断仅仅是经济性垄断的掩饰，相关的垄断行为基本上是由经营者进行决策和实施的，该经营者与自主实施经济性垄断并无本质区别，应当适用行政罚款、没收违法所得、责令停止违法行为等行政制裁手段加以制裁。"协作型受益经营者"是指经营者积极推动、支持行政主体实施行政性垄断。经营者与行政主体之间存在协作关系。在此种情形下的行政性垄断往往包含着行政主体的"设租"与市场主体的"寻租"。对于协作型受

---

[1] 姜明安主编：《行政法与行政诉讼法》，北京大学出版社2019年版，第110~112页。
[2] 《事业单位工作人员处分暂行规定》第2条。
[3] 《事业单位工作人员处分暂行规定》第5条。
[4] 张晨颖：《行政性垄断中经营者责任缺位的反思》，载《中外法学》2018年第6期。

益经营者，可以比照经济性垄断的制裁体系，在处罚力度上有所下调。"服从型受益经营者"指经营者被动参与、配合行政性垄断的限制竞争行为。考虑到其行为的实施具有被动性甚至是被强制性，不宜采用行政罚款的方式，可适用没收违法所得及责令停止违法行为等行政制裁手段。而"间接关联型受益经营者"指既没有对行政性垄断之发生发挥任何影响，也没有借此实施限制竞争行为，而是纯粹因行政性垄断而受益。反垄断法无须予以任何制裁。[1]

三、垄断行为行政责任的具体形式

垄断行为适用的行政责任主要包括行政命令、行政处罚和行政处分。行政处罚的适用对象为实施经济性垄断的行政相对人，包括行业协会、经营者及其内部责任人。行政处分主要适用于行政性垄断的实施者，即行政主体及其内部的责任人员。经济性垄断适用的行政责任形式主要包括责令停止违法行为、罚款、没收违法所得、撤销登记、责令改正，责令停止集中以及恢复到集中前状态。行政性垄断适用的责任形式主要包括责令改正和行政处分。行政处分的具体责任形式包括警告、记过、记大过、降级、撤职、开除6种。

（一）责令停止违法行为

责令停止违法行为属于责令改正的一种。责令改正或限期改正违法行为是行政机关在行政处罚过程中对违法行为人发出的一种行政命令。责令改正不属于行政处罚，是一种行政机关在违法行为发生后及时制止行为、要求违法行为人履行法定义务，消除不良后果，恢复原状的救济措施。责令改正与行政处罚是两种独立的行政行为。行政机关一旦认定行为人的行为违反行政管理秩序，不论是否给予行政处罚，都应当首先要求行为人及时纠正违法行为。[2]《行政处罚法》第28条第1款规定："行政机关实施行政处罚时，应当责令当事人改正或者限期改正违法行为。"因此，实施行政处罚的行政机关需要同时责令被处罚人纠正违反行政管理秩序的行为。[3]在具体案件中，责令改正或者限期改正违法行为，可以表现为责令停止违法行为，责令退还、责令赔偿、责令改正、限期拆除、限期治理等形式。[4]

我国《反垄断法》第56条和第57条分别就垄断协议和滥用市场支配地位规定了经营者违法实施垄断协议和滥用市场支配地位的，由反垄断执法机构责令停止违法行为。欧盟《第1/2003号条例》[5] 第7条第1款规定："委员会根据申诉或主动发现有违反条约第81条或第82条的行为，可以要求有关企业和企业协会停止违法行为。"《日本反垄断法》授权公平交易委员会除了罚款之外，还可以责令有关企业停止有关行为，转让有关企业的部分业务，或者采取其他必要措施消除违反规定的行为[6]；责令相关行业协会停止相关行为、解散或采取任何其他必要措施消除相关行为。[7]

责令停止违法行为在个案中也会表现出不同的具体内容。比如，在价格垄断协议案件

---

[1] 李国海：《行政性垄断受益经营者可制裁性分析》，载《法学评论》2019年第5期。
[2] 江必新主编：《行政处罚法条文精释与实例精解》，人民法院出版社2021年版，第156页。
[3] 胡建淼：《行政法学》，法律出版社2015年版，第226页。
[4] 姜明安主编：《行政法与行政诉讼法》，北京大学出版社2019年版，第259页。
[5] 全称为"Council Regulation (EC) No 1/2003 of 16 December 2002 on the implementation of the rules on competition laid down in Articles 81 and 82 of the Treaty"。
[6] 《日本反垄断法》第7条。
[7] 《日本反垄断法》第8-2条。

中,责令停止违法行为表现为反垄断执法机构要求违法行为人停止协议的履行和价格管控行为。在掠夺性定价案件中,责令停止违法行为表现为将价格恢复到市场正常价格水平。为了防止经营者拒不服从"责令停止违法行为"的指令,一些国家或地区的反垄断法规定了配套的行政罚款制度。例如,欧盟《第1/2003号条例》第24条规定,为了迫使经营者停止违法行为,委员会可决定,对企业或协会每天加罚不超过上一个营业年度平均日销售额5%的罚款,自决定指定的日期起计算。

典型案件:阿里巴巴滥用市场支配地位案[1]

根据举报,2020年12月起,国家市场监督管理总局对阿里巴巴涉嫌实施滥用市场支配地位行为开展了调查。本案相关市场界定为中国境内网络零售平台服务市场。网络零售平台服务是指网络零售平台经营者为平台内经营者和消费者进行商品交易提供的网络经营场所、交易撮合、信息发布等服务,具体包括商品信息展示、营销推广、搜索、订单处理、物流服务、支付结算、商品评价、售后支持等。网络零售平台服务市场属于双边市场。阿里巴巴在该相关市场长期占有较高市场份额,且具有很高的市场认可度和消费者黏性,平台内经营者迁移成本较高,因此,认定其在中国境内网络零售平台服务市场具有支配地位。

2015年以来,当事人为限制其他竞争性平台发展,维持、巩固自身市场地位,滥用其在中国境内网络零售平台服务市场的支配地位,实施"二选一"行为,通过禁止平台内经营者在其他竞争性平台开店和参加其他竞争性平台促销活动等方式,限定平台内经营者只能与当事人进行交易,并以多种奖惩措施保障行为实施,违反2007年《反垄断法》第17条第1款第4项关于"没有正当理由,限定交易相对人只能与其进行交易"的规定,构成滥用市场支配地位行为。

阿里巴巴限制平台内经营者在其他竞争性平台开店或者参加其他竞争性平台促销活动,形成锁定效应,以减少自身竞争压力,不当维持、巩固自身市场地位,排除、限制了相关市场竞争,损害了平台内经营者和消费者的利益,削弱了平台经营者的创新动力和发展活力,阻碍了平台经济规范有序创新健康发展。

根据2007年《反垄断法》第47条、第49条规定,综合考虑阿里巴巴违法行为的性质、程度和持续的时间,能够按照要求深入自查,停止违法行为并积极整改等因素,国家市场监督管理总局对阿里巴巴作出如下处理决定:

1. 责令停止违法行为。具体包括:①不得限制平台内经营者在其他竞争性平台开展经营;不得限制平台内经营者在其他竞争性平台的促销活动。②当事人应当自收到本行政处罚决定书之日起15日内,向本机关提交改正违法行为情况的报告。③根据《行政处罚法》坚持处罚与教育相结合的原则,本机关结合调查过程中发现的问题,制作《行政指导书》,要求当事人从严落实平台企业主体责任、加强内控合规管理、保护消费者权益等方面进行全面整改,依法合规经营。

2. 处以其2019年度中国境内销售额4557.12亿元4%的罚款,计182.28亿元。

(二)罚款

1. 罚款的种类。

(1)比例罚款。我国《反垄断法》第56、57条规定,对达成并实施了垄断协议和滥用

---

[1] 国市监处〔2021〕28号行政处罚决定书。

市场支配地位的经营者处"上一年度销售额1%以上10%以下的罚款"。这种按照销售额一定比例计算罚款的制度在反垄断法的罚款模式中被称为比例罚款。2022年修改的《反垄断法》在第58条提升了违法实施经营者集中的处罚力度。该条将违法实施经营者集中区分为"具有或者可能具有排除、限制竞争效果"和"不具有排除、限制竞争效果"两种情形。对于前者，适用同垄断协议、滥用市场支配地位类似的比例罚款；对于后者，主要适用于应申报而未申报以及未批准先行实施经营者集中的经营者，立法对此规定了"500万以下"的定额罚款。

我国适用比例罚款需要对"上一年度的销售额"以及具体罚款比例加以确定才能计算出具体的罚款数额。我国在罚款的计算和确定方面尚未出台相关指南。2016年6月，国家发展和改革委员会曾经公布了《罚款指南（征求意见稿）》。根据《罚款指南（征求意见稿）》第17条，反垄断执法机构通常以启动调查时的上一个会计年度来计算经营者的销售额。垄断行为在反垄断执法机构启动调查时已经停止的，"上一年度"为垄断行为停止时的上一个会计年度。我国的会计年度是自公历1月1日起至12月31日止。经营者如果采用不同的会计年度，需要按照中国的会计年度进行调整。[1]在地域范围上，销售额的计算通常考虑经营者实施垄断行为的地域范围。如果这个地域范围大于中国境内，一般考虑境内相关商品的销售收入作为确定罚款所依据的销售额。在特殊情况下，反垄断执法机构认为罚款数额不足以威慑违法行为时，可以选择大于相关市场或境内市场的销售额来计算罚款数额。[2] 2023年3月，最高人民法院知识产权庭发布了一批典型案例，其中"茂名市电白区建科混凝土有限公司诉广东省市场监督管理局反垄断行政处罚"一案的裁判要旨指出，反垄断法罚款规定中"上一年度销售额"中的"上一年度"，通常指反垄断执法机构启动调查时的上一个会计年度；垄断行为在启动调查时已经停止的，"上一年度"则通常为垄断行为停止时的上一个会计年度；如果垄断行为实施后于当年内停止，则垄断行为实施的会计年度可以作为该"上一年度"。即，原则上"上一年度"应当确定为与做出处罚时在时间上最接近、事实上最关联的违法行为存在年度。[3]

欧盟在《关于1/2003条例第23（2）（a）罚款计算方法的指南》（以下简称《罚款计算方法的指南》）中详细规定了罚款的计算方法，将违法行为的持续时间也列入了计算公式。根据该《罚款计算方法的指南》，罚款数额的确定分为两个基本步骤：先是根据涉案产品销售额、违法行为持续时间和违法性程度确定罚款的基本数额，然后再依据加重或减轻情节进行罚款最终数额的调整。[4]具体公式如下：

罚款基本数额 = 涉案商品年度销售额×一定的比例×持续时间+［销售额×（15%~25%），如适用］

"涉案商品年度销售额"通常是经营者参与违法行为的最后一年在相关产品和服务上的销售额。销售额的地域范围通常是欧洲经济区。但如果垄断违法行为是世界范围的，欧盟委员会有权依据全球市场情况计算销售额。"一定的比例"由违法行为的严重性决定，通常在0~30%范围内确定。一般而言，固定价格、划分市场、限制生产等卡特尔协议将适用较高的比例。《罚款计算方法的指南》指出，在确定罚款数额时，违法行为持续的期间也起到

---

[1]《罚款指南（征求意见稿）》第17条。
[2]《罚款指南（征求意见稿）》第18条。
[3]（2022）最高法知行终29号行政判决书。
[4] 黄勇、刘燕南：《垄断违法行为行政罚款计算标准研究》，载《价格理论与实践》2013年第8期。

重大作用。持续期间必然对违法行为在市场上的潜在后果造成影响。罚款应当反映企业参与违法行为的持续时间。"持续时间"为违法行为持续年数，不足半年以半年计，超过半年算作一年。除此之外，针对横向固定价格，市场分割和产量限制协议等严重的垄断行为，欧盟委员会在计算罚款基本数额时还会增加15%~25%的销售额以威慑核心卡特尔。

在日本，垄断行为行政罚款数额的计算同样也是由涉案商品的销售额、法定处罚比例和违法实施时间三个要素来确定的。不同于欧盟的做法，日本将违法实施时间的计算给出了计算上限。2019年之前罚款的计算时间是从违法行为实施之日起以3年作为处罚上限（违法期间超过3年的，从停止违法行为之日起，向前追溯3年）。2019年修法将3年的时限延长至10年，从调查开始日起最长可追溯10年。如果调查开始日后继续实施违法行为，计算期间可能超过10年。关于罚款的比例，则按照不同的垄断行为适用固定比例。不正当交易限制为10%；支配型和排除型私人垄断分别为10%、6%，滥用相对优势地位的比例为1%。[1]

适用比例罚款存在的问题是，如果违法企业上一年度销售额为零或极低时，则会导致罚款数额为零或极低，无法起到惩罚的作用。对此，我国2022年修改的《反垄断法》在第56条增加规定"上一年度没有销售的，处500万元以下的罚款"。另外，对于1%~10%区间内罚款比例的确定，仍然有必要出台相应的指南，给予反垄断执法机构必要的指引，限制不当的自由裁量行为。

典型案件：茂名市电白区建科混凝土有限公司诉广东省市场监督管理局反垄断行政处罚案[2]

2016年9月至10月，建科公司与其他18家具有竞争关系的混凝土企业，通过聚会、微信群等形式就统一上调混凝土销售价格事宜进行商议和信息交流，联合实施涨价行为。2017年2月21日，建科公司及其他18家混凝土企业因涉嫌达成并实施了"固定或者变更商品价格"的垄断协议接受调查。广东省市场监督管理局经调查认为，该行为违反了原《反垄断法》第14条第1款第1项之规定，于2020年6月1日作出行政处罚决定：责令建科公司停止违法行为；处以2016年度销售额30 755 143.18元的1%即307 551.43元的罚款。建科公司就"上一年度"所指年份的确定等事由向法院提起行政诉讼。

一审法院认为：建科公司等参与企业的垄断违法行为发生于2016年，且于2016年底前停止，2016年是与该垄断行为相关的会计年度。广东省市场监督管理局将2016年认定为《反垄断法》（2007）第46条规定中的"上一年度"并无不当。

二审中，最高人民法院认为，"上一年度"通常指启动调查时的上一个会计年度；对于垄断行为在反垄断执法机构启动调查时已经停止的，"上一年度"通常为垄断行为停止时的上一个会计年度；如果垄断行为实施后于当年内停止，则垄断行为实施的会计年度也可认定为"上一年度"。本案中，垄断行为的发生以及停止均发生在2016年，而原广东省发改委反垄断局于2017年7月启动对涉案垄断行为的调查。如果将"上一年度"认定为启动调查时的上一个会计年度，那么本案就应该以2016年销售额计算罚款并作出处罚。而且，以2016年销售额作为基准计算罚款数额，更接近违法行为发生时涉案企业的实际经营情况，

---

[1] 日本公平交易委员会：《令和元年改正独占禁止法》，载https://www.jftc.go.jp/dk/kaisei/r1kaisei/qa/qa.html#cmsq22，最后访问日期：2023年4月30日。

[2] （2022）最高法知行终29号行政判决书。

与执法实践中通常以垄断行为停止时的上一个会计年度来计算经营者销售额的基本精神保持一致,同样体现了过罚相当原则。基于此,2022年6月23日,最高人民法院作出终审判决,驳回上诉,维持原判,支持了广东省市场监督管理局的处罚决定。

对于《反垄断法》(2022)第56条关于"并处上一年度销售额"的规定中"上一年度"所指年份,我国立法并未作出明确的规定。在执法实践中,之所以绝大多数垄断案件处罚所采纳的"上一年度"是立案调查的上一年度,是因为考虑到了一旦反垄断执法机构启动立案调查,有关经营者一般会停止涉嫌垄断行为,以立案调查为基准能够选择距离垄断行为较近的年度,体现出行政处罚对垄断行为的震慑性。但这一情形并不绝对,因此,不能僵化地进行一概认定。本案中,最高人民法院遵循的原则是,"上一年度"应确定为与作出处罚时在时间上最接近、事实上最关联的违法行为存在年度。

(2)定额罚款。定额罚款指法律规定了固定金额的罚款区间。2022年《反垄断法》的修改顺应经济发展水平的要求,大幅提升了定额罚款的上限。第56条第1款规定,达成并实施垄断协议的经营者在上一年度没有销售额的,处500万元以下罚款;经营者尚未实施所达成的垄断协议的,可以处300万元以下的罚款。此外,经营者的法定代表人、主要负责人和直接责任人员对达成垄断协议负有个人责任的,可以处100万元以下的罚款[1]。该条第4款对于行业协会组织本行业的经营者达成垄断协议的,将罚款数额上限从旧法的50万元提升至300万元。[2]对于违法实施经营者集中,但是"不具有排除、限制竞争效果的"情况,适用500万元的罚款上限。[3]第56条第2款新增了垄断协议达成的组织者和实质帮助者的罚款计算同样适用定额罚款的方式。

典型案件:经营者集中应申报未申报的行政处罚

2020年12月14日,国家市场监督管理总局对"阿里巴巴投资公司收购银泰商业股权""阅文集团收购新丽传媒股权"以及"丰巢网络收购中邮智递股权"三起未依法申报的经营者集中作出行政处罚决定[4]。三起交易都发生于数字经济领域,都已经达到了《反垄断法》规定的经营者集中的申报标准,但未依法进行申报就实施了经营者集中。依据当时的《反垄断法》,反垄断执法机构同时对三个经营者给出了50万元的顶格罚款。

(3)日罚款。为了催促经营者或行业协会及时履行委员会命令,欧盟《第1/2003号条例》对于迟延履行义务的主体规定了额外的罚款。这种罚款可以翻译为"定期罚款"(periodic penalty payments),国内学者多用"日罚款"的称谓,以表达每日加罚的意思。欧盟《第1/2003号条例》第24条规定,欧盟委员会可以对逾期未能履行义务的经营者或行业协会,每日处以不超过上一营业年度平均日营业额5%的定期罚款,罚款自决定指定之日起计算。

我国《反垄断法》没有类似上述迟延履行义务加罚的规定。但是,《行政处罚法》第

---

[1]《反垄断法》第56条。
[2]《反垄断法》第56条。
[3]《反垄断法》第58条。
[4] 国市监处〔2020〕26号行政处罚决定书、国市监处〔2020〕27号行政处罚决定书、国市监处〔2020〕28号行政处罚决定书。

72 条规定了当事人逾期不履行行政处罚决定的,作出行政处罚决定的行政机关可以采取的各种措施中包括:①到期不缴纳罚款的,每日按罚款数额的3%加处罚款,加处罚款的数额不得超出罚款的数额;②将查封、扣押的财物拍卖、依法处理或者将冻结的存款、汇款划拨抵缴罚款;③采取其他行政强制执行方式;④依照《行政强制法》的规定申请人民法院强制执行。可见,我国《行政处罚法》主要通过行政强制执行的方式来保障行政处罚决定的履行。反垄断执法机构可以适用《行政处罚法》的相关规定来敦促当事人履行相关义务,对逾期不履行罚款义务的经营者加处罚款,类似于欧盟的日罚款。但是,其所针对的应履行义务仅限于罚款,与欧盟日罚款的计算基数和罚款比例亦有不同。

2. 罚款的裁量因素。无论比例罚款还是定额罚款,《反垄断法》都规定了一个适用的区间。在一个区间内确定一个具体的罚款比例或罚款数额,意味着反垄断执法机构具有较大的裁量空间。《反垄断法》第59条规定了反垄断执法机构确定具体罚款数额时应当考虑的因素,包括"违法行为的性质、程度、持续时间和消除违法行为后果的情况"等。"消除违法行为后果的情况"为《反垄断法》2022年修改时新增的裁量因素。

(1)违法行为性质。"违法行为的性质"是指违法行为属于哪种具体的垄断行为以及相应的违法特征。就罚款适用的垄断行为而言,垄断协议、滥用市场支配地位和经营者集中分属于不同性质和类型的垄断行为。每一类垄断行为又可以细分为不同的类型,比如,横向垄断协议和纵向垄断协议的违法性通常有所不同。一般认为,固定价格、限制产量、分割市场等横向垄断协议对竞争损害最大,具有较大的社会危害性。而纵向垄断协议通常都会具有一定的合理性,需要对其造成的竞争损害进行评估。又如,对于针对交易相对人的不公平定价等剥削型滥用行为是否纳入反垄断法的规制,各国表现出不同的政策主张。以美国为代表的部分国家主张,市场机制可以对不公平定价进行调整,不需要反垄断法进行规制。而依据《日本反垄断法》,不公平定价行为可以适用私人垄断或者不公正交易方法的规定。[1]因此,对于不同性质的违法行为,处罚力度有所不同。

《罚款指南(征求意见稿)》对于垄断协议的违法性质主要考虑协议的类型,将固定价格、限制数量和分割市场等横向垄断协议的初始罚款比例确定为3%,对于其他横向垄断协议的初始罚款比例设定为2%。对于纵向垄断协议,则适用1%的初始罚款比例。[2] 对于滥用市场支配地位行为的违法性质,《罚款指南(征求意见稿)》主要考虑市场支配地位的取得方式,区分了"非因市场竞争而取得支配地位的滥用"和"因市场竞争而取得支配地位的滥用",前者适用3%的初始罚款比例,后者适用2%的初始罚款比例。这是因为"非因市场竞争而取得支配地位的"经营者往往表现为因政府干预而具备垄断地位,此类经营者如果滥用其支配地位,会加重扭曲竞争机制、加剧市场主体间的不公平,进而阻碍经济发展、损害社会福利,应当适用更重的处罚。

(2)违法程度。违法程度主要考虑垄断行为对市场竞争和消费者利益的损害程度。[3]对违法程度的考量既包括垄断行为整体上对竞争损害的程度,也包括在共同违法案件中,各个实施者分别所起的作用。[4]在具体适用时,反垄断执法机构需要通过个案进行评估。通常的评估因素包括涉案企业的市场占有率、相关市场进入的难易程度、集中度和竞争程

---

[1] 孟雁北:《反垄断法规制平台剥削性滥用的争议与抉择》,载《中外法学》2022年第2期。

[2] 《罚款指南(征求意见稿)》第21条。

[3] 《罚款指南(征求意见稿)》第28条。

[4] 潘宁:《反垄断罚款裁量权控制》,载《财经法学》2021年第3期。

度，交易相对人的市场力量，违法行为的地域市场范围，违法行为实施程度，相关商品价格变动情况以及消费者和其他经营者受到的损失等。[1]

（3）违法持续时间。违法持续时间是指垄断行为从实施到结束所持续的时间，这实际上反映了违法行为的恶性程度。一般来说，违法行为持续的时间越长，危害就越大，罚款的数额应当越高。《罚款指南（征求意见稿）》规定，以1年为持续时间的考量基数。每延长1年的，罚款比例增加1%。延长不足6个月的，罚款比例增加0.5%；超过6个月且不足1年的，罚款比例增加1%。[2]如果垄断行为出现中断，则持续时间以垄断行为的实际存续时间累加计算。[3]由于该指南并未出台，我国现行《反垄断法》对于违法持续时间仅作为罚款裁量的考虑因素，并没有量化违法持续时间与罚款比例之间的关系，也没有像欧盟和日本一样，将违法持续时间作为罚款计算的乘数。

（4）消除违法行为后果。2022年修改的《反垄断法》新增了"消除违法行为后果的情况"[4]作为反垄断执法机构确定具体罚款数额时的裁量因素之一。对比前三种裁量因素，这一裁量因素的增加体现出罚款的裁量不仅要考虑当事人的违法行为及其危害后果，还应当考虑其认错改过与消除行为对竞争不利影响的表现，以便公平、公正地对当事人进行处罚。反垄断执法机构在考虑当事人是否具有"消除违法行为后果的情况"时，可以考虑当事人是否主动停止了违法行为，是否采取了补救或整改措施以及是否有立功表现。这一新增因素与《行政处罚法》相契合。根据《行政处罚法》第32条的规定，当事人"主动消除或者减轻违法行为危害后果的"，应当从轻或者减轻行政处罚。2023年3月修订的《经营者集中审查规定》也规定了"当事人主动报告市场监管总局尚未掌握的违法行为，主动消除或者减轻违法行为危害后果的，市场监管总局应当依据《中华人民共和国行政处罚法》第三十二条从轻或者减轻处罚"。[5]

（5）其他因素。《反垄断法》第59条除了明确列举出前述裁量因素之外，还通过"等"字加以兜底，为反垄断执法机构实施罚款提供了更多的裁量空间。根据《行政处罚法》第32条，除了"主动消除或者减轻违法行为危害后果"之外，"受他人胁迫或者诱骗实施违法行为""主动供述行政机关尚未掌握的违法行为""配合行政机关查处违法行为有立功表现"以及"法律、法规、规章规定其他应当从轻或者减轻行政处罚"的情形都可以作为从轻或减轻处罚的情节。除了考察当事人是否具有从轻或减轻情节之外，反垄断执法机构还应当考虑是否具有加重情节，比如，多次实施违法行为。2014年内蒙古赤峰烟花爆竹垄断案中，内蒙古自治区工商行政管理机关就考虑到当事人多次实施违法行为的加重情节，对6名当事人分别处以7%～8%的罚款。[6]

根据欧盟《罚款计算方法的指南》，欧盟委员会在根据罚款计算公式确定罚款的基本数额后，仍会结合具体案件，考虑从重、从轻情节对罚款基本数额进行上下调整。从重情节包括：累犯、拒绝配合、妨害调查、主犯等。从轻情节包括：执法机构介入调查后主动停止违法行为、因疏忽而违法、从犯、达成违法协议后未实施等。欧盟委员会还会考虑如果罚款可能带来企业财务恶化，以致危及企业的生存时，则适当减轻处罚。

―――――――

[1]《罚款指南（征求意见稿）》第28条。
[2]《罚款指南（征求意见稿）》第23条。
[3]《罚款指南（征求意见稿）》第23条
[4]《反垄断法》第59条。
[5]《经营者集中审查规定》第68条第2款。
[6] 内工商处罚字〔2014〕001号行政处罚决定书。

德国《反限制竞争法》也在其第 81d 条规定了在确定罚款数额时，应同时考虑违法行为的严重性和持续时间。根据本法第 1 条或《欧盟运行条约》第 101 条，或本法第 19 条、第 20 条或第 21 条或《欧盟运行条约》第 102 条，应特别考虑的情形包括：①违法行为的性质和程度，特别是与违法行为直接或间接相关的营业额数额；②受违法行为影响的产品和服务的相关性；③违法行为的方式；④企业以前实施违法行为，以及在违法行为发生前为防止和揭发该行为所采取的任何充分和有效预防措施；⑤在违法行为发生后，企业为揭发违法行为和弥补损失所做的努力，以及为预防和揭露违法行为所采取的措施。[1]

3. 特别加重罚款。2022 年《反垄断法》新增了第 63 条，即特别加重罚款条款。该条规定，对于违反《反垄断法》"情节特别严重、影响特别恶劣、造成特别严重后果的"，国务院反垄断执法机构可以在第 56 条、第 57 条、第 58 条、第 62 条规定的罚款数额的 2 倍以上 5 倍以下确定具体的罚款。由于该条适用的条件是"三个特别"，故可称之为特别加重罚款条款。

特别加重罚款条款意味着在比例罚款和定额罚款上限的基础上还可以进一步加重处罚，大大提升了威慑力度。比例罚款的上限可以提升至"上一年度销售额的 50%"。定额罚款的上限，如果一般罚则的上限是 500 万的，可以提升至 2500 万；上限是 300 万的，可以提升至 1500 万；上限是 100 万的，可以提升至 500 万。对于拒绝、阻碍配合调查等程序性违法行为，罚款上限也可以提升至"上一年度销售额 5%"。

特别加重罚款条款在提升威慑力度的同时，还可能导致威慑过度。"威慑过度的罚款规则会使经营者担心受到严厉制裁而不愿从事甚至放弃从事本来有利于市场竞争、行业发展和消费者利益的行为，造成适得其反的消极效果。"[2]因此，该条的适用有必要严格界定"情节特别严重、影响特别恶劣、造成特别严重后果"的认定标准以及适用条件。一般来说，反复或多次实施违法行为应当适用加重罚款规则。但是，反复实施违法也会在一般罚款规则的裁量因素中作为从重情节考虑，如果再适用特别加重罚款条款，则应以"反复实施的频率过高、间隔时间较短或反复情节过分恶劣，适用一般罚款规则不足以威慑或恢复竞争秩序"为必要条件。另外，一些涉及消费者生命健康安全和危害国家主权的垄断行为，由于影响特别恶劣或造成特别严重的后果，也可能触发特别加重罚款条款的适用。[3]

（三）没收违法所得

我国《反垄断法》第 56 条、第 57 条分别规定了对达成并实施垄断协议和滥用市场支配地位的经营者适用没收违法所得。没收违法所得的法理依据在于"任何人都不得从其违法行为中获利"。在反垄断领域，没收违法所得是指反垄断执法机构对垄断行为实施者施加的，将其违法所获得的财产或利益收缴国库的一种财产性行政责任。

1. 违法所得的认定。违法所得是指实施违法行为所取得的款项[4]，在行政处罚案件中，当事人有违法所得，除依法应当退赔的外，应当予以没收。[5]根据《工商行政管理机关行政处罚案件违法所得认定办法》的规定，违法所得的基本认定原则为当事人违法生产、销售商品或者提供服务所获得的全部收入扣除当事人直接用于经营活动的适当的合理支

---

[1] 德国《反限制竞争法》第 81d 条（1）。

[2] 时建中：《新〈反垄断法〉的现实意义与内容解读》，载《中国法律评论》2022 年第 4 期。

[3] 刘继峰等：《中华人民共和国反垄断法理解与适用》，中国法制出版社 2022 年版，第 313~314 页。

[4] 《行政处罚法》第 28 条第 2 款。

[5] 《行政处罚法》第 28 条。

出[1]。当事人违反法律、法规的规定,为违法行为提供便利条件的,以其全部收入计算违法所得。[2] 国家市场监督管理总局于2021年12月6日公布了《市场监督管理行政处罚案件违法所得认定办法(征求意见稿)》,其中违法所得的基本计算方式为当事人因实施违法行为所取得的全部款项扣除直接用于生产经营活动的必需支出[3]。对违法所得难以准确计算的,市场监督管理部门应当将违法所得作为确定具体罚款数额时的考虑因素。[4] 2021年《反垄断法(修正草案)征求意见稿》第59条也规定了对于达成并实施垄断协议或者滥用市场支配地位的,违法所得难以准确计算的,反垄断执法机构应当将违法所得作为确定具体罚款数额时的考虑因素。但是,2022年正式颁布的《反垄断法》将该款予以删除。

对于垄断案件来说,违法所得也会根据案情不同存在不同的计算方式。对于滥用市场支配地位的搭售案件,违法所得应当是搭售产品的销售收入减去合理成本。对于价格垄断协议案件,违法所得通常是经营者实施垄断行为而获得的垄断利润。垄断利润是高于公平竞争价格而获得的额外利润。此时的违法所得应当是垄断价格减去竞争状态下的市场价格再乘以销量。然而,竞争状态下的市场价格通常很难确定。即便可以追溯垄断行为实施之前的市场价格,但是由于市场条件的变化,比如原材料、人工和其他成本的改变,都会使得确定竞争状态下的市场价格异常复杂。因此,欧盟竞争法中并未规定没收违法所得,而是主要依靠罚款,通过加大罚款力度覆盖违法所得的部分,同时实现对垄断行为的惩罚和威慑。

2. 没收违法所得与罚款的关系。

(1) 二者的性质和功能不同。没收违法所得与罚款同为行政责任中的财产性责任,但是二者在性质及功能上存在差异。

没收违法所得旨在剥夺垄断行为实施者因违法行为而获得的非法利益。由于违法所得本身具有不正当性,没收违法所得并不会对当事人造成额外的负担,更多的是恢复至垄断行为实施前的状态。因此,没收违法所得是对垄断获利的追缴,是对消费者或者其他竞争者利益的返还,具有补偿性。在无法直接返还消费者或其他竞争者的情况下,应当由政府将不法利益予以剥夺,以实现公平。相比之下,罚款旨在处罚垄断行为实施者并威慑其不敢再犯,具有惩罚性和威慑性。罚款金额的确定具有弥补社会总体福利损失的功能,包括对市场竞争秩序的恢复、对企业创新动力的激励以及对消费者整体利益损害的补偿。

(2) 没收违法所得与罚款并处。从《反垄断法》第56条和第57条的表述上看,我国采用了没收违法所得与罚款并处的模式,即"没收违法所得,并处……罚款"。然而,在《反垄断法》修订前14年的反垄断执法实践中,没收违法所得的适用频次较低。主要原因在于,违法所得的计算标准模糊,或者案件本身没有违法所得,又或者当事人无法提供或拒不提供财务资料等致使违法所得很难计算或无法计算。对于未适用没收违法所得的案件,反垄断法执法机构大多并未在行政处罚决定书中说明不适用没收违法所得的原因。一些给出不适用原因的案件也多表述为"违法所得无法计算"。反垄断执法机构更多地适用罚款来对违法经营者施加财产性责任。单处罚款、"以罚代没"则是更为常见的做法。但是,单处

---

[1] 《工商行政管理机关行政处罚案件违法所得认定办法》第2条。
[2] 《工商行政管理机关行政处罚案件违法所得认定办法》第6条。
[3] 《市场监督管理行政处罚案件违法所得认定办法(征求意见稿)》第3条。
[4] 《市场监督管理行政处罚案件违法所得认定办法(征求意见稿)》第11条。

罚款往往存在处罚比例过小，威慑不足的问题。[1]

依前述分析，没收违法所得侧重补偿，罚款旨在惩罚。没收违法所得与罚款的组合并用可以起到确保罚款高于违法所得的作用，更好地实现反垄断执法的威慑效应。没收违法所得是保证违法企业不因垄断行为获利的必要措施，只有在没收违法所得的基础上罚款，才能确保违法经营者所受惩罚大于其违法所得，对于违法所得难以准确计算的情形，国务院反垄断委员会可以尽早出台相关指南明确认定规则，确保行政处罚目的的实现。

（四）撤销登记

《反垄断法》第56条规定，行业协会违法"组织本行业的经营者达成垄断协议的"，除了罚款之外，"情节严重的，社会团体登记管理机关可以依法撤销登记"。类似于吊销经营者的营业资格，撤销登记意味着行业协会将退出市场，是最为严厉的惩罚方式。在我国，由于行业协会等社会团体的登记机关是民政部门，故对于行业协会情节严重的违法行为，需要由民政部门予以撤销登记。与之不同的是，日本的公平交易委员会具有解散行业协会的权力，《日本反垄断法》第8条之二规定，行业协会如果从事该法第8条规定之限制竞争行为，公平交易委员会可根据第八章第2节规定的程序，命令相关行业协会停止该行为、解散或采取任何其他必要措施消除该行为。2022年修改的《反垄断法》已针对行业协会提升了罚款的上限，加大了对行业协会违法的威慑力度。因此，适用撤销登记的处罚应当秉持必要性和谨慎性。

典型案件：富阳区造纸协会垄断案

2016年10月28日，浙江省杭州市富阳区造纸协会组织浙江鸿昊、浙江新胜大、浙江春胜、浙江三星纸业等17家造纸企业召开行业会议，共同协商上调卷筒白板纸价格，并达成协议：①对本次价格调整，企业应自觉执行到位；②调价分阶段执行，首次每吨上调200元，特殊情况允许50元以内浮动；③本次调价系卷筒价格；④企业间相互监督，发现问题及时通报协会秘书处，秘书处将按"自律规则"进行检查和处理。2017年7月，国家发展和改革委员会指导浙江省物价局对本案作出处理：涉案企业被罚款778万元，富阳区造纸协会被依法撤销登记[2]。本案是我国第一起撤销行业协会的垄断案件。

（五）责令停止实施集中

《反垄断法》第58条对违法实施集中的经营者规定了责令停止实施集中、限期处分股份或者资产、限期转让营业以及采取其他必要措施恢复到集中前状态的法律责任。责令停止实施集中，属于责令停止违法行为或责令改正的一种，适用于"具有或者可能具有排除、限制竞争效果"的违法集中行为。《行政处罚法》中的责令改正条款只是总括性规定，其他法律和法规对责令改正有更加具体的规定，应当予以优先适用[3]。责令改正可以分为责令停止违法行为和责令消除危害后果两大类。[4]责令停止实施集中属于行为性救济方式，要求违法者及时改正违法行为，防止违法集中行为产生更大的不利影响。

---

[1] 王健：《我国反垄断罚款威慑不足的制度成因及破解思路》，载《法学评论》2020年第4期。

[2] 《17家造纸企业实施价格垄断被处罚778万元》，载http://www.gov.cn/xinwen/2017-07/10/content_5209270.htm，最后访问日期：2023年4月20日。

[3] 江必新主编：《行政处罚法条文精释与实例精解》，人民法院出版社2021年版，第157页。

[4] 江必新主编：《行政处罚法条文精释与实例精解》，人民法院出版社2021年版，第157页。

（六）责令恢复到集中前状态

除了责令停止实施集中之外，反垄断执法机构还可以进一步要求违法实施集中的经营者"限期处分股权或者资产、限期转让营业以及采取其他必要措施恢复到集中前的状态"。这类责令恢复到集中前状态的各种措施属于责令消除危害后果类的责令改正，反垄断执法机构可以根据经营者实施集中的具体情况命令其采取不同的恢复原状的方式。责令改正还分为责令立即改正和责令限期改正，行政机关应当根据违法行为的具体情况选择适用。一般而言，当立即改正存在困难时，可以责令限期改正[1]。通常，违法实施集中都很难立即恢复到集中前的状态，反垄断执法机构主要采取责令限期改正的方式，包括限期处分股份或资产、限期转让营业等。

1. 限期处分股份或者资产。限期处分股份或资产，属于责令限期改正的一种。这种措施主要用于经营者通过取得股权或者资产的方式实施集中的情况。当然，如果反垄断执法机构认为通过其他方式实施的集中也有必要通过处分股权或转让资产来恢复竞争，也可以适用这一措施。限期处分股份或资产属于一种结构性救济措施，即涉及对经营者产权结构的调整，从而削弱或消除经营者从事垄断行为的能力，是一种恢复市场竞争的长效机制。

2. 限期转让营业。限期转让营业也属于一种责令限期改正的结构性救济措施。"营业转让，又称为营业让与或营业让渡，是对营业整体的转让，具体指转让营业财产的行为"[2]。伴随着营业财产的转让，受让人亦相应继受转让人的营业活动。营业分为主观营业与客观营业。前者指商事主体的营利活动，即以营利为目的而进行的连续的、有计划的、同种类的活动或行为。后者指财产意义的营业，即营业财产，是指商事主体为实现一定的营利目的而运用全部财产的组织体，即进行营业活动之用的有组织的一切财产以及在营业活动中形成的各种有价值的事实关系的总体[3]。在经营者集中救济措施中的转让营业应指营业财产的转让，同时受让人继受转让人的营业活动。

3. 采取其他必要措施。"其他必要措施"是责令恢复到集中前状态所采取措施的兜底表达。反垄断执法机构可以在具体案件根据具体情况适用不同的措施以恢复竞争。实践中，经营者取得控制权的方式不仅限于股权、资产或合同控制，还包括直接或间接控制其他经营者的人事任免等。对此，反垄断执法机构都可以采取必要措施予以恢复。在腾讯控股收购中国音乐集团股权案中，反垄断执法机构认定腾讯公司违法实施经营者集中行为，"并责令其采取一系列行为性救济措施以便其在相关市场的竞争者都有机会公平地获取上游版权资源，从而恢复市场竞争状态。"[4]

典型案件：腾讯控股收购中国音乐集团案

2021年1月25日，国家市场监督管理总局对腾讯控股有限公司（以下简称腾讯）收购中国音乐集团股权涉嫌违法实施经营者集中行为立案调查。经查，该案构成违法实施的经营者集中，具有或者可能具有排除、限制竞争的效果。

该案相关市场为中国境内网络音乐播放平台市场。2016年7月集中发生时，腾讯和中国音乐集团的合计市场份额超过80%。以音乐版权核心资源占有率计算，曲库和独家资源

---

[1] 江必新主编：《行政处罚法条文精释与实例精解》，人民法院出版社2021年版，第158页。
[2] 潘勇锋：《试论营业转让中债权人保护》，载《人民司法》2011年第19期。
[3] 潘勇锋：《试论营业转让中债权人保护》，载《人民司法》2011年第19期。
[4] 国市监处〔2021〕67号行政处罚决定书。

的市场占有率均超过80%。腾讯通过本项集中在中国境内网络音乐播放平台市场中占有较高市场份额，可能使其有能力促使上游版权方对其进行独家版权授权，或者向其提供优于竞争对手的条件，也可能使腾讯有能力通过支付高额预付金等方式提高市场进入壁垒，对相关市场具有或者可能具有排除、限制竞争的效果。

2021年7月24日，国家市场监督管理总局对腾讯控股有限公司收购中国音乐集团股权违法实施经营者集中案作出行政处罚，责令腾讯及其关联公司采取以下措施恢复相关市场竞争状态：

1. 不得与上游版权方达成或变相达成独家版权协议（版权范围包括所有音乐作品及录音制品的信息网络传播权）或其他排他性协议，已经达成的，须在本决定发布之日起30日内解除，与独立音乐人（是指音乐作品或录音制品的原始权利人，并以个人名义与音乐平台进行版权授权，且从未与任何唱片公司或经纪公司签订协议的自然人）或新歌首发的独家合作除外。与独立音乐人的独家合作期限不得超过3年，与新歌首发的独家合作期限不得超过30日。

2. 没有正当理由，不得要求或变相要求上游版权方给予当事人优于其他竞争对手的条件，包括但不限于授权范围、授权金额、授权期限等，或与之相关的任何协议或协议条款。已经达成的，须在本决定发布之日起30日内解除。

3. 依据版权实际使用情况、用户付费情况、歌曲单价、应用场景、签约期限等因素向上游版权方报价，不得通过高额预付金等方式变相提高竞争对手成本，排除、限制竞争。[1]

该案为我国《反垄断法》实施以来对违法实施经营者集中采取必要措施恢复市场竞争秩序的第一起案件。

拓展阅读：事后调查类垄断案件的结构性救济

结构性救济，指反垄断执法机构对违法经营者采取的要求企业拆分、资产剥离、业务分割等削弱其市场势力、恢复市场竞争的救济措施。结构性救济并不仅限于事前规制的经营者集中案件。对于事后调查类的垄断案件，包括垄断协议和滥用市场支配地位行为同样可以适用。比如，《俄罗斯竞争保护法》第38条规定了营利组织以及从事营利活动的非营利组织的强制拆分制度。该条规定：①如果占有支配地位的营利组织以及从事营利活动的非营利组织实施系统的垄断活动，法院根据反垄断机构的诉请，有权强制此类组织拆分或剥离其中的一家或多家。②从维护竞争的目的出发，法院有权同时对满足下列条件的企业实施拆分或剥离：一是该营利组织有可能从结构上进行分割；二是拆分后的组织之间没有技术上的相互关系；三是重组后成立的法律实体能够在适当的商品市场独立开展活动。在判例法上，美国是反垄断实践中对事后调查类垄断案件适用结构性救济的典型代表。在美国反垄断法执法史上，第一个被法院判令拆分的案件是标准石油公司案。1911年，美国最高法院认定标准石油公司实施了垄断贸易、破坏竞争的行为，将其拆分为37个石油公司。1982年的AT&T拆分案中，美国两级法院认定AT&T滥用市场支配地位。在最终双方达成的和解协议中，AT&T被拆分成23个贝尔运营公司，重组为7个独立地区的贝尔公司。我国《反垄断法》并未规定事后调查类垄断案件的结构性救济措施。

不同于罚款等惩罚性的法律责任，反垄断救济措施更加强调对市场竞争的恢复和预防

---

[1] 国市监处〔2021〕67号行政处罚决定书。

违法行为的再次发生。由于结构性救济涉及经营者资产的重组和产权结构的调整，具有"釜底抽薪"的强干预性，实施不当不仅会对经营者造成侵权、降低生产效率等不利影响，甚至可能导致整个产业或国家竞争力的减损。因此，拆分或剥离等结构性救济措施一直在反垄断执法中存在比较大的争议。欧盟在立法中对适用结构性救济也表达了谨慎的态度。欧盟《第1/2003号条例》第7条规定，"委员会根据申诉或主动发现有违反条约第81条或第82条的行为，可以决定要求有关企业或企业协会停止该违法行为。为此目的，它可以对他们实施任何与所犯的侵权行为相称的行为性或结构性救济措施，以有效地结束违法行为。只有在没有同等有效的行为性救济措施或行为救济措施比结构性救济措施对企业的负担更重的情况下，才能实施结构性救济措施。"

数字经济背景下，平台的垄断行为受到了各国立法者和执法者的关注，是否需要对其实施结构性拆分的救济措施也成了热议的问题。2020年10月，美国众议院司法委员会发布了《数字市场的竞争调查报告》。报告建议对谷歌、亚马逊、脸书和苹果四大互联网巨头进行结构性拆分。[1] 在立法上，欧盟和美国都表现出对拆分适用更加积极的态度。2022年3月欧盟通过了《数字市场法》（Digital Markets Act），设置了"守门人"（Gatekeeper）制度。该法规定，在"守门人"出现系统性违法的情况下，除了行为性救济，欧盟委员会还可采用结构性救济，即拆分企业或剥离其某些业务。[2] 2021年6月，美国众议院司法委员会的网站同时发布针对科技巨头几部法律草案，分别是《美国选择和创新在线法案》（American Choice and Innovation Online Act）、《终止平台垄断法案》（Ending Platform Monopolies Act）、《通过启用服务交换增强兼容性和竞争性法案》（Augmenting Compatibility and Competition by Enabling Service Switching Act，简称《ACCESS法案》）、《平台竞争和机会法案》（Platform Competition and Opportunity Act），其中都明确规定了拆分的适用。不过，也有学者对此表示担忧。例如，赫伯特·霍温坎普认为，对于具有高度网络效应和规模效应的数字平台企业进行结构性拆分不仅会降低生产效率，也会给消费者带来损害，提高互操作性和管理层重组可能是更好的救济措施。[3]

（七）责令改正

在针对经济性垄断的具体责任形式上，不同于垄断协议和滥用市场支配地位适用责令停止违法行为的规定，《反垄断法》第56条第4款新增了对行业协会组织经营者达成垄断协议的，由反垄断执法机构"责令改正"的责任形式。责令改正与责令停止违法行为本质上相同，都不属于行政处罚，是一种行政机关在行政处罚过程中对违法行为人发出的，及时消除不利后果的行政命令。

除此之外，《反垄断法》第61条规定了行政性垄断的法律责任，即对实施行政性垄断的行政主体，"由上级机关责令改正"，"反垄断执法机构可以向有关上级机关提出依法处理的建议"。不同于《行政处罚法》中的责令改正，此处的责令改正属于内部行政行为。责令改正不具有处分性和制裁性，是一种上级行政机关对下级行政机关发出的或监察机关对其他行政机关发出的，及时消除不利后果的行政命令，是上级行政机关或监察机关履行监督职责的具体手段。在具体案件中，"责令改正"的内容可能表现为，废止或者修改相关

---

[1] House Democrats push Congress to break up Big Tech monopolies, https://www.nyman.media/news/house-democrats-push-congress-to-break-up-big-tech-monopolies/.

[2] Digital Markets Act, article 16.

[3] Herbert Hovenkamp, "Antitrust and Platform Monopoly", 130 *Yale Law Journal* 1952, 1952-2273, 2021.

规定、撤销相关文件、停止滥用行政权力行为[1]，以及其他恢复竞争秩序的举措。[2]为了确保行政主体有效改正违法行为，《反垄断法》第 61 条同时规定了实施行政性垄断的行政主体"应当将有关改正情况书面报告上级机关和反垄断执法机构"。由于行业利益、人际关系等因素的影响，仅规定由上级机关责令改正的方式来规范行政性垄断，威慑性和约束性都非常有限。相较于我国反垄断执法机构仅对行政性垄断的处理具有建议权，《俄罗斯竞争保护法》第 23 条第 1 款第 3 项规定，俄罗斯反垄断局可以向行政机关及其官员直接发出下列命令：①撤销或修改违反反垄断法的法规；②终止或修改违反反垄断法的协议；③停止其他违反反垄断法的行为；④其他维护竞争的措施。

（八）行政处分

针对行政性垄断，除了对实施违法行为的行政主体由上级机关责令改正外，《反垄断法》第 61 条还规定了"对直接负责的主管人员和其他直接责任人员依法给予处分"。对于行政机关内部的公务人员，根据《公务员法》和《行政机关公务员处分条例》的规定，行政处分的种类有警告、记过、记大过、降级、撤职、开除 6 种。[3]

行政处分作为行政机关的内部责任，惩罚力度完全由上级行政机关掌握，对行政性垄断的威慑十分有限。"自《反垄断法》生效以来，针对行政性垄断的直接责任人等的惩戒行动非常之少，与行政性垄断大量存在的现状极不匹配"[4]。相比之下，《俄罗斯竞争保护法》第 37 条规定，违反反垄断法的联邦行政机构、俄罗斯联邦各部门的执行机构、地方行政机构、行使上述机构职能的其他机构和组织的官员，国家预算外基金的官员、营利和非营利组织及其官员，自然人，包括个体商人，应根据俄罗斯联邦法律承担责任。可见，俄罗斯反垄断法在处理行政性垄断的法律责任上适用与经济性垄断相同的责任，即包括民事责任、行政责任，甚至刑事责任。同时，在责任主体上，行政机构及其官员也跟营利性组织一样承担反垄断法上的法律责任，即在行政性垄断责任追究上适用"双罚制"，极大增强了对行政性垄断的威慑力度。

完善行政性垄断的法律规制是建设法治政府的必然要求。除了公平竞争审查制度对抽象行政行为的事前约束外，我国《反垄断法》有必要加强行政性垄断法律责任的事后威慑。当然，行政性垄断问题的解决从根本上还需要深化行政管理体制改革，并完善配套的行政法律规范。

拓展阅读：记入信用记录与信用监管

修订后的《反垄断法》第 64 条新增了将经营者受到行政处罚记入信用记录的规定。"经营者因违反本法规定受到行政处罚的，按照国家有关规定记入信用记录，并向社会公

---

[1] 在"内蒙古自治区公安厅行政性垄断案"（市监价监函〔2018〕412 号）中，国家市场监管总局办公厅的建议整改措施中包括："1. 废止或者修改"60 号文"排除限制竞争的相关规定；2. 撤销与金丰公司签订的《新型防伪印章治安管理信息系统建设合同》；3. 停止滥用行政权力，强迫各盟市公安机关安装金丰公司系统软件、卸载已有系统软件，强迫刻章企业向金丰公司购买章材和刻章设备的行为等"。

[2] 在"双鸭山市住房和城乡建设局行政性垄断"中，双鸭山市住房和城乡建设局承担的责任包括"停止违法行为，并进行整改。一是签订《燃气特许经营协议》补充协议书；二是明确提出放开燃气管道安装市场，维护天然气市场的公平竞争。"在"遵义市气象局行政性垄断案件"中，遵义市气象局积极整改：一是及时废止相关违法文件，并在遵义市政府网站公布；二是发布"遵义市气象局公开选取防雷技术服务单位的公告"。

[3] 《公务员法》第 62 条、《行政机关公务员处分条例》第 6 条。

[4] 时建中：《个人反垄断义务和责任的制度完善及其实施》，载《中国应用法学》2022 年第 5 期。

示。"该条规定与我国目前正在推进的社会信用体系建设相契合。"信用记录直接体现个人、组织在市场活动中的可信度、公信力，是证实其是否诚实守信、遵纪守法的重要凭证和依据，是出具信用报告和进行信用惩戒的基础。"[1] 将经营者违法信息纳入信用记录，是将失信约束机制引入反垄断法，通过对经营者声誉造成影响来提升反垄断法的威慑。记入信用记录虽然尚不构成对违法经营者的处罚，但可以对其声誉造成影响，属于社会信用监管的一部分。我国正在推进社会信用体系的建立。"据不完全统计，已有包括《民法典》《公务员法》《广告法》等在内的41部法律和49部行政法规写入了信用相关条款"[2]。此次《反垄断法》的信用条款与我国信用法律法规制度建设同步，有利于促使经营者遵守反垄断法。

第三节 垄断行为的民事责任

一、垄断行为民事责任的界定

《反垄断法》第60条第1款规定了垄断行为的民事责任，即"经营者实施垄断行为，给他人造成损失的，依法承担民事责任"。根据该条规定，垄断行为民事责任产生的前提是垄断行为造成他人损失。民事责任的责任主体指从事经济性垄断的经营者。根据《垄断行为民事纠纷解释》第1条，因垄断行为引发的民事纠纷案件，是指因垄断行为受到损失以及因合同内容、行业协会的章程等违反反垄断法而发生争议的自然人、法人或者非法人组织，向人民法院提起的民事诉讼案件。因此，行业协会也可以成为垄断行为民事责任的责任主体。

关于民事责任的责任形式，《反垄断法》规定得较为笼统，并未列明具体包括哪些责任形式。我国《民法典》规定了11种民事责任的承担方式，包括：①停止侵害；②排除妨碍；③消除危险；④返还财产；⑤恢复原状；⑥修理、重作、更换；⑦继续履行；⑧赔偿损失；⑨支付违约金；⑩消除影响、恢复名誉；⑪赔礼道歉。《垄断行为民事纠纷解释》第14条第1款规定："被告实施垄断行为，给原告造成损失的，根据原告的诉讼请求和查明的事实，人民法院可以依法判令被告承担停止侵害、赔偿损失等民事责任。"

二、垄断行为民事责任的具体形式

尽管我国《民法典》列举了11种民事责任的承担方式，但是在反垄断民事案件中最为常见的责任形式就是停止侵害和赔偿损失。

（一）停止侵害

垄断行为可以理解为一种侵权行为，但区别于一般民事侵权行为，垄断行为所侵害的对象往往并不局限于某一个体，而是涉及特定范围的一些群体，具有较大范围的影响力和较强的破坏性。经营者实施垄断行为影响的主体不仅包括相关市场的竞争者或消费者，还包括具有上下游或相邻关系的经营者或消费者。因此，在发生垄断行为时，受到垄断行为影响的主体都有权要求经营者停止侵害、消除影响、避免更大范围的损失。

德国《反限制竞争法》第33条规定：①任何违反本部分规定或《欧盟运行条约》第101条或第102条，或违反竞争主管机构作出决定的主体，有义务向受影响的人弥补侵权所

---

[1] 时建中：《新〈反垄断法〉的现实意义与内容解读》，载《中国法律评论》2022年第4期。
[2] 胡俊超：《发挥信用监管基础作用 推进监管能力现代化》，载《中国市场监管研究》2022年第2期。

造成的损害,并在有再次发生的风险时,停止进一步的侵权;②如果侵权即将发生,则受影响的人有权申请禁令;③受影响的人是因侵权而受损的竞争者或其他市场参与者。《日本反垄断法》第 24 条规定,因发生违反第 8(5)条或第 19 条规定的行为,而使其利益受到侵害或可能受到侵害者,由此造成严重损害或可能造成严重损害时,可以向侵害其利益的事业者、事业者团体或者有可能造成侵害的事业者、事业者团体提出停止侵害或预防的请求。

(二) 赔偿损失

赔偿损失是反垄断法民事责任的核心,也是各国反垄断法矫正和威慑目标实现的主要措施之一。实践中,权益受损者就垄断行为提起民事诉讼时,通常也会首选赔偿损失作为诉讼请求。垄断行为的损害赔偿包括补偿性赔偿和惩罚性赔偿。

1. 补偿性赔偿。关于民事责任的赔偿范围,多数国家奉行实际损失原则,即赔偿范围以受害人实际损失或者行为人所得利润为限。在反垄断案件中,实际损失一般指与垄断行为有直接因果关系的损失,比如,成本、利润,也可以包括因维权而产生的费用。

德国《反限制竞争法》第 33a 条第 1 款规定:"任何故意或过失违反本法第 33 条第 1 款的行为人,都应当对其侵权所造成的损害承担赔偿责任。"第 3 款规定,在量化侵权行为所造成的损害时,应适用《德国民事诉讼法》第 287 条,并可以考虑侵权人因第 1 款的侵权行为获得的利润。第 4 款规定,债务人应当自损害发生之日起,按照第 1 款的规定支付利息。《欧盟及其成员国竞争法的损害赔偿诉讼规则》[1] 第 3 条确定了完全赔偿的原则。根据该规则,成员国应确保任何自然人或法人因违反竞争法的侵权行为而遭受的损害有权提出索赔并获得完全赔偿,完全赔偿应使受到损害的人恢复到侵权行为没有发生的状态。因此,赔偿的范围应当包括实际损失、利润损失以及利息损失。完全赔偿不应导致过度赔偿,无论是惩罚性的、多重的还是其他形式的赔偿。可见,欧盟的损害赔偿范围坚持了补偿性赔偿原则。

我国《反垄断法》第 60 条规定了垄断行为的民事责任,但并未明确损失赔偿的范围。根据我国裁判实践,垄断案件的民事责任以实际损失为依据适用补偿性赔偿。《垄断行为民事纠纷解释》第 14 条第 2 款规定:"根据原告的请求,人民法院可以将原告因调查、制止垄断行为所支付的合理开支计入损失赔偿范围。"

典型案件:"延安混凝土企业"合同纠纷及横向垄断协议纠纷案[2]

嘉诚公司自 2018 年 3 月开始向福建三建公司供应混凝土。包含嘉诚公司在内的陕西省延安市宝塔区 10 家混凝土企业联合声明,自 2018 年 7 月 1 日开始,所有标号的混凝土每立方米在原价基础上上浮 60 元。2018 年 7 月 13 日,嘉诚公司与福建三建公司达成口头协议,约定将混凝土每立方米单价全面上涨 45 元。同月,原陕西省工商局接到嘉诚公司等涉嫌垄断的举报,于 2018 年 8 月启动调查,但嘉诚公司对混凝土供应单价并未作出调整,亦未向福建三建公司告知相关情况。自 2019 年 4 月开始,福建三建公司和嘉诚公司通过签订补充协议,对同标号混凝土在先前价格基础上每立方米再次上涨 25 元。2019 年 8 月,陕西省市场监管局对嘉诚公司和其他 9 家混凝土企业达成并实施垄断协议作出处罚。2019 年 9 月底,嘉诚公司对福建三建公司的混凝土供应结束。10 月,双方组织结算。嘉诚公司向福建三建

---

[1] 全称为 "On Certain Rules Governing Actions for Damages under National Law for Infringements of the Competition Law Provisions of the Member States and of the European Union"。

[2] (2020) 陕 01 知民初 509 号民事判决书。

公司提起诉讼主张欠付的混凝土货款。福建三建公司反诉嘉诚公司赔偿因实施垄断行为造成的损失。

法院审理认为，经营者达成涨价协议对交易相对人造成损害的，应当承担相应的民事责任。鉴于横向垄断协议行为具有较高的隐蔽性，在嘉诚公司未及时告知福建三建公司横向垄断协议停止执行的事实，并持续按照因实施垄断协议而上涨的价格进行交易的情况下，福建三建公司所遭受先前垄断行为之不利影响始终未能消除，将持续因此承受损失。在计算因实施对商品价格统一上涨横向垄断协议而对下游交易相对方所造成的直接经济损失时，对难以脱离当地供应市场或对技术支持需求较高，较难找到等效替代品的商品，应以垄断协议所固定价格与此前在自由市场竞争中与交易相对人所约定产品价格的差值进行计算。本案法院在判决福建三建公司向嘉诚公司支付欠付合同款及违约金的同时，裁判嘉诚公司向福建三建公司支付因实施横向垄断协议所造成的损害赔偿金143万余元。一审宣判后，双方均未上诉。

本案的典型意义在于对不同交易形态特征下的横向垄断协议损害赔偿数额的计算提供了有益探索。本案同时也展现出反垄断行政执法与司法的有效衔接。

2. 惩罚性赔偿。尽管民事责任赔偿损失的目的重在填补受损者因垄断行为而遭受的损失，但是由于垄断行为被发现的比例较低以及垄断行为损害的波及面较广，一些国家或地区规定了惩罚性赔偿制度，以弥补整体社会福利损失并威慑再次违法。美国《克莱顿法》第4条确立了3倍赔偿规则，即任何因反垄断法所禁止的事项而遭受财产或营业损害的人，可向被告居住地、被发现地，或其代理人所在地的美国地区法院提起诉讼，不论损害大小，一律给予其损害额的3倍赔偿、诉讼费和合理的律师费。

第四节　垄断行为的刑事责任

一、垄断行为刑事责任的界定

垄断行为的刑事责任是指行为人违反反垄断法实施垄断行为，依法应当承担的刑事法律后果。美国反垄断法自《谢尔曼法》开始就规定了垄断行为的刑事责任，实施垄断行为的公司与个人都构成严重犯罪，适用罚金和自由刑。[1]在实践中，美国将执法重点放在了主观恶性和客观损害最大的卡特尔行为上，比如固定价格、分割市场、限制产量、串通投标等。据OECD在2016年的统计，全世界已经有38个国家或地区针对垄断行为设置了相应的刑事责任。[2]

日本在其1947年的《日本反垄断法》中引入刑事责任，对于不同的垄断行为设置了不同的刑罚。该法第89条规定了私人垄断和不正当限制交易罪。根据该条，任何人违反第3

---

[1]《谢尔曼法》第1条规定："任何限制州际间或者与外国之间的贸易或者商业的合同，以托拉斯形式或其他形式的联合，或者共谋，都是非法的。任何人签订上述合同或从事上述联合或者共谋，将构成重罪。违法行为一经定罪，如果参与人是公司，将处以不超过1亿美元的罚款；如果参与人是个人，将处以不超过100万美元的罚款或十年以下监禁，或者由法院酌情并用两种处罚"。《谢尔曼法》第2条规定："任何人滥用市场力量（monopolize）、试图滥用市场力量（attempt to monopolize），或者与他人联合、共谋滥用市场力量，以限制州际间或者与外国之间的贸易或者商业，将构成重罪。违法行为一经定罪，如果参与人是公司，将处以不超过1亿美元的罚款；如果参与人是个人，将处以不超过100万美元的罚款或10年以下监禁，或者由法院酌情并用两种处罚"。

[2] OECD, Sanctions in Antitrust Cases, DAF/COMP/GF (2016) 14, p.6.

条实施私人垄断或不正当的交易限制行为，或者违反第8条第1款第1项在任何特定贸易领域实质性限制竞争的，处5年以下有期徒刑或500万日元以下罚金。该法第90条规定了违法订立国际合同与违反生效行政处罚决定罪。在下述三种情况下，行为人需要承担2年以下有期徒刑或300万日元以下的罚金：①行为人违反第6条或第8条第1款第2项规定，订立了不当限制交易的国际协议或国际合同；②行为人违反第8条第1款第3项或第4项规定；③行为人未能遵守已经产生约束力的禁令或恢复竞争指令。第91条中规定了违法取得或持有股份的刑罚。该条规定：违反第11条第1款取得或持有股份，违反同一条第2款的规定持有股份，或违反第17条规定之禁止或限制，将被处以1年以下有期徒刑或者200万日元以下的罚金。

我国《反垄断法》第67条规定："违反本法规定，构成犯罪的，依法追究刑事责任。"该条并未明确垄断行为应当承担刑事责任。虽然自《反垄断法》实施以来，一直有观点认为，《刑法》中"扰乱市场秩序罪"中的强迫交易罪和串通投标罪这两项罪名适用于垄断行为，但是，基于罪刑法定主义，在刑法规定尚未明确规定垄断行为的罪名时，《反垄断法》第67条的规定不能适用于追究垄断行为实施者的刑事责任，而只能针对反垄断执法机构执法过程中的渎职罪和侵犯商业秘密罪进行定罪量刑。但是，本条为日后《刑法》中针对垄断行为引入刑事责任预留了空间。

二、垄断行为刑事责任的具体形式

各国反垄断法主要设置了罚金和自由刑两类最基本的刑罚种类。

（一）罚金

罚金是垄断案件中最常用的一种刑罚手段。相较于自由刑，罚金具有执行费用小，不增加社会成本且有利于增加财政收入的特点。罚金的适用范围相对广泛，既可以适用于实施垄断行为的企业，也可以适用于企业内部的责任人。

（二）自由刑

自由刑是对垄断行为最严厉的处罚。它以人身自由为限制对象，适用于参与实施垄断行为的个人，包括企业负责人或其他直接责任人。主张对垄断行为引入刑事责任的观点往往考虑到了罚金对于垄断企业及其高管的规制不足问题。只有让违法企业的高管在监狱度过感恩节或者圣诞节才能起到足够的威慑。[1]

垄断行为的自由刑主要包括拘役和短期监禁。英国自2003年开始对卡特尔规定了刑事责任，个人实行卡特尔最高监禁5年。[2]在监禁方面，一些主要司法辖区呈现出不断提高刑期的趋势，美国在2004年将刑事责任的监禁刑期提高到10年；[3]《日本反垄断法》在2009年将个人的自由刑从3年提高到5年；加拿大对个人的刑事监禁最高可达14年。

拓展阅读：我国垄断行为入刑的讨论

我国反垄断法是否应当引入刑事责任的问题一直是学界与实务界争议的焦点。2007年颁布的《反垄断法》没有规定垄断行为的刑事责任，而是在第52条和第54条分别规定了反垄断执法机构在执法过程中当事人阻碍、拒绝调查，以及反垄断执法机构工作人员渎职和侵犯当事人商业秘密的行为可能构成犯罪的，依法承担刑事责任。2022年修改的《反垄

---

[1] 王晓晔：《我国〈反垄断法〉修订的几点思考》，载《法学评论》2020年第2期。
[2] Enterprise Act 2002, section 190.
[3] Antitrust Criminal Penalty Enhancement and Reform Act of 2004, Pub. L. 108-237, §215.

断法》在第67条以概括的方式规定了违反反垄断法的刑事责任，但是垄断行为是否适用刑事责任尚不明确。关于垄断行为是否应当设置刑事责任，以及如何设置刑事责任问题在学界依旧存在激烈讨论，尚未定论。目前主要有以下三种观点：

第一种观点认为应当"全面入刑"，即对所有垄断行为都可以追究刑事责任。这种观点认为，刑罚作为"最后一道防线"，应当作为威慑垄断行为的必要补充，构筑有效的威慑体系。在进行垄断违法行为犯罪化时，应当设立垄断协议罪、滥用市场支配地位罪、滥用行政权力排除、限制竞争罪和妨害垄断调查罪。[1]

第二种观点是"适度入刑"。该种观点认为，刑事责任应当坚持适度原则。在刑事责任适用对象上仅就具有严重危害性的卡特尔行为引入刑事责任。而对于纵向垄断协议、滥用市场支配地位的行为通常具有效率抗辩，不应入刑。[2]

第三种观点是"反对入刑"。该种观点认为，出于慎刑的考虑，我国不宜对垄断行为引入刑事责任。慎刑原则既是刑法谦抑性的体现，也是反垄断法本身特性所决定的。尽管不少国家都对垄断行为规定了刑事制裁，但仅针对严重违法的卡特尔行为进行刑法规制，并且在实际运用中多以罚金而非监禁刑进行处罚，实际判处监禁的案例非常少，属于"有名无实"[3]。考虑到我国立法技术不成熟、裁量空间大的特殊背景，引入刑事责任会挫伤经营者的竞争积极性，对市场效率产生不利影响。[4] 另有学者认为，仅针对卡特尔行为引入刑事责任也不可取，因为垄断行为在实践中的边界并不清晰，引入刑事责任会带来威慑过度问题。[5]

第五节　反垄断法中的宽大制度

一、宽大制度的基本原理

（一）宽大制度的含义

宽大制度是反垄断执法机构采取的一种责任减免制度。我国《反垄断法》第56条第3款规定："经营者主动向反垄断执法机构报告达成垄断协议的有关情况并提供重要证据的，反垄断执法机构可以酌情减轻或者免除对该经营者的处罚。"这种经营者主动向反垄断执法机构报告违法行为以获得责任减免的制度被称为反垄断法中的宽大制度。宽大制度旨在激励垄断协议（尤其是卡特尔行为）的参与人主动揭发违法事实，从而使反垄断执法机构获得违法线索和证据，及时发现、调查与制裁垄断行为。2019年1月，国务院反垄断委员会发布了《横向垄断协议案件宽大制度适用指南》（本章以下简称《宽大制度指南》），为宽大制度的适用给出了明确指引。

宽大制度（leniency）源于美国。美国公司宽大制度的最初版本可以追溯至1978年。在1993年修订之前，美国司法部每年只收到一份宽大申请，并且没有因此发现任何一起国际卡特尔。在吸取了教训后，美国司法部1993年出台了《公司宽大政策》的修订版。之

---

[1] 胡剑波：《垄断犯罪立法研究》，中国社会科学出版社2013年版，第176~177页。
[2] 张晨颖：《损失视角下的垄断行为责任体系研究》，载《清华法学》2018年第5期。
[3] 王晓晔：《我国〈反垄断法〉修订的几点思考》，载《法学评论》2020年第2期。
[4] 金善明：《论垄断行为入罪化的限度》，载《北京工业大学学报（社会科学版）》2017年第6期。
[5] 丁茂中：《垄断行为入刑问题检思》，载《中国市场监管研究》2020年第11期。

后，申请率增加了近20倍，并破获了数十个大型国际卡特尔。[1] 1994年，美国司法部又颁布了《个人宽大政策》。2022年4月，美国司法部对宽大制度作出了修订，将公司宽大政策、个人宽大政策以及申请程序予以合并。根据最新规定，A类宽大待遇将给予在司法部反托拉斯局调查开始前主动报告其违法行为的公司。满足下列6项条件，即可获得宽大处理：①公司主动报告其非法行为时，反托拉斯局还没有从其他任何渠道得到关于公司非法行为的信息；②申请人在发现该非法活动后，立即向反托拉斯局报告；③申请人坦率、完整地报告其参与非法活动，并承认其不当行为确实是一种公司行为，而不是董事、管理人员和员工的个人供词；④申请人在整个调查过程中及时、真实、持续、完全地配合反托拉斯局；⑤申请人尽最大努力向受害方进行赔偿，纠正非法活动造成的损害，并改善其合规计划，以降低未来从事非法活动的风险；⑥申请人并没有强迫另一方参与该非法活动，而且显然也不是该活动的领导者或发起人。如果公司获得了A类宽大待遇，那么申请人的现任董事、管理人员和员工如果在反托拉斯局调查非法活动的过程中给予及时、真实、持续和完整的配合，他们将不会因非法活动而受到刑事指控。B类宽大待遇适用于申请人不满足A类宽大处理的6个条件，却符合如下7个条件：①在申请人报告非法活动时，反托拉斯局仅凭自行判断还没有针对申请人定罪的证据；②申请人在发现该非法活动后，立即向反托拉斯局报告；③申请人坦率、完整地报告其参与非法活动，并承认其不当行为确实是一种公司行为，而不是董事、管理人员和员工的个人供词；④申请人提供及时、真实、持续和完全的配合，以推进反托拉斯局的调查；⑤申请人尽最大努力向受害方进行赔偿，纠正非法活动造成的损害，并改善其合规计划，以降低未来从事非法活动的风险；⑥申请人并没有强迫另一方参与该非法活动，而且显然也不是该活动的领导者或发起人；⑦申请人是第一个有资格对所报告的非法活动获得宽大待遇的人，而反托拉斯局认为，给予申请人宽大待遇不会对他人不公平。在评估给予申请人宽大待遇是否对他人不公平时，反托拉斯局还将考虑非法活动的性质、申请人在其中的作用、申请人的犯罪历史以及申请宽大待遇的时机。反托拉斯局还将考虑不起诉B类宽大待遇申请人的现任董事、管理人员和员工。这种不起诉保护并不保证，并且完全由反托拉斯局裁量。作为B类申请的一部分，寻求不起诉保护的个人必须坦率、完整地承认他们的不当行为，并提供及时、真实、持续和完全的配合，以推进反托拉斯局的调查。个人申请宽大待遇适用于反托拉斯局开始调查之前报告自身参与非法行为，并满足3个条件：①在该人报告该非法活动时，反托拉斯局还没有从任何其他来源收到有关该非法活动的信息；②该人坦诚、完整地报告了该不当行为，并在整个调查过程中向反托拉斯局给予及时、真实、持续和完全的配合；③该人没有强迫其他人参与非法活动，而且显然也不是该活动的领导人或发起人。对于不符合上述3项标准的个人，将被考虑适用法定豁免或非正式豁免或不起诉协议。反托拉斯局将根据联邦起诉规则在个案基础上做出决定。

(二) 宽大制度的功能

宽大制度的产生旨在解决反垄断实践中，垄断协议的证据很难获得、执法效率不高的难题，尤其是对于竞争影响最大、性质最为恶劣的卡特尔行为。由于卡特尔行为具有高度的隐秘性，反垄断执法机构往往很难取证。经营者如果可以主动"坦白"并提供违法事实的线索和证据，将大大降低执法机构发现垄断行为的难度。宽大制度通过激励机制的设计

---

[1] Scott D. Hammond, Cornerstones of An Effective Leniency Program, presented before the ICN Workshop on Leniency Programs Sydney, Australia, November 22-23, 2004.

鼓励垄断行为的当事人主动揭发违法事实以获得自身承担法律责任的减免。当然，给予经营者宽大的额度应当与其协助执法机构查处垄断案件的贡献程度相匹配。[1]宽大制度发展至今，已经成为世界主要辖区打击卡特尔行为的重要工具。美国司法部曾多次表示，宽大制度在发现和打击卡特尔行为方面十分有效。自1996年以来，仅在美国，公司因垄断犯罪被罚款超过50亿美元，其中90%以上与宽大制度申请人的协助调查有关[2]。

二、宽大制度实体性规则

（一）宽大制度的适用主体

适用主体指法律规定哪些主体可以申请适用宽大制度。首先，宽大制度的适用主体与其是否需要根据反垄断法承担责任有着直接的关联。一般来说，垄断行为是经营者行为，经营者内部的个人意志被经营者意志所吸收，个人无需承担反垄断法上的责任。如果无需承担责任，也就无需申请宽大处理。但是针对卡特尔行为，一些国家认为，只处罚经营者不足以威慑违法，应当对影响经营者决策的高管、负责人或员工同样加以处罚。因此，如果经营者内部个人根据反垄断法同样需要承担法律责任，则个人也就具备了适用宽大制度的前提。其次，确定宽大制度的适用主体还需要考虑申请人自身的违法性程度与主观恶性。这种考虑的原因在于，如果卡特尔的发起人、领导人或强迫他人实施卡特尔的行为人在实施了垄断协议后还可以申请宽大制度而获得责任减免，则无异于鼓励了这种违法行为。因此，一些国家在宽大制度中排除了这类主体。

1. 单主体。单主体的立法体例指宽大制度的适用主体只包括涉案的经营者，而不适用于经营者的董事、管理人员、其他职员等个人。欧盟在2006年出台的《关于在卡特尔案件中免征或者减征罚款的通告》[3]中将宽大制度的适用主体限定为经营者。日本的宽大制度也只适用于经营者，包括个人经营者，但不适用于其他个人，例如公司高管或员工。这是因为日本的宽大制度只涉及行政罚款，而行政罚款只针对经营者处罚（包括个人经营者和公司）。

2. 多主体。多主体的立法体例指宽大制度的适用主体不仅包括涉案的企业或其他组织，还适用于企业当中的个人，如企业的董事、管理人员、其他职员等人员。例如，美国司法部通过出台《公司宽大政策》和《个人宽大政策》两份政策指南，将其宽大制度适用于主动报告参与垄断行为的经营者及其相关个人。2022年4月，美国司法部对宽大制度的修订不仅使得个人可以自行申请宽大政策，而且在A类和B类公司获得宽大待遇后，申请人的现任董事、管理人员和员工如果在调查中及时、真实、持续和充分的与司法部合作，也可能获得宽大待遇。德国《反限制竞争法》规定，涉及卡特尔的自然人、经营者以及行业协会都可以申请宽大待遇。[4] 除非明确声明，经营者的宽大申请，适用于提出申请时组成经营者的所有法人或团体，同时适用于其现任的和前任的董事、经理和员工[5]。我国2022年《反垄断法》修改之前，垄断协议的责任主体只有经营者和行业协会。因此，当时的宽大制度不适用于经营者的内部责任人。随着修改后的《反垄断法》在垄断协议部分引入个人责任，个人申请宽大制度就有了前提。相应地，《禁止垄断协议规定》第47条增设了个

---

[1]《宽大制度指南》第2条。
[2] OECD, Use of Marker in Leniency Programmes, DAF/COMP/WP3 (2014) 9, 16 December 2014, p. 7.
[3] 全称是"Commission Notice on Immunity from Fines and Reduction of Fines in Cartel Cases"。
[4] 德国《反限制竞争法》，第81h (1) 条。
[5] 德国《反限制竞争法》，第81i (2) 条。

人申请宽大的规定：经营者的法定代表人、主要负责人和直接责任人员对达成垄断协议负有个人责任的，主动报告达成垄断协议有关情况并提供重要证据的，反垄断执法机构可以对其减轻50%的处罚或免除处罚。

3. 不予适用的主体。根据美国宽大制度规定，无论是A类公司宽大政策、B类公司宽大政策还是个人宽大政策的申请人都不能是"强迫"他人参与非法活动的角色，或该非法活动的领导者或发起人。适用B类宽大政策的申请人，司法部反托拉斯局需要评估给予申请人宽大待遇是否对他人不公平。为此，司法部反托拉斯局将考虑非法活动的性质、申请人在其中的作用、申请人的犯罪历史以及申请宽大待遇的时机。欧盟在《关于在卡特尔案件中免征或者减征罚款的通告》中规定："如果采取措施迫使其他经营者加入或留在卡特尔，则该经营者没有资格免除罚款。但是如果该经营者符合相关要求并满足所有条件，仍然有资格获得减轻罚款。"我国《反垄断法》和《宽大制度指南》都没有明确宽大制度不得适用于组织者、发起者抑或胁迫者。但是，《宽大制度指南》第10条第2款中规定："经营者组织、胁迫其他经营者参与达成、实施垄断协议或者妨碍其他经营者停止该违法行为的，执法机构不对其免除处罚，但可以相应给予减轻处罚。"《禁止垄断协议规定》第47条第2款规定："在垄断协议达成中起主要作用，或者胁迫其他经营者参与达成、实施垄断协议，或者妨碍其他经营者停止该违法行为的，反垄断执法机构不得免除对其处罚。"因此，我国宽大制度依然可以适用组织者和胁迫者，只是对这些主体不能适用免除处罚。

（二）宽大制度的适用范围

宽大制度自产生之时就是为了发现和调查具有较强隐匿性、较大社会危害性以及查处成本高的卡特尔行为，也就是横向垄断协议。目前，全球大多数反垄断司法辖区只将宽大制度适用于卡特尔行为。比如，美国司法部反托拉斯局创造了以宽大待遇换取合作以打击卡特尔其他成员的做法，并不断修订和完善其宽大政策，增强其在打击卡特尔方面的有效性。欧盟2006年出台的《关于在卡特尔案件中免征或者减征罚款的通告》，将宽大制度的适用范围限定在卡特尔案件中。日本宽大制度也仅适用于卡特尔行为，包括固定价格、分割市场（包含串通投标）以及划分市场份额。英国的宽大制度适用于经营者和个人的卡特尔行为，对于经营者可以减轻和免除经济处罚，而对于合作的个人可以免于刑事起诉，对于合作的董事可以免于取消董事资格。少数国家的宽大制度不仅适用横向垄断协议，也适用于纵向垄断协议，比如，匈牙利、拉脱维亚和立陶宛。[1] 宽大制度不适用滥用市场支配地位和经营者集中行为的原因在于，这两种垄断行为通常不具备较强的隐匿性，反垄断执法机构发现和调查这两类行为的成本和难度并不是很大。

我国《反垄断法》第56条第3款规定了宽大制度适用于垄断协议，并未明确排除适用于纵向垄断协议。2013年，当时的国家发展和改革委员会价格监督检查与反垄断局也曾在多家乳粉生产企业固定转售商品价格或限定转售商品价格的纵向协议案件中适用了宽大制度[2]。然而，2019年出台的《宽大制度指南》仅就横向垄断协议案件如何适用宽大制度提供了指导，即《反垄断法》第17条规定的具有竞争关系的经营者达成的垄断协议，排除了纵向垄断协议适用宽大制度。

---

〔1〕 OECD, Challenges and Co-ordination of Leniency Programmes - Summaries of Contributions, DAF/COMP/WP3/WD (2018) 2, 5 June 2018.

〔2〕《合生元等多家乳粉生产企业违反〈反垄断法〉被罚》，载http://www.gov.cn/gzdt/2013-08/07/content_2462778.htm，最后访问日期：2023年4月23日。

对于纵向垄断协议,一般不考虑适用宽大制度的原因在于:首先,从行为的危害性来看,纵向垄断协议的当事人通常是上游企业和下游企业,在实践中,纵向垄断协议可能对保证产品质量、维护品牌价值、促进售后服务等方面具有积极作用,协议本身通常需要合理性分析,并不当然违法;其次,不同于横向垄断协议,纵向垄断协议有时是一种单方行为,即其受处罚的对象只是实施纵向协议垄断的一方,而不是协议的各方。有学者认为,如果允许实施纵向垄断协议的一方主动报告自身违法并申请宽大,则无疑是"纵容甚至可能是鼓励了纵向垄断协议的发生"。[1]

(三)宽大制度的适用条件

1. 申请时间。适用宽大制度时,申请时间往往决定了责任减免的程度。通常来说,越早申请,获得减免的机会和程度越大。关于申请时间,大多数国家和地区既允许申请人在反垄断执法机构调查开始前提出宽大申请,也允许在调查开始后提出宽大申请,只是获得的宽大待遇可能有所差别。在美国,A类公司宽大政策要求申请人在反托拉斯局调查开始前提出申请,但是B类宽大政策并不要求申请时间,而是强调证据的有效性和申请人的配合程度。个人宽大政策要求个人于反托拉斯局开始调查之前报告自身参与非法行为。根据欧盟2006年《关于在卡特尔案件中免征或者减征罚款的通告》,在执法调查开始之前和之后均可以提出申请。首位申请人如果在执法机构开始调查前提出申请且足以让执法机构开始对卡特尔进行调查的,可以获得免除处罚。但是,如果执法机构已经掌握得以开展调查的充分证据时,对申请人不适用免除处罚。如果首位申请人在执法机构开始调查后提出申请,则需要提供反垄断执法机构尚未掌握的足以证明卡特尔行为成立的证据,且没有其他企业获得了有条件的免责资格才可以适用免除处罚。[2]根据日本《关于减免行政罚款报告和资料提交规则》[3],经营者只有在调查开始前申请的,才能获得完整的宽大待遇,调查开始后只能获得部分减免。

在我国,宽大制度既可以适用于反垄断执法机构对垄断行为展开调查之前,也可以适用于反垄断执法机构对垄断行为展开调查之后,但尚未完全掌握足够证据时。申请人在不同阶段主动提供违法信息、证据和线索,对于反垄断执法机构调查和处理违法都有不同程度的贡献。反垄断执法机构会根据申请人申请宽大的时间以及提供证据的程度来确定不同程度减免。《宽大制度指南》第4条规定:"参与垄断协议的经营者可以在执法机构立案前或者依据《反垄断法》启动调查程序前,也可以在执法机构立案后或者依据《反垄断法》启动调查程序后、作出行政处罚事先告知前,向执法机构申请宽大。"

2. 证据条件。证据是反垄断执法机构开展调查与裁决的核心。提供真实准确的关键证据是申请人得以适用宽大制度的重要条件。不同国家对宽大制度的证据条件规定有所不同。美国A类公司宽大规则主要关注申请人的申请时间,而B类公司宽大规则要求申请人提供足以让公司定罪的证据。欧盟在2006年《关于在卡特尔案件中免征或者减征罚款的通告》第8条和第11条中以执法机构是否已经开始调查为节点,对于调查开始前和调查开始后规定了不同的证据标准。调查开始前提供的证据要能够支撑执法机构开展与涉嫌卡特尔相关的有针对性的调查。调查开始后的证据要求分为两种:一种是免除处罚的标准,要求所提

---

[1] 毕金平:《〈反垄断法〉宽大制度之完善建议》,载《竞争法律与政策评论》2020年第1期。

[2] 《关于在卡特尔案件中免征或者减征罚款的通告》第8条、第11条。

[3] 全称"Rules on Reporting and Submission of Materials Regarding Immunity from or Reduction of Administrative Fines"。

供的证据超出执法机构已经掌握的证据,且足以证明卡特尔的成立;另一种是减轻处罚的标准,要求申请人提供对于欧盟委员会已掌握证据有显著附加价值的证据,证据的证明力大小决定了减轻处罚的幅度。日本的宽大制度强调对第一位申请人最大程度的减免,只有第一位申请人才能获得100%的减免和免于刑事起诉,后续的申请人则需要提供反垄断执法机构未知的信息和证据。[1]在调查开始前,申请人只需提供有限的证据,比如,垄断协议当事人的基本信息,以及必要的支持申请的材料和证据(例如,会议记录、显示共谋日期的往来信件和个人日志)。调查开始后,申请人需要提交的信息和证据必须是尚不为竞争主管机构掌握的证据。[2]

我国《宽大制度指南》第6条和第8条分别规定了申请免除处罚和减免处罚需要的证据条件:①第一个向执法机构提交垄断协议有关情况的报告及重要证据的经营者,可以申请免除处罚。报告应当明确承认经营者从事了涉嫌违反《反垄断法》的垄断协议行为,详细说明达成和实施垄断协议的具体情况。经营者提供的重要证据是指:执法机构尚未掌握案件线索或者证据的,足以使执法机构立案或者依据《反垄断法》启动调查程序的证据;执法机构立案后或者依据《反垄断法》启动调查程序后,经营者提供的证据须是执法机构尚未掌握的,并且能够认定构成《反垄断法》第17条规定的垄断协议的证据。②第一个之后提交垄断协议有关情况的报告及重要证据的经营者,可以向执法机构申请减轻处罚。报告需要包括垄断协议的参与者、涉及的产品或者服务、达成和实施的时间、地域等。经营者提供的重要证据,是执法机构尚未掌握的,并对最终认定垄断协议行为具有显著证明效力的证据,包括:在垄断协议的达成方式和实施行为方面具有更大证明力或者补充证明价值的证据;在垄断协议的内容、达成和实施的时间、涉及的产品或者服务范畴、参与成员等方面具有补充证明价值的证据;以及其他能够证明和固定垄断协议证明力的证据。

3. 配合义务。在适用宽大制度的条件上,各国立法都要求申请人在整个反垄断调查过程中履行配合义务。欧盟在2006年《关于在卡特尔案件中免征或者减征罚款的通告》第12条对申请人获得免除处罚的配合义务规定得较为详细。经营者自提交申请开始,①必须真诚、全面、持续且迅速地配合委员会的整个行政程序。具体包括:及时向委员会提供所有已掌握或者可获得的涉案卡特尔有关的信息和证据;及时答复委员会有关事实澄清的要求;让在职员工或董事接受委员会的询问;不破坏、伪造或隐瞒与涉案卡特尔有关的信息和证据;非经同意,不得擅自披露有关申请的事实或内容。②立即停止参与涉案卡特尔,但委员会认为有必要保持调查完整性的除外。③在考虑向委员会提出申请时,不得销毁、伪造或隐瞒涉案卡特尔的证据,也不得披露其预期申请的事实和内容,向其他竞争主管机构披露的除外。

德国《反限制竞争法》第81j条规定了宽大申请的一般条件。只有当申请人满足下列条件时才可以给予宽大待遇:①在宽大申请中向竞争主管当局披露其对卡特尔的了解及其在卡特尔中的作用,或者在其他卡特尔参与者的申请中,申请人充分配合澄清事实;②在提出宽大申请后,立即停止参与卡特尔,但竞争主管当局认为有必要维护其调查完整性的

---

[1] Directorate for Financial and Enterprise Affairs Competition Committee, Working Party No. 3 on Cooperation and Enforcement, Roundtable on challenges and co-ordination of leniency programmes -Note by Japan, DAF/COMP/WP3/WD (2018) 6, p. 5.

[2] Shinya Tago, Manabu Eiguchi and Landry Guesdon, Iwata Godo, Cartel Leniency in Japan: Overview, https://uk.practicallaw.thomsonreuters.com/2-517-3216?contextData=(sc.Default)&transitionType=Default&firstPage=true.

个别活动除外；③从宽大申请开始至竞争主管当局对所有卡特尔参与者执法结束，申请人应当履行与竞争主管当局真诚、持续、迅速的合作义务，包括a) 及时提供申请人可获得的与该卡特尔有关的所有信息和证据，b) 回答有助于确定事实的任何问题，c) 确保董事、经理和其他员工可以接受质询，对于前任董事、经理和其他员工，应尽最大努力使他们配合，d) 不得销毁、伪造或隐瞒与卡特尔有关的信息或证据，以及e) 在竞争主管当局解除申请人这一义务之前，不得披露其宽大申请的事实或任何内容；④在考虑提出宽大申请时，a) 未销毁、伪造或隐瞒与卡特尔有关的信息或证据，b) 不得披露其考虑提出宽大申请的事实或任何内容；但并不妨碍申请人向其他竞争主管部门披露其考虑提出宽大申请的事实或任何内容。

我国也对申请宽大待遇的经营者规定了需要履行的配合义务。根据《宽大制度指南》第10条，申请人需要履行以下配合义务：①申请宽大后立即停止涉嫌违法行为，但反垄断执法机构为保证调查工作顺利进行而要求经营者继续实施上述行为的情况除外。经营者已经向境外执法机构申请宽大，并被要求继续实施上述行为的，需向反垄断执法机构报告；②迅速、持续、全面、真诚地配合反垄断执法机构的调查工作；③妥善保存并提供证据和信息，不得隐匿、销毁、转移证据或者提供虚假材料、信息；④不得擅自对外披露向反垄断执法机构申请宽大的情况。⑤不得有其他影响反垄断执法调查的行为。

(四) 宽大制度的责任减免

1. 责任减免的类型。宽大制度的适用意味着责任的减免。相应地，各国对垄断行为适用的法律责任直接影响到宽大制度适用的责任类型。由于宽大制度本身是反垄断执法或司法中公权力机关对违法者责任减免的决定，因此，作为公法责任的行政责任和刑事责任是宽大制度责任减免的主要类型，民事责任的减免比较少见。

在宽大制度中，大部分国家和地区都适用行政责任的减免，如欧盟、英国、德国、法国、荷兰、日本、韩国等，其中适用最多的就是行政罚款。适用刑事责任减免的国家主要包括美国、加拿大、英国。刑事责任作为最严厉的法律责任，减免刑罚的宽大待遇对于适用主体而言无疑是最大的优惠与激励。在美国，主动报告参与卡特尔活动并配合司法部反托拉斯局对所报告卡特尔进行调查的公司和个人，如果符合相关要求，可以免于刑事定罪、罚款和监禁。

美国还是少数将宽大制度适用于民事责任减免的国家。通常来说，民事责任是受害人直接起诉至法院要求赔偿，反垄断执法机构没有权力剥夺利益受损者索赔的权利。因此，经营者配合反垄断执法机构的行为并不能豁免其民事责任。但是，由于美国反垄断民事责任存在3倍赔偿制度，潜在的申请人会担心一旦揭露垄断行为，即使其告密行为会获得不同程度的责任减免，反垄断执法机构的违法认定都可以作为民事诉讼的有力证据，申请人在民事责任方面可能依然面临着巨额赔偿。潜在的申请人会因此权衡利弊，宽大制度的优势也会大打折扣。为了改善这种情况，美国2004年《反垄断刑事处罚强化和改革法》[1]进一步明确了民事赔偿的减轻原则，即在基于成功豁免刑事责任的卡特尔行为而提起的民事赔偿案件中，只要宽大申请人可以与私人诉讼的索赔人合作，对卡特尔行为的其他参与人提起诉讼，宽大申请人将免除3倍赔偿，而只适用单倍赔偿。这项制度同时保证了宽大

---

[1] Antitrust Criminal Penalty Enhancement and Reform Act of 2004.

政策和私人诉讼的有效性。[1]

我国反垄断法宽大制度主要适用于行政责任中的罚款。《宽大制度指南》第13条规定了不同顺位的经营者在行政罚款上可以获得的减免幅度。同时，为鼓励经营者主动报告垄断协议行为并提供重要证据，反垄断执法机构还可以参照第13条罚款减免的规定减免没收经营者的违法所得[2]。

2. 责任减免的设置。在责任减免的设置上，美国的宽大制度仅适用于第一个主动报告违法行为的公司或个人，在申请人满足宽大政策规定的条件时给予全面免责，第一个申请人之外的其他申请人不适用宽大政策。在反垄断执法机构启动调查之前，公司主动报告不当行为，可以获得责任的全部免除。若企业不满足A类公司免罚条件，司法部反托拉斯局需要评估公司适用B类宽大的条件。无论在调查开始前还是开始后，公司都有可能获得宽大待遇，免除全部罚金及刑事追诉。对于个人申请宽大免责适用于调查开始前的申请人。而对于不适用个人申请宽大条件的其他申请人，包括调查开始后的申请人，司法部反托拉斯局将根据个案予以处理。

不同于美国，大多数国家和地区将宽大制度的减免待遇分为免除处罚和减轻处罚两种。免除处罚适用于最先向反垄断执法机构提出宽大申请的卡特尔成员已经成为各国竞争法的共识。减轻处罚多采用递减方式，根据申请人的申请顺位以及提供的相关证据对案件事实认定的贡献程度确定减轻处罚的幅度。欧盟将宽大制度分为豁免处罚和减轻处罚。豁免处罚适用于第一个主动报告的人，而减轻处罚需要考察报告人提供证据的重要性。根据欧盟《关于在卡特尔案件中免征或者减征罚款的通告》，第一个提交宽大申请的企业，如果委员会认为其提供的证据足以对被指控的卡特尔进行有针对性的调查或者认定该行为违反欧共体条约第81条，就可以豁免其全部罚款。如果企业提供的证据未能达到上述条件，仍可获得减轻处罚的资格。这时，委员会需要考察企业提供证据的"重大附加值"，并且满足该通告第（12）（a）至（12）（c）点中的所有条件。委员会在综合考虑证据提交时间和附加值程度的基础上，最终确定一个减免的程度：①第一个提供重大附加值证据的企业，减罚30%~50%；②第二个提供重大附加值证据的企业，减罚20%~30%；③之后提供重大附加值证据的企业，最多减罚20%。

日本的宽大制度强调对首位申请人的激励。宽大制度分为调查开始前和调查开始后两个阶段。在调查开始前，第一名申请人，有权获得罚款的全部免除；第二名申请人，有权获得20%的减罚；第三名至第五名的申请人，有权获得10%的减罚；第六名以后的申请人，有权获得5%的减罚。对于调查开始后的申请人，有权获得5%或10%的减罚。如果调查开始前的申请人不足5人且调查开始后仅有3人可以获得10%的减罚，其余调查开始后的申请人都是5%的减罚。日本的宽大制度体现了对第一个申请人的重大鼓励，以及对其后申请人证据质量和配合情况的考量。对于调查开始前的申请人，还可以依据其配合情况在原先减免比例的基础上额外获得最大40%的减罚。因此，在调查开始前，第六名以后的申请人也有机会获得最多45%（5%+40%）的减罚。对于调查开始后的申请人，只能依据其配合

---

[1] OECD, Relationship Between Public And Private Antitrust Enforcement, https://one.oecd.org/document/DAF/COMP/WP3（2015）14/En/pdf.

[2]《宽大制度指南》第14条。

情况在原先减免比例的基础上额外获得最大20%的减罚。[1]

德国在《反限制竞争法》在第81k条和第81l条分别规定了适用免除行政罚款和减轻行政罚款的条件。第一个提交证据足以使竞争主管当局首次获得搜查令或首次证明违法行为成立的，申请人可以免除处罚。如果该申请人是卡特尔行为中强迫其他经营者的角色，则不能免于处罚。如果卡特尔参与者满足第81j条规定的条件，且提交卡特尔的证据，相对于竞争主管当局已经掌握的信息和证据，这些证据对于证明违法具有重大的附加价值，可以获得减轻罚款的宽大待遇。减轻罚款的数额根据信息和证据的有用性以及提出宽大申请的时间来确定。

我国《宽大制度指南》规定，反垄断执法机构按照经营者申请宽大的时间先后确定经营者申请宽大的顺位，并根据经营者履行义务的情况决定是否取消其顺位。[2] 一般情况下，反垄断执法机构在同一垄断协议案件中最多给予三个经营者宽大，特殊情况下可以考虑给予更多经营者宽大。[3] 对于第一顺位的经营者，反垄断执法机构可以对经营者免除全部罚款或者按照不低于80%的幅度减轻罚款，在反垄断执法机构立案前或者依据《反垄断法》启动调查程序前申请宽大并确定为第一顺位的经营者，反垄断执法机构将免除全部罚款，存在组织、胁迫或妨碍他人停止违法行为的除外;[4] 对于第二顺位的经营者，反垄断执法机构可以按照30%至50%的幅度减轻罚款；对于第三顺位的经营者，可以按照20%至30%的幅度减轻罚款；对于后序顺位的经营者，可以按照不高于20%的幅度减轻罚款。[5] 为了进一步鼓励申请人尽早申请宽大，《宽大制度指南》第14条还规定了执法机构在减免罚款的同时可以参考对罚款处理的规定减免没收经营者的违法所得。

三、宽大制度程序性规则

（一）申请

1. 事前沟通。事前沟通或申请前的咨询，是指潜在的申请人对其自身参与的反竞争行为是否构成违法，能否适用宽大制度以及如何申请宽大等问题在申请前向反垄断执法机构进行咨询的行为。当申请人对于自己掌握的信息和证据能否证明存在违法的垄断行为以及是否有助于垄断行为的调查不确定时，事前沟通能够使潜在的申请人了解情况，判断其是否提出宽大申请。[6] 事前沟通既可以实名也可以匿名，也可以假设情境来咨询。事前沟通不会被视为申请宽大待遇，也不能视为提供信息从而获得登记资格。我国《宽大制度指南》第5条规定了经营者与执法机构的事前沟通。"执法机构鼓励经营者尽可能早地报告垄断协议有关情况。经营者申请宽大前，可以匿名或者实名通过口头或者书面方式与执法机构进行沟通"。[7] 事前沟通并不是宽大申请的必经程序，申请人可以无需事前沟通而直接提出正式申请。

---

[1] Shinya Tago, Manabu Eiguchi and Landry Guesdon, Iwata Godo, Cartel Leniency in Japan: Overview, https://uk.practicallaw.thomsonreuters.com/2-517-3216?contextData=(sc.Default)&transitionType=Default&firstPage=true.

[2] 《宽大制度指南》第11条。

[3] 《宽大制度指南》第12条。

[4] "经营者组织、胁迫其他经营者参与达成、实施垄断协议或者妨碍其他经营者停止该违法行为的，执法机构不对其免除处罚，但可以相应给予减轻处罚。"

[5] 《宽大制度指南》第13条。

[6] 毕金平：《诱惑、惩罚与威慑——反垄断法中的宽恕制度研究》，法律出版社2014年版，第149页。

[7] 《宽大制度指南》第5条。

2. 登记资格。实践中，申请人在准备申请宽大待遇时往往尚不能提供全面或满足法定要求的充分证据，为了能够及时获得第一个申请人的身份和免于处罚的待遇，登记资格或标记制度（Marker）为潜在的申请人提供了保留第一位申请人资格的机会，鼓励垄断协议的参与者尽早提交宽大申请。如果申请人在反垄断执法机构给定的时间里提供了申请所必需的证据或将所需提供的证据补充完整，则反垄断执法机构会将其登记的日期作为申请宽大的时间。如果申请人不能在规定的期限内按要求补充提交相关证据，则其登记的日期作废，"占位"不成功。与事前沟通不同，登记资格可以在程序上起到"占位"的法定效果。

要获得第一位申请人的资格，申请人提交的材料需要满足一定的条件。我国《宽大制度指南》第7条第1款规定："第一个申请免除处罚的经营者向执法机构提交本指南第六条关于垄断协议的报告及重要证据的，执法机构向经营者出具书面回执，明确收到的时间及材料清单。"申请人提交的报告应当明确承认经营者从事了涉嫌违反《反垄断法》的垄断协议行为，详细说明达成和实施垄断协议的具体情况。报告需要包括以下信息：①垄断协议的参与者基本信息（包括但不限于名称、地址、联系方式及参与代表等）；②垄断协议的情况（包括但不限于联络的时间、地点、内容以及具体参与人员）；③垄断协议主要内容（包括但不限于涉及的商品或者服务、价格、数量等）及经营者达成和实施垄断协议情况；④影响的地域范围和市场规模；⑤实施垄断协议的持续时间；⑥证据材料的说明；⑦是否向其他境外执法机构申请宽大；⑧其他有关文件、材料。[1]经营者提供的重要证据是指：①执法机构尚未掌握案件线索或者证据的，足以使执法机构立案或者依据《反垄断法》启动调查程序的证据；②执法机构立案后或者依据《反垄断法》启动调查程序后，经营者提供的证据是执法机构尚未掌握的，并且能够认定构成《反垄断法》第17条规定的垄断协议的。[2]

由于第一个申请人可以免于处罚，因此，登记资格对于申请免除处罚的申请人至关重要。我国《宽大制度指南》第7条对申请免除处罚的申请人规定了登记制度，即第一个申请免除处罚的经营者向执法机构提交关于垄断协议的报告及重要证据的，执法机构向经营者出具书面回执，明确收到的时间及材料清单。第一个申请免除处罚的经营者向执法机构提交的报告不符合要求的，执法机构将不出具书面回执。当申请人能够提交满足第6条第2款关于垄断协议的报告，但是尚不能提供第6条第3款所要求的充分证据，反垄断执法机构可以先行登记并出具书面回执，并要求经营者在规定的期限内补充相关证据。如果经营者在执法机构要求的期限内补充提交相关证据，执法机构将以其收到报告的时间为申请宽大时间；经营者未在期限内按要求补充提交相关证据的，执法机构将取消其登记资格。[3]第一个申请免除处罚的经营者被取消登记资格后，在没有其他经营者申请宽大情况下，仍然可以完善相关证据，按照规定向执法机构申请免除处罚；若其再次申请免除处罚前，已有其他经营者申请宽大的，被取消登记资格的经营者可以申请减轻处罚。除前述情形外，申请免除处罚的经营者被取消登记资格的，第一个已申请减轻处罚的经营者自动调整为免除处罚的申请人。[4]

在美国，标记是司法部反托拉斯局给出的对申请人顺位的确认。当一个申请人获得了

---

[1]《宽大制度指南》第6条第2款。

[2]《宽大制度指南》第6条第3款。

[3]《宽大制度指南》第7条第3款。

[4]《宽大制度指南》第7条第4款、第5款。

一个标记后，同一个合谋案件不会有第二个人获得标记。要获得标记，申请人必须：①披露信息或提供证据证明其实施了垄断违法行为以及披露该行为的一般属性；②确定所涉行业、产品或服务的具体事项以便让反托拉斯局确定是否仍有宽大处理的可能，并为申请人提供标记保护；③明确其在卡特尔行为中的地位。标记不等于确认违法，但是申请人必须揭露尚未被发现的信息和证据表明可能的非法活动。申请人寻求标记时可能无法确认实施了违法行为，但他必须承认参与了违法行为。[1]

德国的标记制度适用于所有免罚和减罚申请人的顺位确定。德国《反限制竞争法》第81m条规定了标记制度。卡特尔参与者可以联系竞争主管当局，首次声明其愿意合作（标记），以便按照申请的顺序在宽大处理队列中分配一个位置。标记可以口头或书面形式提出，应至少包括以下内容的简要说明：①申请人之名称及地址；②其他卡特尔参与者之姓名；③受影响的产品和地区；④违法行为持续时间和性质，尤其是申请人自身参与情况，以及⑤任何过去或将来可能向其他竞争主管部门、其他欧洲竞争主管部门或其他外国竞争主管部门提出的与卡特尔有关的宽大申请的信息。竞争主管当局应规定申请人提交上述信息及相应证据的合理期限。如果申请人履行其义务，则根据标记时间最终确定其申请宽大制度的顺位。此时，在规定的期限届满之前提交的所有信息和证据均视为在标记时间提交。

关于标记的时限，我国《宽大制度指南》规定，补充证据的期限"一般最长不超过30日，特殊情况下可以延长至60日"[2]。美国司法部反托拉斯局一般给予宽大申请人有限的期限，这一期限因案件不同而有所不同。可能纳入考虑范围的因素如，申请人的律师需要访谈员工的地点和人数；律师需要审查记录的数量、地点和格式，以及在申请标记时，反托拉斯局是否已经正在调查。在反托拉斯局尚未开始调查的情况下，30日或45日的初始标记期限是比较常见的。在这个期限内申请人应当提交正式申请宽大所需要的全部材料。当然，如果反托拉斯局认为有必要，可以酌情延长标记期限。

3. 正式申请。正式申请是指申请人在具备相关证据和信息条件后或在登记资格有效期间内向反垄断执法机构提出的宽大申请。

关于申请的时间，世界主要反垄断辖区都允许在执法机构调查开始前和调查开始后申请，只不过申请时间的不同可能影响责任减免的程度。我国《宽大制度指南》第4条规定："参与垄断协议的经营者可以在执法机构立案前或者依据《反垄断法》启动调查程序前，也可以在执法机构立案后或者依据《反垄断法》启动调查程序后、作出行政处罚事先告知前，向执法机构申请宽大。"

关于申请的条件，《宽大制度指南》第6条和第8条详细列举了第一个申请人和之后的申请人提交报告所需包含的主要信息及重要证据的认定标准。两种情况下所需提供的报告和证据各有侧重。对于第一个申请人，报告侧重要求明确承认从事了涉嫌违法的垄断协议行为，并提供关于该垄断协议的详细信息。提供的证据重在强调执法机构"尚未掌握案件线索或者证据"足以立案调查或认定垄断协议。而对于第一个之后的申请人，报告内容相对宽松，重点强调证据材料需要具有更大的证明力和补充证明价值。申请人提供的重要证据应当是"执法机构尚未掌握的，并对最终认定垄断协议行为具有显著证明效力的证据"。

关于申请的提交方式，《宽大制度指南》第9条规定，经营者提交宽大申请可以是口头

---

[1] Frequently Asked Questions About The Antitrust Division's Leniency Program，https：//www.justice.gov/atr/page/file/1490311/download.

[2] 《宽大制度指南》第7条第3款。

或者书面形式。以口头形式报告的，将在执法机构办公场所进行录音、书面记录并由经营者授权的报告人签名确认；书面形式包括电子邮件、传真或者书面纸质材料等，但经营者需要签名、盖章或者以其他方式对书面内容进行确认。欧盟在 2019 年上线了"eLeniency"在线宽大申请系统。eLeniency 是由欧盟委员会运行的在卡特尔和反垄断程序中对公司及其法律代表开放的线上系统。该系统使公司及其法律代表能够在欧盟委员会的安全服务器上直接在线键入公司申请、上传文件或获取案件文件，而无需前往委员会的办公场所。eLeniency 可以实现每周 7 天、每天 24 小时的在线操作。当然，eLeniency 系统的使用是自愿的，公司及其法律代表仍然可以采取传统的口头申请或直接前往欧盟委员会。[1]日本《关于减免行政罚款报告和资料提交规则》第 6 条规定了书面申请分为直接提交、邮寄提交和传真提交三种方式。2020 年 4 月，日本公平交易委员会将传真方式改成了电子邮件方式。在韩国，申请适用宽大制度既可以口头提出也可以书面提出；还可以亲自访问公平交易委员会办公室，或通过传真或电子邮件提出。申请人以口头提出申请的，负责调查的公职人员应当予以口头询问，答复内容以音频或录像方式保存[2]。

关于申请的凭证，《宽大制度指南》的规定是，第一个申请免除处罚的经营者向执法机构提交符合条件的报告和重要证据后，执法机构将向其出具书面回执，明确收到的时间及材料清单。如果该申请人提交的报告不符合法定要求，则执法机构不出具书面回执。如果该申请人提交的报告符合法定要求，但是未能提供证据或证据不全的，执法机构可以先行登记并出具书面回执，并要求申请人在规定期限内补充证据[3]。第一个之后的申请人提交垄断协议相关情况的报告和证据材料申请减轻处罚的，执法机构向经营者出具书面回执，明确收到的时间及材料清单。[4]

（二）宽大顺位的确定

宽大顺位的确定将直接影响申请人责任减免的程度。《宽大制度指南》第 11 条规定，执法机构按照经营者申请宽大的时间先后为经营者排序，确定经营者申请宽大的顺位。因此，申请时间是宽大顺位确定的唯一依据。越早申请，执法机构可以酌情给予减轻处罚的幅度越大。仅以时间作为考量标准，既有利于顺位确定的客观公正，也体现了鼓励经营者尽早宽大的立法态度。

宽大申请人是否满足申请的证据条件和配合义务将会影响其宽大顺位的确定。《宽大制度指南》第 6 条、第 8 条分别就不同顺位经营者提供材料的义务进行了明确规定，保障了不同顺位经营者的适格性。《宽大制度指南》第 10 条第 1 款规定了申请人的配合义务。申请人如果未能履行配合义务，执法机构将取消其顺位。对于经营者在被取消顺位后能否递补的问题，《宽大制度指南》对申请免除处罚和申请减轻处罚的作了区分规定。申请免除处罚的经营者顺位被取消的，不得递补；申请减轻处罚的经营者顺位被取消后，其后顺位的经营者可以依次向前递补[5]。

---

[1] eLeniency, https：//competition-policy.ec.europa.eu/antitrust-and-cartels/leniency/eleniency_en，最后访问日期：2024 年 1 月 23 日。

[2] Public Notification on the Implementation of the Leniency Program Including Corrective Measures for Voluntary Reporters, etc. of Illegal Cartel Conduct, article 7, article 8-2.

[3]《宽大制度指南》第 7 条第 1~3 款。

[4]《宽大制度指南》第 8 条第 1 款。

[5]《宽大制度指南》第 11 条第 2 款。

(三) 审理审查

反垄断执法机构收到宽大申请之后，应当及时审查，以确定申请人是否满足适用宽大制度的条件，并根据申请人协助执法机构查处横向垄断协议案件的贡献程度给予相匹配的宽大额度。"贡献程度"主要体现在经营者报告垄断协议有关情况的时间、提供证据的重要程度、配合调查的程度等方面。

执法机构给予宽大的一般程序是："第一，调查认定垄断协议行为成立；第二，根据经营者违法情节的轻重，综合考虑除宽大申请以外所有情节确定对经营者的处罚金额；第三，根据经营者配合调查情形等分别作出是否给予宽大的决定；第四，根据符合宽大要求经营者的顺位及贡献程度确定具体的减免幅度"[1]。《宽大制度指南》第12条明确，一般情况下，执法机构在同一垄断协议案件中最多给予三个经营者宽大，特殊情况下如果案件重大复杂、涉及经营者众多，并且申请宽大的经营者确实提供了不同的重要证据，执法机构可以考虑给予更多的经营者宽大；执法机构不予宽大的，不以经营者提交的材料作为认定经营者从事垄断协议行为的证据。[2]

(四) 决定

反垄断执法机构在审查申请人是否满足申请条件及其"贡献程度"后作出最终的宽大决定。在适用减轻处罚的梯度内，反垄断执法机构具有一定的自由裁量权。根据《宽大制度指南》第13条，对于第一顺位的经营者，执法机构可以对经营者免除全部罚款或者按照不低于80%的幅度减轻罚款。在执法机构立案前或者依据《反垄断法》启动调查程序前申请宽大并确定为第一顺位的经营者，执法机构将免除全部罚款，经营者存在《宽大制度指南》第10条第2款组织、胁迫或妨碍其他经营者停止违法行为的情形除外。对于第二顺位的经营者，执法机构可以按照30%至50%的幅度减轻罚款。对于第三顺位的经营者，可以按照20%至30%的幅度减轻罚款；对于后序顺位的经营者，可以按照不高于20%的幅度减轻罚款。

关于是否公开宽大处理决定以及当事人的身份信息，各国有着不同的做法。我国《宽大制度指南》第15条规定，执法机构决定给予经营者宽大的，应当在决定中写明给予经营者宽大的结果和理由，并依法将决定及时向社会公布。[3]欧盟委员会在行政程序结束后也会公布违法决定中宽大申请人的身份，以及他们获得的罚款减免，而在调查阶段，欧盟委员会对这些信息予以保密。同样，日本公平交易委员会也会在其网站上公布宽大制度受益企业的名称和住址，以及法定代表人的姓名和他们获得减免处罚的事实。[4]

与之不同的是，为了充分消除申请人暴露身份的顾虑，激发申请宽大的积极性，以美国为代表的一些国家和地区选择不予公开披露申请人的身份和其提供的信息，除非申请人自行披露或同意披露，又或者法院命令要求该部门披露信息，以及在刑事案件中需要对相关信息予以披露。未经申请人同意，美国司法部也不会向外国政府的执法人员披露申请人

---

[1] 市场监管总局：《〈横向垄断协议案件宽大制度适用指南〉解读》，载《中国市场监管报》2020年11月3日，第003版。

[2] 《宽大制度指南》第12条第2款、第3款。

[3] 《宽大制度指南》第15条。

[4] Shinya Tago, Manabu Eiguchi and Landry Guesdon, Iwata Godo, Cartel Leniency in Japan: Overview, https://uk.practicallaw.thomsonreuters.com/2-517-3216?contextData=(sc.Default)&transitionType=Default&firstPage=true.

的身份或信息。[1]韩国在调查期间或最终决定中,公平交易委员会都不会向第三方(包括其他企业)提供可能泄露申请人身份的信息。然而在处理案件时,如果需要向法院提交申请人身份的文件以便进行诉讼,或者申请人同意披露,则可以披露[2]。

保密制度对于宽大制度的适用无疑是非常重要的,它将直接影响到潜在申请人申请宽大的意愿。在宽大制度的申请和审查阶段,无论当事人的身份信息还是案卷资料与证据,反垄断执法机构都应当严格保密。我国《宽大制度指南》规定,对经营者申请宽大所提交的报告、形成的文书等材料,未经经营者同意不得对外公开,任何单位、个人均无权查阅。[3]可以看出,我国目前保密的范围仅限于宽大申请过程中经营者提交的资料信息,而对于宽大决定作出后申请人的身份和信息并没有给予保密的规定。

[**本章参考文献**]

1. 时建中:《新〈反垄断法〉的现实意义与内容解读》,载《中国法律评论》2022年第4期。

2. 王健:《我国反垄断罚款威慑不足的制度成因及破解思路》,载《法学评论》2020年第4期。

3. 王健、方翔:《反垄断没收违法所得适用的现实困境与解决思路》,载《竞争政策研究》2018年第1期。

4. 黄勇、刘燕南:《垄断违法行为行政罚款计算标准研究》,载《价格理论与实践》2013年第8期。

5. 时建中:《个人反垄断义务和责任的制度完善及其实施》,载《中国应用法学》2022年第5期。

6. 张晨颖:《损失视角下的垄断行为责任体系研究》,载《清华法学》2018年第5期。

7. 张晨颖:《行政性垄断中经营者责任缺位的反思》,载《中外法学》2018年第6期。

8. 李国海:《行政性垄断受益经营者可制裁性分析》,载《法学评论》2019年第5期。

9. 丁茂中:《垄断行为入刑问题检思》,载《中国市场监管研究》2020年第11期。

10. 李剑:《威慑与不确定性——新〈反垄断法〉法律责任条款评述》,载《当代法学》2022年第6期。

11. 蒋岩波、黄娟:《卡特尔行为反垄断法与刑法的协同规制》,载《江西社会科学》2020年第10期。

12. 丁茂中:《垄断行为法律责任条款实施困境的消解》,载《法学》2017年第9期。

13. 丁国峰:《我国反垄断法律责任体系的完善和适用》,载《安徽大学学报(哲学社会科学版)》2012年第2期。

14. 王健:《我国行政性垄断法律责任的再造》,载《法学》2019年第6期。

15. 董新凯、俞佳:《论反垄断法中的民事责任》,载《安徽大学学报(哲学社会科学版)》2009年第6期。

---

[1] Frequently Asked Questions About The Antitrust Division's Leniency Program, https://www.justice.gov/atr/page/file/1490311/download.

[2] Paul S Rhee, Song Ryu and Young Chang Lee, Cartel Leniency in South Korea: Overview, https://uk.practicallaw.thomsonreuters.com/3-500-5604?contextData=(sc.Default)&transitionType=Default&firstPage=true.

[3] 《宽大制度指南》第16条。

16. 郭宗杰:《多元主体与复合责任——论反垄断法关于行政性垄断的责任设置》,载《武汉大学学报(人文科学版)》2004年第6期。

17. 邵建东:《我国反垄断法应当设置刑事制裁制度》,载《南京大学学报(哲学·人文科学·社会科学版)》2004年第4期。

18. 金善明:《论垄断行为入罪化的限度》,载《北京工业大学学报(社会科学版)》2017年第6期。

19. 冯辉:《刑事责任、有效规制与反垄断法实施》,载《华东政法大学学报》2011年第2期。

20. 王玉辉:《反垄断法宽大制度适用主体之思考》,载《天津师范大学学报(社会科学版)》2012年第1期。

21. Douglas H. Ginsburg and Joshua D. Wright, *Antitrust Sanctions*, 6 Competition Policy International 3, 2010, pp. 3-39.

22. A. Mitchell Polinsky and Steven Shavell, *Punitive Damages: An Economic Analysis*, 111 Harvard Law Review 869, 1998, pp. 869-962.

23. Gary S. Becker, *Crime and Punishment: An Economic Approach*, 76 Journal of Political Economy 169, 1968, pp. 169-217.